《办公室工作实务规范手册》编委会

(排名不分先后)

叶黔达	赵德强	李　祥	黄海琦	熊烈健	杨　戎
李星奎	吴坤湖	赵艳林	何逢宽	杨　军	贾定邦
王　洪	邓泉龙	赵仕荣	丁　胜	陈　斌	唐承锋
向　洵	刘亚利	李灵雪	刘晓博	周　平	蔡达林
邱长宝	毛　军	王爱平	任春燕	唐明瑶	邓荣杰

■ 原四川省秘书学会庆祝新中国成立60周年献礼丛书之一

办公室工作实务规范手册

BANGONGSHI GONGZUO SHIWU GUIFAN SHOUCE

（第四版）

| 原四川省秘书学会组织编写 |

主　编：叶黔达
副主编：王爱平　向　洵　邓荣杰
　　　　李星奎　赵德强　陈　斌

四川人民出版社

图书在版编目（CIP）数据

办公室工作实务规范手册/叶黔达主编. —4版.
—成都：四川人民出版社，2023.1
ISBN 978－7－220－12896－7

Ⅰ.①办… Ⅱ.①叶… Ⅲ.①办公室工作－手册
Ⅳ.①C931.4－62

中国版本图书馆CIP数据核字（2022）第213145号

BANGONGSHI GONGZUO SHIWU GUIFAN SHOUCE

办公室工作实务规范手册

叶黔达　主编

出 品 人	黄立新
策划组稿	王定宇
责任编辑	王定宇
内文设计	戴雨虹
封面设计	陈裕旭
责任校对	李隽薇
责任印制	祝　健
出版发行	四川人民出版社（成都三色路238号）
网　　址	http://www.scpph.com
E-mail	scrmcbs@sina.com
新浪微博	@四川人民出版社官博
发行部业务电话	（028）86361653　86361656
防盗版举报电话	（028）86361661
照　　排	四川胜翔数码印务设计有限公司
印　　刷	成都蜀通印务有限责任公司
成品尺寸	185mm×260mm
印　　张	33
字　　数	720千字
版　　次	2023年1月第4版
印　　次	2023年1月第1次印刷
印　　数	28001－32000册
书　　号	ISBN 978－7－220－12896－7
定　　价	88.00元

■版权所有·侵权必究

本书若出现印装质量问题，请与我社发行部联系调换
电话：（028）86361656

序 一

李洪仁

············◎············

　　由省秘书学会组织编写的《办公室工作实务规范手册》（以下简称《手册》），历时三年多，数易其稿，终于问世了！这是秘书战线同志们为新中国成立60周年和改革开放30周年献的一份厚礼！我作为在省政府办公厅工作多年的老同志，甚为高兴。谨表诚挚祝贺！并向组织、参与编写工作的同志们表示衷心感谢！

　　《手册》的出版发行，是广大实际工作者和专家学者集体智慧的结晶。作者们坚持正确的政治取向，依法遵规，言之有据。他们本着理论够用，实际好用，让人看得懂、用得上，既可言传，又可操作的原则，读后可收到立竿见影之效。《手册》内容务实而富创意，既是实践经验的总结、提炼，又能指导实践，推动发展、创新。全书包括"导言"在内共18个部分，结构严谨，语言朴实流畅，特别是主体采用表格式、程序式表述方法，更是条理清楚、一目了然。全书较详细地阐释了办公室各项工作的具体内容、要求和操作程序，读后可全面了解办公室工作的运作规范，是一部不可多得的教科书、工具书。不仅适用于各级党政机关，其他企事业单位（包括民营机构、合资企业）皆可借鉴。可以说，本书的出版发行，对于提高办公室工作人员的政治业务素质，推进各级各类机关办公室工作的制度化、规范化、科学化，提升办公室工作的质量和效率，确保各级各类机关单位高效有序运转，进而推进经济社会事业加快发展，科学发展，又好又快发展，建设西部经济发展高地都具有十分重要的意义。

　　办公室是一个地方或单位联系上下、沟通左右的运转枢纽和综合办事机构。古今中外均有之，称谓有所不同，工作内容大同小异。它是一个地方或单位的门面、窗口，"上管天文地理，下管鸡毛蒜皮"，俗称"参谋部"或"不管部"，地位十分重要。办公室人员素质的优劣，工作质效的高低，将直接影响那个地区、部门、单位工作的正常运转、形象和声誉，关系非常重大。

　　新时期、新阶段，办公室工作面临许多新情况、新问题、新挑战、新机遇。服务要求更高了，工作环境更为多变，办公设施更为先进，人员变动更为频繁，思想观念不断更新,做好办公室工作更加艰巨光荣。如何做好办公室工作,《手册》中已有不少论述。我认为关键在人,关键在领导,关键的关键是建设好领导班子,特别是选配好"兵头将尾"的主任或秘书长。有了团结战斗的好班子和善于组织协调的领军人,就一定能带出一支能文能武、能打硬仗的好队伍。有了这样的团队,他们就一定能政治坚定,紧贴中心,践行宗旨,服务用心,廉洁勤政,以诚待人,务实高效,开拓创新,科学发展,与时俱进。不管政务内务、文会事务、大事小事、急难险情,他们都会安排得井井有条,处理得高效有序。他们就一定能在办公室这个不大不小的舞台上导演出一幕幕让人赏心悦目的精彩节目,谱写出一篇篇感人肺腑的精彩文章。让领导满意、部门满意、基层满意,归根结底让人民满意!

黔达等老朋友有嘱,写下这些文字,是为序,共勉之。

2009 年 11 月于成都

(编者注:李洪仁同志曾任四川省人民政府秘书长、办公厅主任、党组书记;2006 年 1 月当选为省人大常委会副主任,是四川省秘书学会名誉会长。)

序 二
为办公室工作规范化所作的奉献

傅西路

办公室是领导机关的综合办事部门,办公室工作是为领导和领导工作服务的参谋助手工作。它的职能作用发挥的大和小、好与坏,日常工作运转是否求真务实、优质高效,是否准确、及时、安全、合乎程序,简言之,是否规范、严谨、科学,直接关系领导工作的进展、质量和水平,极大地影响领导机关的形象。重视、加强办公室工作,历来是一切领导者工作的题中应有之义,也是广大秘书工作人员做好办公室工作义不容辞的职责。

做好办公室工作,尤其是做好新时期办公室工作,从质量上有多方面的、高标准的要求,比如,为领导科学决策,适时提供与决策对路的信息;求真务实,协助领导搞好督促检查;善于沟通协调,协助领导处理好方方面面的矛盾问题;优质高效办文、办事、办会,推动办公室日常工作有序运转,积极发挥好参谋助手作用等等。但做好上述工作最基本、最基础、最起码的要求,是首先要保证把工作做得很规范、有程序。

据我这些年接触的情况,全国各地办公室工作成绩很大,确实成了领导工作的参谋助手。但是也不必讳言,"工作不规范"的问题仍普遍存在。造成不规范的主要原因,在于一些办公室领导因为工作忙而对上级主管部门所制定的办公室工作规范、准则、办法等学习不积极、不认真、不深入,致使一些办公室人员对这些应知应会的准则、规范和方法不明白、不熟悉、不会操作,也在于缺少系统解读办公室工作规范的好教材。

四川省秘书学会会长、四川省委党校、行政学院教授叶黔达通过三年多筹划,采用专家和办公室人员相结合方法,组织编写了《办公室工作实务规范手册》。该书别开生面,体例创新,立足实务、重在规范、解读够用、实际好用,并化解、演绎成表格式、程序式的写作样式,以利于帮助读者了解掌握"工作规范"要义,学了会用、学以致用,真正能起到立竿见影的效果。

综观全书有以下几个显著特点:一是重点突出,主要讲述办公室工作规范;二是立足实务,结合工作实际讲规范,不空洞说教;三是写作方式新颖,以表格式、程序式写作方法对工作规范和程序进行分析解读,便于理解掌握;四是论释准确,解读简明,便于操作；五是贴近实际，学以致用，一学就会，立竿见影。基于这些优点，该书既适用于各级各类党政机关办公部门，又适合企事业办公部门。

多年来，叶黔达教授既热心于秘书学会公益事业，又致力于党政公文学教学与研究。他为人谦和，从容淡定，治学严谨，思维创新。他撰写的论著很见功底，水平较高；他主编的这部新书，既是众多同仁经验、学识的良好显示，也是他和四川秘书学会为实现办公室工作规范化、制度化、科学化所作出的一大奉献。

特赞颂并致贺，是为序。

2009年11月10日

（编者注：傅西路同志系中共中央办公厅秘书局《秘书工作》原主编、享受国务院特殊津贴教授，现任北京现代秘书科学技术研究中心主任。）

前　言

多年来，中央一再强调要"努力建设行为规范、运转协调、公正透明、廉洁高效的"行政机关，强调要"提高效能""执行顺畅"。而要加强机关效能建设，必须实现"三化"（制度化、规范化、科学化）。在长期的办公室工作和秘书教学、科研中，我们深感"三化"对提高办公室工作效率和质量的重要性，充分认识到办公室工作"三化"是实现机关管理"三化"、加强机关效能建设的前提和基础。为了有助于办公室人员更加规范地搞好综合服务，有效提高辅政能力，四川省秘书学会组织编写了这本《办公室工作实务规范手册》。本书也是"四川省秘书学会庆祝新中国成立60周年献礼丛书"之一。

本书有以下特点：

一是内容务实全面。本着理论适用、实际有用的编写原则，本书不过多在名词概念、理论研究上下功夫，而是着力于比较详尽全面地介绍机关办公室涉及的办文、办事、办会方方面面的工作规范、规律、方法。

二是操作性强。着重讲办公室每项工作、每件具体事务该做什么、怎么做，按什么标准、程序操作，还提供了不少范文范例，可以说不少内容完全可以按规范"依样画葫芦"，收到立竿见影之效。

三是普适性强。本书着重针对党政群机关办公室工作而写，但对企事业单位办公室人员也极为有用，机关单位其他管理人员也值得一读。甚至于对有志于从事机关工作例如报考公务员的考生，都颇具参考价值。而对办公室系列培训班学员和秘书类专业学生而言，则是一本极为实用的教材了。

四是力求出新。第一，内容有创新，本书不少条目工作规范，与时俱进，既遵循中央和各部门法律法规和规范性文件的新规定，又紧密结合新世纪新阶段机关工作实际，颇具新意。第二，编写体例新。本书大部分内容采用表格式、流程式形式编写，言简意赅，一目了然，使人一看就懂得该怎么做才符合规范、才做得好。

五是编写严谨。本书从创意至今已逾四年，组织编写历时一年有余。编写人员绝大多数是多年从事办公室工作的行家里手，其中不乏学者型官员，少数是从事秘书学教学科研的专家学者。其间召开了六次编写会，还到一部分机关现场调研办公室工作，反复斟酌，数易其稿。部分内容还请相关职能部门领导和专家作了审改。还有不少同志对本书编写提出了宝贵意见，提供了珍贵资料。可以说本书凝聚着众多专家学者、实际工作者和有关领导的心血。我们还有幸请到长期担任秘书部门领导的四川省人大常委会原副主任、四川省秘书学会名誉会长李洪仁同志，为秘书学研究贡献卓越的中共中央办公厅秘书局享受国务院特殊津贴教授傅西路同志为本书作序，这对我们编好本书是极大的鼓舞和鞭策。

我们相信，对广大秘书工作者和关涉办公室工作的朋友们而言，本书将会开卷有益。尽管我们力求精益求精，但因为我们水平和视野所限，谬误难免，恳请大家批评指正。

编 者

2009 年 12 月

目 录

导言　努力做好新形势下的办公室工作 ………………………………… (001)
第一部分　公文处理工作规范 …………………………………………… (007)
　一、公文的特点和公文处理的任务、特点、原则、要求及行文制度 … (007)
　二、收文办理 ………………………………………………………… (015)
　三、公文拟制 ………………………………………………………… (027)
　四、发文办理 ………………………………………………………… (029)
　五、电子公文网上交换管理 ………………………………………… (036)
　六、密级文件的管理 ………………………………………………… (040)
第二部分　机关常用公文撰写规范 ……………………………………… (042)
　一、公文的基本结构 ………………………………………………… (042)
　二、命令（令）的撰写 ……………………………………………… (043)
　三、议案的撰写 ……………………………………………………… (046)
　四、决议的撰写 ……………………………………………………… (048)
　五、决定的撰写 ……………………………………………………… (050)
　六、公告的撰写 ……………………………………………………… (053)
　七、通告的撰写 ……………………………………………………… (054)
　八、公报的撰写 ……………………………………………………… (055)
　九、通知的撰写 ……………………………………………………… (058)
　十、通报的撰写 ……………………………………………………… (062)
　十一、报告的撰写 …………………………………………………… (064)
　十二、请示的撰写 …………………………………………………… (067)
　十三、批复的撰写 …………………………………………………… (069)
　十四、函的撰写 ……………………………………………………… (070)
　十五、纪要的撰写 …………………………………………………… (073)
　十六、意见的撰写 …………………………………………………… (075)

— 1 —

  十七、条例的撰写 ……………………………………………… (080)
  十八、规定的撰写 ……………………………………………… (081)
  十九、部分公文正本文面格式规范 …………………………… (082)
第三部分 政务信息工作规范 ………………………………………… (101)
  一、政务信息的收集和整理 …………………………………… (102)
  二、政务信息的编写 …………………………………………… (103)
  三、政务信息的传递和报送 …………………………………… (107)
  四、政务信息的存储 …………………………………………… (108)
  五、政务信息的开发利用和反馈 ……………………………… (109)
  六、政务信息的公开与审核 …………………………………… (110)
  七、政务信息工作的督查和考核 ……………………………… (111)
第四部分 调查研究工作规范 ………………………………………… (119)
  一、调研工作的准备阶段 ……………………………………… (119)
  二、调研工作的实施阶段 ……………………………………… (121)
  三、完成阶段：撰写调研报告 ………………………………… (125)
  四、运用阶段 …………………………………………………… (134)
  五、开展调研工作的注意事项 ………………………………… (134)
第五部分 目标管理和督查工作规范 ………………………………… (136)
  一、目标管理简介 ……………………………………………… (136)
  二、目标管理的特点、作用和原则 …………………………… (137)
  三、目标的制定与展开 ………………………………………… (139)
  四、目标的实施 ………………………………………………… (143)
  五、目标的考评 ………………………………………………… (147)
  六、机关行政效能建设和绩效考核 …………………………… (150)
  七、督查工作概述 ……………………………………………… (174)
  八、决策督查和专项查办 ……………………………………… (178)
  九、督查工作的方式方法 ……………………………………… (182)
第六部分 会务工作规范 ……………………………………………… (185)
  一、会前准备工作 ……………………………………………… (186)
  二、会议召开期间工作 ………………………………………… (195)
  三、会后工作 …………………………………………………… (196)
  四、常见会议会务工作 ………………………………………… (197)
第七部分 协调与公共关系工作规范 ………………………………… (204)
  一、办公室协调工作的特点和原则 …………………………… (204)
  二、办公室协调工作对象和主要内容 ………………………… (206)

三、办公室协调工作程序和方式方法 …………………………………（208）
　四、办公室协调工作要求和技巧 …………………………………（212）
　五、开展政务公共关系的意义与作用 ……………………………（221）
　六、政务公共关系的特点与原则 …………………………………（222）
　七、开展政务公共关系的途径 ……………………………………（224）
　八、办公室在开展政务公共关系中应该着重抓好的工作 ………（226）
　九、做好人民群众来信来访工作 …………………………………（236）

第八部分　人大建议、政协提案办理工作规范 ……………………（255）
　一、建议、提案交办 ………………………………………………（256）
　二、建议、提案承办 ………………………………………………（257）
　三、办结后续工作 …………………………………………………（260）
　四、其他办理规范 …………………………………………………（268）

第九部分　政务接待工作规范 ……………………………………（270）
　一、政务接待基本程序 ……………………………………………（271）
　二、政务接待服务礼仪 ……………………………………………（282）
　三、政务接待活动常用位次安排 …………………………………（287）
　四、外事接待活动基本流程 ………………………………………（299）
　五、政务接待常见案例文本 ………………………………………（318）

第十部分　机要保密工作规范 ……………………………………（321）
　一、文件保密工作规范 ……………………………………………（321）
　二、涉密信息存储介质管理 ………………………………………（323）
　三、涉密会议管理 …………………………………………………（326）
　四、对外业务交流和宣传报道文稿的保密管理 …………………（327）
　五、涉密音像制品的保密管理 ……………………………………（328）
　六、涉密工作工勤人员的保密管理 ………………………………（329）
　七、机要传输、通信及办公自动化保密管理 ……………………（330）
　八、公众信息用户入网的保密管理 ………………………………（333）
　九、接待工作的保密管理 …………………………………………（336）

第十一部分　办公室应急处理工作规范 …………………………（338）
　一、应急处理工作概述 ……………………………………………（338）
　二、办公室应急处理工作 …………………………………………（341）
　三、突发事件预防和前置准备中的办公室工作 …………………（344）
　四、突发事件的报告 ………………………………………………（347）
　五、突发事件现场处置中的办公室工作 …………………………（348）
　六、突发事件处理后事件调查中的办公室工作 …………………（349）

七、媒体网络应对与处突信息宣传工作……………………………（351）

第十二部分　领导政务服务工作规范……………………………（358）
　　一、领导会议服务工作………………………………………………（359）
　　二、领导调查研究活动服务工作……………………………………（364）
　　三、领导参加有关活动服务工作……………………………………（368）
　　四、领导文稿服务工作………………………………………………（373）
　　五、领导出差服务工作………………………………………………（377）
　　六、领导公文处理服务工作…………………………………………（380）
　　七、领导处理突发事件服务工作……………………………………（381）

第十三部分　办公室日常事务工作规范…………………………（383）
　　一、办公室电话工作规范……………………………………………（383）
　　二、邮件信函处理规范………………………………………………（385）
　　三、印章管理规范……………………………………………………（386）
　　四、办公室值班、接待工作规范……………………………………（391）
　　五、大事记编写规范…………………………………………………（393）
　　六、办公室后勤工作规范……………………………………………（397）

第十四部分　办公室档案管理工作规范…………………………（400）
　　一、办公室档案管理工作概述………………………………………（400）
　　二、档案收集与鉴定…………………………………………………（401）
　　三、档案整理…………………………………………………………（405）
　　四、档案保管…………………………………………………………（410）
　　五、档案检索…………………………………………………………（413）
　　六、档案开发利用……………………………………………………（415）
　　七、人事、会计、照片档案管理……………………………………（417）
　　八、电子档案管理……………………………………………………（424）
　　九、档案工作规范化管理……………………………………………（425）

第十五部分　办公自动化工作规范………………………………（435）
　　一、概述………………………………………………………………（435）
　　二、公文处理…………………………………………………………（437）
　　三、系统常用功能说明………………………………………………（440）
　　四、办公室综合业务分析……………………………………………（440）
　　五、办公自动化系统的管理与维护…………………………………（442）
　　六、办公自动化系统实例……………………………………………（443）

第十六部分　办公室内部管理规范………………………………（459）
　　一、办公室机构设置…………………………………………………（459）

二、办公室机构的领导与管理 …………………………………………（460）
　三、办公室人员管理 ……………………………………………………（461）

第十七部分　办公室工作有关文件目录索引 ………………………（469）
　一、综合 …………………………………………………………………（469）
　二、公文写作及公文处理工作 …………………………………………（475）
　三、政务信息及调查研究工作 …………………………………………（480）
　四、信访及督查工作 ……………………………………………………（486）
　五、会务工作 ……………………………………………………………（488）
　六、人大建议、政协提案办理工作 ……………………………………（490）
　七、政务接待及后勤服务工作 …………………………………………（491）
　八、机要保密工作 ………………………………………………………（496）
　九、应急处理工作 ………………………………………………………（501）
　十、档案管理工作 ………………………………………………………（503）
　十一、办公自动化工作 …………………………………………………（507）

后　　记 ……………………………………………………………………（510）
再版后记 ……………………………………………………………………（513）
三版追记 ……………………………………………………………………（514）
四版补记 ……………………………………………………………………（515）

导 言
努力做好新形势下的办公室工作

编写人员：叶黔达　中共四川省委党校（四川行政学院）教授
　　　　　　郑典宜　成都大学档案馆馆长、工程师

进入新世纪新阶段，我国发展呈现一系列新的阶段性特征。面对"改革发展际遇期"和"矛盾凸现期"的新形势，党政机关乃至企事业单位的办公室工作，都面临着新的环境，面临着许多新的挑战与机遇。一是服务对象要求更高。无论是革命化、年轻化、知识化和专业化的领导干部，还是文化水平、认知水平不断提高的广大群众，都对办公室的服务工作质量提出了更高的要求。二是工作环境更为复杂。当前我国经济、社会和政治发展，都处于建设小康社会、和谐社会、法治社会、民主社会的关键时期，面对新常态下经济增长换档期、调整结构阵痛期和刺激政策消化期等"三期叠加"的新形势，各种矛盾错综复杂。面对诸多新情况、新问题，办公室工作难度势必加大。三是办公工具更为先进。电子政务的实施，必将有利于提高办公室乃至整个管理工作的质量和效率。这对办公室工作而言，既是动力也是压力。四是工作观念不断更新。为了深入推进改革开放，党中央提出了进一步解放思想的号召。应该清醒地看到，30多年来，不少办公室人员的工作理念，还停留在陈旧的、落后的"官本位"层次上。只有与时俱进，树立科学、民主、法治、和谐、务实、廉洁的办事、办文、办会的现代的、先进的理念，才能适应形势发展变化的需要。五是人员变动更为频繁。随着公务员轮岗制度的推进和企事业单位人员的流动性增加，办公室人员的稳定周期变得越来越短。要尽快适应办公室工作需要，把握办公室工作规律，就对办公室人员提出了更为迫切的要求。

近年来，习近平同志一再强调要"严格按照党的原则和规矩办事"，要求办公室要"提供优质高效服务"。为了更加规范、优质、高效地搞好服务，我们就要努力探索、研究新形势下办公室工作的规律、思路和方法。这就要求我们的研究视角注重综合性：要分析形势对办公室工作的新要求，要把握办公室工作的普遍规律，要了解本行业、本系统办公室工作的同类属性，要熟知本单位办公室工作的特殊性。我们的研究方法要注重整体性，善于从领导视角、管理工作层次、社会视野、相邻职能部门角度、群众认识和看法等等方面，全面分析研究办公室工作。只有这样，才能科学地、理性地、全面地提升办公室工作质量和服务水平。

一、办公室的定位与定向

定位	从属地位	附属于领导工作需要应运而生，从属于领导工作而开展自身工作。从属地位决定了服务性、辅助性。		
	中枢地位	与其他只具有业务性的职能部门相比，办公室是机关单位的中枢部门，是领导的"参谋部""左右手"。中枢地位决定了全局性、协调性。		
定向	高举中国特色社会主义伟大旗帜，以马克思列宁主义、毛泽东思想、邓小平理论、"三个代表"重要思想、科学发展观、习近平新时代中国特色社会主义思想为指导，自信自强、守正创新、踔厉奋发、勇毅前行，为全面建设中国式社会主义现代化国家、推进中华民族伟大复兴而团结奋斗。	明确政治方向必须做到	心往发展想	要紧贴领导发展思路出谋划策，紧扣党政工作全局出谋划策，紧盯单位亮点难点出谋划策；要研究单位长远发展战略，思考单位近期发展思路，落实单位当前发展举措。
			利为群众谋	要牢记"群众利益无小事"，多为群众想实事、做好事、办善事；要转变工作评价观念，既要眼睛向上，也要眼睛向下。
			事朝和谐办	办公室要为建设和谐单位作出特殊贡献，努力营造和谐的氛围、形象、凝聚力，成为联系上下的"桥梁"、沟通干群的"纽带"、弥和内外的"通道"、协调八方的"中枢"。
定性	三服务基本原则	三服务工作要点		三服务工作要求
	为本单位领导服务，为各部门和基层服务，为群众（职工）服务。	三服务是一致的，工作重心是为本单位领导服务，而落脚点和本质是为人民群众服务，要主动搞好服务。		尽心辅佐领导决策多谋善思，正确领会领导意图绝不走样，积极贯彻领导决议不打折扣，带头执行领导指示率先垂范，认真落实领导部署加强督查。
办公室工作的定位、定向和工作重心，要求办公室领导和工作人员必须强化政治观念。必须具有坚定的政治立场，明确的政治方向，敏锐的政治嗅觉，极高的政治觉悟，极强的政治鉴别力。要树立为民谋利、开拓进取、团结和谐、求真务实、清正廉洁、奋发有为的政治形象。				

二、办公室的基本职能

掌管事务，辅助政务，综合服务。	
具体职能	"三办"（办文、办会、办事）：公文管理、信息调研、督促检查、综合协调、会议工作、值班工作、接待工作、事务管理、领导（政务）服务、信访、档案、机要保密工作以及"不管部"职能。
重点工作	围绕参谋助手作用辅助政务：办文办会、信息调研、督促检查、综合协调、值班应急（后勤保障）。

三、办公室工作的特点

基本特点——综合辅助性。必须贴近领导，全面辅佐；不在其位，善谋其政；服务领导，联系干群。

续表

宏观性与 事务性结合	既要站在领导角度全面思考问题，又要履行部门职能搞好服务工作。 要求：既要增强宏观意识，又要提高办事能力；既当参谋，又办文、办会、办事，在办文、办会、办事中注重宏观思维；要想领导之所想、急机关之所急、帮基层之所需。
服务性与 中枢性结合	坚持服务为本、辅政为要。这一特点体现了办公室工作的本质与优势。 要求：要摆正位置，以政务服务为重点，搞好综合服务，做到满腔热情地、细致周到地为领导、机关和基层服务。到位不越位，办事不多事，服务不添乱。 要明确办公室工作的基本规律，就是为适应领导不断发展变化的辅助要求努力提高辅助水平。领导发展变化的多样性决定了提高辅助水平的艰巨性，而提高辅助水平的艰巨性又提供了办公室人员成长的挑战与机遇。 必须做到：以忠诚辅助领导做好工作为根本宗旨；以充分发挥参谋助手作用为基本职能；以优质服务促进领导工作效能提高为努力目标。
机要性与公 开性结合	机要性要求办公室人员忠诚可靠，具备政治品质；严守机密，取得领导信任；守口如瓶，增强职业道德。 公开性要求强化民主意识、公开意识，有效实行政务信息公开制，做到办事主体、依据、内容、程序、结果透明；要树立新的、开放的工作观念，打破工作的神秘感；要主动接受群众、舆论、媒体监督，学会和媒体、公众打交道，畅通群众话语渠道。 要强化保密观念和安全意识，保国家安全、社会稳定、单位和谐。
综合性与 专业性结合	这是办公室的工作性质、内容所决定的特点。 综合性要求办公室人员树立全局观念，具备广博知识，提高综合能力。专业性要求办公室人员努力提高专业水平，提高专业能力，成为会办文、办会、办事的"笔杆子"或管理专家。努力实现机关干部、管理干部学者化，造就一批学者型官员和管理专家。
谋划性与 实干性结合	谋划性是办公室服务工作重点，而实干性是办公室工作具体工作内容。办公室工作要通过办文、办会、办事体现参谋作用。办公室人员既要培养快准细严勤的办事作风，又要加强理论学习，努力提高谋略水平。 为领导出谋划策要谋而不断，谋而不争，谋而有度，谋不居功。 要从大处着眼、从小处着手，在随机中把握有序，在被动中把握主动，在普遍中开创新局。不以事小而不为，不以事杂而乱为，不以事急而盲为，不以事难而怕为。 要树立办公室工作新的评价观：办好事务仅是服务低标准，而辅好政务才是服务的高标准。
政策性与 灵活性结合	毛泽东同志强调："政策和策略是党的生命"。这一特点是办公室的辅政要略。既充分利用法律政策优势促进本单位工作顺利运行，又要坚决依法照章办事。要大处讲原则，小处讲风格；抓大放小，不因小失大。切忌"上有政策，下有对策"，反对地方保护主义和狭隘的小团体主义、本位主义。
被动性与 主动性结合	被动性是办公室工作本质属性，主动性是办公室工作要求。要在被动中求得主动，变被动为主动；要在规范性的前提下讲求主动性和创造性。要到位不越位，有为才有位；正确贯彻领导意图，始终围绕中心工作，充分发挥主观能动，不断探索工作规律，努力做到与时俱进。

续表

计划（常规）性与应变（突击）性结合	办公室工作既要有周密的常规计划，又要有机敏的应变准备。计划性要求办公室工作要克服随意性和忙乱状态，要有年度长计划、月份和每周短安排，制订计划都要留有余地。应变性要求办公室有处理突发事件的运行机制；办公室人员具有快速应变、处理突发事件的政治责任感和能力；有随机处理临时交办突击任务的心态、思想准备和工作规范，能在工作中做到忙而不乱、忙中有序。随时保持清醒状态，做到每临大事有静气，处变不惊，临危不乱。
前台（显象）性与后台（潜隐）性结合	从表面上看，办公室是机关单位的门面和窗口，处于"前台"。因此，办公室人员代表着单位的形象，其工作作风、服务态度和质量，都要体现"形象表率"。 从实质上看，领导才真正代表着机关单位的形象，才是处于前台的。因此，办公室人员要甘当"无名英雄"，要为领导树形象：树立领导威信，弘扬领导政绩，匡正领导失误，补遗领导不周。 要处理好办公室人员与领导的三个关系，在主与次、进与退、前与后之间把握好分寸。 一是要摆正工作性质辅助性与工作要求主动性的关系，做到参与不干预，不当"二领导"；遵从不盲从，不当吹鼓手、马屁精；建议不错位，不当"人之师"；干事不误事，不当糊涂蛋。 二是要摆正自身工作要求与领导工作目标的同一性与职权任务的差异性的关系。要摆正位置：办公室是综合部门，但不是权力部门；办公室人员尽管经常跟领导在一起，但本身不是领导；办公室尽管经常传达领导的指示，但并不意味着自己可以发号施令，以领导自居。 三是要摆正办公室人员与领导在政治地位上的平等性与工作分工上的幕后与台前关系。法律和人格地位是平等的，但工作分工及运行是不平等的。因此，必须接受领导，服从领导，服务领导。
依从性与独立性结合	依从性体现出单位领导与办公室人员的工作关系，它要求办公室人员思想上、工作上力求与领导同步思维，做到急领导所急、想领导所想、办领导所需、解领导所困。 独立性体现出单位领导与办公室人员的人格关系，它要求办公室人员依从而不依附，在人格上、私人关系上、生活上与领导保持平等，有适当距离。

四、新时期办公室工作的"六个转变"

工作重点	从搞好事务转变为既办文、办会、办事，更要抓好政务服务，为领导出谋划策。
工作观念	从封建的官本位行政观念，转变为现代的以人民为中心的发展思想的执政理念。
工作模式	从传统的文牍主义转变为现代的信息观念。
工作思路	从收发传递信息转变为综合处理利用信息。
工作方法	从凭经验办事转变为运用先进手段实行制度化、规范化、科学化管理。
工作基点（着眼点）	从被动服务转变为主动服务。

五、办公室工作应树立的几个意识

政务意识	办公室要贴近领导,直接辅助领导,为领导服务。在其掌管事务、辅助政务、综合服务的诸多基本职能中,工作重点应该是辅助政务。只有把办文办会、信息调研、督促检查、综合协调和值班工作作为办公室的重点工作,才能抓到点子上,才能有效地发挥其参谋助手作用。 办好事务只是服务的低标准,只有辅好政务,才是服务的高标准。必须在服务工作中强调政务,在事务工作中体现政务。 要学会"弹钢琴",把握好全局的"一盘棋",既要突出重点,又要兼顾全面。
全局意识	办公室工作中要注意细节的放大效应、预测效应,牢记"三个无小事":领导身边无小事,办文工作无小事,办公室工作无小事。 要做到顾大局,识大体;凡事大处着眼,小处着手;把握"举轻若重"的思想方法和工作方法;要努力做正确的事,正确地做事。
服务意识	服务是办公室工作的本质属性,综合服务是办公室的基本职责。 要确保工作到位不越位,积极办事不多事,认真服务不添乱。要善于换位思考,凡事设身处地为服务对象着想。要学会服务中滋润修养,服务中扩大见识,服务中增长才干。要树立新的服务理念:不愿服务的人不宜到办公室工作;不会服务的人搞不好办公室工作;不善主动服务的人协调不好办公室工作。力求做到领导满意、部门满意、职工满意。
创新意识	要明确办公室工作创新的必要性,做到有为才有位。对办公室工作而言,创新是社会发展的需求、领导政绩的需求、领导视角的需求、部门职工评价需求,也是本身工作价值的需求。 要了解办公室工作创新的艰巨性,有为莫乱为。服从性使办公室大量工作要围绕主要领导转;中枢性使办公室工作思路要考虑全局平衡性;事务性使办公室工作精力要用于大量琐碎具体事务。 要探索办公室工作创新的闪光点,有位更有为。做到人无我有,人有我新,人新我精,树立精品意识,努力打造办公室工作的品牌。
忧患意识	习近平同志一再告诫各级干部特别是领导干部"增强忧患意识、防范风险挑战要一以贯之"。这也是对办公室人员的要求。出于深化改革开放的必然要求,"矛盾凸现期"的形势要求,领导近身的严格要求,办公室工作的精细化要求,社会、工作竞争的进取要求,办公室人员必须强化忧患意识,居安思危,善于问题引领,未雨绸缪,防患于未然,常怀忧患之思,常怀自警之心。 要把忧患意识落实到办公室实际工作中,要从社会、单位、办公室工作、个人等多层面思考问题;要有预见性地考虑问题,把可能遇到的困难估计得充分一些,把应对困难的措施考虑得周全一些;要坚持用辩证唯物主义的立场、观点和方法研究问题,善于辩证地、全面地看待成绩与问题、历史与现实、集体与个人、上级与下级等等各种关系;要以长远观看待问题,风物长宜放眼量,要不断增强使命感、责任感,更加勤勉地工作,更加严格地自律,更加自觉地服务为民,始终保持开拓进取的锐气。

续表

自律意识	办公室工作人员要树立自律意识，一是因为自律是一种党性修养、人格修养；二是因为人格的尊重是每个人的基本需求，现代人要努力提升自己的人格魅力，首先需要自律；三是因为办公室人员所处的特殊地位，尤其要强化自我人格意识，做到自尊、自重、自强、自律。 自律要求办公室人员要树立一种形象，即正人君子形象。做到两个受得：受得寂寞，受得委屈，廉不诉穷，勤不诉苦；具备委曲求全的心态和胸怀，正确对待工作压力、领导批评、部门误解、群众指责、社会偏见。把稳三个防线：不放松思想防线，不逾越道德红线，不触碰法纪"高压线"。注重四个谨慎：薄礼面前慎微、盛情面前慎软、"隐贿"面前慎独、"功成行满"慎终。抵住五种诱惑：权、财、色、赌、毒的诱惑。
质量意识	办公室工作要高效优质，这是行政效能建设的需要，是精细化管理的要求，是机关单位行政管理"三化"（制度化、规范化、科学化）的基点。 这就要求办公人员思想上必须是开放型的，要从传统的思维模式中解放出来，从"左"和"右"的思想禁锢中解放出来，从"本本"的枷锁中解放出来，不唯上、不唯书，坚持求真务实的思想路线和工作作风。业务上必须是开拓型的，工作思路能够拓宽新的视野，业务能力能够打开新的领域，工作效果能够开创新的局面，处理事务能够彰显三种能力——拓新能力、分析处理问题的能力和协调沟通能力。作风上必须是高效型的，要从形式主义的束缚中解脱出来，有极强的时间效益观和务实的评价观，注重落实和执行力，有"说了就算、定了就干、干就干好"的良好工作品格。 要努力实现行为规范、运转协调、处理迅速、公正透明、成本低廉、质量上乘、各方满意的工作目标和质量标准。
成才意识	要充分认识办公室成才环境和条件：领导身边能够学习领导管理、为人处世经验；综合部门有利于练就全方位工作本领；中枢地位能够增加人流、信息流资源；政务服务工作的需要迫使办公室人员必须积极"充电"、加强理论学习，才可能造就为"笔杆子"和"综合型"人才。 要努力把握成才机遇：要养成善思、勤学、肯干的敬业思想、从业习惯，积极工作，努力实践，提高综合能力；勤奋学习提升理论水平和理性思维能力；善于积累具备广博信息；学会沟通协调，营造和谐人际环境和良好成才环境。 要树立"以人为本首先必须以人的健康为本"的健康理念，注重身心健康，以健康的身心更好地搞好办公室工作。

第一部分 公文处理工作规范

顾　问：杨　戎　四川大学教授
主　编：赵德强　中共成都市委办公厅秘书处处长
副主编：李　祥　中共成都市青白江区委办公室副主任、机要局局长，青白江区保密局局长
　　　　黄海琦　中共彭州市委副秘书长、中共彭州市委办公室副主任
　　　　熊烈健　中共双流县委办公室副主任
参　编：张　鹏　中共成都市委办公厅秘书处主任科员
　　　　王祖明　中共成都市委办公厅秘书处副主任科员
　　　　邓斗星　中共成都市青白江区委办公室科长
　　　　谢宗刚　中共彭州市委办公室科长
　　　　杨晓芬　中共双流县委办公室科长
　　　　叶黔达　中共四川省委党校（四川行政学院）教授

公文是党政机关、人民团体、企业事业单位在管理过程中所形成的、按照规定程序办理并在法定范围内使用的、具有特定效力和规范体式的文书，是传达贯彻党和国家的方针、政策，发布行政法规、规章和管理规章，施行行政措施和领导管理职能，请求和答复问题，指导、布置和商洽工作，报告情况，交流经验的重要手段和工具。

公文处理工作是指公文拟制、办理、管理等一系列相互关联、衔接有序的工作。公文处理是党政机关、人民团体、企事业单位在管理中一项经常性的重要工作，也称文书处理、文件处理。

一、公文的特点和公文处理的任务、特点、原则、要求及行文制度

（一）公文的特点

公文的特点	作者的法定性	只有依法成立并能以自己的名义行使权力和担负义务的组织或其法定代表人才能充当公文的作者。
	特殊的工具性	公文是各级党政机关、社会团体、企事业单位传达贯彻党和国家的方针政策、实施领导与管理、办理各项公务的重要工具。
	法定的权威性	公文在法定的时间、空间范围内，对受文对象行为有不同程度的约束力，具有强制阅读、强制执行或强制复文等执行效力。
	文种的法定性	有关法律法规和《党政机关公文处理工作条例》等规范性文件对公文文种的含义、使用范围都有相应的规定，这种规定赋予其法定性，要按照规定选用文种。
	体式的特定性	《党政机关公文处理工作条例》和《党政机关公文格式》国家标准都对公文的版式和公文体式作了明确规定，公文体式的规范化，有利保证公文的特定效力。

续表

公文的特点	严格的程序性	公文制发必须履行法定程序与审批手续才合法有效。
	客观的真实性	公文一定要叙真事、说真话、讲真理。

（二）公文处理的任务

公文处理的任务和具体工作	主要任务		及时、准确、安全地处理、控制和管理公文，充分发挥公文的作用，保障机关单位正常运转，为实施领导和管理服务，为中心工作服务，确保组织权威和政令畅通。
	具体工作	公文拟制	包括公文的起草、审核、签发等程序。
		公文办理 收文办理	包括签收、登记、初审、承办、传阅、催办、答复等工作。
		公文办理 发文办理	包括复核、登记、印制、核发、传递等工作。
		公文办理 整理归档	包括公文材料的日常管理和收发文办理过程中形成的文书档案资料的收集整理、立卷归档、提供利用等工作。
		公文管理	包括公文保密、印发传达、翻印复制汇编、撤销和废止、清退销毁、移交、发文立户等公文的具体管理工作。
		督促检查	文件贯彻落实情况的督促检查工作。
		领导同志交办的有关公文处理的其他工作。	

（三）公文处理工作的特点

公文处理工作的特点	政治性	公文是为党政机关、企事业单位实施领导、管理服务的，是为促进科学发展、构建和谐生活、建设社会主义现代化服务的，是为传达、贯彻党和国家的方针、政策，指挥指导工作服务的，因此都具有较强的政治性、政策性。而涉及公文撰制、办理、管理的公文处理工作，自然也有较强的政治性、政策性。离开了公文处理工作，公文本身的政治性、政策性是无从体现的。
	服务性	公文处理工作较强的服务性，体现在它的从属性、被动性和事务性上。 第一，公文处理工作总是为一定的集团实施领导和管理而设置的，总是从属于领导工作的。 第二，公文处理工作又是被动的。公文撰制，必须按领导意图、决定以及工作需要而定；收文处理，必须从收文的实际出发来开展工作。公文处理工作人员的工作主动性，总是寓于公文处理工作的被动性之中的。 第三，公文处理工作大量的是事务性工作。公文处理工作人员则是埋头苦干、乐于奉献的无名英雄。
	机要性	各级党政机关、单位的公文处理，都要不同程度地接触到党和国家的各种秘密，具有极强的机要性、保密性。
	时效性	公文精简高效的要求，决定了公文处理的时效性。公文处理不及时，就会影响行文目的的实现，甚至在政治、经济上造成损失。尤其在实行改革开放、更注重时间的经济效益的信息社会的新形势下，公文处理的时效性表现得更为突出。必须增强时间观念，讲求办文效率，保证每一件公文的及时处理。

续表

公文处理工作的特点	技术性	公文处理工作是一项技术性、规律性极强的工作，随着现代办公技术的广泛应用，公文处理工作技术性强的特点就更为突出。领导干部、管理人员都不能鄙薄公文处理工作，而要认真学习公文处理知识，掌握公文处理工作规律和方法，实现公文处理工作规范化、科学化，提高办文效率，进而提高工作效率。
	程序性	收发文办都有若干衔接有序的工作环节，且每个环节是相对独立存在的，均具有特定的内容与功能，在一般情况下不宜随意跳跃某个环节，否则可能影响其效用和质量。
	规范性	公文处理的各个环节工作须遵循公文处理规则和各项规范，使公文处理规范化、标准化，维护机关单位的权威和形象。

（四）公文处理的原则、要求

《条例》规定："公文处理工作应当坚持实事求是、准确规范、精简高效、安全保密的原则。"根据公文处理的基本原则，结合工作实际，对公文处理工作有以下要求。

公文处理工作要求	必须坚持实事求是的思想路线和工作作风	公文处理要办实事，重实效。 （1）行文应当确有必要。要根据实际需要发文，不必发的坚决不发，可发可不发的文不发，杜绝乱发滥送，避免重复行文。 （2）拟文应当切合实际。要坚持对领导负责和对人民群众负责的一致性，吃透两头。既要如实反映领导意图，按领导指示办事，又要从实际出发，如实反映群众意愿。要注重针对性和可操作性。 （3）办文应当讲求实效，不搞形式主义。
	必须坚持依法行文	（1）要依法确定发文机关和单位，公文作者必须依法成立并具有法定职权，必须在作者职权范围内依法制发公文，越权制发无效。 （2）公文内容要合法。 （3）公文特别是党政机关公文的文种，必须按有关法律、法规和规章的规定选用。 （4）制发公文必须履行法定生效程序与审批手续。
	必须准确规范，保证行文质量	准确是公文处理工作的生命线，规范是保证公文质量的前提。 （1）严把公文质量关。要强化责任意识和质量意识，切实把准确规范的要求贯穿于公文起草、审核、印制等各个环节，体现到公文的思想内容、文字表述等各个方面，严谨细致，努力实现零失误。 （2）严把公文程序关。严格遵循《条例》在公文文种、格式、行文规则、公文管理等方面的要求，按程序、按规矩办公文，以公文处理的规范化和高质量，确保公文的严肃性和权威性。 （3）严把公文出入关。要按照《条例》的规定，坚持标准、从严要求，把好关口。不让质量不合格的公文发出去，不让不符合行文规则和起草要求的公文收进来，以确保公文处理的整体质量。为此，必须科学而严密地组织公文处理工作，严格执行各项规章制度；明确各个工作环节的职责、指标，建立目标管理制度，权责清楚；严格评比，赏罚分明；文书处理人员必须不断提高理论与业务水平以及文字能力，熟悉机关的业务与职权范围以及机构设置、人员配备情况，培养踏实、细致、认真负责的工作作风。

续表

公文处理工作要求	必须精简高效，提高公文处理工作效率	（1）要尽量少发文、发短文，做到少而精。要压缩和控制发文数量，限制公文篇幅，倡导短风、狠刹长风；大力倡导说实话、说新话、说管用的话，千万不要说空话、虚话、套话。 （2）公文处理要迅速及时，讲求效率。要切实增强效率观念，减少公文运转层次，简化手续，优化办文工作流程，完善运行机制，促进收发文各环节快速运转，最大限度缩短公文处理时间，确保不积压、不拖延、不误事；要加强催办和督促检查，保证公文及时处理，承办落实，及时办复。 （3）要科学、合理地划分机关单位公文处理部门和各业务部门在公文处理过程中的职责范围、工作任务，建立科学的工作秩序、公文处理工作程序，使办文工作忙而不乱，井然有序，高效优质。 （4）推行公文标准化，逐步实现公文处理现代化。 （5）要建立健全应急办文机制，对办文中出现的突发事件能够规范及时妥善处理。 （6）公文处理工作人员要加强工作责任心，讲究工作方法，树立时间观念，讲求工作效率。
	必须实行集中统一管理	统一领导：由秘书长或办公厅（室）主任集中统一领导、统一组织安排本单位公文处理工作。
		建立机构：由机关的办公厅（室）主管本机关单位并负责指导、督促检查下级机关单位的公文处理工作。各级机关单位的办公厅（室）应当设立文秘部门或者配备专职人员负责公文处理工作。
		健全制度：要依据《条例》《党政机关公文格式》国家标准和上级有关规定，结合本单位办文实际，建立健全本机关单位公文管理制度，确保管理严格规范，充分发挥公文效用。如建立健全并执行统一的岗位责任制、行文制度、公文办理、运转制度、保密制度、催办查办制度、立卷归档制度等，以实现公文处理制度化、规范化、科学化。
		集中管理：应由机关单位公文处理部门或公文处理工作人员统一负责公文处理工作。其他部门和人员不得私自签收、拆取、保存和销毁公文。机关单位领导或其他部门代收的文件、会议材料、代拟的文稿，都应交公文处理部门统一登记处理。
	必须及时、迅速，提高效率	（1）科学、合理地划分机关公文处理部门和各业务部门在公文处理过程中的职责范围、工作任务，建立科学的公文处理工作程序，使办文工作忙而不乱，井然有序，高效优质。 （2）减少公文运转层次，使公文合理分流，加快传递和办理；明确规定办文时限，坚持急事急办，特事特办，以免误事。 （3）加强催办和督促检查，保证公文及时处理，承办落实，及时办复。 （4）推行公文标准化，逐步实现公文处理现代化。 （5）公文处理工作要加强工作责任心，讲究工作方法，树立时间观念，讲求工作效率。
	必须确保公文处理工作安全保密	安全保密是公文处理工作的底线，要确保秘密文件绝对安全，不失密、泄密。 （1）严格遵守《保密法》等保密法律、法规和《条例》有关安全保密的规定，建立健全本单位公文安全保密制度，增强保密观念，树立保密意识，认真执行保密纪律，严格控制知密范围。涉密公文密级的确定、标注、印制、传递、保管、复制汇编、清退销毁，都要严格按照保密规定操作。 （2）设立党委（党组）的县级以上单位应当建立机要保密室和机要阅文室，并按照有关保密规定配备工作人员和必要的安全保密设施设备。 （3）要加强办公自动化新形势下的公文保密工作。要妥善处理好政务公开与安全保密的关系。

续表

必须反对文牍主义、形式主义和官僚主义	反对无论大事小事一律依赖公文解决，以公文为万能的文牍主义；反对只顾发文不管贯彻执行，不抓督促检查的形式主义；反对脱离实际、照本宣科、照抄照转、不顾民情、高高在上瞎指挥的官僚主义。 （1）简政放权，充分调动各级部门的创造性与积极性，改变事权过于集中的弊端。 （2）改进工作作风，深入调查研究，提高公文写作质量，提倡写短文、写实文，反对说假话、大话、空话。 （3）严格把关，认真审核，提高发文质量，控制发文数量。 （4）严格控制公文流向，避免滥抄滥送；对于越级越权行文、多头主送、一文多事、涉及其他部门职权范围而未经协商取得一致意见而贸然行文的公文，要退回发文单位或控制处理。

（五）公文的行文制度

在公文处理中必须遵守的规定、规范、规则，通称公文的行文制度。它包括行文关系、行文方向、行文方式和行文规则。在公文处理工作中，任何机关、单位都必须按照规定的行文关系，选择恰当的行文方向和行文方式，遵守行文规则来行文。

公文的行文制度	行文关系	领导关系	处于同一组织系统的上下级机关或组织间存在领导被领导的关系，即领导关系，又称隶属关系。
		指导关系	同一组织系统内上级主管业务部门与下级主管业务部门有指导被指导关系，即指导关系。
		平行关系	处于同一组织系统的同级机关或组织是平行关系。
		不相隶属关系	非同一组织系统的任何机关、单位间均为不相隶属关系。
		\multicolumn{2}{l}{由于行文关系不同，在行文时使用的文种和语气也就不同。如有隶属领导关系的上级机关可以向下级下命令、作指示，而有指导关系的上级业务主管部门可以对下级业务部门发通知、作批复，却不能作指示、下命令，只能规划、协调、指导、检查主管的业务工作。又如平行关系的同级机关之间、不相隶属关系的任何单位之间，彼此不存在领导、指导关系，相互之间告知事项、联系工作、商洽业务、请求批准或者批准有关事项，都只能用函，而不能使用请示、报告、批复等文种。 涉及这些工作关系的行义关系诸如行政执法关系、管理与被管理关系、统管与协作关系、监督与被监督关系等等，都必须遵循和服从于根据隶属关系确定的上述行文关系。}

续表

公文的行文制度	行文方向	上行文	即有领导关系的下级机关、有指导关系的下级业务部门对上级机关和上级业务主管部门的行文。它可采用对上逐级行文、对上多级行文和对上越级行文等方式。
		平行文	指没有领导、指导关系的机关、单位之间的行文，即有平行关系和不相隶属关系的机关、单位之间的行文。
		下行文	即有领导关系的上级机关、有指导关系的上级业务主管部门对下级机关和下级业务部门的行文。下行文可采用对下逐级行文、对下多级行文和对下直接行文等方式。
		注意	不能只凭文种来判定其行文方向，有的文种如意见，既可作上行文，又可作下行文、平行文。要从每一篇公文的发文机关（单位）、主送对象来确定其行文方向。
	行文方式	逐级行文	指按组织系统结构层次逐级下达上报，即只对直属上一级或所属下一级机关、单位行文。有领导关系、指导关系的机关（单位）之间，一般应采用逐级行文。逐级行文是上行文、下行文的常用方式。
		多级行文	指同时向上几级或下几级机关、单位行文。必要时下行文可采用多级行文，以省去逐级转发的程序，使下级组织迅速了解上级文件精神，提高办文效率。问题重大急需使直接上级和更高的上级机关同时了解公文内容的特殊情况下，上行文才可采用多级行文。
		越级行文	指超过直接上级或直接下级机关径向其他上级或下级机关行文。除非出现特殊情况，一般都不要越级行文，其中尤以对上行文中的请示要求最为严格。
		越级行文特殊情况	（1）情况特殊、紧急，逐级上报下达会延误时机造成重大损失时。 （2）经多次请示直接上级机关，问题长期未予解决时。 （3）上级机关交办并指定越级上报某些事项时。 （4）检举、控告直接上级机关时。 （5）直接上下级机关产生争议且无法解决时。 （6）需直接询问、答复、联系具体事项时。 （7）反映或处理不涉及直接上级或直接下级机关职权范围的偶发事件或问题时。 越级行文一般应当抄送越过的上级或下级机关。
		直接行文	（1）指不相隶属机关之间或平行机关之间的行文。 （2）指直接向基层单位、人民群众传达党和国家方针、政策、法规、规章或重大事项的行文。为提高公文传递效率，便于公民参政议政，了解国家大事，可经批准后直接在报刊上发布公文，各方面应视为正式公文遵行。如不另行文，应在报刊上注明。
	行文规则	行文要求	《条例》明确规定："行文应当确有必要，讲求实效，注重针对性和可操作性。" （1）严格文件审发制度，建立精简文件责任制。各个环节负责人在审核、签发、复核发出的公文时，都要坚持按实际需要发文，审查该不该行文，该用什么名义行文。 （2）要严格控制发文数量。没有实质内容，可发可不发的文件，一律不发。不要重复发文，减少层层转发，避免一项工作多次行文。

续表

		（3）未经党委、政府批准，各部门、各议事协调机构不得向下级党委和政府发布指令性公文，也不得要求下级党委和政府报文。各部门、各议事协调机构的文件，不得要求下级党委和政府转发。临时机构一般不对外发文。 （4）要正确区分行文方向的主次，有效控制抄送公文的范围，以保证公文能迅速有效地得到处理。除普发性文件外，通常一件公文只以一个机关为主送机关。一切与公文的办理、答复、执行无关的，不具备了解公文内容资格与必要性的机关或组织一律不予抄送。 （5）除领导人交办的事项和需要直接报送领导人的绝密事项、紧急重大突发事件外，不得以机关、单位及其负责人的名义，向上级机关领导者个人报送请示、报告，也不得以内部签报、白头信函等形式代替需要上级审批的公文直接报送上级机关领导者个人。确系按领导同志专项交办事项报送的文件，应在文中予以说明。
	按行文关系行文	行文关系根据隶属关系和职权范围确定（详见前述行文关系）。 一般不得越级行文，特殊情况需要越级行文的，应当同时抄送被越过的机关。 归口管理的企事业单位，一般不能直接向党委、政府行文。确因工作需要，应向其主管部门行文；确有必要再由主管部门向党委、政府行文。作为非上下级的不相隶属关系，企事业单位，一般应用"函"向相应职能机关行文，包括行文请求审批有关事项。
	上行文规则	（1）原则上主送一个上级机关，根据需要同时抄送相关上级机关和同级机关，不抄送下级机关。 （2）党委、政府的部门向上级主管部门请示、报告重大事项，应当经本级党委、政府同意或者授权；属于部门职权范围内的事项应当直接报送上级主管部门。 （3）下级机关的请示事项，如需以本机关名义向上级机关请示，应当提出倾向性意见后上报，不得原文转报上级机关。 （4）请示应当一文一事。不得在报告等非请示性公文中夹带请示事项。 （5）除上级机关负责人直接交办事项外，不得以本机关名义向上级机关负责人报送公文，不得以本机关负责人名义向上级机关报送公文。 （6）受双重领导的机关向一个上级机关行文，必要时抄送另一个上级机关。 这样做有利于上级机关之间、上下级机关单位之间工作的协调、关系的协调。 （7）注意协调一致。党委、政府所属部门上报党委、政府审批或批转的文件以及为党委、政府代拟的文稿，应严格执行会签会办制度。凡文件内容涉及其他部门工作职权范围的，主办部门应事先同有关部门协商，取得一致意见，并经有关部门领导会签后上报。对未能取得一致意见的问题，主办部门主要负责人要主动与有关部门协调。
	下行文规则	（1）主送受理机关，根据需要抄送相关机关。重要行文应当同时抄送发文机关的直接上级机关。 （2）党委、政府的办公厅（室）根据本级党委、政府授权，可以向下级党委、政府行文，其他部门和单位不得向下级党委、政府发布指令性公文或者在公文中向下级党委、政府提出指令性要求。需经政府审批的具体事项，经政府同意后可以由政府职能部门行文，文中须注明已经政府同意。

续表

		（3）党委、政府的部门在各自职权范围内可以向下级党委、政府的相关部门行文。 （4）涉及多个部门职权范围内的事务，部门之间未协商一致的，不得向下行文；擅自行文的，上级机关应当责令其纠正或者撤销。 （5）上级机关向受双重领导的下级机关行文，必要时抄送该下级机关的另一个上级机关。
	联合行文规则	同级党政机关、党政机关与其他同级机关必要时可以联合行文。属于党委、政府各自职权范围内的工作，不得联合行文。 联合行文的发文机关应为同级机关，即各联署机关行政层级应相当。层级指同一管理层级，如省级层面、市级层面、县级层面各为同一层级。 联合行文应当确有必要，即要有涉及共同管理的事项或者有关联的事项。且联署机关不宜过多，避免权责不清，互相推诿。 党委、政府及其部门与同级军队机关及其部门可以联合行文；但党、政、军机关，应尽可能减少联合行文。党委、政府部门根据工作需要和联合行文的条件，可与同级特定群众团体机关和行使行政职能的事业单位联合行文。 联合行文应当明确牵头、主办机关，行文时将牵头、主办机关排列在前。
	部门行文规则	党委、政府的部门依据职权可以相互行文。 部门内设机构除办公厅（室）外不得对外正式行文。 部门之间在各自职权范围内相互发布、传达要求周知或者执行的事项，一般用"通知"或"函"行文。部门之间在各自职权范围内相互请求批准和答复审批事项，应当用"函"行文。 党委、政府批准设置的议事协调机构，可以向其组成单位和下级机关相应的议事协调机构行文，也可以向批准它成立的党委、政府行文。一般应以议事协调机构如领导小组名义向党委、政府行文，而不是以其办公室名义。

二、收文办理

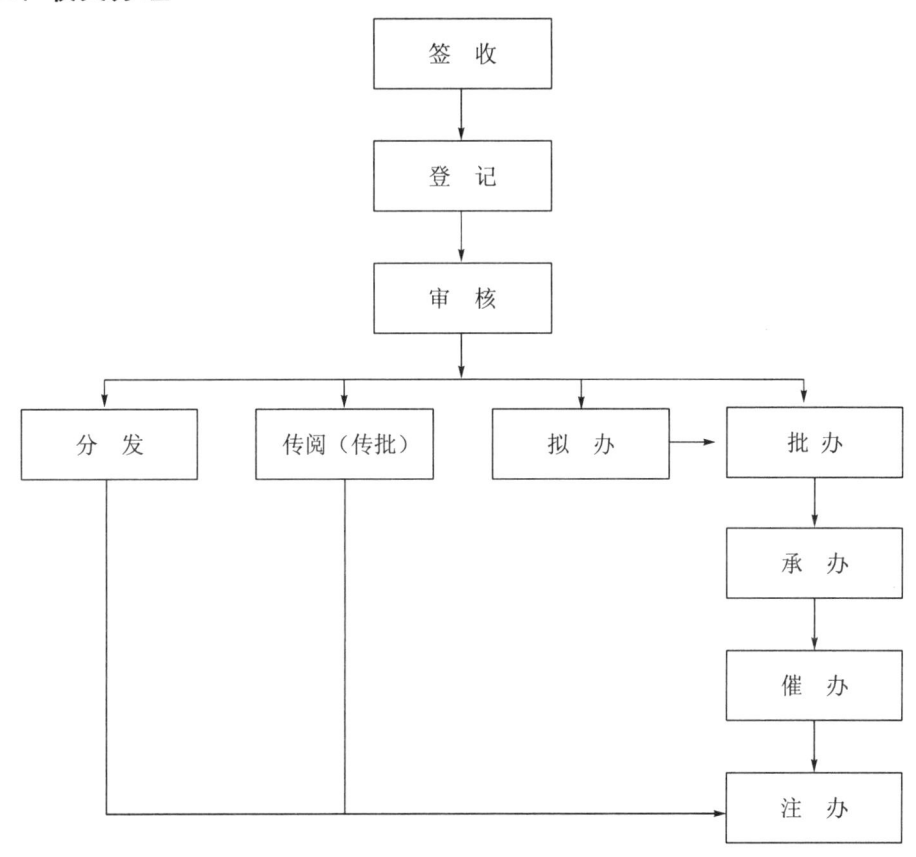

```
          ┌─────────┐
          │  签 收  │
          └────┬────┘
               ↓
          ┌─────────┐
          │  登 记  │
          └────┬────┘
               ↓
          ┌─────────┐
          │  审 核  │
          └────┬────┘
    ┌──────┬───┴───┬──────┐
    ↓      ↓       ↓      ↓
 ┌─────┐┌───────┐┌─────┐┌─────┐
 │分 发││传阅(传批)││拟 办│→│批 办│
 └──┬──┘└───┬───┘└─────┘└──┬──┘
    │       │               ↓
    │       │            ┌─────┐
    │       │            │承 办│
    │       │            └──┬──┘
    │       │               ↓
    │       │            ┌─────┐
    │       │            │催 办│
    │       │            └──┬──┘
    │       │               ↓
    └───────┴──────────→┌─────┐
                        │注 办│
                        └─────┘
```

（一）收文处理程序

签 收

收文时应逐件清点，重要公文要逐页清点，并以签字或盖章的方式签收。如发现问题（如散包、被拆、错送、错投等）须及时向发文机关查询并采取相应的处理措施。紧急公文应注明签收的具体时间。

登 记

登记应将公文标题、密级、发文字号、发文机关、成文日期、主送机关、份数、收发文日期、收文序号及办理情况逐项填写清楚。一般应将上级机关来文、同级机关来文、下级机关报文、不相隶属单位来文分开登记。收文登记的具体做法由各机关根据具体情况自行确定并做到规范化。

审 核

对收文特别是需要办理的公文,秘书部门应当审核。审核的重点:是否应由本机关办理;是否符合行文规则;内容是否符合国家法律、法规及其他有关规定;涉及其他部门或地区职权的事项是否已协商、会签;文种使用、公文格式是否规范。对不符合规定的公文,可以退回呈报单位并说明理由。

分 发

对只需阅知不需办理的公文,由秘书部门根据公文内容、阅读范围、领导分工或经批准确定的公文分送范围,将公文分送有关领导人和部门。公文分发要严格按照规定的阅读范围执行,不得随意扩大或缩小分送范围,如需调整阅读范围需经领导批准。

传阅(传批)

秘书部门根据领导人批示或授权,按照一定的程序将公文送有关领导人阅知或批示。一般原则是,传阅公文应按领导人排序由前向后递送,传批公文应按领导人排序由后向前递送。传阅、传批公文应随时掌握去向并做好记录,避免漏传、误传和延误。除特殊情况外,公文一般不在领导人之间进行横向传阅、传批,以免失控、丢失。需要送请领导人阅批的传真原件,应复印后办理,以利长期保存。

拟 办

对需要办理的公文由秘书部门提出办理意见。对上级机关来文需要传达、贯彻执行,或同级机关、下级机关、不相隶属单位来文需要答复和办理的公文,应按有关规定提出明确的办理意见(包括需送领导人和部门阅知的范围、需提请有关会议集体审议或领导人审批的意见、需转请其他主管部门研办的建议等),然后将拟办意见与有关背景材料送领导人审签。对紧急公文应当明确办理时限。

批 办

即指机关(单位)领导同志对需要办理的重要公文作出执行或办理的批示意见,并签署姓名、日期。批办主要有两种情况:一是领导同志针对拟办建议意见作出批示,二是领导同志在阅读公文中对没有拟办建议意见的公文批示给相关单位和个人参阅、研究、贯彻、办理等。批办要注意:一是批办意见要准确。应写明处理的原则、方法和要求,承办的部门和时限,以便于承办单位办理,要避免过于原则和意图不清,使承办单位不知如何办理,对于需要两个以上的部门或人员共同办理的,应指定牵头和主办者,需要传阅、传达的文件,应批明传阅对象或传达范围。二是要适度确定批办文件的范围。不能件件文件都送领导批办,增加领导的负担,对于常规型例行公文一般由秘书部门提出处理办法经领导同意后,按此直接分送或承办处理,可不再送领导批办;重要文件或首次来文应先送领导同志阅批,请示应提出拟办意见再送领导同志批示。三是提高批办效率。及时批办,防止积压,重要、紧急公文要先批办。对已批办公文加强催办、查办,防止延误。

承办

主管部门根据上级会议议决事项或领导人批示对需要办理的公文进行办理。凡属承办部门职权范围内可以答复的事项，承办部门应直接答复呈文机关，同时将办理情况报交办机关；凡涉及其他部门业务范围的事项，承办部门应主动与有关部门协商办理；凡需报请上级机关审批的事项，承办部门应提出处理意见并代拟批复文稿一并送请上级机关审批。紧急公文应当按时限要求办理，确有困难的，及时予以说明。对不属于本部门职权范围或者不宜由本部门办理的，应及时退回交办的秘书部门并说明理由。

催办

秘书部门对公文的承办情况进行督促检查。对紧急或重要公文应及时催办，对一般公文应定期催办，并及时向领导人反馈办理情况。

注办

承办人在公文办理完毕后，对其办理结果在文件处理单上或者登记簿上作简要注明，以便于公文的管理与查考。对已办复的公文，注明复文的日期与发文字号；对用其他方式办理的公文，注明承办单位、承办人姓名与办理的结果、日期。

（二）收文的分类办理

请示的办理	审核签收
	分送办理
	拟办送审
	批复办理
会议（活动）通知的办理	审核签收
	分送办理
	拟办送审
	通知提醒
函件及其他需办理收文的办理	审核签收
	分送办理
	拟办送审
	函复办理
阅件的办理	审核
	分送

1. 请示的办理

审核签收	对报送的请示须先审核，确定是否接收办理。 主要从以下几方面审核：请示事项是否属于本机关（单位）职能职责范围，是否应该本机关（单位）办理；报请和主送机关（单位）名义是否正确，有无越级请示、多头请示或请示名义不当；请示是否一文一事；行文是否符合其他行文规则和格式规范。 如果符合要求则签收、登记，进入办理程序，否则予以退文。
分送办理	根据请示事项按照本机关（单位）领导分工或内设机构分工，将请示分送有关领导批示或机构研究处理。如涉及多个机构的，要明确主办机构与协办机构。在分送中要履行签字手续，以明确责任。
拟办送审	根据有关政策规定和实际情况，提出处理意见建议，并填写请示处理单，按程序送相关领导审签。拟办意见应态度明确、建议可行，同时附上请示事项涉及的相关背景材料供领导参考。送签中要注意及时跟踪。有些重要事项如果领导个人不能确定，需经会议讨论决定，就要做好会议讨论的准备工作。
批复办理	根据领导批准或会议决定，应及时向请示机关（单位）作出同意或不同意批复或答复。有的还需交有关机关（单位）办理的，应及时交办，同时告知请示机关（单位），并注意跟踪催办，按要求及时回复请示机关（单位）。

2. 会议（活动）通知的办理

审核签收	对会议（活动）通知须先审核，主要审核会议（活动）通知事项是否属于本机关（单位）应该参加，确定是否接收办理。如果符合要求则签收、登记，进入办理程序，否则予以退文。
分送办理	一般情况，根据来文要求参加的会议和活动内容，按照本机关（单位）领导分工或内设机构分工，商请有关领导出席、参加或将会议（活动）通知分送有关内设机构处理。在分送中要履行签字手续，以明确责任。
拟办送审	有些会议（活动）通知可能涉及职责划分不清或交叉，就需要协调参加领导或机构。根据会议和活动内容及本机关（单位）实际情况，提出处理建议意见，并填写收文处理单，按程序送相关领导审签。在拟办中，提出出席、参加领导要充分考虑领导的工作实际，最好事前做一些沟通请示；如涉及多个机构的，要明确主要参加机构。拟办意见应态度明确、建议可行，同时附上有关背景材料供领导参考。送签中要注意及时跟踪提醒领导，如是急件，且领导在外不能审签，应及时电话请示；如需准备会议（活动）文字材料，应及早通知有关领导或相关机构，提前做好准备。
通知提醒	将领导审签同意的会议（活动）通知及时分送有关机构或领导。注意在会议（活动）前提醒领导出席、参加，并做好车辆等后勤保障。

3. 函件及其他需办理收文的办理

审核签收	对收到的函件等须先审核，主要审核是否属于本机关（单位）职能职责范围，确定是否接收办理。如果符合要求则签收、登记，进入办理程序，否则予以退文。
分送办理	根据来文内容按照本机关（单位）内设机构分工，将来文分送有关机构研究处理。如涉及多个机构的，要明确主办机构与协办机构。在分送中要履行签字手续，以明确责任。
拟办送审	根据有关政策规定和实际情况，提出处理意见建议，并填写收文处理单，按程序送相关领导审签。拟办意见应态度明确、建议可行，同时附上有关背景材料供领导参考。送签中要注意及时跟踪。
函复办理	对需要回复的函件，根据领导批准意见或会议精神，对来文机关（单位）作出答复。需交有关机关（单位）办理的，应及时交办，同时告知来文机关（单位），并注意跟踪催办，按要求及时回复来文机关（单位）。

4. 阅件的办理

审核	对报告等各类无须办理、答复的来文须先进行审核，确定是否接收。 审核的重点：是否应该送本机关（单位）阅知；对报送的报告要确定没有在报告中夹带请示事项，确定没有把请示当成报告使用；对送领导个人的报告、呈阅件，确定没有滥送或多头报送甚至可能引起领导之间工作的不便。 经审核如果确需本机关（单位）知晓的来文则签收送阅，如果是乱报乱送或不符合行文规则的来文，则予以退文。
分送	根据来文事项按照领导分工和本机关（单位）内设机构分工，将来文分送有关领导和机构阅知。如来文确有参考价值，可送多个领导和机构阅研。送阅的文件应做好登记，以备查考。

【文例】

中共××市委办公厅收文处理流程

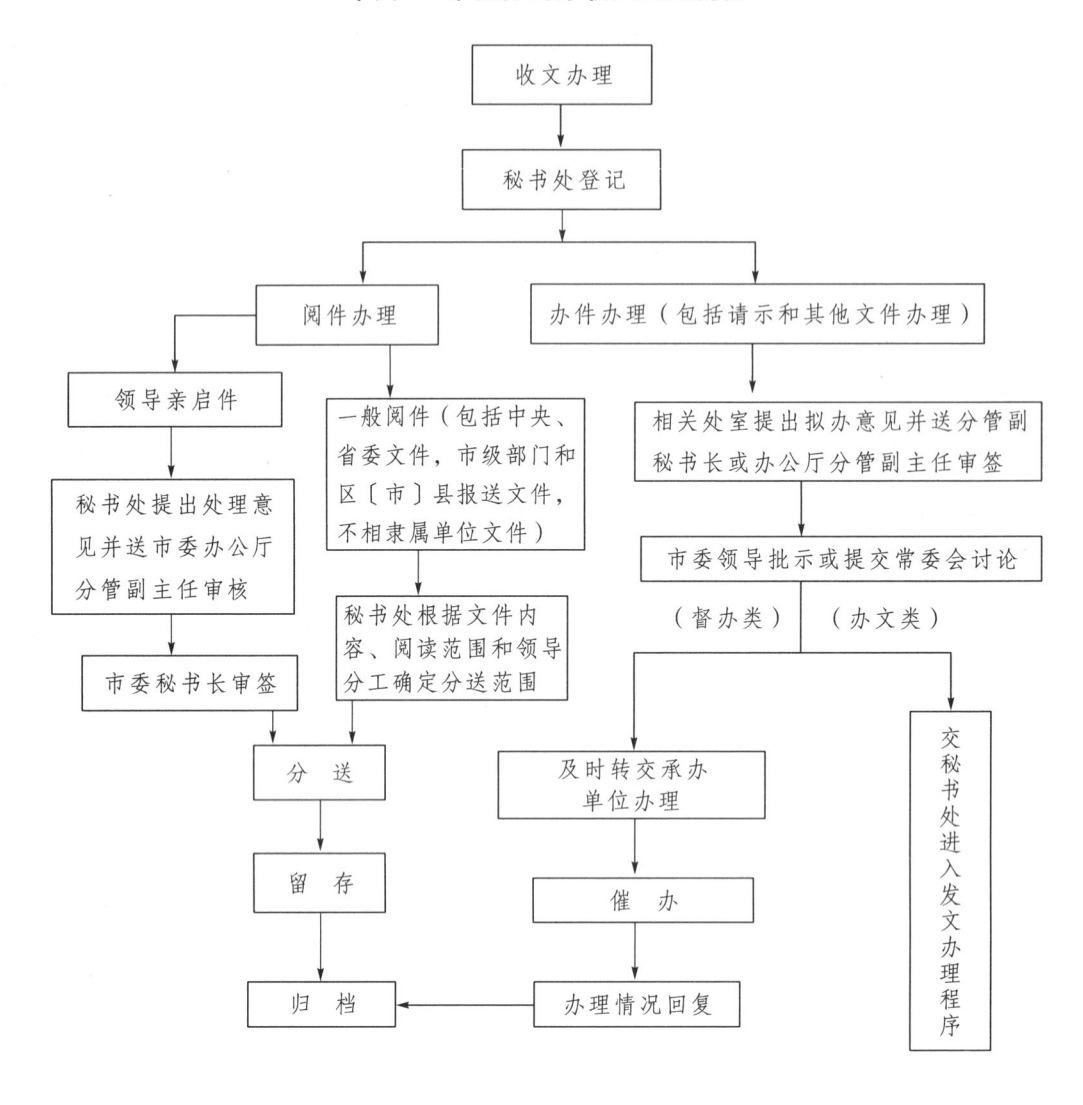

```
                    ┌──────────┐
                    │ 收文办理 │
                    └────┬─────┘
                         ↓
                    ┌──────────┐
                    │ 秘书处登记│
                    └────┬─────┘
            ┌────────────┴────────────┐
            ↓                          ↓
      ┌──────────┐          ┌──────────────────────────┐
      │ 阅件办理 │          │办件办理（包括请示和其他文件办理）│
      └────┬─────┘          └────────────┬─────────────┘
       ┌───┴────┐                        ↓
       ↓        ↓              ┌──────────────────────┐
  ┌────────┐ ┌──────────────┐  │相关处室提出拟办意见并送分管副│
  │领导亲启件│ │一般阅件（包括中央、│  │秘书长或办公厅分管副主任审签│
  └───┬────┘ │省委文件，市级部门和│  └───────────┬──────────┘
      ↓      │区〔市〕县报送文件，│              ↓
 ┌─────────┐ │不相隶属单位文件）│  ┌──────────────────────┐
 │秘书处提出处理意见│└──────┬───────┘  │市委领导批示或提交常委会讨论│
 │并送市委办公厅  │        ↓          └─────┬──────────┬───┘
 │分管副主任审核 │  ┌──────────────┐   （督办类）   （办文类）
 └─────┬───────┘  │秘书处根据文件内│         ↓            ↓
       ↓          │容、阅读范围和领导│   ┌──────────┐  ┌──────────┐
 ┌─────────┐      │分工确定分送范围│   │及时转交承办│  │交秘书处进入│
 │市委秘书长审签│   └──────┬───────┘   │单位办理   │  │发文办理程序│
 └─────┬───────┘         ↓            └─────┬────┘  └──────────┘
       ↓             ┌────────┐              ↓
       └────────────→│ 分 送  │         ┌────────┐
                     └────┬───┘          │ 催 办  │
                          ↓              └────┬───┘
                     ┌────────┐              ↓
                     │ 留 存  │         ┌──────────┐
                     └────┬───┘          │办理情况回复│
                          ↓              └──────────┘
                     ┌────────┐
                     │ 归 档  │
                     └────────┘
```

中共××市××区委办公室收文处理流程

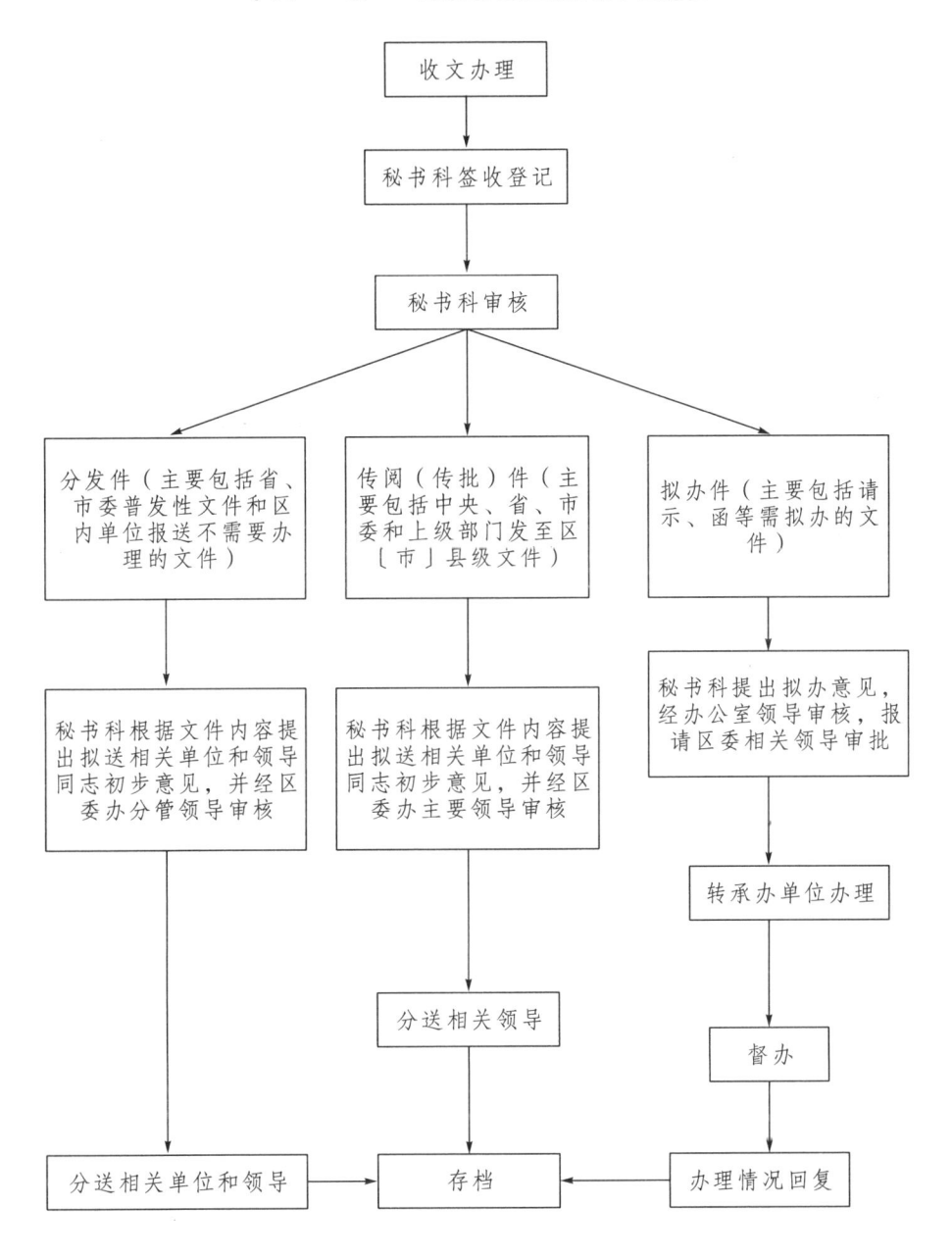

```
                          收文办理
                             │
                             ▼
                       秘书科签收登记
                             │
                             ▼
                         秘书科审核
                             │
        ┌────────────────────┼────────────────────┐
        ▼                    ▼                    ▼
 分发件(主要包括省、    传阅(传批)件(主       拟办件(主要包括请
 市委普发性文件和区     要包括中央、省、市       示、函等需拟办的文
 内单位报送不需要办     委和上级部门发至区       件)
 理的文件)             〔市〕县级文件)
        │                    │                    │
        ▼                    ▼                    ▼
 秘书科根据文件内容提   秘书科根据文件内容提    秘书科提出拟办意见,
 出拟送相关单位和领导   出拟送相关单位和领导    经办公室领导审核,报
 同志初步意见,并经区   同志初步意见,并经区    请区委相关领导审批
 委办分管领导审核       委办主要领导审核
                             │                    │
                             ▼                    ▼
                       分送相关领导          转承办单位办理
                                                  │
                                                  ▼
                                                督办
        │                    │                    │
        ▼                    ▼                    ▼
 分送相关单位和领导  →  存档  ←          办理情况回复
```

中共××市委办公室收文处理程序

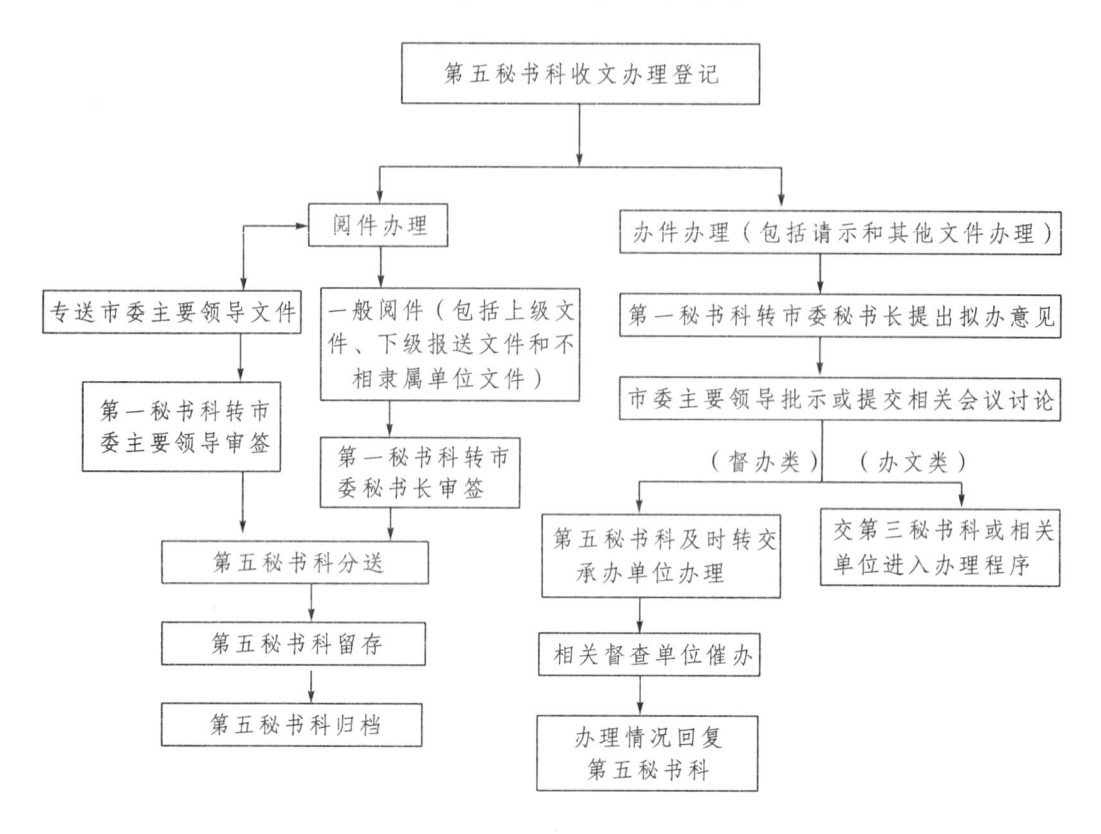

```
第五秘书科收文办理登记
         │
    ┌────┴────┐
   阅件办理   办件办理（包括请示和其他文件办理）
    │              │
    │         第一秘书科转市委秘书长提出拟办意见
    │              │
    │         市委主要领导批示或提交相关会议讨论
    │            （督办类）    （办文类）
```

阅件办理分支：
- 专送市委主要领导文件 → 第一秘书科转市委主要领导审签 → 第五秘书科分送 → 第五秘书科留存 → 第五秘书科归档
- 一般阅件（包括上级文件、下级报送文件和不相隶属单位文件）→ 第一秘书科转市委秘书长审签 →（回到阅件办理）

办件办理分支：
- （督办类）第五秘书科及时转交承办单位办理 → 相关督查单位催办 → 办理情况回复第五秘书科
- （办文类）交第三秘书科或相关单位进入办理程序

××市政府办公室公文办理流程

一、报告

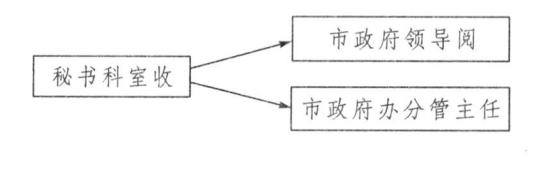

秘书科室收 → 市政府领导阅
           → 市政府办分管主任

二、请示

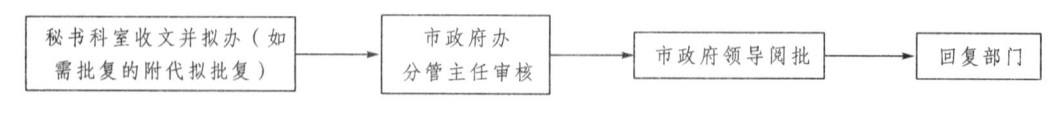

秘书科室收文并拟办（如需批复的附代拟批复）→ 市政府办分管主任审核 → 市政府领导阅批 → 回复部门

三、代拟文件

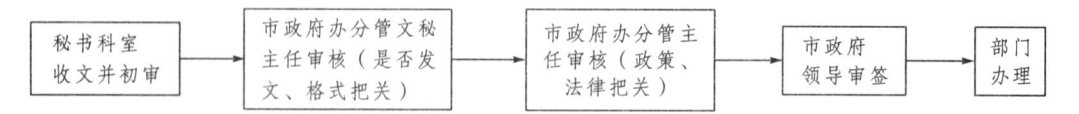

秘书科室收文并初审 → 市政府办分管文秘主任审核（是否发文、格式把关）→ 市政府办分管主任审核（政策、法律把关）→ 市政府领导审签 → 部门办理

— 22 —

四、市政府常务会和市长办公会会议纪要

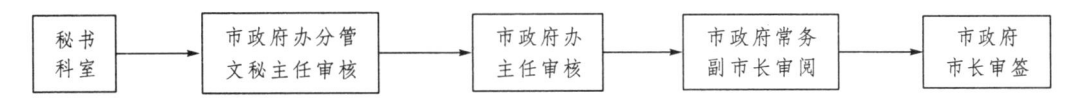

秘书科室 → 市政府办分管文秘主任审核 → 市政府办主任审核 → 市政府常务副市长审阅 → 市政府市长审签

五、专题会会议纪要

秘书科室起草 → 市政府办分管主任审核 → 主持会议的市政府领导审签

六、上级督办件

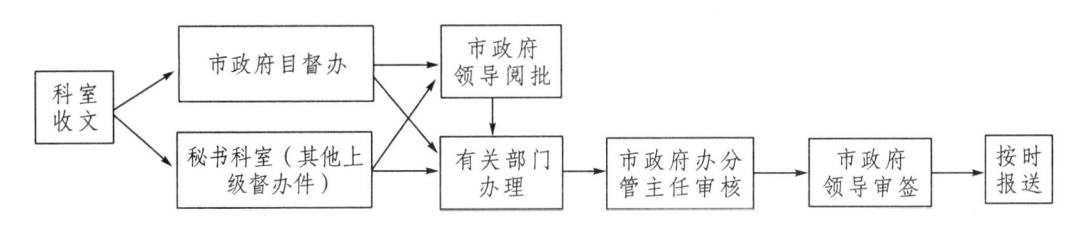

科室收文 → 市政府目督办 / 秘书科室（其他上级督办件） → 市政府领导阅批 / 有关部门办理 → 市政府办分管主任审核 → 市政府领导审签 → 按时报送

七、会议通知

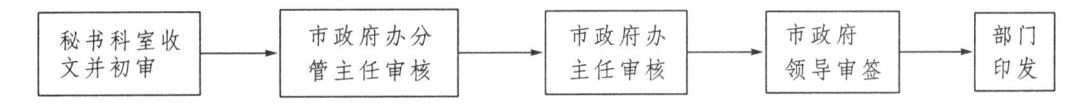

秘书科室收文并初审 → 市政府办分管主任审核 → 市政府办主任审核 → 市政府领导审签 → 部门印发

八、市政府领导批示件

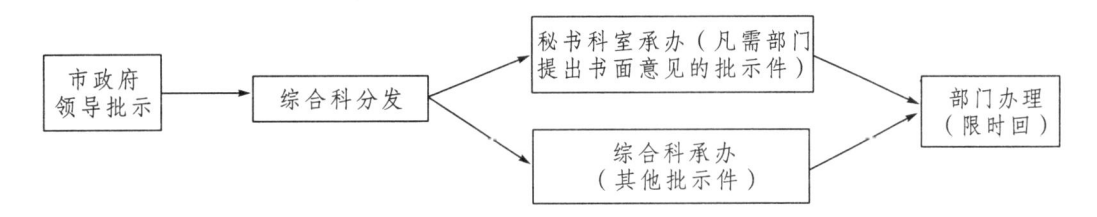

市政府领导批示 → 综合科分发 → 秘书科室承办（凡需部门提出书面意见的批示件）/ 综合科承办（其他批示件） → 部门办理（限时回）

九、例行批复

秘书科室起草 → 市政府办分管主任审核 → 市政府领导审签 → 部门印发

十、规范性文件

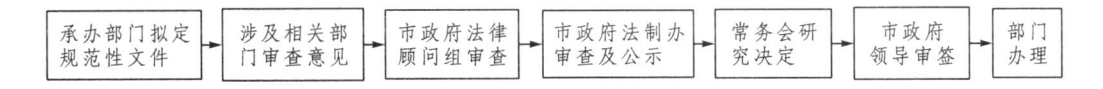

承办部门拟定规范性文件 → 涉及相关部门审查意见 → 市政府法律顾问组审查 → 市政府法制办审查及公示 → 常务会研究决定 → 市政府领导审签 → 部门办理

十一、市委、市政府和市委办、市政府办联合行文

秘书科室收文并初审 → 市政府办分管主任审核 → 市政府办主任审核 → 市委办审核

中共××市委请示处理单

来文单位		收文日期	
文件标题			
主送领导		分送领导	
拟办意见			
分管副主任意见分管副秘书长或			
市委领导批示			
办理结果			

经办人：　　　　　　　　　　　　　　　　　　　　　年　月　日

中共××市委收文承办单

来文单位		收文日期	
文件标题			
主送领导		分送领导	
拟办意见			
分管副主任意见分管副秘书长或			
市委领导批示			
办理结果			

经办人：　　　　　　　　　　　　　　　　　　　　　年　月　日

中共××市××区委办公室收文处理单（上级文件）

来文单位		编　号	
文件标题			
文　号		办文日期	
拟办意见			
区委办领导意见			
区委领导批示			
办理结果			

中共××市××区委办公室收文处理单（请示）

来文单位		编　号	
文件标题			
文　号		办文日期	
请示事项主要内容			
拟办意见			
区委办领导意见			

续表

区委领导批示	
办理结果	

中共××市委办公厅退文单

来文单位		收文时间	
文件名称			
退文理由	1. 未以党委（党组）名义上报市委（　）。 2. ①无发文字号（　），②无签发人（　），③无标题（　），④无主送机关或主送机关有误（　），⑤无印制版记（　），⑥未加盖党委（党组）印章（　）。 3. 不区分党委和政府的工作职能、行文关系不正确的公文（　）。 4. ①无特殊情况越级请示（　），②"请示"多头主送（　），③"请示"中要求解决的问题不明确（　），④"请示"不符合一文一事要求（　），⑤"请示"与"报告"不分或非请示公文中夹带请示事项（　）。 5. 涉及有关部门业务工作而未协商一致（　）。 6. 未经市委办公厅秘书部门办理直接送市委领导同志（　）。 7. 成文时间与送文时间有误或相隔较长（　）。 8. ①与法律、法规、政策的规定相抵触（　），②结构混乱，内容不符合有关要求，文字有歧义（　），③未清楚表达行文意图（　）。 9. ①用纸不符合规定（　），②印刷质量差（　），③装订不整齐（　）。 10. 有附件而未附（　）。 11. "报告"未按规定份数报送（　）。 12. 其他不符合《条例》规定的情况（　）。 注：在括号内打"√"表示上报公文不符合要求事项。		
处理意见			

联系电话：　　　　　联系人：　　　　　　　　　　年　月　日

三、公文拟制

包括草拟、审核、签发等程序。

草拟		即撰写、起草公文，包括接受写作任务、确立主旨、选择材料、安排结构、编写提纲、起草初稿、修改誊清等环节。包括交拟和起草工作。
	交拟 含义	交拟是指领导同志向有关人员布置拟稿任务，交代写作意图、写作要求和有关事项的过程。
	交拟 分类	从交拟主体即领导者的角度看，分领导个人交拟、领导班子集体交拟，一般文稿采用领导个人交拟，重要、大型的文稿常常领导班子集体交拟； 从交拟客体拟稿者的角度看，分直接交拟和间接交拟，规模较大的机关（单位）常采用间接交拟，重要文稿的撰制多采用直接交拟。
	交拟注意事项	（1）交拟是保证文稿质量的首要环节，中央要求领导同志要直接主持重要文稿的起草工作，交拟工作正是领导亲自动手、亲自指导、主持文稿起草工作的重要方式，领导同志对此应高度重视。 （2）领导者要明确、清楚地向有关人员说明交拟的有关内容，不可含糊不清。领导在交代起草任务时应交代清楚写作目的、背景、写作要点、写作要求及写作参考材料。领导班子需要集体交拟时，应事先对文稿的基本思想、主要观点和内容取得共识，切不可各执一端，各说不一，使起草者无所适从。 （3）领导向有关人员交代写作任务时，既要给任务，又要给条件。应让起草者有条件阅读上级有关文件、资料，列席有关会议甚至领导层的有关会议，有机会深入实际调查研究，有时间做好文稿起草的准备、构思和撰写等工作。
	起草公文要求	（1）符合国家法律法规和党的路线方针政策及上级机关的指示，完整、准确体现发文机关意图，并同现行有关公文内容相衔接。 （2）一切从实际出发，分析问题实事求是，所提政策措施和办法切实可行。 （3）内容简洁，主题突出，观点明确，结构严谨，表述准确，文字精练。 （4）文种正确，格式规范。 （5）深入调查研究，充分进行论证，广泛听取意见。 （6）公文涉及其他地区或者部门职权范围内的事项，起草单位必须征求相关地区或者部门意见，力求达成一致。 （7）机关单位负责人应当主持、指导重要公文起草工作。
审核	含义	审核是对拟发公文的审核，又称核稿。由办公厅（室）对送交领导人签发的公文先行审核与修改。审核的目的是对公文内容与规范把关，为领导人签发公文打好基础。
	审核重点严把"六关"	审行文依据，把好发文关，看文理由是否充分，行文依据是否准确。
		审行文内容，把好法治关，看内容是否符合国家法律法规和党的路线方针政策；是否完整准确体现发文机关意图；是否同现行有关公文相衔接；所提政策措施和办法是否切实可行。（法规性文件、规范性文件还应经法制部门审核，确保符合法律法规的相关规定。）
		审行文协调，把好程序关，看涉及有关地区或者部门职权范围内的事项是否经过充分协商并达成一致意见。
		审行文体式，把好格式关，看文种是否正确，格式是否规范；人名、地名、时间、数字、段落顺序、引文等是否准确；文字、数字、计量单位和标点符号等用法是否规范。
		审行文语言，把好文字关，看语言是否准确规范、简洁精练、质朴得体。
		审行文要求，把好草拟关，看其他内容是否符合公文起草的有关要求。

续表

重要公文文稿审议前的初核			《条例》规定："需要发文机关审议的重要公文文稿，审议前由发文机关办公厅（室）进行初核。" 此类重要文稿，通常指机关单位有关会议议定的行文、领导指示有关部门代拟的重要行文尤其是政策性、普适性文件、部门代拟请求以党委政府名义或者由党委政府（及其办公厅室）批转印发的行文等类文稿。
	初核步骤	做好准备工作	收集好与该文稿有关的必需的背景材料；提出拟办意见，看其是否应该行文，需不需要修改；如果确定发文，则开始正式审核。
		补充完善修改	进一步征求相关意见，若有实质性修改，则需退回起草部门，请他们与相关部门协商或者对相关政策措施再作论证、修改、补充完善；起草部门重新报送修改稿时要加盖公章或履行签字报送手续，以示慎重。
		审核呈请报批	修改核定后的文稿由办公厅（室）向机关负责同志或有关办公会议行文报送审核稿，说明此类重要文稿的由来、领导同志的意见、主要问题处理意见、协调情况、审核情况、对签发人的建议等。
审核	审核后文稿的处置		《条例》规定，"经审核不宜发文的公文文稿，应当退回起草单位并说明理由；符合发文条件但内容需作进一步研究和修改的，由起草单位修改后再重新报送。" 凡涉及其他部门应该会办会签而未履行会办会签手续的文稿，可将原件退回起草部门重新办理，待征求有关部门意见后再报； 文稿若需作较大修改，要与原起草部门协商或请其修改； 若系手写稿文面过于潦草、字迹模糊的，应重新誊写打印清楚再报。
签发			这是对拟发公文进行最后审定的决策性环节，即由本机关单位负责人对拟发公文核准发出并签署姓名与日期，从而赋予公文法定效力。发文稿经过签发后即成为定稿。未经领导人签发，文件不能生效。
	签发规定要求		凡涉及全局工作的方针、政策性文件，要经有关会议（例如党委会、常委会、机关领导办公会等）讨论通过，由机关主要负责人签发。 上行文由机关主要负责人签发（主要负责人外出时，由主持工作的负责人签发），并应将签发人姓名印在公文正本上。 会议纪要、会议决议等会议文件，由会议主持人签发。 联合行文由所有联署机关负责人会签。 办公厅（室）根据领导授权制发的公文，由受权部门主要负责人签发或者按照有关规定签发。 有的公文需要多个领导会签，在送签过程中注意逐个送签，不要遗漏。 坚持"先核后签"原则，机关单位对外行文，均应经过机关办公厅（室）审核修正后再交领导人签发。未经办公厅（室）审核径送领导签发的文稿，领导应一律拒签。发文稿一旦经过签发后若在复核时发现确有需要作实质性修改的地方，应请示签发人重新审签批准后再发文。 签发、会签公文时，应签署明确意见，并签署姓名与完整日期，如圈阅或者签名均视为同意。

四、发文办理

（一）发文办理程序

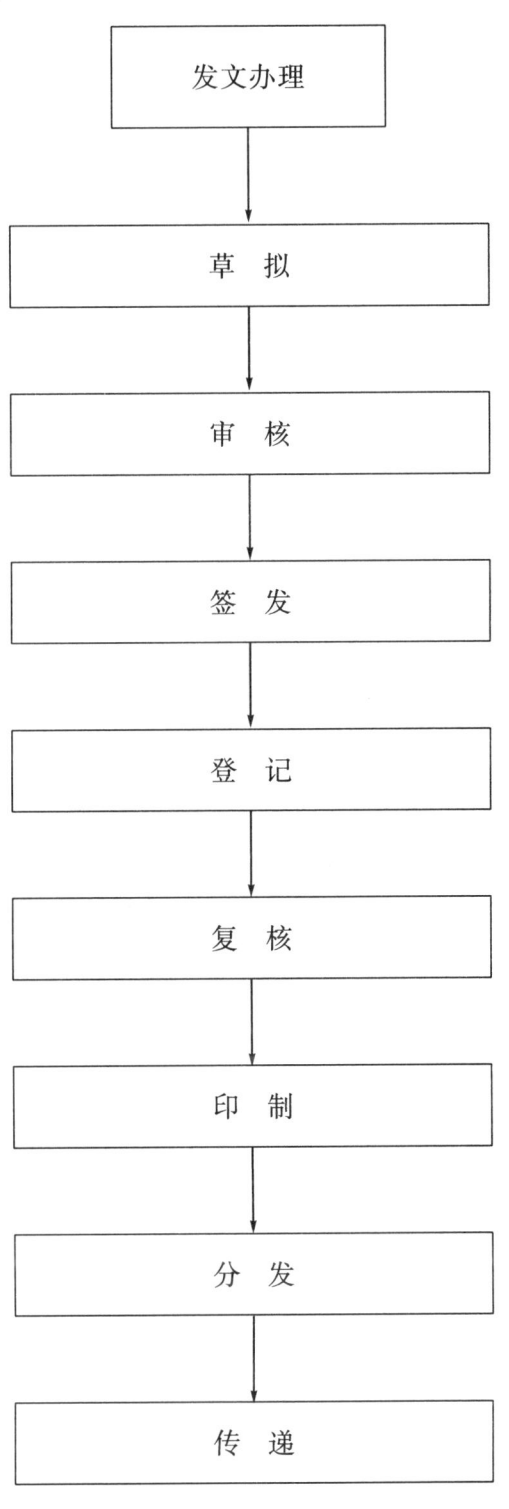

```
发文办理
   ↓
  草拟
   ↓
  审核
   ↓
  签发
   ↓
  登记
   ↓
  复核
   ↓
  印制
   ↓
  分发
   ↓
  传递
```

复核			《条例》规定:"已经发文机关负责人签批的公文,印发前应当对公文的审批手续、内容、文种、格式等进行复核;需作实质性修改的,应当报原签批人复审。" 对不符合要求的应退交起草部门补充或修正。经复核需要对文稿作实质性修改时,待修改、重审后,应交原签发人复审重新签发。待再次复核确认无误后方可付印。
登记			对复核后的公文,需由专人编号登记,详细记载公文标题、发文字号、签发人、发文日期、印发范围和印制份数等。
印制			《条例》规定:"公文印制必须确保质量和时效。"发文印制程序,包括了印刷、校对、用印等环节。应做到准确、及时、规范、安全、保密。
	印刷		(1)在印制过程中要对每道工序建立岗位责任制,设专人检查把关,并且要求实署姓名、时间,以示负责。 (2)确保时效。尤其是对于标注特急或要求限时发出的公文,要严格按照时限印制完毕,不得压误。 (3)确保安全保密。公文印制原则上在本单位印制;涉密公文应当在符合保密要求的场所印制,即在具有国家秘密载体印制资质的印刷单位或机关内部非经营性印刷厂、文印中心印制。
	校对		公文校对工作要求:校正、补充一切与定稿不符的文字、标点符号、图表、格式等错漏;解决统行、倒版、编面等排版方面的问题和正文、注码与注文之间衔接以及页码编排问题;进一步审核定稿中的疏漏,发现问题及时提交有关领导人或撰稿人处理;需要使用标准校对符号;对于重要的或者大量印制的公文,应实施三校、四校,以确保公文的正本不出差错。
	用印		印章要专人管理、妥善保管,印章要按机关、单位规定使用;在文件上盖印要清晰、端正,不要误盖、漏盖。
核发	通校检查		对于缮印完毕的公文要作最后通校检查。看正文文字有无错漏,公文份数是否准确,正件、附件的张页有无缺损,页码排序是否正确,印刷质量是否符合要求,文面形式是否清晰、美观,装订有无错漏,发文机关印章有无漏盖情况,原稿是否齐全。
	分发	清点缮制好的文件	份数应与事先规定印刷份数吻合;若系秘密文件,首页左上角的份号应连续,不跳号、重号、错号;其生效标志应完备、正确。
		拟定发文方案	要根据文件的内容需要和领导意图、发送方向、秘密等级,确定发文范围,并按此拟定发文清单。普发性文件填入事先印制好的发文登记表上,按相对固定的分发模式发文;专发性文件则按文件上所列的主、抄送单位分发,不要漏发。对非涉密文件,如果已实行网上发送的,按照电子公文的制发办理。
		填写发文通知单	逐项填明发往单位、发出日期、发文字号、发文份数,留下签收栏目,以作发文凭据,供存查。
		封装文件	为方便交接传递,可在信封左下角编注流水号;信封要用胶水、糨糊封口。若系秘密文件,应在信封左上角标注密级印章。秘密文件要严格按照保密有关规定加强管理,应在封口处贴密封条,加盖密封章,认真执行公文份数、发文通知单、封皮编号"三对照"制度,仔细核对以保证分拣、装封准确无误。当天发往同一单位的几种文件,可装入同一信封,但急件、密件与一般件必须分别封装,以便区别处理。对单位内各部门发文,则不必封装,可直接签收交接。

续表

传递		传递又称递送，即通过一定的传递方式和传递渠道，将公文及时、准确、安全地送到收文单位，对涉密文件要通过机要渠道传递。
	方式	直达式、中转式、交换式。
	渠道	普通邮政递送、机要邮政递送、机要交通递送、电信递送、城市机要文件交换站交换。
	要求	传递公文要做到及时、准确、保密。涉密公文应当通过机要交通、邮政机要信、城市机要文件交换站或者收发件机关机要收发人员进行传递，通过密码电报或者符合国家保密规定的计算机信息系统进行传输。绝密级公文一般不得利用计算机、传真机传输；绝密级公文传输后应当立即从密码通信系统中删除，机密级以下涉密公文传输后应当及时删除。 交接手续要清楚，要请收件人盖章签收，以明确岗位责任，避免失误。为掌握公文送达情况，发文机关可定期（按月或按季）向受文单位核对应送达文件是否全部送达。

（二）发文的分类办理

代拟公文发文的办理	代拟
	送审
	上报
上行、平行、下行文发文的办理	上行文发文的办理
	平行文发文的办理
	下行文发文的办理

1. 代拟公文发文的办理

代拟		对重要工作的安排部署常常需要以上级党委、政府及其办公厅（室）或其他上级机关（单位）的名义发文，这就需要有关机关（单位）以上级机关名义起草文件送审稿即代拟稿。
	要求	代拟文件的要求与前述起草文件要求基本相同，不同要求主要有： （1）一定要站在上级的角度思考问题，提出部署要求必须是上级的而不是本机关（单位）的工作安排； （2）注意行文语气，如果布置工作则需用下行文的语气，如果是请示、报告工作则需用上行文语气； （3）要注意研究上级及领导的意图、要求，要有针对性； （4）提出的政策措施要客观，不能夹带部门（单位）利益。
送审		对代拟的公文，按照本机关（单位）文件起草办理程序送本机关（单位）领导直至主要领导审核，并按领导要求修改。领导审核代拟稿的要求与前述严把"五关"要求相同。
上报		本机关（单位）领导人对代拟稿审定后，随文附上文件涉及的起草简要说明和其他相关背景材料，按照规定程序和要求上报。
	注意事项	（1）弄清上级机关办文程序和要求，按规定逐级报批。 （2）应由本机关（单位）办公室负责上报，其他内设机构不能对上级机关报送，以免出现乱报乱送、失控的现象。 （3）上报后要随时跟踪办理情况，及时协调解决有关问题。 （4）如需提交上级机关会议审议，要做好上会准备，并列席会议，做好会议讨论记录以便修改，按照会议决定及时修改代拟稿报本机关（单位）领导审定后再上报。 （5）如果代拟稿需要修改，应积极配合上级机关秘书部门做好修改、提供相关资料、报告本机关（单位）领导或征求意见等工作。 代拟文件的其他办理程序与前发文办理程序相同。

2. 上行、平行、下行文发文的办理

上行文发文的办理	上行文的制发与前述发文程序和要求基本相同，主要需要注意的事项有： （1）格式的规范，特别要注意用上报文件的版头，要标注签发人，如果有两个以上的签发人均必须标注； （2）主送机关必须为上级机关，而不是上级领导个人； （3）报送上级机关时，应注意衔接沟通，特殊情况和处理要求最好充分沟通；避免走弯路； （4）应通过机要渠道或专门的公文报送渠道报送，并注意双方签字负责； （5）请示报送后要安排专人跟踪办理情况，及时报告领导。
平行文发文的办理	平行文的制发与前述发文程序和要求基本相同，主要需要注意的事项有： （1）格式的规范，特别要注意用函件的版头，不同于上报、下发文件的版头； （2）发送时要注意研究确定渠道，本地的可送到单位或通过网上交换、交换站交换等方式发送，外地的要核清楚准确名称和详细地址、邮编等，有条件的通过机要交通渠道发送； （3）函件发送后要安排专人跟踪了解情况，及时报告领导。
下行文发文的办理	下行文包括通知等下发下级机关（单位）的文件，其制发与前述发文程序和要求基本相同，主要需要注意的事项有： （1）格式的规范，特别要注意党的机关下发文件的版头和行政机关下发文件的版头的区分，不可乱用； （2）发送时要注意发送范围，除普发文件以外的文件要核准范围，不可漏发； （3）一些紧急、重要文件发出后要及时了解办理情况，特别是通过网上发出的会议通知、紧急工作安排等文件发出后要随时跟踪签收情况，督促及时办理。

【文例】

中共××市委办公厅发文办理流程

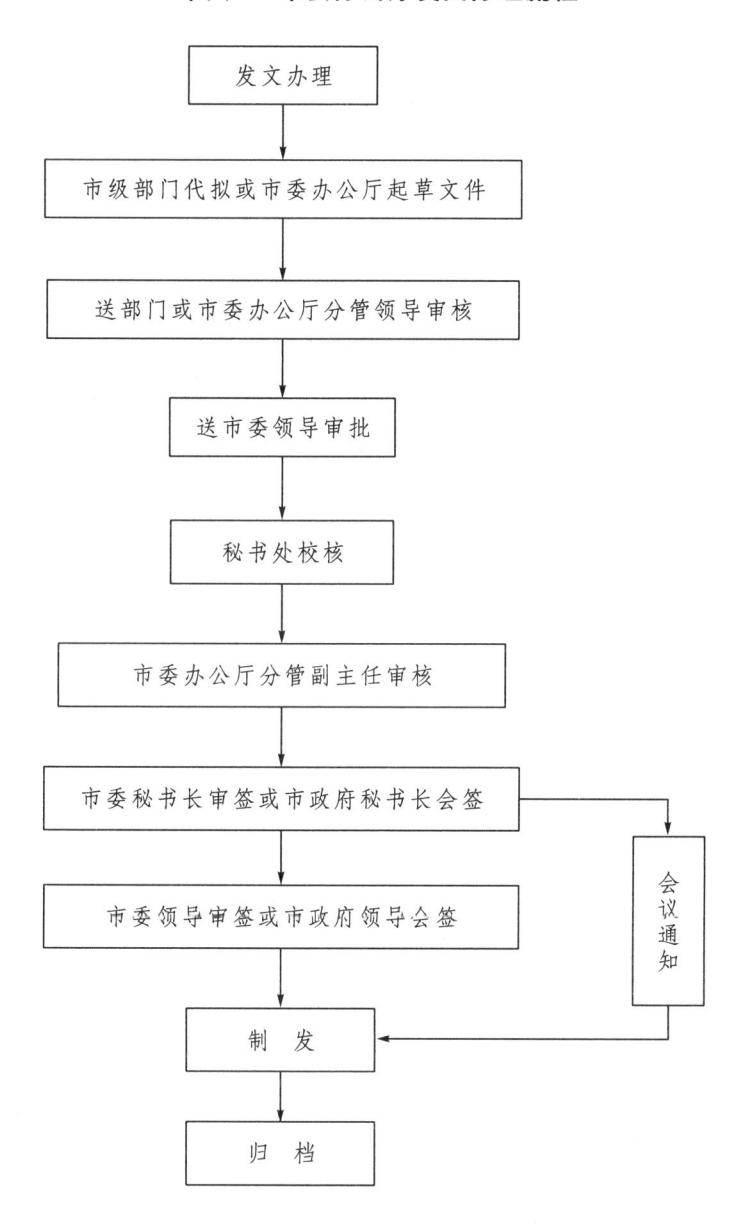

```
┌─────────────┐
│  发文办理   │
└──────┬──────┘
       ↓
┌───────────────────────────┐
│市级部门代拟或市委办公厅起草文件│
└──────────────┬────────────┘
               ↓
┌───────────────────────────┐
│ 送部门或市委办公厅分管领导审核 │
└──────────────┬────────────┘
               ↓
┌─────────────────┐
│  送市委领导审批  │
└────────┬────────┘
         ↓
┌─────────────────┐
│   秘书处校核    │
└────────┬────────┘
         ↓
┌───────────────────────┐
│ 市委办公厅分管副主任审核 │
└──────────┬────────────┘
           ↓
┌───────────────────────────────┐
│市委秘书长审签或市政府秘书长会签 │──┐
└──────────────┬────────────────┘  │
               ↓                    ↓
┌───────────────────────────────┐ ┌──┐
│市委领导审签或市政府领导会签   │ │会│
└──────────────┬────────────────┘ │议│
               ↓                   │通│
         ┌──────────┐              │知│
         │  制  发  │←─────────────┴──┘
         └─────┬────┘
               ↓
         ┌──────────┐
         │  归  档  │
         └──────────┘
```

中共××县委办公室发文流程图

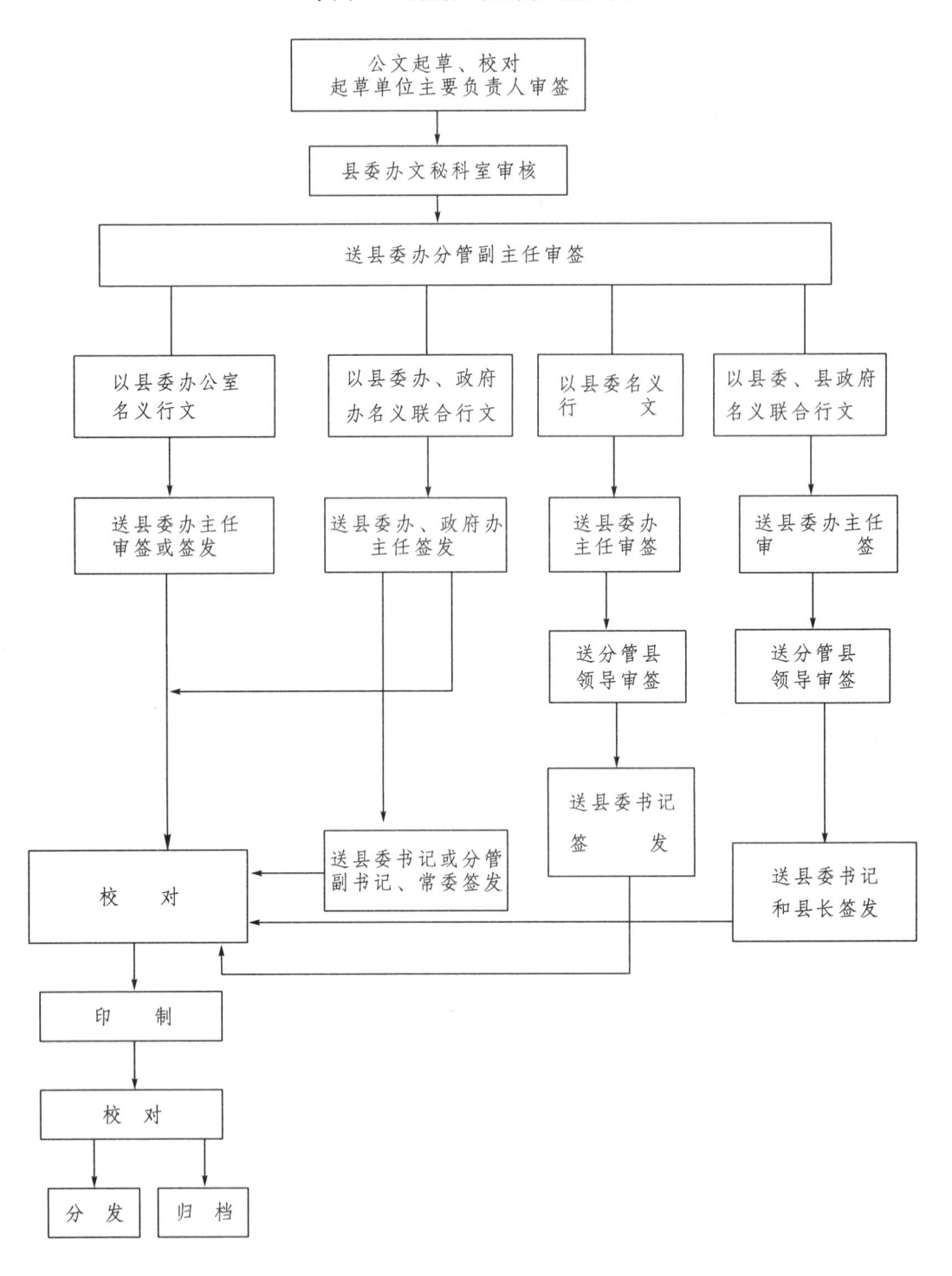

```
                    ┌─────────────────────┐
                    │  公文起草、校对      │
                    │  起草单位主要负责人审签 │
                    └──────────┬──────────┘
                               ↓
                    ┌─────────────────────┐
                    │  县委办文秘科室审核  │
                    └──────────┬──────────┘
                               ↓
        ┌──────────────────────────────────────────────┐
        │        送县委办分管副主任审签                │
        └──┬────────────┬────────────┬────────────┬───┘
           ↓            ↓            ↓            ↓
    ┌──────────┐ ┌──────────┐ ┌──────────┐ ┌──────────┐
    │以县委办公室│ │以县委办、 │ │以县委名义 │ │以县委、县 │
    │名义行文  │ │政府办名义 │ │行   文   │ │政府名义  │
    │          │ │联合行文  │ │          │ │联合行文  │
    └─────┬────┘ └─────┬────┘ └─────┬────┘ └─────┬────┘
          ↓            ↓            ↓            ↓
    ┌──────────┐ ┌──────────┐ ┌──────────┐ ┌──────────┐
    │送县委办主任│ │送县委办、 │ │送县委办  │ │送县委办主任│
    │审签或签发 │ │政府办主任 │ │主任审签  │ │审   签   │
    │          │ │签   发   │ │          │ │          │
    └─────┬────┘ └─────┬────┘ └─────┬────┘ └─────┬────┘
          │            │            ↓            ↓
          │            │      ┌──────────┐ ┌──────────┐
          │            │      │送分管县  │ │送分管县  │
          │            │      │领导审签  │ │领导审签  │
          │            │      └─────┬────┘ └─────┬────┘
          │            │            ↓            │
          │            │      ┌──────────┐       │
          │            │      │送县委书记│       │
          │            │      │签   发   │       │
          │            │      └─────┬────┘       │
          │            ↓            │            ↓
          │      ┌──────────────┐   │      ┌──────────┐
          │      │送县委书记或分管│  │      │送县委书记│
          │      │副书记、常委签发│  │      │和县长签发│
          │      └──────┬───────┘   │      └─────┬────┘
          ↓             ↓           ↓            ↓
        ┌─────────────────────────────────────────┐
        │              校    对                   │
        └──────────────────┬──────────────────────┘
                           ↓
                     ┌──────────┐
                     │  印  制  │
                     └─────┬────┘
                           ↓
                     ┌──────────┐
                     │  校  对  │
                     └──┬────┬──┘
                        ↓    ↓
                   ┌─────┐ ┌─────┐
                   │分 发│ │归 档│
                   └─────┘ └─────┘
```

中共××市委办公室办文流程图

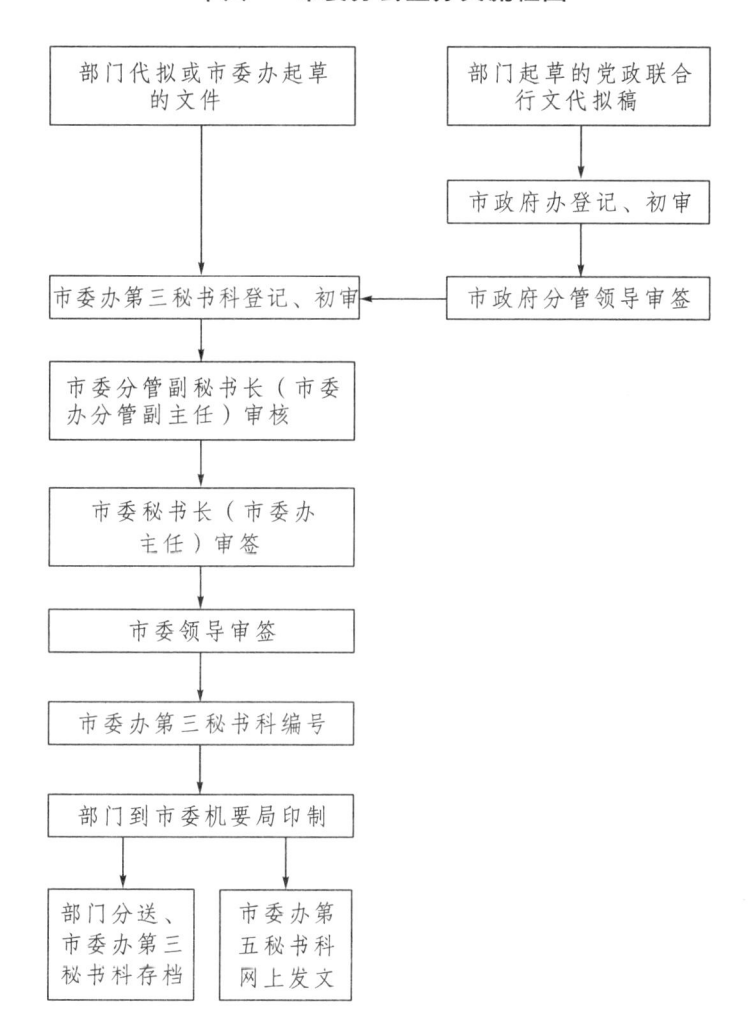

```
部门代拟或市委办起草              部门起草的党政联合
的文件                          行文代拟稿
   │                              │
   │                              ▼
   │                         市政府办登记、初审
   │                              │
   │                              ▼
   ▼                         市政府分管领导审签
市委办第三秘书科登记、初审 ◄──────┘
   │
   ▼
市委分管副秘书长（市委
办分管副主任）审核
   │
   ▼
市委秘书长（市委办
主任）审签
   │
   ▼
市委领导审签
   │
   ▼
市委办第三秘书科编号
   │
   ▼
部门到市委机要局印制
   │
   ├──────────────┐
   ▼              ▼
部门分送、       市委办第
市委办第三       五秘书科
秘书科存档       网上发文
```

××市政府办公厅文件分发、清退单

年 月 日 发出		信封编号				号
发往：						清退情况
文件字号	数量	号码	密级	交回	留存	未退
收件机关（人）盖章或签名					月	日收到

注意：1. 各单位收发室只按信封编号签收转给机要收发，不准拆阅。

2. 文件如与清单不符，请机要收发与发文单位联系。电话：××××××。

3. 此分发文件单作为今后清退文件依据，请妥善保存。

××县人民政府办公室文件分发单

发文日期		文件字号	
文件标题			
发往单位	收件机关（人）签名		备 注

中共××市委办公厅送文单
年　　月　　日

发文部门	信封编号	件数	密级	急别	受文单位	受文单位盖章及签字

五、电子公文网上交换管理
（一）电子公文及网上交换概述

基本概念	电子公文是指按照中央办公厅、国务院办公厅和各地党委、政府办公厅（室）以及有关部门办公厅（室）电子公文传输系统处理后形成的具有规范格式的公文电子数据，也就是以计算机网络及其他数据通信介质为传递渠道的新的公文形式。电子公文网上交换就是指电子公文通过电子政务内网进行发送、报送和管理的新的公文处理方式。目前，我国规定只有非涉密公文才能在网上交换。
作用	电子公文网上流转交换系统的运用实现了从公文起草、审核、签发到公文签收、批办、承办、催办、传阅、存储等工作环节的无纸化流转，对节约办公成本、提高工作效率，推进阳光、高效、服务型政府（机关）建设具有重要作用。从当前的推进情况看，各地各部门各单位实行电子公文网上交换的广度、深度差异较大，但这是一个发展方向，也是公文处理的一场革新。
制度	电子公文的行文规则、格式规范、发布处理等都须遵守《党政机关公文处理工作条例》和《党政机关公文格式》等规定，同时遵守电子公文管理相关规定。

（二）电子公文管理有关要求

接收要求	（1）接收电子公文的机关（单位）应当对公文的发送部门、公文的完整性和体例格式等进行核对，确认无误后方可接收。 （2）接收机关（单位）应当及时接收电子公文，按照每个机关（单位）规定的时间段、时间点，对网上公文交换中心的电子公文进行浏览查询，及时签收、下载。 （3）未按时签收文件造成严重后果的，要追究相关责任人责任。 （4）对不能正常接收的电子公文，接收机关（单位）应及时与上级机关的秘书部门或网管中心联系，查明原因。 （5）节假日和下班时间紧急公文一般不通过网上发送，如果从网上发送要电话通知相关机关（单位）接收，有关机关（单位）应按特事特办的原则办理。
处理方式	（1）在网上分发处理。这就要按照本机关（单位）的有关规定，流转给相关的领导和机构，并做好登记、管理。 （2）印制成纸质文件分发处理。这就要按照传统纸质文件管理有关规定进行处理。 （3）网上分发与纸质文件分发相结合。这种情况一般是网上流转给相关单位和内部机构，印制纸质文件分送领导，分别按照有关规定办理。
制发	电子公文制发包括制作、上网和管理等工作，其工作要求详见本书第十五部分电子政务相关内容。

【文例】

××大学电子公文处理试行办法

第一章 总 则

第一条 根据《中国共产党机关公文处理条例》《国家行政机关公文处理办法》《国家行政机关公文格式》和有关规定，为确保学校校园电子化办公系统的规范实施，提高办公效率，特制定本试行办法。

第二条 电子公文是指有别于纸质公文的以计算机电子文档为载体，以计算机为处理和存贮工具，以计算机网络及其他数据通信介质为传递渠道的新的公文及公文处理形式。

第三条 电子公文的文种、格式、行文规则须遵守现行的《中国共产党机关公文处理条例》《国家行政机关公文处理办法》《国家行政机关公文格式》《××大学公文处理办法》。

第四条 我校电子公文处理通过校园网进行，电子公文处理软件目前采用××科技股份有限公司开发的"××大学办公自动化系统"，也是数字化校园建设的重要内容之一。

第五条 秘密以上含秘密级公文不适用本规定。

第二章 电子公文系统管理

第六条 学校办公室是校党政电子公文处理的主管部门。

第七条 现代教育技术中心负责办公自动化系统的技术支持和系统维护。

第八条 ××大学办公自动化系统的系统管理员由现代教育技术中心任命。系统管理员负责系统的日常维护。

第九条　各部门和院、系等单位要明确办公自动化系统应用的分管领导，并指定一人为本部门的办公自动化系统协管员，负责本部门（单位）电子公文处理，接受办公自动化系统校级系统管理员的业务指导与管理。

第三章　账户与系统安全管理

第十条　校机关工作人员，各直属单位及各院、系党政领导及办公室工作人员以及其他有关人员（统称用户）均在系统中分配唯一工号制账户。上述人员调离工作岗位，应办理销户手续。

第十一条　新增人员的开户和调离岗位人员的销户由相关部门和单位提出申请，经人事处审核后，由校级系统管理员办理。

第十二条　系统中用户拥有的账户的公文处理权限由各部门统一上报，由办公室根据该用户的党务、行政、教学分工所赋予的岗位职责分配，并根据岗位和分工的调整作相应调整。

第十三条　系统管理员应采取实时监控、定期备份等措施，防止系统中数据的丢失和被非法使用，确保系统安全和正常使用。

第十四条　各用户应妥善保护自己的账户资料。登录系统后因故离开要退出系统并关闭浏览器窗口，以确保账户安全。用户密码遗失或遗忘应及时通知系统管理员，并通过系统管理员封锁该用户的账户；解封账户需持本人书面申请及有效身份证件到现代教育技术中心办理。

第十五条　系统管理员应加强病毒监控，用户应定期查杀病毒，以最大限度保障系统正常运转。

第十六条　涉密公文暂不通过办公自动化系统办理，仍沿用以前的处理办法。

第四章　电子公文的办理

第十七条　实施办公自动化后，除涉密公文外，校党政收文办理和发文办理均使用××大学办公自动化系统完成。

第十八条　目前本校的公文大致分为：内收文件、外收文件及发文管理。其中外收文件包括信访件和传真件处理。

第十九条　党政公文的收文办理和发文办理流程，根据《××大学公文处理办法》由办公室依照各部门的职能和校领导的分工对系统进行设定。

第二十条　上级和非隶属单位普通来文，由校办公室秘书进行数字化，进入校园办公自动化系统并由校办公室秘书启动该文办理流程。

第二十一条　以校党、政名义向外和向下级行文，由发文拟稿单位在系统中创建新文稿后即启动一个发文办理流程。发文拟稿单位应通过流程跟踪和电话等跟踪催办。

第二十二条　公文办理每一环节的办理人可以使用系统提供的功能完成各自应该处理的工作，并在系统的工作单上留下痕迹，办理人处理完自己应处理事务后，应将工作单发送给流程规定的下一人。如下一人有多人可供选择，则根据公文的内容和学校的有关规定确定正确的发送对象发送，系统会以一定的方式通知接收方，接收方收到通知信息后，应及时办理，如根据公文内容判断不属于自己的职权范围，应及时退还流程中的上一人。

第二十三条　为保证公文处理的快捷性，有关人员应经常进入系统查看有无需要自己处理的事宜。同时在系统首页上已经设置了待办事宜的铃声提醒功能。文件的发起单位也可以通过文件的流程跟踪查看文件当前所在的部门，若迟迟没有进行批阅，可以进行电话跟踪，来保证公文流转的效率。

第五章　公文归档与销毁

第二十四条　校党政公文存档目前仍以纸质载体为主，电子文档为必要补充，电子公文与纸质公文互为镜像。

第二十五条　来文原件由收文部门存档。来文办理过程的资料（包括来文的扫描文档）应由主办部门转换成纸质形式（要求激光打印）并附加鉴别信息后，与办理过程中形成的其他纸质或实物材料一并由主办部门存档。

第二十六条　发文文稿（包括办理过程中各办理人签批的意见）、附件与文件正文由文印室统一打印后由办公室统一用印、存档。

第二十七条　与电子公文有关的电子文档由系统管理员按档案管理有关规定，定期打印移交校档案馆。

第二十八条　办公自动化系统产生的电子文档归档范围暂定为："公文管理"模块产生的电子文档。

第二十九条　不具备归档和存查价值的电子公文经办公室负责人批准，可以销毁。电子公文的销毁，需进行登记并由两人监销，确保不错销、不漏销。

第六章　电子公文的效力

第三十条　学校党政对外发文的报送采用纸质形式，办理过程仍通过办公自动化系统完成。

第三十一条　学校办公自动化系统中的电子公文与原纸质公文具有同等效力。

第三十二条　校级对外发文和用于存档的纸质公文由办公室统一印制并用印。

第三十三条　非公开发布的校党政电子公文，各部门和个人不得复制成纸质形式作正式文件使用。

第七章　附　则

第三十四条　在校内逐步停止使用纸质形式办理和传递无密级公文。

第三十五条 学校各部门工作人员，应充分认识电子公文处理工作的重要性，认真履行自己的职责，积极配合学校的公文处理电子化工作的进行，积极参加学校组织的办公自动化系统操作培训，努力适应电子化办公对教职员工提出的要求。

第三十六条 办公自动化系统的使用能力作为机关工作人员的基本素质要求纳入能力考核范围。

第三十七条 本试行办法自发布之日起执行。

第三十八条 本试行办法解释权在办公室。

六、密级文件的管理

（一）密级公文的发送传递

编号封装	传递密级公文，应当包装密封，在信封或者袋牌上标明密级、编号和收发件单位名称。使用信封封装绝密级公文时，应当使用由防透视材料制作的、周边缝有纫线的信封，信封的封口及中缝处应当加盖密封章或加贴密封条；使用袋子封装时，袋子的接缝处应当使用双线缝纫，袋口应当用铅志进行双道密封。
传递	（1）传递密级公文，应当选择安全的交通工具和交通路线，并采取相应的安全保密措施。应当通过机要交通、机要通信或者指派专人进行，不得通过普通邮政或非邮政渠道传递；设有机关文件交换站的城市，在市内传递机密级、秘密级秘密载体，可以通过机要文件交换站进行。 （2）向我驻外机构传递秘密载体，应当按照有关规定履行审批手续，通过外交信使传递。 （3）采用传真、计算机网络等手段传输密级公文，必须有加密措施。密码电报不得明传，答复密码电报必须用密电。不得明电、密电混用。
绝密级秘密载体传递的有关规定	（1）送往外地的绝密级秘密载体，通过机要交通、机要通信递送。中央部级以上，省（自治区、直辖市）、计划单列市厅级以上和解放军驻直辖市、省会（首府）、计划单列市的军级以上单位及经批准地区的要害部门相互来往的绝密级秘密载体，由机要交通传递。不属于以上范围的绝密级秘密载体由机要通信传递。 （2）在本地传递绝密级秘密载体，由发件或收件单位派专人专车直接传递。 （3）传递绝密级秘密载体，实行二人护送制。

（二）密级公文的日常管理

专人管理	各机关（单位）要严格按照有关保密规定，配备专门的机要秘书人员负责文件的管理，特别要加强对密级文件的管理。机要秘书人员必须政治可靠、社会关系清楚，同时应具有很强的保密意识和较高的业务素质。
保管设施安全	设立党委（党组）的县级以上单位应建立机要保密室和机要阅文室，并按照有关保密规定配备工作人员和必要的安全保密设施。
密级确定	公文确定密级前，应当按照拟定的密级先行采取保密措施。确定密级后，应当按照所定密级严格管理。绝密级公文应当由专人管理。公文的密级需要变更或者解除的，由原确定密级的机关或者其上级机关决定。涉密公文公开发布前应当履行解密程序。

续表

及时入柜	密级文件处理完毕应及时放入密码文件柜或铁皮柜，不得随时散放办公桌或文件夹里，不能带离办公室或带回家。
复制汇编	确需复制、汇编机密、秘密级文件的，应当符合有关规定从严控制并严格履行报批手续经本机关负责人批准。绝密级文件一般不得复制、汇编。确有工作需要的，应当经发文机关或者其上级机关批准。复制、汇编的文件视同原文件管理。复制件应当加盖复制机关戳记，翻印件应当注明翻印的机关名称、日期。汇编本的密级按照编入公文的最高密级标注，发送范围按编入文件的最高发布层次确定。
清退销毁	各机关、单位办公室要建立健全文件清退和销毁制度，涉密公文应当按照发文机关的要求和有关规定，按年度进行清退或者销毁。销毁涉密公文必须严格按照有关规定履行审批登记手续，应到当地保密部门指定的涉密载体销毁中心销毁，确保不丢失、不漏销。个人不得私自销毁、留存涉密公文。

参考文献

1. 叶黔达、柯世华编著：《最新公文写作与处理规模、观念、技巧》，天地出版社 2013 年 8 月第 1 版。
2. 中共成都市委办公厅编著：《机关公文写作与处理实用手册》，成都时代出版社 2008 年 10 月第 1 版。

第二部分 机关常用公文撰写规范

主　编： 叶黔达　中共四川省委党校（四川行政学院）教授
参　编： 柯世华　中共四川省委党校（四川行政学院）副教授
　　　　　 杨　戎　四川大学公共管理学院教授
　　　　　 马英杰　四川大学公共管理学院研究生
　　　　　 李　昂　四川大学公共管理学院研究生
　　　　　 周　亚　四川大学公共管理学院研究生
　　　　　 唐　婧　四川大学公共管理学院研究生

一、公文的基本结构

标题	公文式标题	发文机关单位＋事由＋文种 例如：《四川省农业厅关于进一步加强全省农业宣传工作的通知》
	四项式标题	单位＋时限＋事项＋文种 例如：《××市民政局2013年工作计划》《四川省第一次全国经济普查主要数据公报》
	新闻式双标题	眉题＋正题　例如： 　　中共××市纪委第5号通报 必须坚决制止利用换届选举之机跑官拉票的不正之风 正题＋副题　例如： 　　强化为民意识，提高服务质量，坚持依法治税 　　——××市地税局2005年工作总结
主送机关单位		上行文尤其是请示，一般不得多头主送；普发性下行文主送对象可使用泛称，一般不宜使用"各有关单位"之类模糊称呼；除领导同志有专门交代者外，所有上报文件都应主送机关而不宜主送领导个人；公开发布的周知性公文可不写主送对象。
正　文		结构层次序数，用"一、""（一）""1.""（1）"；人名、地名、数字、引文要准确；引用公文应当先引标题，后加括号引发文字号；引用外文应当注明中文含义；日期应当写明具体的年、月、日；文内使用非规范化简称，应当先用全称并注明简称；数字，除部分结构层次序数和在词、词组、惯用语、缩略语、具有修辞色彩语句中作为词素的数字必须使用汉字外，应当使用阿拉伯数字；应当使用国家法定计量单位。
附　件		公文若有附件在正文后空一行提行标写"附件"，冒号后再分别标明附件标题、份数，后面不加标点符号。有几个附件时，还应用阿拉伯数码标出序号，每件一行。不能笼统写为"附件如文""附件×件"。
发文机关及印章		发文机关要用全称或者规范化简称。在成文日期上一行并对准成文日期居中标志。会议纪要、电报文件、党政领导机关普发性的下行公文可不加盖印章，而标志发文机关。除此之外，其他一切公文均应加盖印章。

续表

成文日期	除公文正文中专门说明生效日期者外，公文的成文时间就是生效时间。成文时间的位置，除法规、规章及决议、决定、会议纪要等会议文件常以签注形式安排在标题之下外，其他都位于正文（或附件）之后右下方，发文机关下面右空4个字距离排一行。机关单位公文成日期则用阿拉伯数字标示，如"2013年6月30日"。
附 注	用以标注秘密文件的发送、阅读、传达范围，或用于对不便在正文中直接出现的名词术语及需要说明的有关事项的解释、说明。位于公文末页左下方，排列在成文日期之下空1行，提行空两格加圆括号标示，如"（此件发至××级）"或"（此件传达到××级）"之类。每项（名词术语、事项等）说明为一个自然段，如两项和两项以上的，每项前标明序号。

二、命令（令）的撰写

含义	命令（令）是法定的领导机关或领导人对下级发布的一种具有强制执行效力的指挥性公文。		
用途	适用于依照有关法律规定公布行政法规和规章；宣布施行重大强制性行政措施；嘉奖有关单位及人员。		
分类	公布令、行政令、嘉奖令、任免令、通缉令、赦免令		
特点	1. 有法定的发令机关：国家主席、国务院及其所属各部、各委员会、县级以上地方各级人民政府，以及特殊情况下由县级以上人民政府授予指挥权力的机构（如防汛指挥部）等，可以在法律规定的权限内发布命令。党的领导机关不用命令（令）行文，确有必要时，可以与国家行政机关联署发布命令。 2. 有法定的权威性。 3. 有强制的执行效力。		
正本形式	使用"发令机关（或法定领导人职务）+文种"的专用版头，如"中华人民共和国主席令""中华人民共和国国务院令""××省人民政府令"。 一般单独编文号，在其版头下列上"第×号"。可在领导人任期内统一编大流水号，任期届满换届后另编新号。		
基本结构	标题	两项式	即命令（令）专用标题。"发令机关（或领导人职务）+令"组成。
		四项式	亦可简化为三项，如《2008年征兵命令》。
		公文式	"发文机关+事由+文种"组成，如《国务院、中央军委关于授予胡笑云、昊眕志武警少将警衔的命令》。
	主送机关	多数命令（令）如公布令、行政令等，不必在正文前标明主送机关。确有必要时，可在抄送机关栏的首行标注"主送"或"分送"机关。	
		少数命令（令）可在正文前写明主选机关。	
	正文	视其内容多少，可分别采用篇段合一式、多段式、分条式或者总分条式的结构。不同类型的命令（令），其正文写法有所不同。结语"此令"后应标示句号。	
	落款	署发文机关名称，或者发令机关领导人职务及姓名。	

续表

各类命令的写法			
公布令	用途		依照有关法律规定公布行政法规和规章的命令。内容单一，篇幅简短，多为篇段合一式。
^^	正文	发布对象	发布的行政法规或规章的名称。
^^	^^	发布根据	指经什么会议何时通过或者什么机关批准；或简要说明发令缘由。
^^	^^	发布决定	即公布或批准的决定。一般用"现予公布（发布）""现予发布施行"等语。
^^	^^	执行要求	一般指生效实施的日期；或简要说明发布的法规或规章的解释权、修改权等；有的写明同时废止的旧法规或规章的名称，或说明"过去颁布的有关规定，与本规定有抵触的，以本规定为准"等。
行政令	用途		用于采取重大的政治、军事行动或宣布施行重大强制性行政措施的命令。戒严令、动员令等也属此类。
^^	结构		内容多采用总分条文式结构，内容少则用多段式甚至篇段合一式。
^^	正文	发令缘由	简要说明发令的原因、目的或根据，或扼要写明发令的背景，揭示发令的意义，以增强受令者执行命令的自觉性。根据写作实际，内容或多或少，篇幅可长可短。
^^	^^	命令事项	写明要采取的重大强制性措施。一般分条逐项写，内容少则可不分条。语言表述要肯定、简练、庄重，不作议论，直述做什么、怎么做。
^^	^^	执行要求	或对受令方面提出要求、号召；或说明生效规定。若前面部分已写明执行要求的内容，就不必单写这部分。
嘉奖令	用途		授予荣誉称号、表彰功勋业绩、嘉奖成绩卓著的先进集体和个人。
^^	结构		内容多采用总分条文式结构，内容少则用多段式甚至篇段合一式。
^^	正文	优秀事迹	构成嘉奖令的依据和基础，主要写嘉奖对象的英雄模范事迹、贡献或成就。叙述要概括、简要，抓住关键和重点。
^^	^^	性质和意义	对英模事迹作出评价，议论要恰如其分，实事求是。
^^	^^	嘉奖决定	用一两句话说明是什么机关或什么会议决定给予什么奖励。
^^	^^	希望号召	与前面特别是第二部分相呼应，主要写明号召、希望的范围和内容。先要根据英模事迹的意义和影响的广度，确定号召对象的范围；然后扼要写出对受奖者的勉励和对大家的希望。这部分要感情真挚有号召力，实实在在有针对性、切忌空泛、含糊、不着边际。
任免令	用途		用于任免政府机关的主要领导人，其他人事任免一般不用命令。
^^	结构		常用篇段合一式，多项任免的命令则常用总分条文式结构。
^^	正文	任免依据	简要写明作出任免决定的机关、会议和时间。
^^	^^	任免事项	直述任免决定，即任命谁担任什么职务或者免去谁的什么职务。

【例文】

2007 年冬季征兵命令

各镇、开发区人民政府（管委会）和人武部、各街道办事处和人武部，区政府各部门，辖区各有关企事业单位人武部，辖区各高等院校人武部：

根据《中华人民共和国兵役法》规定和××市人民政府、××军分区 2007 年冬季征兵命令，我区 2007 年冬季征集新兵 195 人（含 10 个机动指标）。为圆满完成上级赋予的征兵任务，有关任务分配和条件明确如下：

一、任务分配

（以下略——编者注）

二、征集对象、范围和文化条件

城镇居民户口青年，应具备高中（含职高、中专、技校）以上文化程度，尽量多征集大专以上文化程度青年；农村居民户口青年，应具备初中以上文化程度，尽量多征集高中毕业以上文化程度青年。要重视征集企业单位具有高中毕业以上文化程度的优秀青年职工（含工人、管理人员和技术人员）、事业单位具有高中以上文化程度的工人、非学历教育民办大学的在校生、高等学校接收的无学籍学生及在各类高考补习班学习的青年。正在全日制高等学校就学的学生，本人自愿应征并且符合条件的，可以征集，但原则上征集 2007 年刚考入高等学校的新生。为海军航空机务、潜艇水兵、舰艇水兵专业，空军航空机务、导弹专业，二炮导弹专业征集的新兵，文化条件仍然按高中（含职高、中专、技校）毕业以上文化程度执行。

三、征集年龄

男青年为 2007 年年满 18 至 20 岁，高中毕业以上文化程度的青年和企业事业单位职工可放宽到 21 岁，大专以上文化程度的可放宽到 22 岁。为适应部队的需要，根据本人自愿，可征集部分年满 17 岁的 2007 年应届高中（含职高、中专、技校）毕业的男青年入伍。

四、征集条件

政治条件按照公安部、总参谋部、总政治部 2004 年 10 月 9 日颁发的《征兵政治审查工作规定》和有关规定执行，体格条件按照国防部 2003 年 9 月 1 日颁发的《应征公民体格检查标准》和有关规定执行。

五、征集办法

（以下略——编者注）

六、有关要求

做好征兵工作，向部队输送优秀兵员，是关系到加强国防建设和军队建设、维护国家稳定和长治久安的一件大事。各有关单位和兵役机关一定要充分认清搞好征兵工作的极端重要性，以对党和人民高度负责的政治责任感，把做好征兵工作，确保新兵质量，作为一项严肃的政治任务来完成。要严格执行征兵政策规定，确保新兵征集的标准质量。加大工作力度，注重研究征兵工作中的新情况、新问题，积极采取措施，尽量多征集文化程度高、政治思想好、身体素质好的优秀青年入伍，确保征兵任务的圆满完成。

××市××区人民政府
××市××区人民武装部
二〇〇七年十月九日

三、议案的撰写

含　义		议案是各级人民政府或法定的机构、组织、有关人员，按照法律程序向人民代表大会或人民代表大会常务委员会提请审议事项的公文。
特点	作者法定	人大主席团、人大常委会及各专门委员会、人民政府、人民法院、人民检察院等机构和组织，符合法定人数的人民代表联名，才可向本级人大或人大常委会提出议案。
	内容限定	必须是属于本级人民代表大会或者常委会职权范围内的有关事项，如法规的建改、有关的人事任免、有关机构的建撤、须经人大及其常委会批准的重要行政决策或措施等等。
	程序法定	人大有关专委会审议提出报告→主席团会议（或者委员长会议、主任会议）决定是否提请人大会（或者常委会）会议审议→人代会（或者常委会）审议。
	地位作用法定	经人代会（或者常委会）审议的议案，有法定权威，要交指定部门审议列入大会议程付诸讨论、表决或办理。而主席团会议（或者委员长会议、主任会议）决定不作为正式议案提交大会审议的，则改作"建议、批评和意见"另行处理。
	提出、处理有时限规定	可在人代会或常委会举行前和会中的限期前提出议案。超期提交的议案改作"建议"处理；提交大会审议的议案，必须限期审议、表决或提出处理意见。
分类	政府议案	各级人民政府按照法律程序向同级人民代表大会或人民代表大会常务委员会提交的议案，如《国务院关于提请审议兴建长江三峡工程的议案》。
	组织议案	各级人民代表大会主席团、常务委员会、各专门委员会、人民法院、人民检察院，按照法定程序向人民代表大会（闭会期间向常务委员会）提交的议案。
	代表议案	符合法定人数的人民代表联名向人民代表大会或者常务委员会提交的议案。
基本结构和撰写要求	公文式议案写作（政府议案多采用）	
	标　题	发文机关＋事由＋文种，如《国务院关于提请审议兴建长江三峡工程的议案》。
	主送机关	指审议议案的人民代表大会或常务委员会。
	正　文 立案理由	明确提出议案的原因、目的和依据，既充分有据，又简明扼要。
	议案事项	提出审议的事项、重要意见和建议，要明确、可行。
	审议要求	通常用"请予审议"作结。
	提出议案单位、代表	写在正文后面右下方，也可签署机关主要领导人职务、姓名而不另署发文机关。
	成文日期	用汉字数码写于提出议案单位下行偏右处。
	附　件	需审议的法律、法规的草案文本或其他有关文件、资料。若议案是专为提请审议所附法律、法规而提出的，因标题、正文中已有说明，则不必另写"附件"。否则应在正文之后、发文机关之前写上附件名称。

续表

表格式议案写作（代表议案多采用）	
基本结构	
案由（议案标题）	新闻式单标题：用一句话概括议案主旨或主要内容范围；公文式标题："关于××××的议案"。
提议案人姓名或代表团名称	组织议案填入全称或规范简称。代表议案则将领衔提出议案的代表姓名写在此栏，在其后写明"等××人"，并在表格末页"提议案人"一栏逐一列出联名代表姓名，且领衔提议者排在第一名。
联系人姓名及所在代表团	填写清楚，以便联系。
议案全文	写作内容、要求与公文式议案一样。
提交议案时间	必须在大会主席团规定截止日期前提出。
撰写要求	注意正文内容的完整性，立案理由和议案事项不能缺漏。如提出制订或修改法规的议案，应提出法规的主要内容或修改意见。
	内容单一、有限，一事一案，以便处理。议案事项必须限定在本级人民代表大会及其常委会的职权范围内，否则不能作为议案。
	多用贯通式（段落式）或篇段合一式结构，语言力求简明、清楚。
	为写好议案，提案机关或代表应通过视察、调研，广泛听取各方意见和要求，熟悉有关法律规定，了解具体实际，使提出的议案既能反映广大选民的意愿，又切实可行。
	用钢笔或毛笔书写打印，字迹要清楚，不能潦草和写不规范的字。

【例文】

××市人民政府关于提请市人大常委会审议
将××市中医院迁建工程项目委托代建资金列入市财政年度预算的议案

市人大常委会：

我市中医院成立于1950年，现为"二级甲等"医院，在职职工300多名，2006年业务收入2250余万元。在医院高速发展过程中，市中医院受就医环境差、发展空间狭小、基础设施落后等一系列因素制约，难以进一步做大做强。为解决上述矛盾，进一步提升我市医疗卫生服务水平，优化医疗卫生资源分布，满足广大人民群众就医需求，市政府将中医院整体搬迁项目列入了"十一五"发展规划，并在2006年4月5日经市政府常务会研究决定：将市中医院整体搬迁至绥山镇大佛村3组、胜利镇龚竹村2组，占地35.07亩，总投资4095万元人民币。其中，市财政自筹解决2095万元人民币，向国家开发银行四川省分行申请贷款2000万元人民币，现将贷款有关承诺问题向人大常委会作如下报告。

按照国家开发银行四川省分行的贷款要求，市政府作出以下承诺：

一、市中医院将拥有的医疗收费权益权作为本项目国家开发银行四川省分行贷款本息提供质押担保，将医疗收费收入用于偿还本项目国家开发银行四川省分行贷款本金，不足部分纳入预算支出作为财政兜底保证。

二、贷款利息由市财政全额支付，在每年的财政收入中安排资金解决。

三、该项目按国家开发银行四川省分行的贷款新要求,实行"代建制"(详细内容见"说明")。

四、以委托代建方式向××市中医院迁建工程项目拨付委托代建资金5112万元(其中,2095万元作为项目资本金,3017万元用于项目银行贷款还本付息),并将该委托代建资金列入市本级财政年度预算,委托代建资金的年度拨付计划见附表。

按照银行放贷有关规定,对市政府的承诺,必须经市人大常委会批准同意,此项作为贷款的前置条件。现将本议案提请市人大常委会审议。

附件:

1. 委托代建资金列入本级财政年度预算计划表1份
2. ××市人民政府关于提请市人大常委会审议将××市中医院迁建工程项目委托代建资金列入市财政年度预算议案的说明1份

××市人民政府
二○○八年八月×日

四、决议的撰写

含义			决议是发布经会议讨论通过并要求贯彻执行的重要决策事项的一种下行公文。
分类	部署指挥性决议		有决策权的会议发布经会议通过的要求贯彻执行的重要决策事项。
	批准性决议		有关会议依据法定权限表明对某项法规、规章、议案、报告等文件或者某一事项作出批准。
	专门问题决议		用于表明会议对某项重大的专门问题的态度。
标题			发文机关单位+事由+文种;发布决议的会议+文种
签注			在标题下加括号签注通过决议的会议名称及通过日期。正文后就不另标落款。
正文	决议缘由		简要说明有关会议审议决议涉及事项的情况,陈述作出决议的原因、根据、背景、目的或意义。
	决议事项		写明会议通过的议决事项,或会议对有关文件、事项作出的论断,或对有关问题、事件作出的评价、决定,或对有关工作作出的部署安排和要求、措施。
	结语		紧扣决议事项有针对性地提出希望、号召和执行要求。有的决议不单列这部分。
	文面结构形式	篇段合一式	上述三部分内容都融入一段。
		分部式	上述三部分各一段。
		总分条文式	决议缘由为总说的引言部分;决议事项为分述部分,一般分条列出。

续表

注意事项		（1）只能写经会议通过的决议事项，未经会议决定的事项或分歧意见一律不能写入。遣词用句要准确而无歧义，不能含糊不清、模棱两可。原则性规定和灵活性处置的表述要有分寸感，恰如其分。 （2）决议常以第三人称口气来写，一般用"会议听取（讨论、审议）了""会议决定""会议指出（认为）""会议号召（要求、希望）"等作为起首语。 （3）通常不在正文前标示主送机关，可在文尾的抄送机关栏注明发送机关。
撰写各类决定注意事项	部署指挥性决议	有极强的指挥性，既要写明必须贯彻执行的决议事项，使有关方面明确做什么、怎么做，又要简明扼要地阐明作出决议的原因、根据，使有关方面明确为什么做，以增强执行决议的自觉性。这两方面内容孰重孰轻，要看具体情况而定。这类决议内容一般较多，常采用总分条文式或者分部式文面结构。
	批准性决议	一般内容单一、篇幅简短，只写明某某会议审议、批准了什么即可，多为篇段合一式。也有少数采用了多段式结构，还简要说明会议审议情况，分析形势，肯定成绩，指出问题，提出希望号召。文中对被审议的文件态度要明确，或"批准""同意"，或"基本同意""原则通过""原则批准"，要注意掌握分寸。
	专门问题决议	它要针对会议讨论同意的专门事项表明会议的态度、立场和观点，语言鲜明、剀切。这类决议议论性极强，注重透辟、精要的说理。这类决议篇幅有长有短，可分别采用篇段合一式、多段式、总分条文式或分部式结构。
	作用不同	决定都带指令性，起领导、指导作用。决议则有多种作用：有的带指令性，有的带说理性，有的带号召性，有的带批准性。
	签注和落款不同	决议都在标题下加括号签注通过决议的会议名称和通过日期，正文后就不另标落款了。凡会议通过的决定，也同决议一样签注；由领导人签发的决定，则在正文后写明发文机关和成文日期。

【例文】

中共四川省九次代表大会关于省纪委工作报告的决议

（2007年5月16日中国共产党四川省第九次代表大会通过）

中国共产党四川省第九次代表大会审查、批准省纪律检查委员会的工作报告。大会充分肯定了省纪律检查委员会的工作。

大会认为，省第八次党代会以来，在中央和省委的坚强领导下，各级党委坚持以邓小平理论和"三个代表"重要思想为指导，以科学发展观为统领，认真执行党风廉政建设责任制，扎实开展反腐倡廉工作。各级纪委按照中央纪委和省委的决策部署，积极履行党章赋予的职责，加强组织协调，狠抓工作落实。经过各方面的共同努力，我省党风廉政建设和反腐败工作取得新的成效。

大会要求，全省各级纪委要高举邓小平理论和"三个代表"重要思想伟大旗帜，全面落实科学发展观，按照中央和省委的重大决策部署，围绕"坚持科学发展、构建和谐四川"的主题、"奔富裕、求发展、促和谐、树新风"四项任务和推进"四个跨越"，坚持标本兼治、综合治理、惩防并举、注重预防的反腐倡廉战略方针，全面履行党章赋予的职责，与时俱进，开拓创新，扎实工作，为改革发展稳定服务。各级党委要加强对党风廉政建设和反腐败工作的领导，认真落实党风廉政建设责任制，大力支持纪律检查机关依纪依法履行职责。通过深入推进党风廉政建设和反腐败工作，为全面完成省第九次党代会提出的目标任务提供纪律保障。

五、决定的撰写

含义			决定是领导机关对重要事项或者重大行动做出安排和决策所使用的一种下行公文。
分类	部署指挥性决定		适用于对重要事项或者重大行动做出安排，如《中共中央关于加强和改进党的作风建设的决定》《国务院关于大力开展农田水利基本建设的决定》。
	处理具体事项的决定		适用范围比较广泛，如批准有关条约、文件，设置或撤销机构，变更或者撤销下级机关不适当的决定事项，安排处理人事问题，决定召开重要会议，处理某项具体工作等。
	奖惩决定		适用于表彰奖励或惩处惩戒有关单位、人员。
标题			发文机关＋事由＋文种。
主送机关			一般不在正文前写明，而可在文尾抄送栏内标明"主送"或者"分送"的机关单位。
正文	决定依据		应写明发布决定的原因、目的、根据、背景或意义。
	决定事项		要写明决定事项的具体内容，诸如对某项工作确定的原则、提出的要求、作出的规定、提出的措施办法，对某事某人表明的态度、作出的安排或处置，对某一文件表示批准的意见等。
	结语		简要提出希望或号召，是对决定事项的强调或补充。也有的决定可不单写结语部分而将其内容列入决定事项之中。
	文面结构形式	篇段合一式	上述三部分内容都融入一段。
		分部式	上述三部分各一段。
		总分条文式	决定依据为总说的引言部分；决定事项为分述部分，一般分条列出。
落款和签注			一般在正文后写明发文机关和成文日期。凡会议通过的决定常在标题之下加括号签注通过决定的会议名称和通过日期。
撰写各类决定注意事项	部署性决定		决定依据部分常常要简明扼要而透辟地阐述行文的目的意义，讲清道理。决定事项既要高度概括，又要明确具体，切实可行；态度要鲜明，语言要确切，常用"必须""要""不准"之类用语表明态度、作出规定、提出要求。大多采用总分条文式结构，有的采用分部式结构。
	事项决定		多采用篇段合一式结构。要写得直截了当，简洁明白。简明扼要地写明决定依据、决定事项即可，不必多加议论和陈述，也常常不写结语部分。
	奖惩决定		被表彰者的先进事迹要开门见山，直接陈述而不求全求详，也不可任意拔高、夸大或歪曲；对先进事迹的评价或对错误根源、错误性质的分析要中肯、恰当而不多加议论；表彰或处分决定要具体明确；提出的希望、号召要符合实际，有较强的针对性而不空泛。这类决定多采用篇段合一式或者三段式、多段式。

续表

<table>
<tr><td rowspan="4">决定与决议的区别</td><td>成文过程不同</td><td>决定可经会议议论通过，也可由领导机关或机关单位领导审定签发。而决议须经全体会议或代表大会例如党代会、人代会、职代会、会员代表大会讨论通过方才发布、生效。</td></tr>
<tr><td>发文机关（组织）不同</td><td>各级机关、单位及有关会议都可以制发决定；而决议只能由有关会议发布，不能以机关、单位的名义制发。</td></tr>
<tr><td>作用不同</td><td>决定都带指令性，起领导、指导作用。决议则有多种作用：有的带指令性，有的带说理性，有的带号召性，有的带批准性。</td></tr>
<tr><td>签注和落款不同</td><td>决议都在标题下加括号签注通过决议的会议名称和通过日期，正文后就不另标落款了。凡会议通过的决定，也同决议一样签注；由领导人签发的决定，则在正文后写明发文机关和成文日期。</td></tr>
</table>

【例文】

四川省人民政府关于确保粮食安全的决定

各市（州）、县（市、区）人民政府，省直各部门：

粮食是人类生存的必需品，是国民经济的重要保障。粮食安全关系经济社会发展全局，关系人民群众切身利益。当前，国际粮食供求矛盾加剧，国内粮食安全面临严峻挑战。四川作为粮食生产和消费大省，人增地减矛盾显现，自然灾害频发，工业生产和城乡居民消费对粮食质量和数量要求越来越高，粮食自求平衡的压力不断加大。为充分调动农民的种粮积极性，促进粮食生产稳步发展，确保我省粮食安全，现就有关问题作出如下决定。

一、粮食生产基本原则和主要任务

（一）基本原则。我省粮食必须立足供求基本平衡。要在保护基本农田、稳定提高粮食综合生产能力的基础上，重点依靠科技提高单产。同时，突出优势作物，调整品种和品质结构，推进粮食加工转化增值，提高种粮效益。

（二）主要任务。重点建设水稻、玉米和马铃薯三大优势作物主产区。到2015年，全省粮食播种面积稳定在1亿亩以上，增加粮食产量80亿斤，地方粮食储备库存保持在40亿斤以上。

二、加强耕地保护和提升耕地质量

（一）确保耕地数量。（以下略——编者注）

（二）提升耕地质量。（以下略——编者注）

（三）防止耕地撂荒。（以下略——编者注）

三、加强农田水利设施建设

加强骨干水利工程建设，加快灌区续建配套设施建设和节水改造。大力开展以治水为中心的农田水利基本建设，积极发展户办、联户办等小微水利工程。加强提灌工程设施的维修和改造，解决无水源保证地区的用水问题。进一步完善人工增雨作业体系，积极开发云水资源。到2015年，全省新增有效灌面1000万亩。

四、增强粮食生产科技支撑

（以下略——编者注）

五、加强粮食宏观调控

（以下略——编者注）

六、保护农民种粮积极性

（以下略——编者注）

七、加强粮食生产扶持

（一）切实加大财政投入。各级政府要硬化预算约束，预算内基本建设投资和支农资金的增量要重点向粮食生产特别是主产区倾斜，确保粮食生产投入稳步增长。逐步扩大粮食作物良种补贴范围，提高良种补贴标准。增加育土工程投入，加大农业科技推广扶持力度，支持新品种繁育、新技术引进示范、农民科技培训以及节水节肥、先进耕作、病虫害防治等重大农业科学技术的推广应用，大力推进科技入户。各级政府要将土地出让金平均纯收益计提的农业土地开发资金主要用于耕地保护和提升耕地质量，提高粮食综合生产能力。

（二）完善产粮大县奖励政策。中央财政产粮大县奖励资金的增量部分全部用于粮食产业发展，重点支持重大粮食增产技术推广。

八、加强领导

（一）强化组织领导。严格实行"米袋子"行政首长负责制。各级政府主要领导要对本地区保护基本农田、发展粮食生产、搞好总量平衡、保障市场供应、稳定市场价格负全责。完善各级政府对粮食生产的目标管理考核，把粮食播种面积、单产和总产纳入目标考核内容。

（二）加强部门协调。各有关部门和单位要切实增强大局意识和服务意识，切实履行职责，加强协作，密切配合。农业部门要认真履行发展粮食生产的职责，搞好生产规划与布局，抓好技术推广与耕地质量建设。发展改革部门要把稳定发展粮食生产纳入国民经济和社会发展总体规划，加大预算内基本建设投资力度，积极推进确保粮食安全的重点项目建设。财政部门要安排落实好粮食生产资金，加强资金调度和管理，研究对化肥生产及其相关企业的优惠政策。省经委要会同有关部门制定化肥生产和储备、运输的具体方案并监督执行。监察、国土资源、科技、粮食、水利、环境保护、林业、供销、农机、气象、工商行政管理、物价、税务、金融等部门，要抓紧研究和认真落实确保粮食安全的具体政策和措施。

（三）严格奖惩。建立粮食生产奖励制度，省政府设立四川粮食生产"丰收杯"，对粮食生产贡献突出的市（州）、县（市、区）政府给予奖励。加强耕地使用管理，建立撂荒地责任追究和惩戒制度。对当年撂荒面积超过辖区耕地面积2%的县（市、区），要扣减粮食生产目标考核分值。对因工作不力，成片常年撂荒耕地20亩以上的，追究乡镇政府主要领导责任；成片撂荒100亩以上的，追究县（市、区）政府主要领导责任。

四川省人民政府
二〇〇八年八月二十九日

六、公告的撰写

含 义		用于国家行政机关向国内外宣布重大事项或者法定专门事项的周知性公文。
分类	重要事项公告	主要用于级别较高的国家行政机关郑重地向国内外宣布重要事项、重大事件。
	法定事项的公告	有关法律、法规规定使用的专门事项公告。如专利公告，商标公告，企业法人登记公告，破产公告，产品质量状况公告，主要农作物品种、主要林木良种公告，招标公告，上市公司公告，设立、吊销商业银行及其分支机构的公告，矿区范围公告，水土保护管理公告，拍卖公告，土地总体利用规划公告，征地补偿安置公告，公务员招考公告，水土保持监测公告，税务文书送达公告，中药（药品）行政保护公告，城市房屋拆迁公告，民办事业单位和社会团体登记公告，采购公告等等。
	法院公告	这是按照《中华人民共和国民事诉讼法》规定发布的一系列公告。诸如通知权利人登记公告、送达公告、开庭公告、宣告失踪或死亡公告、财产认领公告、强制执行公告等。
	人大公告	人大及其常委会宣布重要事项、重大决定，如颁布法律、法令、法规，公布选举结果等。
	注 意	除上述四类公告之外，机关、企事业单位、团体公布其他事项时，都不应随意使用公告。
基本结构和撰写要求	标 题	发文机关＋事由＋文种。 尽量不用表意模糊的"发文机关＋公告"或者只写文种"公告"之类标题。
	主送机关	通常不在正文前写明，而可在文尾抄送栏内标明"主送"或者"分送"的机关单位；或者在"印发范围"处注明印发范围。
	正文	公告依据	写明发布公告的原因、目的、根据、背景或意义。
		公告事项	写明需要大家知道或者遵守的事项，要写得具体明确，简洁明白。
		结 语	有的以提出希望或执行要求作结；也可以"特此通告"作结；也可不再写结语。
		文面结构形式	可以分别采用篇段合一式或者总分条文式。
	落 款		在正文后写明发文机关和成文日期。必要时重大事项公告还注明发布地点。

【例文】

关于北京奥运会期间天安门广场管理措施公告

为确保8月1日至8月24日天安门广场奥运赛事和群众文化体育活动顺利进行，现将北京奥运会期间天安门广场相关管理措施公告如下：

一、8月17日、8月24日分别举行女子、男子马拉松比赛，届时将对广场实施封闭管理。根据赛事安排，8月16日、8月23日广场内将进行比赛设施搭建工程，也将采取封闭管理措施。

二、8月1日至8月15日、8月18日至8月22日每天上午6:00至10:00举行有组织群众文化体育活动，纪念碑以北范围内为活动封闭管理区，纪念碑以南仍向游客开放，请游客按指定广场出入口进出。

三、其间对进入天安门广场人员及携带物品一律实施安全检查。

特此公告。

天安门地区管理委员会
二〇〇八年七月三十日

七、通告的撰写

含义			通告是行政机关、企事业单位用于在一定范围内公布应当遵守或周知事项的周知性公文。		
分类	周知性通告		突出周知性，政府机关、团体、企事业单位均可使用。		
	规定性通告		突出规定性，只限政府行政机关及企事业单位领导机构使用。		
基本结构和撰写要求	标题		发文机关＋事由＋文种。尽量不用表意模糊的"发文机关＋通告"或者只写文种"通告"之类标题。		
	主送机关		通常不在正文前写明，而可在文尾抄送栏内标明"主送"或者"分送"的机关单位；或者在"印发范围"处注明印发范围。		
	正文	通告依据	写明发布通告的原因、目的、根据、背景或意义。		
		通告事项	写明需要大家知道或者遵守的事项，要写得具体明确，简洁明白。		
		结语	有的以提出希望或执行要求作结；也可以"特此通告"作结；也可不再写结语。		
		文面结构	可以分别采用篇段合一式或者总分条文式。		
	落款		在正文后写明发文机关和成文日期。		
公告与通告的异同					
相同			都是周知性公文，内容都不涉密；都要公开发布，登报、张贴、通过电视播出或广播；写法和文面结构形式也相似。		
区别	要点	内容适用范围不同	制发单位不同	发送对象不同	作用不同
	公告	用于向国内外宣布重要事项，公布某些法定专门事项。	由较高级别的国家机关、人大机关和有关法律、法规指定机关制发。	向国内外有关方面或者法定有关方面发布。	强调法定权威性，其周知事项常有较强的法律效力或行政效力。除法定机关或者较高级别行政机关外，基层行政机关和企事业单位不用公告行文。
	通告	用于向一定范围公布应当遵守或周知的事项。	多由政府机关及单位领导机构发布，周知性通告任何行政机关、团体、单位均可发布。但党的机关正式常用公文没有列入这两个文种。	向一定范围内的机关单位和人员发布。	规定性通告有一定的规定性，涉及的事项往往要求一定范围的机关、单位、群众遵守或办理，对其有一定的约束力。而周知性通告只具告知性、知晓性作用。

【例文】

北京市人民政府关于 2008 年北京奥运会开幕式当天放假的通告

2008 年 8 月 8 日晚 8 时,将举行第 29 届夏季奥林匹克运动会开幕式。经国务院批准,除保障国事活动、城市运行等必要的工作岗位外,在京中央和国家机关、企事业单位和社会团体,北京市机关、企事业单位和社会团体,8 月 8 日放假一天;本市行政区域内其他社会组织,可根据实际情况自主安排。

为让全市人民分享奥运的欢乐,放假前各有关单位要及早做好准备,妥善安排各项工作,保证社会生产生活正常进行。希望广大市民进一步增强"平安奥运"意识,绿色出行,自觉维护社会公共秩序,展现良好的文明素质和精神风貌。

特此通告。

北京市人民政府
二〇〇八年八月五日

八、公报的撰写

含义			用于公开发布重要决定或者重大事件。《条例》将其列为党内常用公文。政府及有关职能机关,例如国家统计局,有时也用到这一文种。公报还是一种重要的外交文件。
分类		会议公报	用于重要会议公布议决的重要决议、重大事项。
		行政公报	用于统计部门等国家机关公布重要情况。
基本结构和撰写要求	标题		(1) 会议公报一般用"会议名称+公报",例如《中共中央纪律检查委员会第四次会议公报》。 (2) 发文机关 + 事由+文种 (3) 发文机关+时限+事项+文种
	签注		会议公报都不必标示主送对象,而在标题下加括号注明通过公报的会议及时间。
	正文	会议基本情况	简要介绍会议的名称、时间、地点、出席情况、主持人、主要议程等。
		会议精神	列举会议议决事项、会议主要成果、会议形成的共识、对会议的基本评价等。这部分可以分段写,也可以分条列项写。通常以"会议决定""会议审议并通过""会议认为""会议指出"等类语句领起下文。
		会议要求	会议的结尾部分,简要提出贯彻、落实会议精神的希望、号召。有的也可不写这部分内容。
		文面结构形式	一般采用了贯通式(即多段式)的纵式结构;少数篇幅较长的也采用了分部式结构。

续表

行政公报	公报缘由		简要说明公报事项生成的原因、经过、背景；或概述公报的基本精神、主要内容；或直截了当地引出公报事项。
	公报事项		陈述需要让社会和公众知道的有关情况。内容必须实事求是，不允许弄虚作假；语言要简洁明白，不允许浮夸粉饰。统计公报涉及大量数据、图表，一定要准确无误，直观易懂。如果有难懂的专业术语，要加以必要的解释说明。
	文面结构形式		内容单一、篇幅较短的公报常用篇段合一式或者贯通式；内容较多的常用总分条文式；篇幅较长且各部分容量大的常用分部式，且每部分加小标题提示内容范围。
	落款		行政公报都要写明发文机关和成文日期。会议公报因常在标题下加上了签注，文后就不必再有落款了。
	附件和附注		这是行政公报所特有的部分。有的行政公报特别是统计公报，为了补充说明相关内容，或者证实公报内容的真实性、准确性，必要时就列举了附件或者附注。若有附件时，要在正文后加上附件说明。

【例文】

中共第十八届中央纪律检查委员会第二次全体会议公报

（2013年1月22日中国共产党第十八届中央纪律检查委员会第二次全体会议通过）

中国共产党第十八届中央纪律检查委员会第二次全体会议，于2013年1月21日至22日在北京举行。出席会议的中央纪委委员129人，列席295人。

中央纪律检查委员会常务委员会主持了会议。全会深入贯彻党的十八大精神，高举中国特色社会主义伟大旗帜，以邓小平理论、"三个代表"重要思想、科学发展观为指导，分析了当前反腐倡廉形势，研究部署了2013年党风廉政建设和反腐败工作。全会审议通过了王岐山同志代表中央纪委常委会所作的《深入学习贯彻党的十八大精神，努力开创党风廉政建设和反腐败斗争新局面》的工作报告。

中共中央总书记、中央军委主席习近平出席全会第二次大会并发表重要讲话。李克强、张德江、俞正声、刘云山、王岐山、张高丽等党和国家领导人出席会议。有关方面负责同志参加了会议。

全会认真学习了习近平同志的重要讲话，一致认为，讲话从党和国家事业发展全局和战略的高度，强调要认真学习贯彻党的十八大精神，以邓小平理论、"三个代表"重要思想、科学发展观为指导，深入推进党风廉政建设和反腐败斗争；要严明政治纪律，自觉维护党的团结统一，党的各级纪检机关要把维护党的政治纪律放在首位，加强对政治纪律执行情况的监督检查；要抓好"八项规定"落实，下大气力改进作风，密切联系群众，坚决抵制享乐主义和奢靡之风，各级纪检监察机关要执好纪、问好责、把好关；要依纪依法严惩腐败，继续全面加强惩治和预防腐败体系建设，着力解决群众反映强烈的突出问题，反对特权思想、特权现象。讲话充分肯定了广大纪检监察干部为加强党风廉政建设作出的重要贡献，强调"打铁还需自身硬"，要加强干部队伍建设，提高履行职责能力和水平，做严守纪律、改进作风、拒腐防变的表率，维护纪检监察干部可亲、可信、可敬的良好形象。习近平同志的重要讲话，对加强党的纪律建设、作风建设和反腐倡廉建设，全面提高党的建设科学化水平，具有重大而深远的意义。全党同志特别是广大纪检监察干部一定要认真学习领会，坚决贯彻落实。

全会指出，党的十八大对当前和今后一个时期党风廉政建设和反腐败工作作出新的部署，十八届一中全会以来习近平同志一系列重要讲话对加强反腐倡廉提出明确要求。全党必须增强忧患意识、风险意识、责任意识，既要坚定果断刹风整纪，坚决遏制腐败现象蔓延势头；又要树立长期作战思想，逐步铲除滋生腐败的土壤和条件，不断以反腐倡廉实际成效推进廉洁政治建设。

全会强调，2013年是全面贯彻落实党的十八大精神的开局之年，做好党风廉政建设和反腐败工作意义重大。要按照党的十八大部署和要求，坚持党要管党、从严治党，坚持标本兼治、综合治理、惩防并举、注重预防，着力严明党的纪律特别是政治纪律，切实转变领导机关和领导干部工作作风，认真解决反腐倡廉中的突出问题，明确重点、狠抓落实，改革创新、攻坚克难，推动党风廉政建设和反腐败斗争向纵深发展。

第一，坚决维护党章的权威性和严肃性。广大党员特别是党员领导干部要认真学习党章、严格遵守党章。党的纪律检查机关要切实维护党章和其他党内法规，加强对党的纪律执行情况的督促检查。要把维护政治纪律放在首位，深入开展政治纪律教育，严肃查处违反政治纪律行为，保证党的集中统一。严肃组织人事工作纪律特别是换届纪律，确保换届风清气正。围绕科学发展这个主题和加快转变经济发展方式这条主线，检查党的路线方针政策和决策部署执行情况，保证中央政令畅通。

第二，不折不扣落实中央关于改进工作作风、密切联系群众的"八项规定"。反对形式主义、官僚主义，督促各级领导机关和领导干部改进调查研究和会风文风。厉行勤俭节约，制止奢侈浪费，严肃整治公款大吃大喝和公款旅游行为，继续从严控制党政机关办公楼、接待场所等楼堂馆所建设，规范公务用车管理和领导干部出访活动。严格执行廉洁从政有关规定，纠正以权谋私行为。认真执行领导干部报告个人有关事项制度，并开展抽查核实工作。纪检监察机关要把监督"八项规定"贯彻落实作为一项经常性工作，制定监督检查办法和纪律处分规定，认真受理群众举报，强化日常监督，保证各项要求落到实处。加强基层党风廉政建设，认真解决发生在群众身边的不正之风和腐败问题。

第三，坚持惩治和预防腐败两手抓、两手都要硬。全面推进惩治和预防腐败体系建设，制订《建立健全惩治和预防腐败体系2013－2017年工作规划》并抓好落实。保持惩治腐败高压态势，坚持有案必查、有腐必惩，严肃查办发生在领导机关和领导干部中滥用职权、玩忽职守、贪污贿赂、腐化堕落案件，严肃查办发生在重点领域和关键环节的腐败案件，严肃查办商业贿赂案件。深入开展纠风和专项治理，重点纠正金融、电信等公共服务行业和教育、医疗、涉农、征地拆迁、涉法涉诉等领域损害群众利益的不正之风和突出问题，深化工程建设领域突出问题专项治理，开展市场中介领域突出问题专项治理。加大预防腐败工作力度，加强反腐倡廉教育和廉政文化建设，强化对权力运行的制约和监督，研究并实施体制机制制度创新，推进反腐倡廉法规制度建设。

第四，用铁的纪律打造人民满意的纪检监察干部队伍。信任不能代替监督。各级纪检监察机关要完善监督制约机制，严格执行各项纪律，自觉接受党组织、人民群众和新闻舆论的监督，建设一支忠诚可靠、服务人民、刚正不阿、秉公执纪的纪检监察干部队伍。

全会强调，坚决惩治和有效预防腐败，是全党全社会的共同任务。各级党委要严格执行党风廉政建设责任制，担负起反腐倡廉的政治责任。坚持和完善反腐败领导体制和工作机制，形成全党全社会推进反腐倡廉工作的强大合力。

全会号召，全党要紧密团结在以习近平同志为总书记的党中央周围，统一思想、坚定信心、开拓进取、扎实工作，努力开创党风廉政建设和反腐败斗争新局面，为完成党的十八大各项战略决策部署、实现全面建成小康社会奋斗目标作出新的更大贡献！

九、通知的撰写

含义			通知是上级向下级传达指示、布置工作、知照事项时所使用的一种下行公文。
特点			它是一种应用范围极广、使用频率最高的公文。它不受发文机关级别高低的限制，一切机关、单位、团体都可以用通知来告知、传达某种意向或事项；不受发文内容轻重的限制，无论是重要决策，还是日常行政工作、会议安排，或者具体事项处理，都可以用通知部署或知照；它的行文路线限制不严，主要用作下行文，但平行机关之间、不相隶属的机关之间，也可使用通知知照有关事项。
分类	工作通知		上级机关对下级机关、单位就某项工作、某方面工作发出指示、提出要求、作出安排。
	会议通知		知会会议有关事项。
	批转、转发、发布性通知		上级机关转发下级的文件用批转性通知；下级机关照转上级文件、同级或不相隶属的机关之间照转文件，均用转发性通知。发布性通知用于发布规章和规章制度，可分为颁发、发布、印发（公布）三种。公布比较重要的规章用颁发、发布，公布一般性的、暂行或试行的规章或规章制度用印发。
	任聘通知		用于任免、聘用有关人员。
	事项通知		用于知照设置机构、启用印章、更正文件、迁址办公等专门事项。
基本结构和撰写要求	标题		常用"发文机关+事由+通知"，有的还要写明紧急通知、重要通知或补充通知等。极简单事项的通知可只写"××通知"（如会议通知、停电通知）。
	主送机关		尽量避免"各有关单位"之类模糊指称。
	正文	内容	交代清楚发文原因、意图和目的，通知事项及具体要求。
		文面结构形式	总分条文式　引言之后将通知事项分为几点，用顺序号分条拟写。 归纳式　按性质将正文分为几大部分，如原因、要求、具体措施等，每一部分集中说明一方面的事情。 篇段合一式　有些内容简单的通知，通篇就是一段话甚至一句话。
	落款		在正文后写明发文机关和成文日期。

续表

各类通知撰写要求		
工作通知	正文基本结构和写作要求	缘由	或介绍背景，概述情况，分析形势；或肯定成绩，指出问题；或说明依据，阐明发通知的目的、意义或指导思想；或上述内容综合说明、阐述。尽可能在这部分显示文章的主旨，表明通知的思路。
^	^	事项	写明做什么、怎么做，即写明工作任务、原则规定、执行要求、具体措施、注意事项等。 常采用条文式文面结构：一种是条文内容较为丰富的，常在每一条开头用一句话概括本条主要精神形成条旨句，然后围绕条旨句展开条文内容。一种是每条开头用一个名词性偏正短语（词组）提示本条内容范围，称为条首句，如"普查的目的、普查的对象和主要内容、普查的进度安排、普查的费用、普查的组织与实施"。常将条旨句、条首句印为黑体字，以使其更醒目。第三种是条文内容比较简单，则可不要条旨句、条首句，而直接陈述条文内容。
^	^	结语	或以要求、希望来结束全文；或以"特此通知"作结；也有的不写这部分，通知事项言尽文止。
^	文面结构形式	总分条文式	绝大多数工作通知用此结构，常常开门见山地在通知缘由部分揭示全文主旨。
^	^	递进式	一种是针对存在严重问题说明情况，分析存在问题的原因和严重危害性，进而在此基础上提出解决问题的办法的通知。这种通知常循提出问题——分析问题——解决问题的思路分为三个层次，且常在解决问题的部分提出主旨。 另一种是针对重要工作、新的任务部署工作的通知，有时有必要较为详细地阐明发通知的目的、意义和指导思想。这种通知的引言部分通常由浅入深层层递进地阐述道理，因而篇幅也较长。
会议通知	以正式文件形式的会议通知		应写明召开会议的原因、目的、会议名称、主要议题、到会人员、会议及报到时间、地点、需要准备的材料等。必要时还应写明赴会的交通路线及交通工具运营班次或接待安排，以方便远方赴会的人。常采用总分条文式或条文式，有的在条首标明"会议议题、会议时间、会议地点、出席人员"之类。若是总分条文式，也可在引言部分说明召开会议的原因、目的及会议名称。
^	内部张贴或广播式周知性会议通知		正文开头可不写受文对象，在通知事项中说明出席人员。语言力求简短、明白。标题写明"会议通知"，比只写"通知"更能唤起阅者注意。
^	传阅式会议通知		受文对象不在正文开头，常在正文之后用"此致"引出受文对象，或在通知后面附表列出出席会议人员名单，供签"知"用。这种通知也可事先印成表格式，将有关内容填入就行了。
转发、发布性通知			通知成了正件，被批转、转发的文件或发布的规章、规章制度则成了附件。正件、附件一起，组成了完整的通知。 （1）正文包括：转发对象和批注意见。转发对象要写明文件名称及原发单位；批注意见要写明对所转发文件的态度、意见和执行要求。正文可长可短，有的照批照转，只极为简要地表明态度、作出评价、提出要求；有的强调重点，在写明态度、评价和要求之后，再针对实际情况，对所转发文件的重要意义或者某一方面的精神加以强调，以引起重视；有的补允完善，对所转发文件作出基本肯定外，还就其不够完善的地方加以补充、说明。

续表

	（2）发布规章和规章制度的通知正文写法比较简单，一般写上"现将《××（规章或规章制度名称）》印发给你们，望认真贯彻执行"即可。有的还要写明批准、通过的依据、时间、形式或生效日期，有的简要写明规章或规章制度的基本精神和贯彻执行的原则意见。
	（3）恰如其分地使用表态、评价、要求和希望的习惯用语。如同意、批准、原则同意、基本同意，很好、较好，请认真贯彻执行、请执行、请结合实际情况执行、请参照执行、请参考等。
	（4）标题一是不要漏掉转发、发布性通知本身的文种"通知"，如《××县人民政府关于批转县乡镇企业局关于加强乡镇企业产品质量管理的意见》就漏了"的通知"。二是批转转发、发布有关文件的通知，可省略第一个关于，如上述例子可改为《××县人民政府批转县乡镇企业局关于加强乡镇企业产品质量管理意见的通知》。三是层层转发有关文件的通知，可省略掉中间转发的层层过桥，直转最上级领导机关发文标题，而正文中说明转发情况。例如：××县粮食局转发《××市粮食局转发〈省粮食局转发［国内贸易部关于报送来信来访工作统计的通知］的通知〉的通知》的通知可改为《××县粮食局转发国内贸易部关于报送来信来访工作统计通知的通知》，就简明多了。四是行政机关这类通知标题除法规、规章名称加书名号外，转发的其他公文一律不加书名号。
任聘通知	只需简明扼要地写明任命或免职的根据和内容。有的还要写明任命、聘用的任期和待遇。制发任免通知一定要注意依法行文，凡经各级人民代表大会及其常务委员会选举出的各级国家行政机关、审判机关、检察机关的领导人员的任免，一定要履行法定手续。
事项通知	大都篇段合一，直陈其事，简明扼要；少数内容稍多的则采用了多段式或总分条文式等结构形式。

【例文】

四川省人民政府办公厅关于认真执行灾后恢复重建政策严肃工作纪律的通知

各市（州）、县（市、区）人民政府，省直各部门：

为贯彻落实党中央、国务院和省委、省政府灾后恢复重建重大决策部署，扎实有序推进灾后恢复重建工作，确保灾后恢复重建目标的全面实现，现就认真执行灾后恢复重建政策，严肃工作纪律有关问题通知如下。

一、强化执行能力

充分认识严格执行灾后恢复重建政策的重要性和严肃性，从稳定和发展的大局出发，切实加强对灾后恢复重建工作的组织领导，切实增强执行力。进一步强化各市（州）、县（市、区）人民政府和行业主管部门的主体责任，按照"谁主管、谁负责"的原则，确保灾后恢复重建工作责任落实到岗位、问责到人头。深刻领会、熟悉掌握党中央、国务院和省委、省政府灾后恢复重建政策，确保各项政策落实到位，做到不缩水、不加码、不走样。用好用活各项灾后恢复重建政策，关口前移，优化程序，努力为基层和群众提供方便。重点抓好受灾困难群众生活救助、农房重建等优惠政策的落实，切实解决好受灾群众最关心、最直接、最现实的利益问题，坚决禁止有令不行、有禁不止和上有政策、下有对策的行为。

二、加强过程监管

认真执行国务院《汶川地震灾后恢复重建条例》(国务院第526号令)。严格实行重大事项集体决策制度,严防个人决定大额度资金使用和重大项目安排。继续坚持和落实重大建设项目、大额资金拨付、大宗物资采购向同级监督检查领导小组同步通报制度,严防暗箱操作。坚持政务公开,坚持办事公开,扩大人民群众的参与权、监督权和知情权。本着对党和人民高度负责的态度,切实加强财政资金、捐赠资金和物资监管,严禁滞留、挤占、截留和挪用项目资金和物资,确保资金和物资的使用规范、合理、有效。严格推行项目法人责任制、招标投标制、工程监理制和合同管理制,抓好项目工程质量和安全生产管理,强化项目招投标、物资采购、工程监理、验收交接等环节的过程监管,确保工程安全、生产安全、资金安全。

三、严肃工作纪律

进一步健全和完善监督检查工作组织协调机制,形成全方位、全过程、全覆盖的监督检查体系,着力构建信息互通、资源共享、条块结合、上下联动、齐抓共管的监督格局。严肃恢复重建工作纪律,杜绝违规建设"两高"和产能过剩项目,防止出现破坏资源、污染环境、乱占耕地等问题,禁止铺张浪费、不顾条件和需求乱上项目等行为。监察、审计等部门要按照各自职能,认真履行监督职责,切实加强对工程项目规划、立项、实施、验收等全过程的监督检查,确保灾后恢复重建项目真正用于解决受灾群众生产生活困难,恢复和改善灾区重要基础设施、主要产业、生态环境等方面。强化行政效能监察,严格实行首问责任制、限时办结制和责任追究制。坚决防止不作为、慢作为、乱作为,禁止搞劳民伤财的"形象工程"和脱离实际的"政绩工程"。

四、严格责任追究

严格实行责任追究,强化行政问责,对贯彻落实党中央、国务院和省委、省政府政策措施不力、行动迟缓的地方和单位,要责令限期整改;对有令不行、有禁不止和失职渎职致使政策措施得不到及时落实,甚至造成严重后果的,要严肃追究责任。对各种违纪违法案件要坚决快查严办,从严查处违背科学重建要求,不严格执行投资项目有关标准,搞盲目扩张和低水平重复建设,搞"形象工程""政绩工程"的行为;从严查处在项目申报和审批过程中弄虚作假、欺上瞒下,把关不严、随意变通的行为;从严查处领导干部个人决定大额度资金使用和重大项目安排、违规插手工程建设项目招投标及政府采购的行为;从严查处在灾后恢复重建项目实施和资金分配使用过程中以权谋私、索贿受贿,截留克扣、挤占挪用等行为。

特此通知。

四川省人民政府办公厅
二〇〇九年二月九日

十、通报的撰写

含义			通报是用于表彰先进、批评错误、传达重要精神或交流重要情况的下行文。
分类	按内容分	表彰性通报	用于在一定范围内表扬先进单位或先进人物先进事迹。
		批评性通报	用于在一定范围内批评错误，纠正不良倾向。
		情况通报	用于向有关方面知照应该掌握和了解的信息、动态，以作为工作的参考。
	按写法分	直述式通报	直接叙述通报事项，再在此基础上作出分析、评价、处理。
		转述式通报	针对附件（如下级报送的情况报告、调查报告、通报、来信等）所反映的先进事迹、错误事实或严重情况分析、评价，提出处理意见。
基本结构以及撰写要求		标题	公文式标题，突出庄重、严肃； 新闻式双标题，多是正题加副题，也可写为眉题加正题。更鲜明、醒目。
		主送机关	行文对象有专指的，写明主送机关；普发性的通报，可不写主送机关，而在文后的印发范围中注明。
		正文	写进正文的材料和事件，务求真实、准确、实事求是，这样才令人信服；必须典型而有普遍意义，这样针对性才强，才对工作有指导作用，对群众有教育作用。
		落款	注明发文机关和成文日期。
		文面结构形式	多采用多段式、分部式递进结构；少数采用总分条文式结构。
各类通报撰写注意事项	表彰性通报	先进事迹	在直述式通报中，这部分内容直接在通报正文中叙述，写得就详细些。在转述式通报中，这部分内容已出现在通报后面附的材料和公文中，就不再重复叙述，只需概括地强调或突出要点。直述式通报在介绍先进事迹时，应注意把时间、地点、人物、事件、结果简明地交代清楚；实事求是，不任意夸大、渲染；突出重点，涉及能体现先进的思想境界和突出通报中心的，就把事实写得详细些，无关紧要的可一笔带过或略而不记。
		先进事迹评价	着重表彰先进事迹的通报，应在介绍事迹的基础上说明其意义，分析评议其精神实质。着重突出先进经验的通报，应在介绍先进事迹基础上，归纳和论述其典型经验，以供人们效法、借鉴。评价要客观、恰如其分；文字要简明，不必过多议论。
		表彰决定	要写得具体、准确，言简意明。
各类通报撰写注意事项		希望和要求	既包括对被表彰者的勉励和期望，更包括对有关方面和群众的希望和号召。要求要切实可行，符合实际；行文要有针对性，做到概括、鲜明，不千篇一律。
	批评性通报	错误事实	在直述式通报中这部分要详写，要写明涉及的单位和人员、时间、地点、经过、结果以及产生的后果和影响。在转述式通报中，错误事实一般在附件中已经说清楚了，通报正文对此则可从略。通报批评的问题若属有代表性的，在介绍错误事实时，就要注意点面结合，以点衬面，更全面地反映出问题的严重性，以引起大家的重视。

续表

各类通报撰写注意事项	批评性通报	错误原因和教训	要针对错误事实分析原因，点明实质，总结教训，指出危害。要写得准确中肯，实事求是，既不可无限上纲，也不可大事化小。分析评议要合情合理，令人信服。
		处理决定	要简明扼要。有的通报为了突出问题的严重性，也把这部分写在开头，以引起大家的关注和警觉。这种结构上的变化，也常增强公文的可读性。
		要求和希望	针对错误及其教训，提出切实可行的改进措施和要求，告诫来者，教育大家。这部分要写得简洁、明快，有的通报在前面已经写了这类内容，就不必单独写这部分。
	情况通报写作		这类通报内容集中，多为一事一报；写作比较灵活自如，结构因文而定。主要是据实反映情况，分析问题，有的还要针对通报的情况提出要求和希望。行文要突出重点，抓住本质。无论是陈述情况的始末、发展过程，还是分析问题，都要不枝不蔓，语言要简洁、得体。

【例文】

国务院安委会办公室关于山西吕梁"7·17"重大道路交通事故和云南红河"7·17"较大道路交通事故的通报

各省、自治区、直辖市及新疆生产建设兵团安全生产委员会：

2008年7月17日10时许，山西并州高速快客集团鑫立客运有限公司一辆牌号为晋A49187的大客车（核载47人，实载47人），行至吕梁市境内青银高速公路684公里处时，因车辆爆胎导致翻车，造成12人死亡、9人重伤、20人轻伤。同日13时46分，云南省红河州个旧市万通客运有限公司一辆车牌号为云GY2265的中巴车（核载19人，实载19人），行至红河州个旧市境内个（旧）元（阳）线42公里800米处时，因驾驶人超速驾驶和驾驶时违规打手机，导致车辆失控撞击道路右侧防护墩后翻入红河中，造成3人死亡、6人失踪。

经初步分析，这两起事故是由于运输企业安全生产主体责任不落实，隐患排查治理不到位，营运车辆"带病"上路运行；驾驶人安全意识薄弱、严重违规；有关部门监督管理薄弱，客运站未严格执行车辆检查制度所致。为深刻吸取事故教训，坚决遏制重特大道路交通事故的发生，现提出以下要求：

一、加强对运输企业的安全监督管理

地方各级人民政府安委会及有关成员单位要把道路交通安全工作纳入重要议事日程，结合已开展的安全生产百日督查专项行动，加大对运输企业的安全督查力度，督促企业认真贯彻执行国家有关道路交通安全法律法规，完善各项安全生产制度，切实落实企业安全生产主体责任，保证客运车辆运营安全。

二、继续深入开展道路交通安全隐患排查治理工作各地区和有关部门以及交通运输企业要按照《国务院办公厅关于进一步开展安全生产隐患排查治理工作的通知》（国办发明电〔2008〕15号）要求，加大对运输企业、车辆、驾驶人、道路等各个环节安全隐患排查治理力度。要把营运车辆的安全技术状况、客运站安全监管、驾驶人安全教育等作为隐患排查治理的重要内容，严格检查和检验，对于查出的问题要及时进行整改，坚决杜绝车辆"带病"上路运行。

三、严格对客运站（场）的安全监管

有关部门要加强对客运站（场）的管理，严把客运站（场）安全监督关，督促客运站（场）严格执行客运车辆安全例检制度，对出站（场）车辆逐一检查，重点检查车辆操纵系统、刹车系统和轮胎的安全技术状况，不符合安全要求的车辆一律不准发班和出站，防止"带病"车辆和超限、超载车辆出站上路运行。

四、加大事故查处力度

各地区和有关部门要严格执行事故责任追究制度，按照"四不放过"原则，彻底查明事故原因，依法严肃追究有关人员的责任，并及时向社会公布处理结果。通过查处事故，切实起到警示作用，推动道路交通安全各项防范措施落到实处。

国务院安全生产委员会办公室印章
二〇〇八年七月十九日

十一、报告的撰写

含 义		报告是用于向上级机关汇报工作、反映情况、答复询问的一种上行公文。
分类	工作报告	用于向上级汇报工作进程，反映工作问题，总结工作经验教训。
	情况报告	用于向上级反映情况，特别是反映调查了解到的重大情况、特殊情况、新情况。
	答复报告	用于答复上级机关的查询、提问；按要求如期汇报执行上级机关某项指示、意见的结果；回答有关代表大会、委员会及其执行机构提出的质询，交付处理的提案、议案的处理意见或处理结果。
	报送报告	用于向上级机关说明报送有关文件、材料或物品的情况。
基本结构和撰写要求	标 题	常用"发文机关+事由+通知"，有的因事情紧迫，还要在文种前加"紧急"二字。
	主送机关	一般力求单一，不多头报送。
	正文 报告缘由	简明扼要地说明报告的原因、目的。若无必要也可略而不述。
	正文 报告事项	这是正文重点所在。内容较多时，可依事情的发展变化脉络、认识处理问题的由浅入深，以纵式结构安排材料；也可按情况、经验、教训或问题的方方面面，以并列的横式结构安排材料，而且常分条列项使层次段落更分明。决不能在报告中夹带请示事项。
	正文 报告结语	一般以"特此报告""请审阅"等语作结；也可以不要结语。
	正文 文面结构形式	总分条文式　引言之后将报告事项分为几点，用顺序号分条拟写。 分部式　按性质将正文内容分为几大部分来写。
	落 款	在正文后注明发文机关和成文日期。

续表

撰写各类报告注意事项	工作报告	基本情况	简要交代时间、背景和工作条件。	不同类型工作报告内容各有侧重。例如偏重总结经验的工作报告，可以主要写情况、成绩和经验，少写或不写问题和意见；偏重汇报情况的工作报告，着重写情况、成绩和问题，少写或不写经验教训。
		主要成绩	应把工作的过程、措施、结果和成绩叙述清楚。	
		经验体会	这是对工作实践的理性认识，要从实际工作中概括出规律性的东西来，以便指导今后的工作。	
		存在问题	写出工作中的缺点与不足。	
		基本教训	分析工作失误的原因和反思值得吸取的教训。	
		今后意见	提出改进工作的意见，或者提出今后开展工作的建议。	
	情况报告	内容	情况报告常用于汇报：严重的灾害、事故、案情、敌情；重要的社情、民情；督促办理或检查某项工作的情况；举办重大活动、召开重要会议的基本情况；对某项工作造成失误和问题的检讨与反思；其他重要的、特殊的、突发的新情况。	
		撰写要求	情况报告多数写成专题性报告，其写法不强求一律，但都要力求做到： （1）内容集中、单一，突出重点，抓住事物本质，实事求是地反映情况。 （2）把情况和问题讲清楚，把事情的经过，原委、结果、性质写明白。例如特大事故，就要按国务院的规定，写明事故发生的时间、地点、单位，事故的简要经过，伤亡人数、直接经济损失的初步估计，事故发生原因的初步判断，事故发生后采取的措施及事故控制情况等。 （3）若要提出处理意见和建议，要写得具体、明确、简要，尤其要注意提出意见、建议的写作角度，不能在报告中夹带请示事项。 （4）情况报告写作要及时，以便让上级机关和有关领导尽快了解重大、特殊、突发的种种新情况。	
	答复报告		要注意针对性，有问必答，答其所问，以示负责。表述要明确、具体，语言要准确、得体，不可含糊其辞、模棱两可。正文包括答复依据和答复事项两部分内容。答复依据指上级要求回答的问题，要写得十分简要，有时一两句话即可说明。答复事项指针对所提问题答复的意见或处理结果，既要写得周全，又不要节外生枝，答非所问。正文写法比较灵活，或先写依据，后一并答复；或边写依据，边逐一答复。	
	报送报告		正文极为简单，有的甚至三言两语一篇，把情况说明就行。	
注意			正式印发报告送上级时，应在文头注明签发人、会签人姓名。	

【例文】

××县发展和改革局关于开展2009年"全国安全生产月"活动的情况报告

××县人民政府：

我局严格按照《关于开展2009年"全国安全生产月"活动的通知》（双安监发〔2009〕47号）文件要求，坚持以人为本、安全发展，坚持"安全第一、预防为主、综合治理"的方针，立足本职工作，围绕开展"安全生产责任落实年活动"和安全生产"三项行动"，扎实有效开展"安全生产月"各项活动。现将活动开展情况汇报如下：

一、领导重视，机制完善

我局领导高度重视安全生产工作，及时成立了以局长任组长、副局长任副组长、各科室负责人为成员的局安全生产月活动工作领导小组，领导小组办公室设在局办公室，由专人负责办公室日常工作。

二、开展形式多样的安全宣教活动

1. 开展多种形式的宣传活动。利用办公区、宿舍区的墙报、板报、宣传栏等阵地张贴安全生产宣传挂图3幅、标语2条，开展宣传教育。同时，结合工作实际，深入企业、深入工地、深入家庭宣传安全知识，让安全生产知识家喻户晓，深入人心，切实提高全民安全生产法制意识和安全常识。

2. 工会、团委积极组织、鼓励干部职工参与"安康杯"竞赛和创建青年安全生产示范岗活动，大力宣传"安全发展"科学理念，倡导和树立安全生产意识，形成"人人懂安全、人人抓安全、人人要安全、人人保安全"的局面。

3. 结合节能宣传周活动，组织了供电局、天然气公司等部门在激情广场通过现场答疑、发放宣传资料等形式，开展了节能和安全宣传，提高广大人民群众的节能意识和安全意识。

三、认真组织开展安全生产督查工作

1. 落实责任：我局为更好开展安全生产督查工作，根据各科室的工作职能落实任务分工，明确责任，组织了一次安全生产检查活动。局办公室负责机关内卫、计经委家属区和车辆安全工作；基础产业科负责能源保障及基础设施建设工程安全工作；计划科负责加油（气）站安全工作；重点项目科负责重点项目有关安全工作。各科室按职责目标逐一走访有关单位和重点部门，进行了安全隐患排查。

2. 周密安排：成都市"6·5"公交车燃烧特大事故发生后，按照省、市、县安全工作会议精神，局党组分别于6月7日下午和6月8日召开了安全工作紧急会议，会议通报和传达了"6·5"公交车燃烧事故和省、市、县领导的讲话精神，并下发了《关于做好安全隐患排查的紧急通知》，就近期有关安全工作进行了安排部署；同时，基产科立即拟定有关安全工作的通知于6月8日发放到相关单位。

3. 密切配合：按照全县安全生产检查要求，我局积极组织力量配合安监局等部门开展了为期2天的安全生产大检查，并按要求及时汇报检查情况。

××县发展和改革局

二〇〇九年七月三日

十二、请示的撰写

含 义	请示是用于向上级机关请求批准或指示的一种上行公文。凡是下级机关无权解决、无力解决以及按规定应经上级决断的问题，必须正式行文向上级机关请示。	
标 题	发文机关＋事由＋文种。不能把文种"请示"误为"请示报告""报告"或者"申请"。不宜写为"关于请求（或申请）××××的请示"，请示中本身就含有请求、申请的意思了。	
主送机关	一般只写一个主送机关。	
正文	请示原因	应简明扼要而又充分地陈述请示的原因、依据。如果原因比较复杂，必须讲清情况，举出必要的事实、数据来说明原因，才能为请示事项提供充分依据，令人信服。在概述情况时，不能笼统、含糊；在陈述困难时，不能夸大事实。
	请示事项	请求上级机关给予指示、批复、答复的具体事项。内容要具体，所提建议和要求要切实可行；用语要明确肯定，不能含糊其辞；若内容稍多时，可分条列项；语气要得体，一般应写"拟"怎么办，而不能写"决定"怎么办，因既已"决定"就不必请了。
	请示结语	常用"妥否，请批复""特此请示，请予审批""请批准""请审批""请指示"等语。不要用"可否（妥否、当否），请批准"之类不合逻辑的用语作结。
	结构形式	篇段合一式：上述三部分内容都融入一段。 三段式：上述三部分各一段。 总分条文式：请示缘由为总说的引言部分；请示事项为分述部分，一般分条列出；请示结语是分述之后的总括部分。 都是循请示原因→请示事项→请示要求的递进思路成文的。
注意事项	(1) 应一文一事，切忌把互不相关的几件事写在一件请示里，使上级机关难于批复。 (2) 注意与各方面的协调 　①请示不宜多头主送、多级主送，一般只主送一个直接上级。即使是向受双重领导的机关、单位上报请示，也应根据内容写明主送和抄送机关单位，以根据主次分清承办责任，由主送机关单位负责答复请示的问题。 　②请示一般不得越级上报。只有在特殊情况下，请示才可越级行文，且一般应抄送被越过的上级。 　③请示的内容若涉及其他部门或者地区时，主办机关单位应当主动与有关部门或者地区协商取得一致意见。如有关方面意见不一致，应当如实在请示中反映出来，并抄送有关方面。 　④请示不得抄送下级机关、单位，以免在上级做出批复表明态度前造成混乱。 　⑤除领导直接交办的事项外，请示不得直接主送领导者个人，更不应同时主送多位领导。 (3) 正式印发请示应在文头注明签发人、会签人姓名。 (4) 注意请示与报告的区别，切忌用报告代请示行文。	

续表

	区别	行文目的、作用不同	呈报时间不同	主送机关不同	受文机关处理方式不同	涉及内容不同	写作侧重点不同
请示与报告的区别	请示	旨在请求上级批准、指示，需要上级批复，重在呈请。	需要事前行文。	一般只写一个主送机关，一般必须逐级上报。	均属办件，收文机关必须及时处理，明确作答，限期批复。	凡下级机关、单位无权解决、无力解决以及按规定应经上级机关批准认定的问题，均可写为请示。	陈述情况只是作为请示原因，即使反映情况所占篇幅再大其重点仍在请示事项。
	报告	要向上级汇报工作、反映情况、答复上级询问，一般不需上级答复，重在呈报。	一般在事后或者工作进行过程中行文。	有时可有多个主送机关。	均属阅件，收文机关对其不作答复。	用于向上级机关汇报工作、反映情况、答复询问。	汇报工作情况，报告中不能夹带请示事项。

【例文】

××县气象局关于建设现代农业示范园区气象服务站的请示

××县人民政府：

今年，县委县政府提出，要大力实施现代农业发展战略，改变农业生产的布局和结构，力争到 2010 年，建成有集体化集约化特征的现代农业示范园区 10 个以上。这对气象服务也提出了新的要求。为了创新气象服务内容和方式、提高气象灾害预报预警水平、提升农业气候资源的利用能力、解决气象信息最后一公里问题，在现代农业示范园区内建设气象信息服务站、增加气象监测手段显得非常重要。

为实现县委提出的"两率先两示范"目标，使气象更好地服务于地方经济发展，我局拟在彭镇葡萄园区建设气象信息服务站，省市气象局也有意在××打造全省首家乡镇气象信息服务站。经调研，建一个气象信息服务站约需经费 80 万元，目前我局已争取到省市气象局建设经费 40 万元，特请求县政府解决剩余的 40 万元经费。

可否，请批示。

附件：××现代农业示范园区气象服务站建设方案 1 份

××县气象局印章
二〇〇九年三月二十六日

十三、批复的撰写

含义及特点		批复是用于答复下级机关、单位请示事项的一种下行公文。 它的一个显著特点就是有针对性。它总是针对下级机关、单位呈报的请示被动行文。上级决不会主动发出批复，总是下级有请示，上级才有批复。批复内容总是针对下级来文的请示事项作出答复。批复事项紧扣请示事项明确作答，不能答非所问，复非所求，节外生枝。
基本结构与撰写要求	标题	除按公文标题的通常写法外，还可把主送机关、单位写进标题。如：《国家税务总局关于中外合资企业北京中燕有限公司不享受"内资"福利企业税收优惠政策问题对北京市税务局的批复》。
	主送机关	一般就是呈报请示来文的发文机关。
	正文 批复对象	指批复所针对的请示事项。必须在正文开头引述来文的标题、文号，有的还极其简要地直接引述来文所请示的事项。
	正文 批复事项	要针对请示事项给予明确答复或具体指示。批复内容应一文一事。对下级请示事项的答复，应态度鲜明，观点明确，语言简洁明了，不能模棱两可，含糊其辞。
	正文 批复结语	一般在正文末尾写上"特此批复"或紧缩为"此复"，都要加上句号。开头已有"批复如下"的，也就可以不再写上"特此批复"了。
	正文 文面结构形式	可分别采用篇段合一式、三段式（三部分各一段）、两段式（省去结语部分）或总分条文式结构。
	落款	写明发文机关和成文日期。
制发注意事项		（1）注意协调。批复内容若涉及其他部门，起草制发时应同有关部门商量，取得一致意见方可行文答复，或者会签后联合行文。 （2）注意接受心理。上级制发批复时要体谅下级的实际困难和具体情况，若是不同意下级请示事项的，行文时既要态度明确又要委婉表达，易于对方理解和接受。 （3）批复的撰写和制发都要及时。要克服办事拖拉的作风和官僚主义、文牍主义。

【例文】

北京市人民政府关于国道 110 线

（西五里营至下营村段）收取车辆通行费有关问题的批复

市交通委、市发展改革委：

你们联合上报的《关于国道 110 线（西五里营至下营村段）收取车辆通行费有关问题的请示》（京交计文〔2008〕280 号）收悉。根据《中华人民共和国公路法》、国务院《收费公路管理条例》及有关文件规定，现将有关事项批复如下：

一、同意国道 110 线（西五里营至下营村段）暂时与国道 110 线（昌平德胜口至延庆西五里营段）共用莲花滩收费站。

二、同意国道110线（西五里营至下营村段）纳入总体收费里程计收车辆通行费。通行费费率标准按0.50元/公里·标准车计收，不得擅自提高收费标准。

三、同意国道110线（西五里营至下营村段）收费期限自正式收取通行费之日起不超过25年，收费终止时间与国道110线（昌平德胜口至延庆西五里营段）一致，不得擅自延长收费年限。

四、对在上述路段行驶的车辆，除按规定免收通行费的车辆外，一律按照标准征收车辆通行费。

五、由你们组织协调市有关部门统一负责上述路段管理工作，并对收费公示和还贷情况进行监督。

北京市人民政府印章
二〇〇八年九月十九日

十四、函的撰写

含义		函是不相隶属机关单位之间商洽工作、询问和答复问题、请求批准和答复审批事项所使用的一种公文。函主要用于平行机关之间或不相隶属的机关单位之间。特殊情况下，也可用于上下级机关之间对一些事务性的具体问题的联系，还可用于机关单位与个人的公务联系。
用途		函的应用范围比较广泛，因而使用频率亦较高。它用于以下事项： （1）平级机关或不相隶属的机关单位之间的公务联系、往来； （2）向无上下级隶属关系的业务主管部门请示批准有关事项； （3）业务主管部门向无上下级隶属关系的机关单位答复审批事项； （4）机关单位对个人的公务联系，如答复群众来信之类； （5）上下级机关之间涉及一些事务性的具体事项的联系、询问答复。
分类	商洽函	用于平行机关之间和不相隶属机关之间商洽工作、联系有关事宜。
	请批函	指向平级的或不相隶属的业务主管部门制发的请求批准函，和业务主管部门向平级的或不相隶属的机关单位制发的审批函。
	询问答复函	指用于上下级机关之间互相询问答复处理有关具体问题的函。

续表

基本结构和撰写要求	标题		常用"发文机关+事由+函";若是复函,则应写明"复函"。
	主送机关		
	正文	商洽函、询答函	去函要把商洽的原委、询问的问题、告知的情况等,写得清楚简明,以便得到对方的支持、理解和回答。复函先要引据对方来函来文标题、文号,然后针对来件询问的问题、商洽的工作给予明确答复,以示互相支持或认真负责。语言要得体而有分寸,要对不同的行文对象采取不同的语气,注意礼貌用语。结尾处恰当运用习惯用语,去函可用"特此函告""请即函复"之类,也可写"请予支持(协助)",并紧接"为感""为荷""为盼"等语。其后都要加句号。复函常用"特此函复"作结。
		请批函	请求批准函的理由要简洁得体,请批事项表述明确,结语应用"请批准""请予审批"之类,以表示对业务主管部门职权的尊重(但不宜写"请予指示""请示")。审批函先要引据对方来函来文标题、文号,简要说明事由后,明确作出审批答复。结语写"特此函复"之类,以示对对方的尊重。不应写"特此批复"。
		文面结构形式	总分条文式:引言之后将函告事项分为几点,用顺序号分条拟写。
			多段式:按性质将正文分为几大部分,如缘由、事项、结语等等,每一段集中说明一方面的事情。
			篇段合一式:有些内容简单的函,通篇就是一段话甚至一句话。
	落款		在正文后写明发文机关和成文日期。

请求批准函与请示的区别	区别	类型不同	主送机关不同	内容范围不同	受文机关复文方式不同
	请示	上行文	向有领导、指导关系的上级机关行文。	既可用于请求批准,又可用于请求指示。	以批复表明是否批准或作出指示。
	请求批准函	平行文	向同一系统平行的和不相隶属的业务主管机关行文。	请求批准涉及业务主管部门职权范围内的事项。	只能用函(审批函)表明是否批准或作出答复。

审批函与批复的区别	区别	类型不同	主送机关不同	内容范围不同
	批复	下行文	向有领导、指导关系的下级机关行文。	既可用于批准,又可用于指示。
	审批函	平行文	向同一系统平行的和不相隶属的机关单位行文。	审批涉及业务主管部门职权范围内的事项。

注意	(1) 不要把请求批准函误用为请示、报告;不要将审批复函误用为批复。 (2) 函可以与机关、单位的其他公文一道编大流水发文号,用统一大版头印发。也可用函件专用的小版头形式,单独编号印发。

【例文】

四川省人民政府关于恳请支持建设成（都）彭（州）铁路客运专线的函

铁道部：

　　四川省彭州市是我省重要的石化基地，也是"5·12"汶川特大地震重灾区。为充分发挥铁路大动脉作用，加快推进我省灾后恢复重建，促进区域经济社会发展，恳请铁道部支持尽快启动建设成（都）彭（州）铁路客运专线。

　　一、线路走向。目前，成都至都江堰铁路正抓紧按照预定工期全面推进建设，结合该项目走向及地方发展需要，建议成（都）彭（州）铁路客运专线按照成都至都江堰铁路支线模式进行建设，在成都至都江堰铁路郫县西站接轨引入（郫县西站已预留接轨条件），至彭州市区，线路全长约19公里，建议速度目标值200公里/小时。该项目符合成都综合交通运输规划。

　　二、出资模式。项目投资模式建议参照成都至都江堰铁路的出资比例进行分摊，即铁道部出资70%，成都市出资30%。项目征地拆迁费用按国家及四川省、成都市的相关规定测算，列入项目总投资。征地拆迁工作由成都市具体负责组织实施。

　　三、计划工期。力争2010年9月底前建成。

　　专此致函，请支持为谢。

四川省人民政府印章
二〇〇九年六月二十二日

广元市人民政府办公室关于同意提高廉租住房租赁补贴标准的复函

市规划和建设局：

　　你局《关于提高廉租住房租赁补贴标准的请示》（广规建〔2008〕256号）悉。经市政府研究，同意从2009年1月1日起对廉租住房租赁补贴标准进行调整，市城区从3元/平方米调整为7元/平方米，县区从2元/平方米调整为5元/平方米，一般城镇从1元/平方米调整为3元/平方米。请你局严格按相关规定，尽快组织实施。此复。

广元市人民政府办公室印章
二〇〇九年四月十四日

十五、纪要的撰写

含义			纪要是用于记载传达会议情况和会议议定事项的公文。它有内容的纪实性、表述的纪要性、作用的限定性等特点。
分类	根据会议性质的不同	办公会议纪要	用以传达机关、单位召开的办公会议研究的工作、议定的事项和布置的任务，要求与会单位和有关方面、有关人员共同遵守、执行。
		其他会议纪要	指专门工作会议、专题讨论会、座谈会、学术研究会等会议形成的纪要。这类纪要，有的起通报会议情况的作用，使有关人员尽快知道会议的基本情况和主要精神；有的具有指导作用，它所传达的会议精神，是指导有关方面开展工作的。
	根据写法的不同	决议式纪要	
		概述式（综合式）纪要	
		记录式纪要	
基本结构和撰写要求	办公会议纪要	标题	常写成"会议名称＋纪要"，如《××市政府2009年第×次办公会议纪要》，或者"事由＋纪要"，如《关于综合治理××地段社会治安现场办公纪要》。
		正文 会议组织情况	简要地逐一写出会议时间、地点、出席人员、主持人、列席人员、缺席人员、记录人等，有的还写明主要议题。这种写法以备查考，作为有关部门执行纪要的依据。如果与议决事项关系不大，这部分也可以写得更概括、简单一些，只概述主要的情况即可。
		正文 会议议定事项	写明研究的工作、作出的决定、布置的任务、将采取的措施等。若会议涉及内容较多，可采用决议式的写法，分条列项，简明扼要、严谨有序地写明会议议决的事项；若研究的事项比较单一，可采用概述式写法。 办公会议纪要可一文数事。
	其他会议纪要	标题	除采用办公会议纪要标题的两种形式外，还可采用新闻式双标题，如《齐抓共管，综合治理——××市青少年教育研究会纪要》。
		正文 会议组织情况部分	通常采用概述式写法，简述会议时间、地点、出席人员、中心议题和议程等。
		正文 会议主要精神部分	可以写会议召开的背景和对当时形势的简要分析、估计；会议的指导思想和议题；会议报告、讲话的主要精神要点，对会议议题的讨论情况和与会者的反映；会议形成的共识和会上提出的意见、建议（包括学术会上的各种不同意见）以及贯彻会议精神的要求等。不同类型会议纪要可以各有侧重，但都须写得简要、具体、准确、清楚。 这部分常采用概述式写法，用贯通式结构概括、综合地反映出会议主要精神和基本内容。也可采用决议式写法，用分条文、分部分或列小标题的形式，写明会议讨论的主要问题、研究的主要工作、形成的统一意见和作出的各项决定等。 专题讨论会、座谈会纪要还可采用记录式的写法。对与会者的发言择其要点，归纳整理后，分类摘要记录。常用小标题揭示某类发言的要点或者范围，然后把几个人的同类发言排列在一个小标题之下。也可把一个人的发言，分类记录在几个问题之中。

续表

撰写会议纪要要求	（1）真实、准确、全面地反映会议情况和会议精神。 （2）会议纪要是对会议全部材料的概括、综合和提炼，因此，要写好纪要必须做好处理材料的工作。即要注意：广泛搜集会议材料，全面掌握会议情况；按照会议精神和领导意图，对材料分类和筛选。 （3）篇幅不宜过长，语言要简明扼要。叙述中可以适当引用与会者的发言，以增强真实性。它不用第一人称而用第三人称作叙述，如"会议认为""会议指出""会议强调""会议号召"之类。 （4）办公会议纪要多常用会议纪要的专用版头形式刊发，可不加盖发文机关印章。其他会议纪要则多用通知转发或印发。

【例文】

研究安全生产工作会议纪要

9月23日，副省长、省政府安委会主任刘捷主持召开安全生产工作专题会议，研究部署近期安全生产工作。省政府副秘书长、省政府安委会副主任蔡竞，省经济和信息化委、公安厅、国土资源厅、住房城乡建设厅、交通运输厅、省安全监管局（四川煤监局）、省旅游局、省政府应急办、省公安消防总队、省公安交警总队等有关部门和单位负责同志参加会议。会议指出，国务院安委会第三督查组于9月19日至22日先后在成都、德阳、内江三市进行了督导检查，督查发现我省仍存在部分地方、部门和企业对安全生产认识不到位、隐患排查治理不到位、安全生产应急管理存在薄弱环节、煤矿安全生产工作亟须加强等问题。

会议要求，各地、各有关部门要深刻吸取攀枝花市西区肖家湾煤矿"8·29"特别重大瓦斯爆炸事故教训，以国务院安委会此次督查为契机，进一步学习贯彻中央领导同志关于安全生产工作的一系列指示精神，对照督查组指出的问题和不足，逐项认真整改，并及时将整改情况进行反馈和通报；同时要抓紧抓好安全生产各项工作，特别是中秋、国庆节临近，要深入研究和落实工作措施，全力遏制重特大事故再次发生，切实扭转当前安全生产被动局面。

会议议定以下事项：

一、提前准备节假日安全生产检查工作。省政府安委会办公室要抓紧制定节假日安全生产检查方案，于9月27日和10月1日在成都市分别开展一次由省政府领导同志带队，安全监管、交通运输、公安、旅游、交警、消防等部门和单位负责同志参加的安全生产现场检查，重点检查节假日交通运输、危险化学品、消防安全等工作。同时，要加大新闻媒体宣传力度，营造全社会重视安全生产、支持安全生产、推动安全生产的良好氛围。

二、切实抓好当前安全生产的各项重点工作。一是针对节假日旅游旺季即将来临的情况，要加强旅游景区公路管控和长途客车、景区观光车辆管理，省旅游局要会同交通运输厅、省公安交警总队等部门和单位对省内重点旅游景区开展专项督查，确保节假日期间旅游安全。二是加强建筑施工领域安全生产隐患排查，住房城乡建设厅要联合省质监局开展对建筑施工电梯的重点检查，对检查中发现的问题施工企业要责令限期整改。三是加强消防安全隐患排查整治，特别是在大型商场、娱乐场所等人员集中的重点场所开展消防专项安全大检查，凡是消防安全不达标、不符合规定的，坚决予以整改或关闭。四是全面开展烟花爆竹、危险化学品行业安全生产大检查、大整治，对检查发现的隐患要督促整改到位；对无法整改的，该关闭的坚决关闭，该停产整顿的坚决停产整顿，该取缔的坚决取缔。

三、认真整改国务院安委会督查组提出的问题。省政府安委会办公室要会同有关部门抓好国务院安委会第三督查组督查意见的逐项分解落实，要采取有力措施，抓紧认真整改，确保"打非治违"、隐患排查治理等各项工作落到实处，及时将整改情况报告国务院安委会办公室和第三督查组，并向全省进行通报。

出席：省经济和信息化委施晓川，公安厅王光辉，国土资源厅王平，住房城乡建设厅谭新亚，交通运输厅胡大昌，省安全监管局（四川煤监局）黄锦生、吴金炉，省旅游局苗玉砚，省政府应急办雷治严，省公安消防总队马先宏，省公安交警总队熊意等。

四川省人民政府
二〇一二年十月八日

十六、意见的撰写

含义	意见是对重要问题提出见解和处理办法，以起到指导或建议作用的一种公文。
特点	意见最具兼容性的特点： （1）内容的多样性　它既可以对工作作出指导，提出要求，又可以对工作提出建议，或者对工作作出评估，提出批评；它主要用于党政领导机关，但也可用于人民团体、企事业单位；既可用于上级，又可用于下级甚至基层组织。 （2）行文方向的多向性　它既可以用作下行文，表明主张，作出计划，阐明工作原则、方法和要求；又可以用作上行文，提出工作建议和参考意见；还可以用作平行文，就某一专门工作向平行的或者不相隶属的有关方面作出评估、鉴定和咨询。 （3）作用的多用性　有的意见具有指导、规范作用；有的具有建议、参考作用；有的具有评估、鉴定作用。

续表

分类	指导性意见	这是党政领导机关用于布置工作的下行文。有时部署工作不宜以决定、指示、命令、通知等文种行文时，即可用意见行文。这类意见常常是阐明工作的原则、方法，提出要求，作出工作安排。
	建议性意见	这是向上级提出工作建议、设想的上行文。它又可分为呈报类意见和呈转类意见。 呈报类意见是向上级机关提出某方面工作的建议、意见，向上级献计献策，以供上级决策参考。 呈转类意见是职能部门就开展和推动某方面工作提出初步设想和打算，呈送领导审定后，批转更大范围的有关方面执行。（这类意见与过去建议性报告的用途、写法完全相似，而且意见已经取代建议性报告对上行文了。）
	评估性意见	这是业务职能部门或专业机构就某项专门工作、业务工作经过调查、研究后，把商定的鉴定、评估结果写成意见送交给有关方面。
基本结构和撰写要求	标题	常用"发文机关＋事由＋意见"。
	主送机关	除一些评估性意见外，多数意见都要写明主送机关。
	正文 — 缘由	简要阐明撰文的目的、依据，或者概述行文的原因、背景；撮要说明意见的主要意思或指导思想。
	正文 — 事项	常以条文形式分述目标任务、实施要求、措施办法，或者建议事项、意见看法等。 语言要得体。无论哪类意见，语言既要严肃、决断，更要平和、简明，少用指令性词语，多用期请性、指导性词语，以体现出注重商榷、尊重对方的民主作风。
	正文 — 结语	不同类意见结语不同。呈报性意见可用"以上意见供领导决策参考""以上意见供参考"作结；呈转类意见均用"以上意见如无不妥，请批转各地执行"之类语句作结；指导性意见则常用"以上意见，请结合实际情况贯彻执行"等语作结。
	文面结构形式	除评估性意见常采用分部式结构外，多用总分条式。总说引言写明发出意见的缘由，然后以条文形式分述意见事项，最后是结语。
	落款	写明发文机关和成文日期。
各类意见撰写注意事项	指导性意见	不同层次的领导机关使用这类意见时，内容的侧重点应有所不同。高层领导机关发布的意见更原则；下层领导机关的意见更具体，可操作性更强。这类意见中的计划性意见，其写法则与计划的写作要求一样，要写明任务、措施、步骤和实施监督四个要素。
	建议性意见	提出的建议、设想要切实可行。其中呈转性意见常经领导机关以通知形式批转各地执行，是"形式上的上行文，实质上的下行文"。正文中提出的建议、意见主要不是针对上级而是针对下级和有关方面提出的执行意见、指导性要求，撰写时尤其要注意行文的语气。
	评估性意见	这类意见作出的评价、鉴定一定要科学、客观、公正。要用事实和数据来说明情况；提出的结论要实事求是，恰如其分。

【例文】

四川省人民政府关于深入推进义务教育均衡发展的实施意见

各市（州）、县（市、区）人民政府，省政府各部门、各直属机构，有关单位：

根据《国务院关于深入推进义务教育均衡发展的意见》（国发〔2012〕48号，以下简称《意见》）精神，结合我省实际，现就深入推进我省义务教育均衡发展提出如下意见。

一、充分认识推进义务教育均衡发展的重大意义

深入推进义务教育均衡发展，着力提升农村学校和薄弱学校办学水平，全面提高义务教育质量，对于促进教育公平，保障民生，构建和谐社会，建设教育强省和西部人才高地，具有重大的现实意义和深远的历史意义。各地要认真贯彻落实党的十八大、《意见》和省十次党代会精神，充分认识推进义务教育均衡发展的重要性、长期性和艰巨性，增强责任感、使命感和紧迫感，把推进义务教育均衡发展作为今后一个时期教育工作重中之重的战略任务和重大民生工程，全面落实责任，完善政策措施，切实加大投入，全力抓好抓出成效，确保如期实现县域内义务教育基本均衡的目标。

二、进一步明确推进义务教育均衡发展的目标任务

推进义务教育均衡发展的基本目标是：每一所学校符合国家和省办学标准，办学经费得到保障。教育资源满足学校教育教学需要，开齐国家和省规定课程。教师配置更加合理，提高教师整体素质。学校班额符合国家和省规定标准，消除"大班额"现象。率先在县域内实现义务教育基本均衡发展，县域内学校之间办学条件和教育质量的差距明显缩小。到2015年全省累计95个县（市、区）实现基本均衡，义务教育巩固率达到93.7%；到2020年全部183个县（市、区）实现基本均衡，义务教育巩固率达到95%。各地要按照《四川省推进县域内义务教育基本均衡发展目标责任书》和《四川省实现县域内义务教育基本均衡发展目标进度表》（由教育厅另行下发）的总体要求，把规划目标落实到县、落实到乡、落实到校，并落实到年度和具体项目上，确保目标任务按期完成。

三、扎实做好推进义务教育均衡发展的各项重点工作

（一）完善义务教育学校办学条件。

进一步深化义务教育经费保障机制改革。完善各级政府分项目按比例分担义务教育经费的保障机制，以促进公平和提高质量为导向，加大投入力度，完善保障内容，提高保障水平。切实做到教育经费"三个增长"，按规定足额征收并及时划拨教育附加，从土地出让收益中按10%的比例计提教育资金。各级政府加大支持力度，推动解决县镇"大校额""大班额"问题。各地要加强统筹，加大对农村地区、民族地区、贫困地区以及薄弱环节和重点领域的支持力度。各地可结合实际，适当拓展基本公共教育服务范围和提高服务标准。

推进义务教育学校标准化建设。各地要依据国家和省义务教育学校办学条件基本标准，制定本区域内义务教育学校分步达标工作方案，加快推进义务教育学校标准化建设。

按城镇化建设规划需要和就近入学原则，规范制定农村义务教育学校布局规划并严格执行，切实保障适龄儿童、少年就近接受良好义务教育的权利。不得集中资源举办超标准豪华学校。在人口较少、居住分散、交通不便的山区、少数民族地区以及留守儿童较多的地区，应当根据需要规划建设寄宿制学校，着力改善农村义务教育学校学生寄宿、食堂等生活设施，妥善解决农村寄宿制学校管理人员配置问题。

（二）促进优质教育资源整合与共享。

扩大优质教育资源覆盖面。发挥优质学校的辐射带动作用，鼓励建立学校联盟，探索集团化办学，提倡对口帮扶，整体提升学校办学水平，把每所学校办成人民群众认可的身边的好学校，从根本上解决"择校热"问题。大力推进教育信息化，到2015年在有条件的地方解决学校宽带接入问题，逐步为农村学校每个班级配备多媒体教学设备。开发丰富优质数字化课程资源，健全省、市、县和校各级教育信息化网络。

（三）合理配置教师资源。

足额配齐义务教育学校教师。改善教师资源的初次配置，采取各种有效措施，吸引优秀高校毕业生和志愿者到农村学校或薄弱学校任教。逐步实行城乡统一的中小学教职工编制标准，对村小学、教学点和民族地区、边远山区、革命老区和连片贫困地区学校实行倾斜政策。

实行县域内公办学校校长、教师定期交流制度。在同一所学校工作满一定年限的教师和校长应进行交流，力争每年教师交流的数量达到辖区内教师总量的10%左右。努力创造校长、教师交流保障条件，建立激励机制，制订交流具体办法，确保交流公开规范、合理有序，实现均衡配置教师资源目标。

（四）保障特殊群体平等接受义务教育。

保障进城务工人员随迁子女平等接受义务教育。坚持以流入地为主、以公办学校为主的政策，尽力满足进城务工人员随迁子女在公办学校平等接受义务教育。在公办学校不能满足需要的情况下，可采取政府购买服务等方式保障进城务工人员随迁子女在依法举办的民办学校接受义务教育。

重视发展义务教育阶段特殊教育。按照不低于当地同级普通学校生均公用经费标准3倍的原则，落实特殊教育学校生均公用经费。完善普通学校接受残疾儿童、少年就学办法，支持在普通学校开办特殊教育班或提供随班就读条件，接收具有接受普通教育能力的残疾儿童少年学习。

关心扶助需要特别照顾的学生。落实好城市和农村家庭经济困难寄宿学生生活费补助政策。实施好农村义务教育学生营养改善计划，并逐步形成长效保障机制。建立健全农村留守义务教育学生关爱服务体系。做好孤儿教育工作。加强流浪儿童救助保护，保障适龄流浪儿童重返校园。办好专门学校，教育和矫治有严重不良行为的少年。

（五）全面提高义务教育质量。

深入实施素质教育。坚持育人为本、德育为先，把社会主义核心价值体系贯穿学校教育全过程。深化课程改革，培养学生的社会责任感、创新精神和实践能力。完善符合素质教育要求的教育教学质量和学生学业质量综合评价体系，改进评价方式方法，科学运用评价结果，不允许单纯以考试成绩和升学率评价中小学校教育质量水平和工作优劣。建立中小学教育质量综合评价改革实验区，发挥示范带动作用。各地教育督导部门定期对中小学实施素质教育情况开展督导评估，对实施不力的学校校长进行问责。

切实减轻学生过重课业负担。建立课程安排公示、学生体质健康状况通报、家校联动等制度，及时纠正加重学生课业负担的行为。义务教育学校不得举办任何形式的选拔生源考试，不得将学生参加"奥数"等培训与入学挂钩，不得将各类竞赛、考级、奖励结果作为入学依据，不得以任何名目占用双休日、节假日和寒暑假组织学生集体补课或上新课。

（六）加强和改进学校管理。

完善招生入学办法。各学校要严格实行招生政策、招生计划、招生范围、招生程序及招生结果公示制度，接受社会监督，确保招生工作公开、公平、公正。各学校不得擅自跨区域招生。进一步改进普通高中招生考试办法，继续实行优质高中招生名额均衡分配到区域内各初中的办法，分配比例达到50%以上。完善统一的电子学籍管理系统，强化办学行为管理。

强化收费行为监管。规范学校及其教育主管部门接受社会组织、个人捐赠行为，禁止收取与入学升学挂钩的任何费用。严厉查处公办学校以任何名义和方式通过办班、竞赛、考试进行招生并收费的行为。禁止学校教师有偿补课。制止公办学校以民办名义招生并收费。进一步规范教辅材料编写、出版、使用管理。

四、完善促进义务教育均衡发展的有效机制

建立省级推进义务教育均衡发展联席会议制度，统筹协调推进全省义务教育均衡发展工作。各地要切实承担起推进区域内义务教育均衡发展的主体责任，建立健全组织协调机制和推动有力、检查到位、考核严格、奖惩分明、公开问责的责任机制。各相关职能部门要把义务教育均衡发展摆上重要议事日程，各负其责，密切配合，形成协力推进的工作机制。按标准、按规划、按程序开展县域内义务教育均衡发展督导评估工作。省政府对实现义务教育基本均衡的县（市、区），按照国家有关规定给予奖励；对工作不力、未按期完成任务的给予通报批评，并对当地政府主要负责人和分管负责人进行行政问责。进一步加大《义务教育法》宣传力度，推广好的经验、做法，营造正确舆论导向，形成全社会关心支持义务教育均衡发展的良好氛围。

四川省人民政府
2013年9月6日

十七、条例的撰写

<table>
<tr><td colspan="3">含义及特点</td><td>在党内，条例是用于党的中央组织制定规范党组织的工作、活动和党员行为的规章制度。
在行政部门，条例是用于对某一方面的行政工作作出比较全面、系统的规定的法规，既可用于行政法规，又可用于地方性法规。
条例具有法规性特点。</td></tr>
<tr><td rowspan="6">基本结构与撰写要求</td><td colspan="2">标题</td><td>三项式："适用范围（或适用对象）＋规范事项＋条例"，如《中国共产党纪律处分条例》。
也可省略为两项式："适用范围（或适用对象）＋条例"或者"规范事项＋条例"，如《旅行社条例》《彩票管理条例》。</td></tr>
<tr><td colspan="2">发布和签注</td><td>党内条例可直接发布，也可用通知印发。作为行政法规的条例用命令发布；作为地方性法规的条例用公告发布。
在报刊或政报、文件汇编中全文刊登条例而未在正文前先全文列出了发布该条例的命令或公告时，则在条例标题下加括号签注（即题注）何时经何机关（或会议）批准（或通过），有的还注明何时由何机关发布、何时生效。</td></tr>
<tr><td rowspan="4">正文</td><td rowspan="3">结构形式</td><td>章断条连式</td><td>适用于内容较多的条例。以章为序划分条例的层次，各章下的条则连续编序号。这便于执行承办时援引条例条文。常把正文分为总则、分则、附则三部分。总则常列为第一章，分条说明制定条例的目的、根据、原因、工作指导方针和原则、适用范围或适用对象、主管机关及其主要职责、所规范事项的解释和界定、其他带有总括性的条款等。把附则列为最后一章，分条说明实施要求，生效日期，必要的名词术语解释，本条例解释和修改的权属机关，与有关法规、文件的关系，其他未尽事项的处置办法等。总则之后、附则之前的分则各章，则是正文内容的主体部分，写明作出的规定、要求、具体规范、奖惩办法等。</td></tr>
<tr><td>条文并列式</td><td>正文全文从头至尾都用条文组织内容。有的在第一条说明制定目的、根据、原因，也可在第二条说明适用范围或对象；最后一两条说明实施要求、生效时间、解释和修改的权属机关、本条例与有关文件的关系或其他未尽事宜的处置办法等。其他条文则分别说明作出的规定、要求或规范。</td></tr>
<tr><td>总分条文式</td><td>开头导语（引言）部分说明制定目的、根据、原因，然后分条写明具体规定、要求、规范和其他应该说明的内容。</td></tr>
<tr><td colspan="2">写作要求</td><td>内容合法、求实、周到、严密，没有疏漏，力戒政出多门；用语准确、规范、严谨、简洁；结构合理，层次分明，逻辑性强，严谨有序；制订过程应充分发扬民主，认真听取有关部门和公众意见。</td></tr>
</table>

【例文】

中共中央关于印发《中国共产党党员权利保障条例》的通知

各省、自治区、直辖市党委，各大军区党委，中央各部委，国家机关各部委党组（党委），军委各总部、各军兵种党委，各人民团体党组：

　　现将《中国共产党党员权利保障条例》（以下简称《党员权利保障条例》）印发给你们，请认真贯彻执行。

　　《党员权利保障条例》是我们党关于保障党员权利方面一部十分重要的党内法规。它的颁布实施，是发展党内民主，健全党内生活，加强党的执政能力建设的一个重要举措，对于进一步发挥党员的积极性、主动性、创造性，提高党的创造力、凝聚力和战斗力，具有重要的意义。全党一定要认真学习、广泛宣传、严格遵守。

各地区各部门在执行《党员权利保障条例》中有哪些问题和建议，请及时报告中央。

中　共　中　央
2004 年 9 月 22 日

中国共产党党员权利保障条例（以下略——编者注）

十八、规定的撰写

含义及特点			在党内，规定用于对特定范围内的工作和事务制定具有约束力的行为规范。在行政部门，规定用于对某一方面的行政工作和事务制定出带有约束性的措施和部分的规定。既可用于法规、规章，又可用于管理规章（规章制度）。规定具有规范性、强制性和操作性的特点。
基本结构与撰写要求	正文	标题	公文式标题：发文机关＋事由＋规定，如《中共中央纪委关于严格禁止利用职务上的便利谋取不正当利益的若干规定》《关于党员领导干部廉洁自律的规定》。 三项式标题："单位＋事项＋规定"或"事项＋规定"，如《普通高等学校学生管理规定》《机关、团体、企业、事业单位消防安全管理规定》《就业服务与就业管理规定》《互联网电子公告服务管理规定》。
		发布和签注	党内规定可直接发布，也可用通知印发。作为法规的规定分别用命令或公告发布；作为部门规章和地方政府规章的规定用命令发布；作为规章制度的规定用通知发布。 在报刊或政报、文件汇编中全文刊登作为法规、规章而未在正文前先全文列出了发布该规定的命令或公告时，则在条例标题下加括号签注（即题注）何时经何机关（或会议）批准（或通过），有的还注明何时修订、何时由何机关发布、何时生效。
		结构形式：章断条连式	适用于法规、规章性的规定。以章为序划分规定的层次，各章下的条则连续编序号。这便于执行承办时援引规定的条文。常把正文分为总则、分则、附则三部分。总则常列为第一章，分条说明制定规定的目的、根据、原因、工作指导方针和原则、适用范围或适用对象、主管机关及其主要职责、所规范事项的解释和界定、其他带有总括性的条款等。把附则列为最后一章，分条说明实施要求，生效日期，必要的名词术语解释，本规定解释和修改的权属机关，与有关法规、文件的关系，其他未尽事项的处置办法等。总则之后、附则之前的分则各章，则是正文内容的主体部分，写明作出的规定、要求、具体规范、奖惩办法等。
		结构形式：总分条文式	适用于规章性规定和作为规章制度的规定。开头导语（引言）部分说明制定目的、根据、原因，然后分条写明具体规定、要求、规范和其他应该说明的内容。
		结构形式：条文并列式	多用于党内规定和作为规章制度的规定。正文全文从头至尾都用条文组织内容。有的在第一条说明制定目的、根据、原因，也可在第二条说明适用范围或对象；最后一两条说明实施要求、生效时间、解释和修改的权属机关、本规定与有关文件的关系或其他未尽事宜的处置办法等。其他条文则分别说明作出的规定、要求或规范。
		写作要求	内容合法、求实、周到、有操作性，严密、没有疏漏，力戒政出多门；用语准确、规范、严谨、简洁；结构合理，层次分明，逻辑性强，严谨有序；制订过程应充分发扬民主，认真听取有关部门和公众意见。

【例文】

中共成都市委关于弘扬求真务实精神提高执行力的八项规定

（2004年6月5日）

为使广大干部始终保持良好的工作状态，在其位，谋其政，尽其责，必须弘扬求真务实精神、提高执行力。为此，特作如下八项规定：

一、深入实际。把深入基层深入群众随机调研作为了解真实情况、检查工作落实的经常性方法，切实解决基层、群众的困难和问题。

二、务实求效。讲实话、报实情，少开会、开短会，少发文、发短文，注重实际效果，不许弄虚作假和搞形式主义。

三、慎重决策。坚持科学民主决策，一经决策，不得朝令夕改、随意变动。不许对重大事项随意表态。

四、明确责权。分工要明确，责任要落实。执法监管部门要有三分之二的力量投入一线，责任到岗，落实到人，具体到点，不留空白。

五、提高效率。贯彻执行上级的决策部署要有针对性的措施，创造性地开展工作。对上级交办事项要在十五日内办结，因故不能办结的要书面报告情况并承诺办结时限。

六、据实查处。对署实名或线索具体的群众建议、批评、投诉、举报要限时办结，件件有着落、事事有结果。

七、加强监督。自觉接受群众监督和舆论监督。新闻媒体要开设专门监督栏目。群众有权向干部任免机关对领导干部提出罢免建议；干部任免机关要认真受理并同时向上级党组织报告。

八、追究责任。对违反本规定的干部要视具体情况分别给予批评教育、组织处理、纪律处分或追究法律责任。

十九、部分公文正本文面格式规范

【公文版式1：A4纸型、天头、订口和版心尺寸】

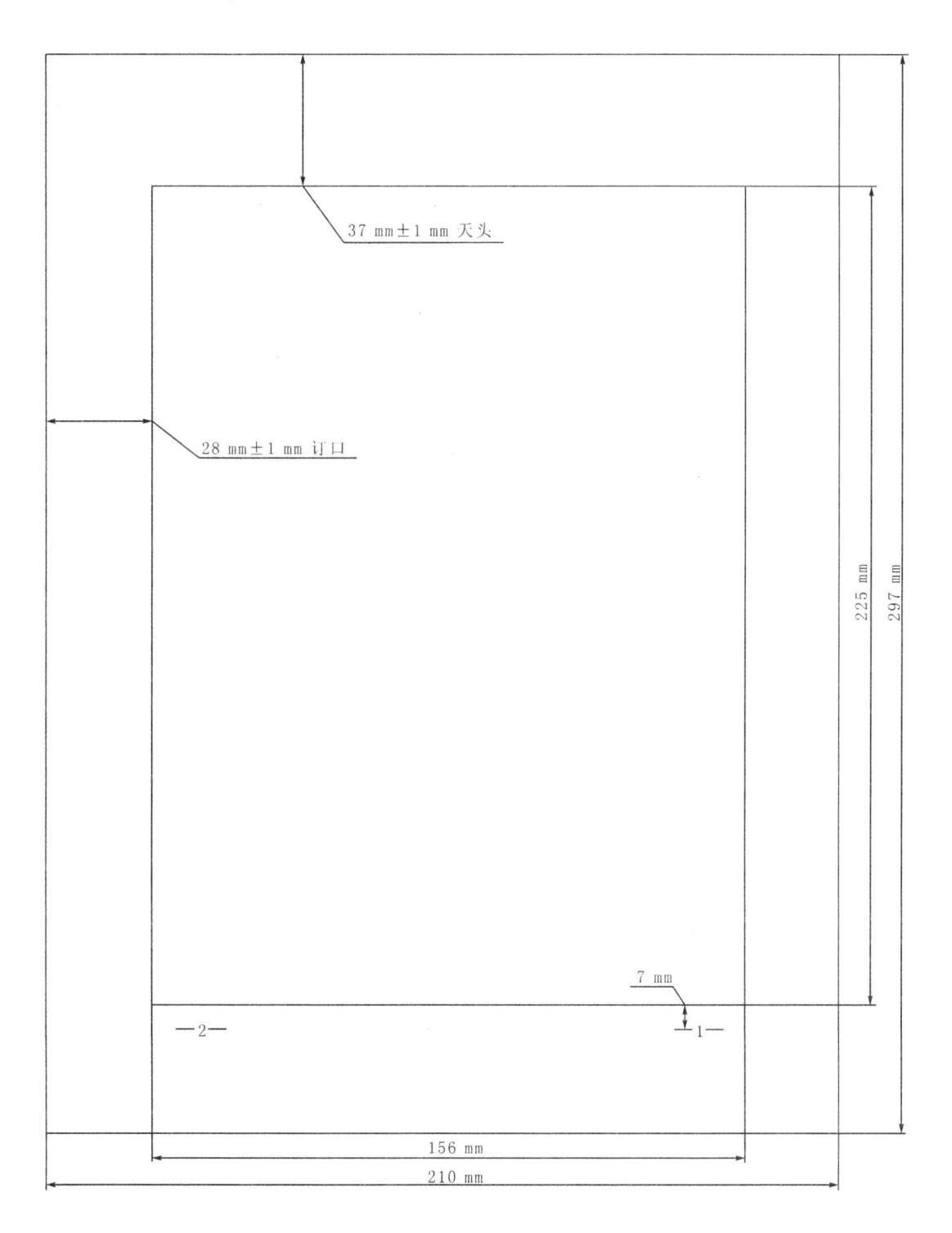

说明：

页码一般用 4 号半角宋体阿拉伯数字，编排在公文版心下边缘之下，数字左右各放一条一字线；一字线上距版心下边缘 7mm。单页码居右空一字，双页码居左空一字。公文的版记页前有空白页的，空白页和版记页均不编排页码。公文的附件与正文一起装订时，页码应当连续编排。

【公文版式 2：公文首页版式】

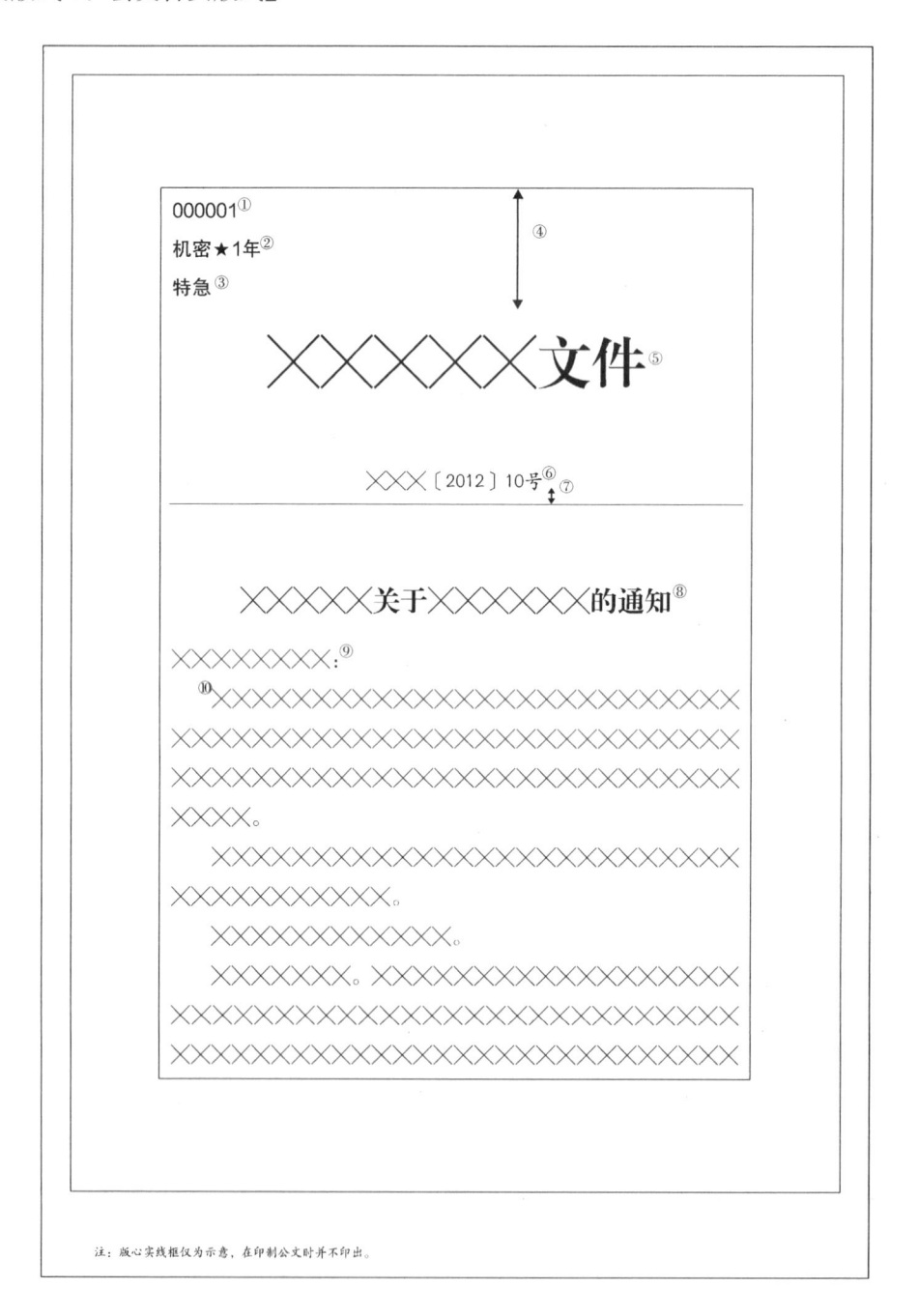

说明：

①份号：只要是涉密公文都应当标注份号，而不只要求对绝密、机密公文标注份号，其他不带密级的公文根据情况可标可不标。如需标注份号，一般用3—6位3号阿拉伯数字，顶格编排在版心左上角第一行。

②密级和保密期限：公文的秘密等级和保密的期限。涉密公文应当根据涉密程度分别标注"绝密""机密""秘密"和保密期限。如需标注密级和保密期限，一般用3号黑体字，顶格编排在版心左上角第二行；保密期限中的数字用阿拉伯数字标注。若需同时标注保密期限和密级，中间用★隔开。

③紧急程度：公文送达和办理的时限要求。根据紧急程度，紧急公文应当分别标注"特急""加急"，电报应当分别标注"特提""特急""加急""平急"。如需标注紧急程度，一般用3号黑体字，顶格编排在版心左上角；如需同时标注份号、密级和保密期限、紧急程度，按照份号、密级和保密期限、紧急程度的顺序自上而下分行排列。需要注意的是，如果同时标注密级和保密期限、紧急程度时，表示密级和紧急程度的两个汉字之间不空格，如果不同时标注保密期限，表示密级和紧急程度的两个汉字之间应空1字（参见《党政机关公文格式》中版式模板）。

④发文机关标志上边缘至版心上边缘为35mm，不再区分上、平、下行文的情况。在总行数为22行的版心内，35mm的距离约大于3行3号字体的距离，在标注完份号、密级、保密期限、紧急程度后，可以略微调整行距，实现35mm的距离。

⑤发文机关标志：由发文机关全称或者规范化简称加"文件"二字组成，也可以使用发文机关全称或者规范化简称。发文机关标志居中排布，上边缘至版心上边缘为35mm，推荐使用小标宋体字，颜色为红色，字体大小通常不大于上级机关。联合行文的情况后面详述。

⑥发文字号：由发文机关代字、年份、发文顺序号组成。联合行文时，使用主办机关的发文字号。发文字号用3号仿宋体编排在发文机关标志下空二行位置，居中排布，如果是上行文，则居左空一字编排，与最后一个签发人姓名处在同一行。年份、发文顺序号用阿拉伯数字标注；年份应标全称，用六角括号"〔〕"括入；发文顺序号不加"第"字，不编虚位（即1不编为01），在阿拉伯数字后加"号"字。

⑦版头中的分隔线：发文字号之下4mm处中印一条与版心等宽的红色分隔线。红色分隔线的高度推荐使用0.35mm~0.5mm，具体高度根据发文机关标志字体字号酌定。

⑧标题：由发文机关名称、事由和文种组成。发文机关名称可用发文机关全称或规范性简称。3个和3个以下机关联合发文时，应列出所有发文机关名称，4个及4个以上机关联合行文时，可以采用排列在前的发文机关名称加"等"的方式。标题一般用2号小标宋体字，编排于红色分隔线下空二行位置，分一行或多行居中排布；回行时，要做到词意完整，排列对称，长短适宜，间距恰当，标题排列应当使用梯形或菱形。标题采用3号字字高的7/8作为行间距即可，不宜采用2号字字高的7/8，行距过大会使标题显得不美观。

⑨主送机关：公文的主要受理机关，应当使用机关全称、规范化简称或者同类型机关统称。编排于标题下空一行位置，居左顶格，回行时仍顶格，最后一个机关名称后标全角冒号，用3号仿宋字体。如主送机关名称过多导致公文首页不能显示正文时，应当将主送机关名称移至版记，置于抄送机关的上一行，与抄送机关之间不加分隔线。

⑩正文：公文的主体，用来表述公文的内容。公文首页必须显示正文。一般用3号仿宋体字，编排于主送机关名称下一行，每个自然段左空二字，回行顶格。文中结构层次序数依次可以用"一、""（一）""1.""（1）"标注；一般第一层用黑体字、第二层用楷体字、第三层和第四层用仿宋体字标注。不管发文机关、主送机关、签发人的数量如何多，都应该采用各种变通方法满足首页必须有正文的基本要求。

【公文版式3：联合行文公文首页版式1】

```
000001
机密★1年
特急

         ×××××①
         ×  ×  ×文件
         ×××××


              ×××〔2012〕10号②

        ③×××××关于×××××的通知

    ×××××××：
        ××××××××××××××××××××××。
        ××××××××××××××××××××××
    ××××××××××××××××××××××××
    ×××××。
        ××××××××××××××××××××××
```

注：版心实线框仅为示意，在印制公文时并不印出。

说明：

①发文机关标志：发文机关标志上边缘至版心上边缘为35mm。联合行文时，发文机关标志可以单独用主办机关名称，也可以并用联合发文机关名称。发文机关过多，推荐只使用主办机关标志；也可以将所有联署发文机关标志字号缩小、行距缩小，直至保证公文首页显示正文为止。如果同时标注联署发文机关名称，一般应当将牵头、主办机关名称排列在前；如有"文件"二字，应当置于发文机关名称右侧，以联署发文机关名称为准上下居中排布。

②发文字号：联合行文时，使用主办机关的发文字号。

③标题：3个和3个以下机关联合发文时，应列出所有发文机关名称，4个及4个以上机关联合行文时，可以采用排列在前的发文机关名称加"等"的方式。

【公文版式4：联合行文公文首页版式2】

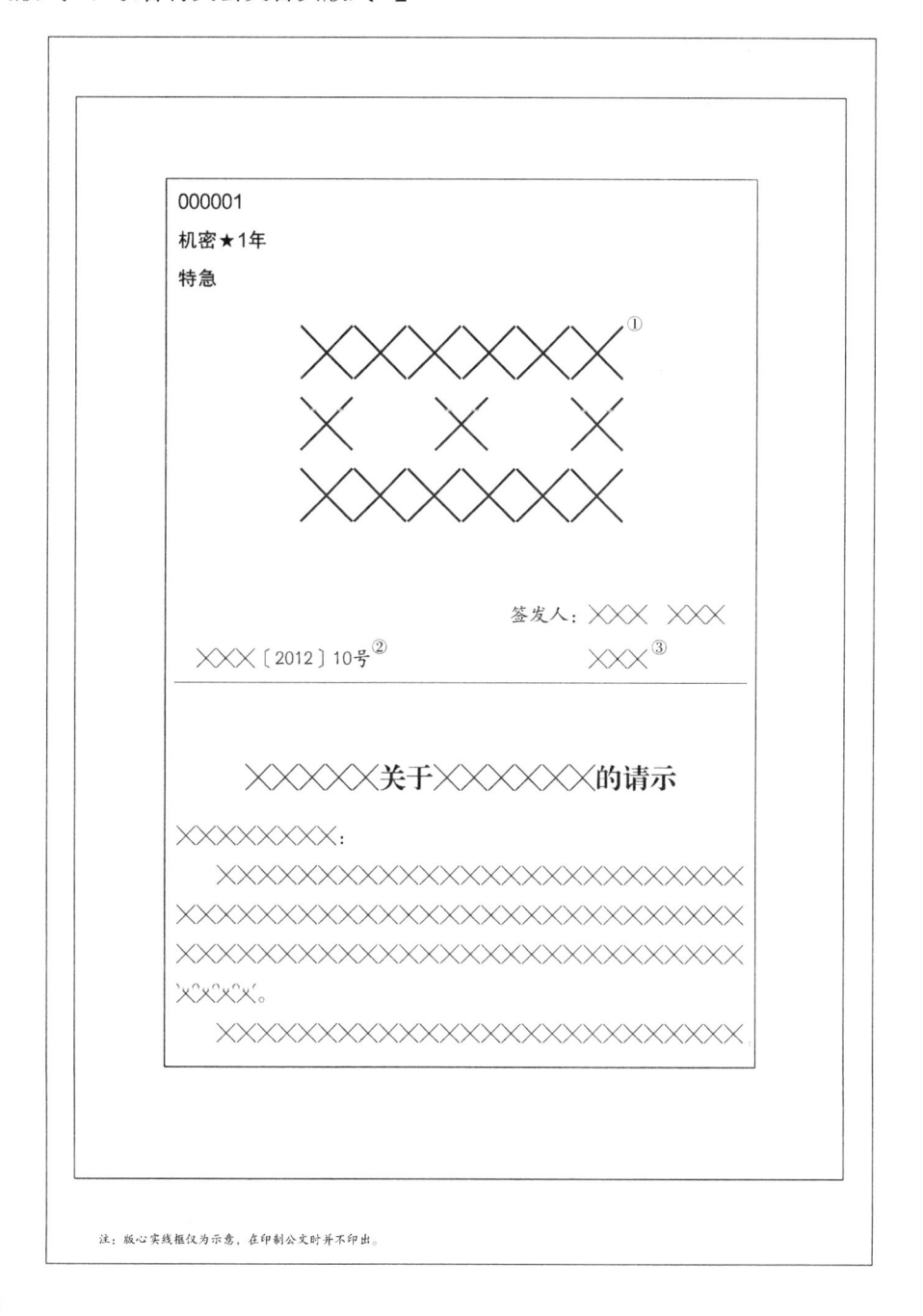

```
000001
机密★1年
特急

        ×××××①
       ×   ×   ×
        ×××××

                            签发人：×××  ×××
×××〔2012〕10号②                    ×××③
─────────────────────────────

            ×××××关于×××××的请示
  ××××××××：
        ××××××××××××××××××
  ××××××××××××××××××××××
  ××××××××××××××××××××××
  ××××。
        ××××××××××××××××××
```

注：版心实线框仅为示意，在印制公文时并不印出。

说明：

①发文机关标志：发文机关标志上边缘至版心上边缘为35mm。如果同时标注联署发文机关名称，一般应当将牵头、主办机关名称排列在前。

②发文字号：上行文的发文字号居左空一字编排，与最后一个签发人姓名处在同一行。

③签发人：上行文应当标注签发人姓名，由"签发人"3字加全角冒号和签发人姓名组成，居右空一字，编排在发文机关标志下空二行位置。"签发人"3字用3号仿宋体字，签发人姓名用3号楷体字。如有多个签发人，签发人姓名按照发文机关的排列顺序从左到右、自上而下依次均匀编排，一般每行排两个姓名，两个签发人姓名中间空1字，回行时与上一行第一个签发人姓名对齐。如果联合上报公文的签发人太多，将正文挤出首页，也可增加每行签发人的编排个数。

【公文版式5：公文末页版式1】

××××××××××××××××××××××××。
　　××××××××××××××××××××××××
××××××××××××××××××××××××
××××××××××××××××××××××。

　　附件：1.××××××××××××××××××××
　　　　　　××××××××
　　　　　2.×××××××××××× [1]

                                        发文机关 [2]
                                        2013年1月1日

（×××××××××） [3]

---
　　　　　　　　　　　　　　　　　　　　　　　　[4]
主送：××××××××、××××××××、××××××××，×××
　　　××××××。
抄送：×××××××、××××××××，×××××× [5]

×××××××　　　　　　　　　　　　　2013年1月1日印发 [6]

说明：

① 附件说明：公文附件的顺序号和名称。如有附件，在正文下空一行左空二字编排"附件"二字，后标全角冒号和附件名称。如有多个附件，使用阿拉伯数字标注附件顺序号（如"附件：1.××××ד）；附件名称后不加标点符号。附件名称较长需回行时，应当与上一行附件名称的首字对齐。

② 发文机关署名、成文日期和印章：发文机关署名，署发文机关全称或者规范化简称；成文日期，署会议通过或者发文机关负责人签发的日期。联合行文时，署最后签发机关负责人签发的日期，成文日期使用阿拉伯数字标注；印章，公文中有发文机关署名的，应当加盖发文机关印章，并与署名机关相符。有特定发文机关标志的普发性公文和电报可以不加盖印章。

加盖印章的公文，成文日期一般右空4字编排，印章用红色，不得出现空白印章。以日期为准居中编排发文机关署名，印章端正、居中下压发文机关署名和成文日期，使发文机关署名和成文日期居印章中心偏下位置，印章顶端应当上距正文（或附件说明）一行之内。

③ 附注：公文印发传达范围等需要说明的事项。公文如有附注，用3号仿宋体，居左空二字加圆括号标注在成文日期下一行，回行时顶格。

④ 版记中的分隔线：版记中的分隔线与版心等宽，首条分隔线和末条分隔线用粗线（推荐高度为0.35mm），中间的分隔线用细线（推荐高度为0.25mm）。首条分隔线位于版记中第一个要素之上，末条分隔线与公文最后一面的版心下边缘重合。

版记置于公文最后一面，版记的最后一个要素置于最后一行，也就是说版记一定要放在公文的最后一面最下面的位置。由于2012版国家标准规定公文双面印刷，因此可知，版记一定在偶数页上。假设公文内容很短，即使首页可以放下版记内容，由于公文是双面印刷，即便第2页除了版记没有任何内容，版记也必须移至第2页上。公文的篇幅如果在一个折页（即有四面）以上，这时公文的页数一般应是4的倍数（一般是用A3纸印制，骑马装订），此时版记也一定要放在最后一面，而不管前面的空白有多少（一般不会超过3面），这时版记页和空白页都不标页码。

⑤ 抄送机关：除主送机关外需要执行或者知晓公文内容的其他机关，应当使用机关全称、规范化简称或者同类型机关统称。如需把主送机关移至版记，除将"抄送"二字改为"主送"外，编排方法同抄送机关。既有主送机关又有抄送机关时，应当将主送机关置于抄送机关之上一行，之间不加分隔线。

抄送机关，一般用4号仿宋体字，在印发机关和印发日期之上一行、左右各空一字编排。"抄送""主送"二字后加全角冒号和抄送机关名称，回行时与冒号后的首字对齐，最后一个抄送机关名称后标句号。抄送机关之间如果是同一系统内同级机关之间用顿号分隔，不同系统机关之间用逗号分隔。

⑥ 印发机关和印发日期：公文的送印机关和送印日期。印发机关和印发日期一般用4号仿宋体字，编排在末条分隔线之上，印发机关左空一字，印发日期右空一字，用阿拉伯数字将年、月、日标全，年份应标全称，月、日不编虚位（即1不编为01），后加"印发"二字。版记中如有其他要素，应当将其与印发机关和印发日期用一条细分隔线隔开。

【公文版式 6-1：公文末页版式 2（加盖印章联合行文）】

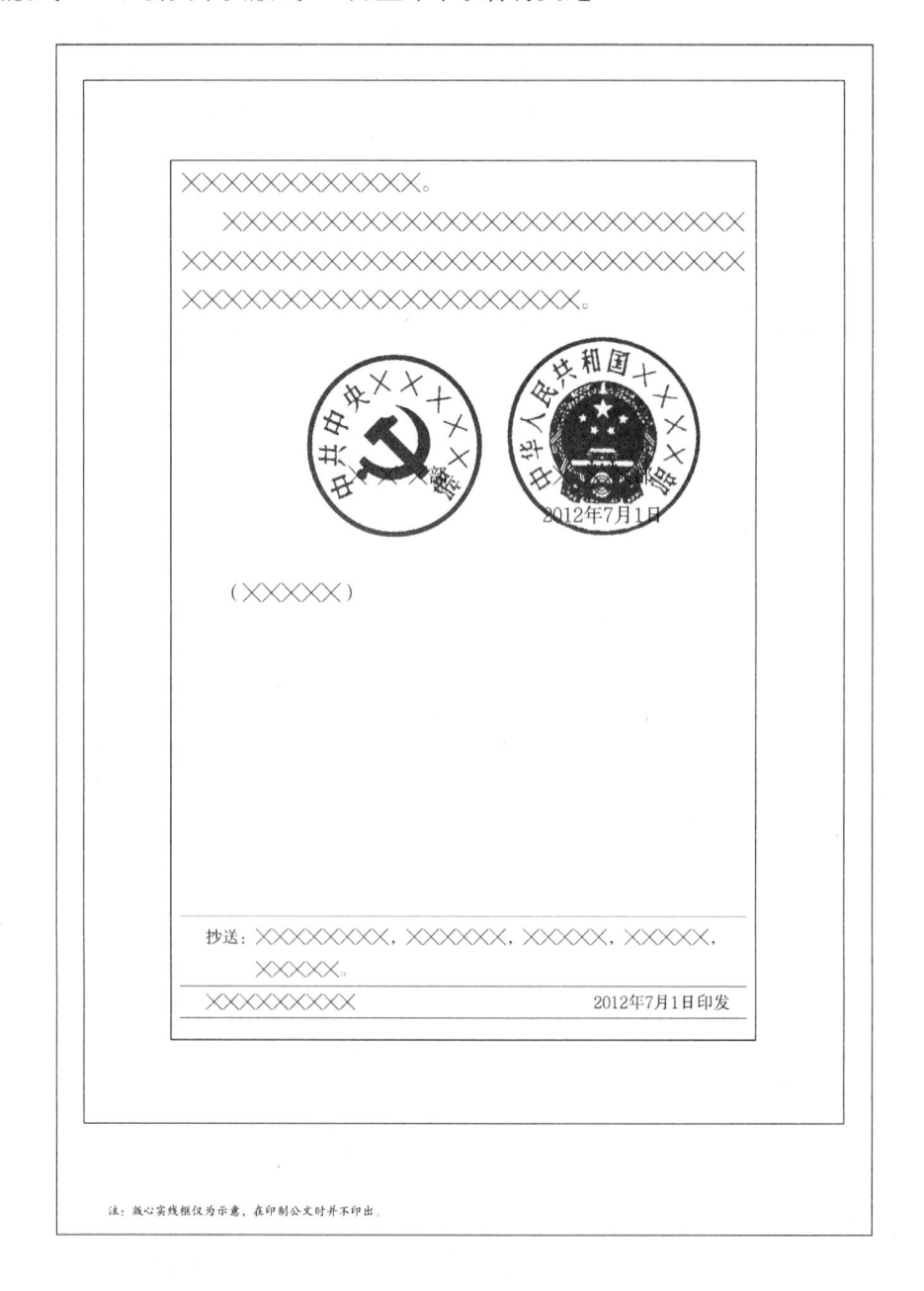

说明：

发文机关署名、成文日期和印章：不管是单一行文，还是联合行文，一般都要标注发文机关署名。成文日期署最后签发机关负责人签发的日期。联合行文时，一般将各发文机关署名按照发文机关顺序整齐排列在相应位置，并将印章一一对应，端正、居中下压发文机关署名，最后一个印章端正、居中下压发文机关署名和成文日期。印章之间排列整齐、互不相交或相切，每排印章两端不得超出版心，首排印章顶端应当上距正文（或附件说明）一行之内。

发文机关顺序，如果有党、政、军、群机关联合行文的情况，通常按照党、政、军、群的顺序排列，例如党委政府在前、部门和厅局在后。

【公文版式6-2：公文末页版式2（加盖印章联合行文）】

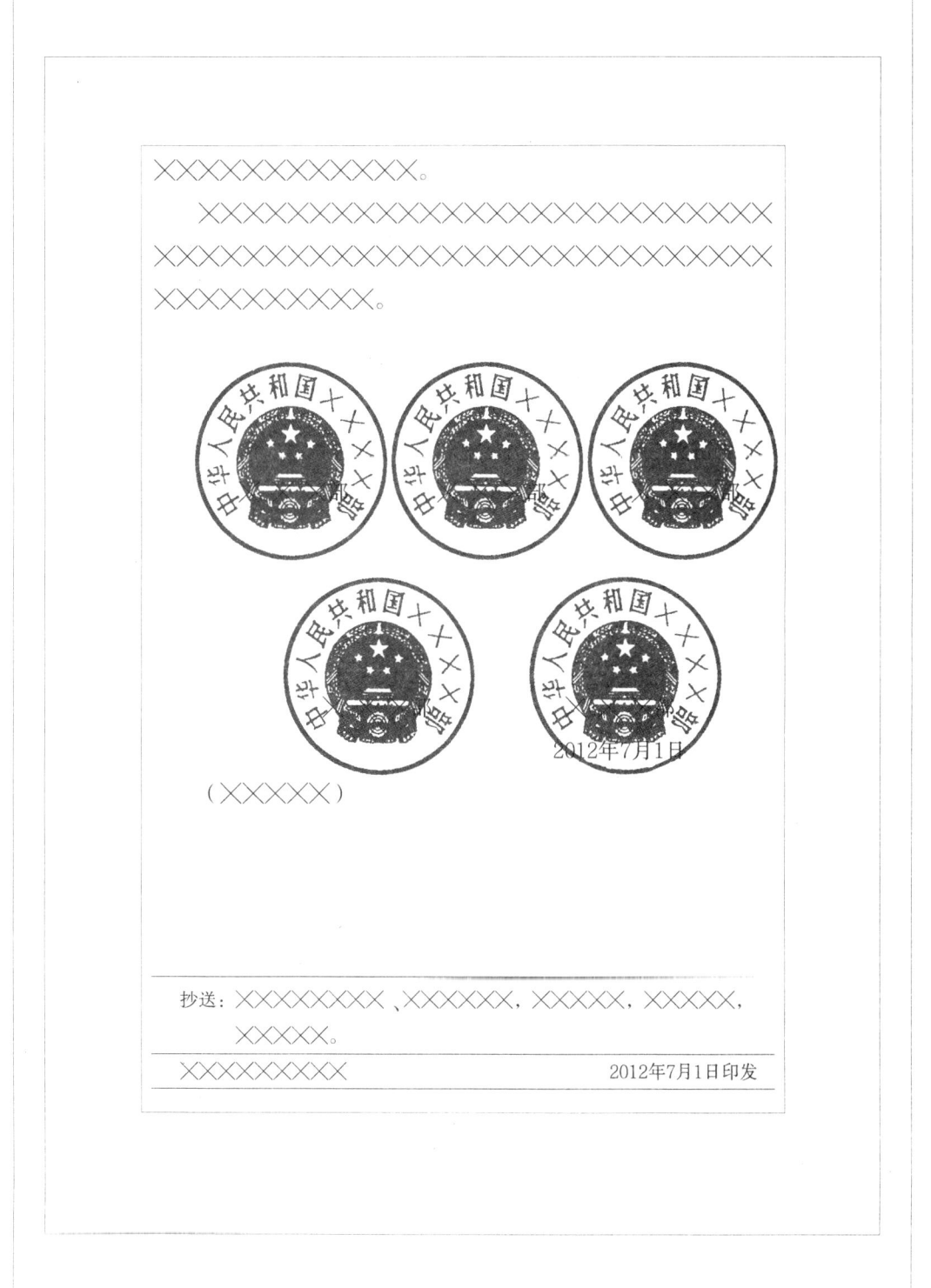

　　×××××××××。
　　××××××××××××××××××××××
×××××××××××××××××××××××××
××××××××。

（××××）

抄送：××××××××、××××××，××××××，××××××，
　　　×××××。
　　×××××××××　　　　　　　　　　2012年7月1日印发

注：版心实线框仅为示意，在印制公文时并不印出。

【公文版式 7：公文末页版式 3（不加盖印章公文）】

×××××××××××。
××××××××××××××××××××
××××××××××××××××××××
××××××××××。
　　附件：1. ××××××××××××××××
　　　　　　×××××××
　　　　2. ×××××××××××××

　　　　　　　　　　　　　　×××××××
　　　　　　　　　　　　　　×　×　×　×
　　　　　　　　　　　　　　2012年7月1日
　（×××××）

注：版心实线框仅为示意，在印制公文时并不印出。

说明：
　　纪要一般不加盖印章。对于不加盖印章的公文，单一机关行文时，在正文（或附件说明）下空一行右空二字编排发文机关署名，在发文机关署名下一行编排成文日期，首字比发文机关署名首字右移二字，如成文日期长于发文机关署名，应当使成文日期右空二字编排，并相应增加发文机关署名右空字数。联合行文时，应当先编排牵头、主办机关署名，其余发文机关署名依次向下编排。

【公文版式8：公文末页版式4（加盖签名章）】

××××××××××××××××××××××××××。

××××××××××××××××××××××××

××××××××××××××××××××××××

××××××××××××××××××××。

附件：1.××××××××××××××××××××

××××××××××××

2.××××××××××

部长　×××

2013年1月1日

说明：

公文一般以发文机关名义署名，特殊情况如议案、命令（令）等文种需要有签发人署名的，应当写明签发人职务并加盖签发人签名章。加盖签发人签名章的公文，单一机关制发的公文加盖签发人签名章时，在正文（或附件说明）下空二行右空4字加盖签发人签名章，签名章左空二字标注签发人职务，以签名章为准上下居中排布。在签发人签名章下空一行右空4字编排成文日期。

联合行文时，应当先编排牵头、主办机关签发人职务、签名章，其余机关签发人职务、签名章依次向下编排，与主办机关签发人职务、签名章上下对齐；每行只编排一个机关的签发人职务、签名章；签发人职务应当标注全称。签名章一般用红色。

【公文版式9-1：信函格式】

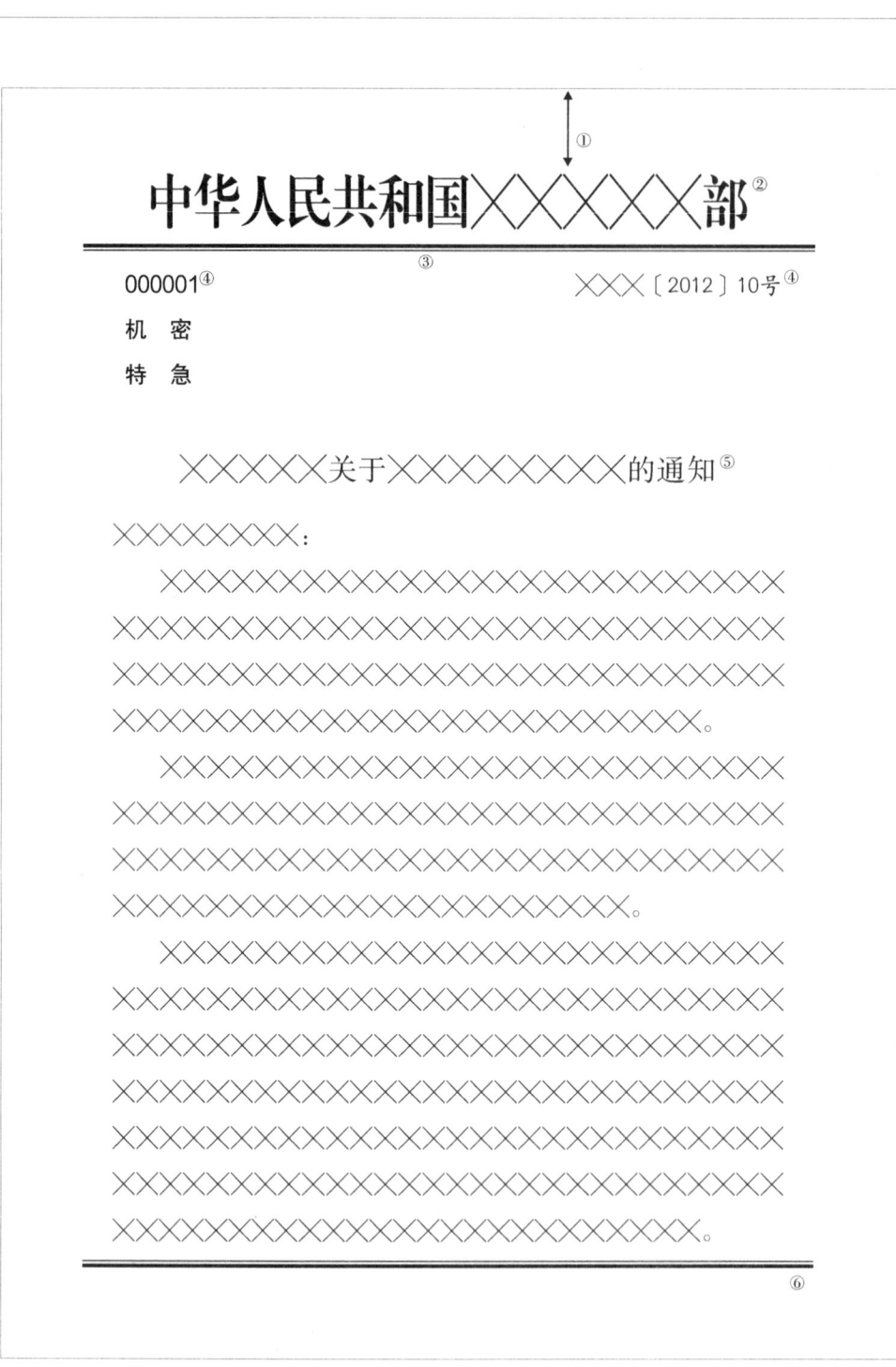

中华人民共和国×××××部②

000001④　　　　　　　　　　×××〔2012〕10号④

机　密

特　急

　　　　×××××关于×××××××的通知⑤

×××××××××：

　　××。

　　××。

　　×××。

⑥

注：版心实线框仅为示意，在印制公文时并不印出。

【公文版式 9-2：信函末页格式】

××××××××××××××××××××××××××，××××
××××××××××××××××××××××××××××××
××××××××××××××××××××××××××××××
××××××。
　　××××××××××××××××××××××××
××××××××××××××××××××××××××××××
××××××××××××××××××××××××××××。

　　附件：1.×××××××××××××××××××
　　　　　×××××××××
　　　　2.×××××××××××

发文机关

2013年1月1日

（×××××××××）

抄送：××××××××、××××××××、××××××××，×××
　　　×××××。⑦

说明：
　①发文机关标志上边缘至上页边空距为30mm。
　②发文机关标志：使用发文机关全称或者规范化简称，居中排布，推荐使用红色小标宋体字（字号大小由发文机关酌定）。联合行文时，使用主办机关标志。
　③发文机关标志下4mm处印一条红色双线（上粗下细），距下页边20mm处印一条红色双线（上细下粗），线长均为170mm，居中排布。
　④如需标注份号、密级和保密期限、紧急程度，应当顶格居版心左边缘编排在第一条红色双线下，按照份号、密级和保密期限、紧急程度的顺序自上而下分行排列，第一个要素与该线的距离为3号汉字高度的7/8。发文字号顶格居版心右边缘编排在第一条红色双线下，与该线的距离为3号汉字高度的7/8。

⑤标题：居中编排，与其上最后一个要素相距二行。一般选用 2 号小标宋体字。
⑥第二条红色双线上一行如有文字，与该线的距离为 3 号汉字高度的 7/8。首页不显示页码。
⑦版记不加印发机关和印发日期、分隔线，位于公文最后一面版心内最下方。

【公文版式 10：命令（令）格式】

说明：
①发文机关标志上边缘至版心上边缘的距离为 20mm。
②发文机关标志由发文机关全称加"命令"或"令"字组成，居中排布，推荐使用红色小标宋体字。如果联合发布命令时，发文机关名称顺序分行编排，两端对齐，"命令"或"令"置于所有联署发文机关名称右侧，上下居中编排。
③发文机关标志下空二行居中编排令号。令号等同于发文字号的作用，不编虚位。
④令号下空二行编排正文。
⑤参见加盖签名章的公文末页格式。

【公文版式11：纪要格式】

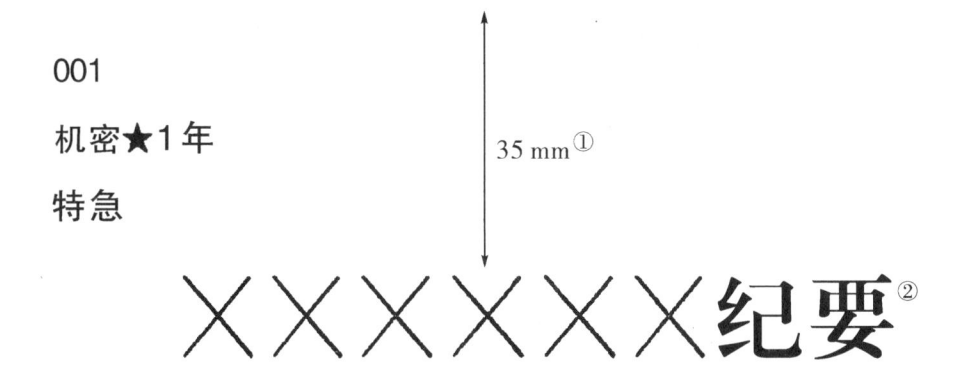

001

机密★1年

特急

$35\,\mathrm{mm}$①

×××××纪要②

（×××）③

×××××××④ 　　　　　　　　　　　　2012年7月1日⑤

×××××××××××××

　　××。

　　×××。××

××。

⑥出席：×××、×××、×××、×××、×××、×××、×××、×××、×××、×××、×××、×××。

请假：×××、×××。

列席：×××、×××　×××。

⑦

分送：×××××、××××。

×××××××× ⑧　　　　　2012年7月1日印发

说明：

①纪要标志上边缘至版心上边缘为35mm。

②纪要标志由"×××××纪要"组成，居中排布，推荐使用红色小标宋体字。

③纪要编号作用等同于发文字号，居中编排在纪要标志下空二行的位置，采用"第××号"的形式，并用圆括号括入，不受年度限制；也可按年度编排，如"〔2012〕×号"。

④左空一字标注发文机关，即会议主办机关（单位）。

⑤右空一字标注成文日期。

⑥标注出席人员名单，一般用3号黑体字，在正文或附件说明下空一行左空二字编排"出席"二字，后标全角冒号，冒号后用3号仿宋体字标注出席人单位、姓名，回行时与冒号后的首字对齐。

标注请假和列席人员名单，除依次另起一行并将"出席"二字改为"请假"或"列席"外，编排方法同出席人员名单。

⑦纪要不加盖印章。

⑧左空一字标注印发机关名称，右空一字标注印发日期。

【公文版式12：简报格式】

001①

内部参阅

××市人民政府×②×简报

第××期③

（增刊）

××市人民政府办公室　　　　　　　　2013年1月1日④

⑤

目　录⑥

××××××××××××⑦

××××××××××××

××××××××××

⑧编者按：××××××××××××××××××××××××，××××××××××××××××××××。××××××××××××××。

×××××××××××

××××××××××××××××××××，×××

××。

（×××供稿）⑨

送：×××××××、×××××××、×××××××，×× ×××××。⑩

发：××××××××。

说明：

①如果需要保密，在首页报头左上角标明密级或"内部刊物""内部参阅"等字样。确有必要，还可在首页报头左上角印上份号。

②简报除用"××简报""××动态""情况反映"等常用四字名称之外，还可加上单位名称、专项工作等内容。居中排布，推荐使用红色小标宋体字。

③期数位于简报名称下方居中。如果是综合工作简报，一般以年度为单位，统编顺排；如果是专题简报，按本专题统编顺排；如果是增刊，可在其下标明。

④编发机关一般是××办公室或××秘书处，位于期数下一行。可居左空一字。编发日期位于期数下一行居右空一字。

⑤间隔横线一般为红色，宽156mm，并下距编发机关、日期4mm。

⑥下空2行标识简报"目录"，选用2号小标宋体字。

⑦目录一般不需标序码和页码，只需将各篇标题排列出来即可，为避免混淆，可以每项前加一个识别标志。字体仿宋，字号小2号。

⑧必要时可加编者按，主要内容是工作任务来源、背景、本期重点稿件的意义和价值、征求意见等。"编者按"三字3号小标宋体字，后标全角冒号。正文选用3号仿宋体字。

⑨每篇报道结束后应在下一行居右顶格加圆括号写明供稿人。字体仿宋，字号为3号。

⑩报尾在简报末页，用间隔横线将报核分开。报尾内容比较简单，只需写明送什么机关、发什么单位即可。左空一字用3号仿宋字体标注"送""发"，后标全角冒号，送、发机关回行时与冒号后的送、发机关对齐。机关之间用顿号、逗号隔开，在最后一个抄送机关后标句号；间隔横线宽度同版心。

第三部分 政务信息工作规范

主　编：李星奎　四川师范大学文学院教授
副主编：吴坤湖　四川农业大学文法学院教师
　　　　　赵艳林　四川师范大学文学院讲师
参　编：陈俐冰　四川省眉山市司法局
　　　　　李　柯　四川省住房和城乡建设厅
　　　　　游功惠　四川省干部函授学院

政务信息，是反映政务活动状况，以适应领导决策和管理需要的一种信息文书。

政务信息从简报中派生出来，在政务活动中有着极大作用。它是领导决策的重要基础和依据，能帮助领导及时了解全局情况和基层情况，正确有效地指导面上工作；能及时反馈政策、决策的执行情况，促使上级和领导正确制定、修订和完善有关政策、决策；能有效地促进机关工作作风的转变和工作效率的提高。它有利于部门之间、地区之间的沟通和协调，能加强上下级之间、党政机关和群众之间的联系。

政务信息特点		
	政策性	或是传达、体现政策，或是以政策为依据反映情况，无不涉及政策。这是政务信息区别于其他信息的显著特征。
	宏观性	着重综合地、全面地反映关系全局的、层次较高的重大问题。这是政务信息与反映事情可大可小的简报的重要区别。
	广泛性	反映各方面的、广大范围的情况，以帮助领导眼观六路、耳听八方。这也是政务信息和简报的区别之一。
	机密性	往往有不同程度的保密性和机要性，不能随便扩散。这也是政务信息与保密程度不强的简报的区别之一。
	权威性	具有较强的真实性、准确性、可靠性和指导性，是领导决策的重要依据。其刊载载体和传递方式也体现着权威性。
	针对性	总是针对实际而写，针对领导决策和管理的需要而写，都是有的放矢。
	时效性	要及时有效地为领导提供情况，特别是重要事件、重要情况、重大事故、重大灾情等信息，更要争分夺秒及时上报。简报的时效性逊于政务信息。

政务信息工作的程序：收集──→整理──→编写──→传递──→报送──→存储──→开发利用──→反馈──→公开与审核──→督查和考核

一、政务信息的收集和整理

（一）政务信息的收集

政务信息收集是政务信息工作的前提和基础。信息收集要服务于中心工作，服务于不同领导机关和领导个人的不同需求。

政务信息收集的内容	各级领导机关信息	主要是党中央、国务院或上级领导机关制定的方针、政策、法规性文件和指示、决定、决议等指示性文件及其贯彻执行的情况。
	系统内部信息	即纵向信息，主要是本地区、本部门、本单位、本系统为开展工作而制定的政策和措施、工作进展情况、工作中遇到的困难和问题，下级机关单位、各职能部门和广大干部群众对领导机关的建议和意见等。
	系统外部信息	即横向信息，是来自不相隶属机关、单位的信息。
	社会信息	包括国际国内最新情况、重大社会活动、社情民意动态、人民群众的生产生活问题、突发性事件及群体事件等社会动态信息。
	其他信息	如专题调查报告等

政务信息收集的渠道	网络系统	政务信息网络是政务信息工作的基础，是机关单位收集、交流信息的主要渠道和组织形式。互联网是各种社会信息的集散地，信息量大，及时快速，传播范围广，反映社情民意直接、真实。
	公文渠道	各级各类机关单位的公文是政务信息的重要载体、核心渠道。
	报送渠道	这是收集本级机关所管辖范围或系统内信息的重要渠道。通过报送制度，收集下级机关单位对上级重要决策、重要工作部署以及重要决定的贯彻执行情况，本地具有推广价值和借鉴意义的工作经验，本地在实际工作中出现的新情况、新问题，干部群众的重要思想动态、突发性事件、群体事件、重要社情民意等。
	定向采集	按领导和上级意图指定收集的信息资料。
	资料查阅	查阅相关报刊图书资料收集有用信息。
	调研渠道	深入工作第一线，到现场调查研究，挖掘潜在的、深层次信息。
	会议渠道	通过召集相关人员开会来收集有用信息。这种方法较为直接、便捷，收集到的信息既有广度，也有深度。
	信访渠道	在办理群众来信、来访过程中收集领导需要的重要信息。

（二）政务信息的整理

政务信息整理是对收集到的大量原始信息，在数量上浓缩，在质量上提升，以便于编写、传递、存储和利用的过程，是整个政务信息工作的核心。

政务信息整理的程序：筛选——→加工——→统计

政务信息整理的程序	政务信息的筛选	这是从大量繁杂的信息中，剔除虚假、失效和无效信息，挑选出有价值的信息。 有价值的信息一般包括：全局性信息、突发性信息、方向性信息（如新情况、新经验、新知识、新问题）、反馈性信息、预测性信息等。		
	政务信息的加工	这是将筛选出来的信息进行提炼，使其具有较高价值。		
		加工方法	充实内容	对有用的信息在弄清其性质、范围、意义和发展趋势的基础上，补充、丰富相关的内容。
			综合分析	对有用的信息从总体上进行系统归纳、分类，做出定性、定量分析和判断。
			提出意见	在综合分析的基础上，提出相应的处理意见，供领导参考。
	政务信息的统计	对经过筛选和加工的信息分类进行数量统计。		

二、政务信息的编写

政务信息编写是用书面形式对政务信息进行有序化处理的过程，是政务信息传递的前提，它对提高政务信息的质量和实用价值起着关键性的作用。

（一）政务信息编写的要求

政务信息的编写必须做到：选好角度，突出特点；观点新颖，内容实在；实事求是，喜忧并报；形式灵活，要素完整；篇幅短小，语言质朴；行文流畅，表达准确。

（二）政务信息编写的方法

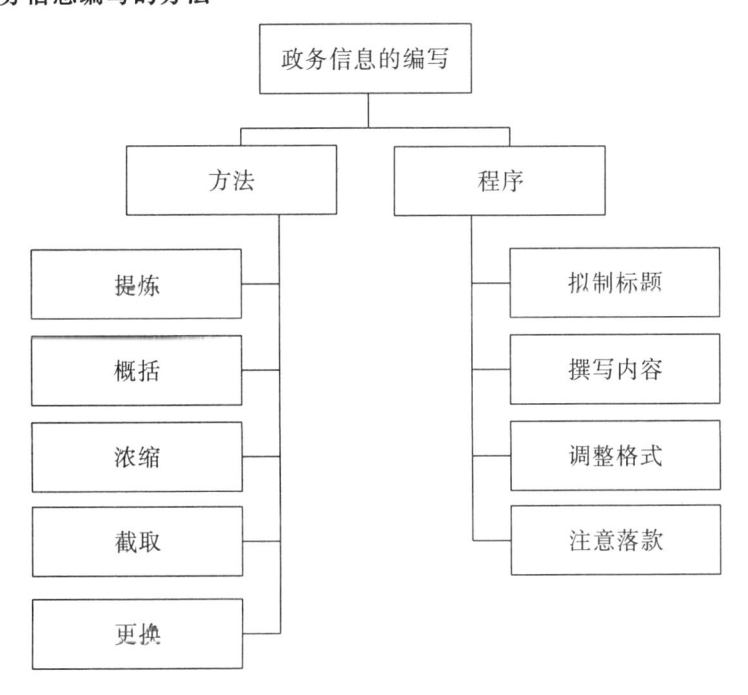

```
                  政务信息的编写
                  ┌───────┴───────┐
                 方法             程序
              ┌───┴───┐        ┌───┴───┐
               提炼             拟制标题
               概括             撰写内容
               浓缩             调整格式
               截取             注意落款
               更换
```

政务信息编写的方法	提炼观点 突出主旨	对庞杂的信息材料去粗取精、去伪存真、由表及里，从中升华出有价值的观点，进而提炼出信息主题（主旨），并以主旨统率信息全文材料。
	概括材料 以少胜多	运用概括、归纳、综合、分析、比较等方法，把特征相同的材料分类归并，使之由零碎到完整，由点到面，形成具有全局意义的信息。
	浓缩材料 去粗取精	对虽有价值但却非常详尽、纷繁的材料加以压缩，运用撮要概述、简要说明、直陈观点的方法，使之更为凝练、精要。
	截取材料 删繁就简	摘取一件完整事情、完整材料或完整事物中的精华片断、局部来说明观点。截取的材料一般不必再经加工制作，而可直接写进信息文稿。注意不要断章取义曲解原意。
	更换题目 引人入胜	用富有新意、引人注目的标题去更换原信息素材中概括不准确或没有新意的标题，使信息的价值更进一步升华。

（三）政务信息编写的要件

政务信息编写的要件	拟制标题		在信息时代，领导同志接触到的信息材料浩如烟海，不可能对每篇都逐句阅读，往往要先通过看标题了解内容，判断价值，因此写好标题极为重要。信息标题要鲜明、准确、醒目、简朴，集中地反映信息内容的核心和要素。	
		标题类型	说明式	直述内容型，直陈文章内容。如《为拆村建镇××村村民集体到县政府上访》
			归纳式	概括归纳型，其用语不像直述内容型标题那样具体，通常是概括性的省略语。如《某某县护林防火工作中的一些问题》
			结论式	点明文章中心或者作出结论。直接表明文章主题、材料中心或者作者观点。如《必须下决心遏止恶性事故发生》
			提示式	题文承接型，题目提示内容方向或者缘起，正文紧接。其显著特征是题目本身就是文章的第一句话，它与文章联系紧密，融为一体，成为信息正文的有机组成部分。而一句话信息（标题信息或无标题信息）是其中一个特例。
			提问式	问题引领型，抓住文章主要问题提问，引人注目。如《失地农民应该怎样解决生活问题》
			双标题式	正题揭示文章中心，副题标示事件或范围。如《领导干部在构建和谐社会中应该率先垂范身体力行——××座谈会与会者发表感言》
	正文	基本要求	要素全	即通常说的消息"五要素"：何人（Who）、何事（What）、何地（Where）、何时（When）、何故（Why）。
			选材实	事实准确，材料充分而精要，事件应当真实可靠，有根有据；重大事件上报前，应当核实；信息中的事例、数字、单位应当力求准确；实事求是，有喜报喜，有忧报忧，防止以偏概全。
			开发深	反映情况和问题力求有深度，能透过事物的表象，揭示事物的本质和深层次问题，努力做到有观点、有情况、有结果、有分析、有预测、有建议。
			编写精	力求主旨突出、一文一事、观点鲜明、材料精当、文题相符、条理清晰、结构严谨，用简练的文字和有代表性的数据反映事物的概貌和发展趋势。
			篇幅简	言简意赅，语言简练，篇幅简短。

续表

政务信息编写的要件	正文	基本结构形式	总分条文式	总的要求是观点鲜明、语言简洁。没有固定的格式和写法，通常采用下列形式组织、安排材料。也可多种形式结合运用。 开头导语或用叙述说明方式概括情况、交代背景，或用结论方式概括全文主要内容，或用提问方式揭示全文重点。然后，再分条分项写明所做的工作，或者取得的成绩、归纳的经验、存在的问题、反映的意见等等。
			消息报道式	采用新闻消息的写法，简要介绍一项工作，说明某种情况，表扬或批评某人某事等等。要写出时间、地点、人物、事件、起因、经过、结果；主要采用概括叙述式，而且以顺叙为主；可采用消息那种导语、主体、结尾的格式。这种写法多用于叙述事件进程的信息。
			讲话发言摘要式	信息全文就是某领导的报告或某同志讲话摘要，或者是会议讨论发言选登。
			列小标题分部式	围绕中心把材料分成几个部分来写，每个部分拟一个小标题概括这部分主要内容。内容丰富、情况繁杂的信息，就可采用这种写法。
			集锦、动态式	围绕一个中心，选取典型事迹或突出情况、工作进程的一个断面，分别写成几则"动态"，从不同侧面反映同一个主旨。每一则篇幅都很短，几句话说明一件事。
			简要通讯式	有些介绍先进人物、先进事迹的信息，为了更生动感人，常采用通讯特别是新闻小故事的写法。它可以叙述得详细些，有时甚至运用描写、抒情手法，增强表达效果。
			数据图表分析式	采用数据统计、图表统计并加以文字分析的形式，通过数字的统计、比较和分析，客观、全面地反映情况，说明问题。配稿的图片、表格应清晰，要有说明文字，图片大小一般为 400 * 300 像素。
		落款		在文稿相应处注明信息来源、作者姓名和所在单位。

（四）几种常见的政务信息的写作要领

1. 经验性信息

指反映一个地方、部门或者一项工作对全局性工作有普遍指导意义和启迪意义的先进经验信息。要注意典型性、实用性、新颖性。		
撰写要求	主要内容	简单交代背景和目的；具体介绍主要做法；精要介绍所取得的成效和经验。
	把握要点	一是来源于实践，但高于实践；二是要全面、系统、准确地反映事物的概貌；三是对实际工作有指导、启迪和借鉴作用，这是经验性信息的核心，也是目的所在。
	下足功夫	一是要搞好深度加工，切忌浅尝辄止，要选好角度，突出特色；二是要在精细加工提炼上下功夫，要有新颖的主题，精练的文字；三是要注重典型导向。

2. 问题性信息

指反映工作中存在问题、工作失误的情况、教训，以引起上级或有关部门重视的信息。问题（负面）性信息具有滞后性、阶段性、时效性特征。要注意其倾向性、真实性、敏感性。

续表

各类型问题性信息写作要点	类型	写作要领
	上级正在重点整治的问题	交代清楚问题的来龙去脉；分析问题的根源和实质；点明造成问题的责任对象；提出解决问题的意见建议。
	对上级决策有一定参考价值的问题性信息	准确指出问题；分析问题产生的原因；对发展的趋势作出预测；提出具体建议。
	重大事件信息	把事件基本情况介绍清楚；按照法律、法规予以定性；采取的措施；对难以定性和处理的重大案件希望上级给予帮助的具体内容。
提高负面信息写作质量		一要专题专报，观点明确；二要弄清情况，客观真实，吃透实质；三要适度把握定性定量，定量分析要避免夸张式虚报，定性分析要揭示问题本质；四要巧选角度，讲究技巧；五要信息反馈务求深入。

3. 建议性信息

指对某项政策、决策、工作或者围绕当前工作中难点、热点、疑点，提出解决的途径、形式、办法、设想等建设性意见。

要注意超前性、可操作性。

写作要点	要求
提出问题	应具体陈述，不宜太空。
分析问题	要力求条理清楚，理由充足，切中要害。
解决问题	要提出具有可操作性的建议，力戒原则笼统。

4. 决策反馈性信息

反映本地本部门贯彻执行上级精神、领导决策、重要法规文件情况的信息。目的明确，针对性很强，有的直接就是按照上级发出的需求指令而报送的信息。

类型	写作要领
贯彻落实主管部门或上级机关重要会议精神的政务信息	交代清楚要贯彻落实什么会议精神；针对会议要求解决的主要问题；写清楚本单位的安排部署。
反映上级重大政策出台后的信息	及时收集情况，做到快速反应；简要交代是对什么政策的反映；对所反映情况的来源、背景交代清楚；把正面或负面的反映以及涉及的政策条款和产生这种反映的主要原因交代清楚；尽可能提出具体建议。

5. 领导言论性信息

指上级主要领导到地方和下级机关单位视察、调研时发表的重要讲话和本机关单位主要领导的重要讲话。

写作要求	按规定要及时上报或者下发这类信息。必要时要经领导或者经授权的秘书审阅。注意：交代背景；保真翔实；确有价值。

三、政务信息的传递和报送

（一）政务信息传递的要求

政务信息传递是采用恰当的方式，将整理后编写好的信息主动地、迅速地传送给接收者和使用者的过程。

政务信息传递的要求		
	迅速	信息对于接收者是否有用，除了信息本身的质量外，还取决于信息传递的速度。因此要尽量简化周转层次和审批手续，争取使用直达的、先进的通信手段进行传递，以提高政务信息的时效性。
	准确	要确保信息在传递过程中不能失真。这就要求信息传递本身要具有客观可靠性，不受传递者主观随意性的影响。因此，减少传递层次，开辟多种传递渠道，是保证政务信息准确性的重要措施。
	保密	现代化的传递手段往往增加了信息保密难度，因此重要的机密信息，应通过机密的通道传递，并尽量缩小传递范围。

（二）政务信息传递的程序

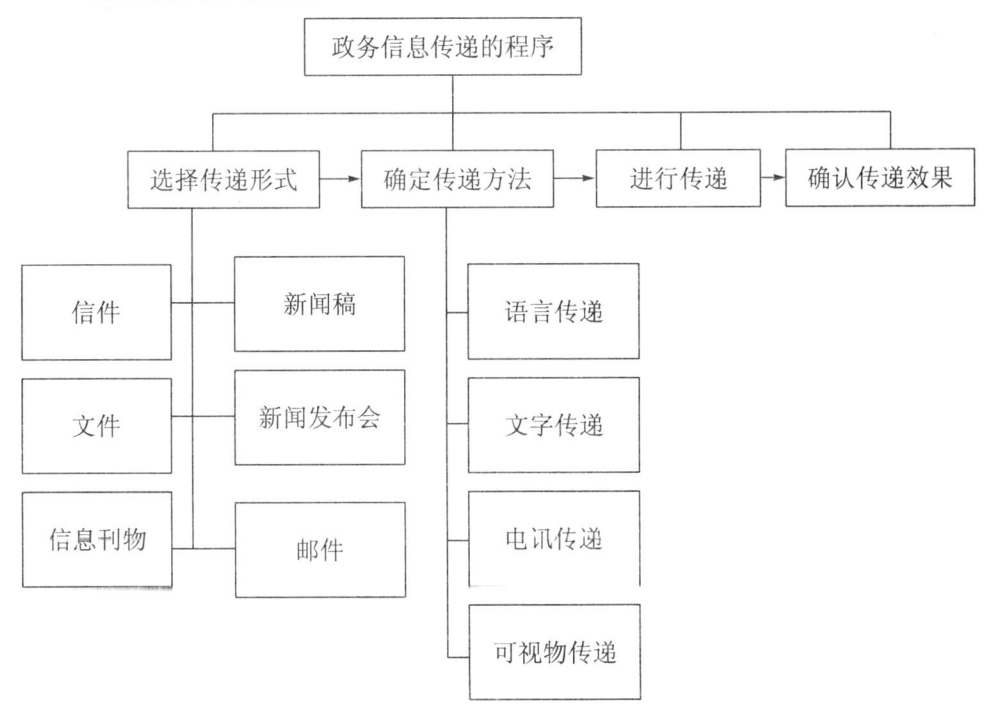

```
                    政务信息传递的程序
        ┌───────────────┼───────────────┐
   选择传递形式 → 确定传递方法 → 进行传递 → 确认传递效果

   ┌─────────┬─────────┐        ┌─────────┐
   │  信件   │ 新闻稿  │        │ 语言传递 │
   ├─────────┼─────────┤        ├─────────┤
   │  文件   │新闻发布会│        │ 文字传递 │
   ├─────────┼─────────┤        ├─────────┤
   │信息刊物 │  邮件   │        │ 电讯传递 │
   └─────────┴─────────┘        ├─────────┤
                                │可视物传递│
                                └─────────┘
```

（三）政务信息的报送

1. 政务信息报送的主要内容

包括：对上级重大决策、工作部署、重要决定、指示贯彻落实情况；本地区、本单位具有推广价值和借鉴意义的工作经验；本地区、本单位工作中出现的新情况、新问题；领导和群众的重要思想动态；紧急、突发性事件；重要社情民意；重大群体性事件；其他有参考价值的信息。

2. 两类典型政务信息——紧急、突发及群体性事件和负面信息的报送要求：

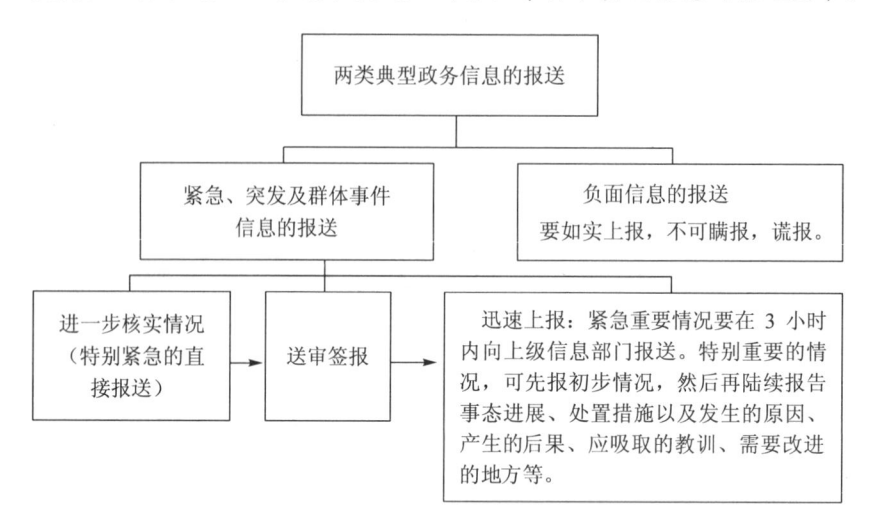

```
                    ┌─────────────────────┐
                    │ 两类典型政务信息的报送 │
                    └──────────┬──────────┘
                    ┌──────────┴──────────┐
          ┌─────────┴─────────┐   ┌───────┴────────┐
          │ 紧急、突发及群体事件 │   │  负面信息的报送  │
          │    信息的报送      │   │要如实上报，不可瞒报、谎报。│
          └─────────┬─────────┘   └────────────────┘
    ┌───────────────┴──┐
┌───┴────┐  ┌──────┐  ┌────────────────────┐
│进一步核实情况│→│送审签报│→│迅速上报：紧急重要情况要在3小时│
│(特别紧急的直│  │      │  │内向上级信息部门报送。特别重要的情│
│接报送)    │  │      │  │况，可先报初步情况，然后再陆续报告│
└────────┘  └──────┘  │事态进展、处置措施以及发生的原因、│
                      │产生的后果、应吸取的教训、需要改进│
                      │的地方等。                      │
                      └────────────────────┘
```

四、政务信息的存储

政务信息的存储是把已整理过各种有用的政务信息入库存放起来，供以后使用的过程。这有助于：丰富政务信息资源；为查找政务信息提供方便；减少政务信息的丢失；实现政务信息资源的共享。

（一）政务信息存储的方法

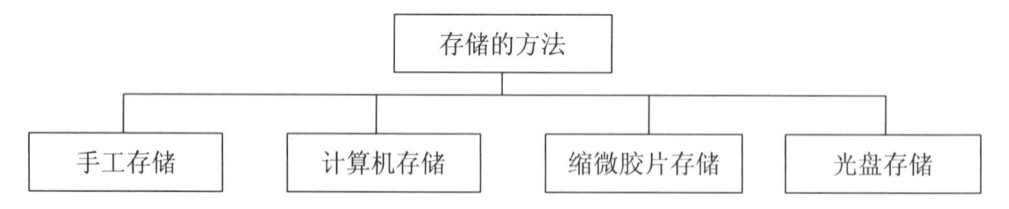

```
                    ┌────────┐
                    │存储的方法│
                    └────┬───┘
        ┌──────────┬─────┴─────┬──────────┐
    ┌───┴──┐  ┌────┴───┐  ┌────┴─────┐  ┌──┴────┐
    │手工存储│  │计算机存储│  │缩微胶片存储│  │光盘存储│
    └──────┘  └────────┘  └──────────┘  └───────┘
```

（二）政务信息存储的程序

分类	指根据政务信息所反映的内容性质和特征的异同，分门别类地组织起来的科学方法。	
	字母分类法	按照作者姓名、单位名称或政务信息标题等的字母顺序分类组合。
	时间分类法	按政务信息形成日期的先后顺序分类的方法。
	地区分类法	按政务信息产生形成所涉及的地区或行政区划等特征，将其分为各个类别，并按字母的先后顺序排列。
	主题分类法	按政务信息所反映的主题内容进行分类的方法。
著录	即把信息录入存储系统。	
	登记	包括总括登记（反映政务信息的全貌）和个别登记（也叫逐件登记，反映政务信息的具体情况）。
	编码	有顺序编码法（针对信息量小的政务信息）和分组编号法（针对信息量大的政务信息）。
	排列	包括时序排列法、来源排列法和主题内容排列法。

续表

建立存储检索系统	以信息技术为支撑，建立查找和调取政务信息的查检工具，这是一个系统工程，必须要有一批业务精通的信息员做后盾。
保　管	对有序化保存的政务信息妥善保管，注意防火、防潮、防高温、防虫害、防失密、泄密、盗窃等，要定期或不定期地进行清点，及时剔除失去保存价值的信息，及时更新原有的政务信息。

五、政务信息的开发利用和反馈

这是在收集、整理政务信息等工作的基础之上使政务信息充分发挥其最大使用价值的过程。

（一）政务信息开发利用的方法

政务信息开发利用的方法	造就一支专业化、高素质的政务信息工作队伍。
	建立健全先进的政务信息网络。
	加快基础数据库和政务信息管理系统建设。
	积极开展党政机关网站建设。
	正确处理好信息资源开发与利用的关系。
	加大政务信息公开力度。

（二）政务信息的反馈

1. 政务信息反馈的目的、意义

信息反馈是对信息在使用过程中产生的政府效应和在使用过程中产生的新信息进行再搜集、再处理、再传递的过程。通过信息反馈，可以检查输出信息的真实性、检验信息传递的准确性，为领导下一步决策提供依据。

2. 政务信息反馈的类型

```
                政务信息反馈的类型
                       │
          ┌────────────┴────────────┐
   正反馈,即                      负反馈,即
   积极反馈                       消极反馈
   或表扬性                       或批评性
   反馈                           反馈
```

3. 政务信息反馈的方法

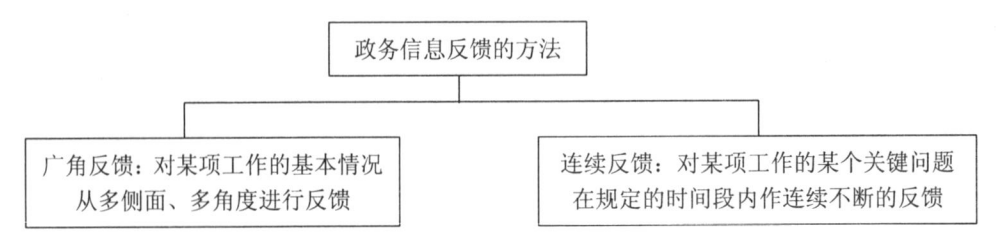

```
           政务信息反馈的方法
                  │
      ┌───────────┴───────────┐
  广角反馈：对某项工作的基本情况      连续反馈：对某项工作的某个关键问题
  从多侧面、多角度进行反馈          在规定的时间段内作连续不断的反馈
```

4. 政务信息反馈的程序

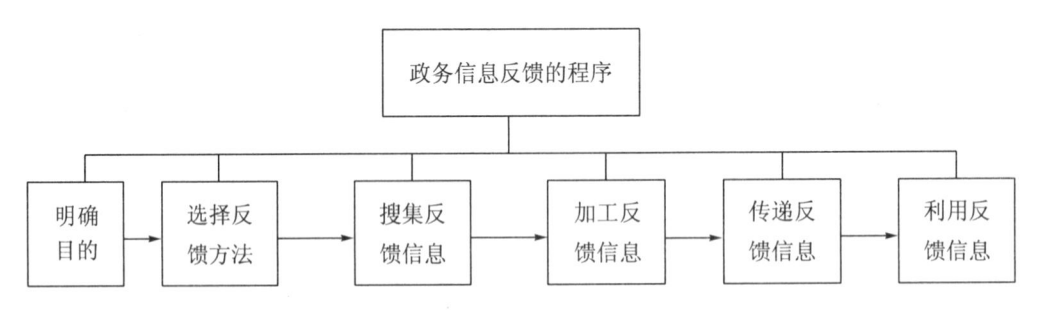

```
明确目的 → 选择反馈方法 → 搜集反馈信息 → 加工反馈信息 → 传递反馈信息 → 利用反馈信息
```

六、政务信息的公开与审核

（一）政务信息公开的原则与审核

政务信息公开的原则与审核	政务信息公开的原则	不涉密原则	凡涉密的信息一律不得公开。
		严格履行审批手续的原则	凡未经过审核批准的信息一律不得公开。政务信息公开的审批权限按相关规定执行。
		及时、准确公开的原则	凡是能够公开且经审核后的信息，都应该及时而准确地公开。 在审核中发现有可能影响社会稳定、扰乱社会管理秩序的虚假的和不完整信息，应在职权范围内发布准确的信息予以澄清。
		政务信息公开的审批权限	机关单位对拟公开的政务信息，应当实行事前审核监督制度，经本机关领导审核同意后，方可公布。由省政府办公厅提供的，由办公室有关处室把关，经分管秘书长或分管办公厅主任审定；由各市（州）政府、省政府各部门提供的，由信息提供单位的领导审定；其他部分提供的，由所在部门领导或相关单位领导审核批准。
	政务信息公开的审核	政务信息公开的审核内容	要公开的信息有无涉密问题； 要公开的信息的公开时间是否合时宜； 要公开的信息中的表述和统计数据是否准确。

（二）政务信息公开的程序

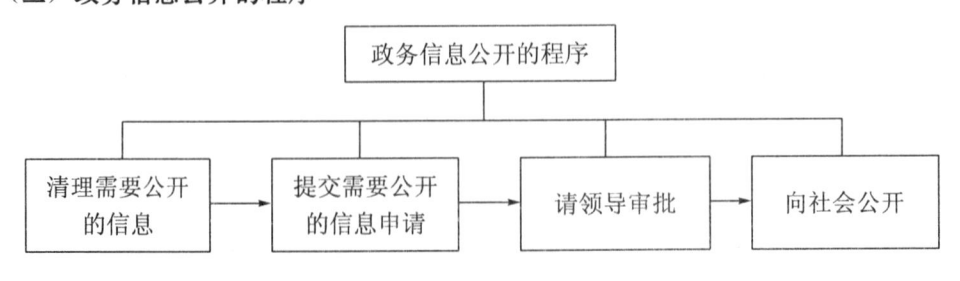

```
           政务信息公开的程序

清理需要公开 → 提交需要公开 → 请领导审批 → 向社会公开
的信息        的信息申请
```

七、政务信息工作的督查和考核

各级各类党政机关、单位对本系统内部的政务信息工作都非常重视，都把政务信息的报送与采用纳入目标管理，实行目标考核。具体的督查和考核制度主要有目标考核制度、评比制度、奖励制度、批评与问责制度等。

【文例】

××省人民政府对各市（州）人民政府和省政府各部门的政务信息工作的督查和考核办法

1. 未完成省政府办公厅下达的信息任务，酌情扣分；
2. 凡重要信息（重大灾情、疫情、安全事故、治安事件、突发事件）迟报、漏报、误报，或上报时间超过6小时的，扣0.3分；
3. 失实信息1条，扣0.5分；
4. 对省政府办公厅下达的约稿迟报或不报的扣0.3分。

××省人民政府信息报送要点及采用情况通报和评比奖励制度

省政府办公厅信息工作机构应定期向下级政府信息机构通报信息报送参考要点和信息采用情况；
每年开展一次评选全省政府系统信息工作先进集体、优秀信息员活动；
对表现突出者给予奖励；
为人事部门提供对信息工作人员工作实绩进行考核的依据。

政务信息工作规范总表

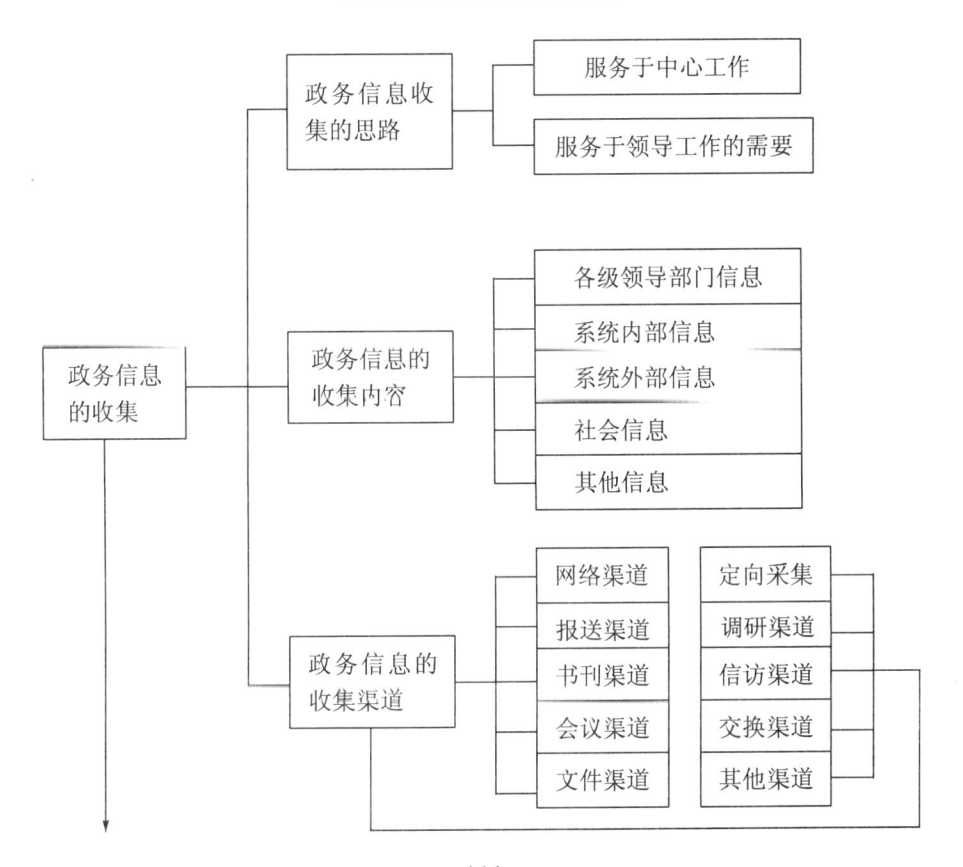

政务信息的收集
- 政务信息收集的思路
  - 服务于中心工作
  - 服务于领导工作的需要
- 政务信息的收集内容
  - 各级领导部门信息
  - 系统内部信息
  - 系统外部信息
  - 社会信息
  - 其他信息
- 政务信息的收集渠道
  - 网络渠道
  - 报送渠道
  - 书刊渠道
  - 会议渠道
  - 文件渠道
  - 定向采集
  - 调研渠道
  - 信访渠道
  - 交换渠道
  - 其他渠道

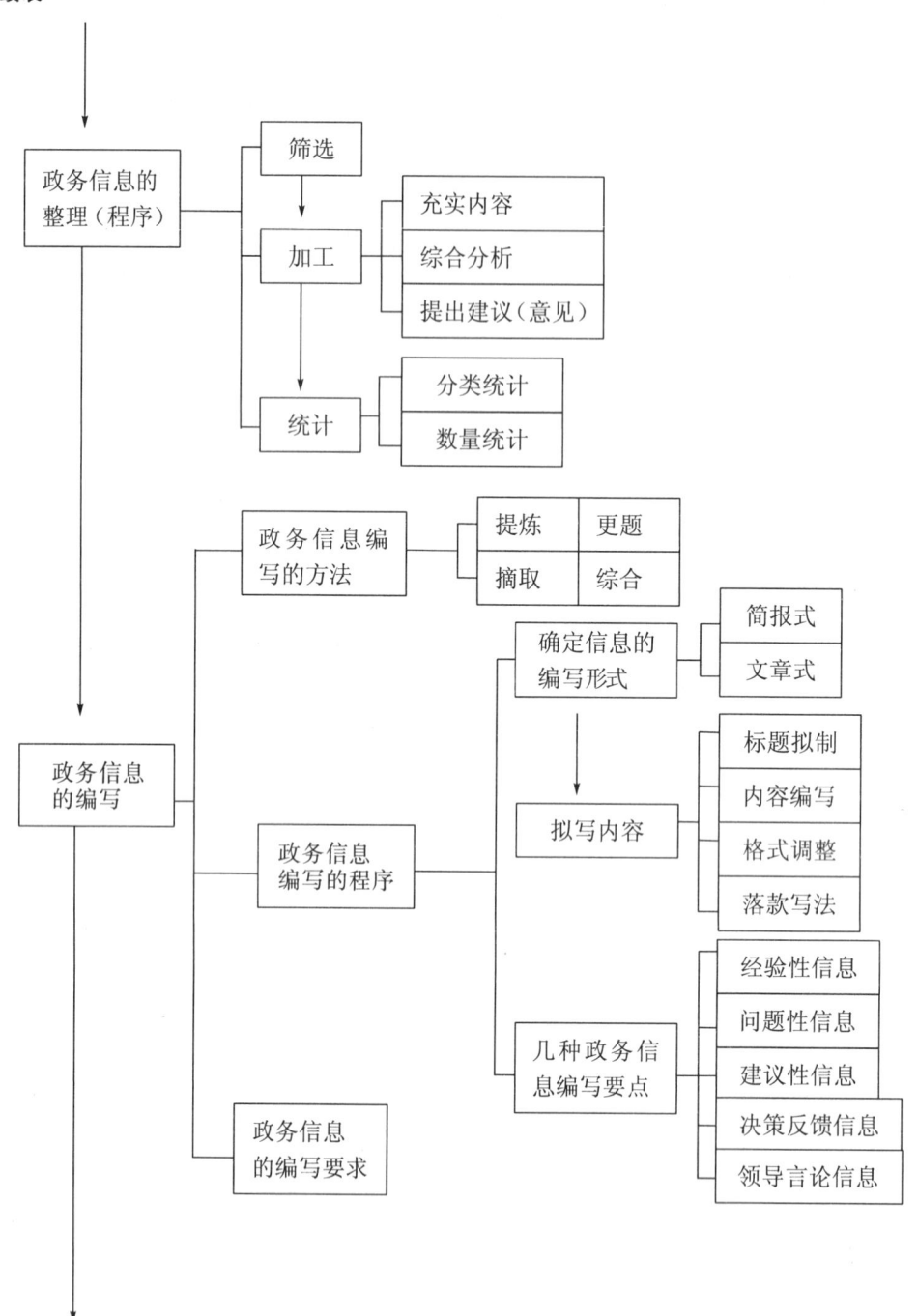

续表

```
政务信息的整理（程序）
├── 筛选
├── 加工
│   ├── 充实内容
│   ├── 综合分析
│   └── 提出建议（意见）
└── 统计
    ├── 分类统计
    └── 数量统计

政务信息的编写
├── 政务信息编写的方法
│   ├── 提炼
│   ├── 更题
│   ├── 摘取
│   └── 综合
├── 政务信息编写的程序
│   ├── 确定信息的编写形式
│   │   ├── 简报式
│   │   └── 文章式
│   ├── 拟写内容
│   │   ├── 标题拟制
│   │   ├── 内容编写
│   │   ├── 格式调整
│   │   └── 落款写法
│   └── 几种政务信息编写要点
│       ├── 经验性信息
│       ├── 问题性信息
│       ├── 建议性信息
│       ├── 决策反馈信息
│       └── 领导言论信息
└── 政务信息的编写要求
```

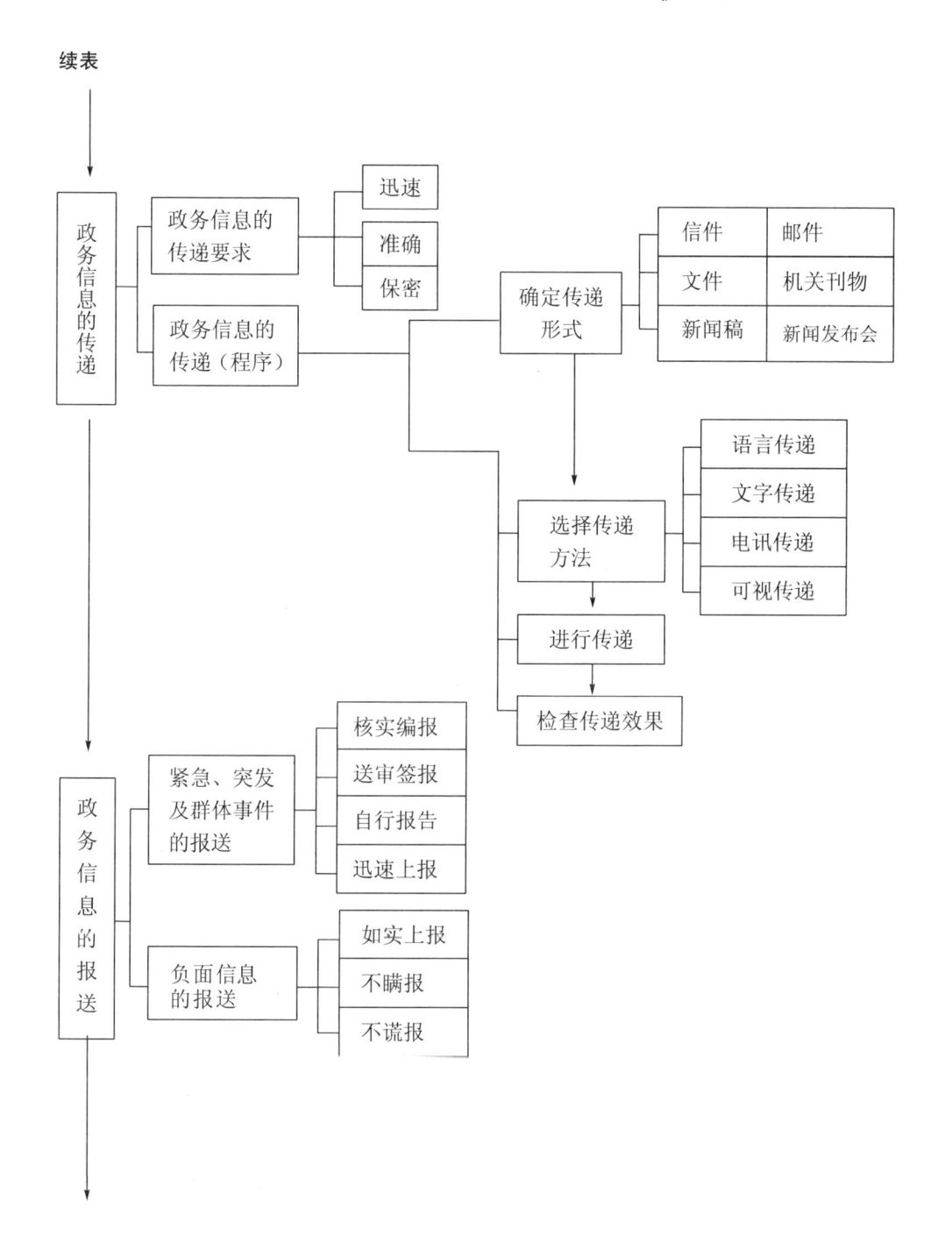

续表

```
政务信息的传递
├── 政务信息的传递要求
│   ├── 迅速
│   ├── 准确
│   └── 保密
└── 政务信息的传递（程序）
    ├── 确定传递形式
    │   ├── 信件 / 邮件
    │   ├── 文件 / 机关刊物
    │   └── 新闻稿 / 新闻发布会
    ├── 选择传递方法
    │   ├── 语言传递
    │   ├── 文字传递
    │   ├── 电讯传递
    │   └── 可视传递
    ├── 进行传递
    └── 检查传递效果

政务信息的报送
├── 紧急、突发及群体事件的报送
│   ├── 核实编报
│   ├── 送审签报
│   ├── 自行报告
│   └── 迅速上报
└── 负面信息的报送
    ├── 如实上报
    ├── 不瞒报
    └── 不谎报
```

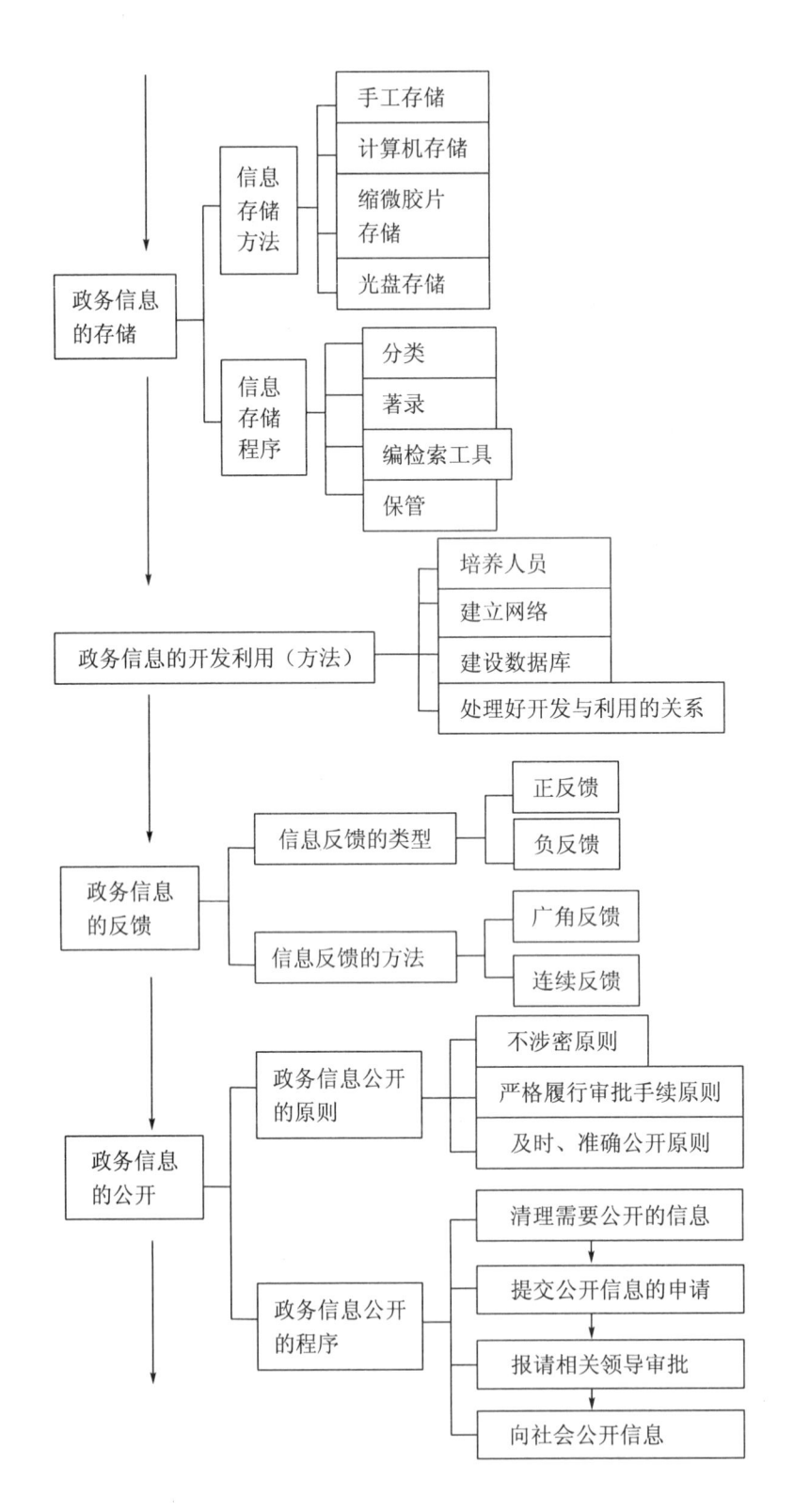

续表

```
政务信息的存储
├── 信息存储方法
│   ├── 手工存储
│   ├── 计算机存储
│   ├── 缩微胶片存储
│   └── 光盘存储
└── 信息存储程序
    ├── 分类
    ├── 著录
    ├── 编检索工具
    └── 保管

政务信息的开发利用（方法）
├── 培养人员
├── 建立网络
├── 建设数据库
└── 处理好开发与利用的关系

政务信息的反馈
├── 信息反馈的类型
│   ├── 正反馈
│   └── 负反馈
└── 信息反馈的方法
    ├── 广角反馈
    └── 连续反馈

政务信息的公开
├── 政务信息公开的原则
│   ├── 不涉密原则
│   ├── 严格履行审批手续原则
│   └── 及时、准确公开原则
└── 政务信息公开的程序
    ├── 清理需要公开的信息
    ├── 提交公开信息的申请
    ├── 报请相关领导审批
    └── 向社会公开信息
```

续表

```
政务信息           ┌─ 督查和考核 ─┬─ 酌情处理未完成下达任务者
督查和考核 ─────┤   的办法      ├─ 对报送有误及延时报送的处理
                 │              ├─ 对报送失真的处理
                 │              └─ 对上级下达的约稿迟报
                 │                 或不报的处理
                 │
                 └─ 督查和考核 ─┬─ 目标考核制度
                     的制度      ├─ 评比制度
                                ├─ 奖惩制度
                                └─ 批评与问责制度
```

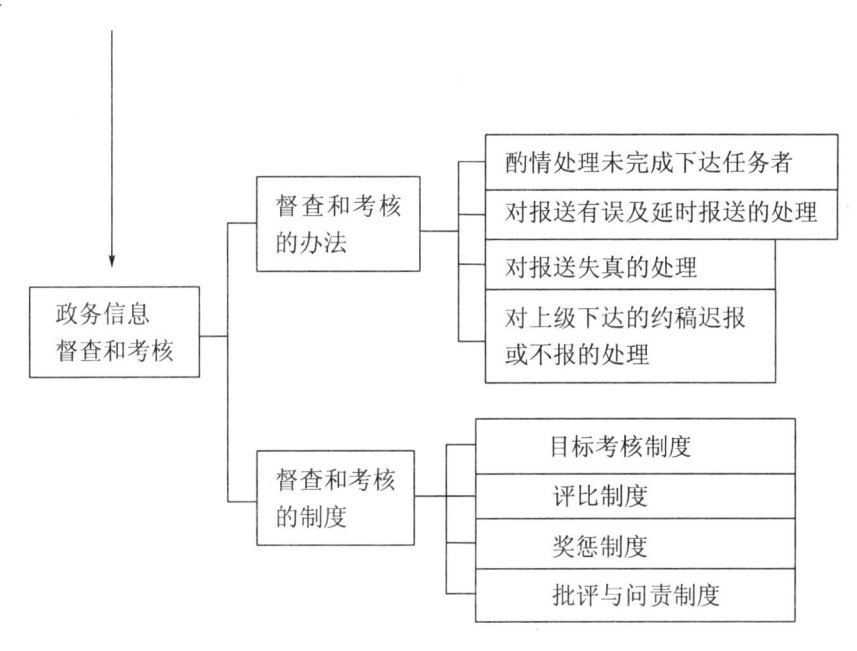

【文例】

情 况 报 告

四川省工商行政管理局　　　　　第×期　　　　　××××年×月×日

―――――――――――――――――――――――――――――――

四川省工商局积极开展基层"双述"工作

　　四川省工商局深入贯彻落实惩防体系《实施纲要》，大力推进政风行风建设。经过三年以来的逐步扩大试点和总结推广，2008年，除地震重灾区以外，全省1158个基层工商所全面开展了向监管服务对象代表述职述廉的工作，8986名行政执法人员现场接受了监管服务对象代表的评议和测评。评议和测评结果显示，监管服务对象代表对基层工商所行政执法人员的平均满意率为97.89%。该局的主要做法是：

　　一、坚持教育在先，抓好思想动员。针对在少数基层工商干部中存在的"工商机关是监管执法部门，向监管服务对象'双述'是不是搞错了方向、会不会损害执法权威"的疑问、担心，各县区工商局采取局领导分工负责下到联系所组织学习动员的方法，着力教育基层干部消除"特权"思想，牢固树立权力来自人民、用权接受监督的意识，正确理解履行职能与接受监督的关系、个人勤廉与执法权威的关系、行使监管权力与服务监管对象的关系。真正从思想上实现从担心受人监督到自觉接受监督的转变、担心影响执法到促进规范执法的转变、担心形象受到损害到实现行风建设全面升位的转变。

二、坚持代表性，选好参评代表。为了建好"双述"平台，避免"双述"会变成哥们吹捧会、时髦秀，《四川省工商行政管理系统基层行政执法人员向监管服务对象述职述廉试行办法》对监管服务对象代表的确定和邀请程序作出"随机""代表性"的明确要求。实施阶段，省局、市州局加大了指导力度，使基层"双述"活动邀请的监管服务对象代表产生过程公开、方法随机、界别齐全，有当地有关部门参与监督。四川眉山市工商局还制定了"两随机"代表产生办法，首先以经济户口为基础兼顾社会层面以参评代表 5 倍以上的比例随机抽取初选代表，再按 1∶5 比例随机抽取正式代表。

三、精心组织，确保"双述"效果。各地强化"双述"的组织准备工作，局党组提前培训，局领导提前分工，应邀代表的资料提前整理，监管服务对象关心的问题提前调研。为了使"双述"报告贴近群众，不讲空话套话，各县区局、市州局加强指导、把关，许多所长的"双述"报告几易其稿。扎实的前期准备工作，确保了基层"双述"会普遍开得气氛融洽，实现了监管服务对象与基层工商行政执法人员畅所欲言的良好互动。

四、梳理意见建议，强化问题整改。基层"双述"，各工商所都指定了专人记录意见和建议，进行梳理和归类，由所长负责在所务会及全所职工会上通报，使每一位职工知道当前群众的主要反映是什么、存在的主要问题和不足有哪些。"双述"后，全系统首先从监管服务对象最关心、最直接、最现实的利益问题入手，从群众反响较强烈的问题入手，认真抓工作的整改完善。对关系到监管服务对象切身利益的"案、费、证、照"等重点问题和损害群众切身利益的突出问题，各县区局直接督促整改。"双述"工作后，各工商所及时上门反馈整改情况，让监管服务对象真切体验工商部门加强党风廉政建设和行风建设的信心决心，收到了良好的效果。

五、善用评议结果，强化实效。在推进"双述"活动的同时，系统上下高度注重对平台的构建和评议结果运用，将基层工商所的述职述廉活动，纳入全系统党风廉政建设和反腐败工作的年度目标任务，开展了将基层"双述"评议结果与政务员年度工作考核、个人评先评优、干部使用推荐挂钩的实践探索。2008 年，达州市工商局与基层"双述"结果挂钩的干部 12 名，有的受到诫勉谈话、免职等处理；而一些优秀的工商所长在"双述"中脱颖而出被选拔为县局领导。德阳等市局作出硬性规定，"双述"测评群众不满意率达到 20% 并调查属实的，一律进行诫勉谈话，相关情况存入个人廉政档案；不满意率达 30% 并调查属实的，进行通报批评；上述情况有违纪线索的，由纪检监察机构组织调查核实，依纪依规作出处理。

报：××××××××　××××。
送：××××××××　××××。
发：××××××××　××××。

（四川省工商行政管理局供稿）

我县"四个一"打造百亿级工业园区

一是"一营"。以经济开发区为大本营，开发面积约10平方公里，重点发展非金属新材料、机械制造和汽车零部件、农副产品深加工、有色金属加工业和高新技术产业等5大产业板块。二是"一房"。将标准化厂房作为园区发展重点，成功引进瑞艾特、侨谊、鸿泰等标准化厂房建设项目，总投资5亿元以上，建设30万平方米标准化厂房。三是"一镇"。在蓉城镇打造全县最大的中央休闲购物区项目——青阳县商业购物广场。四是"一城"。打造以汽车配件为簇群的机械制造加工产业城，重点发展汽车零部件、摩托车零部件生产制造产业，力争到2016年实现年产值100亿元。

部门工作

▲我县加强市场监管确保"两节"价格稳定。一是多种途径宣传价格法律、法规和政策，引导经营者开展价格自律。二是加强市场价格监测预警，发现价格异常波动倾向性、苗头性问题，及时报告。三是发挥社会监督和舆论监督作用，畅通12358价格投诉举报电话。四是加大市场价格监督检查力度，严厉打击乱涨价、乱收费以及价格欺诈等价格违法行为，维护市场价格秩序。目前全县市场价格运行平稳，市场物品供应充足。

▲近日，县招标局与县住建委、县广播电视台联合举办元旦联欢晚会暨廉政文化进机关汇报演出，三家单位党政班子成员与近300名干部职工共同观看、共同参与。晚会节目丰富多彩、立意高雅，内容取材于干部职工的工作和生活，通过合唱、舞蹈、相声、诗朗诵等多种表现形式展示了三家单位廉政文化建设的丰硕成果，营造了"崇廉尚廉·和谐奋进"的氛围，增强了干部职工的廉政勤政意识和干事创业的热情。（县招标局）

▲我县审计经验案例获省审计厅优秀奖。在2012年安徽省计算机审计方法和AO应用实例评审中，县审计局杨莹同志撰写的《医院医疗收入真实性审计方法》，经省厅专家组评审，荣获池州市县级审计系统唯一优秀奖。（县审计局）

▲我县2013年元旦旅游接待实现"开门红"。元旦小长假期间，全县共接待国内外游客16.1万人次，同比增长24%，旅游总收入1.75亿元，同比增长25%。（县旅游外事局）

▲近日，我县完成2012年度土地变更调查与遥感监测工作。目前调查成果顺利通过市国土资源局、省规划勘测院审查，数据已进入市勘测规划院数据库。（县国土资源局）

▲近日，我县完成首批企业春季用工需求调查工作。县人社局选取15家具有代表性的重点企业作为调查对象，准确地掌握了调查企业2012年用工、招工缺口情况和2013年用工需求情况，收到了预期效果。（县人社局）

▲自1月1日开始，我县地税局取消普通发票工本费（包括普通发票工本费和增值税专用发票工本费），预计每年可为纳税人节省费用7万余元，惠及1400多户纳税人。（县地税局）

乡镇动态

▲丁桥镇启动 2013 年春节困难群众慰问救助摸底工作。该镇将慰问困难群众工作作为践行党的十八大精神的重点工作来抓。各村上报救助人员名单，民政办进行初审并登记造册，建立台账，镇主要领导牵头的工作组进行全程指导。确保困难群众基本情况摸清、摸实，做到不漏、不重、不错。确保困难群众获得真正生活保障，把党的温暖送到千家万户。（丁桥镇）

▲丁桥镇、新河镇紧抓接送学生车辆安全管理。一是召开跨部门联席会议，邀请各村负责人参加。专题研究部署接送学生车辆安全管理工作。二是各级各部门领导履行"一岗双责"。及时掌握车辆使用和驾驶员情况，排查安全隐患；定期巡查，打击非法营运、超载超速等违法违规行为。三是广泛宣传车辆安全整治的重要意义和交通安全法律法规，提高校车管理人员、驾驶员、教师、学生、家长的安全意识和防护能力，营造人人关注、人人参与的良好氛围。四是学习《校车安全管理条例》等相关法规，结合事例，提高认识。（丁桥镇、新河镇）

▲庙前镇扎实推进九华河治理工程。一是召开九华河治理工程推进会。通报征地、青苗补偿等工作进展情况，广泛征求群众意见。二是强化宣传，提升广大群众的认识水平，发动群众配合河道治理工程实施。三是优化环境，打击"地皮卡"现象，保障工程顺利实施。目前已累计投入资金 800 万元，备齐物资、人员，确保治理工程加快推进。（庙前镇）

▲近日，杜村乡开展千分制考核工作。乡目标考核小组对照实施细则对 11 个行政村、乡直有关单位、相关企业进行逐项量化打分。查看工作实绩、落实情况、完成方式，并对存在的问题和工作中的薄弱环节提出整改意见。（杜村乡）

（选自叶黔达、柯世华编著《最新公文写作与处理规范·观念·技巧》，有改动。）

第四部分 调查研究工作规范

主　编：李星奎　四川师范大学文学院教授
副主编：吴坤湖　四川农业大学文法学院讲师
　　　　　赵艳林　四川师范大学文学院讲师
参　编：杜思颐　重庆市北碚公安局
　　　　　王　欢　四川省工商局秘书
　　　　　张小梅　四川省人民政府《政务》杂志责任编辑

调查研究工作简称调研工作，指运用科学的方式、方法，有目的、有计划地对某一问题或社会现象进行考察了解和综合分析的工作过程。它是实施领导和管理的重要工作环节，也是党政机关、企事业单位办公室一项重要的工作。将调查研究结果写成的书面报告就是调查研究报告（调研报告）。

"调查"和"研究"是两个不同的概念。"调查"是"研究"的前提和基础，"研究"是"调查"的结果和发展。在新时期，作为党政机关的办公厅（室），加强政务调研工作，不仅有助于了解民意，而且是领导科学决策的前提条件，是做好各项工作的重要基础。事实证明，高质量、高水平的调查研究，可以从一定程度保证各级党委政府的工作更加求真务实稳步前进。

调研工作具有真实性、实践性、典型性、时效性和综合性等特点。

调查研究工作，按照调查的范围，可以分为本地调研、外地调研和出国考察三种情况。

调研大体上可分为三个阶段，即准备阶段、实施阶段和完成阶段。

一、调研工作的准备阶段

确定调研课题	课题主要来源		领导提出、有关部门确定、调查者自选。
	选题要求		既要注重现实意义，又要具有前瞻性；既要注重领导和群众关注的当前工作和社会生活中的重点、热点、难点，又要注意易被公众视野忽略而又十分重要的冷门问题。
	选题原则	价值原则	看调查课题及其成果是否针对领导管理工作需要或者满足社会需求。
		可行原则	看参与调研的人力（精力、能力、时间）、物力（经费等后勤保障）、环境力（领导和有关方面支持力度、调查对象配合度）是否足以支撑调研工作顺利进行。
		适量原则	选题大小适中，从多方面因素考虑量力而行。
		新颖原则	研究经济社会发展阶段性特征，针对经济社会发展和本系统、本地区工作中的新情况、新问题，与时俱进地选题，力求人无我选，人有我新，人新我精。

续表

课题的审定	一般课题由机关单位或者授权调研部门的领导审定批准； 重点调研课题可以采取申报、委托或招标等形式，经专家评审、领导批准来确定课题。
成立调研小组，确定调研人员	成立调研小组时要考虑的因素：一是成员应具备良好的政治业务素质；二是有调研需要的专业能力或专家成员；三是有丰富的调研经验；四是注意新老搭配，以便成员相互取长补短；五要少而精，避免人浮于事。 成立调研小组适用于大型而特别重要的调查。
明确调研任务及要求	首先学习相关文件，储备必要知识：一是学习和掌握与调研内容有关的党和国家的方针、政策、规定等文件；二是查阅与课题相关的研究成果和报刊资料；三是学习与课题内容相关的自然科学和社会科学知识；四是了解与课题有关的背景资料。 其次明确调研的任务、意义和要求：在事物的发展初期，调研的目标要求是讲清事物的性质和发展方向；成长期，应当讲清如何使事物进一步发展，主要是理清思路、摆明措施；成熟期，应当讲清楚如何使事物进一步完善提高。
拟定调研提纲	调研提纲的内容，主要包括调研的目的要求，调研的对象范围和方式方法，调研的时间、步骤和过程，调研的人员组织与注意事项、调研经费的预算等。调研提纲分为全面调研提纲（如文例）和内容调研提纲（如文例）。

【文例】

关于本市外来人口管理模式的调研提纲

一、调研目的

通过对本市外来人口状况的调查，研究适合外来人口管理的模式。

二、调研时间、地点（范围）安排

三、调研内容

（一）外来人口基本情况（总数、性别、学历、年龄结构、来源地分布、从事工作行业）；与城市社会的融合程度、权益保障、对城市管理的适应性等情况；对本市经济社会发展和城市管理带来的利与弊；

（二）原住居民对外来人口的看法与评价；

（三）管理外来人口现行的方法模式及其优缺点；

（四）政府职能管理机关、外来人员群体对现行管理方式的意见和建议。

四、调研方法

（一）根据调研内容设定相应的指标，并根据指标进行问卷设计，采用抽样问卷调查搜集相关的数据；

（二）采用典型调查、个案调查和随机访谈方法搜集相关的资料、情况和数据；

（三）查阅相关的文献资料。

五、调研经费预算

六、调研结果分析

（一）对搜集数据以采用 SPSS、SAS 等统计软件（或者其他统计分析方法）进行分

析。对调查搜集的其他资料进行综合、归纳、分析;

(二)对本市管理外来人口现行方法模式的利弊进行分析、评价,提出改进外来人口管理工作的建议;

(三)形成调研报告。

关于本市外来人口管理模式的调研提纲

一、外来人口生存、生活基本情况

(一)外来人口总数、性别、学历、年龄结构、来源地分布、从事工作行业;

(二)外来人口与城市社会的融合程度、对城市管理的适应性等情况;

(三)外来人口的权益保障(居住、生活、工资、就医、子女就学等)。

二、外来务工人员对城市发展的贡献

(一)外来人口对本市经济社会发展带来的利与弊;

(二)外来人口对城市管理带来的利与弊。

三、原住居民对外来人口的看法与评价

(一)不同阶层、层次居民的看法;

(二)整体评价。

四、管理外来人口现行的方法模式及其优缺点

(一)户籍管理;

(二)劳动工资、安全、医疗保障;

(三)治安管理;

(四)职业技能培训和文化教育方式;

(五)子女义务教育管理。

五、有关方面对现行管理方式的意见和建议

(一)政府职能管理机关的意见;

(二)外来人员群体意见;

(三)原住居民的意见。

六、改进和完善对外来人口管理的对策建议

七、完成以上调查的时间要求

二、调研工作的实施阶段

实施阶段是调查研究的中心阶段。其实施步骤为:

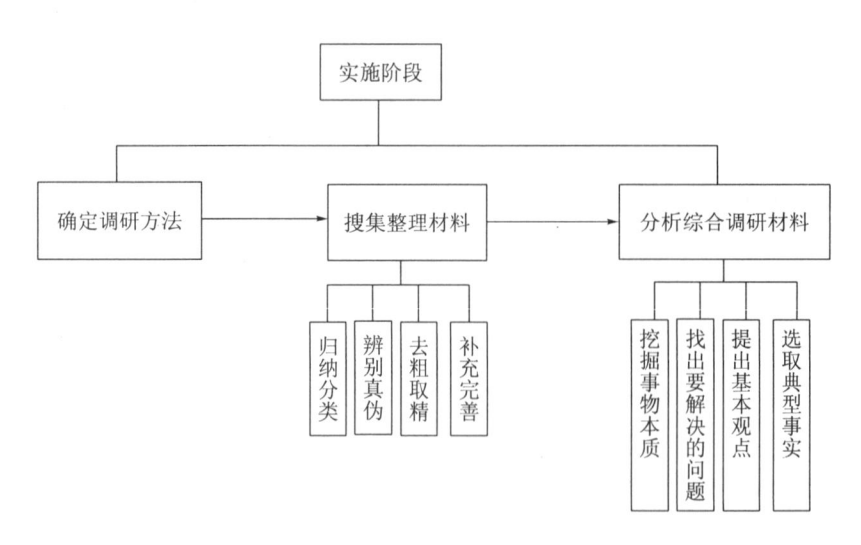

```
                        ┌─────────────┐
                        │  实施阶段    │
                        └──────┬──────┘
            ┌──────────────────┼──────────────────┐
    ┌───────────────┐  ┌───────────────┐  ┌─────────────────┐
    │  确定调研方法  │  │ 搜集整理材料   │→ │ 分析综合调研材料 │
    └───────────────┘  └───────┬───────┘  └────────┬────────┘
                   ┌──────┬───┴──┬──────┐    ┌────┬──┴─┬────┬────┐
                  归纳  辨别   去粗   补充  挖掘  找出  提出  选取
                  分类  真伪   取精   完善  事物  要解  基本  典型
                                            本质  决的  观点  事实
                                                  问题
```

（一）确定调研方法

在调查过程中，应根据调查课题的需要和调查对象的特点选择相应的调查方法。常见的调查方法见下表：

调查方法	适 用 范 围
全面调查法	对所有被调查对象作全面系统的调查，亦称为普查法。一般分三步进行：制发各种表格；组织相关单位和人员填写表格或者回答询问；统计分析。经济社会发展情况普查常用此法。
重点调查法	在被调查对象的全部单位中选择一部分重点单位进行调查。重点调查易于组织，耗费的人力物力少，取得资料迅速准确。但是重点调查必须在客观上有重点单位时才能采用，假如调查对象之间差异不大，没有重点，不分主次，就无法采用重点调查方式。这种方法适用于调查任务明确、时间要求很紧的调查。
典型调查法	根据调查目的，在对被调查对象全面分析的基础上，有意识地选择若干具有代表性的单位，深入细致地调查，探索其内在规律性，然后以具有代表性的典型单位的调查结果推论全面情况。这是社会调查中的行之有效的调查方法。所选典型可以是正面的，也可以是反面的。典型经验的调查、揭露问题的调查经常运用这种方法。
抽样调查法	是从调查对象的总体范围中抽取部分样本，并从样本的性质特征推算出总体的性质特征值的调查方法。抽样方式有随机抽样、等距抽样、整群抽样、定额抽样、多级段（或分层次）抽样、类型抽样等。由于抽样调查是一种比较科学、经济而又能得出量的统计的调查方法，因而在经济社会发展状况调查、民意测验、政策决策反馈等诸多调查中经常使用。
问卷调查法	以卷面的形式提出若干需要调查的问题来询问被调查者，让其填写答案的调查方式，电话调查也属于这种方式。它的优点是经济节约，适用于大面积的调查。加之问题明确，答案标准化，因而便于统计和用计算机处理分析。比如选举中征求群众对候选人的意见、单位年终评选优秀、了解群众对本单位工作的看法、民主测评干部业绩等，都可以采取这种调查方式。

续表

观察法	指调查者有目的、有计划地运用自己的感觉器官或者借助科学的工具和手段，直接考察正在发生的经济或社会现象。由于这种调查方法能够直接感知客观对象，所获取的是直接的、生动的、具体的感性认识，掌握的是大量的第一手资料，所以经常被相关领导使用，称之为"视察工作"。不过采用这种方法要防止被调查者弄虚作假，以虚假的表象掩盖事实的真相。为此，调查者最好采取"突访""暗访"的方式，以确保调查的质量。
文献法	指通过对文献的搜集和摘取，获得关于调查对象的信息。使用文献法的目的，在于充分了解事物的背景和概貌，探求事物发展变化的规律。但查阅文献资料只是调查的先导，而不是调查结论的现实依据，调查的结论要在调查研究之后才能得出。此法适合任何调研工作。
试点调查法	这是为了取得实施某一政策或方案的经验，选取一个有代表性的基点，实行长期的蹲点，在蹲点中搜集和积累第一手资料，从中总结出典型经验，用以指导全面工作的调查方法。对新生事物的调查常用此法。
开会调查法	指调查者通过召开有关调查对象的会议，或者直接参加有关部门举行的相关会议来搜集资料、分析和研究某一社会现象的调查方法。这种调查方法的好处是调查对象集中，可以互相启发，互为补充，花费不多，简便易行。但它要受时间、空间的限制，而且人多嘴杂，难以掌握确切资料，也不利于保密，因而要根据调查目的适当选用。
访谈法	指调查者与被调查者通过口头交谈的方式了解有关情况的方法。这种方法简便易行，容易开掘深层次的信息，又便于保密，故经常被采用。不过在运用这种方法时，必须选好调查对象，要注意礼貌，要善于引导、提问，并采取适当的记录方式。
网络调查法	是信息时代利用互联网作为媒介的调查方式。它充分利用了互联网的互动性、实时性、方便性等优点，在办公自动化搞得好的单位被广泛使用。但由于网络信息的来源十分复杂，很多时候真假难辨，因此采用这种调查方法时，有关人员应掌握计算机知识，对搜集到的信息资料进行鉴别。
BS法	也叫头脑风暴法。这是来自国外的一种调查方法，其原意为病人的胡言乱语，我国把它译为"联翩思考"。这种方法主要用于目标管理中有关领导通过召开会议来对工作预案进行优化选择。在会中，会议主持者要让与会者对所有预案充分发表意见，经过多轮选择，把最佳方案选择出来。采用这种方法时，会议主持者不得事先透露自己已经确定了某个方案，否则就达不到召开会议的真正目的。
专家调查法	也叫特尔斐法。特尔斐本是希腊历史遗迹阿波罗圣殿所在地，20世纪50年代，美国兰德公司为了帮助道格拉斯研究应该怎样做才能使反馈的信息真实可靠，于是以特尔斐作为调查方法的名称。这种调查方法与问卷调查相类似。所不同的是，它的调查对象都是一些专家，所以又叫专家调查法。其特点是，所有反馈的问卷都匿名，经多次收敛，最后获得满意的结果。
哥顿法	这是20世纪60年代初由美国人哥顿提出的一种调查方法，其操作程序与BS法大体相似。所不同的是，会议的主持者并不告诉与会者具体要研究什么问题，也不说明目的是什么，而是围绕议题谈类似的其他问题。比如会议议题本来是研究如何改善本单位的办公环境，但会议的题目却是某新建学校校园环境的最佳设计方案。这种调查方法大多用于没有预案的情况下。
注意	以上方法常综合运用、交替使用。

（二）搜集整理材料

搜集材料要求全面、系统、丰富、充分、多多益善。

（三）认真分析调研材料，综合提炼调研成果

研究的方法见下表：

研究方法		适用范围
分析	定性分析	这是用来判断研究对象所具有的各种因素及这些因素的性质的分析。其具体做法是先将研究对象分解为各种因素，再将这些因素分解为更小因素来分析，目标管理常用这种方法。
	定量分析	这是用来判断研究对象的各种因素和性质与数量之间的关系的分析方法，它通过精确的数量分析来推断事物的性质，比定性分析更准确，同样在目标考核中被大量运用。 定量分析常和定性分析结合使用。以定性分析说明事物的深度，以定量分析说明事物的广度。
	因果分析	这是用来探索研究对象发展变化的原因，为主动干预研究对象的发展变化提供指导思想的分析方法。具体分析时可由因及果，也可由果及因。在为解决问题提出建议的调查中经常使用。 不但要运用因果分析，更要注意因因分析，即分析原因的原因、深层次的原因，即"打破砂锅问到底"，探究事物本质和根源。
	矛盾分析	这是分析研究中最基本的极重要的分析方法。由于世间万事万物都充满矛盾，通过对矛盾组成部分的分析（主要矛盾、次要矛盾、矛盾主要方面、矛盾次要方面）来认识事物是辩证法的实质。也常和定性分析、定量分析和因果分析结合使用。
	比较分析	这是一种非常重要的研究方法。它是通过事物本身前后情况的"纵比"、此事物与它事物之间的"横比"以及纵比横比结合的"综合比较"来揭示事物本质的研究方法，适用于了解事物本身的变化情况，区别事物的优劣真伪等。
	对比分析	这是将同类或不同类的调查材料放在一起进行分析比较，并从中找出事物的特点的分析方法，适用于今昔、新旧、正反、成败等材料的分析研究。
综合	择优选优	这是利用优选法的原理对调查得来的材料进行分析研究，从中挑选出既有广泛的代表性，又有鲜明的个性的典型材料的研究方法，典型经验及先进典型的调查报告经常使用。
	归纳概括	这是从若干典型的调查材料中，经过认真仔细的分析研究，概括出它们所反映的共同规律的方法。适用于研究客观事物的个别与一般的关系。
	数据统计	这是对某一调查对象的有关数据进行搜集、整理、计算、综合的分析研究方法。调查研究、信息管理、财政经济及其他领域经常运用。
	共性研究	这是对调查得来的各种材料进行分析、综合、概括、归纳、抽象出它们所共同具有的普遍性质的研究方法，其具体的运作方法可以是同类比较，也可以是异类比较，先进典型、典型经验调查常用。
	规律总结	规律是事物间内在的本质联系。这种联系的不断重复出现，会在一定条件下促使事物向着某种趋势发展。规律总结就是要找出这种联系，把握事物的发展趋势。经验调查，为领导决策提供参考的调查常用。
	集中讨论	这是召开会议，让与会者对调查材料展开充分讨论，并对材料的性质、特点及其使用价值等达成共识的研究方法。这种方法能让与会者充分发表意见，揭露问题、弄清真相、树立典型的调查经常使用。

续表

利用现代化办公设备进行分析研究	这是在办公设备比较先进的部门运用电子计算机对调查数据进行计算和处理的分析方法，经常和数据统计结合使用。由于这种方法具有非常迅速和相当精确两大特点，所以常用于工程技术、科学研究等的调查。
注意	以上各种分析、综合的研究方法，也常结合、交叉运用。

对整理分析后的调查材料，还要"由此及彼，由表及里"地进行思考加工，为下一步的写作打好基础。

三、完成阶段：撰写调研报告

本阶段包含确定主题、选用材料、拟写提纲、按纲写作、修改定稿五个步骤。详见下表：

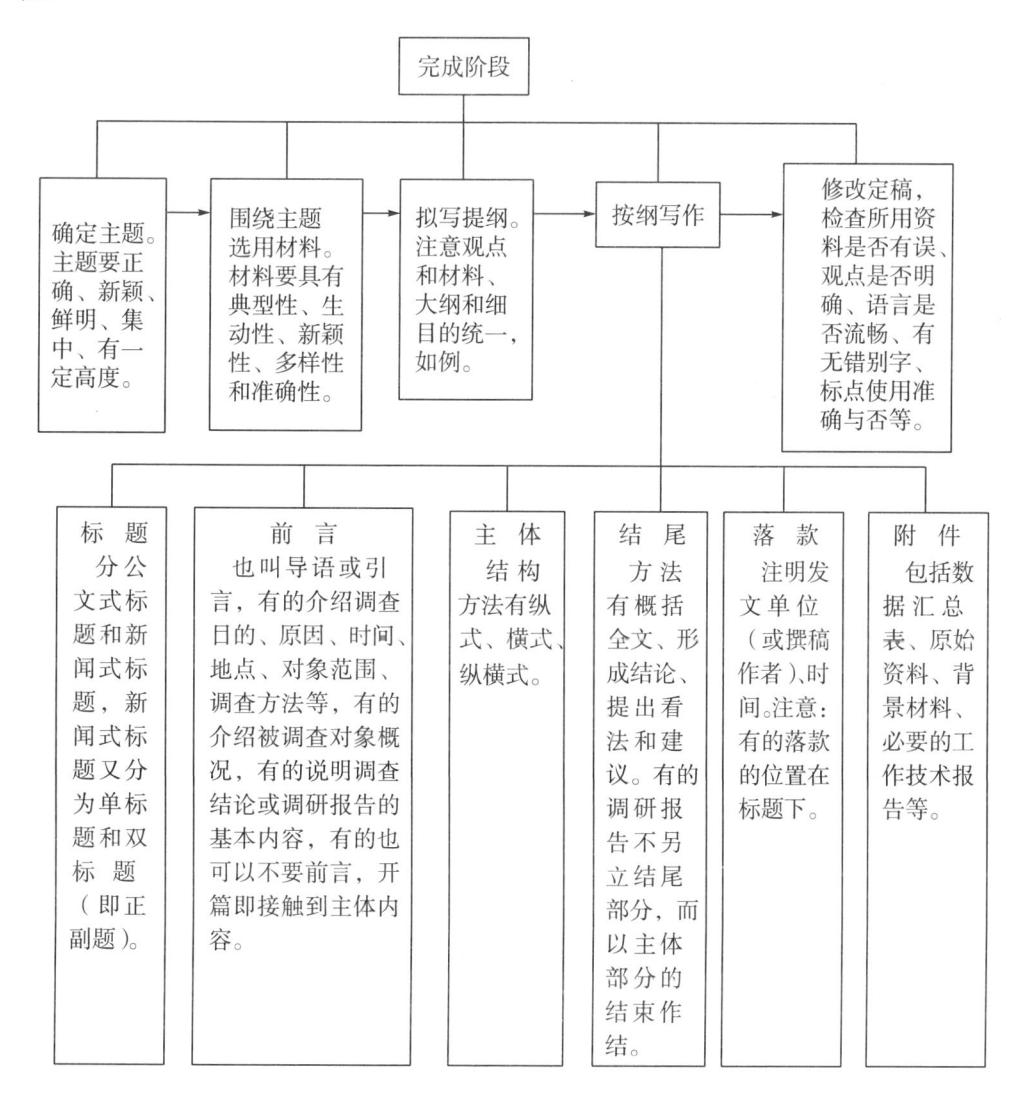

```
                          完成阶段
    ┌──────────┬──────────┬──────────┬──────────┬──────────┐
确定主题。    围绕主题    拟写提纲。   按纲写作    修改定稿，
主题要正      选用材料。  注意观点                检查所用资
确、新颖、    材料要具有  和材料、                料是否有误、
鲜明、集      典型性、生  大纲和细                观点是否明
中、有一      动性、新颖  目的统一，              确、语言是
定高度。      性、多样性  如例。                  否流畅、有
              和准确性。                          无错别字、
                                                  标点使用准
                                                  确与否等。
    │            │            │            │            │            │
  标题        前言        主体        结尾        落款        附件
  分公        也叫导语或   结构        方法        注明发       包括数
  文式标      引言，有的   方法有      有概括      文单位       据汇总
  题和新      介绍调查     纵式、      全文、      （或撰稿     表、原始
  闻式标      目的、原因、 横式、      形成结论、  作者）、      资料、背
  题，新      时间、地点、 纵横式。    提出看      时间。注意：   景材料、
  闻式标      对象范围、              法和建       有的落款      必要的工
  题又分      调查方法等， 议。有的     的位置在     作技术报
  为单标      有的介绍被              调研报        标题下。       告等。
  题和双      调查对象概              告不另
  标题        况，有的说              立结尾
  （即正      明调查结论              部分，而
  副题）。    或调研报告              以主体
              的基本内容，            部分的
              有的也可不              结束作
              要前言，开              结。
              篇即接触到
              主体内容。
```

【文例】

创造优良环境　扮靓高原明珠
——松潘县川主寺镇开展城乡环境综合整治的情况调查
中共四川省委政策研究室调研组

松潘县川主寺镇地处岷江源头,是通往九寨、黄龙、松州古城和红原大草原的交通要道,也是我省旅游重要的窗口。近年来,川主寺镇坚持以城乡环境综合整治为突破口,多管齐下、综合治理,在城乡规划、建设和管理上积极探索、大胆实践,取得了明显成效。全镇先后建成了3公里主要街道、一座桥梁、7000米排水沟、近3000米河堤、一座自来水厂、一座污水处理厂、一座垃圾填埋场,新增设景观路灯400多盏,拆迁改造房屋共124栋,新增绿化面积11300平方米,全镇建设管理水平不断提高,环境面貌进一步提升,川主寺这颗镶嵌在川西北高原上的明珠焕发出了新的光彩。他们的主要做法和经验如下。

一、主要做法

(一)**提高思想认识,确保行动坚决**。川主寺镇党委、政府坚持把城乡环境综合整治摆在民生和发展的大局来考虑。充分认识到,城乡环境综合整治不是简单的环卫工作,而是事关群众利益、事关灾后重建的大事;不是应景之作,而是为老百姓创造良好人居环境、为发展创造良好投资环境的大事。环境不优化,川主寺难有新发展。必须站在贯彻落实科学发展观的高度,把城乡环境综合治理作为推动经济社会发展的中心工作来抓,同部署、同落实、同督促,确保全镇城乡环境综合整治工作措施有力、行动坚决。

(二)**坚持规划先行,确保有序整治**。一是科学编制规划。去年,该镇抓住灾后恢复重建的机遇,请援建的安徽省城乡规划设计研究院在原有规划的基础上,为川主寺镇设计了灾后重建规划方案,挖掘岷江源头文化,做好"高原第一镇"水文章,确定了"高原山水园林旅游名镇"的新定位。科学的规划管长远、管基础,为川主寺的开发建设和环境综合治理提供了科学指导。二是严格执行规划。在开发建设和环境综合治理中,用地红线、建筑风貌、设施功能等方面都以规划为依据,严格按规划执行。三是加强对规划的社会监督。对规划进行公示、广泛宣传,建立规划投诉与咨询电话,借助社会力量对规划的制定和实施进行监督,借助媒体对违反规划的行为进行曝光。

(三)**建立保障机制,确保资金投入**。一是加大财政投入力度。松潘县设立了环境整治财政专项资金,每年投入环境整治资金380万元,并重点向川主寺镇倾斜。去年县财政专项资金用于川主寺镇环卫工人的工资达68万元,今年预算提高到78万元。二是增加环卫基础设施。2008年松潘县财政给川主寺镇购买专用垃圾车2辆,并添置了大批垃圾桶等环卫设施,新建垃圾回收点7个。今年将在此基础上进一步加大投入,为川主寺镇购置压缩式垃圾车和洒水车等设备。

(四)**创新管理机制,确保工作力度**。一是明确整治任务,实行责任包干。对领导干部,县上建立了分片包干和联系乡镇责任制,县委书记亲自联系川主寺镇,镇党委、政府

— 126 —

"一把手"亲自抓；各村"两委"会把城乡环境综合整治工作纳入村规民约，各单位纳入今年的主要工作目标，将任务和责任分解落实到具体的单位和人员。对专职环卫人员，采取区域分段管理的模式，将每一片区域、每一段道路、每一段河岸、每一段河道的环卫责任落实到每一个人，并在每个段区配备1名卫生监督员。二是严格考评，健全奖惩机制。对领导干部和各部门单位，实行单独考核、单独奖惩，平时考核和集中考核相结合、督查暗访和各单位自查相结合的方式进行考评。对工作不力的进行通报批评，责令限期整改，对主要责任人诫勉谈话和免职处分，加大惩戒力度。专职环卫人员卫生保洁与工资挂钩。三是部门协作，加强全面管理。注重发挥各单位的职能作用，加强单位之间、村与村之间的协调、配合。如镇城监队与交巡警中队协作，分两组实行单、双日轮流值班，分区划片负责日常巡查，加强对车辆停放的管理；镇城监队与县旅游综合执法局配合，规范旅游市场秩序。

（五）**打造专业队伍，确保整治质量**。一是实施公司化管理。镇上建立了保洁公司，由保洁公司统一招聘、管理环卫工人，组建了一支共76人的专业环卫队伍，其中村级垃圾处理工作人员有17人，负责对环境卫生的日常清理、维护和监督，并确定由公路养护工负责公路的保洁工作。二是建立激励机制。保洁工人实行月评制度，对工作业绩突出的个人和集体分别奖励100元和500元。月末召开会议，评选先进，交流经验，发放流动红旗，增强各段区环卫工人创优争先的积极性和荣誉感。三是加强人性关怀。镇领导坚持与环卫工人交心交流，听取他们的意见和建议。在环卫工人中成立了妇代会，帮助她们解决困难和问题，为她们定期组织免费体检等。

（六）**推进乡村联动，确保整体效果**。一是完善村环境卫生管理责任网络。镇驻（包）村干部、片区领导负责各自责任范围的环境卫生，乡镇与各村及农户签订环境整治工作责任书，落实门前"三包"责任，使各村的卫生管理工作形成了层层有人管，责任落实到人，分片把关的有效管理机制。二是规范垃圾处理。按照"日产日清"的原则，对不同的垃圾采取不同的处理方式：生活垃圾由村保洁员负责每天将各户垃圾清运到村内垃圾池；生产垃圾运到各村专门的垃圾处理点深埋处理，建筑垃圾由各村通过采取收取清运保证金等方式，督促各建设住户将垃圾及时清运至指定地点。三是完善排污设施。治理村内排水沟和下水道，完善村庄排水设施，从源头解决农村生活污水排放和村内积水问题。重点治理规模化畜禽养殖污染。引导广大农民养成良好的卫生习惯，积极开展健康教育。

二、**基本经验**

川主寺镇开展城乡环境综合整治工作行动快、抓得实、效果好，形成了一些成功的经验。主要有以下三点：

（一）**领导重视，强力推动，是做好城乡环境综合整治工作的关键所在**。城乡环境综合整治是一项量大面广、艰苦细致的系统工程，卓有成效地推进这项工作，组织领导是关键。川主寺镇党委、政府把环境综合整治工作列入重要议事日程，建立健全领导机构，明确责任目标，硬化监督考核。从镇到村组、单位主要领导亲自挂帅，确定领导专门抓，相关单位共同抓，形成了自上而下、指挥灵动的组织领导体系。他们的实践证明，只有加强组织领导，提高认识，健全责任考核制度，城乡环境综合整治工作才能够顺利推进，才能达到预期效果，才能取得明显成效。

（二）**宣传动员，群众参与，是做好城乡环境综合整治工作的强大动力**。开展城乡环境综合整治工作，是为群众办实事好事的重要切入点。川主寺镇党委、政府牢固树立群众观念，引导全社会关注并参与城乡环境综合整治，坚持"群众利益无小事"，把为群众创造方便、舒适、优美的环境作为整治活动根本出发点和落脚点。镇上全方位、多层次宣传发动，营造舆论氛围，使镇域内群众都能及时了解城乡环境综合整治工作的重大意义、主要任务、政策措施和已取得的成果，宣传成功经验和有效做法，宣传涌现的先进典型和模范人物，宣传普及科学健康文明的生活方式，促使综合整治活动稳步推进，形成人人关爱城乡环境、全民参与综合整治的浓厚舆论氛围。同时，对开展工作不力、环境卫生状况没有明显改善的区域和单位，公开进行曝光，赢得群众支持，促进工作深入开展。川主寺镇的实践证明，城乡环境综合整治，必须宣传动员，组织群众，发动群众，充分依靠全社会的力量和广大群众的广泛参与，才能够取得更大更好的成效。

（三）**抓住机遇，争取支持，是做好城乡环境综合整治工作的有效途径**。川主寺镇在推进城乡环境综合整治工作中，面临财政投入有限，城镇基础设施建设底子薄、欠账多等重重困难，加之受地震灾害的影响，该镇经济发展特别是旅游面临前所未有的严峻考验。该镇抓住灾后恢复重建的机遇，积极争取对口援建方安徽省的支持，帮助编制重建规划方案，提升建设管理水平；加大援建投入，完善污水处理等基础设施；引进4亿资金，打造河堤走廊修建景区公路，这都将有效推进川主寺镇的基础设施和产业发展。川主寺的实践证明，只要抓住机遇，用好政策，多方争取，就能克服困难，不断取得城乡环境综合整治工作的新成效。

（2009年3月24日）

（调研组负责人：萧少秋；成员：吕焱飞〔统稿〕、李世金〔执笔〕、王喜梅〔执笔〕）

加快四川电子商务发展的十条建议

省政府研究室　商务厅

电子商务是一种以互联网为基础、以交易双方为主体、以电子支付和结算为手段、以客户数据为依托的全新商务模式。电子商务具有全天候、全方位、零距离的优势。当前，全球和我国电子商务快速发展，正急速改变着传统经营模式和生产组织形态，对推动产业转型升级，加快转变经济发展方式，增强经济运行质量和效率，提高综合竞争力有着十分重要的作用。

我国电子商务的发展正呈现出一些明显趋势特征。一是模式不断创新，B2C市场将继续保持快速发展势头，B2B仍有巨大发展潜力，O2O模式开始在电子商务市场中崭露头角,并呈现强劲发展态势;二是移动电子商务发展迅猛,截至 2014 年 6 月,我国移动互联网用户达到 8.61 亿户;三是与实体经济深度融合,电子商务交易活动已经广泛渗透到国民经济的各个行业;四是数据为王的时代已初露端倪;五是向专业化、区域性、小圈层方向发展;六是地区间逐步呈多极发展,B2C 市场呈现"两超(天猫、京东)多强(腾讯 B2C、苏宁易购、亚马逊中国等)"的竞争格局;七是跨境电子商务快速发展,正推动国际贸易走向无国界贸易。

四川电子商务发展也正处于关键时期。一是发展环境良好。四川是全国经济大省,2013 年全省网民人数达到 2835 万人,网民规模位居全国第 7,网络购物订单量与订单量复合增长率均名列前十;西部综合交通枢纽地位巩固,空港优势明显;四川是全国八大通信枢纽之一,网站总数和注册域名总数均居全国第 8 位,"西部数据中心""中国西部云计算中心"已落户成都。二是发展势头迅猛。四川电子商务交易额 2012 年、2013 年分别增长 65.6%、66.1%,超过全国 33.9、36.2 个百分点,总体交易规模居全国第六、中西部首位;一批综合平台和行业平台品牌价值不断提升,移动电商发展已居全国前列。三是区域影响增强。知名电商纷纷布局四川,唯品会投资 6 亿元在简阳建西部营运中心,阿里集团投资 5.5 亿元建设西部基地,携程旅行网投资 2.5 亿元建中西部总部基地,卓越亚马逊投资 12 亿元在眉山建立电子商务运营中心。综合分析,四川电子商务综合实力在广州、浙江、上海、北京、山东之后,总体处于第二梯队,发展潜力巨大,具有向第一梯队冲刺的条件。但四川电子商务仍存在综合平台建设、企业发展、政务服务滞后以及区域发展不平衡等问题,同时还存在"四川造"日常生活用品缺乏、物流成本偏高、信息基础设施支撑不够等制约因素。

我们认为,应当把握时机,乘势而进,从以下十个方面加快推进四川电子商务发展。

(一)加快建设垂直电商平台

原因简析:1. 发展垂直电商平台事半功倍。垂直电子商务平台是指在某一个行业或细分市场深化运营的电子商务模式。垂直电子商务网站旗下商品都是同一类型的产品。这类网站多为从事同种产品的 B2C 或者 B2B 业务,其业务都是针对同类产品。与综合电商平台相比,垂直电商平台在产品、服务、渠道等方面更为专注和专业,能够提供更加符合特定人群的消费产品,满足某一领域用户的特定习惯,因此更容易取得用户信任,从而加深产品的印象和口碑传播,形成独特品牌价值。随着对电子商务发展要求更加专业化、精细化、准确化,垂直电商平台建设将会迎来重要发展期。同时,全国众多的行业中垂直电子商务平台少,机会良多。2. 发展综合电商平台事倍功半。在综合电商平台建设方面,我国已经有阿里巴巴、京东商城等知名电商平台,在注册客户、交易品种、交易数量、交易规模上都占有绝对优势,其他综合平台短时间难以与之争锋。3. 四川发展垂直电子商务基础扎实。四川传统产业优势突出,目前已经发展了一批名列全国前茅的行业性垂直电商平台,如九正建材、中药材天地、新华文轩等。京东商城、苏宁易购等就是借助行业电商平台成功发展,最终成为在全国具有举足轻重地位的综合性平台。

路径建议：1. 重点推动全省装备制造、建材家居、机电、医药、服装、农产品、食品饮料、餐饮旅游等优势行业建立垂直电商平台；2. 引导综合市场、专业市场、商超连锁等应用行业垂直电商平台；3. 对建立和应用行业垂直电商平台的企业、组织给予政策支持。

（二）着力培育区域电商平台

原因简析：1. 区域电商平台具有一定地域特色优势。四川各地经济、地理、文化等差异明显，结合各地产业基础、资源禀赋、区位条件等实际情况，因地制宜、有重点地推进部分市州打造区域性电子商务平台。2. 国家有支持政策。2010年国家《关于促进网络购物健康发展的指导意见》明确提出，"鼓励第三方电子商务服务平台与有条件的地区建立区域性电子商务平台"。3. 部分市县有发展电子商务的积极性。如内江市正在积极打造四川电子商务第二城；绵阳、资阳等13个市州正大力推进电子商务产业园区建设。4. 有利于推动区域协调发展。培育区域电子商务平台能够促进人流、物流、信息流在发达地区与欠发达地区、城市与农村良性互动，减小地区差距。

路径建议：1. 统筹谋划，科学布局，重点推动，鼓励有条件的市（州）、县（区）率先打造区域性电子商务平台。2. 市县选取最具竞争优势的产品或服务，积极培育一批区域电子商务平台。以农产品为例，西昌果蔬、汉源花椒、安岳柠檬、乐山竹叶青茶等已经在国内外具有较高知名度，政府应积极支持组建区域电子商务平台。3. 借助四川作为西南经济、信息、文化的中心和我国南向、西向开放重要腹地的地缘优势，立足产业优势，打造具有四川特色的国际化电商平台。

（三）大力发展移动电子商务

原因简析：1. 移动电子商务潜力巨大。移动电子商务以手机、平板电脑等无线终端为载体，具有方便、快捷等特点。随着4G网络的不断应用和普及，支付方式的不断完善，潜在用户巨大。数据显示，阿里巴巴2014财年全年移动商品成交总额达到3190亿元，较上年度810亿大幅增长394％。2. 四川移动电商发展已经位居前列。目前，四川已建立了可信服务管理平台（TSM）、开展移动支付业务，推进了支付增值服务开发和金融IC卡移动应用，组建了移动支付产业联盟，建设了移动金融服务商圈，移动电商的生态产业链已基本形成。"中国移动电子商务年会"已在成都连续举办三届。

路径建议：1. 支持基础电信运营商、内容提供商和金融服务机构之间加强协作，依托手机、平板电脑等智能移动终端，积极推广面向公共事业、交通旅游、就业家政、休闲娱乐、市场商情等领域的移动电子商务。2. 鼓励现有电子商务交易平台开展移动电子商务业务，逐步提高移动电子商务交易比重。推进移动电子商务应用从生活服务和公共服务领域向工农业生产和生产性服务业领域延伸，推动移动电子商务在"三农"等重点领域的示范和推广。3. 不断完善移动电子商务技术体系、标准和业务规范，尤其是加快4G通信网络和WiFi在地铁、商场、社区等全覆盖建设进程。4. 重点支持成都加快建设移动互联网，抢占我国移动电子商务发展制高点，引导其余市州积极推进移动电子商务应用。

(四)探索发展跨境电子商务

原因简析：1. 跨境电商贸易不仅具备电子商务部分压缩中间环节、化解产能过剩、为中小企业提供发展之道、增加就业等传统优势，还具有避免国际贸易壁垒限制、重塑国际产业链、促进外贸发展方式转变、增强国际竞争力等作用。2. 国家出台了针对符合条件的电商出口企业出口货物享受增值税、消费税退（免）税政策。3. 跨境电子商务快速发展。目前，我国境内通过各类平台开展跨境电子商务业务的外贸企业已超过20万家；2008年以来，跨境电子商务年均复合增长在40%以上。4. 跨境电子商务是内陆省对外贸易跨越式发展的战略选择。从传统贸易方式看，四川存在不沿海、不沿边等先天不足，发展跨境电子商务可以避开这些不足，主动作为抢占国际市场。

路径建议：1. 积极创建四川跨境电子商务平台，鼓励企业借助平台开拓国内外市场，打造线上线下良性互动的现代营销体系。2. 鼓励企业依托电子商务平台建设境外零售终端，开展境外批发或零售业务，推进企业在境外建设品牌，提升产品附加值。3. 加快语言翻译、报关结汇、境外配送等配套业务发展。4. 进一步优化跨境电子商务发展环境。在海关、进出口检验检疫、结汇与退税、信用体系等领域建立新型管理机制，支持支付机构取得跨境支付资格和企业正常收结汇，建立跨境电子商务保税物流中心。

(五)联动发展电子商务服务业

原因简析：1. 电子商务是涵盖十分广泛的现代商业行为，其发展需要人才培训、快递物流、金融保险等服务配套。2. 四川电商人才培训滞后。浙江、上海、广东等省（市）电子商务人才培养已经率先起步，其中，浙江省已制定了电子商务专业人才培训和评价工作的实施意见。而四川电商人才培训还不足。3. 四川快递行业发展滞后。海航、汇通、顺丰、韵达等国内排名前十五的快递企业均在北京、上海、浙江、广东等发达省份。四川本土物流企业排名则远远靠后，至今还没有一家是5A级物流企业。

路径建议：1. 支持有条件的电子商务企业与科研院所、高校合作建立教育实践和培训基地，加快建设"中西部电子商务人才培训中心"，鼓励开展面向电商企业、政府部门、面向农民、下岗工人、特殊人群的电子商务知识培训；研究制定我省电子商务职业认证制度，健全电子商务人才成长促进机制，建立后备人才资源库。2. 积极鼓励快递、咨询、策划、设计、代运营、网店装修等电子商务配套服务业的发展，使其成为重要的新兴产业和电子商务市场体系中的重要组成部分。3. 立足市场需求，积极营造环境，推动互联网金融创新发展，推动保险、会计、会展等专业服务业与电子商务的融合发展。

(六)促进综合性实体商与电商接轨转型

原因简析：1. 形势所迫。网络零售已让一大批线下实体店沦为体验店、提货仓库甚至消亡，商业地产面临重新洗牌；微信等通信新方式的出现使传统通信行业的短信等业务大幅萎缩；传统金融企业在第三方互联网支付、在线融资、在线保险、在线基金等新兴金融业态的市场竞争中面临严峻挑战。据相关机构预测，未来3—5年，全国有近80%的书店、50%的电器店、30%的服装店和鞋店将关闭，由此导致的个体工商户数量平均每年将会减少135万户。综合性实体商只有实现与电商的接轨转型、融合发展，才能在新经济环境下赢得立足之地。2. 优势所在。电子商务的本质还是商务，传统的实体商熟悉商业运营，转型电子商务具备一定的潜质条件。

路径建议：1. 有实力的综合性实体店可以自建电商平台，建设线上线下一体化营销通道，实现自身转型发展；2. 中小型实体店，尤其是社区类型实体店可以采取与大型电商平台合作的方式，成为大型电商的货物调配站、提货（票）点，在电子商务零售中按比例分配收益。

（七）积极推进电子商务示范创建工作

原因简析：1. 示范创建工作是加快推进电子商务发展的重要抓手。通过电子商务示范创建，可以创新电子商务政策体系和高效的公共服务体系，为推动电子商务加快发展提供示范作用。2. 国家政策支持。自2011年起，国家发改委等多部委就已联合开展创建国家电子商务示范城市工作；2013年，国家关于《促进电子商务应用的实施意见》提出进一步支持示范创建工作。3. 四川电子商务示范创建工作有一定基础。成都市获得首批"国家电子商务示范城市"称号，龙泉驿等10个区（市、县）被中组部、商务部确定为全国开展农村商务信息服务试点县（区），中药材天地网等3家企业被认定为国家电子商务示范企业；省级已确立55个电子商务示范单位。

路径建议：1. 建设示范城市。在继续支持重点城市开展国家电子商务示范城市创建的基础上，全面推进省级电子商务示范城市建设。2. 建设示范基地。积极申报、创建国家级电子商务示范基地，在电子商务示范基地形成较为完善的电子商务政策体系和高效的公共服务体系，建立较为完善的产、学、研、用合作机制。3. 建设示范企业。深入开展四川省电子商务示范企业创建工作，及时总结和宣传一批示范企业的成功经验，使其真正起到示范带动作用。4. 试点建设农村电子商务。积极探索扩大农村电子商务信息服务试点工作的有效途径和办法，促进农村电子商务规范有序发展。

（八）扶持本土中小微电商企业发展

原因简析：1. 中小微电商大多服务于本地经济，在吸纳就业、服务城乡经济、创造税收、带动县域经济发展等方面具有重要作用。2. 只有培育和发展本土中小微电商企业，我们才能逐步扩大行业和产业领域话语权。3. 阿里巴巴、京东商城、小米科技等当前知名的电商都是从中小微电商发展起来，而且其速度超过了任何实体，扶持本土中小微电商也是在培育四川明天的经济繁荣。

路径建议：1. 对本土中小微电商企业加大财政资金扶持力度。2. 对符合条件的园区、基地、楼宇进行改造，引导现有中小微电子商务企业进入园区进行集中孵化。3. 鼓励、支持高校毕业生、进城务工人员、特殊劳动群体创建中小微电商企业。4. 支持中小微企业运用电子商务转型发展。

（九）稳妥引进国内外知名电子商务企业入驻

原因简析：1. 国内外知名电子商务企业具备大量的商务流、信息流、资金流，也有先进的电子商务发展理念和模式,它们的入驻能快速提升区域电子商务的发展水平和影响力。2. 电子商务行业巨头的发展具有马太效应和赢家通吃的特点,如不加以引导,很可能会对引进地经济产生虹吸效应。

路径建议:1. 引进国内外知名电商企业,但前提条件是必须把其西南、西部甚至全国的中心落户四川。2. 在全省统筹规划的基础上引进国内外知名电商企业,防止省内地区间盲目让利、无序竞争。3. 有选择地引进对本地重点产业和关键环节有示范带动作用的国内外电商企业。

(十)加快推动电子商务与大数据相融合

原因简析:1. 聚集庞大的数据已成为竞争的新优势,销量制胜已转变为数据制胜。阿里入股新浪微博,百度收购 PPS,实质就是数据的打通、数据资源的共享和数据规模的扩展。2. 通过大数据的把握、应用和挖掘,电商企业可以探索个人化、个性化、精确化和智能化地进行产品设计、生产和营销,实现市场引导生产,增加用户黏性,降低运营成本。

路径建议:1. 打造四川大数据全业务电子商务综合平台,将其建设成为西部乃至全国的订单生产中心,形成集大数据挖掘、跨境电子商务、物流配送、金融服务于一体的全产业链。2. 推动电商企业基于大数据技术创新商业发展模式,探索个人化、个性化、精确化和智能化的产品设计、生产和营销。

电子商务仍是成长过程的新产业,离不开政府的扶持。应当采取综合措施,给该产业提供强有力的保障。建议制定以下政策措施:一是加快推动省、市(州)、县(市、区)着手做好电子商务"十三五"发展规划和 2020 年远景规划;二是省、市(州)、县(区)三级政府设立电子商务发展专项资金;成立四川电子商务投资公司,专门从事电子商务企业孵化器建设;三是给予符合高新技术企业认定条件的电子商务企业及电子商务小型微利及纳税有困难的企业税收优惠;四是优先保障本地电子商务企业的用地需求;五是加快推进电子商务地方性立法工作,加快服务于电子商务的全社会信用体系建设,建立健全全省电子商务数据库、统计指标体系和监测分析系统;六是在商务部门下设相关电子商务发展机构,更好地发挥政府在电子商务发展中的统筹协调和引导作用。

课题组主要成员:何树平　杨春轩　苏代林　白鹏远　江宗德
罗汝奎　蒋　波　魏　玲　张小梅　边燕燕
2014 年 7 月 23 日

四、运用阶段
（一）调研成果的转化

转化的目的	引起领导重视，进入决策程序
	唤起社会关注
转化的途径	政务信息渠道
	民意反馈
	新闻媒体稿源
转化的形式	据此撰写正式文件
	纳入领导讲话稿
	作为决策依据和参考
	结集出版或媒体宣传

（二）调研工作评估总结

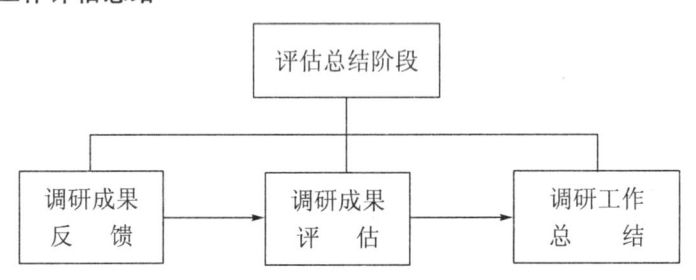

```
           评估总结阶段
    ┌──────────┼──────────┐
调研成果      调研成果      调研工作
  反馈    →    评估    →    总结
```

五、开展调研工作的注意事项

调查阶段	1. 端正调查态度，摆好调查者的位置，虚心向被调查者学习，当好"小学生"； 2. 深入最基层，掌握第一手材料，不偏听轻信； 3. 获取的资料越多越好，做到"以十当一"。
研究阶段	1. 用辩证的观点对待每个材料； 2. 精心挑选最典型的材料，做到"以一当十"； 3. 善于发现典型细节； 4. 围绕调查目的挖掘材料本质并上升成规律性东西； 5. 及时补充相关材料。
写作阶段	1. 符合调查报告写作格式； 2. 做好观点与材料的统一； 3. 突出写作重点； 4. 做好报送工作。

调研工作总表

- 调研工作的意义
- 准备阶段
  - 确定调研课题
  - 明确调研任务及要求
  - 落实调研人员
  - 拟定调研提纲
    - 全面调研提纲
    - 内容调研提纲
- 实施阶段
  - 确定调查方法
  - 搜集整理材料
  - 分析调研材料
- 完成阶段
  - 确定主题
  - 选用材料
  - 拟写提纲
  - 按纲写作
    - 标题
    - 前言
    - 主体
    - 结尾
    - 落款
    - 附件
  - 修改定稿
- 运用阶段
  - 为领导决策提供参考
  - 编发信息简报或内参
  - 公开出版或发表
- 评估总结阶段
  - 评估调研报告及成果
  - 调研工作总结
- 开展调研工作的注意事项

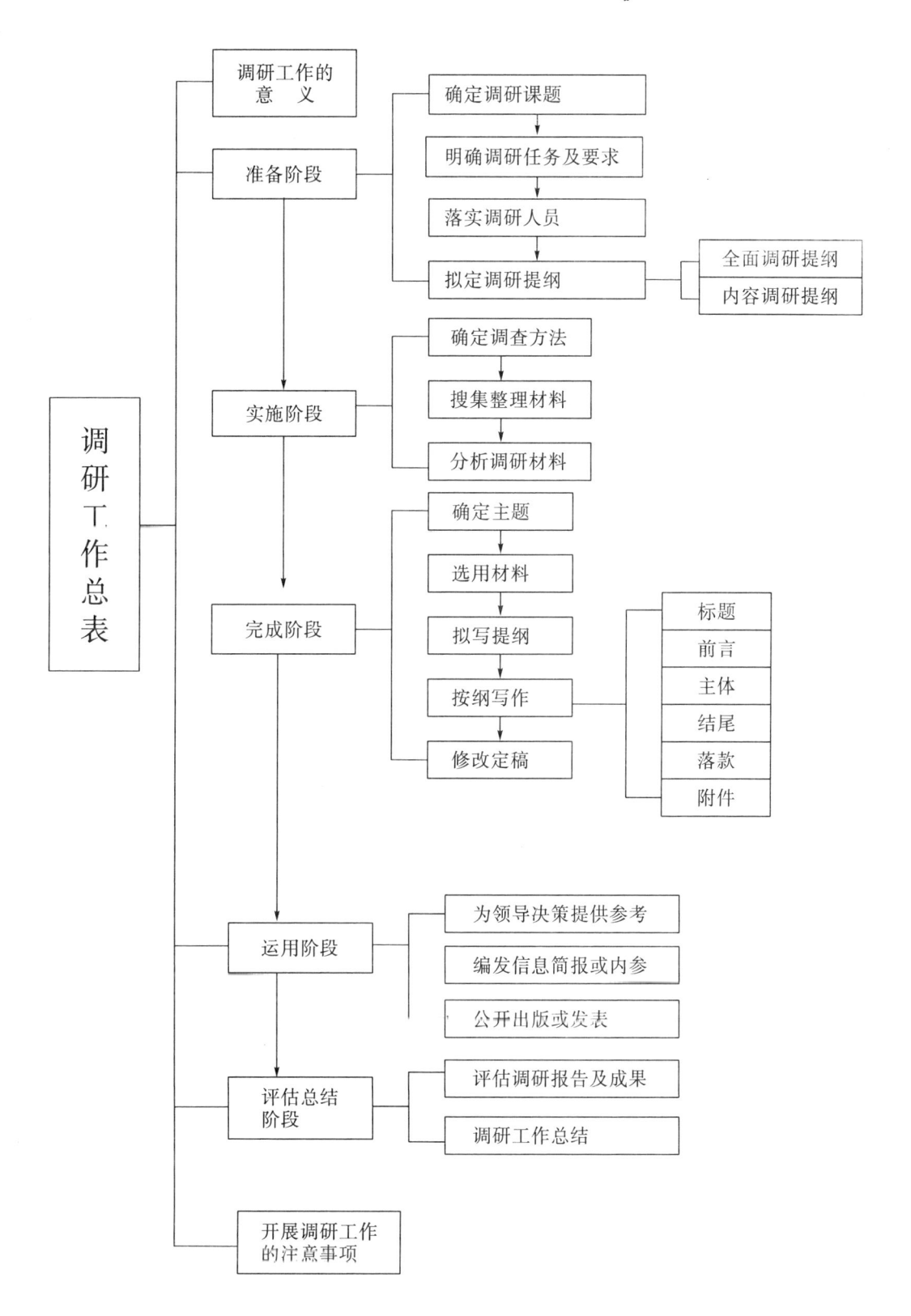

第五部分 目标管理和督查工作规范

主　编：何逢宽　中共广元市委督查室目标科科长
参　编：叶黔达　中共四川省委党校（四川行政学院）教授
　　　　王爱平　中共四川省委党校(四川行政学院)校(院)委委员、纪委书记
　　　　廖　华　中共四川省委党校(四川行政学院)副教授

目标管理和督查工作是落实上级和领导决策、实施发展计划、体现执行力的重要环节，因此是办公室辅政的重要工作。

一、目标管理简介

目标管理又称成果管理，是 20 世纪 50 年代出现于美国，以泰罗的科学管理和行为科学理论（特别是其中的参与管理理论）为基础形成的一套管理制度。所谓目标管理，就是上级与下级一起协调，把管理系统的总任务转化为组织的共同目标，由此决定上下级的责任和分目标，并把这些目标作为组织经营、评估和奖励每个单位与个人贡献的标准，从而最大限度地调动所属单位、人员的积极性和创造性，为实现组织的总目标各负其责，各尽所能。也就是一个系统、单位的上级与下级管理人员共同制定一个目标，以目标规定各部门主要职责范围并作为工作成果和绩效评价的标准。目前，目标管理已经成为各级党政机关乃至企事业单位科学管理的重要手段和方法，大大促进了各项事业的发展。

目标管理思想整体思路		
目标的性质	战略性目标	战略性目标和高级策略目标关系到组织的成败，它由最高管理部门制定。
	策略性目标	中级策略目标由中层管理部门制定；初级策略目标由基层管理人员制定。
	具体任务实施和方案	由一般组织成员制定。
目标管理成功的先决条件		（1）高层管理部门不只限于目标管理计划的批准，而要参与高级策略目标的制定； （2）下级也应参与目标的制定并为其实现担负一定的责任； （3）要有充分的情报资料； （4）各级管理人员对实现目标的手段都应有一定程度的控制权； （5）对由于实行目标管理而带来的风险予以激励； （6）对组织成员要有充分的信心。

续表

实施目标管理过程的三个阶段	确定目标阶段	(1) 准备工作。
		(2) 由组织最高管理层确定组织的整体目标。
		(3) 确定各级管理层的目标。
		(4) 各级管理人员提出各种建议，相互讨论并修改。
		(5) 对各项目标和评价标准达成共识。
	具体实施阶段	主要依赖组织成员的自我控制和自我管理来实现。
	检查和评估工作绩效阶段	主要是通过把实现成果同原来确定的目标相比较，找出差异，分析形成差异的原因，并将分析的结果应用于下一个时期的目标管理。

二、目标管理的特点、作用和原则

（一）目标管理的特点

系统整体性	(1) 目标是组织系统功能的集中体现，是评价管理绩效的根本标准，抓住了目标也就把握了管理系统的整体。
	(2) 全体人员参加了管理活动。通过目标制定与分解过程，把组织内全体人员动员起来参加管理活动，这样既有利于使全体人员明确组织的共同目标，加强整体观念，又有利于明确各部门、各单位为实现共同目标所承担的任务以及在组织系统中所处的地位和作用，从而达到系统整体管理的目的。
	(3) 通过完整的目标体系，指导行动和安排工作。明确了目标也就明确了工作重点，有利于按"保障重点，兼顾一般"的原则，对全部工作统筹安排，统一、有效地指导各部门、各单位的行动，防止"各行其是"，从而达到保证整体，提高管理绩效的目的。
自我管理性	目标管理是一种管理方法。现代管理发展趋势之一是监督性的成分越来越少，但控制目标实现的能力越来越强。这就决定自我管理的地位越来越重要了。目标管理，就是以自我管理为中心。	(1) 目标主要由下级自己来制定。由于人人心目中有自己认定的目标，便产生出由压力变动力，用动力去挖潜力，最后给管理带来活力这样的激励过程，从而避免互相推诿现象，促使全体人员主动地参与管理。
		(2) 每个人在一定时间内干什么，目标、责任、奖罚标准明确，所有人员都可以据此评价自己的工作，这就为实现自我控制创造了前提。
		(3) 用目标指导行动，要求上级少干预下级的工作，发挥下级自主管理能力，以创造各人施展才华的机会。也就是说，上级不干涉下级执行过程的具体途径和方法，允许下级创造性地进行工作，充分发挥自己的聪明才智。这就能使工作人员发现工作的兴趣和价值，享受工作的满足感和成就感，同时组织目标也得以完成。

续表

重视成果性	目标管理是以制定目标为起点，以考核目标完成情况为终结，即它考核的是成果，这是评价管理工作好坏的唯一标志。所以目标管理又叫成果管理。它不以行动表现为满足，而以实际成果为目的。工作成果既是评定目标完成的根据，又是人事考核和奖惩的主要依据。目标管理的成果性，适应了人们对成就感的需要，有利于克服"做表面文章"的坏风气，促使人们凭成果说话。

（二）目标管理的作用

一般来说，行政管理过程由决策、组织、调节和控制四个基本活动组成。从确定目标开始到取得实际成果结束，为一个管理周期。在达到一个目标之后，又提出另一个目标，从而开始一个新的管理周期。目标管理从制定目标开始到目标成果考核验收结束，贯穿于管理的全过程，并且在整个过程中起着重要作用。

决策作用	在制定目标的过程中，领导机关、单位的领导者、有关工作部门、目标相关单位都要认真研究上级有关政策、工作安排、业务指标和工作要求以及亟待解决的重大问题，认真分析相关的政治、经济、社会、技术和自然环境等方面的客观外部环境和条件，认真分析本单位的实际情况，根据主客观条件的可能提出总目标，在总目标的基础上，再根据相关因素分解目标。因此，目标制定的过程，也是一次决策的过程。
组织作用	组织就是为了保证工作目标的实现而采取的人事布置和实施手段。决策本身并不能保证目标任务的实现，为实现目标要对人员合理分工和协作，合理配置资源，协调各种关系，要授予相应权力这都是行政组织功能的具体化。要强调目标和责任，合理配置资源和力量，发挥小目标在大系统中的作用，用小目标的实现促进大目标的实现。
调节作用	在实现目标的过程中，无论是客观上还是主观上都会出现一些不可预测的新情况、新问题。对此就需要拿出新的符合客观实际的方案，就要对原目标方案调整和修正，以便更加符合实际地完成上级部署和工作计划。这个调整和修正，就是对目标管理的调节。
控制作用	控制就是对行政日常管理工作的监督和掌握，保证目标朝着既定的方向发展。没有控制就没有管理。如果对实现目标的有利和不利条件、方法、措施、步骤、进度、发展趋势等不了解、不掌握，就会失去控制。没有控制的规划、目标都只能是一句空话。现代管理的基础理论是系统论、信息论、控制论。 　　目标管理十分重视对目标运行活动的监督、检查、信息反馈和纠偏工作，在监测考核和程序安排上有月自查、季分析、半年初评、年终总评、自查自评、交叉评议、主管部门认定、领导评价、群众、舆论、社会监督等方法和程序步骤，从而有力地保证既定目标的正常运作。

续表

激励作用	目标管理是一个责任制、考核制、奖惩制三位一体的管理模式。管理心理学论述的各种激励方式在目标管理中都有体现。它使行政管理工作中的激励作用更具体、更明确、更有力，效果也就更突出。目标管理建立起一套科学、公正、客观评价干部的考评体系，避免了在干部考核中没有标准和标准不一的问题，使干部的考核、使用有了统一尺子，评价更加客观、公平、公正。
导向作用	目标管理通过制定和分解目标，把各级党委、政府当年主要工作纳入目标，实行重点检查、监督、考核，这对各级机关单位的工作起到了导向作用，把广大干部的思想和行为导向完成目标任务，导向党委政府的工作重心，做到了心往目标想，劲往目标使，从而按照各自的分工，有序、高效地开展工作。
创新作用	我们在党政工作领导管理系统引入目标管理方法是创新；我们在目标管理过程中，提倡目标的先进性、科学性、超前性是创新；我们要求不断研究新情况、解决新问题、取得新成果是创新；我们要求目标管理不断完善、发展、提高是创新；目标管理工作不断推动党委、政府工作的完善、发展和提高，促进经济发展和社会进步也是创新。可以说目标管理在党政管理活动中起到了创新作用。

（三）目标管理的原则

系统性原则	在实施目标管理时，我们必须把系统的所有组织、职能都纳入目标管理之中，不能使系统的一些组织或部门实行，另一些组织和部门不实行；还要在目标指标的设置上有系统性，不能只设经济发展目标，而不设环境发展目标、社会发展或精神文明建设和党的建设目标，而要兼顾整体目标，做到协调统一。
定性量化原则	这是目标管理最基本的原则。在制定目标时对能定量的目标必须用定量的形式确定，对不能定量的目标要用定性的形式确定，不能使目标模棱两可而无法实施和考核。目标的定性量化是目标管理科学化的必然要求，目标没有定性和量化，就无法考核，也就使目标的管理作用不能得到发挥。
刚性原则	目标一经制定，就必须执行，除特殊情况经论证批准，不得轻易修改或废止。目标的刚性是目标的生命，如果目标缺乏刚性，也就失去了目标的严肃性和约束力。
奖惩原则	目标管理必须有奖惩，没有奖惩就不可能起到目标的激励作用。目标的奖惩是通过目标完成情况考评结果而定的，对完成目标或超额完成目标的要予以奖励，对没有完成目标或完成目标不好的要予以惩罚。

三、目标的制定与展开

（一）目标制定

确定目标，就是要具体地确定目标方针、目标项目和目标值。

目标的内容	目标方针	这是对目标的高度概括。它规定了管理组织在一定时期内总的发展方向、发展战略、发展规模和要达到的水平。目标方针一经确定,就贯穿于管理活动的始终,对管理活动有着全局性的制约作用。	确定目标方针的要求	(1) 依据必须明确,要以上级目标和本单位基本任务为依据,着眼于本单位的长远利益,以提高管理效益为中心,以本单位的主、客观条件为基础,科学预测,充分论证,审慎决定。
				(2) 方向必须正确,以保证管理活动沿着正确的方向发展。
				(3) 含义必须明确,确定的目标方针只能有一种理解,防止发生多种解释。
				(4) 要有鼓动性和号召力,能激励人们奋进,以极大的热情和高度的创造性进行工作。
				(5) 表达要简明扼要、简短有力,使人们容易记忆,易于贯彻。
	这是目标方针的具体化,具体规定了管理组织系统为实现目标方针在各个方面应达到的主要要求和水平。目标项目的预期结果通常用目标值来表示。只有方针而不具体化为目标项目,方针就成了一句空话;同时也只有根据方针确定具体目标项目,才能正确指导人们的行为,才能保证方针的实现。因此,目标方针与目标项目是紧密联系,不可分割的。			
	目标项目设定	目标按性质划分,有战略性目标和战术性目标;按时间划分,有长期、中期和短期目标。 目标项目的内容随管理组织系统性质不同、具体情况的差异、不同的发展时期,都会有所不同、有所发展变化。一般企业单位的目标项目主要包括:生产经营目标;科研和新产品开发目标;技术改造目标;人才培养目标;职工福利目标等。 事业单位的目标项目主要包括:业务建设目标;发展目标;效益目标;福利目标等。 党政机关的目标项目主要包括职能目标、共同工作目标、保证目标等。 在实际工作中,一个单位的具体目标项目究竟怎么确定,应该在体现和保证目标方针实现的前提下,针对本单位情况灵活掌握。对于管理基础不同的单位,确定目标项目时,应有不同的侧重,或以扬长为主,或以避短为主,以使目标管理在较短的时间内取得成效。			
	确定目标项目注意事项	(1) 将长期、中期和短期目标项目衔接起来,使它们在时序上构成一个系统。 (2) 目标的数目不宜过多,否则就会使工作失去重点。具体数目视领导精力和资源条件而定。 (3) 目标项目要分清主次轻重,标准是:对社会或本单位管理绩效贡献的大小;与其他目标项目关联的强弱;投入产出的多少;完成时间与效果影响时间的长短;其他应考虑的重要因素等。			

续表

目标的内容	目标值		目标值具体表示各项目标应达到的水平和程度。各项目标有了目标值，才能使人们的努力有明确的标准，目标成果的考评有确定的依据。
		类型 / 定量目标值	能够用数量表示的目标值称为定量目标值。它又有几种具体形式：按目标值性质分为数量目标值和质量目标值；按目标值的计划单位分为实物目标值和价值目标值；按目标值的计算方法分为绝对数目标值、相对数目标值和平均数目标值。
		类型 / 定性目标值	定性目标值是指不能用数字表示的目标值。有些定性目标难以量化，给实施和成果考评带来一定困难。为了便于掌握和便于考核，要对这样的目标值制定具体的考核标准。如工作服务质量目标，可以用群众的满意程度（可运用问卷调查和统计分析方法）来反映管理绩效。
		确定目标值应注意问题	（1）尽量实现定量化。只有标准明确，才便于掌握、控制和考评。对于确实不能量化的目标值，也要尽量使其具体化。 （2）目标值必须综合反映目标项目的基本内容，准确体现该项目所表述的工作实质。 （3）目标值确定要准确、适当，具有科学性；要体现先进可行原则，使人们经过努力能够实现。 （4）确定目标值的同时，要明确该目标值达到的时限，目标值才有实际意义。
目标制定	确定目标依据	上级要求	包括上级的目标、上级下达的任务和指令性计划，这是各级组织确定本级目标的基本依据。
		主观条件	包括：本单位的人力、财力、物力等资源情况；本单位人员的素质情况以及各级负责人的管理水平；上级目标或任务的完成情况等。
		客观因素	确定目标时，还有一些社会的、政治的、经济的、技术的和自然的客观因素，也是必须考虑的。政治因素包括国际、国内形势的有利因素和不利因素等；社会因素是指社会环境对目标的影响及本单位应对社会作出的贡献等；经济因素包括国家经济基础和社会经济开发的情况，可供本单位运用的资源条件等；技术因素是指科学技术发展的水平，新技术的开发与应用情况等；自然因素包括地理、气候等自然环境条件。
	确定目标原则	关键性与全面性相结合	确定目标时，既要从本单位的基本任务出发，全面考虑，又要突出重点和关键性的工作。全面性是指目标要能反映本单位的全面工作，体现本单位的基本任务，使下属的各个部门，乃至各个人都有目标。关键性是指目标不能对所有工作等量齐观，必须突出重点，抓主要矛盾，这样才不至于造成人力、财力、物力与领导精力的过于分散。在有多个目标的情况下，要区分目标的主次，从资源分配上优先保证重点目标。
		灵活性与一致性相结合	确定目标时，必须使本级目标同上级目标保持一致，使分目标与总目标保持一致，以保证上级目标和总目标的实现。同时，还需从本级的实际出发，使目标具有一定灵活性。要发挥本级的优势和长处，使目标有一定的弹性，能够适应未来情况的发展和客观环境的变化。这种灵活性与一致性的结合，既能保证上级目标的实现，又能充分发挥本级的主观能动性，提高管理绩效。

续表

目标制定	确定目标原则	可行性与挑战性相结合	目标要本着"跳一跳，够得着"的分寸制定。所谓"跳一跳"，指的是目标的挑战性。目标没有挑战性，不需付出多大努力即唾手可得，就没有激励作用。所谓"够得着"，就是指目标的可行性。如果目标定得过高，经过努力也无法达到，使人感到可望而不可即，又会使人丧失信心。只有把可行性与挑战性恰当地结合起来，才能发挥目标的激励作用，鼓舞和团结人们为之奋斗。
		明确、具体、定量化	目标不应是一些空洞的口号，应该是看得见，摸得着，使人们在实施过程中，努力有方向，检查有依据，考核有标准。这是对目标的基本要求。为此，目标应该明确、具体，尽量用定量的指标描述，如产品质量的合格率、仓库物资的损耗率、收发工作的差错率、经费的节支数、训练的优秀率等。当然，就管理的能级说，高层管理，定性的东西要多于下级。但不论是高层或基层，确定目标值时，能用数量表示的一定要用数量来表示。

（二）确定目标的步骤

全面搜集情况，掌握内外信息	外部信息包括：国家计划、政令、上级要求、发展规划、下级和基层反映等；内部信息则是本系统的人力、物力、财力、技术水平和其他重要特点等。

↓

评价目标方案	即可行性论证，应从以下几方面考虑：方案是否达到了所定的要求，限制条件是否充分考虑到了，效益指标是否可行，有无潜在的问题等。评价方案可以发动较广泛的阶层参加，一般采取专家意见与群众讨论相结合的方式，利用座谈、会商等形式，广泛征集意见。

↓

提出目标方案	初步提出的方案可以有若干个，体现不同的特点，以供比较选用。提方案时应注意充分发动群众，可以由下级提出，上级批准，也可以由上级部门提出，再同下级一起讨论决定。不管采取哪种形式，必须共同商量决定。上级部门既不能心中无数，简单地将下级的目标汇总，也不能将预定的目标视为不能改变的，强迫下级接受。这两者都不是目标管理。前者是放弃领导，后者则使下级失去参与感、承诺感，也会丧失对上级的信任。

↓

方案择优，选定目标。	在评估论证的基础上，选择最优目标方案，或是综合分析若干方案的优点，得出最佳方案，作为最终选定的目标。

（三）目标的展开

将系统的目标从上到下，层层分解落实的过程，称为目标展开。目标展开的要求是：按分合原则建立目标体系，按激励原则建立目标责任。目标展开的结果应该是下级目标支持上级目标、分目标支持总目标、每个人员或每个部门的目标要和其他人员和部门的目标协调一致。

目标展开的内容包括：目标分解，对策展开，明确目标责任和编制目标展开图。其中，目标分解是建立目标体系的基础；对策展开是实现目标的保证；明确目标责任是为了加强人们的责任心，以利目标的实现；目标展开图是目标管理活动感性化的工具。这四项内容互相联系、互相制约，构成一个不可分割的整体。

目标分解	它是把系统的整体目标在纵向、横向和时序上分解为部门、单位以至个人的各个层次的分目标，从而构成一个目标体系。	它的要求是：分目标要与总体目标方向一致，内容上下贯通；同一层次的各分目标之间在内容和时间上要协调、平衡，防止因时差影响总体目标的实施。各分目标应简明、扼要，有具体的目标值和完成的时限。 目标分解时，上级部门首先向下级传达和明确组织的总体规划和目标方针，在此基础上，进行分解。分解的方式也有下级或个人提出、上级汇总与上级首先提出再与下级协商两种。	
对策展开	所谓对策展开，就是制订实现目标的具体对策和措施。对策展开是在目标分解的基础上进行的。	对策展开的基本方法和步骤是：（1）调查研究，分析本单位的现状；（2）对照目标找出差距和存在的主要问题；（3）针对主要问题查明原因；（4）针对原因制订出切实可行的对策。	
明确目标责任	明确目标责任是在目标分解、协商的基础上，把各层次目标与具体执行人员的工作责任紧密结合并固定下来。它也是目标展开中不可缺少的一个环节。	明确目标责任要从上到下或从下到上，按层次逐级落实，建立目标责任体系。其具体内容是使每个成员都明确自己应干的工作，应负的责任。要努力使责任指标化，以便于执行、检查和监督。明确目标责任要与各种责任制相结合，具体明确各单位和每个人的责任范围、任务、内容、数量、质量、时间要求和达到的程度，在明确目标责任的同时，要根据各层次（部门）和个人所承担的责任，授予相应的支配人、财、物和对外联系的权力，并分配实现目标所必需的各种资源。必要时，还需要重新审查现有的机构，做出若干变动，以适应完成目标的需要。	目标责任制的落实形式有两种，一种是以文件的形式印发目标任务；另一种是按单位、部门或个人逐一签订目标责任书。
编制目标展开图	为了使各层次的人员都能直观地明确各自的责任和目标，需要编制目标展开图。这是目标展开的最后一个环节，也是目标责任落实的体现。 目标展开图包括在整个系统的目标展开图和各个层次各自的目标展开图。系统内各部门的目标展开图，可以采取比较简化的形式，一般指出序号及不同目标项目、对策措施、逐季或逐月的进度要求、责任者名字、其他注意事项即可。有的场合把目标分为任务目标、管理目标两部分，这时就要分别绘出两部分的展开图。所谓任务目标是指一个系统需要完成的任务指标，如机关的工作目标，企业的生产目标等。管理目标则是为保证任务目标的胜利完成，在有关方面必须达到的标准和要求，如思想工作、计划工作、组织工作、表彰工作等。一般说，管理目标是保证任务目标完成的手段。 编制目标展开图，可以使全体人员明确了解各自在目标体系中的地位和作用，既便于上级掌握、检查、调整，也便于下级人员心中有数，互相保持协调平衡。		

四、目标的实施

目标实施即目标管理执行阶段的工作。它是围绕实现目标进行的，主要包括咨询指导、检查控制、调节平衡等内容。目标实施的质量直接影响着管理的绩效，因此应做到：

既要坚持按目标要求组织实施，又要注意依据环境的变化搞好调节平衡；既要充分发挥下级自主管理和自我控制的作用，又要加强实施中的指导、检查和监督，以免影响目标的完成。

咨询指导	主要内容	这是咨询人员或各级管理人员通过调查研究，找出管理中存在的各种问题，运用管理理论，对这些问题深入分析，提出解决问题、改善管理的方案，以提高管理水平的活动。咨询指导是一项实践性很强的工作，又是一项富有创造性的工作，它关系着管理活动的效果，因此应引起重视。	
		推行目标管理条件的咨询	推行目标管理必须具备一定的条件。如：广大群众、特别是各级领导者、管理人员对目标管理的认识与态度；管理的各项基础工作情况；领导班子人员对目标管理的认识与态度；管理的各项基础工作情况；领导班子的素质状况等。条件不具备硬要推行目标管理，就不会收到好的效果，甚至流于形式。是否具备了推行目标管理的条件，要通过对该单位的咨询诊断来确定。如果条件不成熟，经过咨询就要指明问题所在，提出改进的措施，积极创造条件，而不要在条件不成熟时急于推行目标管理。
		目标确定与展开的咨询	确定好目标，特别是确定好目标值，并将目标进行纵向与横向展开，使之构成一个完整的目标体系，也需要一系列的方法。这也需要咨询论证。
		目标管理方法的咨询	包括：怎样做好目标中的基础工作；怎样搞好协调与控制；怎样选择控制点；采取什么样的控制手段；怎样对目标成果实施科学合理的评价；怎样编制并运用好目标管理的各种图表等等。
		领导班子咨询	包括：领导班子对目标管理的认识和态度是否正确；管理观念与管理方式是否符合目标管理的要求，领导班子对目标是否明确；对目标管理实施过程中出现的问题能不能正确地处理与解决；领导班子对目标管理的组织领导是否有力；对目标成果评价与实施奖惩是否正确等。
检查	目标检查的内容	（1）目标实施的进度情况，即各项目标是否都按规定进度实施了。 （2）目标实施的质量情况，即按照目标的要求，检查工作质量、服务质量、产品质量等。 （3）目标实施的均衡情况，即检查各项目标是否均衡发展，有没有进度相差悬殊，某些目标被重视，某些目标被忽视的现象。 （4）目标实施的协作情况，即关联到几个部门或几个人的目标项目，要检查相互协作的好坏，有没有互相扯皮、互不配合的现象。 （5）目标对策（措施）的落实情况，主要检查是否按对策的要求，做到人员、时间、项目三落实，以及每项对策的针对性、有效性等。	

续表

检查	目标检查的方法	检查方法	从检查者与被检查者的关系看	自检	是目标责任者根据承担目标的要求自我检查、自我分析。
				互检	指目标责任者同级之间的互相检查，这种检查既可互相发现问题，又可互相交流、学习和促进。
				逐级检查	指目标责任者的直接上级进行检查。
			从检查的内容看	单项（抽样）检查	只检查目标实施中某一个方面的情况，如实施的进度、协作情况等，或选取某些单位或个人进行检查。
				综合检查	检查目标实施的综合情况，以发现和掌握各个方面的问题。
			从检查的范围看	归口检查	是由各职能部门按自己的业务范围和系统，对各基层单位目标实施情况所进行的检查。
				普遍检查	是对本系统所属全部单位的实施情况统一的检查，以掌握面上的情况。这种检查由于需要人力多，耗费时间长，因而检查的次数不宜过多。
			从检查的时间看	定期检查	定期检查的期限要根据目标的内容和实施进度的安排确定，一般是按月、按季、按年进行。
				不定期检查	有些目标可采取不定期检查的方法，以及时发现问题，并克服下级的侥幸心理。

不同的单位、不同的管理目标，要根据各自的特点采取不同的检查方法，以收到好的效果。

控制		控制是在检查基础上进行的一项工作。检查的目的在于发现目标实施过程中存在的问题，找到目标偏差；而控制的作用则在于通过反馈调节、纠正目标偏差，使系统恢复到正常状态，以保证目标实现。
	控制的基本过程	建立明确的控制标准。在目标管理中，控制标准就是一系列可考核的目标（包括定量的和定性的计划指标、各种定额和有关的技术标准、管理标准等）。
		根据标准衡量目标实施的成效，即通过目标检查的反馈信息，把目标实施的实际结果同标准进行比较，找出存在的偏差，并分析产生偏差的原因。
		纠正实施结果与目标的偏差，即根据产生偏差的原因，有针对性地采取措施，以保证原来目标的实施。

续表

控制	控制的形式	自我控制	这是目标管理中最提倡的一种控制形式。就是目标责任者根据其担负的责任，在目标实施中自我检查、自我分析，及时把目标实施的进度、质量和存在的问题，自行纠正偏差，以保证目标的实现。提倡自我控制是目标管理的重要指导思想，是自主管理、民主管理的重要体现。	
		逐级控制	由直接下达目标的主管部门分层控制，称为逐级控制，这是符合系统的层次结构的控制形式。在目标管理中虽然强调自我控制，但这种逐级控制仍不可少。它有利于各项工作有计划、按比例的开展；有利于总体目标的均衡发展，按期实现；有利于各种资源的合理使用；也有利于增强各级管理人员的责任感，发挥他们的积极性。各级主管部门要根据下一级目标实施的偏差，及时提出有力的控制措施，纠正偏差。	
		关键控制	这是一种重点控制的形式，既体现了抓主要矛盾的思想，又能节省领导者的时间和精力。搞好关键点控制的关键是选好关键点。	选取关键点应遵循的原则	（1）选取重点目标为关键点。即选取对全局有决定意义或重大影响的重点目标，作为控制的对象。重点目标的实现必然会促进总体目标的完成。
				（2）选取重点对策为关键点。抓住起关键作用的对策，务求落实，也就抓住了实现目标的关键。
				（3）选取重点单位为关键点。重点单位的选择有三种情况：一是选先进单位；二是选后进单位；三是选试点单位。
调节	在目标实施过程中，调节的作用是保证各个方面、各个环节均衡与协调的发展，使目标得以顺利的实现。调节的内容包括：保证目标及其实施的均衡性；搞好部门之间及个人之间的协作与配合；当情况发生变化时，适时地修改目标，以保证目标发展的客观性。			
	保持均衡	从确定、展开目标，到实施、完成目标，保证整个进程的均衡性，是使目标管理顺利开展并取得好的效果的重要保证。		
		目标实施的均衡形式	在时间关系上的目标均衡	即每个目标在目标期限相等的条件下实现大致相等的进度，或在计划的时间内实现规定的进度，防止目标实施过程中出现时紧时松的现象。
			在空间关系上的目标均衡	即各部门（或单位）承担的分目标在实施中均衡地发展，可防止因某一部门的某项目标发展不正常，而影响其他部门目标乃至总目标的实现。
	搞好协作	协作是指目标实施中部门与部门之间、个人与个人之间的互相协调与配合。协作的内容表现在多个方面，只要是一个部门或一个单位实现的目标必须得到外界的支援和配合，都应进行协作。协作主要有资源协作、技术协作、业务协作和信息协作等。为了搞好协作，作为领导者要合理地、适时地进行组织。因为领导者掌握着一个部门（或单位）的全面情况，了解各项目标实施中出现的问题。根据这些情况和问题，要适时地出面组织协作。作为各个部门或个人，要有全局观念和协作精神，主动地做好协作配合。对制订的协作计划和临时承担的协作任务，应该以积极负责的态度去完成。			

续表

调节	修改目标		目标一经确定，就不应随意更改。当出现某些特殊情况时，就需要适时修改原定目标。
		需要修改目标的情况	（1）环境条件发生了重大变化，致使原定目标无法实现；或原定目标不宜继续实施，否则会影响整体的经济效益或社会效益。 （2）内部因素发生了重要变化。如目标责任者变动，新责任者已无法适应原定目标的要求，资源条件的显著变化（好转或恶化），有必要对目标进行修改；受其他部门的影响，波及有关目标的顺利完成等。 （3）发现原定目标确实不适当。如目标过高，无法实现；目标过低，没有激励作用。
		修改目标必须履行的手续	首先，要填写目标修改报告，详细说明修改目标的原因，写清修改后的目标内容； 第二，目标修改要经主管领导批准，批准后方可执行； 第三，目标修改后，领导者要及时将报告单分送有关部门和协作单位，以便按修改后的目标协调配合。
		修改目标的注意事项	（1）理由必须充分； （2）修改后的目标必须切实可行，并优于原定的目标； （3）重大目标、长期目标需要修改时，必须经过科学的论证分析，切不可由少数人凭经验决定； （4）对于同其他部门有牵连的目标，提出修改和审查批准时，必须通盘考虑，反复平衡，不要因修改了某个目标而造成总体目标的不协调。

五、目标的考评
（一）考评的准备工作

制定考评标准	考评标准是评价目标成果的基本依据，分为集体考评标准与个人考评标准两类。其内容包括：集体或个人承担的目标及其他工作项目名称；完成目标与其他工作项目的数量、质量和时限要求；与其他相关单位的协作要求；对成果的评价尺度（如果采取打分方法，应规定具体的分值）；检查考核的方法以及奖罚办法等。考评标准实际上就是工作标准，它既是目标管理系统的主要组成部分，也是责任制和标准化的重要组成部分，所以评价的尺度一定要明确。规定的考评内容既要全面又要突出重点，除了包括目标项目外，还应包括未列入目标的一些重要的例行工作。不过，目标项目所占的分值比例，应大于例行工作所占的分值比例。一般说，目标项目的分值应占总分值的70％以上。

续表

做好日常考评记录	日常考评记录基本形式		日常考评记录是对部门和个人实施目标情况的文字记载，是明确考评目标成果的基础性资料。一般说来，日常考评记录可以同目标实施中的检查控制相结合，把检查中了解到的情况记录下来，作为期末考评的依据。做好日常考评记录有助于避免主观估计，使目标考评保持客观和公正。
		目标检查记事簿	它是在目标实施过程中，上级对下级进行检查的书面记载。一般可划分为决策层、协调层和执行层三级，分别记录管理系统总体目标、各职能部门目标、各基层组织目标、个体目标的实施和完成情况。对目标实施中的专项检查、归口检查、试点检查、综合诊断等，则采取谁检查谁记录的办法，作为日常检查记录的一部分。
		考评记录内容	（1）目标项目的完成情况及与考评有关的数据资料； （2）考评标准中规定的单位、个人之间的协作情况，目标进度均衡情况； （3）被考评单位或个人在目标实施中做出的突出成绩； （4）被考评单位或个人在目标实施中的较大失误或损失及主要原因； （5）被考评单位或个人在目标实施中通过发挥主观能动性，解决意外困难的情况。
	目标管理卡		这是指每一个工作人员，把在目标管理中的活动，填写成的一张统一的表。它是目标进展活动的记载、实施控制的依据和评价成果的凭证。目标管理卡的内容不尽相同，格式更难以统一。但它既是目标管理活动的工具，其内容必须按照制定目标、实施目标、进行监督检查和评价目标成果的需要设置栏目，并根据不同管理活动的特点设计格式。
		目标管理卡基本内容	（1）目标项目：指目标项目的内容和应达到的目标值。 （2）权数：指该项目在总体目标中占的比重（百分比）。 （3）权限及条件：指为实现该项目标，领导者授予目标责任者的权力和提供的人力、物力、财力等资源条件。 （4）进度：指责任者和领导者都认可的实施目标的计划进度。可以年、季、月或周为时间单位安排。 （5）奖惩规定：根据目标完成与否及完成的程序，规定应该实施的奖励惩罚。 （6）自我评价：这是目标责任者对该项目标实施情况及实现成果的自我鉴定，包括实施中的主要经验与教训。 （7）领导评价：这是领导者根据目标管理卡的要求和责任者的自我评价，对目标实施成果的考核意见。
		目标管理卡的使用	目标管理卡应随目标管理活动的开始而制定，根据上下协商决定的方案填写有关栏目，交个人（或单位）保管。期中和期末，先由本人作出自我评价，填入卡片，送领导审查、验收，并由领导作出评价，然后送还本人。作为日常考评记录，它可以使负责目标成果考评的领导和有关部门及时了解各单位与个人实施目标的情况，克服考评中的"印象病"。
建立考评组织			为保证目标考评工作的质量，避免个人考评的片面性，在正式考评之前，要根据统一领导、分级管理的原则，建立各级（决策层、协调层和执行层）考评小组。其成员应由作风正派、坚持原则、懂技术、懂业务、会管理、群众信得过的人组成。人数一般以5至9人为宜，太少缺乏代表性，太多则意见不好统一。

续表

建立考评组织	建立考评组织的重要性	由考评小组评价目标成果，是民主管理原则的一种体现。它比主管领导个人评价目标成果有较大的优越性。首先，考评小组由各方面人员组成，了解全面情况，有利于作出正确的评价；其次，可以有效地防止主管领导对目标执行单位或个人的偏见。
	考评小组基本任务	（1）负责提出或审定考评标准的方案及修改建议； （2）根据实施情况，对各考评项目的完成情况进行评价、打分； （3）仲裁考评中产生的分歧意见。

（二）考评的内容

目标成果的考评内容，概括地说，就是制定目标与考评标准时规定的内容。具体包括：目标项目达成度，承担者协作情况，目标完成均衡程度，实现目标的对策与措施的有效性等。

目标项目达成度		即目标项目的实现程度，它包括数量、质量、时限等目标成果考评的核心内容。考评目标项目达成度应注意正确计算目标成果。在通常情况下，期初制定的目标值就是期末进行考评时的评价标准，但是，在目标实施的过程中，有时受到内外各种主客观因素的影响，特别是受到不可抗拒的外界环境的影响，需要适当调整和修改制订的目标值，这样在目标成果评价阶段，就需要重新确定评价标准，其调整公式为：目标成果的评价标准＝原订目标值＋新增加目标值－新减少目标值
协作情况	目标展开时规定的协作项目	目标展开时，有些目标项目，往往不是哪一个部门或是哪一个人能够独立完成的。因此，在目标分解时对预料到的协作项目应列入目标体系之中。
	承担目标单位临时向其他部门求援协作情况	这是指某部门或个人在目标实施中，遇到了意外困难，必须由其他部门或个人援助才能解决的协作。其中既包括经上级批准安排的协作，也包括要求协作的部门或个人直接向有关部门或个人联系而发生的协作。
	主动对其他部门或个人的协作	在目标实施中，有些部门或个人，主动去协助遇到困难的部门或个人，这是全局观念和协作精神的具体体现，应该受到肯定和奖励。
进度的均衡性		这是指管理组织系统按照预定的计划进度，组织目标实施的一种平衡发展的特性。进度的均衡性有利于促成管理组织系统内部各个环节之间的协调配合，避免时紧时松、突击实施的现象发生。因此，它也是目标成果考核中不可缺少的内容。
对策的有效性		在目标实施过程中，要求管理组织系统内部各部门和个人，发挥积极性和创造性，采取自己认为最正确的对策和措施去保证目标的实现。为了鉴别其对策措施的有效性，必须对各部门和个人自己主动采取的对策措施作出评价。评价的内容包括：技术方面的对策是否符合技术进步的要求；业务管理方面的对策是否符合现代管理方向；劳动组织方面的对策是否科学；生产经营方面的对策是否符合长期战略要求。此外，还要考虑目标的困难程度和达标过程的努力程度。

（三）考评的方法与结果处理

综合运用目标成果考评方法	分项记分，综合评定	这是目标成果考评中最常用的方法。基本步骤是：首先依据考评标准结合目标项目分项记分；依据分项得分的多少，并结合协作情况、目标进度的均衡性、目标的有效性、目标的困难程度、个人的努力程度及环境因素的影响，对单位或个人的目标成果进行综合评价。 其计算公式为： 目标成果总分＝各目标项目得分之和±进度均衡性分±对策有效性分±协作分
	自我评价、群众评价与领导评价结合	此法适宜于对定性目标的记分，一般按评价标准，采取个人自报、群众评议、领导审定的形式，协商确定。
	目标成果发表考评	即通过组织目标成果发表会来考评目标成果的方法。它是一种辅助性的考评方法，也是一种广泛交流、相互促进的较好方法。可采取层层发表、层层选拔的方法将优秀成果筛选出来，在本级范围内组织成果发表会。凡获奖者，均发给相应的成果证书，并在发表人和参与成果创造人员的总考核中视情况加分。
	名次排列考评	这是目标考评中常用的辅助性方法。在成果评价的基础上，通过群众无记名投票，排列个人（或单位）的名次，以作为奖励的参考。具体方法是将选票发给每人一份，票上预先印有所有人员的姓名，要求投票者对所有人员排序，然后计结果，按得分多少排出名次。
考评结果处理	总结经验教训	对目标成果作出评价结论之后，还必须认真组织全部人员总结经验教训。一方面要回顾取得目标成果的基本原因，即有哪些成功的经验；另一方面要检查存在问题的原因，即有哪些薄弱环节。这样全面总结正反方面经验教训，才能使下期目标管理顺利进行。总结经验教训的基本形式有：自下而上，全面总结；抓住重要薄弱环节，集中总结；以及联系下期目标项目重点总结等。
	实施奖惩	推行目标管理必须以考评结果作为奖惩的主要依据。这样才符合目标管理的特点和鼓励先进的精神，防止奖惩中的主观性和片面性。
	整理资料与归档	把本期目标管理中主要的文件、数据、资料分门别类地整理与存档保管，它实质上是信息工作的重要组成部分。做好整理资料与归档工作对于保证目标管理的连续性、继承性有重要作用。有关个人绩效评价的资料，还可存入个人人事档案中，以作为职务升降、工作调转等的参考。

六、机关行政效能建设和绩效考核

为了转变行政机关的工作作风、增强履职能力、提高办事效率、改进社会管理和公共服务，创造更加开明的政务环境、优质高效的服务环境、公正严明的法制环境，增强干部、职工的公仆意识、大局意识、服务意识和务实意识，全国各地的党委、政府都在狠抓机关行政效能建设和绩效考核。一般从机关的职能上划分，可分为具有审批职能的机关行政效能建设和绩效考核与不具有审批职能的机关行政效能建设和绩效考核。本书主要从机关办公室抓机关行政效能建设和绩效考核的一些具体做法上阐述如何抓机关行政效能建设和绩效考核。

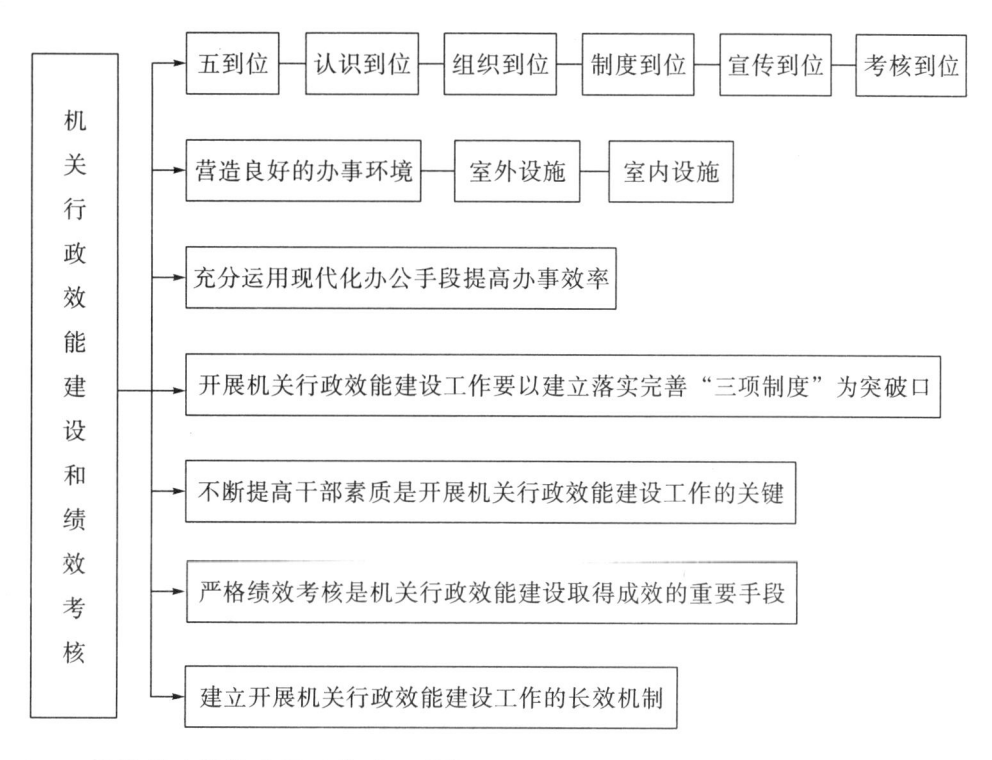

```
机关行政效能建设和绩效考核
├─ 五到位 ─ 认识到位 ─ 组织到位 ─ 制度到位 ─ 宣传到位 ─ 考核到位
├─ 营造良好的办事环境 ─ 室外设施 ─ 室内设施
├─ 充分运用现代化办公手段提高办事效率
├─ 开展机关行政效能建设工作要以建立落实完善"三项制度"为突破口
├─ 不断提高干部素质是开展机关行政效能建设工作的关键
├─ 严格绩效考核是机关行政效能建设取得成效的重要手段
└─ 建立开展机关行政效能建设工作的长效机制
```

（一）机关行政效能建设工作"五到位"

认识到位	要根据地方党委、政府和上级部门文件精神或有关要求及时向分管领导汇报，并提请本单位党委会或行政办公会学习研究，结合本单位工作实际组织各部门认真学习讨论，就抓机关行政效能建设的重要性、必要性在单位全体职工大会上动员，以提高认识、统一思想。
组织到位	（1）制定单位加强机关行政效能建设的工作方案，对开展机关行政效能建设工作做出详细安排。 （2）单位成立机关行政效能建设领导小组，一般由主要领导担任组长，也可由分管办公室的领导担任组长，单位有关副职领导担任副组长，单位办公室、组织人事、机关党委、纪检监察等部门领导担任领导小组成员；领导小组下设办公室，一般设在单位办公室，由办公室主任做主任，并从领导小组成员单位抽调人员为办公室工作人员。单位所属各部门也成立相应的领导小组。
制度到位	（1）制定《单位职能部门岗位职责和办事流程》，主要界定职能部门的岗位职责，办事程序。 （2）制定《首问责任岗工作制度》《综合处室设置首问责任岗情况一览表》《限时办结事项》和《单位事务公开一览表》，主要说明首问责任岗工作人员应遵循的工作制度，确认哪些处室设立首问责任岗，规定什么事项限时办结，单位应公开哪些事务。 （3）制定《首问负责制度、限时办结制度和责任追究制度》，规定干部、职工在迎来送往前来办事的人员时应采取的态度、遵循的办事时限和违反规定应负的责任等。

续表

宣传到位	（1）高度重视宣传工作在单位机关行政效能建设中的作用，充分利用单位的网络、橱窗、会议等形式对单位开展机关行政效能建设工作的重要性、必要性和制定的相关制度等反复细致地讲解、阐释、强调，使开展机关行政效能建设的工作在干部、职工中深入人心。 （2）对开展机关行政效能建设工作比较好的部门，可召开现场会，推广经验，取长补短；还可召集主要的职能部门的干部、职工开座谈会，听取意见，布置工作，使其起好带头作用。
考核到位	对单位各部门开展的机关行政效能建设工作进行绩效考核，是保证机关行政效能建设工作能够顺利进行的重要措施。可根据本单位实际情况，将各部门机关行政效能建设工作作为重要工作目标，统一纳入年度工作目标考核，实行奖惩。

【文例】

××单位关于加强机关行政效能建设的工作方案

加强机关行政效能建设，是深入贯彻党的十七大、十七届二中全会精神和省委九届四次全会精神的重大举措，是深入学习实践科学发展观活动的具体实践活动。深入学习实践科学发展观，奋力建设西部经济发展高地，必须从机关行政效能建设抓起，加快推进政府职能向创造良好发展环境、提供优质公共服务、维护社会公平正义的根本转变。根据《中共四川省委　四川省人民政府关于加强机关行政效能建设的决定》的要求，为全面推进我单位机关工作作风和服务意识的转变，提高行政效能，结合我单位实际，特制定本方案。

一、指导思想

以科学发展观为指导，深入贯彻党的十七大、十七届二中全会精神，按照省委九届四次全会部署和建设服务政府、责任政府、法治政府和廉洁政府的要求，切实解决我单位行政效能建设方面存在的突出问题，加强干部队伍和行政管理，强化制度建设，健全监督机制，全面提高我单位行政工作效率，力争在较短时间内，努力实现单位工作作风和干部队伍工作作风明显改进，服务能力明显增强，办事效率明显提高，发展环境明显优化，促进加快发展、科学发展，又好又快发展。

二、健全机构

单位机关行政效能建设工作，在单位党委统一领导下开展，设立单位机关行政效能建设领导小组：

组　　长：×××

副 组 长：×××、×××

成　　员：×××、×××、×××、×××

领导小组下设办公室，办公室设在单位办公室，联系电话：××××××××。

办公室主任：×××

办公室成员：×××、×××、×××

第一负责人：×××

具体负责人：×××

直接负责人：×××

单位各处室要做到目标明确、机制健全、责任落实。

三、活动内容及安排

（一）建立落实首问负责制度。单位各处室的工作人员要认真履行职责，对前来单位办事或者咨询、反映情况的单位和个人，依照职责首次接待办理的工作人员要认真办理、负责到底。对不属于本处室或本人职责范围的事项，也要为当事人提供热情周到的引导服务。单位领导对单位实施首问负责制负总责。各处室主要领导对本处室实施首问负责制负总责。首问责任人要热情礼貌、用语文明，熟悉本处室岗位职责和工作流程；要牢固树立党的宗旨意识，切实为前来办事人员着想，不得推诿，要体现单位工作人员良好的职业道德和精神风貌。属于首问责任人职责范围内的事项，要及时给予办理；不能当场办理的，要说明理由；需要补充材料的，要一次性告知；前来办事人员不知道如何办理的，要告知其如何办理，并耐心解答对方的询问。不属于首问责任人职责范围内的事项，但属于本部门职责范围的，首问责任人要主动告知或引导到有关经办部门，经办部门无人时，应告知经办部门的联系电话。属于本部门职责范围的，当具体经办人不在时，首问责任人应先接受下来，并记下来访、来电人员的联系电话，再交具体经办人处理。

（二）认真执行限时办结制度。单位各处室承办行政事务以及日常事务活动，必须在法定期限或者承诺的期限内办结或予以答复。各处室要根据职责要求，科学、合理地确定所承办事项的办理时限，最长不得超过各处室所规定的办理时限。对特别紧急的事项，应当急事急办，随到随办。各处室相关负责人应当亲自督办。对即办事项，在服务对象手续完备、材料齐全、符合规定的情况下，必须及时予以办理，不得以任何理由拖延、推诿。对限时办理的事项，经办人应及时对服务对象申报的材料和有关手续进行审核，并按有关规定办理相关手续。如需出具收件回执单，应写明所收材料名称、页数、办结取件时间及经办人。凡没有正当理由超出法定或承诺时限的，要追究有关责任人的责任。

（三）严格实行责任追究制度。进一步健全以单位各处室行政负责人为重点的行政问责制度，明确问责范围，规范问责程序。对各处室及其工作人员违反首问负责制度、限时办结制度，不履行或者不正确履行职责，造成工作失误和负面影响等行为严格实行责任追究制度。各处室及其工作人员违反首问负责制度、限时办结制度的，应当追究部门及其主要负责人、分管负责人、岗位责任人的行政责任。

（四）改进单位会风文风。单位各处室要严格遵守精文简会的规定，把主要精力放在调查研究、督促检查和搞好服务上。采取有效措施加强和改进会议、文件管理，严格执行会议报批程序，从严控制会议规格、数量、规模和会期，改进会议形式，简化会议程序，降低会议成本，提高会议质量和效率。文稿、文件要注重针对性、指导性和可操作性，倡导清新简练文风。严格执行公文处理规范和程序，充分运用单位OA办公平台，减少纸质公文数量，提高公文处理时效。统筹安排、严格控制和减少领导同志应酬性活动。

（五）深入推进单位事务公开。认真执行单位《关于实行事务公开的暂行办法》，健全单位信息发布制度。推进单位科学管理、民主治校，加强民主政治和党风廉政建设，保障职工参与民主决策、民主管理和民主监督的权利，通过多种形式、按照一定的程序，将单位工作的重点、难点以及职工关心的热点问题，向全单位职工和社会公开，努力做到政策公开、程序公开、结果公开。

（六）单位机关行政效能工作分三个阶段进行：第一阶段：动员教育阶段。单位各处室制订方案进行学习动员，把机关行政效能建设与深入学习实践科学发展观活动紧密结合起来，对单位开展行政效能建设工作进行安排部署。通过学习动员，进一步统一思想，提高认识，形成合力，营造人人讲效能的浓厚氛围；进一步明确开展行政效能建设的总体要求、方法步骤和工作重点，充分认识开展效能建设的重要性和必要性；进一步增强单位各处室开展机关效能建设的自觉性和责任感，为全面推行效能建设打下坚实的思想基础。

第二阶段：组织实施阶段。要根据深入学习实践科学发展观活动第二阶段查找问题的安排，对存在的问题要拿出解决问题的办法措施，落实到人，规定时限和标准。结合实际，查找出工作中存在的问题。坚持存在什么问题就找什么问题，什么问题突出就解决什么问题，尤其要注重解决影响单位改革发展大局、人民群众关注、基层反映强烈、涉及效能方面的问题。

第三阶段：总结考评阶段。制订科学的、便于操作的绩效考核工作方案，对单位工作人员进行考核，将绩效考核与年终考核结合起来，问题的查纠和制度建设情况作为考核的主要内容，考核结果作为干部业绩评定、奖励惩处、选拔任用的重要依据；对行政效能建设工作开展情况进行认真总结，提出深化行政效能建设的设想；通过考核总结，树立广大职工勤政为民、务实清廉的新形象，推动行政效能建设步入经常化、制度化的工作轨道。

四、工作要求

（一）提高认识。单位各处室必须从政治和全局的高度，深刻认识转变干部作风，加强机关行政效能建设的重大意义，把思想和行动统一到省委、省政府行政决策和部署上来，进一步增强责任感和紧迫感，切实抓好这项重要工作，务求取得实效。

（二）高度重视。领导干部要带头，校领导和各处室负责人要带头参加所在支部和分管部门的行政效能建设工作，带头做动员报告。各处室主要负责人是本次工作的第一责任人。纪检监察室、目标督查科负责本次行政效能建设工作的监察考核工作。

（三）确保质量。机关行政效能建设工作要纳入单位各处室的目标管理，严格考核，逗硬奖惩。组织人事处要把机关行政效能建设活动的监察考核结果作为领导干部政绩考核、公务员年度考核的重要依据，建立和完善促进科学发展的干部考核评价体系。

（四）边学边查改。各处室要在本次机关行政效能工作中联系处室行政效能和个人工作作风实际，思考存在哪些影响作风和行政效能的思想障碍、体制机制、工作方式方法等突出问题，发现问题及时解决，把解决问题贯穿于整个机关行政效能建设工作当中，改作风、增效能，突出实效。

（五）活动载体。要充分运用单位报刊、单位蜀光网等新闻媒体和黑板报、墙报等宣传阵地，为转变干部作风，加强机关行政效能建设营造浓厚的舆论氛围。

××单位办公室岗位职责

协助单位领导组织单位内日常工作的运转；负责单位内外的联系与综合协调，开展调查研究，搜集、整理、提供决策信息；负责本单位重要文稿的起草、会务、文秘、目标管理与督查、机要、档案、保密、信访、通信、公务接待等工作；编辑单位年鉴。

负责承办与国（境）外行政机构、有关国际组织和学术团体及有关方面人员开展友好合作交流工作。负责承办干部、职工的涉外培训、短期考察、出国讲学、有关课题研究等工作。

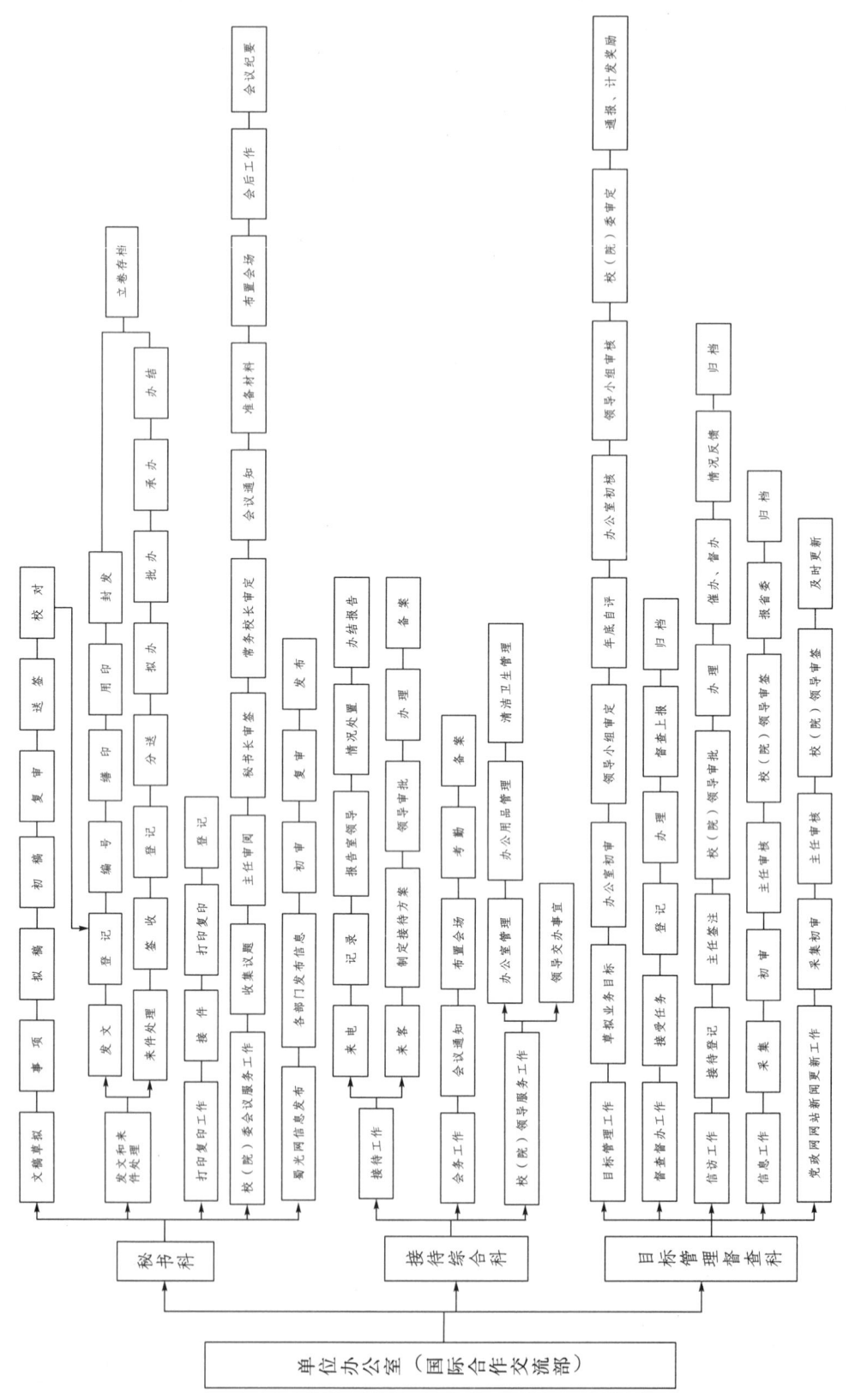

××单位办公室办事流程

秘书科

- 文稿草拟：事项 → 拟稿 → 初稿 → 复审 → 送签 → 校对
- 发文和来件处理：
  - 发文：编号 → 用印 → 封发
  - 来件处理：登记 → 签收 → 播印 → 分送 → 报办 → 批办 → 承办 → 办结 → 立卷存档
- 打印复印工作：接件 → 打印复印
- 校（院）委会议服务工作：会议议题 → 登记 → 主任审定 → 秘书长审定 → 常务校长审定 → 会议通知 → 准备材料 → 布置会场 → 会后工作 → 会议纪要
- 蜀光网信息发布：各部门发布信息 → 收集议题 → 初审 → 复审 → 发布

接待综合科

- 接待工作：来电/来宾 → 记录 → 报告室领导 → 情况处置 → 办结报告
- 会务工作：会议通知 → 制定接待方案 → 领导审批 → 办理 → 备案
- 校（院）领导服务工作：
  - 布置会场
  - 办公管理：考勤、办公用品管理、清洁卫生管理
  - 领导交办事宜

目标管理督查科

- 目标管理工作：草拟业务目标 → 办公室初审 → 领导小组审定 → 年底自评 → 领导小组审定 → 校（院）委审定 → 通报、计发奖励
- 督查督办工作：接受任务 → 登记 → 督查上报 → 校（院）领导审批 → 催办、督办 → 情况反馈 → 归档
- 信访工作：接待登记 → 主任签注 → 校（院）领导审核 → 办理 → 归档
- 信息工作：采集 → 初审 → 主任审核 → 报省委
- 党政网站新闻更新工作：采集初审 → 主任审核 → 校（院）领导审签 → 及时更新

单位办公室（国际合作交流部）

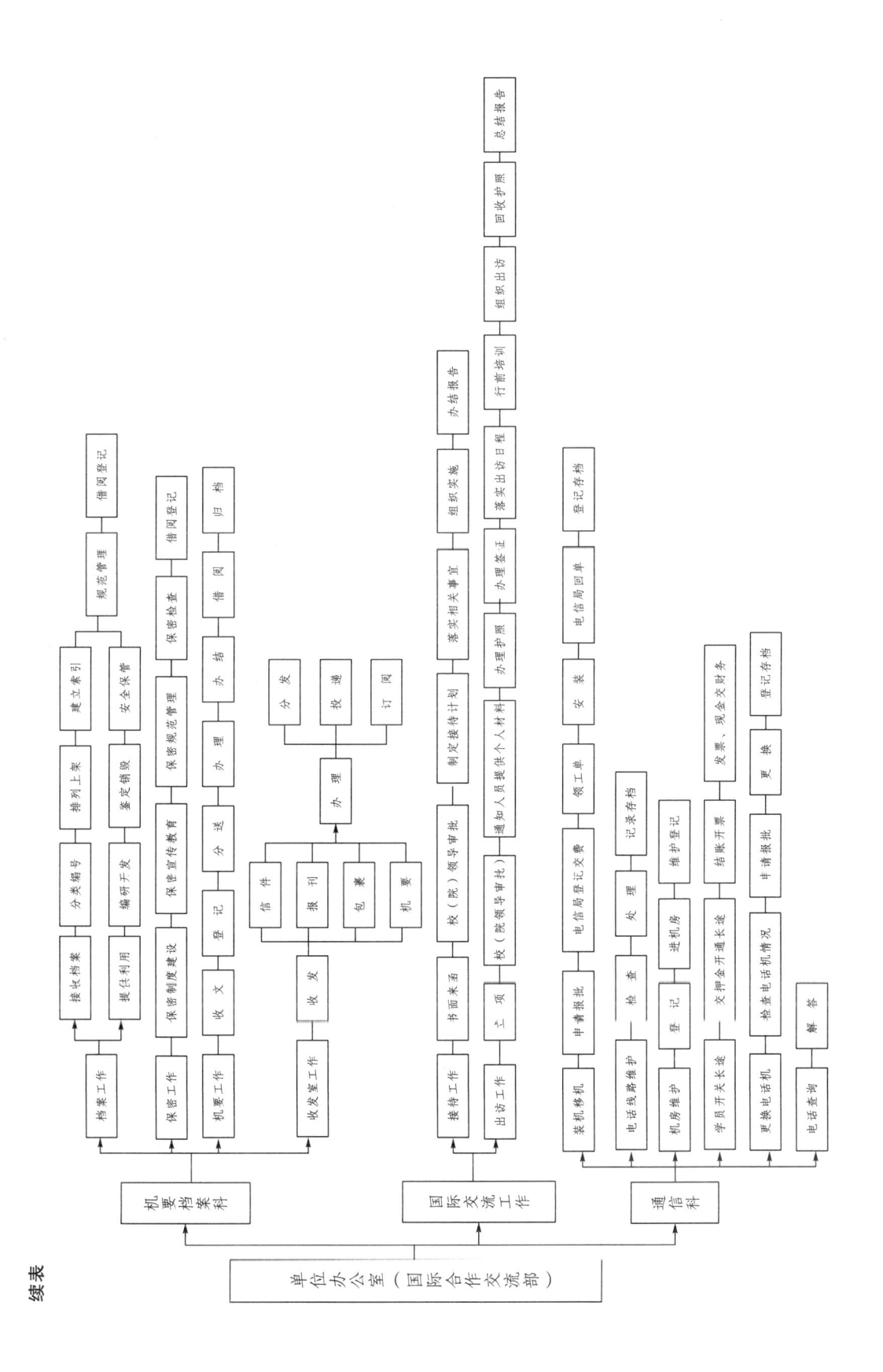

续表

××单位关于印发《首问责任岗工作制度》《综合处室设置首问责任岗情况一览表》《限时办结事项》《政(事)务公开情况一览表》的通知

×属各单位：

为深入落实省委关于进一步加强机关行政效能建设的工作要求，不断提高工作效率，增强工作的主动性和自觉性，切实保障"三项制度"落到实处，按照省直工委工作部署，单位制定了《首问责任岗工作制度》《综合处室设置首问责任岗情况一览表》《限时办结事项》《校(事)务公开情况一览表》等工作规范，现印发给你们，请认真贯彻执行。

× × 单 位

××年×月×日

××单位首问责任岗工作制度

为改进工作作风，方便服务对象和职工办事，不断提高机关工作效能，现制定单位首问责任岗工作制度。其职责如下：

一、首问责任岗工作人员接待来访和办事的群众、服务对象和职工，要热情礼貌，用语文明，切实做到首问必答、首问必办、首问必果。

二、首问责任岗应对申请办理的事项及其处理结果进行登记，认真填写《××单位提高行政效能首问岗登记簿》。

三、凡属自己职责范围内的，要立即受理或办理；属相关职能部门的，要帮助指明办事部门和地点；对不属于本单位职责范围内的事，要做好解释、说明或联系等工作。

四、对于特殊事项，首问责任岗工作人员应实行特事特办、急事急办。

××单位综合处室设置首问责任岗情况一览表

部门	首问责任岗	联系电话
办公室	综合接待科	××××××
教务处	行政办公室	××××××
科研处	综合科	××××××
信息技术部	部办公室	××××××
组织人事处	综合科	××××××
财务处	副处长办公室	××××××
行政后勤处	综合秘书科	××××××
离退休人员工作处	综合秘书科	××××××

续表

纪检监察室	综合秘书科	××××××
机关党委	综合秘书科	××××××

××单位限时办结事项

部门	序号	承诺事项	办结时限
办公室	1	蜀光网信息审核	2日内办结
	2	公文处理	原则上5日办结
	3	机要文件	随时处理
	4	校长信箱	原则上5日内办结
	5	信访工作	随时办理
	6	电话维护	24小时内办结
	7	外事工作	及时办理
教务处	1	教学计划册制作	主体班开班前2周
	2	《教学参考》用稿回复作者	20日内
	3	《教学参考》每期编审	当月20日前
	4	教学评估表制作	学期主体班结束后1周内
	5	主体班次教学单元实施计划审定	行课前3天
	6	开学典礼、毕业典礼校外单位邀请函发送	举行前1周内
	7	主体班次教学单元实施计划印发	行课前2天
	8	主体班入学通知书寄送交换给干部调训单位	升班前2周
	9	学员学籍查询	3日内
	10	培训毕业（结业）证书制作	毕（结）业典礼举办前2天
	11	主体班次学员学籍归档	次年3月底
科研处	1	教研人员年终科研课题审核情况公布	3个工作日完成
	2	各类课题立项、结项情况公布	3个工作日完成
	3	各类科研评奖情况公布	3个工作日完成
	4	各类论文推荐工作	及时办理
	5	《×××××学报》出刊工作	在双月底30日前出刊
	6	《×××××学报》出刊工作	在季首月底30日前出刊
	7	《四川××报》出刊工作	在每月5日、20日前出刊

续表

信息技术部	1	蜀光网站代理发布信息	半个工作日内完成
	2	计算机机房使用安排	当即
	3	远程教室使用安排	当即
	4	单位内人员因公借用（归还）手提电脑	当即
	5	设备借用及归还	半个工作日内完成
	6	单位网络用户保障服务	两个工作日内完成
	7	单位网络用户新开户服务	1个工作日内完成
	8	单位网络用户缴费服务	半个工作日内完成
	9	增加网络节点	1到5个工作日内完成
	10	重要活动新闻性资料采编	活动结束后两个工作日完成
	11	重要活动、会议全程采录	活动结束后5个工作日内完成
	12	远程教学节目录制	课程结束后两个工作日内完成
	13	单位内广播播出调整	半个工作日内完成
	14	增加闭路电视节点	1到5个工作日内完成
	15	视频会议系统使用	1到5个工作日内完成
	16	网络视频直播管理	半个工作日内完成
	17	GDLN、CDDLN教学课表编制	1到3个工作日内完成
组织人事处	1	新进人员报到	随到随办
	2	外调政审材料的出具	3个工作日办结
	3	人事档案查阅	随到随办
	4	人事档案传递	3个工作日办结
	5	探亲费用审核	3个工作日办结
	6	丧葬费和一次抚恤金计发	3个工作日办结
	7	职工培训经费审核	3个工作日办结
	8	证明材料出具	3个工作日办结
	9	退休证办理	3个工作日办结
	10	来信来函回复	3个工作日办结

续表

财务处	1	学校财务年度预算	按省财政厅当年要求办理
	2	会计核算	及时进行
	3	现金报账	及时进行
	4	支票转账	正常情况下3天内办结
	5	学员学生报到、平时收费	及时进行
	6	转账收费	与银行对账后开票
	7	函授、研究生学费欠费清理	半年一次
	8	职业学院学生欠费清理	随机进行
	9	工资、津贴发放上传财政厅	每月18—20日办结
	10	住房公积金缴存基数调整	每年一次
	11	住房公积金支取	经公积金中心审批后及时进行
	12	固定资产集中采购	计划经财政厅审批后报采购中心集中采购
	13	固定资产分散采购	经财政厅批准后，校招标领导小组招标实施（个别定点采购）
	14	固定资产日常管理	第四季度全面清理
	15	财务档案	年度决定后及时整理归档
行政后勤处	1	申请和变更职工工作午餐IC卡手续	自申请开始10分钟内完成
	2	受理办公家具配置申请进入采购程序	10个工作日完成
	3	接受部门用车申请派车	30分钟内完成
	4	办理新增职工医疗保险申报	1个月内完成
	5	受理办公室、公共场所水电气维修	24小时内完成
	6	受理职工宿舍房屋、土建公用部分简单项目维修	24小时内完成
	7	受理计划外办班办会申请	1个工作日内完成
离退休人员工作处	1	秘书、文书和会务工作	按要求及时办理
	2	经费、物品发放	根据发放时间要求在1周内完成
	3	外出参观活动、文体比赛活动	按要求及时办理
	4	住院护理补助费办理	5天内办理
	5	生日走访慰问	当月内（离休3—5天）
	6	《晚霞》杂志发放	每月10日前
	7	来电来访	当日回复
	8	住院病人看望慰问	1周内完成

续表

纪检监察室	1	工程项目审计	3个月内完成
	2	财务年度审计	2个月内完成
	3	党风廉政建设目标年度考评	1个月内完成
机关党委	1	来人、来电等接待工作	及时办理
	2	党员组织关系接转办理	随到随办
	3	收缴党费	每月20日前定期向财务缴纳；每年12月30日前，核算党费缴纳情况，并按照比例上缴。
	4	团员注册登记	两个工作日内办结
	5	团员发展审批	在收到支部报批表后，1个月内办结
	6	团内活动经费报销	在5个工作日内办结
	7	工会新会员发展	在5个工作日内完成

××单位综合处室政（事）务公开情况一览表

部门	公开内容	公开范围	公开时限
办公室	1. 单位印发的正式公文	全单位教职工	印发后及时公开
	2. 开通电话及维修工作	各部门及学员	随时公开
	3. 目标考核情况	全单位各部门	考核结束后及时公开
	4. 各部门蜀光网信息发布情况	全单位各部门	下月10日前公开
	5. 国际合作交流项目参加情况	全单位各部门	及时公开
教务处	1. 主体班次情况	全单位各部门	报批同意后公开
	2. 教学计划	教学管理部门、教师和学员	及时公开
	3. 不涉及保密的省委省政府重大培训班次	全单位各部门	及时公开
	4. 教学参考	教师和学员	每月25日出版
科研处	1. 国家、省、市、单位等各级课题申报、立项、结题的程序和结果，其中，各级课题的立项情况在单位网上公布。	全省××系统、全单位教研人员	立项后公开
	2. 教师科研工作考核、奖励的程序和结果。其中，科研奖励情况在校园网上公布。	全单位教研人员	考核评审结束后公开
	3. 教师科研成果获奖情况。其中，参加全国性理论研讨会，全国××××系统理论研讨会，全省性理论研讨会，全省××系统理论研讨会等入选的情况在全单位教工大会和单位网上公布。	全单位职工	随时公开

续表

信息技术部	1. 单位网络使用管理办法	全单位职工	随时公开
	2. 单位网络安全保密规定	全单位职工	随时公开
	3. 中央××卫星远程教学节目播出计划	全单位职工、四川干部教育网网络用户	计划下达后及时公开
	4. 世界银行与国家发改委西部开发司培训计划	全单位教职工、有关省直厅局	计划下达后及时公开
	5. 声像档案	各部门	
	6. 内部科室岗位职责	全单位职工、四川干部教育网网络用户	按档案管理办法公开；随时公开
组织人事处	1. 工资福利政策	全单位职工	按政策规定公开
	2. 专业技术职称评审、工勤人员的考核、晋级等文件		
	3. 干部晋升、选拔任用条件		
	4. 专家推荐条件		
	5. 干部退休政策		
财务处	1. 财政下达的年度预算	单位各部门	财政下达预算后10天内
	2. 财务年度收入		财政批复决算后10天内
	3. 财务年度支出		财政批复决算后10天内
	4. 纪检监察室对单位财务的年度审计情况		审计完成后10天内
行政后勤处	1. 公布职工住房的有关情况	全单位职工	按规定公开
	2. 主体班学员对后期服务质量考评结果	学员、教学管理部门、行政后勤部门	10个工作日内公开
离退休人员工作处	1. 落实离退休老同志政治生活待遇情况	在全单位和离退休人员中公开	每年第一学期开学前
	2. 为老同志做实事、办好事、解难事情况		
	3. 开展老同志文体活动及学习、活动阵地建设情况		
	4. 发挥老同志作用的情况		
纪检监察室	1. 工程审核（计）结果	全单位	每半年公开一次
	2. 党风廉政建设目标考评结果	全单位	考核结束后1个月内公开
	3. 财务审计的结果	按规定的范围公开	审计结束后及时公开

续表

机关党委、工会	1. 机关党委委员会议纪要公开	各党总支、支部	会议结束后及时公开
	2. 党员发展情况公开	各党总支、支部	会议决定后及时公开
	3. 团员发展情况公开	各团支部	会议决定后及时公开
	4. 工会委员会纪要公开	全单位职工	会议结束后及时公开
	5. 工会经费的收入和开支公开	全单位职工	每年3月份公开一次

××单位印发
《首问负责制度、限时办结制度、责任追究制度》的通知

××各部门：

单位《首问负责制度、限时办结制度、责任追究制度》已经单位党委会讨论通过，现予印发，请各部门认真组织职工学习、执行，并结合本部门实际，提出具体措施，认真贯彻落实。

× × 单 位
××××年×月×日

××单位首问负责制度（试行）

第一条　为进一步强化单位各部门的服务意识，改进工作作风，提高服务质量，根据《四川省行政机关首问负责制度》有关规定，结合单位工作实际，制定本制度。

第二条　首问负责制是指第一位接待来访、来电的部门工作人员，必须负责接待、解答、受理或者引导办理有关事项，使之得以及时、有效处理的责任制度。

第三条　首问责任人是指各处室的第一位接待来访、来电的工作人员。

第四条　首问责任人要热情接待，牢固树立党的宗旨意识，切实为前来办事人员着想，热情礼貌、用语文明；要认真办理或者引导办理有关事项，不得推诿，要体现单位工作人员良好的职业道德和精神风貌。

第五条　首问责任人的职责

1. 属于首问责任人职责范围内的事项，要及时给予办理；不能当场办理的，要说明理由；需要补充材料的，要一次性告知；前来办事人员不知道如何办理的，要告知其如何办理，并耐心解答对方的询问。

2. 不属于首问责任人职责范围内的事项，但属于本处室职责范围的，首问责任人要主动告知或引导到有关经办人处，当具体经办人不在时，首问责任人应先接受下来，并记下来访、来电人员的联系电话，再交具体经办人处理。不属于本处室职责范围的，首问责任人要主动引导到有关经办处室，经办部门无人时，应告知经办部门的联系电话。

3. 属于电话咨询的，首问责任人应按照上述原则给予答复；属于举报或投诉的，首

问责任人应将反映的事项、举报或投诉人姓名、联系电话等要素记录在册，并按有关规定及时处理。

4. 首问责任人所承接的一时不能办结的事项，应抓紧办理，并将有关事项的办理情况、办理结果及时回复办事人员。

第六条 ×××长对单位实施首问负责制负总责。各处室主要领导对本处室实施首问负责制负总责。

第七条 本制度由单位办公室负责解释，单位办公室目标督查科负责监督检查首问负责制的贯彻落实情况。

第八条 本制度自发布之日起施行。

××单位限时办结制度（试行）

第一条 为提高单位办事效率，优化单位发展环境，根据《四川省限时办结制度（试行）》的有关规定，结合单位实际情况，制定本制度。

第二条 限时办结制是指服务对象前来咨询或办理有关事项，在符合法律法规和单位的有关规定以及手续齐全的前提下，经办部门或经办人应在法定或承诺的时限内办结或予以答复的制度。

第三条 各部门要根据职责要求，科学、合理地确定所承办事项的办理时限，最长不得超过各部门所规定的办理时限。

第四条 承办事项，在服务对象手续完备、材料齐全、符合规定的情况下，必须及时予以办理，不得以任何理由拖延、推诿。

第五条 限时办理的事项，经办人应及时对服务对象申报的材料和有关手续进行审核，并按有关规定办理相关手续。如需出具收件回执单，应写明所收材料名称、页数、办结取件时间及经办人。

第六条 特别紧急的事项，应当急事急办，随到随办。本单位主管领导及处室相关负责人应当亲自督办。

第七条 服务对象诉求事项，无正当理由不准延时办理。如特殊情况确需延时办理，经办人要按照职权规定报有关领导审批，并告知当事人延时办理的理由。凡没有正当理由而拖延不办、贻误时机、造成损失的，要追究部门主要领导和经办人的责任。

第八条 以上部门共同办理的事项，由分管单位领导确定一个部门为牵头部门，制定实施方案，并明确各部门的办理时限。

第九条 本制度由单位办公室负责解释，单位办公室目标督查科负责监督检查限时办结制度的贯彻落实。

第十条 本制度自发布之日起施行。

××单位责任追究制度（试行）

第一条 为进一步强化责任意识，保证单位各项工作全面落实、正确实施，根据有关法律、法规和政策的规定，结合单位实际，特制定本办法。

第二条 追究制度是指对各部门及其工作人员违反首问负责制度、限时办结制度，不履行或者不正确履行职责，造成工作失误和负面影响等行为予以责任追究的制度。

第三条 责任追究制度，应当坚持实事求是、客观公正，有责必问、有错必纠和教育与惩处相结合等原则。

第四条 实行单位、部门主要领导问责制。各部门及其工作人员违反首问负责制度、限时办结制度的，应当追究部门及其主要负责人、分管负责人、岗位责任人的行政责任。

第五条 有下列情形之一的，应当追究部门及其负责人的责任。情节较轻的，限期整改，并对分管负责人进行批评教育；情节较重，造成不良影响和后果的，取消该部门评优评先资格，并对分管负责人予以告诫，并可责令主要负责人作出书面检查；情节严重，造成恶劣影响和后果的，对该部门予以通报批评并取消评优评先资格，对分管负责人予以诫勉或免职，并可对主要负责人予以告诫或诫勉。

（一）对首问责任制、限时办结制未采取具体措施贯彻落实的；

（二）未按规定建立首问负责事项登记制度的；

（三）不按规定或程序办事，产生较大负面影响的；

（四）对重大或紧急事项，不按规定及时请示、上报并妥善处置的；

（五）对应由本单位两个以上部门分别办理的事项，牵头部门没有发挥作用或牵头部门已作安排，责任未落实，造成工作失误的；

（六）其他违反首问负责制度、限时办结制度规定情形的。

第六条 有以下情形之一的，应当追究部门所属科室负责人、岗位责任人的责任。情节较轻的，责令直接责任人作出书面检查，并可对科室负责人进行批评教育；情节较重，造成不良影响和后果的，取消科室评优评先资格，对直接负责人予以告诫或限期调离工作岗位，并可责令科室负责人作出书面检查或予以告诫；情节严重，造成恶劣影响和后果的，对该科室予以通报批评并取消评优评先资格，对直接负责人予以诫勉或辞职，并可对科室负责人予以诫勉或免职。

（一）工作态度差，群众反映强烈，造成不良影响的；

（二）工作时间擅自离岗的；

（三）应当及时办理而故意延时办理的；

（四）应当给予来访、来电人员答复而不予答复的；

（五）对受理事项不按规定分送承办机构造成延误办理的；

（六）重大和紧急事项应当请示报告领导而不及时请示报告造成不良后果或擅作主张的；

（七）其他违反首问负责制度、限时办结制度规定情形的。

第七条 追究部门和单位工作人员的行政责任，由单位纪检监察室实施。受到责任追究的人员，依法享有陈述权、申辩权，对责任追究不服的，可以向作出处理决定的单位提出申诉。

第八条 本制度所称告诫是指对违反行政效能建设有关规定，但不够纪律处分的人员，以书面形式进行批评教育的问责方式。

其他违反行政效能规定，构成行政过错或构成违纪的行为，分别依照《四川省行政机关工作人员行政过错责任追究试行办法》和《行政机关公务员处分条例》及其他规定进行处理；涉嫌犯罪的，依法移送司法机关处理。

第九条 本制度由单位纪检监察室负责督查执行。

第十条 本制度自发布之日起施行。

××单位目标管理实施细则

第一章 总 则

第一条 为规范单位目标管理工作，保证全单位各项工作目标的顺利实施和共同工作目标任务的完成，特制定本细则。

第二条 本细则适用于纳入单位目标管理的全单位××个处级单位和机关党委。

第三条 目标管理工作的原则。

（一）实事求是的原则。对目标的制定、分解及其实施中的监控、检查和年终的考评、奖惩，要做到实事求是、客观公正，确保目标管理工作有效实施。

（二）目标一致的原则。各项目标的制定、实施、调控和奖惩，要与单位总体工作安排相一致。

（三）分级负责的原则。目标管理工作坚持分级负责、分级管理。目标责任人必须对本单位的目标负责。上级目标责任人协调和解决下级目标实施中发生的矛盾和问题，下级目标责任人应当执行和服从。在目标实施中出现的问题，由目标责任人协调解决，确实不能解决的，应及时上报，由上一级目标责任人协调解决。

（四）奖惩逗硬的原则。单位目标管理工作领导小组办公室（以下简称目标办）根据当年的目标执行情况提出目标考评实施意见和奖惩方案，在认真考评的基础上报单位党委审批后兑现奖惩。

第二章 目标管理体系

第四条 目标管理责任体系。

（一）单位目标管理工作实行责任制，××长是目标管理总责任人。××长、××长、××长按分工职责为分管责任人，负责指导和督促分管、联系处室目标的实施。

（二）各单位主要负责人为本单位目标管理第一责任人，负责组织本单位目标的实施。各单位副职为分管责任人，按职责分工对第一责任人负责。

（三）各单位工作人员为具体岗位责任人，负责本岗位目标的实现。

第五条 目标管理组织体系。

（一）单位目标管理工作领导小组由负责单位目标管理工作的××长任组长，分管××长任副组长，××长、××长、机关党委书记、纪委书记和办公室、××处、××处、机关党委、组织人事处、纪检监察室、×××部、财务处等单位主要负责人为成员，负责单位年度目标和各处室目标的审核、监控、年终考评和奖惩等工作。

（二）单位目标办为单位目标管理工作的办事机构，负责单位目标管理的督促检查，承担目标管理有关文件、工作报告、情况通报的起草，承担资料的收集整理和报送等日常工作。

单位目标办设在单位办公室，由单位办公室主任任目标办主任，单位办公室目标管理督察科具体承办日常工作。

（三）纳入单位目标管理的各责任单位，负责本单位目标任务的组织实施。每个单位设置目标联络员1名，在本单位目标管理责任人的领导下，根据单位目标办的有关要求，负责本单位目标管理的具体工作。

第三章 目标制定与实施

第六条 目标的基本构成。各单位年度目标由单位共同工作目标和各单位业务工作目标构成。共同工作目标基本分为30分，业务工作目标基本分为70分。单位共同工作目标由单位目标管理领导小组制定。

第七条 目标制定的依据。

（一）单位当年工作重点和上级主管部门确定的重要工作任务及当年全单位工作总目标。

（二）单位及上级领导交办的重要工作。

（三）按照职能分工，由本单位完成的主要业务工作。

（四）临时增加的重要工作任务。

第八条 目标制定的基本要求。

（一）突出重点。各单位制定的目标既要与单位工作的总目标相衔接，又要体现本单位工作职能和任务；既要保证单位当年工作任务的完成，又要突出本单位工作重点和业务特点。

（二）切实可行。各单位制定的工作目标要坚持经过努力可以达到的原则，结合单位实际和工作特点，具有合理性、科学性和可行性。

（三）便于操作。目标内容要具体明确，分值设置要科学，定性与定量相结合。不能量化的目标要定出可操作性强和容易考评的具体标准。

（四）科学量化。教研单位的教学科研工作量量化分值为50分；承担部分教学科研工作的单位，除开教学科研工作的其他工作量化分值不超过10分；非教研单位的目标量化分值不超过20分。

第九条　目标制定的程序。在考核年度的1月底前，各目标责任单位按本细则第七条和第八条的要求制定业务工作目标初步方案报单位目标办。2月底前，单位目标办对各单位上报的初步方案进行审核。3月底前由单位目标管理工作领导小组对各单位报送的目标进行审定。4月底前下达《××××××××单位工作目标》，由各单位组织实施。

第十条　目标的分解。各单位对下达的目标任务逐项分解落实，并将分解落实情况报校（院）目标办。

第十一条　目标的监控。各单位要随时掌握目标执行的进度，及时分析并研究解决目标执行中存在的问题。单位目标办要对各单位目标执行情况进行不定期的抽查，对重点目标，要会同有关单位进行跟踪检查。

第十二条　目标的调整。为保证目标的严肃性，在目标实施过程中一般不对目标进行调整，但因不可抗拒的客观原因可能导致目标任务不能实现或涉及全局工作任务变化和其他特殊情况，确需调整目标的，目标管理责任单位应专题请示单位目标管理工作领导小组，经批准后由单位目标办统一进行调整。

第十三条　目标的增加。年度目标下达后，单位临时交办的重要工作和涉及全局工作任务变化确需纳入目标管理的，目标管理责任单位应及时专题请示目标管理工作领导小组，经批准后作为当年新增目标，由单位目标办统一下达，纳入目标考评。

第四章　检查与考评

第十四条　检查考评的内容。检查考评的内容为下达的各项目标的执行情况。

第十五条　检查考评的方法和程序。对目标实施情况的检查考评，按照日常检查、半年自查和年终考评相结合的方法进行。

（一）半年自查。在考核年度的7月20日前，各单位对上半年目标完成情况进行自查并将自查报告报单位目标办。

（二）年终考评。在考核年度的次年1月10日前，各单位对全年的目标完成情况进行自查，按要求填写出自查得分表，报单位目标办。

在次年3月30日前，单位目标办会同目标管理成员单位对目标管理责任单位的年度目标完成情况进行集中审查。在次年4月上旬，由单位目标管理工作领导小组对各单位的初步得分进行汇总、审核，确定最后得分。

在次年4月中旬，单位目标管理领导小组就考评情况形成书面报告，报党委审定。次年5月召开目标管理工作会议，对各目标责任单位目标完成情况进行通报和表彰。

第十六条　目标考评的计分办法。

（一）业务工作目标的考评计分。

1. 按要求全部完成目标，得目标所定分值。超额完成目标的，行政后勤、党务政工、教学科研管理部门按超额比例计分，但最高不超过该项目标分值的20%；教研单位的教学科研工作量超额计分在80%（包括80%）以内按每超额2%加0.1分，超过80%按每增加 50%加 0.1 分。

2. 对未完成的没有量化指标的目标项目，按未完成情况适当扣去本项目标所定分值；对未完成的定有量化指标的项目，根据所定分值按未完成比例扣分。

3. 因客观因素影响，经过努力而未完成目标任务的，由单位目标管理工作领导小组审定后，可酌情计分，但最高不得超过基本分的 90%。

（二）共同工作目标的考评计分。单位共同工作目标涉及的思想政治工作、精神文明建设、基层组织建设和党风廉政建设等工作由机关党委和纪检监察室提供加扣分标准并进行考核。专项查办、目标日常管理、信息、单位治安、档案、考勤等单位内部管理工作由单位目标办根据有关单位提供的加扣分标准进行考核。共同工作目标的超额加分不超过该项目标的 10%，扣分不超过该项目标确定的分值。

（三）新增目标和调整目标的考评计分。各处室新增目标经单位目标管理工作领导小组批准后，年终由单位目标办根据完成目标任务的情况计分，分值不超过 1 分；调整目标的计分按目标任务调整前原定分值计算。

第五章　奖励加分和扣分

第十七条　工作、教学、科研成果和比赛受表彰加分。

（一）工作受表彰的奖励加分。

1. 单位获得党中央、国务院表彰的，等级奖励按一、二、三等奖分别加计 3、2、1 分，个人获奖的等级奖励按一、二、三等奖分别给单位加计 1、0.5、0.3 分。

2. 单位获得省委、省政府、中央和国家机关各部委（不含办公厅、局、司）表彰的，等级奖励按一、二、三等奖分别加计 1.5、1、0.5 分，个人获奖的等级奖励按一、二、三等奖分别给单位加计 0.5、0.3、0.1 分。

3. 单位获得省级各部门、中央和国家机关各部委的厅局、成都市委、成都市人民政府表彰的，等级奖励按一、二、三等奖分别加计 1、0.5、0.3 分。

4. 单位获得校（院）评奖表彰的，等级奖励按一、二、三等奖分别加计 0.3、0.2、0.1 分。

5. 计划生育、治安消防、绿化卫生工作获得属地区委、区政府表彰的，等级奖励按一、二、三等奖分别加计 0.5、0.4、0.3 分，获得街道办表彰的，等级奖励按一、二、三等奖分别加计 0.3、0.2、0.1 分。

6. 在省目标办对单位考评时认定成绩突出的目标项目，酌情给相关单位加分，由多个单位完成的，各相关单位分别加分，具体分值由目标管理领导小组决定。

7. 以上 6 项的奖励加分累计最高不超过 3 分。

（二）教学、科研成果获奖加分。

1. 取得与业务相关的教学和科研成果并获得党中央、国务院表彰奖励的等级奖励按一、二、三等奖分别给单位加计 3、2、1 分。

2. 获得省委、省政府及中央国家机关各部委（不含办公厅、局、司）表彰的等级奖励按一、二、三等奖分别给单位加计1、0.5、0.3分。

3. 获得国家、省级课题立项，课题负责人单位分别按1分、0.3分加分。

4. 获奖的科研成果由多人合作完成的，合作者单位得平均分。

5. 以上4项奖励加分累计最高不超过3分。

（三）比赛获奖加分。

1. 获得党中央、国务院表彰的，等级奖励按一、二、三等奖分别加计3、2、1分。

2. 获得省委、省政府、中央和国家机关各部委（不含办公厅、局、司）表彰的，等级奖励按一、二、三等奖分别加计1、0.5、0.3分。

3. 获得省级各部门表彰的，等级奖励按一、二、三等奖分别加计0.5、0.3、0.1分。

4. 以上3项奖励加分累计最高不超过3分。

（四）各项加分均以原始资料、证件为依据；各种表彰奖励一律以证书、奖状、锦旗或文件为依据；授奖级别以证书、奖状、锦旗、文件上的落款单位级别为准，联合授奖的以主办单位级别为准。

（五）同一项工作或比赛受到多级表彰奖励的，按最高级别计算，不重复计分。

（六）不分等级的授奖中获得先进称号的视为一等、获优秀称号的视为二等、组织奖视为三等。

第十八条 扣分。

（一）单位职工发生违反党纪政纪、违法及犯罪行为受到查处，一人（次）扣职工所在单位2—4分。

（二）单位或单位职工严重违反校纪校规受学校通报批评一次扣该单位1—2分。

（三）单位要做好职工的考勤工作，不按时上报考勤、弄虚作假甚至隐瞒不报视情况扣单位1—2分。

（四）单位不按照目标管理有关工作要求报送材料，完成有关工作，受到通报批评的，扣1—2分。

（五）未经批准未按规定时间完成国家、省级课题的，分别扣课题负责人所在单位1分、0.3分。

（六）同一人（事）受到多级和多种处罚，按最高级别计算，不重复扣分。同一案（事）件多人受处分、犯罪的，应按不同级别扣分。扣分年度以处分、判刑之日为准。

第六章 目标的奖惩

第十九条 年终目标考评结果作为公务员管理、干部任免、职称评定、职工嘉奖的重要依据。

第二十条 目标奖的发放

（一）目标奖的发放依据省委目标办和省财政厅当年目标奖发放文件精神和情况，结合校（院）目标考评具体情况实施。

（二）职工完成当年工作目标任务得基本目标奖，单位在对职工兑现目标奖时应按考核结果将超额部分相应拉开差距，各单位对职工目标奖的兑现情况报目标办备案，目标办对职工目标奖发放情况进行督查。

第七章 附 则

第二十一条 教研人员的教学、科研工作量执行标准依据《教学科研目标考核工作量执行标准》（××单位〔2004〕59 号）执行。

第二十二条 本细则自下发之日起施行。

第二十三条 本细则由单位目标办负责解释。

××单位办公室工作目标

责任单位：办公室　　　　责任人：×××　　　　目标联络员：×××

序号	目标项目	目标内容及目标要求	分值	备注
一	秘书工作	1. 草拟有关文件、材料，规范全单位公文处理，保证公文质量，正确率在95％以上；（5分） 2. 搞好党委会、行政办公会会务工作；（5分） 3. 做好公章印鉴、介绍信、证明的使用和管理；（5分） 4. 编印《工作通报》10期。（5分）	20	
二	综合接待工作	1. 定期收集编报《信息周报》，出版10期；（5分） 2. 加强单位内外工作协调，做好综合协调和接待工作；（5分） 3. 做好单位领导的公务服务工作。（5分）	15	
三	目标管理督查工作	1. 认真催办落实党委工作计划及党委会、行政办公会的决议决定；（2分） 2. 完成单位工作目标的拟定，制发单位××××年工作目标分解书，做好对各处室考核的具体工作；（4分） 3. 做好信息管理工作，及时整理上报信息10篇；（5分） 4. 做好党政网站编委会的日常工作；（2分） 5. 做好信访和《领导信箱》工作。（2分）	15	
四	机要档案工作	1. 按照校保密委的要求，做好保密工作；（2分） 2. 完成档案管理工作，搞好机要文件的交换、收发、管理、呈阅，做到及时、准确、保密；（5分） 3. 做好借文、查档的服务工作；（3分） 4. 做好报刊收订、分发和机要信函、信件、电挂投递工作；（3分） 5. 做好党政网和机要网的公文收发和阅览室的管理，保证定期开放。（2分）	15	
五	通讯工作	做好单位电话计费的日常管理工作，完成全单位电话设施的维护，保持通讯畅通。（5分）	5	

（二）营造良好的办事环境

室外设施	为方便外单位的人员前来本单位办事，在本单位进出的大门外应设置标有本单位名称的牌子，或类似的其他设施。从进大门起，应设置到各办公室、停车场所和厕所等去处的指路牌；在各办公楼的大厅应设置各楼层办公室分布总图，有条件的单位还可设置"触摸电子屏"，将单位的详细情况存储在里面供查阅；在各楼层应设置标有各部门名称和门牌号的分布图；各部门还应设置"去向留言牌"，以便有事外出时方便前来办事的人员找寻；在办事程序比较复杂的部门，还应将工作流程图上墙，或设置咨询台。
室内设施	为方便前来办事的人员办事，一般在单位负责对外接待的部门和重要的办事部门可设置"首问责任岗"，作为重点办事岗位；在办公桌上可设置办公人员的身份牌，身份牌上应贴有办公人员的标准像，标有办公人员的姓名、职务或职称。

（三）充分运用现代化办公手段提高办事效率

现在网络的使用已非常普遍，各单位除可以上互联网外，一般都有自己的局域网，系统之间、部门之间都是连通的；可以充分运用网络信息储量大、各项功能齐全、运行速度快捷和操作简便的特点，将日常办公、资料档案的存储、文件的收发、有关会议等都通过网络来进行，这样既节约了时间、提高了办事效率，又节约了大量的人力和经费。

（四）开展机关行政效能建设工作要以建立落实完善"三项制度"为突破口

"三项制度"前述"制度到位"已有介绍，只有严格实行"三项制度"，才能顺利开展机关行政效能建设工作。

建立和完善首问负责制度		单位的干部、职工必须认真履行职责，对前来办事的人员要热情地服务。首先接受办理的工作人员要负责到底，能立即办结的要立即办结，不能立即办结的要告知办结时间；对不符合办理要求的，必须当场验明告知申办者，并给予详细的指导和说明。对不属于本部门职责范围内办理的事项，要为当事人提供热情周到的指引服务。
严格实行限时办结制度		单位各部门对前来办事的人员申报的办理事项，都必须在本部门承诺的期限内办结。对特别紧急的事项要急事急办，随到随办。情况特殊需超过办结时限的，必须报经上级领导批准并事先告知审批对象。凡没有正当理由超出法定或本部门承诺时限的，要依规依纪追究其行政不作为责任。对具备条件的管理事项可实行超时默认制度，部门超过规定时限未作出决定的视为同意。
严格实行责任追究制度	实行部门领导问责制	各部门领导对本部门负责，并对其行使职权引起的后果承担责任。单位对所属部门不履行或者不正确履行职责造成工作失误或不良影响的，应追究该部门领导的责任。
	实行行政过错追究制	部门及其工作人员不履行或不正确履行规定的职责，影响行政秩序和行政效率，贻误行政管理工作或损害行政相对方合法权益造成不良影响或后果的，应追究该部门及其工作人员的职责
	加强行政效能监察	要设立效能监督部门，完善效能投诉受理机制，做到投诉有门、办理有效、有诉必查、查明必处。

（五）不断提高干部素质是开展机关行政效能建设工作的关键

各级干部的政治思想素质和业务素质提高了，开展机关行政效能建设工作就得到了有力的保障。

> 一要不断地提高干部政治思想素质。应坚定不移地、坚持不懈地用马克思主义中国化的最新理论成果教育干部,引导他们树立正确的世界观、人生观、价值观、权力观、地位观和利益观,提升他们的政治理论水平,夯实他们立党为公、执政为民的信念基础。

> 二要不断提高干部业务素质。应通过各种渠道,对干部们进行业务培训,增强干部们履行岗位职责的本领、依法行政的本领、擅做群众工作的本领,切实解决一些干部"本领缺失"和"不能作为"的问题。

(六) 严格绩效考核是机关行政效能建设取得成效的重要手段

> 绩效,即成绩和贡献(效果);是指一定的组织、群体和个人在一定的环境中表现出来的活动效果。绩效考核,是管理者运用一定的技术或方法,即在各种评价要素中选择最佳的评价指标和标准,赋予各个指标不同的权重,以此来鉴定工作人员的工作结果,评估工作人员对组织的贡献以及表现能力的过程。

> 绩效考核应主要考虑八个方面的问题:一是考核目标,即通过考核要达到什么目的;二是考核谁;三是考核什么,即需要考核哪些要素;四是由谁来考核;五是怎样考核;六是考核的频率和强度,即日常考核与年度考核的有机结合;七是如何应用考核结果;八是考核指标的评估(指标是否科学合理,提倡什么,反对什么);重要的是考核的目标和导向的选择。

> 应研究制定科学的、量化的、操作性强的绩效考核办法,重点解决三个问题:一是设计既科学合理又简便易行的绩效考核评估指标,建立针对不同部门、不同岗位的绩效考核标准。二是坚持以能力和业绩为导向,突出量化考核的作用,形成正确的业绩导向。三是把绩效考核与行政问责以及干部职工的选拔任用、升降去留、奖励惩戒有机结合起来,切实解决"干与不干和干好干坏"一个样的问题。

(七) 建立开展机关行政效能建设工作的长效机制

加强机关行政效能建设,根本在强化制度、基础在搞好服务、要害在严格问责、关键在转变作风。各单位在开展机关行政效能建设工作的过程中,应将一些试行的制度不断完善;对一些好的行之有效的做法及时地进行总结;使机关行政效能建设工作制度化、规范化,长期地推行下去,使干部、职工的工作作风得到根本的转变,为民服务、为群众办事的理念得到牢固的树立,单位的各项工作能够高质量、高效率地开展。

七、督查工作概述

督查即督促检查。"督促"包含有监督、查看、推动的意思,"检查"包含有考察、巡察、查究的意思。督促检查是对贯彻落实决策而言的,没有决策,就没有督促检查。在领导活动中,督促检查工作是决策后的一系列反馈、追踪、催促活动,起推动决策贯彻落实的作用。正如习近平同志所指出的,"没有督查就没有落实,没有督查就没有深化"。

督促与检查是促进决策实施和落实的两个重要环节,它们既互相联系,又不完全相同,前者着重于"促",后者则着重于"查",它们的目的都是为了使决策得以顺利实施。"促"就是领导者决策下达后,适时对承办机关单位、承办人进行询问、催促,使决策能及时得到贯彻,主要起推动的作用。"查"就是不仅检查办没办,是否在限定时间内办完,而且要检查办得怎么样，是否符合决策要求，有什么好的经验，落实中存在什么问题，主要起验证的作用。因此，开展督促检查不仅要搞好督促，而且要抓好检查，把二者有机地结合起来。

督促检查工作就是各级党委、政府或其他决策部门按照一定的程序和规范开展对各项决策目标的贯彻执行情况进行检查的一项经常性工作，这一工作可由决策机关的负责人分工进行，也可由决策机关委托其下属某一个工作部门进行。

长期以来，党政机关各级办公厅室事实上担负了一定的督促检查任务，而从1983年8月中央几位领导作出指示后，各地相继开展了专门的查办工作。20多年来，中办、国办先后对开展督查工作发出了多个文件，作出了一系列部署，有力地推动了督查工作的顺利运行。各地已将督查工作列为党委政府的工作任务之一，督查部门已成为党委政府的重要工作部门。1998年8月6日国务院办公厅发出了《关于加强督促检查工作的通知》（国办发〔1998〕112号），1999年2月6日中共中央办公厅下发了《关于进一步加强督促检查工作的意见》，使这项工作走上了制度化、规范化、科学化的轨道。

（一）督查工作的地位、作用

督查工作的地位	督促检查是重要的领导行为	从系统原理看，督促检查是领导行为的重要组成部分。在制定决策、实施决策整个系统中，督促检查是实施决策不可或缺的重要环节。
		从反馈原理看，督促检查是实现领导活动的重要手段。督促检查最重要的工作就是反馈决策实施情况。
		从封闭原理看，督促检查是领导活动的重要保证。领导工作这个大系统是一个由决策中心、执行机构、监督机构、反馈机构组成的互相连接的封闭回路。这个回路的职能和运转程序是：决策中心制定决策，向执行机构和监督机构发出指令；信息加工处理后向决策中心反馈；监督机构通过监督和反馈对执行机构执行指令的情况进行全过程控制。
	督促检查是重要的领导方法、是确保领导决策落实的有效手段	抓决策落实是实现科学领导的关键。通过开展积极有效的督促检查，一方面可以及时了解决策执行中的情况、经验和问题，加强具体指导，保证决策的落实；另一方面也可以了解决策接受实践检验的结果，总结经验，充实完善，纠正偏差，防止失误。督促检查不仅是通过实践把决策变为现实的一个桥梁，也是进一步补充完善、发展原有决策、进行再决策的一个重要环节。
		开展督促检查工作，是党执政与改革的需要。开展督促检查是我们党的全心全意为人民服务的宗旨所决定的；开展督促检查是我们党思想路线和工作作风的要求；开展督促检查也是领导工作性质的必然要求。
		加强督促检查是新时期改善党的领导和顺利实现决策目标的重要保证。毛泽东同志阐述党委会工作方法时就强调："检查督促，党委有责。"督促检查是新时期进一步加强和改善党的领导的需要，是顺利实现决策目标的重要保证和推进工作落实的根本手段。
	督查是秘书部门重要职责	督促检查工作是新时期领导工作对秘书部门的客观要求。
		督促检查工作是秘书部门的重要职责之一，是政务服务重要内容。
		开展督促检查工作是协助领导顺利实现决策目标的重要保证。

续表

督查工作的作用	推动、加速作用	督查是统一思想的过程	通过督查可以帮助执行部门克服消极的思想因素，明确目标和任务，增强落实的紧迫感和责任感，自觉地实施各项决策及任务。
		督查是启动运行的过程	督查既是领导落实机制中的内在驱动力，又是外部因素作用于领导落实机制的推进力，使各个层次的运行机制处于最佳的状态。
		督查是开辟通道的过程	督查能够扫除"障碍物"，解决难点问题，为任务落实创造有利条件。
	反馈作用		督促检查工作人员根据决策部门已经作出的决策，开展督促检查，接触实际，了解情况，发现问题，获取信息。把这些信息进行加工整理及时反馈给领导，以便于领导掌握决策的执行情况。
	控制作用		督查部门通过监督和反馈，能够有效地对各部门执行领导决策的情况进行全程控制。
	监督作用		督促检查工作是对实施决策的情况验证、检查、监督，对实施过程的方法和效果综合分析、考核评比，从而起到自上而下的监督作用。
	协调作用		通过督查过程中的协调，充分发挥各个方面的整体效能和作用，使内部和外部各相关方面形成合力，朝着决策的目标共同努力，就能够较好地解决矛盾。对于职责不清的，可以向决策者和决策部门反馈以便重新明确或界定职责权限；对于牵涉面广的，可以根据决策者的授权，牵头组织，协调关系，解决矛盾。
	推广作用		对决策贯彻的基本情况实施全面的督查和大范围的调控、监督和指导，能从总体上把握决策贯彻落实的情况，并对决策贯彻落实中存在的倾向性、普遍性问题拿到点上来研究、分析，把点上的成功做法和经验拿到面上去推广、运用，才能使督促检查工作"细而不繁，疏而不漏"；以点带面，以面促点，才能使督促检查工作横向上有广度，纵向上有深度，收到良好的效果。
	验证、评估作用		通过督查发现和研究实施过程中遇到的新矛盾、新问题、新情况，并通过督查这个信息反馈回路，能够将决策运行情况及决策本身的情况迅速、准确地传输回决策中心，为领导提供条件，加深对决策的感知，以便作出补充、修改决策的判断，从而使决策不断臻于完善。

（二）督查工作的原则

依法督查	严格依照法律法规和政府规章规定，认真开展督查工作，坚持令行禁止，坚决维护党和政府的权威性。
突出重点	要紧紧围绕党委、政府的中心工作，准确把握工作重点，抓住影响全局的突出问题、主要矛盾和薄弱环节，集中力量，突出重大决策督查，强化重点工作督查，狠抓专项查办，围绕人民群众反映的热点难点问题开展督查，把督查贯穿到决策实施的每个阶段、每个环节、每个方面，确保督查工作对党委政府重大决策、重点工作、重大项目的推动作用，既兼顾全局，又突出重点，全面推动各项工作的贯彻落实。
授权工作	办公室或者督查机构开展的督查工作，是服务于、服从于领导工作的政务服务，是一种授权行为。在督查工作中，未经领导授权不直接处理问题，不自作主张代替领导做决定，更不允许发号施令和对下面的工作指手画脚。
实事求是	督查工作必须坚持实事求是，注重调查研究，全面准确地了解和反映情况，讲真话，报实情，不夸大、不虚报，既报喜、又报忧，不回避问题，不敷衍应付。一切从实际出发，以事实为依据，客观公正地处理和反映问题，防止以偏概全，杜绝弄虚作假。要为领导决策提供有参考价值的、切实可行的意见和建议。

续表

讲求实效	督查工作必须狠抓落实，求质量，讲效率，减少繁文缛节，力戒形式主义，严禁拖沓延误、敷衍塞责。要按照"交必办、办必果、果必报"的要求，使督查工作事事有着落，件件有结果，桩桩有反馈，有效推动各项工作部署的贯彻落实。要根据实际情况，急事急办，特事特办；要坚持"快办、快结、快反馈"，对重要工作部署的督促检查应及时立项，及时通知、及时催办、及时反馈、及时审结；因特殊情况未能按期办结的，要及时说明情况和原因，抓紧催办。
分级负责	政务督查实行分级负责，归口办理。要认真履行各级机关单位及部门的督查工作职责，做到逐级负责，分工协作，分级办理，使督查任务合理分流，防止推诿、扯皮。办公厅（室）督查机构负责本级机关的督办工作，积极负责地完成上级交办的督查任务，指导下级机关开展督查工作；未设督查机构的基层机关单位办公室应有专人负责办理督查工作；对涉及各职能处室职责的督查事项，归口办理；涉及条块或几个部门的督查事项，按领导批示或由当地党委政府督查室指定牵头单位和协办单位联合办理。

（三）督查工作的任务、职责

任务	决策部门督查任务	（1）明确落实决策事项的督查责任和分工。 （2）组织开展对决策落实情况的督查活动。 （3）开展对影响决策事项的督查调研。 （4）提出修正决策的意见，并通过决策程序修正和完善不适当的决策。
	督查工作部门的基本任务	（1）决策落实的督查：上级决策；本级决策。 （2）专项工作督查：领导批交办件；热、难点事件查办。 （3）政协提案、人大议案、建议办理工作。 （4）围绕重大决策开展督查调研。
职责	领导机关督查工作职责	（1）抓好对上级方针、政策和重要工作部署的落实。 （2）抓好上级重要文件、重要会议、决定和重大决策、重要工作部署的落实。 （3）抓好上级领导同志重要指示、批示及交办事项的落实。 （4）抓好本级党代会、人代会、全委会等重大决议、决定事项的落实。 （5）抓好对本地区突发事件和热点、难点的落实。 （6）协助抓好对下级班子及干部的政绩考评。
	领导者督查工作职责	（1）抓好各自分管工作决策事项的落实。 （2）抓好上级领导重要指示、批示、交办事项的落实。 （3）抓好本级党政主要领导重要指示、批示、交办事项的落实。 （4）抓好各自分管工作中突发事件和热点问题的落实。 （5）抓好对各自分管工作领导班子及干部的政绩考评工作。
	督查工作部门的职责	（1）协助领导机关做好党和国家方针、政策、指示、决定的贯彻落实。 （2）协助领导机关做好党中央、国务院和上级、本级党委、政府重要文件、重要会议决议、决定和重大决策、重要工作部署的贯彻落实。 （3）做好中央和上级、本级党委、政府领导同志重要指示、批示及上级领导机关交办事项的落实。 （4）做好本级或上一级人大代表、政协委员提出的需由本级机关答复的有关议案、提案、建议的办理情况。 （5）对涉及本地区、本部门在工作中存在带普遍性的热点、难点问题开展督促检查工作。

续表

职责	督查工作部门的职责	（6）协助组织部门开展本级管理部门的班子和干部的政绩考评工作。 （7）做好本级领导机关及领导同志交办事项的落实。

（四）督查部门的工作权限

在工作中领导机关、领导应授予督查部门相应的工作权力，以确保督查工作顺利开展和各项决策的落实。从当前的督查工作实践来看，各级党委、政府领导机关授予督查部门的权限主要有以下方面。

组织协调权	根据党委、政府的授权，对涉及党委、政府的重要决策、重大工作部署及领导重要批办事项落实的督促检查活动，由督查部门牵头，组织、协调有关部门和下级党政机关共同完成。
专项案件查办权	对领导批办的事关全局或久拖不决的一些重要案件，督查部门可派人直接调查、督办，或组织有关部门和下级有关机关联合调查、督办。
参与工作实绩评议权	对本级直属部门和下级党委政府领导班子落实党委、政府下达的目标任务、重要决策和工作部署、领导批办事项的情况，督查部门可依据平时的督查情况和考评结果，年底向同级党委、政府和组织人事部门提出综合评议意见。
奖励惩罚建议权	对本级直属部门和下级领导班子，督查部门可依据党委制定的奖惩办法，对工作目标、交办事项的落实情况，向同级党委、政府提出奖励或惩罚建议。对在督查工作中发现的严重违纪违法者，提出移交执法执纪部门查处的建议。
干部使用建议权	督查部门可将在督查工作中对有关部门或下级领导班子中领导干部的政策水平、领导能力、干群关系等方面了解的情况，如实地反映到党委政府和党委组织部门，也可提出干部使用的建议。
协助领导决策权	督查部门在督查过程中，通过对领导决策不落实的环节和问题的综合分析，找出不落实的原因和症结，提出修正和完善决策的意见和建议。

八、决策督查和专项查办

（一）决策督查

决策督查是指围绕党的路线、方针、政策，党委政府以及本机关单位的重大决策、重要工作部署的落实与完善所进行的督查活动。决策督查是各级督查工作部门的首要任务。

决策督查范围	主要是围绕党委、政府的路线、方针政策和决策、重要工作部署的落实进行的督查。 （1）中央召开的重要会议精神以及中央领导重要讲话在本地、本部门贯彻落实情况的督查。 （2）中共中央、国务院以正式文件部署的重大方针、政策和重要工作的贯彻落实情况的督查。 （3）上级党委、政府和同级党委、政府重要会议精神在本地、本部门贯彻落实情况的督查。 （4）上级党委、政府和同级党委、政府下发的重要文件贯彻落实情况的督查。 （5）上级党委、政府下达的重要工作目标任务落实情况的督查。 （6）本级党委、政府提出的年度工作目标任务落实情况的督查。

续表

决策督查工作重点			在抓好决策落实的同时，决策督查还应着重抓好对下级党政领导的落实意识、创造精神、政治纪律、工作作风、工作态度等方面的督促检查，看其思想是否统一，精神是否振奋，作风是否扎实，效果是否明显。 （1）对于那些态度认真、行动积极、措施得力，并能在充分理解的基础上结合本地、本部门实际创造性地贯彻落实上级党委决策的，要善于发现，及时总结，积极倡导，大力推广。 （2）对于那些缺乏务实精神，照抄照转，热衷于搞花架子、搞形式主义、不求实效的，要加强督查，促使其端正态度，改进作风，不做表面文章，扎实地从本地、本部门的实际出发，贯彻落实好上级决策。 （3）在督查过程中要善于发现和研究决策实施过程中遇到的新矛盾、新问题、新情况，为党委政府补充、修改原决策提供信息和依据，从而使决策不断完善和发展。 （4）对于那些理解上级决策意图不够，在工作中执行决策出现明显偏差甚至失误的，要及时发现，加以纠正，并帮助提高认识，正确理解，严防因认识上的误差和理解上的片面而造成工作失误，产生不良后果。 （5）对于那些置上级决策于不顾、我行我素、敷衍塞责、阳奉阴违的，一经发现，严肃批评。因此造成严重后果的，严肃处理，必要时要公开通报，以儆效尤。
决策督查工作方式	决策督查工作类型	贯彻决策催报检查工作	催报检查就是在领导通过文件、批示、会议部署决策后，要求所属地区、部门尽快将贯彻落实情况向上级领导机关作出报告，一般来说要书面报告。
		日常催办工作	指督查部门不定期地对决策承办地区和部门进行催办，以达到促进决策落实的目的。日常催办的方式可以运用函件、电话或登门催办；反馈方式可以是文字报告、电话汇报或当面报告等方式。
	决策督促检查形式	自查	采用自查方式一般针对性较不强，多数是常规性的工作，对时间紧要求多的工作一般不采用自查的方式。自查方式一般是下级机关按上级机关的要求写出自查报告。
		抽查	主要针对某些难度较大、社会反映强烈、上级要求较高的工作，而又限于时间和人员以及社会影响等因素而采取的一种检查方式。抽查一般是有重点地开展，在内容上应根据上级的要求，特别要将那些矛盾突出、难以落实的问题作为抽查内容；在对象上要确定那些有代表性、问题反映较多的单位和地方进行抽查。抽查内容的多少和对象的多少，应根据工作的需要而确定，抽查的问题多不易把问题搞清楚，抽查的对象太宽，时间就花得多，不能集中精力深入基层。抽查一般要组建专门的检查组，因此需要做好一些组织和准备工作。
		普查	就是普遍检查，它是检查时间长、参加人员多的一种检查方式，一般情况不采取这种方式，除非工作特别重要，要求又特别高，不通过普查就达不到预期目的的。 普查可分为两种形式：一种是所有的检查工作都由一个检查组完成；另一种是将检查人员分成若干小组，每个小组负责一项工作或一个地区的检查，最后汇总。

续表

决策督查工作程序	督查组织准备工作	拟订方案立项审批	督查部门或办公室应根据工作需要和领导要求拟出督查方案,在充分征求有关部门意见的基础上报主管领导审批立项。方案应明确督查重点及要求、牵头或负责督查部门、人员、落实措施、办理时限等内容。
		抽调检查人员	应尽量抽调对督查内容比较熟悉、有一定的职务或业务能力,能承担督查工作任务的人员。应分成若干小组并选派领导干部带队,每个组都有督查部门同志参加,以便了解全面的情况。分组名单随检查通知一并下发。
		印发督查通知	督查方案一经批准即可印发检查通知。督查时间要求紧急的应以传真的形式发出;对特别简单、涉及单位较少的督查,也可电话通知。督查通知应明确督查的内容、对象、时间、地点、方式方法以及被检查单位应准备的资料等。
		做好出发前的准备	(1) 做好督查的资料准备,督查工作中所需文件、表格及有关资料应提前印发给每个工作人员。 (2) 安排好督查人员的出发等后勤保障事项。 (3) 做好与督查单位的联系工作。督查组出发前应主动与被督查单位取得联系,并告知对方需要做好的准备工作。
	开展督查工作	听取汇报	通过听取汇报从宏观上了解工作的开展情况以及存在的问题和下一步工作的打算。
		实地考察	在听取汇报后,应安排一定时间到现场查看有关情况,看是否与汇报的情况一致,是否与上级要求的标准一致,同时了解存在的问题和基层的意见建议,为修正决策提供依据。
		抽查资料	为全面掌握该项工作的落实情况,应到相应的机关和部门查验资料和检查开展活动的原始记载,即有关简报、通报和文件等,以及开展本项工作的各种统计报表和申报材料等。
		交换意见	检查工作结束前,督查组应根据检查的情况与被查单位及其负责人交换意见。 交换意见的主要内容包括: (1) 通报检查的情况。 (2) 肯定被查单位所做的工作。 (3) 指出工作中存在的问题和不足。 (4) 对下一步工作的开展提出建议或意见,督促落实。 同时督查组还应就督查中不清楚的问题进一步询问被查单位,特别是对下面不懂或没有了解清楚的,督查人员应给予解释或说明,以使有关人员进一步掌握。重要的交换意见可以形成书面材料,以备将来查用。
	督查总结工作		(1) 召开总结汇报会,由督查组成员或各督查组分别汇报自己督查的情况。 (2) 起草督查总结或督查总结报告,经督查组负责人审核修改后报送领导审定。特别重要的督查,督查报告草拟好后,还应将文稿印送督查组成员讨论或征求意见,汇总意见修改后再上报领导审批。 (3) 将督查总结文件印发有关领导机构、领导人和有关部门。 (4) 督查事项办结后,应按规定将有关材料立卷归档。

(二)专项查办

从督查的角度讲,专项查办工作就是协助领导对某些具体问题的查处解决。具体工作包括:根据领导的批示和要求,将领导批示、交办的事项,转交有关地区或部门办理并督促其抓紧核查、落实,这属"领导批示查办件";把看到、听到、查到的带有典型性、倾向性的问题经请示领导同意后，通知有关地区或部门查办，催促落实，这属"主动查办件"。

专项查办工作特点	政治政策性	协助领导对重大问题进行查办，显然是十分重要的任务。无论是领导批示查办事项，还是主动查办事项，一般来说，都是比较重大的问题。因此，查办工作具有较强的政治性和政策性。
	从属性	第一，在工作中，督查工作人员的责任是协助党政领导做一些工作，按照领导同志的指示，协调有关部门和地区调查处理问题，所做的工作主要是负责转办、催办和报告结果等具体事宜，都是服从于和服务于领导同志的。 第二，查办事项主要由下级有关部门和地区负责承办，督查部门起承上启下的作用，一般不参与办案，更不能代替各部门的工作。
	广泛性	查办事项涉及政务工作、经济建设、社会生活以及民生问题等各个方面，范围很广。
	指令性	专项查办不论是领导批示查办的还是主动查办的，都是领导者、领导机关拍板定论的工作任务或必须解决的问题，一般都有明确的目标和具体要求，具有鲜明的指令性和一定的权威。
	紧迫性	专项查办的事项，都有时限性要求，要根据上级要求按时报告结果，特别是一些领导批示的重要查办事项和一些突发事件的处理，更需要注重工作效率，及时上报结果。
	务实性	专项查办工作是为领导服务的一项求实的工作，是办实事的，来不得半点虚假。在办理的过程中，一定要实事求是，不说假话，不扩大，不缩小，要求如实反映情况，确保查办工作质量。
专项查办工作范围	（1）承办中央领导同志批示查办事项。 （2）承办上级领导同志批示查办事项。 （3）承办上级党委、政府督查部门通知的查办事项。 （4）承办本单位领导同志的批示查办事项。 （5）各级督查部门把看到、听到、查到的一些重大问题主动提出并报经领导审定的查办事项。各级新闻单位的内部参考材料；下级部门向上级部门及其他渠道报送的信息和情况反映材料；信访部门摘编的材料；中央和各级报刊上报道的消息；其他渠道反映的需要查处的材料。 此外，各地区、各部门的督查部门还可根据自己的实际情况，确定一些需要查办的事项。	
专项查办工作要求	（1）要围绕中央和本级党委政府以及本单位的中心工作开展。 （2）依靠地方和职能部门查办。 （3）一查到底，有查必果。专项查办事项一旦立项，就一定要一查到底，有查必果，有果必报，维护专项查办工作的严肃性。有的查办事项涉及几个方面的问题，部门之间如果出现相互推诿的现象，督查部门要主动做好协调工作。对长期拖延不办的，督查部门在向领导报告情况后，要派人下去调查了解，督促落实。 （4）实事求是。对立项督查的事项要有事实根据，对那些捕风捉影的问题不查。查处工作中要把事实搞清楚，要实事求是，不主观臆断，事实不清的不作结论。要如实地反映情况，既不扩大，也不缩小，有喜报喜，有忧报忧，不可大事化小，小事化了。 （5）举一反三，扩大查办效果。专项查办工作要善于通过查办一些具有典型性、倾向性、代表性的问题，从中进行总结分析，触类旁通，举一反三，推动同类问题的解决或面上问题的解决，以扩大查办的效果、作用和影响。	

续表

专项查办工作方式	转办	这是指查办事项报请领导审批同意立项后，督查部门根据领导批示以及查办的内容，及时转给承办单位查处。转办的方法，可采用发函、打电话、电报或通知承办单位的承办人前来当面交办等方法。较为普遍的是发函查办。 应该注意：一是除个别情况外，专项查办件的转办应逐级下转，一般不越级下转。二是不得把查办材料转给被查单位和个人处理，应转到被查单位、个人的上一级组织或主管部门。
	协办	这是指涉及几个部门或地方的问题，需要督查部门协助有关方面共同调查办理的一种工作方式。凡协办事项，都应明确牵头单位和协办单位，当牵头单位在办理过程中遇到困难时，督查部门要根据实际情况，积极主动地做好协调工作。
	自办	个别特别重要的、机密性强、时间要求紧又不宜转给有关地方和部门查处的事项，督查部门要按照领导同志的指示，自己组织力量，直接派人调查处理，或是领导同志亲自出面，由督查部门参加处理。
专项查办工作程序		和前述决策督查工作程序基本一样。

九、督查工作的方式方法

督查工作常用方法	"向下了解情况"和"向上反映情况"结合		督查人员向下了解情况后，再向领导者作出反馈，这也是督促检查行为。督查人员把了解到的情况，经过综合整理后，向领导者提出有情况、有分析、有建议的报告，并为领导者所接受，变为领导者的意图，融在领导者指导工作的实际中，这就起到了督促检查、推动决策落实的作用。有些建议为领导者直接采纳，例如推广先进典型，通报批评一些抓落实不够的单位等，则所起的督查效能更为直接。
		运用这一方式注意事项	（1）要善于发现和勇于发现问题。
			（2）要注意了解带普遍性、倾向性和根本性的问题。
			（3）要善于发现和总结决策落实过程中出现的新经验。
	"点上核查"与"面上推动"结合	点上核查	就是选取一些有代表性的地区和部门，组织力量下去调查研究，察看决策是否真正落到实处，或针对某个地区所反映出的具有典型性的问题，进行专项查办。通过"点上核查"，找准影响决策落实中的问题及症结之所在，推动问题的解决。"点上核查"要正确选择在决策贯彻落实中具有典型性的地区和部门。通过一个点了解一个面，用较少的投入取得较大的成果。
		面上推动	是指通过"点上核查"，将各部门在贯彻落实过程中取得的好经验、好典型在面上加以推广，引导各级领导、广大干部群众积极为落实决策而创造性地开展工作。对贯彻落实的先进典型，要积极帮助总结经验，加以推广；对不认真贯彻落实决策的单位，也要视情况抓一些反面的典型，总结教训，举一反三；要针对决策落实中存在的问题，认真分析研究，提出深入贯彻落实的建议，在面上提出要求，从而把决策的贯彻落实引导到一个新的层次和水平。

续表

督查工作常用方法	"点上核查"与"面上推动"结合	运用这一方法注意事项
		（1）要把"点上核查"与"面上推动"很好地结合起来。
		（2）要力求把握全局。这就是要从整体上把握决策落实全过程的进展动态。对各地、各部门的工作发展情况，有哪些成功的经验，出现了哪些倾向性的问题，督查部门都要做到心中有数。如果不了解全局情况，就很难有代表性，提建议就很难避免主观片面。
		（3）要突出重点。不论是"点上核查"，还是"面上推动"，都要注意突出重点，在一个时期内要把主要力量放到一两个主要问题上。如果重点不突出，就不能把问题弄透，也就运用不好"点上核查"与"面上推动"的方法。
	协助督查	这是督查部门协助领导开展督促检查的一种方法。督查前要根据当前一个时期的中心任务及时提出督查建议，协助领导同志制订预案，搞好各项准备工作；督查中要安排和组织好各项活动，协助领导同志收集整理各类情况；督查结束后，要协助领导同志搞好综合分析，研究问题，并提出进一步抓好决策落实的措施，为修正和完善决策提出意见和建议。
	催报督查	就是各级督查部门为落实各级领导机关作出的决议、指示和部署的贯彻，通过催报的形式而开展的督查活动。各级督查部门对各级决策机关的重要文件发布或重大工作部署后，要根据文件要求和领导批示精神，督促各地、各部门向决策机关按期如实报告贯彻落实情况。凡是文件和会议明确规定报告时限的，要按照时限要求及时催报。催报结束后，督查部门应对各级各部门上报的贯彻落实情况予以综合，并及时向上级反馈决策实施过程中的情况、经验和存在的问题。
	调研督查	这是督查部门根据决策实施的进展情况，选择关系全局的热点问题、工作落实的难点问题和执行中出现的带倾向性、苗头性问题开展调查研究，对重点问题解剖分析，向决策机关写出专题或综合报告，促进决策尽快落实的工作方法。
	协调督查	就是督查部门根据决策机关的授权，协调和推动各职能部门及下级机关开展督促检查。督查部门在开展协调督查工作中要加强同各职能部门的联系，了解有关工作的进展情况，向授权机关汇总报告。对决策落实中职责不清的，要进行协调，确定牵头或主办单位；督查部门协调有困难时，可请示或请领导现场出面协调。
	专项督查	就是督查部门对决策机关重大决策和重要工作部署，按照领导指示或根据工作需要，组织督查工作组开展的专门事项督促检查。要深入基层，了解掌握真实情况，指导、督促决策的全面落实。
	通报督查	就是督查部门抓住决策落实中的一些先进或落后典型进行认真剖析，总结出对全局工作有指导意义的经验教训进行通报，以推动全局工作的落实。
	催办督查	就是督查部门对领导交办事项通过催办的方式进行督查的方法。凡领导批示及上级领导机关交办事项，督查部门应当采取《督查事项通知》的方式催办。对其中一些重要批办、交办事项，要派人或组成督查工作组到承办单位催办落实。
	目标管理督查	就是在开展督查工作中将目标管理与督查工作相结合，通过目标管理促进决策落实的一种方法。督查部门要加强目标监控，进行跟踪督查，确保目标完成。

续表

督查工作常用方法	舆论督查	这是当前各级督查工作部门在实践中总结出来的一种好的督查方式。舆论督查就是各级督查部门通过与新闻部门的合作，借助新闻媒体的舆论工具开展的督查活动。舆论督查的主体是督查部门，只是它在督查的形式上利用了新闻、网络舆论的工具。开展舆论督查主要是针对一些重大问题和老百姓关注的焦点、热点问题，而且通过其他方式达不到预期效果与目的的情况下才使用的。督查部门在开展舆论督查工作中要加强与新闻、网络部门的沟通与配合，切实做好工作的实施方案，对需要曝光的事件要请示主管领导同意，新闻内容要严格把关，不能出现政策和事实上的错误。舆论督查中也有多种形式，即正面的报道与反面的报道、明察与暗访、新闻通报等。
	汇报督查	这是领导机关或领导者使用的一种方法，但督查部门也可采用。汇报督查主要是通过召开会议听取有关部门汇报工作落实情况的一种督查方式，这也是现在我们各级领导开展督查工作的主要方式。 汇报督查主要有两种形式，一是到被督查单位听取汇报，二是被督查单位到上级机关汇报工作落实情况。 汇报督查应主要针对决策督查工作而开展，主要是为使领导机关和领导者较快和全面地掌握工作的落实情况。但对一些较具体的决策落实工作不采用这种方法。这一方法的特点是决策者了解的情况较宏观，但有时很难真正发现问题。
	暗访督查	指不定期进行的暗访，核查落实有关情况，以确保反馈报告内容真实可靠。

第六部分 会务工作规范

主　编：杨　军　中共成都市委办公厅秘书处副处长
副主编：贾定邦　中共成都市青羊区委办公室副主任、目督办主任
　　　　　王　洪　中共成都市金牛区委办公室副主任
　　　　　邓泉龙　中共成都市委办公厅秘书处调研员、文印中心主任
参　编：邓学海　中共成都市委办公厅秘书处调研员
　　　　　王平安　中共成都市委办公厅秘书处主任科员
　　　　　邓冰梅　中共成都市委办公厅秘书处副主任科员
　　　　　程　涛　中共成都市青羊区委常委秘书
　　　　　许　娅　中共成都市金牛区委办公室科长

会议概述	含义	会议是指有目的、有组织、有领导的商议事情的集会，是实施领导和管理的重要手段和途径。
	分类	（1）按会议的规模分为特大型会议、大型会议、中型会议、小型会议，分别指万人以上的会议、千人以上的会议、数十人至数百人的会议、几人至几十人的会议。这种划分是相对的，如几百人的会议，对全国来说就是小会，而对机关（单位）来说则是大会了。 （2）按会议的性质分为立法性会议、党务性会议、行政性会议、业务性会议、群众性会议、交际性会议，其中，立法性会议是指权力机构的会议，党务性会议是指政党召开的会议，行政性会议是指各级行政机关（单位）召开的执行性、工作性会议，业务性会议是指各部门召开的专业性会议，群众性会议是指非官方、非专业的表达群众意愿的会议，交际性会议是指旨在增进了解、发展友谊的会议。 （3）按会议的内容分为工作会议、表彰会议、动员会议、总结会议等。 （4）按会议的方式可分为面授会议、观摩会议、电视电话会议、网络会议、集中会议、分散会议等。
	作用	会议是实施领导的重要工具，实行决策的必要手段，协调沟通的有效方式，检查督促的重要途径。此外，会议在教育宣传、研讨咨询、动员激励、沟通思想感情方面都起着重要作用。
	改进作风	要重视改革会风，有的会议不同程度存在不良会风：会期过长、规模过大、规格过高，会议内容空泛，借开会之名行吃喝玩乐、铺张浪费。改进会风的要求有：树立正确的会议观念，倡导务实和负责的精神；建立健全会议制度，加强对会议的指导和控制；变革会议的方式和手段，多借助广播、电话、电视、网络等现代通信手段开会，努力提高会议效率。

一、会前准备工作

会前准备工作	提出会议建议方案	包括会议内容、参会人员、会议时间、地点、日程安排、会议方式、会议开法、会议经费、筹备分工等。
	会议建议方案报批	可由领导审批或者会议审批。
	制发会议通知	确定会议通知内容、发送会议通知。
	会议筹备	包括会议文件材料准备、参会人员名单收集与分组、布置会场、准备会议必需品、后勤服务、会前检查等工作与程序。

（一）提出会议建议方案

会议内容	会议内容（议题）的确定，有的由领导直接提出，有的由秘书部门广泛征求意见后提出建议意见报领导审定，不管是哪种方式，都要注意会议内容（议题）的针对性、准确性，有利于解决问题、推动工作。
参会人员	根据会议性质、议题和任务，合理确定出席会议人员的范围、条件。参会人员包括会议代表、列席代表、来宾等。对参会人数要有较精确的统计，以便做好相关准备工作。
会议时间	包括报到时间及会议起止时间。力求紧凑高效、科学合理，避免耗时费财。应方便与会人员参会，特别要注意与本机关（单位）的重要工作和领导的活动安排相衔接，一般以主要领导的工作安排来确定时间。
会议地点	适宜在交通较便利、环境清静的场所，还需考虑会议室的大小及附属设施配套齐全，包括桌椅、照明、音响、通风、网络、通信、安全、卫生、餐饮、住宿、服务、娱乐、供电、停车、交通等因素。要遵守有关规定，不选在风景名胜地点及高档宾馆。
议程和日程安排	会议议程是议题的先后顺序。法定会议议程要按有关规定安排，其他会议议程可按照内容重要程度或领导讲话先后顺序安排。会议日程是会议议程在时间上的具体安排，多采用表格的形式明确到每天上午、下午、晚上的时间段里，要求具体到时、分。
会议方式	一般根据会议内容（议题）、参会人员及上级要求等具体情况确定，或集中召开或利用电视电话等方式相对分散召开。
会议的开法	根据会议内容（议题）、目的来确定。有的集中开会，有的采取现场参观考察与集中开会相结合。有的只安排领导讲话部署，有的安排交流发言与领导讲话部署相结合，有的还要安排分组讨论。
会议经费	本着节俭的原则预算，反对奢侈、浪费。
筹备分工	要合理，事前多做沟通协商，以便通力合作。

（二）会议建议方案报批

领导审批	有的会议建议方案只需领导审批，这就按领导分工和程序送审，直至送主要领导审定。
会议审批	有的会议建议方案需会议审批，这就要在送有关领导审批后，按领导批示提交有关会议审定，在会议讨论时认真做好记录，如有修改会后及时改好送审。

（三）制发会议通知

会议通知内容	包括会议名称、内容、参会人员、时间、地点和注意事项。注意事项要考虑周全，应将参会需要做的准备及会务联系人、电话等详细告知。如果会议地点不为人熟悉还要附上线路图，如果需要报名回执还需要附上报名表，回执内容包括与会者的姓名、性别、民族、年龄、单位和职务（职称）、联系电话、预定回程票要求等。
会议通知发送	（1）要及时发送。会议通知常采用书面形式，参会人员少的或时间特别紧急的常采用电话、电子邮件等方式发送。通过电子政务网公文交换中心发出的会议通知还要跟踪签收情况，对未及时签收的要电话提醒。对采用电话、电子邮件通知的，要跟踪落实是否收到。送领导的会议通知要通知有关工作人员及时送达。 （2）要准确发送。要核准参会范围，确保不漏发。对一些会议代表或邀请参会的有关社会人士、群众要特别仔细，这些代表比较分散，有的没有固定单位，有的甚至住在偏远的地方，发送会议通知时要核准其详细地址及联系方式，一一发送到人头。 （3）如果有的会议要发送票证，可将会议中使用的有关票证（入场券、代表证、座次号、编组名单以及就餐券、乘车证等）与会议通知一并发送。

（四）会议筹备

会议机构	会议筹备事项和工作多且杂，需要有关单位和人员协作。一般性会议、常规会议的筹备，可按照会议方案分工或领导指示分别开展准备工作。大中型会议筹备涉及的单位和人员多，常常召开协调会来落实会议筹备工作。大中型会议一般要成立专门的大会秘书处负责会议筹备，其下设若干工作组（如秘书组、协调联络组、宣传组、安全保卫组、后勤保障组等）开展工作。
会议文件材料准备	（1）会议文件材料的类型。有主持词、开幕词（或会议开始时讲话）、工作报告（或主要领导作的主题讲话）、其他领导讲话、会议讨论审议文件（包括会议决议）、闭幕词（或会议结束时讲话）、经验交流材料、会议学习参考材料（印发会议学习的其他文件和参考资料）、会议程序性材料（如会议议程表、日程表等）、会议管理性材料（如会议须知、会议分组、座次图等）等，根据会议实际情况确定需要的会议材料。 （2）材料准备应分工合作、统筹安排。起草讲话、发言、讨论文件应由熟悉情况、能胜任的相关单位和人员负责，其中发言材料由发言单位负责起草；会议学习参考材料由有关人员收集汇总；会议程序性、管理性材料由会议承办单位负责编制。有的会议材料还需指定专人审核把关。 （3）会议材料准备的督查落实。要倒排进度，确定专人跟踪督查，协调解决推进中的问题，避免会议材料出现纰漏。 （4）会议材料印制、分发要保质、准确、高效。会议文件必须严格审核，经领导签发后交付打印。要经过认真校核后付印，一般要分组唱校、三核后才能印刷。印刷要统一版式，保证印刷质量。印成品需最后审核方可发送。印制好的重要会议材料还要逐一翻阅检查，防止出现漏页、倒页、白页和字迹不清。
参会人员名单收集与分组	重要的大中型会议一般都要收集参会人员名单并分组，收集名单要核准人员姓名、性别、单位、职务、联系电话，分组时一定要准确按照参会人员信息进行，可以按照地区、单位或行业特征分组，要指定每组的召集人。分组情况要和会议须知一起印发。有的会议要印发通讯录，在核准参会人员信息的基础上，按照领导排序和参会单位排序排列名字，提前印制在会议报道时发送。通讯录排序要符合礼仪规矩。

续表

布置会场	（1）注意会场气氛相称。党代会、人代会会场应布置得庄严隆重、朴素大方；庆祝大会会场要喜庆热烈；纪念性会议会场要肃穆典雅；追悼会场庄严肃穆；工作会场简单实用；展览会场新颖别致；座谈会场和谐亲切。可通过会标、会徽、旗帜、鲜花、宣传标语、灯光布置等烘托气氛。 （2）根据会议需要确定会场形式。可以按不同规模、主题的会议，选用不同形式的座位布局。日常办公会、小型座谈会，大都采用圆形、椭圆形、长方形、正方形、U形等摆法，这种形式可形成民主团结气氛；大中型会议一般采用阶梯形、"山"字形、半圆形摆法，这种形式有一个绝对中心，容易形成一个庄重严肃的会议气氛；大型茶话会、团拜会、宴会，可以采用星点式、众星拱月式，这些形式容易形成和缓轻松的祥和气氛；会谈、会见场合，主要采用圆形、长方形、方形和马蹄形。 （3）安排好座次。大中型会议要事先安排好主席台的座次和参会人员的座位，前者以职位、声望高低居中依次向左右侧排列；后者可按单位惯例排序、地区、行业等排列，如果有领导坐主席台下，要按职位高低先安排领导座位，然后安排参会的单位。排列主席台座次，一般按照"左尊右次"的原则安排座位，即职务最高者居中，然后先左后右，按职务大小向两边顺序排开，主持人也应按职务排列，不必排在第一排最边上。一般不能把同一层级的领导分两排座。涉外会议要注意宾主的位置，我国习惯客人坐在主人的右边，译员、记录员分别坐在主宾的后边或右边，其他客人按礼宾顺序在主宾一侧就座，主方陪见人员在主人左侧就座。有的会议出席领导来宾情况复杂，座位排序不好确定，应请示领导确定。 （4）仔细检查照明设备、音响设备、多媒体是否完好，有必要在会前进行认真调试，以确保会中不发生故障，不影响会议气氛。
准备会议必需品	包括纸、笔、本、签到册、座位牌或座位名签；茶叶、纸杯、纸篓；音响、话筒、录音录像设备；通风照明设备，电脑、投影仪、白板等演示设备；会标、横幅、标语、指路牌、旗帜、台布等宣传装饰品；磁带、票箱、奖品、代表证等特需品。在开会之前可列会议所需物品清单，以免遗漏、丢失。会议用品与设备调配工作关键是要做好登记，便于查找，或者万一丢失，以便购置。
后勤服务	包括会议的物资、资金、与会人员的住宿、膳食以及交通、安全、医疗等工作。 （1）根据出席会议的名额，提前编定住房分配方案，参会人员一到立即安置。在住房安排上，对领导和年老体弱的同志应给予适当照顾。 （2）饭菜要可口、实惠，让代表吃得满意。少数民族代表在膳食方面有禁忌的，要充分尊重他们的宗教信仰和生活习俗，妥善予以安排。 （3）安排好会议用车，包括会议期间的接送、现场参观考察等用车。车辆要提前做好安全检查和保养，分组编号，对每位代表乘车安排会前印发代表。必要时应与公安交管部门衔接，做好交通管理保障。 （4）重要会议和大中型会议要做好安全保卫工作，包括会场的安全检查和保卫，提前做好安排。 （5）预订返程车、船、机票和医疗保健、摄影录像、宣传报道等工作，都要有专人负责，并在会前就做好准备。
会前检查	一般由会议筹备工作的办公厅（室）领导带队检查。检查的主要内容：一是会议通知及参会人员是否落实。二是会议材料是否起草、印制好。三是会场布置是否到位，尤其要仔细检查音响、话筒等电子设施和灯光照明是否能正常使用。四是座次安排是否妥当，特别要检查主席台座位安排。

【文例】

××市委办公厅关于召开市委工作会议的建议方案

一、会议时间

2008年7月22日上午8:30开始，会期半天。

二、会议地点

市委礼堂。

三、会议内容

传达省委工作会议精神，总结上半年工作，研究部署下半年工作。

四、参会人员

（一）副市级以上领导干部。

（二）市人大常委会、市政协秘书长，市委、市人大常委会、市政府、市政协副秘书长。

（三）市级各部门主要负责同志。

（四）各区（市）县委和人民政府主要负责同志。

（五）市属高校主要负责同志。

（六）部分市属国有企业主要负责同志。

五、会议议程

会议由×××同志主持。

（一）传达省委工作会精神。

（二）大会汇报发言。

1. 市发改委发言。2. 市招商局发言。3. 市建委发言。

每个单位发言时间控制在10分钟内。

（三）领导讲话。

1. ××同志作报告。2. ××同志讲话。

六、会议印发材料

（一）省委工作会精神传达提纲。

（二）××同志报告。

（三）××同志讲话。

七、会议准备

（一）《省委工作会精神传达提纲》由市委办公厅负责整理。

（二）××同志报告由市委政研室负责起草。

（三）××同志主持词由市委办公厅负责起草。

（四）××同志讲话稿由市政府研究室负责起草。

（五）会议宣传报道由市委宣传部负责。

（六）会务工作由市委办公厅负责。

中共××市委××届××次全体会议

会　议　须　知

会议会务组
2009 年 10 月

目　录

一、会议日程 …………………………………………………………（1）
二、参会人员 …………………………………………………………（2）
三、注意事项 …………………………………………………………（15）

会　议　日　程

时间		形式	内容	主持人	地点
10月22日（星期三）	14:30 —18:00	大会	一、学习《×××》（书面）； 二、××同志传达省委××届××次全体会议精神； 三、××同志讲话。	×××	市委礼堂

参会人员名单

（略）

注　意　事　项

一、请与会同志遵守会议纪律，无特殊情况一律不准请假。
二、开会期间不会客，不处理公务，请关闭移动电话，集中精力开好会议。
三、请与会同志严格遵守保密规定，妥善保管会议文件。
四、开会时间以铃声为准，第一道铃为提示铃，第二道铃为预备铃，第三道铃为正式开会铃。
五、请与会同志一律不带工作人员驻会。

会议会务组　　　　　　　　　　　　　　　　　　　2009 年 10 月 22 日印

（共印×××份）

中共××市××区委
×届×次全体（扩大）会议方案

区委拟于1月4日召开中共××市××区委×届×次全体（扩大）会议，现制订如下方案。

一、会议内容

深入学习贯彻党的十七届三中全会、中央和省委经济工作会议精神，传达贯彻市委工作会议精神，总结2008年工作，安排部署2009年工作。

二、会议时间

2009年1月4日（星期日）上午9:00，会期一天。

三、会议地点

区机关礼堂。

四、参会人员

（一）区委委员、候补委员。

（二）区人大常委会、区政协主要负责同志，区人大常委会副主任，区政府副区长，区政协副主席；区法院院长、区检察院检察长。

（三）区人大、区政府、区政协办公室主任，区政协秘书长，区委、区政府办公室副主任。

（四）区纪委常委。

（五）区人大常委会、区政协各专委办主要领导。

（六）区委各部委、区级各部门、各人民团体主要领导。

（七）各街道党政主要领导。

（八）部分企业负责人。

（九）部分党员代表、人大代表、政协委员代表。

五、会议主要议程

（一）书面传达市委工作会议精神。

（二）××同志作报告。

（三）××同志讲话。

（四）分组讨论。

（五）2008年度干部选拔任用工作情况报告。

（六）干部选拔任用工作民主评议和新提拔干部民主测评。

（七）××同志作结束时的讲话。

六、会议宣传报道和会议情况报告

（一）请××区新闻传媒中心到会报道。

（二）会后，区委办公室负责将会议和贯彻落实市委经济工作会议精神情况向市委报告。

中共××市××区委办公室
2008年12月30日

中共××市××区委办公室
关于召开中共××市××区委五届五次全体会议的通知

各街道党工委、办事处，区委各部委，区级各部门，各人民团体：

区委决定于2008年7月21日上午9:00在区机关礼堂召开中共××市××区委五届五次全体会议，现将有关事项通知如下。

一、会议内容

深入学习贯彻全国省区市和中央部门主要负责同志会议、省委九届五次全会精神，传达贯彻市委十一届五次全体会议精神，安排部署下半年各项工作。

二、会议时间

2008年7月21日上午8:30－8:50签到，9:00准时开会，会期一天。

三、会议地点

区机关礼堂。

四、参会人员

（一）区委委员、候补委员。

（二）区人大常委会、政协主要负责同志，区人大常委会副主任，区政府副区长、区长助理，区政协副主席；区法院院长、区检察院检察长。

（三）区人大、区政府办公室主任，区政协秘书长、办公室主任，区委、区政府办公室副主任。

（四）区纪委常委。

（五）区人大常委会、区政协各专委办主要领导。

（六）区委各部委、区级各部门、各人民团体主要领导。

（七）各街道党政主要领导。

（八）部分企业负责人。

（九）部分党员代表、人大代表、政协委员代表。

五、会议要求：

（一）请参会人员准时到会，无特殊情况一律不请假。

（二）请×××到会报道。

中共××市××区委办公室
2008年7月17日

中共××市××区委五届五次全体会议
会 议 须 知

中共××市××区委办公室
2008年7月

目　　录

一、会议日程 ……………………………………………………………（1）
二、会议座位示意图 ……………………………………………………（2）
三、分组名单 ……………………………………………………………（3）
四、会议材料 ……………………………………………………………（6）
五、注意事项 ……………………………………………………………（7）

会 议 日 程

时间		形式	内容	主持人	地点
7月21日	上午 09:00－10:30	大会	1. ×××同志作报告。 2. ×××同志讲话。 3. 书面传达市委十一届五次全体会议精神。	×××	机关礼堂
	上午 10:30－12:00	分组讨论	讨论《中国共产党××市××区第五届委员会第五次全体会议关于×××的决议（草案）》（讨论稿）、×××同志作的报告和×××同志的讲话。	各组召集人	各组讨论地点
	下午 14:30－16:00	大会	1. 审议通过《中国共产党××市××区第五届委员会第五次全体会议关于×××的决议（草案）》（审议稿）。 2. ×××同志讲话。	×××	机关礼堂

分 组 名 单

第一组（36人）

召集人：×××

出席人员：

×××　×××　×××　×××　×××

×××　×××　×××　×××　×××

工作人员：×××

分组讨论地点：1号楼6楼区委常委会议室

第二组（36人）

召集人：×××

出席人员：

×××　×××　×××　×××　×××

×××　×××　×××　×××　×××

工作人员：×××

分组讨论地点：2号楼4楼区政府常务会议室

第三组（36人）

召集人：×××

出席人员：

×××　×××　×××　×××　×××

×××　×××　×××　×××　×××

工作人员：×××

分组讨论地点：2号楼7楼区人大会议室

会 议 材 料

一、中共××市委十一届五次全体会议精神传达提纲

二、×××同志在区委五届五次全体会议上的讲话

三、×××同志在区委五届五次全体会议上的讲话

四、《中国共产党××市××区第五届委员会第五次全体会议关于×××的决议（草案）》（讨论稿）

注 意 事 项

一、请与会同志遵守会议纪律，无特殊情况一律不准请假。

二、开会期间不会客，不处理公务，请关闭移动电话，集中精力开好会议。

三、请与会同志严格遵守保密规定，妥善保管会议文件。

四、会场内请不要吸烟，保持会场整洁。

二、会议召开期间工作

会议签（报）到		会议开始前要做好参会人员到会签（报）到工作，并及时、准确地统计出席、列席和缺席人数，报告大会主持人。有的会议签到时要同时发会议材料和有关票证等，工作人员要注意准确发放，不要遗漏，做好签领登记。会议签（报）到有簿册式签到法、计算机签到法、证卡签到法、工作人员代签法等。 签（报）到后及时发给会议资料。（参会领导和来宾资料可提前放置在主席台座位处。）
会议引导	来车引领	不少会议与会人员随带有车，会场要有专人引领来车停放，并妥善安顿驾驶员和随行人员。
	入座引导	多数会议参会人员的座位都是事先安排好的，应安排专门人员在会场签到处或入场处引导参会人员就座。可采用座位分区标志牌或印制"座次表"引导入座。
	领导引领	应有专人迎送参会领导和贵宾，会前引领到贵宾休息室待会；届时引领照相入座、离座；引领到会场入座或递次步入代表大会会场。
照相安排	时间安排	会议照相一般安排在会议召开前半个小时，这样参会人员齐全，方便出席会议的主要领导或会前接见参会人员的主要领导能与大家合影，然后离开会场处理其他公务。
	地点安排	一般选择在会场附近，兼顾参会人员照相和参会，工作效率也高。
	事前做好相关准备	现场察看地点是否能容纳人数、是否有阶梯满足站位，如果站位不能达到要求，应准备专用照相架。通知专业照相机构提前等候。安排好站位表，其顺序与开会座次要求相同，并提前把站位表印发参会人员。
	提前报告领导	提前报告领导具体安排，以便领导提前做好安排，按时到场；引导领导入座。
	印制照片	及时印制照片，在会议期间发送到参会人员。
会议记录		安排起草领导讲话或熟悉情况的人员听会并做好会议记录。会议记录方式有两种：一是摘要记录，即只记会议概况、议题议程、发言人及发言要点、会议结果等。二是详细记录，要求有言必录，力求准确、完整，详细记录适用于特别重要的会议，会后再根据录音整理会议记录。不管采用哪种方式记录，都应在会前准备好录音设备。
编印文件材料	编印简报	会议简报适用于会期较长的大中型会议，如党代会、人代会等，一般会议不编写简报。要注意：一是会议简报要反映会议的主要情况、发言和讨论情况、会议有关精神，会议简报力求简、快、准、实。二是凡有分组讨论的会议，要安排好下组工作人员到每组听会、做记录、编写简报。三是由于分组会和大会地点不同，参会人员处于动态，简报发送要注意准确勿漏。
	印送会议文件	会议主要文件资料一般在签到时发放或放座位上，但有时在会议期间还可能印发文件或临时产生会议讨论稿等，要注意文件资料发放的准确性和保密性；凡需清退的做好登记、回收工作。

续表

会议安全保卫工作	（1）有的在会前先要对会场进行安全检查，甚至要使用相关技术手段检查，以消除安全隐患。 （2）在《会议须知》中提出与会者共同遵守的纪律要求。 （3）重要会议应凭代表证或座票入场，并指定专人维持会场秩序，要制止闲杂人员串进会场。 （4）对会场、会议代表住处、参观地和膳食场所，均要切实做好安全防范工作，确保会议安全。 （5）会期较长的会议还应安排信访部门值班接待信访人员。 （6）会前应制定安全工作应急预案，以防万一发生紧急突发事件快速反应、控制得住。
其他服务性工作	（1）处理临时交办事项。会议进程中，可能发生一些出乎意料的临时变动。比如调整议题，增加与会人员及其他特殊情况，工作人员应根据领导指示和实际情况，采取应急措施，并妥善予以解决。 （2）会间安排。如果会期较长、人数较多，为调剂紧张的会议生活，应组织适当的文娱体育活动调节。对参会人员的医疗保健，要有专门医生负责。住宿、饮食、环境等方面的卫生工作尤要重视，要采取切实的措施，防止流行病、多发病的发生。

【文例】

××会议签到表

2008 年 7 月 10 日

姓　　名	部　　门	职　　务	联系电话	住宿房号

三、会后工作

清退会议材料	根据保密法规，对需要回收的文件材料应通知参会人员及时退回，并在会议结束前安排人员在会议室出口负责清退文件材料。
检查清理会场	会议结束后，组织有关人员收拾清理会场，及时归还借用物品，保持会场原貌。发现会场有与会者遗留物品，应及时联系归还失主。
安排离会工作	做好与会者的返程工作，对贵宾要先送行。会期长的，在会前或会中应做好车、船、机票的预订工作，对需要送行的还要安排好车辆。
整理编写会议文件	根据会议记录和会议最后议定事项，及时、准确地拟出会议决定（决议）、会议纪要等文字材料，并报有关领导审核，需正式印发的及时印发，需公开发表的交新闻单位刊发。

续表

立卷归档	会议结束后，收齐会议的整套文件资料，包括会议方案、会议通知、领导讲话、会议决议、会议纪要，有关文件、简报、会议记录、会议报道等，并按档案管理的规定整理归档。
会议议定事项督办	（1）健全责任制度。安排专人负责督办工作，及时了解督办情况，解决出现的问题。 （2）健全登记制度。建立督办登记簿。逐项列出检查督办的事项。并有督办人员根据实际情况，定期记载督办事项的进展情况。 （3）建立反馈制度。督办人员可采用口头汇报、书面汇报、专题报告等多种方式定期或不定期向领导反映督办事项的落实情况，遇到紧急情况立即汇报，不能耽误，对于一些重大问题不能自作主张，要按领导指示办。 有关要求参见督查工作部分。

四、常见会议会务工作

常见会议会务工作包括代表会议、全局性会议、专题会议、办公会议、座谈会议、学术讨论会议、新闻发布会议、听证会议、仪式典礼会议、培训会议、网络会议等会议的会务工作。除按前面第三部分要求做好会前、会中、会后各项工作外，还应根据不同会议要求，分别做好相应会务工作。

（一）代表会议会务工作

	提出会议建议方案	这类会议的议题、参会人员、议程及开法都是法定的，按有关规定提出即可。只是会议时间可压缩短一点，会议地点特别要考虑主会场与分组会议室配套、会址附属设施齐全。
	会议建议方案报批	会议方案中议题和议程按有关法律法规规定安排，并且要提交有关会议审定，比如党代会方案要提交党委（常委）会审定。
	制发会议通知	这类会议通知参会人员要注意区分写清正式代表、列席代表、特邀代表。通知发送要针对代表比较分散的特点，做深入细致的工作，一一发送到人头。
会前准备工作	成立大会秘书处	根据工作需要可分设协调联络组、秘书组、宣传组、后勤保障组、安全保卫组等小组负责会议筹备工作。
	会议文件材料准备	这是重点工作，要提前几个月的时间准备，一般搭建秘书组或文件起草组负责，而且还要开展调研、召开座谈会，主题报告要广泛、反复征求意见。
	会议材料印制	会议材料印制量大、要求高，有很多材料需保密，印刷设备要保证，印制前应反复校核，印成品需认真翻阅检查，确保质量。
会议筹备	设计、印制出席代表证照	设计、印制出席代表证、列席代表证、工作人员证等，出席代表证和列席代表证还要加印照片，要注意人名和照片吻合准确。
	安排分组讨论	会议要分组讨论的应事前分组，分组一般要把同一地区的代表或工作性质相近的代表编为一组。
	会场布置	会场气氛庄严隆重、朴素大方，选用阶梯形会场；主席台要挂徽记、插旗帜。会场布置常常还要摆放鲜花、绿色植物等，尽量考虑周全。
	后勤、安全保障	这类会议对后勤保障、安全保卫保障等要求高，应按前述要求做好充分准备。

续表

会议召开期间工作	编印文件材料	编印会议简报	按代表分组划分简报小组分别参加分组讨论，记录讨论情况和撰写简报；还要安排专人记录每次大会情况和撰写简报；安排有关领导和人员对各组撰写的简报审核把关。 这类简报时间要求特别急，必须抓紧休会期间撰写、印制。由于分组会和大会地点不同，参会人员处于动态，一般依托每组的工作人员及时准确发送简报。
		印发文件或讨论材料	会议期间，要注意文件材料的不同版本，尤其是不同的讨论修改稿不要搞错了，对于保密材料要做好登记和及时清退。
		重要文件起草	有关领导的讲话和大会决定、决议等重要文件起草、修改，要妥善安排力量。
	会议安全保卫工作		对会场、会议代表住处、餐厅等场所，要加强保卫力量，做好安全防范。
	后勤服务保障工作		这类会议代表有广泛性，要充分注意代表民族、宗教、文化、语言、界别等差异，有针对性地做好食宿安排、入场就座、用车等引领。
	其他服务工作		会议期间还有不少重要的服务工作需要认真做好。比如，每次会议结束后及时清理会场，按照下次会议的要求做好布置；检查会议各类设施的完好情况，确保有效使用。会议的选举工作也必须高度重视，提前准备投票箱，发放不同类型的选票要分类做好充分准备，确保准确无误；投票线路安排要有序、快捷，投票引导得当；如果是电子投票，务必做好设备的检查和试用，安排专业人员现场维护。
会后工作	清退会议材料		会议有关讨论稿、领导的讲话等文件会后还需做进一步修改，尤其是选举材料等都是保密的，这些文件材料都必须清退，要做好在相应的时间节点清退安排，并做好对参会人员的提醒。会议结束后要及时检查清理会场，确保会场不遗留材料。
	会议文件印发		会议可能形成决定、决议、公报或通过重要文件以及领导讲话，应及时根据会议精神修改、送审、印发，需公开发表的适时交新闻单位刊发。

（二）全局性会议会务工作

会前准备工作	提出会议建议方案	一般由秘书部门提出。会议的议题应根据领导意图和工作需要确定，参会人员范围应大一些，会议时间不长，会议地点主要考虑在本机关（单位）会议室。会议建议方案有的报相关会议审批，有的只送主要领导审批即可。
	会议筹备	这类会议时间短、议题单一，一般不需要成立大会秘书处，各有关部门按照职责分工各自做好会议准备工作即可。 会议材料起草好后送相关领导审定。 如果安排讨论也要分组，事先印制会议须知。 会场布置要庄重，要求与代表会议大致相同。 会议后勤保障方面，如果会议在一天以上，要安排用餐、午休或住宿；如需参观安排好车辆，会场周边做好交通管理保障。

续表

会议召开期间工作	会议签（报）到	采用簿册式签（报）到法，也要准确统计到会人数会前报告主持人；有的还需要有关部门对会风进行督查。
	会议记录	由会议承办部门（单位）负责，同时做好会议录音。
	文件材料印发	一般没有文件材料印发，个别会议需要讨论通过相关文件或临时增加学习材料，则可能在会中印发材料。会议期间也很少印发简报。如果印发的材料涉密要做好登记和及时清退。
会后工作		多与前述要求相同，参见前面第三部分内容。

（三）专题会议会务工作

会议方案	一般由职能部门提出，经本部门研究后报分管领导审批，有的还要向更上级领导请示，起草会议方案要注意与有关方面充分沟通协调和必要的调查研究。
会议筹备	一般由职能部门负责，特别要注意规范办会。秘书综合部门要加强指导、协作。办会要求与前述要求多数相同。这类会议经常安排会议交流发言，要准备投影设备、手提电脑等。
会后工作	会议结束后，对领导讲话的整理、印发及会议议定事项的落实，承办部门要及时与上级秘书部门衔接，抓好落实。

（四）办公会议会务工作

收集办公会议议题	在会议召开前两三天，征询有关单位、部门意见是否有议题提交办公会研究，如有则填报议题申请表，附上议题材料，议题汇总后报领导人审定。
会议通知	议题审定后，印发会议通知，将领导审定后的议题，出席、列席人员和部门，会议时间、地点通知有关的领导和单位、部门，如果时间紧急则要电话通知到参会人员。
准备会议材料	凡上会讨论的议题均应有书面材料，不同议题参加讨论的单位、部门和人员不同，有的议题在一定时间内需要保密，因此，每个议题材料应单独印制，并按照议题讨论顺序编号注明。
会议室布置	会场都是本单位固定的具备相应条件的会议室，如有电子屏幕应显示会议名称，领导座次按排序摆放座牌，参会单位视情况可摆放座牌，领导的会议材料事先摆放到座位。
会议报到及引领	采用簿册式签到，并同时发放参加讨论的相关议题材料，无关的议题不发。只参加有关议题的与会人员先在休息室待会，需要参会时应由工作人员告知并引领到会就座。
做好办公会的会议记录	安排办公会秘书参会记录，同时做好录音，为撰写纪要打下基础。
撰写、印发会议纪要	多数办公会议定的事项应形成会议纪要，并印发相关单位、部门贯彻执行。撰写会议纪要要忠实会议精神，尤其要体现会议主持人的最后总结、拍板的意见，务必字斟句酌。会议纪要须经会议主持领导审定。有的个别议定事项可能不形成纪要，但需要秘书部门口头通知相关单位抓好落实，做好督促检查。

（五）座谈会议会务工作

会议方案	拟订会议方案时，要考虑出席人员参加的代表性、权威性及组成的多样性，还要考虑会议地点、经费预算、接待安排等。
会议通知发送	座谈会通知发送要灵活，有关单位可发书面的会议通知，有关人士可发请柬以示尊重。
会场布置	会场布置多为方形或圆形，以利于与会人员畅所欲言，特别要注意座次安排不能简单按照职务级别，要综合考虑有关专家、社会人士的社会影响等因素。
会议接待	会议接待要考虑周全，对有关专家、社会人士的邀请参加应落实专人负责，注意安排车辆接送。还要做好有关后勤保障及会场引领服务。
会议注意事项	与有关专家、社会人士打交道要充分体现对他们的尊重，切忌简单按照机关要求开展工作。

（六）学术讨论会议会务工作

会议方案	拟订会议方案时，要考虑出席人员参加的代表性、权威性、多样性，特别是该方面的专家教授要尽量邀请；经费预算包括给予专家的相应报酬、往返旅费、接待费等；方案要考虑周全。
会议通知	会议通知多用请柬或邀请函以示尊重，不能采用常规的发公文式的会议通知，如果在本地的专家学者最好面送。为确保会议质量，会议通知要尽可能及早发出，以便专家学者有充分时间准备资料。大型学术会议可先发预备通知，告知会议议题和预计开会时间，以便与会专家学者提前准备；会前再发补充通知告知会议具体事项。若要请有关专家作学术报告，应事先沟通征求本人意见。
会场布置	会场布置多为方形或圆形，以利于与会人员畅所欲言，可以设置演讲席。当然，如果会议规模大、参加人员多的话，也可以采用阶梯式会场。开闭幕大会可设主席台；其他的大会交流主席台只设主持人席、演讲发言席。座次安排特别要注意不能简单按照职务级别，要综合考虑有关专家、学者的社会地位和影响等因素。
会议资料发放	学术会议常有与会人员提供的学术交流论文资料，可以采用两种方法处理：一是会前规定提交时间限期，由会议秘书部门统一印制成册；一是会议通知中规定提交论文印制份数，报到时交会务组，会务组及时汇总清检装袋。各种资料尽可能会议交流开始前分发给与会人员。学术会议常有外地代表，应为其准备本地区、本单位情况简介、当地交通地图等资料。
会议注意事项	与有关专家、学者打交道要充分体现对他们的尊重，切忌简单按照机关要求开展工作，接待安排和后勤保障尽量考虑周到细致。 会议特聘的专家学者提出会后需对某地某事调研考察时，应积极支持。 会期为与会专家学者照的照片应尽可能在会期送给；若不能及时提供的，应守约于会后尽快寄送。

（七）新闻发布会议会务工作

会议方案	方案中新闻发布的主题和目的一定要鲜明，这决定着新闻发布活动的成败，如果提供的信息或线索具有很高的新闻价值，记者就会自觉地千方百计地去挖掘、加工、开发这一资源，使其最大限度地增值。因此，要善于引导记者围绕主题和目标去挖掘、宣传，达到新闻发布目的。

续表

新闻发布时间	一般以一小时至一小时半为宜，尽可能避开节假日，避开本地的重大活动，避开其他单位召开的新闻发布会，避免与新闻宣传报道的重点撞车。紧急突发事件的新闻发布既要及时又要把握好时间节点，注意阶段性特征。
新闻发布地点	一般选择在本地区、本机关（单位）举行，如果内容特别重要，可选择在可以产生更大影响或有特殊意义的地点举行，这样就更具有新闻价值。比如，如果要在全国产生重要影响，可在人民大会堂或中央电视台举行新闻发布会。
新闻发言人和主持人	一般由本机关（单位）的领导或办公室主任或公关部经理担任，现在很多开展新闻发布机关（单位）都确定了固定的新闻发言人。新闻发言人应该仪表端庄、年富力强、知识丰富、应变力强、能言善辩、经验丰富。
准备会议材料	新闻发布会的材料准备包括提供给会议发言人的材料和提供给与会记者的材料。提供给会议发言人的材料也应包括两个方面：一是正式的新闻发布稿，围绕新闻发布会的主题，介绍相关情况；二是围绕新闻发布的重点，以及记者与社会关心的热点问题，有针对性地整理出回答记者提问的要点、备用背景材料，并提前有所准备，以便于记者提问时能够快速反应，清晰明确地作出回答。提供给记者的材料，一般是统一的、印制精美的宣传纲和背景性资料，材料应把握主题，内容翔实，注意用事实和数据说话，对记者和公众关心的热点和重点问题，应作出解释和说明。
选择和确定邀请的记者对象	应根据发布内容、目的、宣传群体以及媒体传播途径、影响面等因素综合考虑邀请的记者对象。如果需要扩大影响，提高单位的知名度时，邀请的记者覆盖面要广；如果处于不利情况下，邀请的新闻单位不宜过多，应选择权威性强、覆盖面广、社会形象好的主流媒体。
会议注意事项	对所有与会的记者要一视同仁，不能厚此薄彼，要热情主动地为他们提供相关资料，并注重信息的真实性、准确性和时效性。要通过发函的形式邀请，写清发布会的主题、发言人姓名和时间、地点等，在会前还要通过电话的形式再确认一下出席会议记者的姓名与人数等相关事宜。要切实做好电源、摄录像站台、同声传译、交通工具等后勤保障工作。

（八）听证会会务工作

准备阶段	（1）提出听证会建议方案。根据有关规定或工作要求提出听证选题，草拟听证方案，包括听证的目的、事项、时间、地点、听证主持人、听证记录人员、听证代表及听证陈述人的范围和条件等，并按程序报批。要注意两点：一是选题要有代表性，要看选题是否关系群众切身利益并是人民群众所广泛关注的热点难点问题，问题解决的条件是否成熟；二是听证代表要有广泛性，应在新闻媒体上公告，广泛征集听证代表，根据报名者素质、能力、公众意识等条件严格筛选，同时还要考虑到代表的层次性和地域性，尽量选择有社会责任感、公众意识强、公道正派、敢于直言的人当听证会代表特别是听证陈述人，确保听证会代表成为民意的真实反映。 （2）发出听证公告。方案确定后，发出听证公告，接受参加听证报名，在规定时间内，根据报名情况确定陈述人，同时确定陈述人的发言顺序并告知相关人员。 （3）布置会场。

续表

举行阶段	（1）引导听证陈述人的陈述要力求规范：要合法，找出法律法规作依据来支撑自己的观点；要准确，在深入调查的基础上找准问题，多用数据和事实说话；要透彻，从多个角度分析产生问题的原因，是主观原因还是客观原因要分析透彻，并在此基础上提出改进的建议。这需要事前做好沟通和提醒。 （2）做好会场服务，安排专人做好记录和录音工作，有关要求可参见前述相关内容。
会议结束	（1）根据陈述人的发言内容，及时做好归纳总结，撰写听证报告送审，为作出最后决策提供参考依据。 （2）做好后续宣传，通过听证达成共识的问题及有关情况要向社会公开，因此要及时与新闻单位衔接，提供新闻稿或审核新闻单位的宣传稿件，提高宣传实效。

（九）仪式典礼会议会务工作

会议方案	根据会议目的提出邀请对象名单，全面考虑上级代表、基层代表、群众代表、社会代表和参与各方代表。对会议议程要认真研究，既要全面又要高效，尤其不能太繁琐、时间太长。各项接待工作应准备充分。
会议通知	有关单位可发书面的会议通知，邀请的有关代表可发请柬以示尊重，对重要代表如果在当地可面送。
仪典现场布置	会场氛围要与仪式典礼内容、目的相称。注意现场检查电源、照明、音响等相关设施，如果在工地等现场举行更要提前协调做好这些设施的落实；如果要现场直播，应协助电视台做好有关条件保障。安排好主席台座次（站位），座次（站位）要认真研究，准确掌握来宾的身份，照顾各方关系。
搞好仪典现场安全保卫	会场可事先进行安全检查，会议期间加强保卫力量，严格把关，务求安全。还应提出紧急情况下的预案，做好处理突发情况的准备。
做好有关服务	安排专人引领来宾和领导人入场、就座（站位）。如需剪彩，还要准备好彩带和剪刀，安排礼仪小姐，以示庄重。

（十）培训会议会务工作

拟订培训方案送审	策划方案包括：培训主题、时间、专题设计、师资配备、培训对象及规模、培训主办、协办单位、经费预算及来源。
印发培训会议通知	培训会时间稍长时，要把有关事项通知清楚、具体明确。
会前准备	落实参训人员，聘请任课教师，编印培训指南，联系培训教室（电化教育设施、必用品、教师名牌），落实住宿、就餐地点、方式，准备会议袋（书本资料、笔、地图、学员证），联系会议用车。
报到接待	欢迎横幅（会议横幅）、指路牌、报到册、报到须知、接站、报到收费、编制学员名册、学员证填写、收发物件、返程订票。
开班式	包括：请领导并讲话，主席台及学员座位牌，照相，宴请来宾及学员（祝酒词、主宾席座位牌）。
培训教学	落实教师授课时间、方式、接待、生活，学员座位牌，教学保障，资料、投影、后勤保障。

续表

培训管理	确定跟班联络员，组建临时班委并分组，确定考核方式（准备考核试卷），考勤，填写学员登记表，培训证书发放准备工作（证书、照片、鉴章），分组讨论内容、方式、地点，印发、填写培训反馈意见表，培训会议照相和录音、录像及教师课件拷录方式。
结业式	发放结业证书，学员代表讲话，培训会总结。其余同开班式。
教学、社会考察	包括：考察课题、时间、地点、方式、讲解、用车、食宿、安全、接待方联系、经费、领队及随行人员。
会后服务工作	送站，整理培训会文件、材料，结算各项费用，编写培训工作总结或简报。

（十一）网络会议会务工作

网络会议概述	网络会议即指利用现代网络通信技术举办的会议，用特制的设备（摄像头、计算机、音响、网络服务器、会议软件等）将主会场与分会场的视频、音频信号相连，实现参会人员在不同地点共同开会。它包括网络视频会议、网络电话会议、QQ网络会议等等。网络会议最直接的优点是节省大量的人力、财力，改进会风，提高工作效率。近年来，随着现代网络通信技术的不断普及和提高，网络会议也得到越来越多的机关单位重视和运用。比如，现在从中央到地方常常采用电视电话会议方式部署工作，就是一种常见的网络会议。	
网络会议会务准备	网络会议的会务工作要求与相关类型会议大多相同，可参见前述相关方面内容。此外，要针对网络会议的特点，做好以下相关工作。	
	做好网络通信技术保障	要安排专业技术人员做好线路及设备的调试、维护。
	做好应急准备	有关设施保障应有应急预案，一旦发生故障可选用。
	做好会议材料技术处理	会议讲话、发言材料要做好技术处理，适应网络传输。
	做好安全保密工作	做好会议的安全保密工作，涉密会议不能采用网络会议方式。
	做好技术培训	对参会领导和有关人员要事先做好使用网络通信设备的培训。

参考文献

1. 郑典宜主编：《秘书基础与实务》，电子科技大学出版社2008年1月第1版。
2. 张宁著：《现代商务秘书工作实务》，中国农业出版社2006年2月第1版。
3. 杨素华著：《秘书实务》，北京大学出版社2008年8月第1版。

第七部分 协调与公共关系工作规范

主 编：叶黔达　中共四川省委党校（四川行政学院）教授
参 编：廖　华　中共四川省委党校（四川行政学院）副教授
　　　　　何逢宽　中共广元市委督查室目标科科长

协调是使系统内各相关的组织与个人的活动趋于同步化与和谐化的一种控制、一种行为。任何组织都力图达到步调一致、整体和谐的状态，但由于社会各种组织系统结构复杂，分工细密等种种原因，总或多或少，或明或暗地存在不协调现象，而且会经常出现，这符合矛盾普遍存在的规律。尤其是在深化改革开放的进程中，新旧体制的交替矛盾、权益分配的矛盾、历史与现实撞击的矛盾、人们主观认识滞后引起的矛盾等各种矛盾，更需做大量的沟通协调工作。只有通过大量的沟通协调工作，才能化解矛盾，达到和谐统一，实现目标，完成任务。协调工作是现代领导的主要工作之一。办公室作为领导者的"左右膀"和机关单位的中枢部门，协调也是其重要职能和经常性的工作。

办公室的协调工作，包括对内协调和对外协调。对内协调指系统内部领导、管理工作的协调；对外协调指面对社会有关方面和公众的协调，即公共关系。其实协调与公关是互相交织包孕的两个概念。我们通常把对内协调称为协调，把对外协调称为公关，本书取此说。

一、办公室协调工作的特点和原则
（一）办公室协调工作的特点

新时期的协调工作具有鲜明的时代特点，而在管理体系内，办公室没有法定的支配性权力，所以办公室的协调工作与领导的协调工作不同，另具有以下特征。

从属性强	这是办公室协调工作的首要特点，是从办公室协调工作的性质而言的。协调首先是领导的责任，办公室人员没有支配性权力，只是协助领导做好协调工作，办公室的协调工作，必须受领导活动制约，必须在领导授权和指导下进行，在协调中努力体现领导意图。
全面性强	这是从办公室协调工作的内容而言的。办公室的协调表现为多方面、多层次、多领域，要协调的工作无大小、内外之分。
中介性强	这是从办公室协调工作的功能而言的。办公室的协调一般只起沟通、联络、协商、调节作用，不如领导协调具有权威性。但办公室协调时的信息沟通、感情沟通等手段和途径，也会使协调容易为矛盾的各方接受。

续表

目的性强	这是从办公室协调工作的出发点而言的。办公室协调工作都有其明确的工作目的,有的是为了确定工作目标而协调统一各方面的意见;有的是为了实现工作目标而协调解决工作中遇到的问题;有的是为了提高工作效率而协调解决相关方面的矛盾分歧等。
主动性强	这是从办公室协调工作的立足点而言的。办公室协调工作涉及上下左右各部门、各单位和人员之间的协调,但无论哪种协调,虽然大都是领导授权开展的,但都必须要有办公室工作人员发挥自身的积极性和主动性,才能完成领导交办的协调任务。
时效性强	这是从办公室协调工作的运行而言的。办公室协调工作大多是解决一定时期或某一阶段工作中出现的问题,因此协调工作要及时,否则时过境迁,就会降低协调工作的实际效果,以至于影响工作的进展。
灵活性强	这是从办公室协调工作的方法而言的。办公室的协调工作始终处于动态过程中,经常会面对突发的、复杂的情况,要针对事情本身的发展变化灵活机动地协调,才能保证各项工作有序地开展和决策的贯彻实施。

(二) 办公室协调工作的原则

从属原则	办公室的地位和性质决定了办公室协调工作的从属性。办公室在协调工作中始终要把自己的角色定位在从属的位置上。办公室为领导当参谋、搞服务,实际上是协助领导做好协调工作。协调工作要贯彻领导意见和意图,始终不脱离领导工作的轴心,努力使协调的事情向有利实现组织目标的方向发展,以维护组织和领导的威信。协调过程中,办公室应做到既主动,又不越权越位,对于自己把握不准的问题要多请示、多汇报,不随意表态,不自作主张。在领导交办协调任务后,不等不靠,充分发挥主观能动性,在职权范围内积极主动地做好协调工作,尽量将协调工作完成在相应层次上,最大限度地减少或避免上级领导直接出面充当协调者。确需领导出面协调的,要事先作好准备,提出解决的预案和建议。
法政原则	法律政策是协调工作的准绳和尺度。办公室协调工作一定要遵守党和国家的方针政策以及本机关的各项制度,特别是关系到群众根本利益的重大问题上,更要坚持原则,决不能拿原则做交易,丧失应有的原则立场。要运用、依靠法律政策,发挥政策效力,用法律政策和规章制度统一各方认识和行为,坚决抵制和反对不正之风,反对狭隘的小团体主义和地方保护主义。同时要结合地方、部门的实际情况,在不违背大政策的原则下,灵活变通,创造性地开展工作。
全局原则	在实际工作中,可能发生局部利益与整体利益的矛盾。在协调过程中,应该说服有关方面从全局着想,从长远着想,局部利益服从整体利益,以统一工作步调,把各方面的认识统一到党的基本路线、方针、政策上来,统一到人民群众的根本利益上来。要坚持"总揽全局,协调各方",否则很难实现真正意义上的统一和协调。办公室综合协调工作是一项复杂的系统工程,应坚持在科学统筹中把握平衡,在兼顾各方中全面思考,处理好全局与局部、重点和一般、强势与弱势的关系,切实增强协调工作的实效,努力形成步调一致的工作合力和和谐的工作环境。 　　在协调工作中,办公室协调人员往往处在有关部门、单位和个人之间的"夹缝"中,需要他们在其中牵线、搭桥、铺路,消除裂痕,填平沟壑,甚至委曲求全,代人受过。决不能拨弄是非,扩大分歧,火上浇油。懂团结是大智慧,会团结是大本事,要立足于团结搞好协调工作。

续表

服务原则	服务是办公室的基本职能。办公室的协调也是一种服务，而且这种服务更具广泛性和复杂性。办公室要做好协调工作，首先应该自觉树立服务意识，把服务寓于协调的全过程。在实际工作中，一要热情主动，尽职尽责，切忌事不关己，麻木不仁，更不能推卸责任、踢皮球。二要谦虚谨慎，平等待人，切忌居高临下，盛气凌人，更不能动辄训人，打棍子、扣帽子，要态度诚恳，与人为善，形成和别人平等沟通、协商共事的气氛。三要周到细致，认真听取各方面的意见和呼声，能办的及时办，不能办的要及时请示汇报，然后再作相应处理。四要公道正派，以自己正直的人格力量去赢得各方的理解、互信和支持。
人本原则	办公室综合协调工作时时刻刻与人打交道，处处体现以人为本是对工作的必然要求。"群众利益无小事"，维护群众的根本利益是协调工作的出发点和归宿，要把对人民群众负责与对组织负责统一起来。工作中出现矛盾，大多数涉及有关方面职责权限、利益纠葛等问题，处理这些矛盾纠纷，必须在顾全大局的前提下，把握公平公正的原则，提高政策透明度，"一碗水端平"。要防止采取过激的处置方法，全面周到地考虑问题，使协调工作不脱离理性、法制的轨道。协调是一种让对方认同与接受的工作，只有对方心理上能够接受和相容的时候思想上才能认同。协调中就要晓之以理，明之以事，动之以情，联络感情，化解矛盾，尽量让各方接受你，避免产生反感、不满意，甚至抵触情绪。
求实原则	办公室协调工作必须实事求是，从实际出发。必须熟悉党和国家的有关方针、政策，熟知本系统的各项规章制度。对各个方面提出的意见、陈述的理由、根据，都要充分考虑，趋利去弊。对协调所涉及的各方面都要及时了解、调查实际情况，认真、全面地分析研究，深入认识事物的内部条件和客观环境，根据政策和实际情况提出合理、可行的协调意见。力戒偏听偏信，作出错误判断，导致工作失误。任何机关单位都处在多变的、多元化的工作环境、社会环境之中，要想协调运转，在协调工作中还必须针对变化着的环境条件及时作出反应和调整，以求适应环境条件的变化，重新达到和谐一致。
沟通原则	沟通是达到互相理解的重要手段，对搞好协调十分重要。通过沟通可以达到交流思想、互通情况、达成共识、明确目标、协调一致的目的。办公室人员在沟通时应该换位思考，尽量体察对方的问题和实际困难，站在对方的角度来思考和处理问题。要互相尊重，以诚待人，采取商量、征询的方法，求同存异。切不可傲慢、粗暴、刻板、迂腐。在沟通乃至整个工作过程中，要始终保持各相关方面之间畅通无阻的信息沟通、交流，才能保持整体运转协调、有序。

二、办公室协调工作对象和主要内容

（一）办公室协调工作对象

对上协调	与上级领导机关的协调	指本单位与有领导指导关系的上级党委、政府、职能机关以及当地人大、政协等领导或监督机关工作的协调。
	办公室与领导的协调	指办公室与本单位主要领导、分管领导、其他领导、二线领导的工作协调。
	本单位领导之间的协调	指本单位各领导之间的协调。
	本单位其他科室与领导的协调	指本单位除办公室以外其他科室与单位领导之间工作关系的协调。

续表

平行协调	与单位外部门之间的协调	指本单位与系统内平行机关单位、系统外不相隶属机关单位等左邻右舍关系的协调。
	与本单位其他部门的协调	指办公室与本单位内部各职能处室之间工作关系的协调。
	本单位职能部门之间的协调	指单位内部各职能科室之间工作关系的协调。
	办公室内部协调（部门和人员）	指办公室内部各职能科室之间工作关系的协调，办公室负责人、管理人员、工勤人员之间的关系协调。
对下协调	与下级机关单位的协调	指本单位与本单位本系统下属各机关单位的工作协调。
	与本系统本单位职工的协调	指本单位与本单位本系统下属各机关单位职工群众的协调。
	本单位领导与职工群众的协调	指本单位领导与本单位本系统职工群众的协调。

（二）办公室协调工作主要内容

政策协调		指各级机关单位在制定和执行政策中与其他机关单位、社会群体就某些事项进行的协调，包括制定政策协调和执行政策协调。由于不同部门考虑问题的角度不同，互相交流不够，致使有的文件规定不尽一致乃至相互矛盾。办公室在起草、审核政策性文件时要严格把关，认真听取外部有关机关、机关领导班子各位领导、机关内部有关职能处室的意见，必要时（如制定规范性文件）还要征求有关公众意见，以取得共识，确保出台政策的权威性。要注意所拟政策与相关法律的协调性，避免"违法行文"；注意与上级政策规定的一致性，防止"上有政策下有对策"；注意与已经出台政策的连贯性，防止"朝令夕改"；注意与相关机关政策规定的配套性，防止"政出多门""文件打架"；注意政策条文内容的全面性、针对性、原则性和灵活性，避免内容疏漏、自相矛盾、难于执行。而在执行政策过程中，各级机关单位办公室及其督办机构，更是要通过协调沟通工作，调动各方执行政策的自觉性和积极性，确保政策的顺利贯彻。
工作协调		指在机关单位工作运行过程中，办公室协助领导所做的、涉及单位之间、部门之间、个人之间各种工作安排、事项落实、职责分工等方面的协调。这是办公室协调工作最主要的内容。
	计划决策协调	这通常包括制定计划决策和执行计划决策两个阶段的协调。 在制定计划决策阶段，办公室需要协助领导从全局和整体出发，协调各种关系。首先要考虑本单位计划决策与本系统本地区工作目标以及本单位长远规划的一致性。第二，要按照工作的轻重缓急，合理安排人流、物流、信息流资源。第三，作为上级机关要对下级的工作计划决策予以审阅、统筹和协调。 在计划决策执行阶段，由于各种因素的影响，往往会出现计划决策运行不同步、不衔接、不合作等现象，这就需要办公室经常与有关部门联系，注意各种因素的变化，及时向领导反馈，并在自己的职权范围内积极地协调。

续表

工作协调	日常工作运行协调	公文协调	广泛征求各方面的意见，完善公文内容，提高公文质量，落实公文办理，为领导提供优质、高效的智力服务。
		会议协调	即协调会前准备、会中服务、会后服务等工作过程中的协作与配合。
		事务协调	协助领导处理有关日常事务，诸如接待工作、后勤服务的协调。
		日常管理协调	充分发挥办公室"总调度"和"中转者"的作用，协调好上下左右各方面的关系等。
	督查工作协调		领导对一个决策、一项工作、一项活动部署安排后，落实是关键，否则将会功亏一篑。而在执行过程中，多少会遇到贯彻不力、执行不顺畅、处理不一致等情况，这就需要加大督查力度。而办公室及督查部门在督查工作中，不少精力要用于消除有关方面的分歧和矛盾，协调其关系，确保工作顺利运行。
	处理突发性工作协调		这是办公室一项重要的协调工作，主要是协调领导临时交办的工作或突发性工作中出现的矛盾。当办公室人员接到发生突发性事件的情报后，应立即按程序报告有关领导，然后根据领导的批示，与有关单位和部门及时衔接协调。
利益协调			随着我国改革开放的深入进行，我国利益结构、利益关系发生了深刻的变化，呈现出利益主体、利益需求多元化、利益手段、利益来源多样化、利益差距扩大化、利益关系复杂化与利害冲突公开化等特征。局部与整体之间、局部与局部之间、个人与组织之间、单位与单位之间，势必出现某一方面或某个阶段利益的冲突。而涉及不同方面在经济、政治、文化、社会、生态等方面利益关系的差异、冲突和矛盾，都需要我们按照公平正义的原则和法律政策的规定，去加以协调，引导有关方面妥善处理好国家、集体、个人的利益关系，正确处理好相互之间的利益冲突关系。办公室协助领导做好这方面的协调，也是协调工作中的难点之一。
关系协调	工作关系协调		在深化改革开放条件下，各级组织、团体之间的职权范围、利益分配等方面都存在着一些分歧和矛盾，这就需要办公室站在全局的高度，协助领导协调和处理好各种关系，从而保证机关形成一个上下和谐的工作环境和高效运转的工作机制。
	人际关系协调		由于领导及有关人员在社会认知、思维方法、个性特征、工作阅历和年龄等方面的差异，特别是在分工及领导管理活动中所处地位不同，了解情况、看问题的角度及对工作要求的不同，难免造成认识、处理问题的差异甚至造成矛盾和隔阂。因此，办公室应协助领导及时沟通信息、疏通意见、弥合关系，以便统一认识，促进人际关系和谐，形成工作合力。

三、办公室协调工作程序和方式方法

（一）办公室专项协调工作的程序步骤

受托（受命）	按照上级交办、领导指示、下属机关单位请示或者平行机构的要求，以及实际工作需要，确定协调事项并登记。登记内容包括委托者意见、受托日期、受托形式、受托内容、领导批办意见等。

↓

调查研究	协调之前要深入实际现场调查，弄清真实情况和来龙去脉，明确需要协调的具体问题。要了解背景资料，力争完整地收集同协调事项有关的历史的、现实的、上级的、下级的情况；查阅有关文件规定，把握有关法律政策。这样才能取得对有关协调问题的发言权，为领导最终拍板打下基础。否则达不到协调目的。

↓

听取意见	协调过程中，要广泛认真听取来自协调对象各方面的意见、建议和要求，充分交流思想、沟通信息、增进理解，了解各方面的思想动态，做到兼听则明。听取意见要注意给有关方面阐明自己主张和见解的机会，要给予一定的时间准备，以便各方掌握足够的情况，并有比较成熟的考虑；要畅通群众话语渠道，注意听取下级有关方面和群众的意见，把上下意见的分歧和差异尽可能地反映上来，以使协调结果具有坚实的群众基础；要恰当运用方式方法，让有关方面敢于讲真话。

↓

分析论证	在掌握足够信息的条件下，对掌握的情况和材料进行分析鉴别，根据有关法规政策，结合领导协调意图，作出正确判断，拿出协调意见，分析论证一种或者几种协调意见的可行性和利弊关系，为领导最后决策提供依据。

↓

拟订协调方案和目标	这是根据协调内容的不同情况预先制订协调方案，确定协调目标。首先，在分析论证的基础上，确定在何种情况下采取何种协调方式和方法及其步骤；其次，确定协调活动的时间、地点、具体事项、参与人员等；最后，明确协调目标，即协调所要达到的效果。

↓

协商处理	这是在分析论证的基础上，根据领导批准的协调方案和目标，经领导授权，约请协调对象有关方面，采用恰当的协调方式方法，进行沟通协商，以取得共识，形成一致接受的处理意见，必要时还要作出协调纪要或协议书等书面文件。协调内容不同、协调事项层次和大小不一，就决定协调应采用不同方式方法。有的需要背靠背地进行；有的则要面对面地开展；有的需要召开会议讨论磋商；有的通过促膝谈心即可圆满解决，有的需要文来书往才能奏效；有的通过电话沟通协商就得以了结；有的需要综合运用多种形式才行。总之，要使协调活动的方式和协调的内容结合得恰到好处。

↓

提出结论性意见	在各方经过沟通、达成共识的情况下，办公室可提请领导，通过协调会议等方式提出结论性意见，作出最后决策。也可在查明事实、分清责任之后，根据法规政策，提出具体明确的解决办法，使问题得到最后解决。如果协调意见被各方接受，即可视为协调工作结束，协调者提醒各方按协调终结意见贯彻落实。如果协调对象有关方面仍有不同意见并言之在理，也可暂停协调，允许进一步酝酿，待条件成熟、认识明确、观点基本一致后，再作协调或仲裁。这样既做到民主决策，又要使协调及时有效。

请示汇报协调情况	在整个协调工作过程中，办公室协调人员要及时地向领导请示汇报，以便随时得到领导的支持和指导。特别是领导直接交办的协调工作任务，要把协调中各方面的矛盾、分歧，各种不同的意见、要求，新的重大情况和问题，按原定方案执行的困难和问题等，随时报告领导，请示有关协调事宜。同时，要针对不断变化发展的情况和问题，实事求是地把实际情况反映给领导，大胆向领导提出解决矛盾的意见建议，供领导决策参考，然后按领导指示继续做好协调工作。协调过程中遇到重大问题，办公室协调人员不便拿出协调意见或轻易作出裁决，应请领导拍板定案。
协调工作总结和评估	协调事项结束后，应对协调工作及时评价估量，总结经验教训。要通过信息反馈对协调结果加以分析，得出真实可靠的结论。协调绩效评估要注意全面性，防止以偏概全，只顾一点，不及其余；要注意准确性，防止马虎敷衍，不能用"大概""估计""可能""也许""据说""差不多"一类的模糊语言；要注意真实性，防止弄虚作假。
协调结果记载和实施	对于重大事项的协调要予以记载。一般应形成书面文件并予以公布，便于在执行中有据可查。一是形成正式文件，下发有关部门和单位；二是形成会议纪要；三是几个部门联合发文。无论采取哪一种方式记载和发布协调结论意见，都是领导机关根据党和国家的法律政策作出的有关规定，与其他各种正式文件具有同等的效力。在实施协调结果的过程中，也要搞好督促检查，加强信息追踪反馈，使协调结果落到实处。

（二）办公室协调工作基本方式

指令式协调	这是领导采用的一种协调方式。在特殊情况下，办公室人员也可采用传达领导指示的协调方式，要求有关方面按领导和上级规定执行。要注意确有必要、利用恰当的时机，并且讲清领导授权，以免引起协调对象的反感。
协商式协调	这是办公室常用的协调方式。在协商过程中，办公室人员受权代表领导，约请各相关方面商讨洽谈，寻求解决矛盾和问题的办法及具体步骤。采用这种方式，有利于分歧和矛盾各方在商讨沟通中加强理解，互相体谅，自愿调整各自的行为。这样既能消除失调现象，又能强化有关方面的联系，加强互信，增进共识。
说服式协调	办公室人员在协调过程中，通过启发、讨论、沟通思想、理性说服，使失调的有关方面接受并贯彻领导的协调意图。说服的过程，实际上就是沟通思想、明白事理、统一认识、增进感情的过程。采取说服式协调，办公室人员应对各相关方面做耐心细致的思想工作，晓之以利害，让各方面认识协调的必要性和紧迫性，认识到失调已造成和将造成的危害。进而产生协调愿望，愿意接受协调方案，贯彻执行协调措施。

续表

建议式协调	办公室人员在适当的场合，以适当的方式向协调对象提出自己的看法或建议，供对方参考。若被采纳，或对方从中得到启示，改进了工作，也就是达到了协调的目的。采用建议式协调，不是向协调对象指出"你去如何如何"，而是向对方建议"你看这样做是否有利"。这种建议式协调方式，不是借助权力，强制施行，也不是用居高临下的"大道理"压人，而是以平等的身份，提出思路和想法意见，供对方分析参考。这样，真诚地向对方提出建议，尊重对方的自主权，可以让对方根据实际情况，灵活地采用有关建议，实施协调初衷。
缓冲式协调	也称渐变式协调、冷处理协调。即当矛盾有关方面都较激动，不能冷静地参与、接受协调，或办公室人员协调时机不成熟，或立即协调有较大的副作用，或尚未弄清协调对象有关情况时，都得把协调事项暂时放一放，缓冲一下。待准确认识了有关情况和运行方式的利弊，再逐步采取恰当的方式，兴利除弊，从动态中寻求有利的协调时机和协调方式，以实现协调目的。
突变式协调	也称突发式协调。这种协调随机性大，办公室在协助领导协调的过程中，应注意突变性和灵活性，必须具有敏锐的观察力和敏捷的反应能力，适应突变，及时调整系统方案。要在失调前尽可能把握住种种可能突变的征兆，并对可能发生的情况，作出各种设想和安排。办公室人员应协助领导随时对突变有足够的准备，经常从宏观和微观方面分析工作运转的态势，分析领导和管理系统各相关要素的变化，抓住突变的临界点、爆发点，作出各种应付突变情况的预案，尽可能减少突变带来的损失，在突变式协调中实现新的稳定和发展。在突变式协调中，办公室往往采取传达领导命令的方式，要求有关方面坚决执行。在紧急情况下，及时传达领导指示，不仅能够稳定军心，统一行动，而且能够集中力量，控制事态的发展或恶化。

（三）办公室协调工作主要方法

文件协调	制发文件	这是机关办公室协调工作普遍采用的方法。对需要协调的事项，拟写成通知、意见等文件稿，呈有关领导审定后印发有关单位。这种方式正规，有关单位比较重视，适用于一些内容较多、分歧不大、电话或口头不易说清楚的事项。
	专函征询意见	征求平行或者不相隶属机关单位对协调事项的意见、对处理协调事项文件的意见，可发函征求其意见。
	会稿	即有关机关或部门，为会同处理相关问题，就所认同的内容与合作事项等，共同撰拟文稿的过程。会稿可以由各相关机关部门共同派员参与拟稿，也可以确定一个主办单位拟稿后，广泛征求各相关部门意见后再定稿。
	会签	指会稿以后各相关部门办公室将文稿呈送领导签字认可的过程。
	传阅批办	对本单位领导之间的工作协调，可以通过签批文件、信息资料，通报各自处理工作的意见，达成共识。
会议协调	召开专门会议协调	这适用于较为重大而复杂问题的协调。办公室应根据领导意见，约集各有关方面或有关人员举行专门会议会商，就协调的有关事项交换意见，沟通思想，互通情况，以取得共识，再根据共同意见去采取行动。
	会谈对话	为了取得相互理解、意见一致、行动协调，在处理协调事务时，需要协调的各方可以约请对方举行会谈或对话，以沟通交换意见。
电话协调		通过电话沟通的方式协调，这适用于一般工作的协调。

续表

面商协调	即通过面对面商讨商谈形式协调。对不涉及多方或涉及多方但不宜或不必以文件、会议、电话等方式协调的事项，可以使用面商方法协调。较之于文件、会议、电话等协调方法，面商协调往往有独到的效果。它可以郑重其事地进行，也可以较为随和地进行，如与协调对象促膝谈心、交换意见等等。通常是办公室协调人员以平等的身份、商榷的态度，用探讨的口气发表自己的意见，征询对方的看法，共同寻求解决问题的最佳办法，达到协调的目的。

四、办公室协调工作要求和技巧

（一）办公室协调工作要求

协调有据	明确定位	除少数日常具体事务工作的协调外，办公室的协调工作大量是授权协调。因此始终要明确，协调的主角是领导，办公室人员处于从属位置，是协助领导做好协调工作。有承办协调工作的责任，无决定问题的权力。但是，办公室人员在处理沟通协调事务时，总是代表着领导的意向，凭着领导的权威和权力惯性，因此也有着一定的影响力。这就要求办公室人员在协调过程中，必须做到既主动，又不越权越位。要尽量将协调工作完成在相应层次上，最大限度地减少或避免上级领导直接出面充当协调者。
	办事有据	在协调过程中应严格按依据办事，有法律政策规定的，按规定原则办；没有规定的按领导班子意见办。这样才能把事情办踏实，办稳妥；才能消除不同价值取向、不同行为方式、不同利益需求所产生的矛盾，保障大多数人的利益；才能做到心中有数，实现协调有力，协调结果也才能经得住时间和历史的考验。
	处理循规	一是在协调过程中，按机关规定的工作规则、程序办事，做到按级负责，各司其职；二是协调者本身必须守规矩，用自己的公道正派赢得大家的认同，以保证整体和谐运转，确保工作任务圆满完成。
立意有诚	以诚相待，取信于人	协调的目的和出发点是消除分歧、化解矛盾、弥合关系、促进和谐，这种观念要贯穿整个协调工作中。协调人员要满腔热情地为领导、为部门、为基层、为群众服好务，做到说话让人相信、办事让人放心、服务让人满意，努力赢得各方面的信任和支持，建立良好的互信工作关系。
	相互尊重，相互理解	只有这样才能打消对方的疑虑，博得对方的信任。工作中，无论是和上级、同级还是下级接触，都必须尽力尊重对方。这是取得对方信任、帮助和支持的前提。办公室人员不要认为自己受领导委派，就固执己见，以"二首长"自居，以命令的口吻说话。这种"角色错位"的表现容易引起他人的反感。应以尊重、平等的态度，允许各方面畅所欲言，善于求大同存小异，找到一个大家都比较认同的解决方案。
	设身处地，换位思考	由于所处地位、角度、经历或个性不同，对同一问题理解和把握程度不一，就容易产生意见分歧。面对这种情况，协调人员不要简单强调自己的观点，而要通过"角色"的转换，多角度多方位地看问题，详细了解当事者所处的环境，耐心听取各方面意见，理解对方难处，谅解对方失误，把自己放在当事人位置上，以对方的情感、处境来考虑问题的前因后果、来龙去脉，以发现问题症结所在，好对症下药处理分歧和矛盾。

续表

调查有心	了解全面情况，把握问题症结是搞好协调化解矛盾的重要前提，这就要求协调人员要做好调查研究工作。 （1）要遵照协调意图和领导指示，认真、全面、深入开展调查，绝不偏听偏信、道听途说、浅尝辄止。 （2）调查了解情况时，要集中精力，多看、善听、快记、多想、查问、反馈。看有关人员的注意力在什么地方，从表情、动作中判断事态的轻重缓急；要准确揣测意图，把握事情要点；要对听到、看到的情况、意见，及时记下关键词；对遇到的事多琢磨，弄清前因后果；即对涉及的当事人，一定要亲自问到，不能人云亦云；对办理的协调事项，要及时汇报办理情况，以供领导决策、处理参考。 （3）调查时要注意科学的思想方法，诸如矛盾分析（廓清主要矛盾和次要矛盾、矛盾主要方面和次要方面）、因果分析（多角度多层面地分析原因，运用因因分析抓住深层次原因即问题根源）、比较分析（对比类比各方面情况意见以找出异中之同、同中之异）之类方法。
沟通有方	沟通是协调最重要的方法，协调人员要学会沟通、善于沟通。 （1）必须在深入细致了解情况的基础上，以高度的责任心和敏锐性，以正派的思想作风和真诚的感情，搞好沟通和说服工作，以理服人，以情感人，不说假话、大话、空话，而要讲真理、说实话、动真情，真正让人心悦诚服。 （2）要找准焦点。一是对事，要抓住主要问题或中心工作，突出重点，把握关键；二是对人，就是抓住关键性人物，做好他们的工作对协调顺利与否有很大作用。 （3）正确、冷静对待反面意见和错误意见，注意倾听，给对方充分表达意见、提问和反问的时间和机会。
处置有度	讲究方法，处理好原则性和灵活性的关系。	工作原则必须坚持，但要注重工作时机、方法和技巧的灵活性。在协调工作中，解决问题都有一个必须遵循的基本准则或达到的标准，这就是原则性。而解决问题的策略和手段就应当灵活一些，要针对新情况，善于修正原有的设想，在不影响大局、不违背原则的情况下，注意听取各方面意见，采取灵活办法或采取适当的让步，达到预期的最好效果。
	掌握主动，处理好主动性和被动性的关系。	面对有些棘手问题、争议较大矛盾，在做好深入细致调查工作，充分占有第一手资料的基础上，要对纷繁复杂的矛盾深刻地分析和思考，判断出是非曲直并形成协调解决的办法。在此基础上，获准领导同意和支持，选择最佳突破口，大胆而果断地去解决问题。协调工作需要魄力和胆识，既要不留后遗症，又必须快刀斩乱麻。协调也必须讲求效率，对于久拖未决的老大难问题，必须用新思路和新办法，争取在最短的时间内妥善解决。不能被动地被问题和矛盾牵着鼻子走。要坚持雷厉风行的作风，不推不拖，牢牢把握协调工作的主动权。
	因事制宜，处理好特殊和一般的关系。	（1）要针对不同的人和不同的事采用不同协调方法和手段，以取得最佳效果。有时不能当面协调的可以背后协调，不能会议协调的可以文件协调，不能立即协调的可以暂缓协调，不能直接协调的可以间接协调。 （2）要善于抓住有利的时机，才可能事半功倍，否则协调寸步难行。出现苗头性的东西，要因势利导，趋利避害；不要等成了"气候"问题成堆再去解决，那就会增加协调难度。当协调对象心平气和，且有一定闲暇时，容易听取他人意见；当矛盾出现，且是非分明时，协调容易取得成功；当各方面都意识到需要协调时，协调则能很快见效。这就需要办公室协调人员善于捕捉信息，关注方方面面的动态，抓住有利时机做好协调工作，发挥桥梁纽带的职能作用。而重要会议召开、重要文件出台、领导发表重要讲话、国内外重大事件发生，都可能为协调工作创造有利的时机，协调工作人员要及时捕捉信息，迅速抢占时机，协助领导迅速解决协调中的难点问题。

续表

| 处置有度 | 变通灵活，处理好指令性与协商性的关系。 | 指令性协调是领导有明确意见和要求，没有特殊情况有关方面必须遵照执行。协商性是根据领导意图，可以与有关方面商量，提出解决问题的意见办法。在实际工作中，一味靠指令性协调，往往使对方难以接受，达不到协调目的；而光有协商，一味妥协退让，就会失去工作权威，协调也不可能成功。只有两者结合，刚柔相济，软中有硬，才能达到协调的最佳效果。因此，在协调中首先要立足于领导权威，明示领导意图，引起协调对象思想重视。其次，多做"台下"工作，先找协调对象交换看法，下点"毛毛雨"，让对方提前做好思想和行动准备。再次，要以商量沟通为主，竭力创造宽松和谐环境。除紧急事项外，一次协调不成，要多次努力，不急于向领导汇报，避免造成矛盾，不利于问题的解决。 |

（二）办公室协调工作中几类关系的处理

主要指对组织与组织、个人与组织、个人与个人之间工作关系的协调。我国组织之间工作关系和人际工作关系，总的来说没有根本利害冲突，但是在实现利益、达到目的的过程中，各单位、部门、个人之间的思想方法、工作方法、工作步骤和风格不可能完全相同，必然造成组织团体之间的矛盾和差异，影响彼此间的工作关系。为了在工作上造成一个和谐、轻松、愉快的工作环境和灵活、高效的工作机制，对工作中出现的矛盾就必须正确地协调处理，以提高工作效率，确保机构的正常运转。

对上关系的协调	与上级领导机关关系的协调		指本单位与上级机关之间的协调。这往往通过全面领会上级意图，正确贯彻上级的政策、指示、使局部利益与整体利益保持高度的一致性，不折不扣地完成上级下达的工作计划和工作布置，并及时地汇报执行情况等组织行为来实现。办公室要在上级与本单位之间做好信息联系和沟通工作，确保本单位及时地、创造性地贯彻落实上级领导和领导部门的意图，又要使上级及时、全面地了解本单位实际情况，促进上下一致，协调运转。要善于发现问题，一旦发现本单位与上级关系不够协调和谐的现象，要及时向单位领导汇报，并积极采取相应的协调措施。要坚持下级服从上级，反对"上有政策，下有对策"的地方保护主义和狭隘的小团体观念。
	与本机关领导关系的协调	了解领导，理解领导意图。	要了解领导宏观整体的指导思想和工作意图，了解领导工作方式方法和习惯，以适应领导工作习惯，更积极、准确地贯彻领导部署，有利于工作运行。
		尊重领导，维护领导威信。	服从领导，坚决、认真负责地执行领导指示，正确领会领导意图决不走样，积极贯彻领导决议不打折扣，带头执行领导指示率先垂范，认真落实领导部署加强督查；服务领导，帮助领导排忧解难；宣传领导，正确评价领导水平和成绩，维护领导威信。协调工作中尤其要避免给领导造成不利影响，不给领导帮倒忙。

续表

对上关系的协调	与本机关领导关系的协调	摆正位置，不越位不越轨。	一要摆正工作性质辅助性与工作要求主动性的关系。做到：处理不越位（决策、表态、工作、场合都不要越位），参与不干预，不当"二领导"；遵从不盲从，不当吹鼓手、马屁精；建议不错位（建议要适时、适当、适度、适事），不当"人之师"；工作要到位，干事不误事，不当糊涂蛋。
			二要摆正自身工作要求与领导工作目标同一性与职权任务差异性的关系。明确办公室是综合部门，但不是权力部门；办公室人员尽管经常跟领导在一起，但本身不是领导；办公室尽管经常传达领导的指示，但并不意味着自己可以发号施令，以领导自居。
			三要摆正办公室人员与领导在政治地位上的平等性与工作分工上的幕后与台前关系。法律和人格地位是平等的，但工作分工及运行是不平等的。必须接受领导、服从领导、服务领导。
		换位思考，力求思维同步。	要设身处地地站在领导位置，从全局和长远考虑问题，从大处着眼，小处入手，和领导保持一致，即站在微观位置考虑本职工作，又站在宏观角度替领导出点子、想办法。当受到领导批评时要虚心，设身处地体谅领导。即使受到委屈和误解，也应泰然处之，不能影响自己的本职工作，可以找适当的机会作出必要解释。
		循规蹈矩，处好工作关系。	请示汇报工作，传达领导的指示，要严格按规矩办事，及时、按级、按程序、按分工请示报告，对领导的指示、批示的落实情况要及时反馈。遵守职权划分、单向请示的原则，该向谁汇报就向谁汇报。着眼于为领导班子集体服务，对谁都积极服从和配合，不远不近，一视同仁。根据实际情况，把握与领导接触的度。同一项工作，如果主官与主管领导意见不一致时，要按主官的指示办；分管领导与其他副职意见不一致时，要按分管领导指示办。
		拾遗补阙，乐为领导分忧。	当领导工作中出现疏漏和失误时，要及时提醒和纠正，这既为领导分忧，更是对领导负责的表现。当然要注意维护领导自尊心。给领导反映问题、提出意见和建议时，要善于根据不同的环境，采取恰当的表述方式。
		严守机密，不负领导信任。	忠诚可靠是办公室人员应具备的政治品质。经常在领导身边，涉及工作机密多，要对机密事项守口如瓶，做到不该说的不说，不该问的不问，不该看的不看。
		注意分寸，保持适当距离。	办公室人员与单位领导工作关系具有依从性，要从思想上、工作上力求同步思维，做到急领导所急，想领导所想，办领导所需，解领导所困。在人格关系上具有独立性，要做到依从而不依附，人格上、私人关系上、生活上保持平等，有适当距离。做到尊重而不谄媚，亲近而不庸俗。

续表

对上关系的协调	本单位领导之间关系的协调		单位领导班子由于各成员分管工作业务不同和认识差异，往往对同一问题有不同意见和矛盾，这是十分正常的。但有一点是共同的，那就是他们都有搞好单位工作的愿望，办公室人员的协调应牢牢把握这一点。应该看到，不同看法一经协调沟通，就会趋于一致。办公室人员特别是负责人员，与领导接触较多，发现意见分歧后应善于及时沟通，在领导之间架起联系的桥梁，以便及时消除彼此分歧，增强班子团结。一般来讲，应遵循不介入的原则，客观公正，谨言慎行。对这类协调，要特别注意方式方法，沟通而不添乱。要说有利于领导团结的话，要做有利于班子和谐的事。
		沟通化解矛盾	有些分歧矛盾产生于隔阂或误会。可采用信息沟通手段，使有关领导明白真相，也可以化解矛盾，恢复协调状态。如办公会作出了决定，会议主持领导因公务繁忙而未及时向缺席领导传达，缺席者因不了解内情而对办公会决定不能理解，由此而产生误会和矛盾。办公室人员若及时将办公会记录呈交缺席者阅读，让其了解会议讨论及决议的全过程，就可能避免或化解矛盾。在特殊情况下，主要领导人为应急来不及与分管领导商量就作出了决定，而事后又未及时向分管领导说明情况，也会引起分管领导误会。办公室人员若主动介绍情况，说明原因，或采取恰当方式，提醒主要领导加强沟通，就能得到分管领导的理解，消除误会和矛盾。
		变通淡化矛盾	在领导产生分歧和矛盾而各方面失去理智或情绪失控情况下，很容易激化矛盾。矛盾激化的消极影响比问题本身要严重得多，它会使对立情绪升级，矛盾加深，问题复杂化。若遇到这种情况，办公室人员可采取恰当的变通手段，淡化矛盾。如发现矛盾双方有情绪失控的可能性时，提出另外一个双方共同关心而见解接近的问题，转移话题，将可能激化的矛盾冲淡；或者以要处理更为重要的问题为由，使矛盾的双方暂时分离，待情绪冷静后再平心静气地讨论。这是矛盾双方自我失控后，办公室人员帮助其控制情绪的协调。这是协调矛盾的重要准备。在失去理智的强烈对抗时，协调措施是难以见效的，只有使双方冷静下来，恢复理智后，才能有效地沟通，解决矛盾。而当领导向办公室人员倾诉分歧意见时，既要设法淡化领导成员之间的矛盾，又要善于筛选信息，不随意"过话"，不挑拨离间、搬弄是非。
		融合缓解矛盾	涉及某些事权冲突或利益冲突，领导之间矛盾双方各执一说，各自按有利自己方面去解释，并以此为依据，力图要对方让步，使问题难以解决。办公室人员可从分析问题的相关因素入手，找出双方认识的共同之处和相容相近点，将其融合成一个双方都能接受的过渡方案，使问题部分解决。对那些相互对抗，互不相容的部分，可暂时搁置下来，留待以后解决。分步解决问题的方案，容易被矛盾的双方接受，起到缓解矛盾的作用。待双方在部分解决矛盾和问题过程中加强了理解和信任，下一步解决也就有了良好基础。
平行关系的协调	本机关与平行的其他机关的协调		平行机关的协调往往是处理某个问题涉及几个平行的或者不相隶属的机关的管理权限时，由办公室代表本机关向相关机关说明情况，沟通信息，征求意见和交换看法。待意见基本一致后，由机关领导或授权机关办公室，一起会商，制定出大家认同的方案，相关机关联名向上行文请示或向下行文部署工作，充分运用各机关的管理职权协调统一地解决问题。这类协调要做到： （1）互相尊重不自傲。无论什么性质的机关，无论是牵头或者会商机关，都要坚持民主、平等的协商机制。 （2）尊重不同，互相包容，求同存异，顾全大局。

续表

平行关系的协调	本机关与平行的其他机关的协调	（3）相互信任和理解，积极配合不设障，既在大处坚持原则，又于细节互谅互让。 （4）真心"沟通"求得共识。要主动、认真听取对方意见，真诚袒露本身意图，通过沟通弥合分歧。避免推诿扯皮，力戒政出多门，促进精诚合作，形成整体合力。 （5）共享利益不贪功，共担责任不诿过。大家在完成分管工作过程中，都离不开对方的支持与帮助，因此，一切成绩的取得，都是大家共同努力的成果，都是集体智慧的结晶。
	办公室与本机关各职能部门之间的协调	这是要求在撰制、办理文件，征集议题、筹办会议，以及处理事务的过程中，办公室与各职能部门加强沟通，充分尊重各职能管理部门的看法和职权。而在各职能部门之间发生事权交叉或冲突时，办公室要发挥综合部门的职能作用，协助领导促进各相关部门沟通，促进理解与合作，在局部服从整体，维护全面利益的原则指导下，制定出各方面都可接受的解决问题的办法，协调解决问题。这类协调要做到： （1）协调工作时要全面、完整、准确地理解和把握领导的意图，协调中围绕领导意图不折不扣地贯彻执行，出色地完成工作，为其他部门当好榜样。 （2）协调时要注重务实、重在落实。要按照部门工作分工内容，整合方方面面的力量，定期或者不定期沟通交流，互通情况，统一认识和步调，心往一处想，劲往一处使，共谋机关工作发展大计。 （3）抓好对工作的督促检查，对各职能部门抓落实的情况及时协商指导，提出要求，对存在的问题提出解决的方法和建议，形成抓"落实"的合力，促进问题及时解决和领导决策、计划目标有效执行。 （4）做到不越权、不拆台、不扯皮，与职能部门平等相处，互相尊重，互相信任，坦诚相待，相互学习，取长补短，优势互补，通力合作。 （5）遇到职能部门之间产生分歧和矛盾，需要办公室出面协助领导协调时，一定要出以公心，不偏不倚，认真听取各方意见，处以公道，引导各方大事讲原则、小事讲风格，必要时及时向领导汇报，及时妥善处理问题，化解矛盾。 （6）办公室与其他职能部门打交道时，要谦虚谨慎，平等待人，布置任务和声细语，解决分歧平心静气，交办文件要热情细致。
	办公室内部关系的协调	这指办公室内部同事之间的关系。和谐的办公环境，有利于身心愉悦，提高工作效率。懂团结是大智慧，会团结是大本事，要善于与人合作共事，学会服从与沟通，做到心往一处想、劲往一处使，共同做好办公室工作。要做到： （1）相互信任、支持。做到分工不分家，相互补台不拆台，密切配合，同心协力；顾全大局，互通情况，畅通信息，主动助人。 （2）相互尊重。待人真诚，尊重他人的人格，尊重其工作方式和习惯，不随意打听其私事；不在背后议论同事的缺点；不经允许一般不动用他人的物品，对同事的办公桌、抽屉、提包不随意窥视和翻动。 （3）平等待人，广泛交往。不要结成小圈子，不拉帮结派。处在一个办公室，难免有亲疏之别，但交往态度上，尤其是上班时间、工作范围内，应保持一视同仁，平等对待。不以势利眼看人，不慢待"小人物"。 （4）工作中谦虚谨慎，不争权夺利，不居功，不自傲，不自我吹嘘。荣誉面前少伸手，取得成绩要相互谦让，出了问题不相互推诿责任，不相互无原则指责。严以律己，宽以待人，对别人多看长处，少看短处，对自己多看短处，少看长处。 （5）工作中一旦产生分歧和矛盾，要及时、主动、坦诚地与对方沟通交换意见，消除工作分歧、误解和隔阂。不说不利于团结的话，不做不利于团结的事。

续表

		(6) 讲究仪表礼仪，增强形象的亲和力。公务交往多用"您""请""多谢"等文明用语。
对下关系的协调	对下级机关单位的协调	这是在开展工作过程中，充分考虑下级的实际情况，倾听下级的意见和要求，科学地作出决策，并有效地将决策意图贯彻到下级执行单位，使之自觉地协调运转，积极为实现决策目标而努力工作。办公室在对下关系协调中主要应做到： (1) 在形成决策前，深入基层调查研究，征求各方面的意见建议，使决策方案建立在全面了解情况、充分代表群众根本利益的基础上。 (2) 在决策执行中，若发现决策方案的疏漏或偏差，发现执行单位的实际困难，应及时反馈给领导，使领导及时作出必要调整。而当下级单位对决策意图尚未全面充分理解时，要向其宣传决策意图，提高其执行决策的主动性和积极性。 (3) 在决策执行告一段落的考核评估和总结表彰工作中，要对下级单位的自我检查和总结给予必要的帮助。另一方面要协助领导以工作计划为依据，制定切实可行、具体明确的考核标准和评估办法。 (4) 要全面深入地观察、分析和解决问题，避免失调现象，化解矛盾，保持与下级关系的协调沟通，多替基层着想。 (5) 对下级督促检查工作要严格按规定和标准办事，实事求是，不夸大成绩，也不掩盖缺点。要有不耻下问的精神，把事情的来龙去脉搞清楚，提出符合实际的建议。对其困难，要协助领导及时想办法、出主意。 (6) 尊重下级，以民主、平等精神对待下级，不拿架子，不打官腔。认真听取、采纳下级意见建议；尊重下级的劳动，对下级取得的成绩要及时给予肯定；对下级的工作要给予支持。 (7) 要注意下管一级这个原则，一级对一级负责，不要越过直接下级越级向下级单位布置工作。 (8) 对下级单位要一视同仁，不要厚此薄彼。若遇出面调整下级单位关系、协调他们工作、化解他们分歧矛盾时，一定要"一碗水端平"。
	对下级职工群众关系的协调	(1) 在"关爱"上用真情。办公室在对职工群众协调上要强化以人为本、为民服务意识，真正做到关心基层、关爱群众、爱护下级、想群众所想、急群众所急、解群众所难，做联系群众的桥梁和纽带，做基层和群众的知心人、热心人、贴心人。要真实反映基层职工群众的意见，以平等身份，同职工群众交流意见，交换信息，努力形成协商对话良好机制和氛围，畅通群众诉求渠道，积极沟通，消除由于信息阻碍带来的误解，统一认识。 (2) 尊重职工群众，平等待人，发扬民主精神和亲民作风，不拿架子，不打官腔，不颐指气使。 (3) 深入基层职工群众调查研究，发现不和谐因素和失调趋势，应努力协调各方并及时向领导汇报，尽快解决；在草拟决策方案时，要全面考虑，避免出现疏漏，在群众中造成矛盾和纠纷。 (4) 当群众中发现某种利益冲突时，一方面要协助领导做好政策宣传工作，让群众理解党和政府的部署；另一方面，要及时向领导汇报，建议领导采取必要的措施。 (5) 当一项改革措施出台，群众认识出现差异时，办公室更要加强宣传工作，避免认识上的差异造成群众中的矛盾和纠纷；对群众中存在的某些一时难以解决的矛盾，一方面要缓解矛盾，防止激化，另一方面要请示领导，创造条件尽快处理，以维护群众正当利益和稳定局面。

（三）办公室办理几项具体事务工作的协调

领导参加公务活动的协调		领导公务活动中需要协调的很多，如出席会议、庆典、表彰、宴会、晚会、视察调研活动等等。各部门、单位举行的活动都希望有领导参加，但领导精力、时间有限，要求每个领导逢场必到是不可能也没有必要的。去不去，哪位领导去，这就需要协调统筹安排。办公室做好这项工作的协调，应注意几点： 　　（1）建立制度。确定领导出席、参加这类活动的原则、方式、人员、程序。严格控制以各地党委、政府名义召开会议、举办活动的数量，必须以地方党委、政府名义召开的会议，除主管这方面工作的领导出席外，一般不邀请其他领导陪会。凡重大节日、庆祝活动、纪念活动、有关涉外活动、群众性重大集会以及较大文艺、体育活动等，一切出头露面的事，都要广泛吸收退居二线领导出席，一线领导参加人数不宜多。凡请机关领导出席的，均与机关办公室联系，由办公室提出意见报主要领导审批后执行。 　　（2）灵活掌握。有几种情况应适当邀请本机关有关领导出席。一是上级主管部门派相当于本级领导级别以上的领导同志前来出席的活动；二是全国、省、市统一部署的某项纪念活动；三是对中心工作有重大推动作用的专业会议；四是工作突出，影响较大的业务活动。 　　（3）勤于沟通。复杂情况、特殊情况总是会有的，对此，办公室要仔细听取有关部门和单位的意见，认真考虑研究，对棘手的问题要与有关方面取得协商；拿不准的，要向主管领导及时报告，并取得一致意见。确定哪些领导参加某项活动后，仍会有许多特殊情况，如某领导不在或有重要任务，要再次沟通协调、落实。必要时，要有专人负责按时催促领导前往，以免误事。
办文中的协调	对外发文协调	草拟文件的协调	（1）起草文件首先要领会领导意图，对整个文稿或某个问题，几个领导可能会有不同交代，办公室要善于协调综合这些意见，找出共同点，以形成一个统一的意图并将意图及时传达给拟稿人。 　　（2）文稿内容若涉及几个部门，有时可能几个部门都要求在文稿中强调本部门工作，这就需要按领导意图和文件主旨，综合协调平衡。若在文稿内容中出现分歧，则要反复协商，把问题解决在动笔之前，而不把分歧带进文件。 　　（3）联合行文，要征求各联名机关的意见或由联名机关共同起草。
		制发文件的协调	办公室拿到要求发文的稿件（含领导批示要发的文件）以后，要作认真研究。常见的问题，一是这个文件是否需要发，该以什么名义、形式发；二是文稿内容是否符合法律法规和有关方针、政策，是否与过去的规定抵触矛盾，是否与本部门、本地区、本单位实际相符；三是文件内容涉及用人、用钱、用物或成立机构，或涉及其他部门职权的，是否已与机关内外有关部门协商、会签；四是是否确需联合发文；五是文稿在技术层面还存在什么问题；等等。对这些问题，核稿人员都要与拟稿人、主管人和有关方面协调。除纯技术处理外，其他情况的处理，都需将协调意见报告主管领导人定夺，重要事务不可自作主张，自行处理。

续表

办文中的协调	收文的协调	下级来文办理的协调	（1）办公室对下级机关呈送的文件，负有检查把关责任，看其行文关系、行文方式、文种、主送是否符合公文处理规定，若有不符，应与呈送单位协商，退文责其修改重新报送。 （2）应按主要领导或分管领导批办意见，及时分送有关领导或职能部门办理。 （3）收到下级请示，办公室要考虑主送是否恰当，所请示事项有无依据，是否应该本机关（单位）办理，要求是否合理可行，业务主管职能部门有什么意见。必要时，应与有关职能部门取得联系，听取他们的处理意见，然后报请领导同志审批。有时有的部门不按规则行文，多头分送，可能出现几个领导同志的批示、意见不一致的情况，这就需要全面了解，准确把握领导的批示精神，协调好各方面的关系。如请示内容有不当之处，可按规定与报请单位商量改变，或将意见报送领导同志审批时参考。如请示事项涉及多个部门的，要明确主办与协办部门。
		其他来文办理的协调	（1）办公室要针对来文规定和要求，提出拟办意见交主要领导或分管审定批办，及时按批办意见送有关领导或职能部门办理。 （2）若遇职能部门在办理过程中产生分歧和矛盾，办公室主要手段是通过协商来协调，要平等相待，商量办事，积极采纳合理化建议；要在坚持原则的前提下，尽量采取对各方面工作有利，又能为各方面所接受的处理办法，使问题得到妥善解决。遇到实在难以协调下去的问题，应把各方面的意见如实向领导报告，请领导出面协调或作出决断。 （3）文件传阅中的协调。文件运转协调的目的是使文件运转及时、准确、灵便畅通，提高办文效率。办公室不但自身应"马上就办"，而且要协调好各个运转环节。如恰当确定传阅顺序；适时催办以了解、掌握文件的流向和办理情况，督促承办部门及有关人员及时办理；办理中遇到具体困难，办公室应帮助解决或报告有关领导同志采取措施解决。总之，要使文件的运转上下衔接，左右通顺，不要造成脱节或梗阻。
办会中的协调	办会是一项关系全局、又非常细致、具体的工作，会议协调工作是其中的重要组成部分。			
	会议议题的协调		这是会议协调工作的重点。对于党政机关来说，什么时间，在什么背景下，召开什么样的会议，需要研究什么问题都是政治性很强的事情，办公室要协助有关领导及有关部门精心谋划，反复磋商。议题协商有三种情况： （1）按照须提出或批示的会议议题同有关方面协调，做好充分的准备工作，凡涉及几个部门和单位的内容，会前要协调一致。 （2）根据本机关工作的总体安排要求，由办公室先提出会议议题报请领导批准，这就需要及时掌握和准确理解领导者的精神，了解各方面的工作状况。 （3）如果一次会议提出几个议题时，要按照轻重缓急的原则，充分协调后确定会议安排哪些议题和安排的先后顺序。
	会议时间、地点、出席人员的协调		会议时间主要根据会议的议题、内容和文件材料准备情况而定，还要考虑到与其他会议和工作的统筹安排；会议地点主要根据会议内容、参会人员情况来选择，还要考虑到有利于节约会议开支；会议出席、列席人员的协调工作比较复杂，但主要根据有利于工作，精简、保密的原则进行。办公室综合各方意见后，再报分管领导和主要领导审定。

续表

办会中的协调	会议纪要等文件的协调	会议作出决议后，要用纪要、决议或决定的形式记载下来，并传达给有关部门和单位遵照执行。但有些议决事项往往涉及几个部门，若想贯彻顺利，需事先与有关部门协商一致后再写进纪要，这样有利于决议事项落到实处。
	会议议决事项落实的协调	会议作出决定后，重要的还在于组织实施并落实。会后，办公室要及时将决议事项传达给有关部门，然后再将执行情况和问题反馈给决策机关和有关领导。

五、开展政务公共关系的意义与作用

（一）开展政务公共关系的意义

长期以来，不少行政工作人员眼睛只看到管理、监督、指导等权利，而忽略了为人民服务、维护民众利益的职责。在制定出台政策和日常管理中忽略了与公众的沟通交流，降低了公众支持率和行政效率，增大了行政成本。有的地方热点问题和社会矛盾长期得不到解决，往往是政府公共关系工作没有做到家的原因。而政务公共关系工作在社会生活中具有十分重要的意义。

建设现代和谐社会的需要	我们要建设民主法治、公平正义、诚信友爱、充满活力、安定有序、人与自然和谐相处的社会主义和谐社会，就必须提高管理社会事务的本领、协调利益关系的本领、处理人民内部矛盾的本领、维护社会稳定的本领。而提高这些本领需要通过运用公共关系手段来实现。
民主政治建设的需要	通过健全和完善政府与公众的沟通渠道和传播机制，及时、广泛地了解舆情民意，提高政府工作的透明度，确保公众"知情权"，鼓励公众积极地参政、议政，实现政府和公众之间的双向沟通，这是社会主义民主政治操作系统中的一个不可缺少的部分。
提高政府行政管理和服务水平的需要	我们做任何事情都必须知道民众在想什么、需要什么，才能做出正确的决断。政府必须认真倾听公众呼声，了解公众对政府的意见，采纳公众的合理建议，拉近政府与公众之间的距离，提高公众参政议政的积极性，并以此作为施政参考和基础，才能提高行政服务水平。而伴随政府职能转变，政府要从社会经济活动的直接参与者，转变为社会经济活动的组织者、引导者、协调者，其职能由"管理"向"服务"的转变，就有必要开展政府公共关系。
适应对外开放的需要	开放是当今世界潮流，要开放就存在着以什么样的形象出现在世界上的问题，就存在让世界了解中国的问题。我们需要的是世界范围内良好的形象和广泛的了解。为此，政府公共关系可以从整体上策划政府的形象并进行广泛的宣传，让更多的人了解中国。

（二）开展政务公共关系的作用

凝聚民心，提升国家和地区的实力	通过与民众良好的沟通互信，统一认识，凝聚民心，激发高昂的士气，有助于齐心协力做好每一项工作。就国家而言，通过有效的公共关系手段激发广大人民群众的爱国热情；就一个地区一个单位而言，可以消除隔阂统一步调顺畅运转。

续表

了解民情民意，正确制定政策	党和政府一切工作的出发点都必须从民众的要求出发，从民众的需要出发，倾听民众意见是正确施政的基础。准确了解民情，就必须通过富有成效的政务公共关系工作来实现。
争取民众支持和信任，塑造政府良好形象	行政政府的形象离不开公众的评价。党政机关要构建与公众的良好关系，就要深入调查了解公众的评价取向，并据此有针对性地适时地开展公共关系工作，以获得公众支持。
创造良好的施政环境	有效的政务公共关系工作，可以最大限度地争取各方面的支持，减少阻力，保证政令畅通无阻。
加强国内国际合作，实现双赢	国家的外交工作就是实现国与国之间合作的重要渠道，实际上也是一种政府公共关系活动。为进一步加强对外开放，各个地区之间以及与国外的城市和企业的交流与合作越来越重要，越来越频繁，对于我国实现经济社会快速发展有着重要作用。

六、政务公共关系的特点与原则

（一）政务公共关系的特点

主体的权威性	与其他社会组织不同，政务公共关系的主体是居于社会之上的特殊社会权威管理组织，拥有较大的权力。他们的职能就是行政领导和管理，因此具有很强的权威性。
客体的广泛性	行政机关所面对的公众不仅数量庞大，而且比起企事业单位更广泛、更复杂，包括社会各阶层、各民族、各党派、各种社会组织和群众团体等。而不同群体之间、不同个人之间、个人与群体之间，乃至公众与政府之间，既存在着利益的一致性，又存在着利益的差别性。如果公众关系处理不当，就会引发矛盾，影响政府形象、工作运行和社会安定。因此，要求行政机关必须妥善处理和协调广泛而复杂的公众关系。
传播的优越性	政务公共关系的传播条件优于其他一般社会组织，因为它掌握着大量的大众传播媒介，如广播、电视、网络、报纸等。行政机关可以利用大众传播媒介把其意图、信息迅速而广泛地传播给公众。此外，政府还拥有各种专门的宣传机构，这可以使信息准确而迅速地在组织内部流动并有效地向社会公众传递。在搜集公众的反馈信息方面，行政机关的组织传播严密有效。政府设有专门的机构直接与社会公众联系，如信访局、政府调研室以及各级基层组织等，从而能够及时地收到公众的反馈信息。
目标的独特性	行政机关特殊的地位和职能决定了政务公共关系目标的独特性。一般社会组织的公关目标，是以提高其知名度和美誉度、树立良好的组织形象为主。而行政机关不存在知名度的问题，政务公共关系要把提高行政机关的美誉度和树立机关特定的良好形象、促进公众的认知作为主要目标。
效益的社会性	由于行政机关是面向社会、为社会发展和公众利益服务的，因此，政府开展公关活动的最终目标是提高社会效益，其价值追求表现为公共取向。如果政务公共关系成功，则全社会都将受益。

（二）政务公共关系的原则

公众利益至上	行政机关的一切公共关系活动都必须体现社会公众的利益，这是政府公关活动的出发点和归宿。

续表

实事求是	政务公共关系活动要建立在对事实准确把握的基础上，向社会公众如实地传递有关行政机关的信息，并根据情况的变化不断调整本身的公共关系策略与行为。公共关系的宣传绝不能脱离有关的社会事实或信息。公共关系的重点首先是"做"，然后才是宣传。事实不存在，以传播为手段的公共关系工作就会成为无源之水、无本之木。公众不仅要看行政机关的宣传，更重视行政机关的行为。组织形象具有客观性的特征，如果只有宣传而没有实际行动，组织形象就不会真正改变。做与说必须互为表里，相辅相成，方能建立良好的公共关系。开展公共关系工作，就是要客观全面地向公众提供信息，是好说好，是坏说坏，有一说一，有二说二，既不夸大，也不贬低。而且要把来自外界的批评和意见当作重要的信息反馈，从中找到自身的不足并据以改进工作。只有这样，公众才能感受到你的诚意，才能实现增进相互了解、改善机关形象的目标。
互惠互利	政务公共关系工作的开展既要考虑机关的自身利益，又要考虑公众利益，同时还要兼顾国家整体利益。实际上是要均衡各方面的利益关系，绝不能只顾自己而不考虑别人，或者只顾自身的经济效益而不顾社会效益和生态效益。要建立和保持良好的公共关系，必须密切关注公众利益，以公众利益为出发点，把公众利益放在首位。一个组织有无存在和发展的价值，取决于公众是否需要它。所以，组织必须为公众服务，千方百计地为公众谋取更大的利益，必要时还要牺牲自身的、局部的、暂时的既得利益，赢得长远的、整体的、更大的利益。一个真正对社会负责的行政机关，在采取任何行动之前，都应该关注公众意见和态度。只有同时处理好机关自身、公众、社会三方面的利益，机关才能长期保持与外界的良好关系，得到各界的支持，赢得发展的机会和条件。
双向沟通	公共关系工作过程就是一个信息传播和交流过程。一个机关在开展公共关系活动时，既要有信息输出，又要有信息输入和信息反馈。从协调机关与公众之间关系的角度来看，信息输入和信息反馈较之于信息输出来说，具有更重要的意义和价值。机关只有重视公众的态度和意见，才能真正了解自己。信息交流有单向和双向之分。如果只是行政机关单方面地对公众传播自己的主张意图、服务信息，就叫作单向交流。公共关系的信息交流强调的是双向传播，即行政机关一方面要通过有效的信息传播，使公众了解和喜欢自己，一方面要通过信息反馈来了解民意，以改善自身的形象。真正贯彻双向沟通原则，既是保证行政机关公共关系工作获得成功的条件，也是贯彻实事求是原则的条件。行政机关必须通过双向的信息交流，了解和掌握事实真相，并以此为依据调整自己的政策和行为。
长期坚持	通过公共关系活动树立良好的机关形象和声誉，是一项长期工作，是一个涉及公众对国家机关的信息分享、感情沟通、态度转变、行为发生的循环渐进的过程。因此，做好公共关系工作，需要从长远考虑，经过长期努力，这就是公共关系的长期坚持原则。由于机关形象具有相对稳定性，公众不会因为机关行为的某些变化而马上改变对该机关的看法。如果一个机关在公众心目中的形象不好，想一时消除这种不良影响是很困难的，它需要机关通过较长时间的不懈努力来重塑机关形象。即便是那些有着良好形象和声誉的机关，也要不断努力，对其加以维护、巩固和发展。如果机关在已经树立的良好形象的基础上，时常注意与公众的信息沟通，那么即使发生什么对机关不利的事情，只要能及时采取针对性强的公共关系措施，也很容易获得公众的理解和支持，改善自己的处境。

续表

开拓创新	随着人们运用公共关系从事组织活动的自觉性日益增强，公共关系的一般活动方式逐渐普及，公关活动如果没有新意，就不能吸引公众和提高机关关系的知名度。机关的公关人员要解放思想，大胆创新，不断地改进公关活动或观念。公共关系工作是一项富有挑战性的工作。同样的活动如果再重复一次，就会使公众感到索然无味。高质量的公关总是和公关人员的创造性思维联系在一起的。公共关系的轰动效应往往来自于标新立异。创造性思维是从事公关工作的真谛，公关的活力正是来自于这种突破常规的主动性和创造性。
整体统一	行政机关在处理与公众的关系时，不能就事论事，而要从整个社会公众的整体关系和整体利益出发，把局部关系和利益放到全局关系和全局利益的范围内加以考虑。党政机关各职能部门、上下级部门、中央和地方部门之间的密切配合，也会有效发挥整体系统效应，共同树立政府的整体形象。

七、开展政务公共关系的途径

（一）实行政务公开

政务公开是政务公关的主要形式。为了加强公众对行政机关的了解，避免因为缺乏了解而造成的误解，政府各部门有必要实行办事公开，努力提高行政运作的透明度。

政务公开主要内容	政策法令公开	行政机关制定各项政策规章之前要征求公众意见，在民意基础上修改制定之后要通过各种方式让公众知晓。现在我国各级政府不但注重政策法令的发布宣传，还注重在制定过程中广泛征求民意，采纳民众的意见。
	财政公开	财政收入属于全体公众，必须为公众利益服务，而不是为少数人服务。财政公开是要公众了解财政支出的去向，监督并防止财政不合理支出，让纳税人的钱为公众服务。
	重大事务公开	要坚持透明度原则，重大事务要向公众公开。比如城市建设的大项目、疫情、重大案件、突发事件等等。必须面向公众，让公众了解事件全过程，告知公众注意事项，说明政府在事件中的作为、成功的经验和应吸取的教训。
	工作职责公开	让公众了解行政机关及相关负责人的工作职责，方便群众，接受公众监督和评议。同时要公开联系方式，交代清楚单位地址、电话、工作时间和方式。
政务公开方式	新闻媒体宣传	建立新闻发布制度，运用新闻发布会、记者招待会、记者专访、播发专稿等形式宣传行政机关工作。法规性文件和规范性文件一般通过报纸、电视全文发布，广而告之。
	印发文件和各种宣传材料	将非涉密文件和宣传资料及时印发给社会组织和公众，允许公民办理一定手续查阅有关文件。
	会议宣传发布	召开各种形式的会议发布有关情况，层层落实贯彻。
	网络宣传	推进机关上网，建立机关的网站网页，及时公布有关政务。
	公示	如人事任免、重要决定事项等，可以在报纸电视网络上公布，也可以在相关单位张榜公示。经常性的比如工作职责、电话等可制作宣传栏和专门的公示牌公示。

（二）构建畅通渠道

政务公关成功与否，很大程度取决于沟通的渠道是否畅通。畅通的渠道既使行政机关能够及时准确地了解民情民意，又使公众正确理解认识行政机关的各项决策，增进了解，形成互动，使公众的意见及时传达到决策机构，行政机关决策充分体现民意。

保障渠道畅通主要方式	建立机构	在我国有几十年历史的信访部门应该说是党政机关早期的公关机构，但它是一种被动的与公众沟通的方式。随着社会的发展和政府工作的需要，行政机关除改进信访部门工作外，又尝试建立新的机构与公众沟通。如成立市民投诉中心，设立市民公开投诉电话，设立专门机构和安排专职人员来处理公众的意见投诉，成为政府与公众沟通交流的一个重要渠道。
	会议交流	党政领导机关通过各种定期或不定期的情况通报会、征求意见会、咨询会、座谈会、听证会等，与民众面对面地开展交流对话。
	设立信箱	为了监督干部公正、廉洁地行使职权，各地均设立举报信箱、意见箱，供民众向领导机构反映情况。
	网络交流	随着电子政务迅速发展，电子信箱、网上论坛、博客、QQ、手机也逐渐成为党政机关、领导与民众沟通、了解民意的重要手段和渠道。要充分利用这些现代信息手段，拓宽社情民意反映渠道。

（三）接受社会各界监督

各级党政机关要分别接受人民代表大会法律监督，政治协商会议的民主监督、新闻媒体的舆论监督和公众的社会监督。这是中国民主政治体制的一个重要特色。行政机关接受监督也是社会多方面力量的沟通协调的过程。党政机关应该采取积极态度，主动听取意见，接受监督，争取公众的理解和支持。

（四）举办大型活动

举办各种大型活动是行政机关的重要公关活动和途径，其影响力大，效果显著，是行政机关树立形象，促进当地经济发展和社会进步的重要手段。最明显的例子就是各国政府对奥运会、足球世界杯等大型体育赛事主办权的争夺，充分表明它们在政府公关中的地位和作用。各国地方政府都利用一切机会争办大型体育比赛和举办各种特色活动，树立形象。国内许多城市也举办有地方特色活动，比如哈尔滨冰灯展、大连服装节、长春电影节、四川电视节等等。这些活动与外部世界进行多层次多渠道沟通交流，有助于提升人气，全方位地树立地方形象，谋取社会和公众支持。

（五）加大公益事业投入和宣传

行政机关的根本职能是为公众服务，政务公关首先要注意公众的利益，具有非营利性特质。要根据当地经济水平对公益事业逐渐加大投入并进行宣传，这是政务公关的重要方式。例如我国实行的扶贫攻坚战略既是我国社会发展和改善人民生活水平的需要，也可以看成我国政府对外对内公关的需要，这极大地提升了中国政府的国际形象和声誉。而各地每年为群众做好事办实事的惠民工程，也是务实的公关行为。

（六）走访交流

国家之间、地方政府之间互访，政府对有关方面的走访，都是政务公关的重要内容和手段。重要事件发生（比如自然灾害、重大事故）、重要节假日、科技文化取得重要成果、重大体育赛事都需要党政机关有关部门和领导出面对有关人员走访慰问。元旦春节等重大节庆期间，党政领导一般要走访贫困人群、老干部、专家、劳模、教师、军队、残疾人、民主党派、群众团体、企业、交通公安等有关方面，这类走访都是政务公关重要内容与形式。而新闻媒体的跟踪报道，将产生良好的社会影响。

（七）构建协作组织

在某一方面有共同利益需求，或地域相近、特点相似的国家、地区、城市、部门之间建立协作组织，是现代政务公关的突出特点。古代国家之间就有类似的协作组织，但大多是政治军事协作。现代的趋势是国家之间、地区之间的经济、文化协作越来越紧密，组织越来越多，影响力越来越大。例如欧盟、亚太经合组织都是当代重要的经济协作组织。国内有计划单列市协作组织、辽宁中部城市协作组织等。这些组织无论紧密或者松散，但交往频繁，大大促进了国家、地区、城市之间的交流合作，扩大了彼此的社会影响并加深了公众形象。

（八）重视危机公关

政府在危机状态下，需做好危机沟通，积极调解冲突，应用传统媒体和网络媒体，争取转危为机，渡过难关。

八、办公室在开展政务公共关系中应该着重抓好的工作

政务公关是机关各部门、每个职工都应该参与的工作，但办公室作为机关的门面和窗口，联系群众的桥梁和纽带，理应更加重视公共关系工作，着重抓好以下工作。

（一）树立和强化政务公关意识

社会主义市场经济、推进民主化进程、信息社会造就了复杂多变的开放型的社会关系网络。这种开放型、竞争型、网络型的社会环境所引起的行为方式的变革，必将对各行各业产生巨大影响。政务公共关系已被公认为是行政管理一种必不可少的职能。要密切党政机关与公众之间的联系，架起政府与社会公众间的桥梁，获得公众的支持，都离不开公共关系。成功的政府管理都十分重视公共关系。机关办公室人员要用公关的理念指导自己的实践，从自己的行为中感受公关的魅力。要充分认识到，人民群众既是党和政府领导管理的对象，又是国家的主人。党和政府与人民关系中的双重身份，要求党政机关要正确处理"党群""政民"之间的公共关系，要努力取得与公众之间的理解、信任、谅解、支持与合作，以便有效地管理国家和社会事务，真正地为人民大众和社会发展服务。因此，妥善处理与公众的关系，搞好政务公共关系，是党政机关义不容辞的责任。尤其是在当前推进民主化进程的历史变革中，充分保障公民知情权、参与权、监督权、选择权，深刻认识政务公共关系在建设和谐社会中的地位和作用，显得格外重要。

（二）做好政务公关策划工作

公关策划就是为了达到组织目标，在充分进行公共关系调查基础上，对总体公共关系

战略、专门公共关系活动和具体公共关系操作进行谋划和设计的工作。在没有专设公共关系机构的机关，这项工作通常是由办公室来承担的。

政务公关策划的重要性		尽管政务公共关系活动是在机关的整个日常工作中运行的，但面对突出情况、重大挑战和重要机遇，搞不搞公共关系策划，其公关效果绝对是不同的。没有日常政务公共关系运作，只靠一两次公共关系策划就希望万事大吉、一劳永逸是违背公共关系原则的。但如果没有公关策划，只有日常运作，也同样无法实现较高的政务公关目标和取得最佳政务公关效果。日常公共关系运作是公关策划的准备与基础，政务公关策划是日常公关运作的飞跃。
政务公关策划三个层次	总体公关战略策划	是对组织的总体、宏观、战略性的公共关系方针进行计划、谋略和设计。
	专门公关活动策划	指对某个公关活动进行计划、谋略和设计。
	具体公关操作策划	这是为了完成某一公关活动、推行某一公关方案而设计的具体策划。
政务公关策划原则	公众利益优先原则	要正确把握公众需求心理，按公众的心理活动规律和接受心理来考虑公关策划。要坚持公众利益至上，当机关利益同公众利益产生矛盾冲突时，要注意维护公众利益，将公众利益放在首位。
	求实原则	必须以务实的公共服务为前提；必须建立在对事实真实把握的基础上，以诚恳的态度向公众如实传递政务信息，并根据实际情况变化不断调整策划的策略和时机等；必须讲求投入产出，节约行政成本，精打细算，讲求实效。
	系统原则	应将政务公关活动作为一个系统工程来认识，与机关工作总目标、外部环境相一致，按照系统的观点和方法来谋划统筹。不仅要考虑与以往公关策划保持连续性、整体性的问题，还要考虑与下一个公关策划的衔接问题。
	社会性原则	要符合社会综合因素要求，包括法律政策、社会热点、传统习惯、伦理道德等涉及社会制度、政治体制、社会文化、人文环境等方面的要求。
	创新原则	必须打破传统、刻意求新、别出心裁，使公关活动生动有趣，从而给公众留下深刻而美好的印象。应以独特活动方式、新颖别致内容使政务公关策划先声夺人，标新立异，以获得较好的公关效果。
	科学性原则	要充分运用现代科学技术成就，包括自然科学和社会科学的研究成果，运用现代科学思维方法、技术、设备，策划和实施大型公关活动，要展现高格调，反映出时代气息。

续表

政务公关策划过程				
确定目标	即确定经过公关活动努力所要达到的目标以及衡量这一目标是否达到的具体指标。			
^	政务公关目标分类	沟通信息型目标	即致力于党政机关政务信息与社会公众信息的沟通、交流。	
^	^	增进感情型目标	即联络党政机关与公众的感情，增进党群关系、政民关系，赢得公众的好感。	
^	^	改变态度型目标	即转变公众对机关整体形象某方面的负面看法和态度，塑造党政机关良好的正面形象。	
^	^	引起行为型目标	即在取得公众了解、信任的基础上，促使公众认同、支持、执行党政机关的工作决策部署。	
分析公众	在确定政务公共关系活动的对象（公众）之后，还要分析各类公关对象的利益和要求。对公众的分析应包括以下内容： （1）公众分属于哪些不同的社会组织和社会群体？他们中谁是"意见领袖"？他们居住地方和习惯集中活动地方在何处？ （2）公众的共同利益和要求以及特殊利益和要求是什么？ （3）公众习惯关注哪些传媒方式、手段？ （4）公众对本机关的看法如何？他们对本机关哪些事情感兴趣？原因是什么？ （5）公众与本机关关系如何？这种关系是如何形成的？			
设计主题	政务公关活动的主题是对政务公关活动内容的高度概括，对整个公关活动起着指导作用。设计好活动主题，必须做到： （1）主题必须与确定的公关目标相一致，并且能充分表现目标。 （2）表述政务公关活动主题的信息要独特新颖、个性鲜明，突出本次公关活动特色，有极强的感召力。 （3）主题的设计要满足公众心理需要，要富有激情并使人感到亲切。 （4）主题设计要简明扼要，易于记忆，切忌空泛和雷同。			
选择传媒	政务公关活动目标、公众、主题一经确定，就要针对公众的特点，抓住有利时机，选择最能突出主题、吸引公众、实现目标的传播媒介。			
预算经费	在策划活动方案时要准确、合理地预算活动经费。公关活动的经费应根据机关实力、公关活动的目标、规模和要求而定。通常公关活动经费开支包括： （1）劳动报酬。包括参与公关活动有关人员的劳务报酬。 （2）行政管理费。包括房（场）租、水电费、电话费、交通费、办公费、家具费等。 （3）传播媒介费。包括用于报纸、杂志、广播、电视、互联网等传播媒介方面的费用。			

续表

预算经费	（4）器材费。包括制作各种印刷品、纪念品，购置摄影设备和材料、美工器材、广播器材、电视录像设备、展览设施等费用。 （5）各类活动费。包括举行记者招待会、座谈会、举办大型活动等费用，公关赞助费以及公关人员的活动费。 （6）其他应急或机动费用。
审定方案	拟订的政务公关活动策划方案必须通过优化和充分的论证才能最后确定。公关活动方案的优化过程是增加公关活动方案合理性和提升其价值的过程。一般应从三个方面来考虑，即增强方案的目的性，增强方案的可行性，降低耗费。还要由有关领导、专家和实施者就方案进行充分的可行性论证。方案经过论证后，必须形成全面报告，提交有关领导审核批准。

（三）积极宣传机关形象

江泽民同志曾强调指出："党的作风和形象，关系人心向背，关系党的生命。"党政机关良好的形象是健康生存和顺利发展的必然要求；是获取公众支持和拥戴、有助于行政决策实施和行政效率提高、保证政令畅通的法宝。党政机关应努力以实际行动在公众中树立为民、务实、公正、民主、诚信、高效、清廉的良好形象；与此同时，机关办公室在塑造和宣传机关形象中也应发挥其独特的作用，运用各种形式、通过各种渠道，积极宣传机关形象。而机关领导形象直接关系到机关的形象和影响，关系到党和政府的形象和影响，因此办公室要努力维护和宣传领导形象。总之，办公室要在外国人面前树中国人形象，在中国人面前树本地人形象，在人民面前树公仆形象，在客人面前树主人形象，在社会公众面前树党政机关形象，在机关单位面前树本机关单位形象。

（四）办好机关政务网站

政府网站是党政机关在互联网上发布政务信息、提供在线服务、与公众互动交流的重要平台。办好政务网站，是机关办公室（及其专设管理机构）的重要政务服务工作。从当前实际出发，应着重抓好以下工作。

强化政务网站主要功能	发布政务信息	（1）依法、全面、及时、准确地做好主动公开政务信息工作。加大政务信息发布力度，不断提升信息发布深度和广度。要把握"以公开为原则，不公开为例外"的原则，切实做到应当公开的都能及时、准确地公开，需要尽快公开的，要在第一时间公开。不仅要公开以公文为载体的静态政务信息，还应当公开可以公开的行政决策过程和履行行政职责情况等动态信息。要将政务网站作为政务信息公开的第一平台。 （2）做好依申请公开政务信息工作，尽快开通依申请公开政府信息专栏，完善政府信息公开形式，依法扩大政府信息公开范围。 （3）突出政务特色，办好专题专栏。要围绕党委政府重点工作和经济社会发展中的热点问题，做好舆论引导和解疑释惑工作。 （4）加强政务信息审核把关，确保信息安全。要在努力扩大政务信息发布数量的同时，通过健全完善政务信息公开审核制度，落实审核责任，提高信息质量，保证信息安全。

续表

强化政务网站主要功能	发布政务信息	（5）及时做好内容更新工作，要随着情况变化及时补充更新最新信息，切实改变网页栏目过少、内容陈旧和一些栏目内容长期挂空的现象。 （6）妥善处理公开与保密的关系。确保涉密信息不上网，上网信息不涉密。严格遵守保密纪律，该保的密必须保住，可以公开的都应该公开。
	提供在线服务	为社会和公众服务是政务网站的核心服务功能。要牢固树立以社会和公众为中心的理念，不断提高网上服务能力，拓展服务内容，力求做到以人为本，以服务为中心。 （1）行政机关要把网上办事跟实体紧密结合在一起，利用行政服务中心的实体来推进门户建设。要将本部门的业务信息按照供求需要分类和梳理，按照服务事项呈现在网站界面上，力求把"公众网上找服务"变为"导向型人性化服务"，大大方便群众需求，不断扩大公众对政务网站的认知度和满意度。 （2）凡行政许可事项应在有关部门网站公布其依据、条件、数量、程序（含办理流程图）、期限、需要提交材料的目录及文本下载、申请示范文本、许可决定等信息。非涉密行政审批事项，应在有关部门网站发布办理指南、相关材料下载、状态查询和审批结果等信息。其他公共服务事项应在部网站发布服务指南。 （3）逐步扩大网上审批、查询、交费、办证、咨询、投诉、求助等服务项目的范围，积极探索"一点受理、抄告相关、并联审批、限时反馈""网站前台受理、后台协同办理、网站及时反馈"等"一站式、一体化"在线办理模式，逐步建立网上办事大厅。 （4）拓展公益服务。要着眼便民利民，针对不同受众和不同群体，努力实现"人性化、个性化、专业化"网上办事，为群众提供快捷、方便的服务。进一步开发利用教育、科技、文化、卫生、社会保障、公用事业等与公众生活密切相关的公益性信息资源，努力提供各类便民服务。按照建设社会主义新农村的要求，整合相关资源，努力向农民提供科技知识、气象信息、农产品和农资市场信息、灾害防治等方面的服务。按照提高对外开放水平的要求，积极提供商贸活动等方面的公共服务。
	加强互动交流	政务网站必须以保障人民群众的参与权、表达权、监督权为目标，加强政民互动建设，构建网络政民互动处理机制和互动交流渠道。 （1）围绕党委政府重点工作和公众关注热点，开通在线访谈、热点解答、网上咨询等栏目，做好宣传和解疑释惑工作，正确引导舆论。建立领导、部门信箱、公众留言栏目等咨询、投诉渠道，建立政务大厅等实时访谈栏目，围绕公众关注度较高的事件、问题征集民意、解答疑问、提供帮助。 （2）凡重大决策、法规性、规范性文件出台，均应通过有关部门政务网站开展网上调查、网上听证等工作，征集公众意见和建议，接受公众建言献策和情况反映，及时分析汇总，为决策提供参考，提高科学民主决策水平，提升政治文明程度。 （3）要做到网民来信、来电、来访必复，及时处理，及时反馈，畅通社情民意通道，不搞形同虚设的花架子。 （4）大力推行网上监督、网上评议、网上投诉等制度，扩大公民参政议政的范围，切实保障公民监督权，推进机关廉政建设。

续表

强化政务网站主要功能	加强调查研究	当前社会呈现影响力多元化，而网络影响力成为社会影响力的重要方式。党政机关运用政务网站争取公众的信任度、满意度、依赖度，不断增强对社会的影响力乃至公信力，至关重要。因此，办好政务网站要以人为本，以公众为主。群众用户是网站"领航员"，一定要运用各种方式做好调查研究，了解公众对政务网站的需求，以增强网站服务的针对性、实用性，充分发挥政务网站作用。
	整合资源，信息共享	（1）要调动机关各部门办网的积极性，取得各个部门支持和密切配合，建立网站信息联络员队伍，为政务网站提供内容和业务支持。 （2）有效整合、综合利用政务内网、外网（公众网）资源，深入挖掘潜在资源；采用页面抓聚形成政务网站信息整合。 （3）要整合有关机关、部门、地区和企事业单位信息资源，形成合力，共同构建根壮叶茂的党委政府网站体系，逐步形成资源共享、协同共建和整体联动的统一门户，使公众只要打开地方党委、政府门户网站，就能获得所有部门电子服务途径。 （4）以电子政务普遍服务为宗旨，充分利用手机、固话、数字电视等手段，建立政务网站手机版、数字电视版，满足不同用户群体访问政务网站的需求。
	办出特色，注重规范，及时更新	（1）拓展网站影响力需要品牌化，政务网站要结合机关实际职能设立核心服务栏目和特色服务。页面设计要科学布局、重点突出，页面层级要合理规划、深度适中，栏目划分要清晰合理、避免歧义，设计风格要美观大方、简洁庄重，网站内容形式都要体现本单位特色，做到政务网站共性与各单位个性的统一。 （2）发布信息尤其是公文信息要做到内容准确，要素齐全，格式规范。 （3）要加强对发布信息上网的把关，若需转载与本网站服务内容有关的信息，必须是在网上已公开的，并要注明出处，确保信息内容和发布的程序合法合规。 （4）凡属滚动发展变化的信息，要及时更新，避免过时陈旧信息内容对公众的误导。
	协助领导上网	领导干部利用网络了解情况，与民沟通交流，是改善领导方式和执政方式，融洽干群关系，创新联系群众方式，拓宽社情民意反映渠道的重要举措。机关办公室要协助领导利用领导信箱、在线访谈、博客等形式，积极有效地开展群众工作，树立起新时代领导干部的良好形象。
	加强网站建设绩效考核工作	充分发挥绩效考核导向和激励作用，对本单位网站建设有关工作按期开展绩效考评奖惩工作。协助领导对下级机关单位的政务网站建设工作加强督促检查、考核评比。
	确保网络安全	要做好政务网站的日常巡检和随时监测，确保网络全天候工作、网站信息页面正常浏览、办事和互动平台畅通有效。要严格保密制度，加强网络安全管理，完善政务外网的安全基础设施，制定完备的安全策略和应急预案，加强安全技术和手段的应用，提高对网络攻击、病毒入侵、系统故障等风险的安全防范和应急处置能力。对政务网站的运行和维护，应积极探索委托管理、服务外包等多元化的技术保障机制。

（五）做好群众来信来访工作

这是党政机关密切联系群众、畅通民意诉求渠道、做好政务公关的一项重要工作，也是机关办公室及其专门设置的信访工作机构的一项日常工作。

（六）学会和媒体打交道

新闻媒介是具有双重身份的特殊公众。一方面，新闻媒介是党政机关赖以实现公共关系目标的重要媒介。党政机关要借助新闻媒介去宣传机关形象，争取公众支持，实现其公共关系目标；又要通过媒体舆论汇集民智、吸纳民意，不断调整和改善自身的决策和工作。另一方面，新闻媒介又是政务公关必须争取的重要公众对象，任何机关的政务公关都离不开媒体的理解与支持。大众传媒无时不有，无处不在，拥有极其广泛的读者、听众和观众群，其影响深入千家万户、五湖四海。处理好媒介关系具有"倍数效应"或"扩散效应"。因此，机关单位与新闻媒介打交道最多的办公室人员，必须高度重视媒介关系，做好以下工作。

友好热情接待采访	对记者采访一定要热情，不能随便拒之门外。对待记者一视同仁，不能按记者的名望和所在单位的大小区别待之。要了解新闻媒体的特点，不能要求媒介报道完全按照本机关的意愿和要求办。要尊重记者的劳动，不能随便打断记者的发言和提问，不能干扰记者的写作，也尽量不越过记者向其上级提意见。接到记者采访约定后，要弄清采访目的，收集有关资料。有时还要写出简洁而富有文采的被采访提纲或者发言稿。召开庆祝会、座谈会、研讨会、工作性会议时邀请记者采访摄影，更要做好相关的准备工作。总之，机关办公室要与媒体形成良性互动关系，借助媒体传播实现党政机关与公众之间的互信关系。
实事求是介绍情况	为记者提供的口头介绍和书面材料、音像材料，一定要真实准确，不能夸大或掩盖事实真相，不能哗众取宠，制造轰动公众的假新闻。阐明观点、回答提问要有根有据，简洁明确，不能含糊其辞、信口开河。办公室人员在接待采访时，要注意突出领导和关键人物，不应越俎代庖和抢风头。对于不愿发表的内容，应向记者解释原因。避免向记者提供"不许外传"的材料。对于记者报道的负面新闻，要及时向领导报告，迅速行动，改进工作，不能无动于衷。只有知错即改，想法补救，才会取得公众的谅解和新闻媒介的信任。
和记者交朋友	办公室人员要加强与记者的合作与沟通，与记者保持经常联系。要随时向他们提供本单位动态信息，开展重要活动主动邀请他们参加。在条件允许的情况下，在报刊征订、广告刊登等方面，支持新闻界的工作。和他们加强情感交流，切忌仓促应付和过河拆桥。要善于向记者朋友学习，了解多种新闻媒介的特点、受众情况，掌握一些基本的媒介宣传知识和技巧，提高自身相关能力。
注意从媒体获取政务信息	新闻信息与政务信息是可以互相转化的，一些重要的新闻信息对领导决策能起到重要参考作用，办公室人员要充分利用媒体和记者提供的各种有益信息，扩张政务信息来源和视野。

【文例】

上海申博办申请2010年世界博览会案例

　　项目主题：突出优势　体现个性　展示魅力

　　项目主体：上海申博办

　　项目执行：上海申博办

　　获奖情况：第六届中国最佳公共关系案例大赛杰出公关大奖

项目背景

当今社会国际商品交换的扩大和科学技术与经济发展之间的紧密联系使世界博览会这一国际经济、科技、文化的奥林匹克盛会显得举足轻重。中国正以她前所未有的发展速度和在世界政治、经济、国际事务中的影响和作用，令世人瞩目，举办一届成功的世界博览会显得极其重要。能否成功举办世界博览会，不仅反映出一个国家的建设成就和综合国力，更显示出主办国迈向下一世纪的决心。

项目调查

作为中国最大的经济中心城市，拥有1300多万户籍人口的上海，2002年人均国内生产总值超过4900美元，综合经济实力达到中等收入国家水平。经过20多年不懈努力，上海的市政基础设施建设、旧区改造、产业结构调整都取得了重大进展，城市综合素质大大提高。特别是经过'99财富全球论坛、2001年亚太经合组织会议的洗礼，上海举办大型国际活动的能力得到进一步增强。上海正在迈向国际经济、金融、贸易和航运中心。如果中国申博成功，对长江三角洲影响巨大。上海周边城市将迎来一个扩大对外开放，活跃人流、物流、信息流，带动相关产业发展的历史性机遇。世博会从申办到举办，整个过程长达10年，上海市初步估计要投资30亿美元，用于世博会园区建设。1美元的会展投资，将拉动5到10美元的城市相关产业投资，这对江浙两省无疑是一个极好的机遇。江浙两省作为经济大省、建筑大省，为上海发展出力，接受上海辐射，是江苏、浙江的区位优势。目前，上海进行的上万个建筑工程中，有无数的江苏、浙江人在竭诚奉献。2010年上海世博会，预计有7000万参观者，其中30%—35%将继续在华东地区游览。这意味着上海周边100公里以苏州、周庄为代表的江南水乡，150公里至200公里的无锡、杭州，300公里内的南京、扬州、镇江，以至中国最为富庶的整个华东6省1市，都将被上海世博会直接带动。

对于民众支持度的调查，申博办委托上海城市经济调查队对全国50个城市的民意调查显示：89.4%的人认为中国有必要申办2010年世博会，94.4%的人拥护中国申办2010年世博会，92.6%的人认为中国有能力申办2010年世博会，78.6%的人相信中国申办2010年世博会会成功。一次广泛的网上调查也证明，92.3%的人支持上海举办2010年世博会。

项目策划

公关目标：

- 塑造上海国际大都市形象，展现上海魅力。
- 最终夺取2010世博会主办权。

充分发挥上海的五大优势是申博取得成功的保障，所以贯穿整个公关策划的就是突出优势、体现个性、展示魅力。

五大优势：

第一，参观人数多。如果2010年世博会在上海举行，超过7000万人次的参观者将创世博会历史纪录。2010年上海世博会将成为各国人民的盛大集会。

第二，上海为世博会选定了合适的主题，"城市，让生活更美好"的主题能得到各国广泛关注。

第三，选址符合世博会的宗旨，做好了合理的选址场馆规划。世博会场址选在黄浦江滨水区，规划控制面积540公顷，世博园区面积规划400公顷，通过场馆建设，促使旧城改造；并在举办后，使该地区今后成为经济、科技和文化的交流中心。

第四，上海改革开放以来积累的经济实力完全有条件举办世博会。

第五，社会稳定，秩序良好。上海举办世博会得到了民众的极大支持。据调查结果显示，上海世博会的民众支持率在90%以上。

围绕这五大优势系列公关一一展开，让世界认同"上海是最好的选择"。

项目执行

2001年9月前以发放宣传册为铺垫，之后展开了大规模全方位的宣传。
- 世博会知识网络电视竞赛
- 举行申办2010年上海世博会新闻通气会
- 世博主题文艺演出
- "万人支持申博网上签名"活动
- "上海市民骑车申博万里行"
- 2010名上海市民代表宣誓
- "长江三角洲申博之旅"
- 征求申办徽标、口号、招贴画 通过宣传征集徽标165个，海报470幅；口号6140条。最终决定入围海报十幅，入围口号十条，入选口号"中国如有一份幸运、世界将添一片异彩"。
- 进入社区的"世博会向我们走来——世博知识巡回展"
- 派遣37个组团出国访问了87个BIE成员国，其中包括9个非建交国家。
- 国外媒体宣传。世界各大主流媒体都对上海申博表示热切关注，分别以专题、专刊专版的形式给予追踪报道。英国《泰晤士报》、天空电视新闻频道以及星空传媒新闻频道，对上海市市长进行了联合采访，表示了对上海申办世博会的支持。
- 成立支持中国申博"企业后援团"。

活动主体：

1. 2001年6月6日国际展览局第129次成员国代表会议在巴黎举行。上海市常务副市长在会上作了中国申博首次陈述，确定申博主题以及选址。

启用申博市民代表袁鸣作诚恳的介绍，现身说法谈上海发展为人类提供实现价值的环境，以情动人，形式创新生动。

2. 2001年11月30日国际展览局举行第130次成员国代表大会，时任上海市市长徐匡迪作了申办陈述。

瑞士罗氏制药有限公司总经理从一名外资商人角度谈自身在上海的投资回报，证实了中国政府的承诺是绝对可以信任的。

3. 2002年3月10日至16日，中国作为申办国之一，第一个接受了国际展览局代表团的考察，通过一系列的陈述报告、实地考察，与各界人士交流沟通，国际展览局充分了解到上海的优势、能力、举办条件和各项准备工作。

4. 2002年7月2日国际展览局举行第131次成员国代表大会，时任国务委员吴仪、外交部部长唐家璇、上海市市长×××、中国贸促会会长俞晓松等作了申博陈述。

唐家璇部长代表中国政府承诺我国将投入1亿美金支援发展中国家和地区前来参展。对参展国建立永久性展馆，中国政府还将给予建馆资金25%的补贴。此外设立用于大会各项评奖的奖励基金。

5. 2002年12月3日国际展览局举行第132次大会，时任国务院副总理李岚清、国务委员吴仪、上海市市长×××进行最后一次陈述，再次肯定了中国政府对于承办2010年世博会的信心与态度。会上以一部充满上海市民热切期盼的实地拍摄申博纪录片充分展示了上海的无限魅力。

当日国际展览局成员国对2010年世博会主办国进行投票表决，中国获得2010年世博会的主办权。

项目评估

活动影响：

- 韩国YTN电视台在新闻报道中高度评价中国申办成功，认为这显示了中国经济发展的实力，提高了中国在国际社会上的威望和地位。
- 香港贸发局认为上海世博会将为港带来商机。
- 西班牙《世界报》把上海定为2002年世界最知名城市，其中成功申办2010世博会作为其中关键一条。
- 法国《世界报》派发评论认为中国拿到2010年世博会主办权是众望所归。
- 国际展览局官员评论：今天世界诞生了一个伟大的希望。

有了北京申奥的成功经验，上海申博活动开展得相当不错，整个申博过程中，政府牵头的国际公关为上海赢得了不少加分。

首先在国际展览局成员国会议上的四次陈述形式有重大突破，给成员国代表以耳目一新的感受。

其次1亿美金援助基金的提出也是史无前例的，充分表示了中国政府的诚意以及表达了上海努力办好国际性世博会的意愿。

最重要的是，公关活动抓住了上海的五大优势展开，扬长避短，展示了上海开放、包容的鲜明个性，最终吸引了世界的目光。

九、做好人民群众来信来访工作

信访工作是政务公关一项重要工作，也是构建社会主义和谐社会的基础性工作。信访制度是具有中国特色社会主义的一项民主政治制度设计，体现了人民当家作主的权利。信访工作在发扬民主、了解民情、联系群众、接受监督、维护权益等方面都发挥了不可替代的作用，已经成为促进社会和谐稳定、促进经济和社会发展的一项基础性工作。

（一）信访工作原则

公开便民原则	也称方便信访人原则。为群众信访提供各种便利条件，是"立党为公、执政为民"的要求在信访工作中的具体体现。各级党政机关要维护信访人权利，为信访人提出信访事项，了解信访事项的受理、办理信息等方面提供各种便利条件，促进信访人反映的情况、意见、建议和投诉请求得到迅速反馈和处理。 （1）要维护信访人提出信访事项的权利；要求受理或者办理信访事项的权利；获知相关信访信息的权利；查询信访事项办理情况的权利；信访办理机关要为信访人查询有关事项办理情况提供便利；得到书面答复的权利；要求复查复核的权利，信访人对机关做出的信访事项处理意见如果不服，可以请求上一级机关复查，如果对复查结果还不服，还可以向复查机关的再上一级机关请求复核；不受打击报复的权利。 （2）各级党政机关应当畅通信访渠道，健全公开透明的诉求表达和办理方式。完善民生热线、视频接访、绿色邮政、信访代理等做法，更加重视群众信访尤其是初次信访办理，引导群众更多以书信、电话、传真、视频、电子邮件等形式表达诉求，树立通过上述形式也能有效解决问题的导向。实行网上受理信访制度，大力推行阳光信访，全面推进信访信息化建设，建立以互联网为依托的全国网上信访受理平台，建立网上受理、网下办理、网上回复的办理程序，实现办理过程和结果可查询、可跟踪、可督办、可评价，增强透明度和公正性；逐步把网上信访作为解决信访问题的主渠道。逐步推行信访事项办理群众满意度评价，把办理工作置于群众监督之下，提高信访公信力。 （3）应当向社会公布信访工作机构通信地址、电子信箱、投诉电话、信访接待的时间和地点、查询信访事项处理进展及结果的方式等相关事项。应在信访接待场所或者网站公布与信访工作有关的法律、法规、规章，信访事项的处理程序，以及其他为信访人提供便利的相关事项。 （4）有关机关应当建立负责人信访接待日制度，由机关负责人协调处理信访事项。信访人可以在公布的接待日和接待地点向有关机关负责人当面反映信访事项。县级以上机关负责人或者其指定的人员，可以就信访人反映突出的问题到信访人居住地与信访人面谈沟通。 （5）县级以上党委政府应当充分利用现有政务信息网络资源，建立或者确定本行政区域的信访信息系统，并与上级党委政府及其有关部门、下级党委政府的信访信息系统实现互联互通。应当及时将信访人的投诉请求输入信访信息系统，信访人可以持行政机关出具的投诉请求受理凭证到当地党委政府的信访工作机构或者有关工作部门的接待场所查询其所提出的投诉请求的办理情况。 （6）设区的市、县两级党委政府可以根据信访工作的实际需要，建立党委政府主导、社会参与、有利于迅速解决纠纷的工作机制。信访工作机构应当组织相关社会团体、法律援助机构、相关专业人员、社会志愿者等共同参与，运用咨询、教育、协商、调解、听证等方法，依法、及时、合理处理信访人的投诉请求。 （7）要保护信访人的合法权益，不得压制、打击报复、迫害信访人。信访人可以要求行政机关公开相关的信息；可以查询信访事项的办理情况；对信访内容是否受理，必须给予书面回答；信访人对机关处理意见不服，可请求其上一级机关复查，并可以向复查机关的上一级机关请求复核。机关工作人员违反规定，将信访人的检举、揭发材料或者有关情况透露、转给被检举、揭发的人员或者单位的，依法给予行政处分。

续表

属地管理、分级负责,谁主管、谁负责原则	这一原则强调要合理划分、明确信访工作责任。这将有助于充分调动起各级、各方面的积极性,使人民来信来访做到件件有着落,有利于问题的恰当解决;使党政领导机关不至于陷入大量的人民来信来访之中,从而能够集中更多的精力抓重要的、全局性的问题;可以使信访工作建立起科学的、系统的工作秩序,不断提高信访工作水平和质量。 (1) 强化属地责任,各级党政机关信访部门要分级分工,各负其责,属于哪一级的问题,就由哪一级解决,做到层层负责,件件落实,不准上下推诿。积极引导群众以理性合法方式逐级表达诉求,尽可能就地解决问题,把大量的信访问题解决在基层,解决在第一时间。全面推行网格化管理模式,完善信访和人民调解、行政调解、司法调解联动工作体系,实现小事不出村、大事不出乡、矛盾不上交。尽量避免越级上访或集体上访,反对轻率地把矛盾上交不负责任的态度和做法。 (2) 要按照信访人信访问题的性质以及各部门、各单位的业务范围、职责权限分工,或信访人所属系统、单位,针对不同的信访问题,归口办理,谁主管、谁负责,由各级主管部门和单位负责处理。属于哪一地区、哪一部门、单位职权范围的问题,就由哪一地区、部门、单位负责处理,不能互相推诿。各部门和各单位都应积极主动、认真负责处理应由本部门、本单位解决的信访问题。 (3) 在"条"和"块"问题处理上,应按照信访问题性质,明确各级党委政府及其职能部门在处理信访问题中的责任,区别情况作出处理:非垂直管理系统信访问题的处理,以属地管理为主,先"块"后"条";垂直管理系统信访问题的处理,以"条"为主。 (4) 各有关部门和单位要加强互相联系,互通情况,防止一案多信多访造成处理口径不一的矛盾。在市县两级全部实行联合接访,把有权处理信访问题的责任部门集中起来联合接待上访群众,实行"一站式接待、一条龙办理、一揽子解决",减少群众信访成本,提高工作效率。 (5) 信访中有些涉及部门较多、单靠一个部门难以解决的问题,必须由当地党委或政府出面,组织有关部门联合办案,集体研究,统一思想,密切协作,使问题妥善解决。县级以上党委政府应当建立统一领导、部门协调、统筹兼顾、标本兼治,各负其责、齐抓共管的信访工作格局,通过联席会议、建立排查调处机制、建立信访督查工作制度等方式,及时化解矛盾和纠纷。形成各级信访联席会议整合资源、解决信访突出问题的工作合力,注重从政策层面研究解决带有倾向性、普遍性和合理性的突出问题。健全信访事项协商会办督查等制度,加大化解"三跨三分离"(跨地区、跨部门、跨行业和人事分离、人户分离、人事户分离)等疑难复杂信访事项及带有一定普遍性问题的力度。
依法、及时、就地解决问题与疏导教育相结合原则	在信访工作中,既要按法律政策依法、及时地解决好群众的实际问题,又要将法制宣传、思想政治教育贯穿于信访问题的处理过程。 (1) 党的路线、方针、政策,国家的各项法律、法规等,是我们处理来信来访的准绳。对信访反映的各类问题,都必须坚持用法律政策去衡量是否合理,去做出处理,绝不能凭感情想当然办事。对于投诉事实清楚,符合法律、法规、规章和有关政策规定的信访事项,要认真负责地尽快解决;对既缺乏事实依据又不合法的信访事项,要讲清道理,坚持原则,决不能"小闹小解决、大闹大解决"。既要防止不依法办事损害群众合法权益,又要防止为了息事宁人而突破法律法规无原则地迁就、满足信访人的无理要求。 (2) 严格实行信访与诉讼分离,把涉法涉诉信访纳入法治轨道解决。信访部门"三不":不受理已经进入或者应该进入司法程序解决的问题;对群众来信中反映的涉法涉诉问题不交办,转由政法机关依法按程序处理;不协调涉及涉法涉诉的信访事项。信访部门对上访的涉诉信访群众,应当引导其到政法机关反映问题;对按规定受理的涉及公安机关、司法行政机关的涉法涉诉信访事项,收到的群众涉法涉诉信件,应当转同级政法机关依法处理。信访部门要支持司法机关依法处理好涉法涉诉信访问题,及时劝导到信访部门反映涉法涉诉问题的群众,引导他们到司法机关按程序反映问题。 (3) 要实事求是做好信访工作,认真搞好调查研究,弄清事情真相,做到去伪存真,秉公而断。要提高信访问题处理的效率和水平,迅速、快捷地在当地解决群众信访反映的问题。要高度重视"初访",不能让小事酿成大事,小矛盾酿成大矛盾。 (4) 对所有信访问题,都要努力做到件件有着落、事事有回音,做到有头有尾,善始善终。每件群众来信来访反映的问题,有关机关都要认真负责地对待:对合理的要求,凡是能够解决的,要认真及时解决、直接处理;对合理的建议和批评,要热情欢迎,虚心采纳;对检举揭发违法乱纪和不正之风的,在认真查处有关问题的同时,要注意支持和保护来信来访的群众;该转有关部门和单位的及时转有关部门和单位;对于转出去的重要问题,该催办的要催办,该要处理结果的要督促下面按时上报处理结果,处理不当的要帮助其实事求是地加以纠正。

续表

依法、及时、就地解决问题与疏导教育相结合原则	（5）有关机关收到信访事项后，能够当场答复是否受理的，应当当场书面答复；不能当场答复的，应当自收到信访事项之日起15日内书面告知信访人。（信访人的姓名［名称］、住址不清的除外。）信访事项应当自受理之日起60日内办结；情况复杂的，经机关负责人批准，可以适当延长办理期限，但延长期限不得超过30日，并告知信访人延期理由。国家信访局登记受理的信访事项转送、交办至县级有权处理机关的期限，一般最长不超过15天。法律、行政法规另有规定的，从其规定。 （6）除将处理情况和结果及时回告信访者本人外，属上级交办的要及时回告上级单位。 （7）解决信访问题的过程，也是对群众进行法制宣传、思想教育的过程。坚持做好深入细致的思想工作。来信来访群众，都是送上门的思想政治工作对象。必须把思想政治工作渗透到信访工作的各个方面，做好说服、解释和思想政治工作，疏导群众情绪，对群众进行法制宣传、教育，引导其知法、守法、依法信访，以理性、合法方式表达利益诉求。要有满腔热情、高度耐心、坚韧毅力和正确方法，区别对象对症下药，一把钥匙开一把锁，以利于问题妥善解决。要注意分析和掌握群众的思想动向，针对他们关心的热点、难点问题，用摆事实、讲道理的方法，解疑释惑、提高认识，理顺情绪、凝聚人心。要针对信访人的具体情况，有针对性地进行思想政治工作，解开他们的思想疙瘩，消除他们的思想疑虑，防止矛盾激化。对于咨询政策规定的，要尽可能将有关政策规定讲清楚；对于情况不明要求解释的，要尽快将情况调查了解清楚作出回答和解决；有道理但按现行政策规定暂时无法解决的，要耐心地做好说服解释工作；要求过高无法解决的，要说明情况、讲清道理；对无理取闹的，要进行说服教育；对信访过程中采取过激行为影响社会秩序和信访秩序的信访人，要劝阻、批评，讲清其行为的后果；对参与群众性事件的大多数群众要立足于教育疏导，使他们配合党和政府妥善解决问题，而不能把他们推到对立面上去。要健全经常性教育疏导机制，认真研究把握新形势下思想政治工作特点和规律，教育和引导群众正确认识发展中存在的问题，正确处理个人利益和集体利益、局部利益和全局利益、当前利益和长远利益的关系，确立与当前经济社会发展阶段相适应的心理预期，自觉维护改革发展稳定大局。充分运用现代科技手段，通过建立政务微博、民生微信、民情QQ群等方式，搭建联系群众、体察民情、回应民意的新平台，提高互联网时代做好群众思想政治工作的能力和水平。
标本兼治、预防和化解矛盾相结合原则	治标要求要采取认真负责的态度，及时解决已经发生的信访问题，化解已经产生的矛盾和纠纷。治本规定要严格依法行政，减少和防止违法或者不当行政行为发生。治标与治本相结合，就是把解决已发生的信访问题与从源头上减少因违法行政引发的信访问题结合起来。这一原则强调了信访工作的整体性，要求化被动接受信访为主动研究信访。 （1）要通过信访及时发现、妥善处理问题，避免矛盾激化。县级以上党委政府应当建立统一领导、部门协调、统筹兼顾、标本兼治，各负其责、齐抓共管的信访工作格局，通过联席会议、建立排查调处机制、建立信访督查工作制度等方式，及时化解矛盾和纠纷。 （2）各机关负责人要亲自解决信访突出问题，阅批重要来信，接待重要来访，听取信访工作汇报，研究解决信访工作中的突出问题。 （3）要认真研究信访渠道反映的群众意见和建议，研究信访事项涉及的普遍性、政策性问题，完善有关法律、法规和政策，改进工作，维护人民群众合法权益。 （4）各机关、各部门应当科学、民主决策、依法履行职责，从源头上预防导致信访事项的矛盾纠纷。
双向规范原则	指既要规范机关受访受信行为，也要规范信访人的信访行为，以维护信访秩序。 （1）党政机关信访部门或者办公室信访工作人员，要严格按照有关法律、政策规定的信访原则、要求、职责权限、工作程序和时限，处理信访事项。违反信访工作法规、政纪的，要严肃问责，依法遵纪给予必要党纪政纪处分直至移交司法处理。 （2）信访人提出信访事项，一般应当采取书信等书面形式；采用走访形式的，应当到有关行政机关设立或者指定的接待场所提出；采用走访形式提出信访事项，应当向依法有权处理的本级或者上一级机关提出；多人提出共同的信访事项的，应当推选代表，不得超过5人。 （3）信访人要对其所提供材料的真实性负责，不得捏造、歪曲事实，不得诬告、陷害他人。信访人在信访过程中应当遵守法律、法规，不得损害国家、社会、集体的利益和其他公民的合法权利，自觉维护社会公共秩序和信访秩序，不得有下列行为：在国家机关办公场所周围、

续表

双向规范原则	公共场所非法聚集，围堵、冲击国家机关，拦截公务车辆，或者堵塞、阻断交通；携带危险物品、管制器具；侮辱、殴打、威胁国家机关工作人员，或者非法限制他人人身自由；在信访接待场所滞留、滋事，或者将生活不能自理的人弃留在信访接待场所；煽动、串联、胁迫、以财物诱使、幕后操纵他人信访或者以信访为名借机敛财；扰乱公共秩序、妨害国家和公共安全的其他行为。 （4）信访人员违反上述规定的，有关机关工作人员应当对其劝阻、批评或者教育。经劝阻、批评和教育无效的，由公安机关予以警告、训诫或者制止；违反集会游行示威的法律、行政法规，或者构成违反治安管理行为的，由公安机关依法采取必要的现场处置措施，给予治安管理处罚；构成犯罪的，依法追究刑事责任。信访人捏造歪曲事实、诬告陷害他人，构成犯罪的，依法追究刑事责任；尚不构成犯罪的，由公安机关依法给予治安管理处罚。

（二）信访工作有关制度

<table>
<tr>
<td rowspan="6">信访工作领导负责制</td>
<td colspan="3">信访工作领导责任人制</td>
<td>各地各部门的主要领导是信访工作的第一责任人，对本地区本部门的信访工作负总责，要亲自抓重要信访事项，应当阅批重要来信、接待重要来访或群众集体上访、听取信访工作汇报，研究解决信访工作中的突出问题；分管信访工作的领导负直接责任，抓各项具体工作的落实；其他领导成员"一岗双责"，既要抓好分管业务工作，又要抓好本领域的信访工作。对重要来信或来访材料，有关领导同志应认真阅读、批示，对其中特别重要的问题或案件，要亲自过问、催办，直至得到处理结果。要建立健全县级党委常委会和政府办公会研究信访工作的制度，县级领导干部特别是主要负责人要包案解决信访问题，深入一线指导处置重大集体上访和群体性事件；要形成一级抓一级、层层抓落实的信访工作领导责任体系，切实把信访突出问题妥善处理在本地区本部门，解决在基层，不能将矛盾和问题推给上级，推向社会。</td>
</tr>
<tr>
<td rowspan="5">领导定期接访制</td>
<td colspan="2"></td>
<td>领导干部定期接待群众来访，是坚持党的群众路线、密切联系群众的具体体现，是正确处理人民内部矛盾、提高党的执政能力的重要形式，对于深入贯彻落实科学发展观，坚持立党为公、执政为民，促进社会主义和谐社会建设，具有十分重要的意义。
领导干部定期接待群众来访要坚持公开透明、规范有序，方便群众、解决问题的原则。市（地、州、盟）党委和政府领导干部，一般每季度安排一天时间接待群众来访。县（市、区、旗）党委书记、县（市、区、旗）长一般每月安排一天时间接待群众来访，县（市、区、旗）党委和政府班子成员、市县两级的部门领导干部都要定期接待群众来访，乡镇（街道）领导干部要随时接待群众来访。信访问题突出的地方要适当增加接访次数。</td>
</tr>
<tr>
<td rowspan="4">领导干部定期接访方法程序</td>
<td>公示</td>
<td>各地区各部门要根据实际情况，采取适当方式，在一定范围内对接访领导干部的姓名、职务、分管工作以及接访的时间、地点、形式等情况进行公示，方便信访群众了解和参与。</td>
</tr>
<tr>
<td>接访</td>
<td>根据情况可以采取定点接访、重点约访和专题接访等多种方式。</td>
</tr>
<tr>
<td>包案</td>
<td>对群众反映强烈的突出问题，要实行领导包案，并落实包掌握情况、包思想教育、包解决化解、包息诉息访的"四包"责任制。包案情况要通过适当方式予以公开，接受群众监督。</td>
</tr>
<tr>
<td>落实</td>
<td>要把领导干部接访的重点定位在"事要解决"上，努力在"案结事了"上狠下功夫。要综合运用政策、法律、经济、行政、社会救助以及思想教育等手段，促使问题得到有效解决。</td>
</tr>
</table>

续表

信访工作领导负责制	领导定期接访制	领导定期接访基本要求	（1）热情负责地接待群众。要带着责任和感情耐心听取来访群众的诉求，想方设法解决群众反映的问题，做到"件件有着落、事事有回音"，决不能推诿扯皮、敷衍塞责。 （2）认真解决突出问题。要抓住重点和关键，着重解决案情复杂、久拖未决的疑难问题，责任主体难落实、工作难度大的复杂问题，涉及政策层面、需要完善相关规定的重大利益矛盾和突出问题。 （3）严格依法按政策办事。决不能为求得一时一事的解决而突破法律法规和政策规定，引起新的攀比和问题。 （4）及时就地化解矛盾。要按照属地管理、分级负责，谁主管谁负责，依法、及时、就地解决问题与疏导教育相结合的信访工作原则，强化地方和职能部门的主体责任，落实首办责任制；夯实基层基础，推进信访工作重心下移、关口前移，努力把矛盾化解在基层、把问题解决在当地。 （5）强化思想疏导工作。在认真解决群众合理诉求的同时，要积极引导群众正确理解党的方针政策，正确行使公民权利、履行公民义务，理性合法地表达诉求，自觉维护信访秩序。 （6）要切实加强对领导干部定期接待群众来访工作的组织领导。各地区各部门主要负责同志要亲自抓。要定期召开信访工作例会，综合研判形势，及时研究解决信访工作中的新情况新问题。要积极探索建立涉及群众切身利益的重大决策信访评估制度，充分听取群众意见，促进决策的科学化、民主化。各级党委和政府要切实加强对领导干部定期接待群众来访工作的指导。
	干部下访定期制		目前中央推出了中央和国家机关定期组织干部下访制度，这是对各地的示范和引导。定期组织干部下访，是推动落实中央决策部署、及时了解社情民意、督导解决信访突出问题、促进社会和谐的有效举措，对于转变干部作风、加强干部队伍建设、提高科学决策和依法行政的能力和水平、保持同人民群众的血肉联系具有重要意义。
		干部下访主要任务	（1）紧紧围绕党和国家的中心工作，检查地方解决信访突出问题的情况，指导推动地方及时就地化解矛盾。 （2）了解地方贯彻中央决策部署的情况，督导地方抓好落实。 （3）深入开展调查研究，提出制定和完善相关政策的意见和建议。 （4）转变工作作风，提高做好群众工作和处理复杂问题的能力和水平。
		干部下访主要方式 / 统一组织	指中央根据形势任务的需要，从中央和国家机关有关部门抽调干部，组成中央信访工作督导组开展下访工作。统一组织每年至少一次。
		干部下访主要方式 / 分散组织	指中央和国家机关各部门结合本部门工作实际，立足解决和减少信访突出问题，适时组成下访工作组，由本部门负责同志带领开展下访工作。分散组织根据本部门实际情况自行安排。
		干部下访工作方法	以推动落实信访工作原则为重点，坚持面上推动与重点推动相结合，解决问题与研究政策相结合，总结经验与查找问题相结合，帮助指导与锻炼提高相结合。可根据实际情况，综合运用以下方法。
		督促检查	全面了解地方贯彻落实中央决策部署的情况，查找存在的突出问题，提出改进工作的意见和建议。
		带案督办	选择一定数量的重点疑难复杂信访案件，协调推动及时解决，以此推动地方的信访工作。
		座谈走访	通过召开不同层面的座谈会、走访基层干部和群众，听取反映，了解情况，宣传政策，指导工作。

续表

信访工作领导负责制	干部下访定期制	干部下访工作方法	驻点指导	组织下访干部到信访问题突出的地方驻点，推动问题的妥善解决；开展调查研究，带着问题深入基层，查原因、找答案，提出改进工作和完善政策措施的意见和建议，总结推广成功经验。
				要切实加强对干部下访工作的领导。中央和国家机关各部门要高度重视干部下访工作，定期研究，制订计划，明确任务，落实责任，坚持不懈地把这项工作抓紧抓实抓好。部门主要负责同志要亲自抓，分管领导要具体抓。干部下访要选派政治素质高、业务能力强、熟悉政策法律、有群众工作经验、作风过硬的干部参加。要把干部下访工作及其成效纳入干部考核的内容，对工作成绩突出的干部给予表彰。下访干部要认真执行中央关于党风廉政建设的规定，自觉遵守各项纪律，轻车简从，廉洁自律，以实际行动展示中央和国家机关干部的良好形象。
矛盾纠纷排查化解工作制				这是妥善处理新时期人民内部矛盾的有效方式，是及时解决我国改革发展中群众利益诉求的成功举措。
	工作范围			排查各种可能引发信访问题和影响社会和谐稳定的矛盾纠纷和苗头隐患，重点是容易引发信访突出问题的重大矛盾纠纷。
	矛盾纠纷排查方法			(1) 坚持经常性排查与集中排查相结合。 (2) 坚持属地为主、条块结合，形成以块为主、条块结合，全覆盖、无疏漏的大排查网络，确保排查不留死角死面。 (3) 坚持信息汇集与分析研判相结合，及时准确和全面有效地搜集信访信息，加强综合分析研判，增强工作的预见性和针对性。
	强化矛盾纠纷的化解措施			(1) 区别不同情况，实施分类化解。 (2) 采取多种方式，积极协调化解。要引导群众通过行政复议、司法诉讼、仲裁等渠道化解矛盾纠纷，综合运用人民调解、行政调解和司法调解的方式，及时协调不同群体间的利益关系。 (3) 整合工作资源，及时就地化解。要把信访、维稳、综治、民政、司法和工会、共青团、妇联等工作资源有效整合起来，充分相信群众、依靠群众，最大限度地减少不和谐因素、增加和谐因素。 (4) 确定重点问题，领导包案化解。对涉及面广、时间跨度大、容易升级激化、带有普遍性的疑难复杂问题，要实行领导包案，一包到底。 (5) 下移工作重心，督导督办化解。要建立健全对复杂矛盾纠纷化解的联合督导和挂牌督办制度。联合督导由各地结合实际自行组织，一般每半年开展一次。对本地的复杂矛盾纠纷和上级交办的重要信访事项，要明确责任人和解决时限，实行挂牌督办。 (6) 健全完善政策，注重从源头化解。要防止因政策不连续、不平衡、不完善和落实不到位引发矛盾纠纷。坚持科学、民主、依法决策，统筹兼顾各方利益，对群众反映强烈的问题，要充分听取群众意见，设身处地为群众着想，坚决避免因决策失误损害群众利益。 (7) 加大投入力度，促进矛盾化解。
				要切实加强对矛盾纠纷排查化解工作的组织领导。各地区各部门要把这项工作摆上重要议程，主要领导负总责、亲自抓，分管领导具体负责，党委常委会、政府常务会、部门党组（党委）会要定期分析研究，随时掌握社情民意，努力把工作做在事前。要把矛盾纠纷排查化解工作作为领导班子、领导干部政绩考核的重要内容，对工作成绩突出的，要给予表彰奖励；对因决策不当、工作不力、玩忽职守等造成严重后果的，要坚决追究有关责任人的责任。
				即同一信访事项最多经过三级行政机关办理、复查、复核。信访人仍以同一事实和理由提出投诉请求的，各级信访工作机构和其他行政机关不再受理。这一制度加大了对相关部门的督办力度，也有利于防止少数人为个人私利无理"缠访"。

续表

信访三级终结制	工作程序	办理	如前述各种信访接办原则、要求、规定、做法。
		复查	信访人对行政机关作出的信访事项处理意见不服的，可以自收到书面答复之日起30日内请求原办理行政机关的上一级行政机关复查。收到复查请求的机关应当自收到复查请求之日起30日内提出复查意见，并予以书面答复。
		复核	信访人对复查意见不服的，可以自收到书面答复之日起30日内向复查机关的上一级行政机关请求复核。收到复核请求的行政机关应当自收到复核请求之日起30日内提出复核意见。 复核机关可以按照有关规定举行听证，听证应当公开举行，通过质询、辩论、评议、合议等方式，查明事实，分清责任。经过听证的复核意见可以依法向社会公示。听证所需时间不计算在前款规定的期限内。
		终结	信访人对复核意见不服，仍然以同一事实和理由提出投诉请求的，各级信访工作机构和其他机关不再受理。
信访工作问责制	处理人民来信来访是党政机关领导和有关工作人员的法定职责，必须严格执行主要负责人、重要责任人、直接责任人的工作责任制及问责制，重点是落实信访工作领导责任制及问责制，以促使各级领导干部切实负起信访工作领导责任，维护人民群众的切身利益和社会大局稳定。 领导责任即有关领导人员在处理信访突出问题及群体性事件时，承担的与领导工作职责相关的责任，分为主要领导责任和重要领导责任。主要领导责任，是指在其职责范围内，对直接主管的工作不履行或不正确履行职责，对造成的影响或后果负直接领导责任。重要领导责任，是指在其职责范围内，对应管的工作或参与决策的工作不履行或不正确履行职责，对造成的影响或后果负次要领导责任。 直接责任人员责任是指信访工作人员不履行或不正确履行信访职责，对造成的影响或后果负直接责任。 如果不认真履行信访工作职责，消极对待信访事项，造成不良后果的，要承担相应的责任，实行问责制。对信访工作中的失职、渎职、违法违纪行为，严格依照国务院《信访工作条例》，中共中央纪委《关于违反信访工作纪律适用〈中国共产党纪律处分条例〉若干问题的解释》，中共中央纪委、监察部、人力资源社会保障部、国家信访局《关于违反信访工作纪律处分暂行规定》等有关法律、行政法规和规章，追究有关责任人的责任。 违反信访工作纪律的行为，主要是指违反《信访条例》和《中共中央、国务院关于进一步加强新时期信访工作的意见》等有关信访工作规定的行为。违纪行为主要包括：决策违反法律法规和政策，严重损害群众利益，引发信访突出问题或群体性事件的行为；主要领导不及时处理重要来信、来访或不及时研究解决信访突出问题，导致矛盾激化，造成严重后果的行为；对疑难复杂的信访问题，未按有关规定落实领导专办责任，久拖不决，造成严重后果的行为；拒不办理上级机关和信访工作机构交办、督办的重要信访事项，或者编报虚假材料欺骗上级机关，造成严重后果的行为；拒不执行有关职能机关提出的支持信访请求意见，引发信访突出问题或群体性事件的行为；本地区、单位或部门发生越级集体上访或群体性事件后，未认真落实上级机关的明确处理意见，导致矛盾激化、事态扩大或引发重复越级集体上访，造成较大社会影响的行为；对可能造成社会影响的重大、紧急信访事项和信访信息，隐瞒、谎报、缓报，或者授意他人隐瞒、谎报、缓报，造成严重后果的行为；对重大信访突出问题和群体性事件，应到现场处置而未到现场处置或处置不当，造成严重后果或较大社会影响的行为；超越或者滥用职权，应当作为而不作为，因故意或重大过失导致认定事实错误，或者适用法律、法规错误，或者违反法定程序，侵害公民、法人或者其他组织合法权益，导致信访事项发生，造成严重后果的行为；违反规定使用警力处置群体性事件，或者滥用警械、强制措施，或者违反规定携带、使用武器的行为等16种。在信访工作中有其他失职、渎职行为，引发信访突出问题或群体性事件，也要

续表

信访工作问责制	追究相应的纪律责任。 　　对于上述违反信访工作纪律的行为，发现一起，查处一起，绝不姑息迁就。对压案不查、瞒案不报的，要依法追究有关人员的责任。要注重发挥公务员各项管理措施的整体效力，对在信访工作领域因失职造成重大损失或者恶劣社会影响的行政机关公务员要及时作出处理。

（三）群众来信处理程序

办理人民来信应当及时拆封，详细阅读，认真登记，恰当处理。

拆封	（1）拆封前先查验，按收信人单位、姓名和发信人的地址检查一下信封，看是否属于本单位所受理的范围，以免拆错。 （2）及时拆封，当天收信当天拆封。应加盖收信章或注明收信日期。 （3）要保持信封和邮票的完整，以便佐证投递时间和地址，供处理来信反映问题所要求的时间参考和复信的地址需要。若发现原信封无邮票，应说明。 （4）信封与信纸一并装订，如属上级机关或其他部门转办的信件，并随信附有转办单的，应将转办单一起装订。 （5）认真核对来信中注明的页码和实际收到的页码，如缺张少页应注明。 （6）随信寄来的证件、现金、票证、证券和物品，要逐一清点核对，登记清楚并妥为保管，根据来信情况待处理。

↓

阅信	（1）要认真细致，逐字逐句理解和掌握来信者的意图、要求及反映的情况。对篇幅过长、内容繁杂、字迹潦草的来信，尤其要看清。 （2）要信、急信要及时处理。 （3）对重复来信，只要不是内容相同的印刷信或复制信，都要同初信一样对待。处理重信时要细心慎重，不能在没有弄清来信内容之前，只看头尾，轻易作为重信处理。

↓

登记	内容	（1）写信人的姓名（或化名）、职业、职务、政治面貌；信中涉及的主要人物情况。 （2）信寄出的时间，收信时间，所反映问题的发生及过程时间。 （3）写信人的住址和工作单位，所反映问题涉及的主要单位。由其他单位转来的信，应注明转信单位。 （4）来信的主要内容，一般采取摘记的方法。 （5）拟处理意见，供有关领导审定。
	要求	（1）登记要件尤其是来信主要内容要言简意明，准确无误，条理分明，保持来信者原意。既要概括全面，又要抓住中心。 （2）遇到与以前来信内容相同的重复来信，要注明收信时间、数量、办理情况，若有新的内容，则应补记。 （3）对随信寄来的证件、现金、票证或其他物品，应逐一登记清楚。 （4）对上级发函交办、领导批示的来信，本级信访部门发函交办、已有处理结果和已向上级机关报结了的来信都应另册登记，并在原阅办登记卡或簿册上注明，以便查考。 （5）来信阅办卡片、簿册等属于保存查考的信访档案资料，一般要用能长期保存字迹的笔墨填写，字迹要清楚。

办理	程序	分类	根据来信内容和反映问题的性质进行分类。如：申诉、反映干部作风、民事纠纷、历史遗留问题、批评建议、揭发检举等，可根据不同时期来信内容的变化随时调整分类细目。再按行政区域或业务部门归类统计，为综合分析打下定量基础。
		确定处理去向	按反映问题的内容，采取呈送领导阅批，直接查处或按"属地管理、分级负责"原则转交有关部门等方法，分别处理。要信、急信、带有倾向性问题的来信或较重大事件的来信等要呈送有关领导阅批；有重要问题的典型案件，可立案发函交办或直接查处；一般的涉及法律或业务性较强的来信，按分级归口原则转办，转办时要填写清转办信函。
	方式	直接查处	对应该由本单位立案自查的问题，报领导审批后，及时直接查处。查处情况由经办人写出处理报告，按要求审查结案。
		联合办理	对涉及两个以上部门和单位职能的信件，经领导批示后，组织协调有关部门和单位联合办理。但应按职能划分明确主办、协办机关。
		转交办理	（1）对不属本单位职能工作的来信，应及时、准确、恰当地按"属地管理、分级负责，谁主管、谁负责"原则将来信转给有关部门办理。 （2）揭发检举信只转给被告人的上一级机关或领导人；涉及领导干部的要按干部管理权限，转有关主管部门或领导处理。对揭发人的姓名应保密。 （3）上级和来信人要求不下转的信件不要转办。确需转办的，应提醒受理单位，注意保护来信人的权利。 （4）反动信件送主管领导人阅示后，转公安机关处理。 （5）特急信件应先打电话通知有关受理单位，随后转去有关材料。附有证件的来信，转办时用挂号信发出。涉及机关内部事宜和检举揭发的信件要用机密件发出。
催办督办			信访部门或办公室交有关职能部门办理的信件，采取派人检查、打电话、发函、召开会议等形式催办。或深入承办单位、部门检查、督促，参与研究案情，帮助指导，要求按期结案上报。在督查过程中认定对信访问题处理符合政策的，及时批交承办单位结案；对事实不清或结论处理不当的，退回承办部门或单位重新复议。
回信			应做到件件必复，及时复信。这体现出对人民群众高度负责，也避免可能形成重信，或因此由上信变成上访。对于来信询问政策的复答复信，属于批评建议的复感谢信，属于转办的复告知信，已结案的复回访信等。复信要字斟句酌，复信的复制件应存档备查。
结案上报			对上级或领导交办的群众来信，应将处理结果写出结案材料上报，签署结案意见。结案报告要求事实清楚，处理恰当，结论正确，手续完备，有当事人的意见。
立卷归档			对立案交办和自查的案件，按来信人立户，按时间顺序编号，分类组卷，统一保存备查。

（四）群众来访处理程序

除参照群众来信处理程序外，对群众来访还有些不同处理要求。

接迎	群众来访，都应热情迎接，让座、倒茶、接谈。接待时要文明礼貌，平等待人，给来访人亲切感，信任感。要力戒"门难进，人难找，脸难看"。

↓

登记	对来访群众，先要初谈，问清来访者姓名、性别、年龄、职业、住址或工作单位以及所反映的主要问题等，做好登记。然后根据登记的内容，除应直接负责接待处理外，其他问题按"属地管理、分级负责，谁主管、谁负责"原则，及时介绍到有关部门去接谈处理。对所有来访，依据全国信访信息系统逐一核实、登记。对属于受理范围内的来访事项，发《来访人员登记表》，加盖日期编号和接谈印章，填写接谈员代码。对不予受理、不再受理的来访事项，依法按政策进行教育疏导，不发《来访人员登记表》。

↓

接谈		接待人员对来访者的申诉，要"听清、问明、记准、查看、分析"。
	听清	就是耐心倾听来访者的申诉，让人家把话讲完。对谈得过长，抓不住要点的来访者，可以适当加以引导；对一时没有听清的问题，可以请来访者重述。
	问明	就是把来访者陈述的主要问题问明白，特别是把事情发生的时间、地点、起因、经过、结果等主要情节，过去上访情况和处理的结果，这次来访的要求及其理由了解清楚。
	记准	在全国信访信息系统中录入以下内容：来访人反映问题的主要情节及要求；来访人以往的信访过程和处理情况；重复访的原因；来访人的异常、过激言行；与有关地方或部门沟通、研究来访问题的情况。要把来访者的主要问题准确详细记下来，以便为分析情况和处理问题提供充分的原始材料；必要时可以核对来访者对记录的意见。
	查看	就是注意查看《来访人员登记表》及来访人提供的各种材料和证件，并作重点摘记；必要时可以复制有关材料。
	分析	就是对来访者反映的问题，按法律政策规定进行分析，作出判断，弄清其反映问题的性质，以及该问题应由哪级哪个单位承办，以便为下一步处理和解决问题打下基础。

↓

办理	对群众来访反映的问题，要将接谈记录整理好，认真查办，提出处理意见，向领导汇报，按领导批示处理。要做到件件有着落，事事有结果。 （1）对来访者提出的法律政策允许、条件上又可以解决的合理要求，要及时处理，认真解决。对来访者提出的正确意见，包括对党政领导机关及其工作人员的合理建议和正当批评，要热情欢迎，虚心听取；有重要建议的，应给予鼓励、表扬。 （2）对要求虽然合理，但现行政策不允许或条件不成熟，还难以解决的问题，要向来访者耐心解释，以争取得到来访者的谅解。对来访者提出的不符合政策或要求过高的问题，处理时，既要体谅他们的实际困难，又要以明确的态度向来访者讲明不能解决的原因，不要含糊其辞，应耐心说服来访者放弃那些不合理的或过高的要求。

续表

办理	（3）对需要转交有关单位部门处理的，要向来访者说明理由，取得谅解。转送给下级承办单位处理的，交办单位要催办督办。 （4）对无理取闹者，要晓之以理，批评教育。对那些态度极为蛮横，经劝说无效的，可会同公安机关予以教育和制止。如干扰破坏工作秩序、社会秩序和生产秩序，有违法行为的，可转公安、司法部门依法处理。 （5）对当天未谈完或需来访人补充材料的，可作约谈处理。
回复	要用电话通知、书面通知、约请来谈（口头通知）等方式，及时将处理结果告知来访者。

（五）几种群众信访特殊情况的处理

热线电话的处理		即党政机关为改进工作，及时收集、解决群众在生产、生活和工作中遇到的热点、难点问题及切身利益问题，密切同群众联系而设置的专用电话。热线电话能够比群众信访更简便、更迅速地了解社情民意，更快捷地解决群众实际困难点。热线电话包括领导热线（如市长热线）、部门热线、专门热线等。对群众通过热线电话反映的问题，同样要做到事事有交代，件件有结果。热线电话必须坚持"全天候"24小时值班制，决不能流于形式。对群众热线电话应按下列程序办理。
	登记	在热线电话登记簿上登记，做好来话内容原始记录，注明来话人姓名、身份、联系电话，便于查处和回复。
	筛选	对热线电话反映的问题按大小、轻重缓急、"热点""难点"程度及时筛选，待送领导批示。
	呈报	对重要的热线电话问题，填写热线电话处理签，提出拟办意见，呈送领导批示解决。
	交办	经领导批示后的热线电话问题，按照"属地管理、分级负责，谁主管、谁负责"原则交有关部门办理，承办部门一般在24小时内报告办理情况或办理结果。
	督办	对未在规定时间内报告办理情况或办理结果的承办单位，由热线电话值班人员催办督办。
	反馈	承办单位将热线电话问题办理结束后，交办单位要向批示热线电话处理意见的领导反馈情况；要向来话群众回电告知处理结果。
	备案	热线电话问题结案后，要存档备查。
网络来信处理		这是利用现代通信技术手段，通过网上发送、接收电子信件，网上转办、网上回复和传递信访信息的一种新型信访渠道。它对提高工作效率，方便信访人，减轻信访工作人员劳动强度，加快信访信息传递速度，及时化解矛盾，推进决策科学化、民主化，都具有重要意义和积极作用。
	办理网络信访要求	（1）每个工作日都要按时打开信访信箱，及时处理电子邮件，不积压、不拖延。 （2）回答信访问题要切中要点，简明扼要，表述清楚。 （3）对重要信访问题，及时报请有关领导批示。 （4）转交有关部门办理的重要信访问题，要跟踪督办。有关单位或部门不具备上网条件或其他原因不能通过网络转办的，要下载打印，及时交办和办理。 （5）做好阶段性工作总结与调研，搞好统计分析，不断改进网络信访工作，及时引导与规范网上信访行为。 （6）做好网络保密工作，确保信访秘密信息不被窃取和泄露。对举报、控告件要及时接收，脱机阅读，并删除网页上的内容，防止举报人和案情泄露。做好信访信箱的管理与维护，及时清理闲杂、无聊邮件。

续表

匿名信处理	（2）对如实反映情况和揭发问题的人应当保护，不能将匿名信层层下转，一般控制在收信受理机关，有必要的可转上级有关部门。需要查处的一般应由第一受理单位直接查处，或由领导批示有关单位查处。 （3）对利用信访形式有意捏造事实，诬告陷害他人，查明属实的，应严肃处理，情节严重触犯刑律的，交司法部门依法惩处。
集体上访处理	5人（不含5人）以上为了同类问题一起到党政机关或企事业单位上访，即称为集体上访。由于集体上访涉及的问题面广，群众情绪偏激，要求强烈，容易越轨闹事，影响社会稳定，处理难度较大，因此一定要注意工作方法，冷静分析，正确对待，妥善处理。除按照前述信访接待程序、要求办理外，还应注意以下几点。 （1）对集体上访者要热情接待。对人数较多的要他们选出代表，信访接待人员出面同其代表单独对话，弄清来访群众的所在地区、单位、来访人数（男女各多少），要反映的问题和提出的要求，并逐一登记；必要时分管领导要靠前指挥，亲自出面听取申诉和意见，积极疏导，防止事态扩大。对情绪偏激、有过激言辞要正面教育，缓解矛盾，动员上访人员回原地、原单位等候处理。要向他们宣传信访法规政策规定，引导他们共同维护正常信访秩序。在生活上给予必要的关照和安排，如提供休息的地方，供应饮水，给病号治病等，以稳定群众情绪，防止矛盾激化。 （2）重点要放在集体上访的组织、领导者上。集体上访活动的串联人、组织发动者对一般上访群众有很大影响，在处理集体上访问题时，要特别注意做好这类人的工作。对其中煽动群众闹事的人，要在搞清事实的基础上依法严肃处理。 （3）对集体上访反映的问题，要实事求是地认真分析研究，及时妥善解决。需要有关地区和部门调查处理的，信访工作人员要协助领导办理落实；一时难以解决的，要向群众解释清楚；对要求不合理的，要做好思想教育工作，不姑息迁就，不乱开口子；对有越轨行为、冲击机关、妨碍公务、纠缠领导和工作人员的集体上访群众，要批评教育，其中串联闹事、屡教不改的为首者，要交由公安部门依法处理。 （4）集体上访涉及的问题往往牵涉多个部门，信访机构要把集体上访的情况向领导机关及时汇报。必要时，由当地党委、政府领导机关有关负责同志牵头，召集有关部门的负责同志以及上访群众所在地的负责人开会，共同研究集体上访的原因及有关情况，分析问题的性质和合理度，统一认识，确定应采取对策。 （5）及时与上访群众对话，将领导对集体上访反映问题的研究结果，向他们宣布说明。如果确有应该解决而又能够解决的问题，要表明领导解决这些问题的决心和方法，使上访群众心中有底。如果上访群众的要求不合理或虽有合理因素但由于条件限制不能解决的问题，更应详细向群众讲明情况，说明理由，做好思想工作，动员他们返回。在方法步骤上主要先做代表工作，后做群众工作，只有上访群众代表思想通了，动员群众才会奏效。如果上访群众抵触情绪很大，还需派一批得力干部深入他们之中，采取谈心的办法，做疏导工作。需要当地负责干部出面时，应及时抽调他们出面做工作。 （6）要定期检查措施的落实情况，防止集体重访。在领导机关研究决定解决问题的措施后，要及时督促检查落实，帮助解决存在的问题，防止群众重新集体上访。 （7）要定期分析研究信访情况，加强信息沟通，预测可能发生的群体上访，及时向当地党委、政府报告，早做工作，及时化解矛盾，把容易引起集体上访的问题解决在萌芽状态，解决在基层。 （8）各相关部门要各负其责，认真研究和落实涉及群众利益的有关政策，防止因决策不当、落实不力而引发群体性上访。

续表

网络来信处理	"专网"登记	通过信访信息管理系统，逐件将信访件内容要点、信访人姓名及联系方式、拟办意见、领导批示、承办单位等基本情况在该网专项登记。
	"内网"办理	对需要转办的信访件（重要秘密件除外），将信访来件、领导批示、报结期限等内容以扫描件（PDF文档）形式，通过办公网络系统，运用加密方式，以安全可靠的电子公文网上传送到受理单位。承办单位接件后，将办理意见、相关调查证据材料、调查报告等电子公文均通过该网络及时向上呈报。
	"外网"反馈	对于署实名并留有电子邮箱的网上信访件，根据办理公开相关各项要求，区分不同的来源渠道，向信访人及时反馈信访件办理情况。办结后，则通过上述两网向信访人书面答复。对于个别信访件（如举报件），因安全保密需要，一般采取外网约谈，网外面谈的方式反馈处理情况。
	"专网"归档	信访件处理后，用电子表格归档，将办理的每个环节涉及的相关文档、资料，包括信访件、领导阅批意见、交办转办督办函、谈话笔录、证据资料、初核报告、调查报告、面复反馈、结案呈批等资料全部扫描并存档，并与电子表格建立超链接，存放在"信访办理信息资源库"内，形成信访件电子档案，为信访事项的查询提供便利条件。
	网上信访注意问题	应提醒信访人注意以下问题。 （1）网络信访者应使用真实姓名，要把本人地址、网址、电话、邮编写清楚，反映求决问题，应将问题的性质及涉及的单位、人员交代清楚；提工作意见和建议应有理有据，条理清晰；揭发检举问题，应写清被揭发检举人的姓名、单位、隶属关系、职务、住址和问题的基本事实等，以利于信访问题的及时处理，结果反馈。 （2）为提高处理效率，有利于解决问题，网上反映问题，应逐级、归口向有关机关反映，一般不要越级反映。不同内容的问题，也应当分别反映。 （3）投诉、检举问题，内容要客观真实，不得捏造，歪曲事实，不得诬告、陷害他人。
	匿名信处理	对匿名信应作实事求是的分析，既要看到有些匿名信为上级机关和领导及时发现问题、解决问题提供了必要的线索，为纠正不正之风，揭发违法乱纪行为，查处各种案件起到积极作用；又要注意到有些匿名信夸大事实，甚至少数心术不正的人别有用心诬陷他人的消极作用。因此，要根据匿名信所反映的具体内容审慎分析，区别对待，妥善处理。 （1）对不明情况的匿名信，各级信访部门及办公室的《简报》等内刊一律不刊登、不转载；反映道听途说的流言蜚语，或空扣帽子，没有事实的匿名信不予置理；对反映一般问题或非原则问题、情节轻微的匿名信可以不查，可将来信转交有关上级领导参考，或可交被揭发本人说明情况，有则改之，无则警惕；对揭发有重要问题的匿名信，先要初步核实情况，再定是否查处，揭发不实的则加以澄清，及时向有关领导汇报，请示处理；对那些内容反动，恶毒攻击谩骂的匿名信，可交公安部门酌处。

续表

异常情况处理	（1）来访者有下列行为之一的，接待工作人员应对其劝阻、批评或教育，做好工作，阻止其行为发展，经劝阻、批评和教育无效的，交由公安机关处置：在信访机关周围非法聚集、围堵、冲击机关，拦截公务车辆，或者堵塞、阻断交通的；携带危险物品、管制器具的；侮辱、殴打、威胁工作人员，或者非法限制他人人身自由的；在来访接待场所滞留、滋事，或者将生活不能自理的人弃留在接待场所的；煽动、串联、胁迫、以财物诱使、幕后操纵他人上访或者以上访为名借机敛财的；扰乱公共秩序、妨害国家和公共安全的其他行为。 （2）来访者在接待过程中患病要紧急救治的，应迅速通知医务人员到场，必要时送医院急救；来访者患有恶性传染病的，应迅速通知当地卫生部门处置。以上两项处置费用原则上由来访者承担。
重访老户信访处理	重访老户上访持续时间长，上访次数多，牵涉机关层级多，反复性大，上访方法偏激，造成的负面社会影响大，对此应予高度重视。而解决重访老户问题，是一项涉及各级各部门和多种因素的系统工程，必须从法律政策层面、制度层面、领导管理层面通盘考虑，妥善解决。既要治标，又要治本，才能收到较好效果。应着重抓好以下几项工作。 （1）认真贯彻执行党的方针政策，预防上访案件的发生。重访问题的产生，一个重要原因是基层一些机关单位没能很好地贯彻落实党的方针政策，没有为民谋利，与民分忧；或是宣传教育措施不力，没有与群众有效沟通取得互信。因此，一方面要教育引导各级领导干部勤政为民，多为群众办实事、做好事、结善缘；另一方面，要对广大干部群众进行法律政策教育，开展深入细致的思想政治工作，引导他们理性处理有关矛盾和问题。这样可以减少发案率，即使出现问题也易于解决，重访就可以随之减少。 （2）切实做好初信、初访工作，努力提高"一次结案"指数。在来访接待中，既要注意抓大案要案，又要注意解决大量的一般案件，防止问题久拖不决，造成矛盾激化，避免增加重访量。 （3）实行信访工作责任制和领导包案制。对上访老户要有专人负责处理，明确责任，一包到底；对问题复杂的重访老户，要实行领导包案制。必要时，可以成立调查组，带案下去深入调查研究。也可以把有关部门和单位的负责人请上来，协商解决重访老户问题。 （4）强化"属地管理、分级负责，谁主管、谁负责"原则，各地各级尤其是基层机关的信访机构和信访工作人员，要职责明确。凡属本地区本部门承办的，必须迅速办理；需交下级单位或有关部门处理的，要及时归口交办、催办。防止推诿扯皮，矛盾上交。对落实政策顶着不办、久拖不决的个人或单位，有关部门要严肃追究责任。 （5）注重抓好苗头性、倾向性问题。要注意加强上访的综合分析，一些苗头性问题一旦发生，就及时解决。 （6）通过召开联席会议、个案分析会、信访听证会等（必要时邀请司法介入），形成有关部门的一致意见，作出终结性裁决。 （7）解决重访积案，基层是关键。要建立健全基层信访组织网络，提高基层专兼职信访工作人员素质和办案能力。在农村，要努力做到小问题不出村，大问题不出乡，疑难问题不出县。城市社区、厂矿企业信访组织系统也要加强。要依靠基层，努力把问题解决在基层。 （8）对不听劝阻一意孤行，屡接屡返的非正常上访人员，由司法部门负责进行法制学习教育；对个别顽固的要依法予以处理。对组织串联者，公安部门要及时搜集证据，社区要采取有效监控措施；对个别扰乱机关正常工作秩序、拦车、静坐等过激行为，公安机关要依法严厉处置。

（六）重视信访信息利用

信访信息是政务信息一个重要组成部分，具有不同于其他政务信息的群众性、广泛性、倾向性、苗头性、敏感性和负面性，它是党政机关领导了解社情民意的"连心桥"、检验政策执行情况的"晴雨表"、预测社会动向的"风向标"、监督党政机关和领导干部转变作风的"反射镜"、为全面改革和经济建设服务和制定决策的"外脑神经"。做好信访信息工作，也是信访机构和机关办公室的重要职责。

信访信息类型	信访动态信息		指信访中反映出的社情民意信息。一般以快报、每日一报等形式编发报送。
	信访专题信息		通过信访反映出的某方面重要问题，如有关党风和社会风气方面的揭发检举材料和批评意见；有关人民生活方面急需解决的某种实际问题等等。
	信访综合信息		通过对一个时期信访工作的分析、研究所提出的综合性信息。包括带有普遍性、政策性、倾向性的问题；信访动态和趋势；近期出现的重大信访问题及处理情况的综合报告；各界知名人士在信访中的反映、要求和建议的综述等。
	信访工作信息		包括指各级党政领导近期对信访工作的指示、批示、讲话、意见；各级领导干部亲自接待来访、阅批群众来信、催查信访问题的落实情况；各级党政机关信访工作业务建设的新方法、新措施、新成果、新进展，以及信访理论的研究成果等。
编制信访信息方法	精心筛选		信访信息工作人员要善于留心观察、思索、分析，及时捕捉有价值的信息，善于从大量繁杂的信访中筛选捕捉有效信息，剔除失效信息和无效信息。
		筛选信息重点	（1）对实际工作有指导意义，一般要选择那些与当前党委政府中心工作有密切联系的热点信息。 （2）实际工作中迫切需要解决的重大问题的重点信息，如政策申诉问题、带有倾向性的成批上访问题、突发性信息等。 （3）及时反映广大群众一致或几处同时提出的呼声、意见、愿望和要求等民意信息。 （4）对社会生活中出现的新情况、新问题，能给予人们新启示和教益的前瞻性信息。
		筛选方法	综合筛选法：将信访信息按系统分类，逐类分析，从中筛选出有价值的信息。
			时间筛选法：按信息的急缓程度筛选，过时的，已经反馈过的筛掉；紧急的先选出来急处急报；有重要价值、但可以缓一缓的可先行深加工后再报。
			对比筛选法：将涉及同一问题的两种截然相反的反馈意见及情况对比分析，从中选择接近或符合真实情况的一种。
			类比筛选法：将涉及同一问题的多种相同、相近的意见和情况类比分析，择优而取之。
	精细加工		信息加工是揭示信访信息本质、提高信访信息质量的必要手段。信息筛选只能算初加工或粗加工。精加工或细加工是要揭示信息影响决策的价值性，并力求使提供的信息全面、完整，尽可能地挖掘信息的深层价值。针对信访信息资料的开放性、无序性、多元性及可信度参差不齐等特点，应分别采取不同的加工方法。
		加工方法	截取法：有的信访件反映的情况和问题非常重要，但从整篇看却又良莠混杂、精芜并存。这就要去粗取精，去伪存真，选取其中有用部分。但要注意决不能篡改原意，要说明引用出处。
			综合法：部分信访件中反映同一问题有不同的内容和角度，可能都比较零散，若只取其一件不能表达事情的全貌。这就需要围绕同一主题，将同类材料予以归纳，取长补短，互相补充，加以综合整理，形成一个比较完整的信息材料。
			比较法：有的来信来访反映出对同一问题、情况、决策有不同看法意见，这就要对其梳理比较，清晰地反映出相同相异处，以为阅者提供比较全面的信息。

续表

编制信访信息方法	精细加工	加工方法	提炼法	某些来信来访反映出苗头性问题，但由于信访者文化程度低、认识能力或其他原因，表述得不太清楚，甚至藏头隐尾。这就要以负责的态度，询问有关部门和地方，或查找有关政策和规定，通过认真、科学的分析研究，抓住重点去掉枝叶，透过现象抓住本质，使反映的情况条理化、理性化。
			充实法	有的信访反映的问题虽有合理部分，但囿于信访者的某些局限，难免带有一定的片面性；有的陈述过于单薄，没有说服力。这就要通过定向调查，核实补充完善材料，使反映的情况臻于完整。
			典型法	即通过对信访反映的有代表性的典型事例的分析，以小见大，揭示所反映问题的普遍性。
		及时传递		信访信息常常能够为领导提供重要的决策依据和线索，尽快传递同样要经过接收、加工、传递、检索、输出、反馈等完整系统，但一定要做到传递及时，力求减少环节、简便手续、快编快报，以免贻误处理时机。
信访信息工作要求	坚持求实原则			（1）要做到按照事实的本来面目通报情况。信访反映的情况问题难免有夸大、片面之嫌，编写信访信息时一定要核实情况，对事实不夸大、不缩小，坚持信息的真实性、准确性。既要报喜，也要报忧，力戒片面性。 （2）要努力把握信息反映的客观事物的本质。不要把信访中遇到的表面的、直观的现象都当作本质去反映。一定要坚持运用马克思主义的立场、观点，运用矛盾分析、因果分析、比较分析等方法，对这些表面的、直观的现象加以分析研究，透过现象认识本质，透过一般找出规律，提出解决问题的对策办法。
	注意信息价值			要注意信访信息的有用性。要特别注意信息的质量，不是事无巨细，有闻必录，眉毛胡子一把抓。衡量信访信息的质量标准，首先看信息本身的价值，同时要针对不同的服务对象提供不同的信息，注重实效，不搞形式主义。
	注意信息系统性			要尽力建立完整的信访信息网络。这个网络应当是纵横交错的。纵向包括从中央直至基层单位；横向包括各系统、各部门、各单位信访部门。还要逐步建立扩散网络，与兄弟省、市、区、县，特别是毗邻省、市、区、县同行及相关部门信访机构建立起经常性的信息联系。这样做将有利于拓展信访信息视野，提高信访信息质量。
两种信访信息文稿撰写	信访摘报	含义		信访摘报是将来信来访摘要整理而写成的简要报告。一般供领导批阅和有关机关参阅，具有较强的机密性。
		格式	专用表格式	参阅摘报	参见文例1
				呈批摘报	参见文例2
			简报式	信访部门或办公室编印的定期或不定期信访摘报（或信访信息、信访情况）均有固定格式。参见文例3
		写法	标题	简明扼要反映信访主要事项或要求。如《揭发×××借扩建××工程贪污受贿》《要求合理解决拆迁补偿问题》等。若来信有标题可用原标题或对原标题稍加处理；若无标题或来访则新拟标题。
			正文	摘报缘由	即摘报真实依据和原因。通常简要说明信访者姓名、单位（住地）、职业、信访日期及信访目的，然后用"现将来信（来访）内容摘报如下"之类引出下文"摘报内容"。
				摘报内容	必须简明扼要、层次清楚、准确无误地反映信访材料主要内容。

续表

两种信访信息文稿撰写	信访摘报	撰写要求	（1）摘引完整准确。对信访材料涉及的问题性质与程度、发生时间地点、涉及人员和物品，事件起因、经过、结果，信访者意见要求，都必须如实摘引。 （2）语言简明扼要。应对信访材料内容概括提炼，摘其要点不必全文照抄，要删除无关紧要语句，突出要件。 （3）结构严谨清晰。要条理清楚，语气贯通，摘引原件时，摘编者可插入一些衔接上下文的语句，但应将插话与原件内容区别开，不能混为一谈。
		附件	这是摘报的原始依据，包括原信或来访记录、证明、照片、录音录像等等，应把原件名称（或标题）、件数写清楚，以备领导调阅。
	信访分析报告	含义	是对一段时间来信访反映问题进行统计、分析、综合整理而成的分析报告。主要供领导和领导机关参阅。
		类型	专题分析报告：对信访反映出的某一专门问题、专项情况或带倾向性、苗头性问题所做的深度分析。
			综合分析报告：对一定时期内信访反映的各方面问题所做的综合分析。
		格式	有专门格式，由报头（版头）、主体、报尾（印发说明）、领导批示域几部分组成。与简报式信访摘报格式同。
		写法	标题：一般由"时限+地域+分析事项+文种（报告）"及其简化形式组成，如《2009年××乡干群矛盾情况分析报告》《小集镇建设中乱搭乱建问题的分析报告》等。
			正文 报告缘由：简要介绍材料来源及所分析问题的基本情况；或直陈其事，提出分析问题的缘由。
			问题性质：即信访材料所反映情况问题现象的本质。包括： （1）问题的性质。是政策决策本身不够完善，还是执行中的问题；是要求合理而没有法律政策规定的问题，还是虽有法律政策规定而实际条件尚无力解决；是普遍性问题还是特殊性问题等。 （2）产生的后果。包括正面成果、反面恶果和不良影响等。 （3）问题的原因。要从实际出发，多方面、多层次分析原因；要透过现象看本质，从因果分析深入到因因分析，找到深层次原因即问题的根源和本质。
			发展趋势：这是对有关问题、现象、情况可能发展趋势的预测与分析。可以通过有关问题信访数量的增减、内容的变化看信访和社情动态，预测新问题；通过个别看一般，发现带普遍性的政策、决策或领导管理方面的问题；通过偶然看必然，发现苗头性、前瞻性问题。 问题性质与发展趋势可分开写，也可合起来写。
			处理建议：即为领导处理问题、作出决断提出切实可行的意见建议。有的重在反映情况、分析问题的报告，也可不写这部分。
		撰写要求	（1）要以带普遍性、典型性的，或反映经济社会生活中的重点、热点、难点问题的，或关乎民生却未引起足够重视的问题的信访材料为分析研究重点。 （2）要以翔实的信访材料为分析的依据，以对材料的分类、统计为分析前提，以综合、归纳、比较、析因、推理等科学方法为分析研究的手段，提高分析报告质量。 （3）注意实效，及时编写报送。

【文例】

××局办公室信访科信访参阅摘报单

信访者姓名		单位或住址	
信访时间			
信访事由			
来信（访）内容摘要			
处理意见			
附件			
承办人			年　月　日

××局办公室信访科信访呈批摘报单

信访者姓名		单位或住址	
信访时间			
信访事由			
来信（访）内容摘要			
拟办意见			
领导批示			

信 访 摘 报

第　　期

××县××局办公室　　　　　　　　　　　　　　　年　月　日

领导批示

标　题

　　正文············

　　附件：

分送：　　　　　　　　　　　　　　　　　　　共印　　份

第八部分 人大建议、政协提案办理工作规范

主　编：赵仕荣　四川省人事厅副巡视员、办公室主任
副主编：丁　胜　四川省人事厅办公室副主任
参　编：钟选恒　四川省人事厅办公室主任科员
　　　　　叶黔达　中共四川省委党校（四川行政学院）教授

人大代表建议（以下简称"建议"）是在人民代表大会会议或闭会期间由人大代表个人或联名提出的对各方面工作的建议、批评和意见的简称，是人大代表行使管理国家和社会事务的重要权利，也是对行政、审判、检察等国家机关工作进行监督的一种重要形式，所提建议，具有国家公务性质。政协提案（以下简称"提案"）是参加政协的党派、团体和政协委员向政协全体会议或常务委员会提出的、经提案委员会审查立案后交付有关机关单位办理的书面意见和建议。建议、提案是人大代表依法行使监督权、政协委员履行民主监督、政治协商、参政议政职能的重要方式，是协助党委和政府联系群众、了解民情、倾听民意、集中民智、实现决策科学化和民主化的重要渠道。

依法认真办理好代表建议、委员提案，是各级人民政府及其各职能部门的法定职责，是重要的政务工作，是倾听人民群众呼声、密切同人民群众的联系，改进各项工作、协调社会关系、化解社会矛盾、促进社会和谐的重要方式，是我国社会主义民主政治建设过程中不可替代的重要环节和推进社会主义政治文明建设的有效手段。各有关机关和组织的办公厅（室）（综合处）是负责建议、提案办理工作的责任主体和牵头部门。

建议和提案的交办工作，由人大及其常委会相关工作机构和政协提案委员会负责。上述机构依法按程序对建议、提案的原件分类处理提出处理意见后，可采取会议中办理和会后交有关机关和组织研究办理的方式对建议和提案交办。有关机关和组织负责办理并答复人大代表和政协委员。

（此外，各级机关单位办公室还负责对职工代表大会等工作性代表提案的处理工作。但是，此类提案与代表建议和委员提案在处理程序和办理方式上有很大的区别。）

建议提案办理政策依据	（1）《中华人民共和国地方各级人民代表大会和地方各级人民政府组织法》《中华人民共和国全国人民代表大会和地方各级人民代表大会代表法》。 （2）全国政协《关于政治协商、民主监督的暂行规定》《全国政协提案工作条例》。 （3）地方各级人大及其常委会、人民政府的相关决定。如：《贵州省人大常委会有关进一步加强和改进代表建议、批评和意见办理的意见》（黔人常办通〔2009〕14号）、《四川省人民政府关于办理人大代表建议、政协委员提案的规定》（川府发〔2002〕1号）、《中共四川省委办公厅、四川省人民政府办公厅关于转发〈政协四川省委员会办公厅关于办理政协提案的意见〉的通知》（川委厅〔2003〕25号）、《四川省人大常委会办公厅关于印发〈四川省人民代表大会代表建议、批评和意见处理办法〉的通知》（川人办发〔2005〕96号）、《中共

续表

建议提案办理政策依据	四川省委关于进一步加强人民政协工作的实施意见》（川委发〔2009〕18号）、《中共四川省委关于进一步加强人大工作的意见》（川委发〔2009〕22号）、《政协四川省委员会提案工作条例》等。	
建议提案办理的原则	分级负责，归口办理	各级人民政府和所属部门要按自身职责认真做好办理工作，做到各司其职、各负其责，不推诿扯皮、敷衍塞责。
	依法办理，注重规范	办理工作要严格依法按程序进行。办理的每个环节，都必须按照各级党委、人大、政府、政协关于建议、提案办理规范的要求运作，克服随意性。
	实事求是，注重实效	在办理建议、提案过程中，要深入实际，开展调查研究，求真务实地妥善处理问题。凡属能够解决的要予以解决；确属需要解决，但因财力、物力等条件限制一时解决不了的问题，要列入今后的工作计划或规划，创造条件逐步解决；涉及国家政策规定或超越本级政府或部门职权范围，解决不了的问题，要向代表、委员说明情由，做好解释工作。不得敷衍塞责、推诿或拖延不办。

代表建议、委员提案的办理包括交办、承办、办结和后续工作三大环节。

一、建议、提案交办

交办是指各级人大及其常委会、政协相关工作机构，根据代表建议和委员提案的内容，交付有关部门和单位办理的一项重要的程序性工作。

（一）人大代表建议交办

代表建议交办	人民代表大会会议期间	代表对人大及其常委会提出的各方面工作的建议，由人大常委会办事机构交人大及其常委会有关部门研究处理并负责答复代表。乡镇人大代表建议由乡镇人大主席团交办。
		代表在大会会议期间提出的对本级人民政府及其部门的建议，由人大常委会相关工作机构整理、研究，提出处理意见后，会同政府办公厅（室）采用召开交办会议等方式交办，具体协调工作由政府办公厅（室）负责；属人民法院、人民检察院及其他机关、组织承办的，由人大及其常委会相关工作机构直接交办。
	重点建议交办	人大及其常委会相关工作机构应当在对代表建议综合分析的基础上，提出拟重点办理的代表建议。重点建议一般分为常委会主任会议督办件和代表跟踪督办件。重点建议须报请人大常委会主任会议审定，并根据主任会议的意见，确定建议的承办单位，提出办理要求。
	闭会期间	代表在闭会期间提出的建议，由各级人大及其常委会的相关工作机构直接交办。交由政府及其部门研究处理的，同时抄送政府办公（厅）室。
	上级人大交办	上一级人大代表对地方工作的建议，由该级人大及其常委会相关工作机构交下级有关机关和组织研究办理并负责答复代表。

（二）政协提案交办

政协大会提案	（指政协全体会议提案截止时间之前提出的提案。）政协全体会议期间，经提案委员会审查立案的提案，由政协办公室会同地方党委办公室、政府办公室专门召开承办单位会议集中交办。

续表

平时提案	（指政协全体会议提案截止时间以后及闭会期间提出的提案。）闭会期间，经提案委员会审查立案的提案，由提案委员会（政协办公厅室）随时直接交办。
上级政协交办	政协委员对地方工作的提案，由政协办公（厅）室委托下级政协交当地有关机关组织研究处理并负责答复。
重点提案交办	对各党派、工商联、人民团体、政协专门委员会的提案和其他反映党和政府亟待解决、人民群众普遍要求改进的问题的、对推动工作有重要作用并具有较强可行性的重要提案，提案委员会应有选择地拟出重点提案摘编报送党委、政府、政协领导阅批，商请有关单位重点办理。

二、建议、提案承办

建议、提案承办是指接受办理工作的有关机关和组织，根据国家法律、法规、党和国家政策以及有关规定办理建议、提案，并对提出建议、提案的代表、委员作出答复。主要包括接办、主办、答复、再次办理等程序。为提高建议和提案的办理质量，各承办单位可以根据实际工作需要，对具体的工作步骤适时进行调整。

（一）承办程序和工作要求

接办			各承办部门办公厅（室）对交办的建议、委员提案要认真清点，逐件登记。登记内容包括：建议、提案人姓名、单位、联系电话，建议、提案简要内容，承办（主办、协办或分办）部门、办理时限等。 如确认不属本单位职责范围的，应在收到建议、提案后10日内退回交办部门并说明理由。由交办部门重新确定承办单位办理。如属本单位职责范围办理的，应填写承办单，提出拟办意见，报主管领导审批。然后根据领导批示意见，分送有关部门办理。
主办与会办	办理方式	不同类型建议提案处理方式	一般性建议提案：交有关职能部门处理。对不同份建议、提案但所涉内容基本一致的，可并案办理，但要分别答复建议、提案人。
			共同办理的建议提案：主办单位应当主动与会办单位协商办理，会办单位要积极配合，办理意见一致后由主办部门统一答复。
			重点建议提案：对重点建议、提案的办理，承办单位应认真研究，提出办理方式和办理要求，由单位主要负责人督办，全程跟踪。办理完毕后要向人大常委会主任会议、政协提案委员会专题报告并答复建议、提案人。
			党派团体提案：在办理过程中，承办单位要主动与提出提案的党派、团体联系，征求意见。对提案提出的重大问题，必要时可邀请该党派、团体负责人共同调查、视察，研讨办理工作。答复意见应由单位负责人签发并加盖公章。提案内容涉及党委、政府、政协有关部门的，均由其办公厅（室）在征求相关业务部门的基础上，统一答复。复文径送提出提案的党派、团体，并抄送本级政协提案委员会。
		承办方法	可分别采用查阅文件资料、协商座谈、实地考察、专题调研、走访等方法，开展和推动办理工作，保证办理质量。

续表

主办与会办	办理要求	明确责任	单位有领导分管，有专人（或者专门机构）负责，有规范健全办理制度；实行负责人和具体承办人员分级负责制。
		注意沟通	承办单位应当加强与提出建议、提案的代表、委员沟通、联系，采取走访、调研、座谈、电话联系、现场办理、电子邮件、网上办理等方式听取意见，了解掌握其所提建议的初衷、要求和期望，以增强办理的针对性，提高满意率。办理重点建议、提案应当邀请相关代表、委员参与研究。 在办理建议、提案过程中，提建议、提案者可以通过人大及其常委会相关工作机构或提案委员会向承办单位了解有关建议、提案办理情况，提出办理建议，参与建议、提案的办理落实。
		提高质量	要不断提高建议、提案办理工作质量和效率。凡建议、提案所提问题应予解决并具备解决条件的，要集中力量认真负责地尽快解决；因条件限制暂时难以解决的，应订出计划，创造条件，逐步解决；确实解决不了的，应实事求是地向提出建议案和提案人作出说明。
		加强协调	交办时明确了主办和会办单位的，会办单位应主动将办理意见函告主办单位，主办单位要发挥牵头抓总的作用，积极与会办单位沟通、协商，统一办理思路、回复重点，做好意见汇总工作后及时答复建议提案人。主办和会办单位意见不一致的，要协商一致后再答复。 若主办、会办单位意见不一致的，属政府有关部门之间的，由政府办公厅（室）协调；属其他机关、组织之间的，由人大及其常委会相关工作机构或政协提案委员会会商有关机关、组织协调。 要加强与综合协调部门的沟通协调。各具体办理单位要及时将办理工作的进展情况告知办公厅（室）（综合处、督办室），以便掌握整体推进情况，共同做好工作。
		注意保密	办理建议、提案时涉及国家秘密的，承办单位应当做好保密工作。
		及时办理	承办单位应当提高建议、提案办理效率，积极主动，及时办结。在交办后3个月内（至迟不超过6个月）对建议、提案办结、答复。对急需办理的建议、提案，应尽快办理答复。 若有特殊情况确需延后办理的，应及时书面报请上级或交办机关征得同意。
		加强督查	各级党委、政府办公厅（室）要与承办部门保持密切联系，及时了解办理进度并适时催办。要加强调查研究，发现问题，掌握和通报办复进度，确保按期完成办理任务并及时办复。各承办单位内部办公室（督办室）也要健全催办制度，争取提前完成办复任务。 对建议、提案中近期不能解决的重要问题，要跟踪督办，促进落实。对逾期尚未办结的建议、提案，要采取通报批评、限期办结等方式予以督促落实。
答复	承办主体		由两个以上单位共同承办的建议、提案由主办单位统一答复。主办单位答复时，应当向代表、委员说明相关协办单位的处理意见。需要两个以上单位分别处理的，各有关承办单位应当依照各自的职责处理，并分别答复。
	拟制程序		严格按照公文处理程序规范运行：各承办单位负责建议、提案处理工作的工作人员认真草拟办理答复；部门及办公室负责人要先后对答复的内容、文字审核和修改；单位分管领导最后审定签发。 重要建议和提案，在书面答复前，要征求提建议、提案人或党派、人民团体、专门委员会的意见。

续表

答复	答复对象	全国人大代表建议、政协委员提案，由省政府办公厅按承办部门和市、州政府的书面意见行文答复代表和委员，并分别按规定份数，抄送全国人大常委会办公厅、国务院办公厅、全国政协办公厅及有关部、委。 　　省人大代表建议、政协委员提案，由省政府办公厅、省级有关部门、市州政府办公厅（室）行文答复代表和委员，并分别按规定份数，抄送省人大常委会办公厅、省政府办公厅（自办件除外）、省政协办公厅及有关部门。 　　市、州人大代表建议、政协委员提案，由市、州政府办公厅（室）、有关部门和县（市、区）政府办公室行文答复代表和委员，并分别按规定的份数，抄送市、州人大常委会办公厅（室）、政府办公厅（室）（自办件除外）、政协办公厅（室）和有关部门。 　　县（市、区）人大代表建议、政协委员提案，由县（市、区）政府办公室、有关部门和乡（镇）政府行文答复代表和委员，并分别按规定的份数，抄送县（市、区）人大常委会办公室、政府办公室（自办件除外）、政协办公室和有关部门。 　　乡镇人大代表的建议由乡镇人大交乡镇政府答复代表。 　　对代表建议、委员提案，应当分别答复每位代表，或者商领衔代表同意后请领衔代表转复其他代表；政协界别提案，答复寄送召集人；政协参加单位、专门委员会提案，复文寄送提案单位（这类提案在书面答复前，应先征求该组织的意见）。
	答复时限	对人大、政协会议期间提出的建议、提案，承办单位应当在闭会之日起3个月内，至迟不超过6个月，予以答复。大会闭会期间提出的建议、提案，承办单位应当在交办之日起3个月内，至迟不超过6个月，予以答复。
	内容要求	承办单位应当区别不同情况，将处理结果答复代表：能够、已经解决的问题，应当尽快明确答复；应该解决但一时难以落实解决措施的问题，应当先向代表如实说明情况，明确办理时限，在妥善解决后再进行答复；确实不能解决的问题，应当充分说明原因。答复事实要准确，内容要符合法律、法规及政策规定，文字要精练。
	行文格式	按规定的函件格式，采用"答复"或者"函"编号印制、加盖公章；应注明联系人和联系电话。
	分类标记	为便于总结办理成果，各承办单位要在答复函件右上角按以下要求标明办理情况：所提问题已经解决或基本解决的，标注"A"；所提问题正在解决或列入规划逐步解决的，标注"B"；所提问题因客观条件限制或其他原因需以后解决的，标注"C"；所提问题留作工作参考的，标注"D"。
	附表	回复人大代表应每人附《反馈意见表》，回复政协委员应给领衔人附《征询意见表》。
	撰写要求	一要力求规范答复。答复有专门规定，要严格规范办理。具体经办人员要特别细心，对称呼、文字、语句以及附表等都不可大意，杜绝因工作疏忽而影响办理工作质量的现象出现。 　　二要注重解决问题。对代表、委员所提问题，要坚持积极主动、尽力而为、务求实效的原则，在解决实际问题上下功夫。对重大、疑难问题，要在组织力量深入调查研究的基础上，制订办理方案积极落实；努力提高答复意见的针对性，凡是已具备条件能够解决的，要集中力量，及时处理予以解决，不能随意拖延，更不能以各种借口予以推脱；对受客观原因限制，应解决而一时不能解决的问题，要制订出相应规划，积极创造条件逐步解决，让群众受益。 　　三要讲究答复语气。要充分尊重代表、委员，注意语气语调，切忌生硬。即使是遇到所提的问题已经有过规定或已解决的，也要详细向代表、委员说明，讲清楚已作过哪些规定，发过哪些文件，做过哪些工作，还准备做哪些工作，力求让代表、委员了解全面情况；对那些目前尚不具备解决条件或暂时不能解决的问题，要详细说明原因和理由，解释清楚，求得理解。真正做到介绍政策客观实在、陈述理由平和委婉、解决意见明确具体，努力让代表和委员满意。

续表

| 再次办理 | 对反馈不满意的建议或提案，经人大及其常委会相关工作机构或政协提案委员会审查再次交办后，承办单位要重新研究，及时查明原因，重新办理并在3个月内再次答复。 |

（二）运用网络反映办理运行情况

为了使代表建议、委员提案的办理工作更加公开和透明，部分地方已利用网络办理人大代表建议和政协委员提案。承办部门在网上记录每个建议、提案的办理过程，为每个建议、提案建立办理"档案"。这给代表、委员与承办单位提供了一个新的沟通交流平台。为了确保办理工作万无一失，先期在采取网络办理的同时，还继续采取了书面办理。待网络办理成熟后，将全部采取网络办理。

各承办单位要按照当地主管部门要求，及时将代表建议、委员提案办理情况向当地"办理人大建议政协提案网络系统"加载对交办件的办理情况。

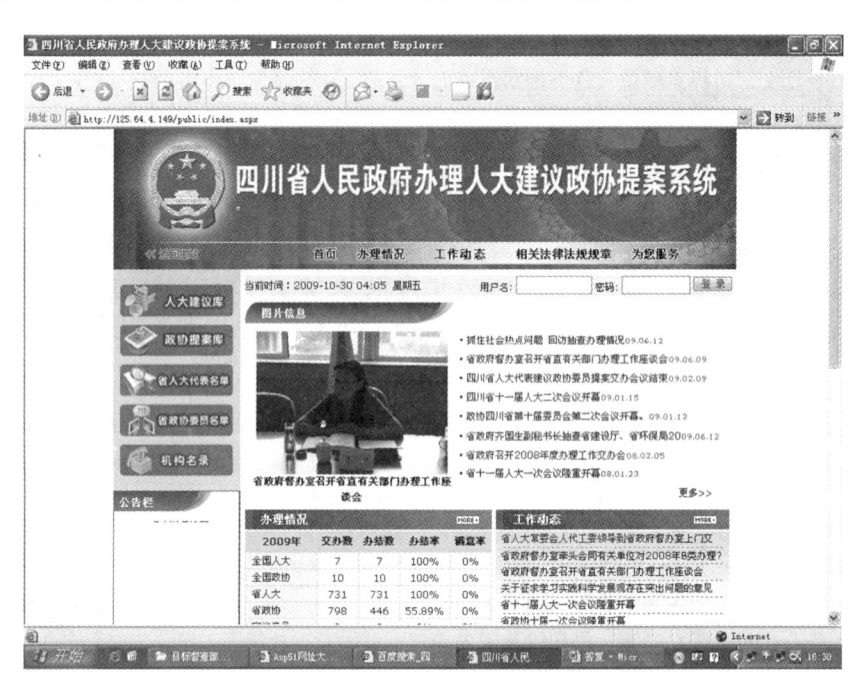

三、办结后续工作

这是指对人大建议、政协提案办结答复后所做的有关工作，一般包括复查、总结、立卷归档、督促检查、评选表彰等项工作。

具体工作	负责单位	工作内容
复查	承办单位	要按年度对本单位办理的建议和提案的办理结果进行复查，凡是未落实的，或列入规划逐步解决的，要及时采取措施予以解决落实。
总结	承办单位	每年在建议、提案全部办理结束后，承办单位应认真总结办理情况并写成书面总结稿，并及时报送相关部门。

续表

立卷归档	承办单位档案室		建议、提案办结后，应将答复并建议、提案原件按一事一卷归档，作为办理机关的长期案卷保存。
督促检查	单位内部	办公厅室或督查室	承办单位对建议、提案中当年不能解决且列入计划解决的问题，要跟踪检查督办，促进落实，确保按期完成办理任务，并及时将办理情况向提出建议、提案者反馈。
	外部	查办内容	一是领导批示和协调处理问题的落实情况；二是应该解决也有条件解决的问题是否按答复的时间落实；三是列入计划、规划解决的问题是否按计划在实施。
		党委人大及其常委会相关工作机构政府办公厅（室）、政协提案委员会 查办方式	政府办公厅室（或督查室）组织力量检查或约请人大及其常委会相关工作机构、政协办公厅室（或提案委员会）进行检查，或者邀请人大代表、政协委员座谈，了解落实情况。对逾期尚未办结的建议、提案，要采取通报批评、限期办结等方式予以督促落实。 对重点建议、提案可以组织代表、委员采取专题视察和调研的方式，或者由人大政协领导亲自跟踪督办的方式，促进建议、提案的落实。
评选表彰	单位内部	承办单位	将建议、提案办理工作纳入年度绩效管理，对于办理建议、提案有显著成绩的部门和个人，可以适当方式予以表彰。
	外部	人大常委会、人民政府、政协及相关单位	对建议、提案办理进行考核、评比，对办理工作取得优异成绩的先进单位和先进个人，可予以表彰。

【文例：会办单格式】

××××单位

×函〔200×〕××号

关于请及时提供会办意见的函

××××单位：

现将（人大或政协会议名称）××号建议或提案送来，请提出会办意见，于200×年×月×日前书面函告（本单位名称）×××同志处。联系方式：××××。

二〇〇九年七月七日（盖章）

【文例：退件函正文】

退件单位（一般是各级政府督办部门或政协提案办理部门）：

××（代表或委员）提交的（建议或提案标题＋人大或政协会议名称××号建议或提案）收悉。

正文（结合部门工作职能，提出直接交办意见或转交办理建议）。

联系方式：

成文日期（盖章）

【文例：反馈意见表】

××省（市、县）人民代表大会代表建议办理情况反馈意见表

第××届第×次会议代表建议第××号　　　　　　　　　200×年×月×日

建议题目						
承办单位		满意		基本满意		不满意
对办理情况的具体意见：						

代表签名：
联系电话：
邮　　编：
通讯地址：
20××年　　月　　日

注：1. 请承办单位将本表与办理答复一起寄送代表。

　　2. 请代表填写反馈意见后将本表寄（本级人大建议办理部门），邮编××××。

××省（市、县）人民代表大会办公厅（室）（盖章）

【文例：征询意见表】

政协××省（市、县）委员会提案办理征询意见表

政协××省（市、县）委员会××届×次会议第×××号提案			
提案者		承办单位	
办理态度	好（　）　较好（　）　一般（　）　差（　）		
征求办理意见方式			
办理落实情况			
满意程度			
对办理结果的具体意见	200×年　　月　　日		

注：1. 每件提案答复函附此表1份。
　　2. 提案者收到提案答复函后，务必填好此表并寄（本级政协办公厅或办公室提案办理部门）。本级政协办公厅或办公室提案办理部门联系方式：××××

政协××省（市、县）委员会提案委员会（盖章）
200×年　　月　　日

【文例：办理答复】

××省编制委员会

×编函〔2005〕12号　C类

对省政协九届三次会议第95号提案的答复

×××：

《关于大力精简乡镇机构，彻底减轻农民负担的建议》（省政协九届三次会议提案第95号）收悉，非常感谢你们对机构编制工作和乡镇机构改革的关心和支持。我们对《建议》所反映的情况和提出的改革思路十分珍视，在研究乡镇机构改革的意见思路时作了认真吸纳，并对其中涉及乡镇行政区划调整等相关事宜征求了省民政厅的意见。现就有关情况介绍并答复如下：

乡镇机构改革是一件直接关系基层政权建设和从根本上减轻农民负担的大事，也是机构编制部门的一项重要工作。改革开放以来，按照党中央、国务院和省委、省政府的统一部署，我省各地相继进行了多次乡镇机构改革，都取得了较为明显的成效。从2001年进行的乡镇行政机关和2002年的乡镇事业单位改革来看，乡镇行政、事业机构和人员编制均作了较大幅度的精简，乡镇行政职能机构精简了11.53%，乡镇行政编制平均精简了19%左右，乡镇机关实有人员精简了18.2%，乡镇行政职能机构领导职数精简了13.4%，机关人员结构得到了明显的改善，乡镇政府职能得到了进一步转变；乡镇事业单位的编制精简了26%，乡镇事业单位实有人员精简了21%。乡镇机构改革对减轻乡镇财政和农民负担，推动农村经济社会发展，巩固和加强农村基层政权建设起到了重要作用。

但是，我们也深刻地认识到，解决乡镇管理体制及运行机制中存在的问题不可能一蹴而就，县乡事权划分不明晰，乡镇政府重管理轻服务，政企、政事不分，机构设置、编制配置不够合理，财政供养人员过多，财政负担过重等问题仍然没有从根本上得到解决。特别是你们在提案中反映的当前乡、村高行政成本运行，导致乡镇债台高筑，财政危机严重，很多乡、村运转困难的问题，已经严重制约了乡镇经济社会的健康、持续、稳定发展。同时，随着农村税费改革的深入，特别是农业税的全面停征，乡镇政府的职能和工作任务发生了新的变化，其在管理体制、运行机制、职能配置和机构设置等方面与农村经济社会发展和"三农"工作实际需要不相适应的矛盾，以及部分乡镇规模偏小、布局不够合理与区域经济整体协调发展的矛盾越来越突出，乡镇机构改革的重要性和迫切性日益凸显。上述现状和问题，已引起党中央、国务院和地方各级党委、政府的高度重视和社会各界的广泛关注。

当前，党中央、国务院和省委、省政府已经把乡镇机构改革作为解决"三农"问题的一项重要工作来抓。去年在京召开的全国农村工作会议提出的2005年农业和农村工作的目标任务中，强调要继续深化农村改革，推进农村税费配套改革，深化乡镇机构改革；今年的中央1号文件和省委1号文件都明确提出要深化农村税费配套改革，推进乡镇机构改革；中央编办也将配套推进乡镇机构改革列入了2005年的重点工作，并于今年3月召开了乡镇机构改革座谈会，国务院有关领导同志出席会议并作了重要讲话，就乡镇机构改革的有关问题提出了明确要求。国务院有关领导明确指出："农民负担过重的一个根本原因是乡镇机构过滥，农村财政供养人员过多，必须通过机构改革，解决'生之者寡、食之者重'的问题，否则，财政开支和农民负担也很难真正减下来。乡镇机构改革关系到农村税费改革的最终成败。"省委、省政府领导也明确批示，要将乡镇机构改革作为今年机构编制工作的重点。农村税费改革开展后，省编办就开始对乡镇政府职能定位、进一步转变乡镇政府职能、合理确定乡镇机构编制规模等进一步深化乡镇机构改革问题进行了专题调研，并形成了调研报告报送省委、省政府；同时对××市和××××县等市县的乡镇行政区划调整和乡镇机构改革工作及时进行指导和跟踪，总结成功经验。今年，根据中央1号文件和省委1号文件以及中央编办关于深化农村税费配套改革、推进乡镇机构改革的精神，省编办把深化乡镇机构改革列为重要大事来抓，在广泛深入调查研究的基础上，借鉴一些地方乡镇机构改革的经验，结合我省实际，起草了《关于深化乡镇机构改革的意见》，提出了调整乡镇布局，推进政府职能转变，完善管理体制，精简行政事业机构和人员编制，分流超编人员，清退临聘人员等的具体指导意见，并与农办、财政、民政等相关部门的同志进行了初步座谈，征求意见，目前，《意见》送审稿已报送省领导审核，待编委会审议和省委、省政府审批后，将印发实施。这次乡镇机构改革的近期目标，就是要通过转变乡镇政府职能，优化组合乡镇事业站所，精简机构和人员，提高社会管理和公共服务水平，切实减轻财政和农民负担，巩固农村税费改革成果，确保乡镇基层组织正常运转，促进农村经济协调发展；长远目标，是要建立与社会主义物质文明、政治文明、精神文明全面协调发展，以及构建社会主义和谐社会相适应的行为规范、运转协调、公正透明、廉洁高效的乡镇行政管理体制和运行机制。

乡镇机构改革是一项系统工程，涉及政治、经济、社会、文化等各个方面和层面，需要各级党委、政府和全社会的共同努力，我们希望，同时也坚信，在党中央、国务院和省委、省政府的正确领导下，通过改革，一定能够消除现行乡镇管理体制和运行机制中存在的弊端，解决你们在《建议》中反映的矛盾和问题，使乡镇政府建设朝着健康有序的方向发展，为构建和谐农村打下坚实的基础。

恳请你们继续关心、支持我省的机构编制工作和乡镇机构改革工作，并多提宝贵意见和建议。

再次向你们表示真诚的感谢！附寄《征询意见表》一份，请提宝贵意见。

二〇〇五年×月×日（盖章）

联系人：××省编制委员会办公室×××

联系电话：××××××××邮政编码：××××××

主题词：

抄送：省政府办公厅、省政协提案委员会。

××省编制委员会办公室　　　　　　　　2005年×月×日印发

（共印8份）

四 川 省 环 境 保 护 局

川环函〔2009〕245号　（B）类

关于省十一届人大二次会议第58号代表建议的办理答复

徐玖平代表：

您在四川省第十一届人民代表大会第二次会议上提出的《关于汶川大地震灾后恢复重建生态环境保护的建议》第58号收悉，现将办理情况答复如下：

一、以生态文明为目标，科学规划灾区生态恢复重建

生态文明，是指人类遵循人、自然、社会和谐发展这一客观规律而取得的物质与精神成果的总和，是以人与自然、人与人、人与社会和谐共生、良性循环、全面发展、持续繁荣为基本宗旨的文化伦理形态。在党中央、国务院的高度重视下，环境保护部等四部委和受灾三省人民政府以建设生态文明为指导，共同编制了《汶川地震灾后恢复重建生态修复专项规划》。该规划在国家《汶川地震灾后恢复重建总体规划》确定的四川、甘肃、陕西三省极重灾区和重灾区的51个县（市、区）范围内，对灾区林业、环保、水土保持和草场受灾情况进行了全面调查和分析，提出了四大灾情特点：一是自然资源和生态系统遭受严重破坏；二是加剧了大熊猫等珍稀物种濒危程度和对自然保护区的威胁；三是引发的次生灾害对生态系统的持续影响不容忽视；四是生态建设与环境保护的基础设施损毁特别严重。围绕灾情重点，规划提出用3年左右时间的努力，重建结构稳定、效益显著、质量优良的森林、草地、湿地等自然生态系统，达到生态功能逐步修复、生态环境改善的目标。规划分别从生态系统修复、环境整治、大熊猫栖息地及自然保护区恢复和基础设施恢复重建等四个方面提出了15个恢复重建任务，完成生态修复任务规划资金201.64亿元。其

中，林业投资为131.31亿元，环保投资为26.86亿元，水土保持投资为21.39亿元，草地投资为3.74亿元，其他投资为18.33亿元。生态修复资金主要通过政府投入、社会募集、国外优惠紧急贷款和市场运作等方式筹集。去年，一批灾区生态保护和生态修复的灾后重要工程项目已经启动，今年我们将再启动一批灾区饮用水源地保护、土壤污染调查及生态保护和生态修复等灾后重建急需建设的重要工程项目，主要加强灾区生态监测和重要自然保护区、生态功能区、生态脆弱区的保护。

二、关于对议案中几条建议的答复

（一）关于建立绿色GDP为核心的评价体系

近几年来，环境保护部和国家统计局在10个省市启动了以环境核算和污染经济损失调查为内容的绿色GDP试点工作。四川省作为10个试点省之一，已对全省工业污染源进行普查，建立了工业污染源数据库，正在进行绿色GDP的排污交易制度试点研究。《四川生态省建设规划纲要》中设计了与绿色GDP相似的一系列考核指标，这些指标在指导灾区生态市、县创建中的实践经验，可以为建设灾区绿色GDP为核心的评价体系扎下坚实基础。建立绿色GDP是一项长期的、跨部门合作、政策性和技术性都很强的系统工程，我们将继续努力将这项工作推向深入。

（二）关于建立灾区生态环境修复体系

近几年，我们一直在积极探索生态环境保护的新途径，思考如何用改革创新的办法加快和推进生态环境保护工作。去年，省环保局组织专家队伍开展了建立岷江源生态补偿机制和汶川地震灾区生态补偿机制研究。今年又把川西北高原高寒地区生态补偿课题研究纳入了重要日程，主要想对这些地区生态环境现状、生态补偿的范围、补偿标准、资金来源、补偿方式和途径等进行深入研究。议案中另提到的灾后恢复重建环境功能恢复机制、重建资源循环利用机制以及恢复重建过程中造成的二次污染的治理机制等建议也很有价值，我们将在灾后恢复重建工作中探索和总结经验，逐步实现。

（三）关于创设生态修复试验区

从国家正在编制的全国主体功能规划中了解到：汶川、北川、青川等重灾县（市）已被考虑列入《全国主体功能区规划》中限制开发的生态地区，实行生态保护优先的绩效评价。对限制开发的生态地区，要强化对提供生态产品能力的评价，弱化对工业化、城镇化相关经济指标的评价，主要考核大气和水体质量、水土流失和荒漠化治理率、森林覆盖率、草畜平衡、生物多样性等指标，不考核地区生产总值、投资、工业、农产品生产、财政收入和城镇化率等指标。对重灾县（市）所涉及的自然保护区、世界遗产地、风景名胜区、森林公园、地质公园等列入禁止开发区，根据法律法规和规划要求，按照保护对象确定评价内容，主要评价保护自然文化资源的原真性和完整性。我省将根据汶川地震灾区的生态环境调查情况，在汶川地震灾区尽快建立一批生态功能保护区，保护生物多样性，促进生态系统良性循环。

（四）关于建立生态环境保护协调管理机构

目前，我省按照党中央、国务院有关灾后恢复重建的要求，已建立政府主导、分级管理，部门协同、社会参与、对口支援、多元投资的生态环境保护协调管理重建机制，并已将灾后生态恢复重建纳入地方政府和部门年度目标考核和政绩考核范围，层层落实责任。只要各级、各部门加强组织领导，切实做到领导到位、政策到位、措施到位、责任到位、宣传到位，确保生态修复工程质量，灾后生态恢复重建的宏伟目标就一定能够实现。

非常感谢您对汶川大地震灾后恢复重建生态环境保护工作的关注和提出的宝贵建议。您的建议对我们开展地震灾后恢复重建非常重要，我们会积极采纳，并希望在今后的工作中得到您更多的支持。

联系人：省环保局生态处 ×××

联系电话：×××

电子邮箱：×××

邮政编码：×××

二〇〇九年三月三十日（印章）

主题词：人大代表　　建议　　答复

抄送：四川省人大常委会人事代表工作委员会代表联络处、省政府督办室。

| 四川省环境保护局办公室 | 2009年3月30日印发 |

（共印6份）

四、其他办理规范

党代会、职代会提案办理方法可参照上述人大代表建议、政协委员提案办理方式办理。

（一）党代会提案

党代会代表提案提交不受时间限制。凡是涉及两个或两个以上承办单位的提案，应当确定主办单位和协办单位。一般性提案应当在交办后的60个工作日内办结，重大或较为复杂的提案，可适当延长办结时间或实行分段办理。而未予立案的也应及时通知提案人，所提意见和建议视情况以适当方式转送有关部门处理或参考。办理的结果要以书面形式反馈提案人，在提案人签署意见后报党代表提案委员会备案。如果提案人对办理和答复情况不满意的，承办单位必须重新办理和答复。党代表提案办理工作的牵头单位一般为本级组织部门负责党代表日常联系工作的内设机构。

（二）职代会提案

职工代表大会代表提案一般在职代会期间提交。要通过办理落实提案，切实解决与职工切身利益相关的焦点和难点问题。办理工作一般由本单位工会或职代会提案委员会或提案组牵头承担。对需要几个部门协同办理的提案，由主管领导牵头，明确主办单位，综合办理。主办单位应及时将提案办理进程与职工代表反馈沟通，提高满意度。办理终结情况，应由工会或职代会提案委员会或提案组汇总后，于当次或下次职代会上向全体代表报告。

第九部分 政务接待工作规范

主　编：陈　斌　成都市接待办接待三处处长
副主编：唐承锋　成都市接待办综合处副处长

接待，就是在人类社会中，接待主体为政治、经济、文化和社会发展的需要而进行的人际交往。本部分主要讲各级党政群机关涉及的接待工作，即公务接待，也称政务接待。这是指在一定的历史条件下，在实施政治、经济、文化、外交、军事等公务行为过程中，运用一定的物质精神手段，遵循特定规范所进行的协调公务关系客体的公务行为的过程。

当前，政务接待已普遍列为党政群机关一项重要的政务性工作，具有十分重要的地位和作用。随着我国改革开放深入发展，各地交往日趋频繁。为促进地方经济和社会全面发展，接待工作的重要地位越来越突出。2012年底，中央政治局出台了《关于改进工作作风、密切联系群众的八项规定》等新规，接待工作的要求、环境等都发生了很大变化，特别是接待工作与党政机关的工作作风直接关联，要求接待工作者也必须转变思路，提高政策水平，既能发挥接待工作在扩大交往、增进友谊、沟通信息方面的作用，又必须符合中央关于勤俭节约、反对奢侈浪费的一系列规定，这实际上使接待工作者面临着更高的要求。特别是2013年、2014年，从中央到地方，先后出台了一系列规定，对接待标准、地点费用管理等诸多方面作了进一步规范，这些规范均十分细致，是接待工作不能逾越的"红线"。因此，要做好当前的接待工作，就必须学习、熟悉这些规定。但我们也要看到，无论环境如何变化，工作质量不能变，接待工作的细节追求不能变。事实上，近年来的实践已经证明，接待工作的内容、程序依然行之有效，但在工作方式、质量、"规矩"意识等方面的要求更高。

政务接待一般分为内宾接待和外宾接待，本书主要涉及内宾接待。这也就是我们通常意义上讲的一般政务接待，就是由一级党政群机构出面对党和国家领导人、上级部门或者其他地方党政群机关人员的接待活动。从工作性质角度，主要涉及四个方面内容：

一是对来视察、检查或指导工作的上级领导和机关工作人员的接待；

二是对前来考察、学习、开展协作的兄弟地方、部门、单位党政领导和工作人员的接待；

三是对本级党政群机关出面承办或主办的重要会议、重大活动相关出席人员的接待；

四是对本系统下级单位来本机关请示（汇报）工作、参加会议、办理公务人员的接待。

政务接待工作原则	突出政务，注重实效	过去，接待工作中存在不少形式主义的东西，在一定程度上也浪费了接待人员精力，"八项规定"事实上为接待人员放开了手脚。现在，要在接待工作中更加强调政务服务，接待工作中体现政务服务。要积极挖掘、充分利用政务接待的政策效应、信息效应、宣传效应、投资效应和感情效应，努力增强政务接待辅政功能。要努力提升接待部门的服务能力和服务水平，通过优质高效的服务提升政务接待质量，扩大政务接待效果。
	对口对等，协调配合	要按照礼仪要求，根据来访团队主要领导（或来宾）的级别规格和参观考察内容，按对口、对等原则由对口单位和分管领导接待。要注意现在对陪同人数控制更严，建议一般陪同人员不要超过客人的 $\frac{1}{4}$。同时，要协调各方、密切配合、各司其职，形成整体合力。
	以人为本，热情服务	要想客人所想，急客人所急，让客人充分感受到接待方的热情和人文关爱，要准确把握客人需求、性格、爱好等方面的不同特征，搞好人性化、个性化服务。
	因地制宜，突出特色	把接待工作惯例与突出本地特色结合起来，力求突出本地民族、民俗特色，融地方传统文化、特色文化于政务接待活动之中。
	遵章守制，廉洁办事	政务接待必须有章可循，努力做到接待规范化、操作标准化、服务程序化。同时，尽可能轻车简从、简化礼仪，做到大气而不铺张、热情而不奢侈，严禁超标准接待。接待人员要把好廉洁自律关，遵守财经纪律和廉政规定。
	安全保密，内外有别	在重大接待中，要从交通安全、住宿环境、食品卫生、疾病防控、各类突发问题处理等入手，做好接待中的安全保障，确保万无一失。同时，要严格执行保密纪律，做到内外有别，切实保守政治、经济秘密。

政务接待工作是一个地区改革开放和经济社会发展的纽带和桥梁，是重要的窗口和形象标志。随着改革开放的深入，政务接待对该地区社会政治经济发展的促进作用越来越明显。

政务接待工作作用	公关形象作用	由于接待工作的特殊性，接待部门往往被看成是一个地区、单位形象的缩影。接待人员的形象、作风及处理事务的效率，代表着这个地区、单位的综合形象；一个部门、单位的公务接待工作直接代表本部门、本单位处理对外关系事务，其公务接待人员素质如何，直接影响着该部门的对外形象。接待人员一定要有"推销"意识。
	政务服务作用	接待工作是一个机关、单位整体工作的一个组成部分，完成每一项接待任务都是参与政务工作的过程，都是为政务工作服务，接待工作的政务服务功能越来越重要。
	保障运转作用	接待工作涉及客人迎送、交通保障、住宿安排、餐饮服务、会议座谈、考察参观等方方面面，包含吃、穿、住、行等细节，哪一个环节衔接上出现问题，就会影响接待工作任务完成，甚至对一个地方工作全局造成不可估量的损失。对细节的追求，不能等同于"讲排场"，朴素的接待，同样能够体现接待人员的细致与周到。

一、政务接待基本程序

接待操作程序是政务接待工作加强规范化、制度化建设的一项重要的内容。接待操作流程也是接待工作制度化、规范化的实施过程，它要求细化分解接待工作内容的每一个环节，明确承办事项和职责，消除工作中的随意性。目前，各地政务接待工作机构设置、部门归属不尽相同，但接待工作程序与操作方式则大同小异。

（一）政务接待总体工作流程

按照接待工作步骤，可大致分为四个大的环节：接收信息、制定接待方案、实施接待、反馈总结。

接待工作流程图

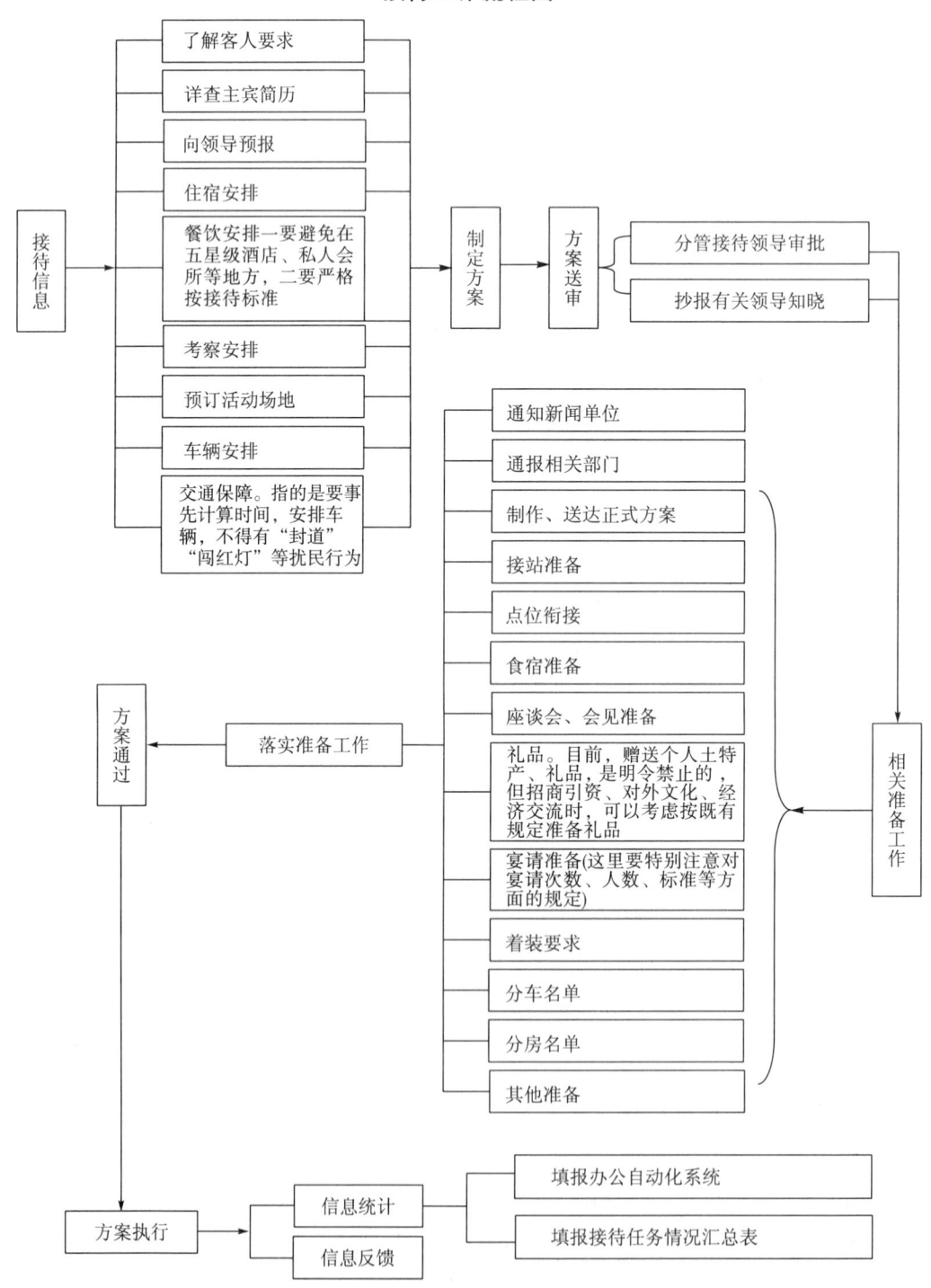

接待信息 →
- 了解客人要求
- 详查主宾简历
- 向领导预报
- 住宿安排
- 餐饮安排一要避免在五星级酒店、私人会所等地方，二要严格按接待标准
- 考察安排
- 预订活动场地
- 车辆安排
- 交通保障。指的是要事先计算时间，安排车辆，不得有"封道""闯红灯"等扰民行为

→ 制定方案 → 方案送审 →
- 分管接待领导审批
- 抄报有关领导知晓

→ 相关准备工作：
- 通知新闻单位
- 通报相关部门
- 制作、送达正式方案
- 接站准备
- 点位衔接
- 食宿准备
- 座谈会、会见准备
- 礼品。目前，赠送个人土特产、礼品，是明令禁止的，但招商引资、对外文化、经济交流时，可以考虑按既有规定准备礼品
- 宴请准备(这里要特别注意对宴请次数、人数、标准等方面的规定)
- 着装要求
- 分车名单
- 分房名单
- 其他准备

→ 落实准备工作 → 方案通过 → 方案执行 → 信息统计／信息反馈
- 填报办公自动化系统
- 填报接待任务情况汇总表

（二）接待方案的拟定与报批

1.做好信息沟通。 一方面，准确了解客人情况；另一方面，向有关领导预报情况。

↓

2.拟定接待方案。 包括：客人抵离时间（方式）、考察点位、客人名单、接待领导、行程、座谈会、会见、宴请、住宿、用餐、乘车等安排，点位简介等。

↓

3.报批接待方案。 按照程序审批接待方案。接待方案一经批准，原则上不再改变。

↓

4.提前做好准备。 抓紧做好方案印制、领导通知、部门衔接、点位检查等准备工作。

【文例】

××市党政考察团在××接待方案

任务时间：	×年×月×日至×月×日
考察内容：	城市建设、社区卫生工作。
主要来宾：	姓　名　　　职　务
出席领导：	姓　名　　　职　务
日程安排	
9月12日（星期一）	
07:30	考察团乘××航班抵×，下榻××宾馆早餐
08:20	××在×宾馆迎接并陪同考察
08:30	前往考察城市建设与管理
09:00	考察城市中心广场建设情况
09:30	出发前往××城市公园
10:00	考察××城市公园
10:30	出发前往××宾馆
11:00	座谈会 主持人：××× 地　点：××宾馆××厅 参　加：××× 议　程：

续表

12:00	午 餐 地 点：××宾馆 陪 餐：×××
13:00	午 休 地 点：××宾馆×号楼
14:20	×××在××宾馆迎接并陪同考察
14:30	出发前往××卫生服务中心
15:00	考察××卫生服务中心
15:20	前往××骨科医院
15:40	考察××骨科医院
16:00	前往××社区卫生服务站
16:05	考察××社区卫生服务站
16:25	前往××医院
16:45	考察××医院
17:00	出发前往××宾馆
18:00	××市宴请 地 点：××宾馆×××厅 参 加：×××、×××
20:00	×××在××宾馆上车前往送机 乘×××航班离开
联系人：××市接待办×××　　　联系电话：××××		
附：　　　　　　客人名单		

（三）政务代表团接待工作流程

政务代表团接待是各级党政群机关接待工作的主要内容。其接待工作流程为：

1. 来访党政群代表团接待工作流程

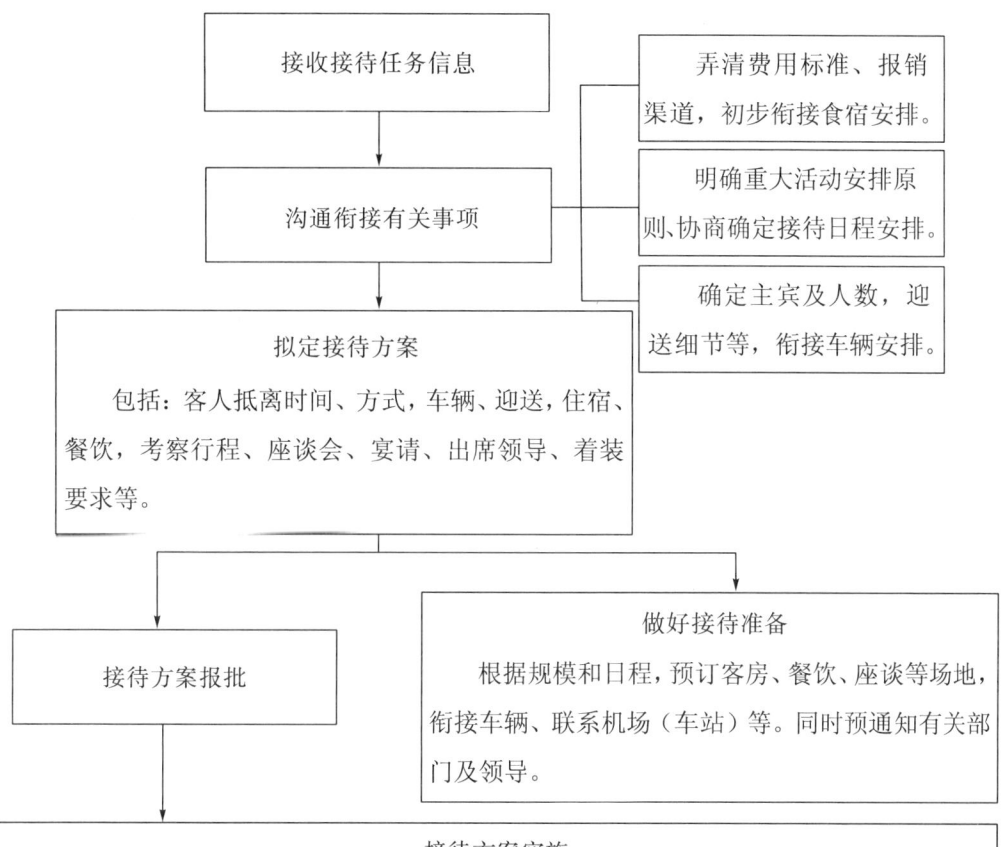

```
接收接待任务信息
        ↓
            → 弄清费用标准、报销渠道，初步衔接食宿安排。
沟通衔接有关事项
            → 明确重大活动安排原则、协商确定接待日程安排。
        ↓
            → 确定主宾及人数，迎送细节等，衔接车辆安排。
拟定接待方案
包括：客人抵离时间、方式，车辆、迎送，住宿、餐饮，考察行程、座谈会、宴请、出席领导、着装要求等。
        ↓
接待方案报批          做好接待准备
                根据规模和日程，预订客房、餐饮、座谈等场地，衔接车辆、联系机场（车站）等。同时预通知有关部门及领导。
        ↓
接待方案实施
根据抵达时间，前往机场（车站）迎候，介绍接站领导，发放接待方案，前往酒店入住，组织参加各项活动；主要领导出席会见座谈时，原则上通知宣传部门安排媒体采访，准备座牌（背签）、主客双方名单和有关材料。市领导宴请时，应准备席卡和小卡，根据来宾饮食习惯，安排菜单，酌情赠送礼品。
        ↓
接待费用结算，资料归档
```

2. 党政代表团出访工作流程

本级领导带领党政代表团外出工作考察、学习时的随行联络服务工作，与接待来访党政代表团有较多相同之处，工作重点主要是协调联络服务工作。

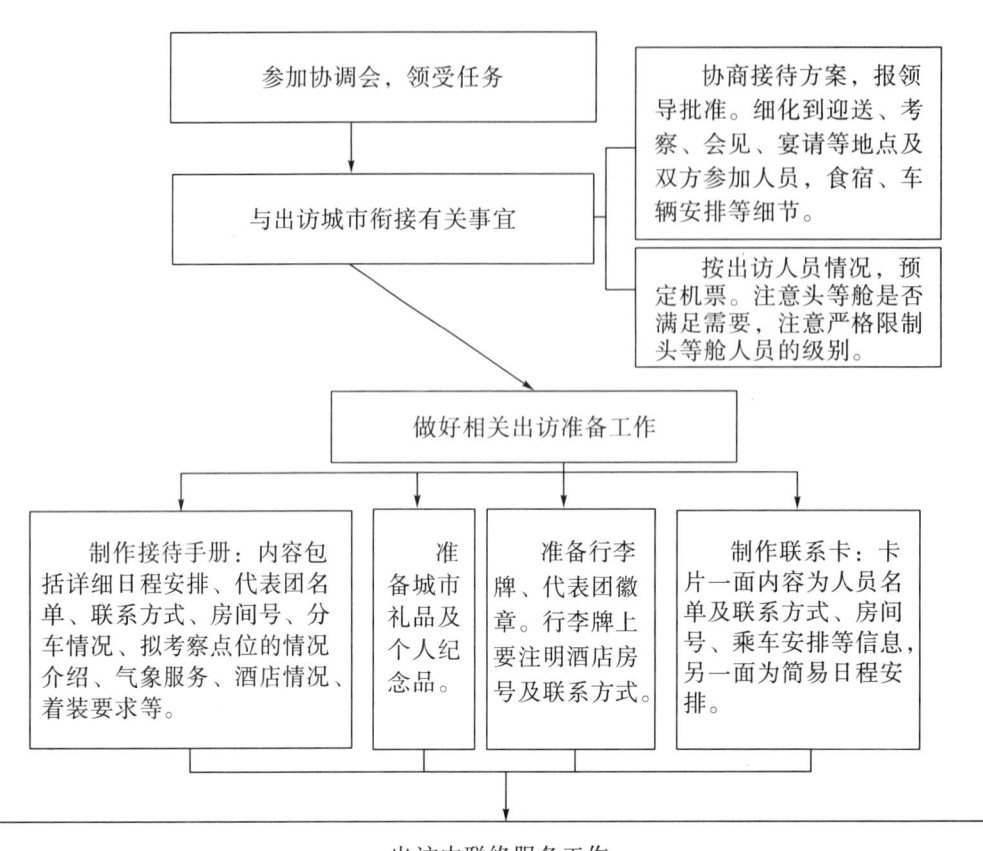

```
┌─────────────────────┐      ┌──────────────────────┐
│ 参加协调会，领受任务 │      │ 协商接待方案，报领   │
└──────────┬──────────┘      │ 导批准。细化到迎送、 │
           │                 │ 考察、会见、宴请等地 │
           ▼                 │ 点及双方参加人员，食 │
┌─────────────────────┐──────│ 宿、车辆安排等细节。 │
│ 与出访城市衔接有关事宜│      └──────────────────────┘
└──────────┬──────────┘      ┌──────────────────────┐
           │                 │ 按出访人员情况，预定 │
           │         ────────│ 机票。注意头等舱是否 │
           │                 │ 满足需要，注意严格限 │
           ▼                 │ 制头等舱人员的级别。 │
┌─────────────────────┐      └──────────────────────┘
│ 做好相关出访准备工作 │
└──────────┬──────────┘
```

| 制作接待手册：内容包括详细日程安排、代表团名单、联系方式、房间号、分车情况、拟考察点位的情况介绍、气象服务、酒店情况、着装要求等。 | 准备城市礼品及个人纪念品。 | 准备行李牌、代表团徽章。行李牌上要注明酒店房号及联系方式。 | 制作联系卡：卡片一面内容为人员名单及联系方式、房间号、乘车安排等信息，另一面为简易日程安排。 |

出访中联络服务工作

（1）通知出访人员集合时间、地点；（2）联系机场（车站）要客通道，注意按规定安排要客通道，其他人员走普通通道，要事先与对方衔接分批次接机；（3）办理物品托运、换登机牌等手续，同时给对方通报信息；（4）做好领导登机服务；（5）抵达时，及时与对方衔接，注意提取行李；（6）随时做好出访中的有关联络服务工作。

返程及返程后服务工作

（1）及时联系机场（车站）（2）做好领导登机服务工作；（3）返回后做好物品整理，及时处理集体礼品及个人纪念品；（4）做好资料收集及有关事项追踪落实。

（四）经贸考察团接待工作流程

经贸考察团的接待工作流程与来访党政代表团的操作流程基本一致，故不再赘述。

（五）大型活动（会议）接待工作流程

大型活动（会议）组织协调工作头绪多，一般要注意以下环节：

（1）明确任务内容。认真研究其总体方案，研读领导批示件、部门的工作函，与牵头单位衔接，了解来宾信息。

（2）组建接待机构。根据工作需要，可酌情成立相关工作小组，划分工作任务，各工作组要详细拟定工作方案和应急预案。

（3）编制接待手册。内容包含会务（活动）组织机构、任务分工、联系方式、日程安排、接机安排、外出考察及车辆安排、住宿餐饮安排、会见宴请安排、会议安排及座次表、会议服务须知、安全注意事项、工作流程、地方概况、会议活动、迎（送）站安排等。

（4）落实重点环节。及时了解各组工作进展情况，依据《手册》进行工作督促和检查。抓重点环节，突出领导会见、宴请等活动和领导交办事项。

（5）整理活动资料。及时归档资料，做好酒店退房，场地退场，接待费用结算，办公、剩余物品退还等工作。

（六）接待下级请示（汇报）人员工作流程

	形式	注意事项
接待信息接收	电话	（1）与来电（函）单位人员确定请示（汇报）具体时间。 （2）电话交谈中，要热情并表示欢迎。如无时间，一定要表示尽快安排。 （3）准确了解请示（汇报）内容，及时向有关领导汇报，确定接待时间。 （4）时间确定以后，与相关人员正式回复。 （5）如是本人来访，要及时通报所请示（汇报）的领导。如工作不便，一定要热情做好解释工作。
	来函	
	来访	
确定参与人员	代表式	一般涉及部分工作，则安排相关领导或代表接待。
	全体式	一般指下级部门负责人调整，新的负责人上任后需向上级领导报告情况。或是请示（汇报）工作事关全局，则安排所有领导参加汇报会。
	个别式	如请示（汇报）工作需保密，则专题向涉及领导报告并安排个别接待。
接待活动	座谈	（1）根据来访主题介绍相关情况； （2）对对方工作提出希望和要求。
	资料	（1）提供全局性工作资料； （2）提供本部门相关工作情况； （3）提供其他部门工作情况资料，并提醒注意资料使用范围和保密要求。
	走访	（1）学习有关工作点位； （2）熟悉上级部门机构设置和人员情况。

（七）常见政务接待活动工作流程

1. 领导会见工作流程

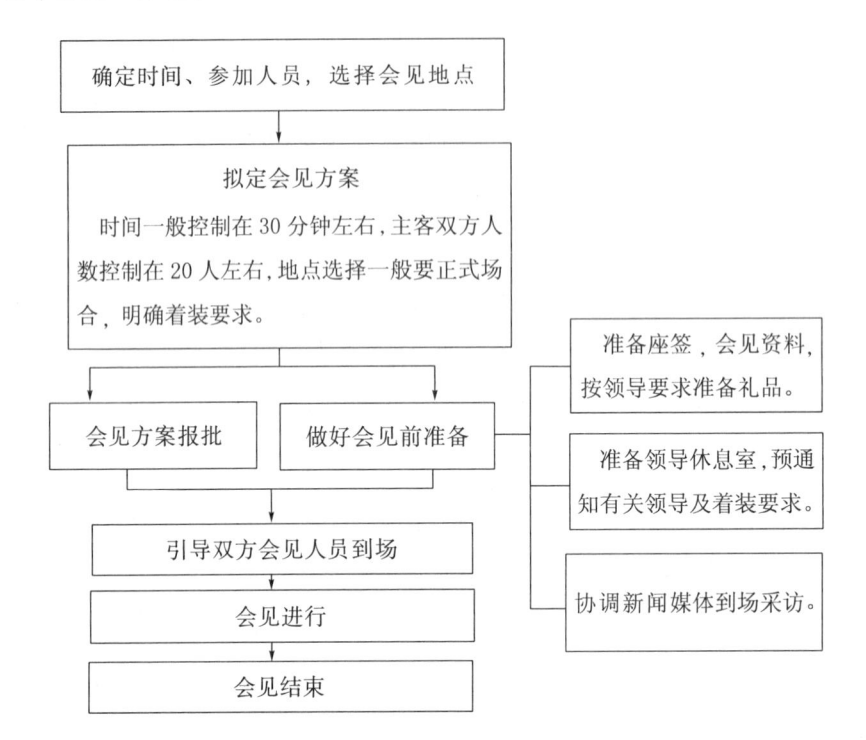

```
确定时间、参加人员，选择会见地点
            ↓
        拟定会见方案
时间一般控制在30分钟左右，主客双方人
数控制在20人左右，地点选择一般要正式场
合，明确着装要求。
            ↓
会见方案报批    做好会见前准备 → 准备座签，会见资料，
                              按领导要求准备礼品。
                            → 准备领导休息室，预通
                              知有关领导及着装要求。
            ↓              → 协调新闻媒体到场采访。
引导双方会见人员到场
            ↓
        会见进行
            ↓
        会见结束
```

2. 交流座谈会工作流程

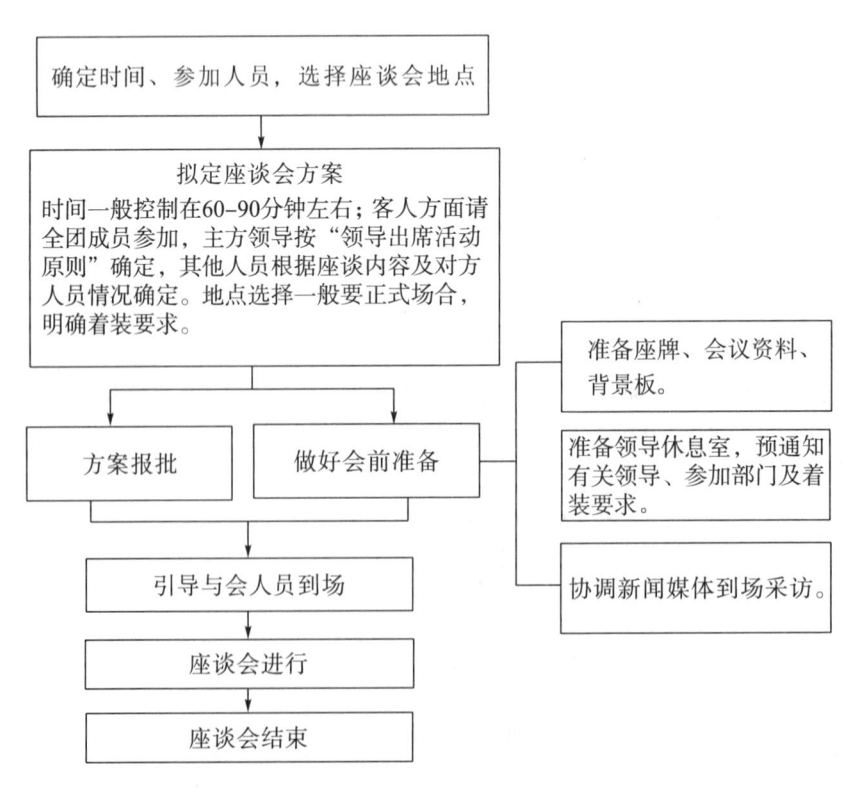

```
确定时间、参加人员，选择座谈会地点
            ↓
        拟定座谈会方案
时间一般控制在60-90分钟左右；客人方面请
全团成员参加，主方领导按"领导出席活动
原则"确定，其他人员根据座谈内容及对方
人员情况确定。地点选择一般要正式场合，
明确着装要求。
            ↓
方案报批    做好会前准备 → 准备座牌、会议资料、
                          背景板。
                        → 准备领导休息室，预通知
                          有关领导、参加部门及着
                          装要求。
            ↓          → 协调新闻媒体到场采访。
引导与会人员到场
            ↓
        座谈会进行
            ↓
        座谈会结束
```

3. 领导宴请工作流程

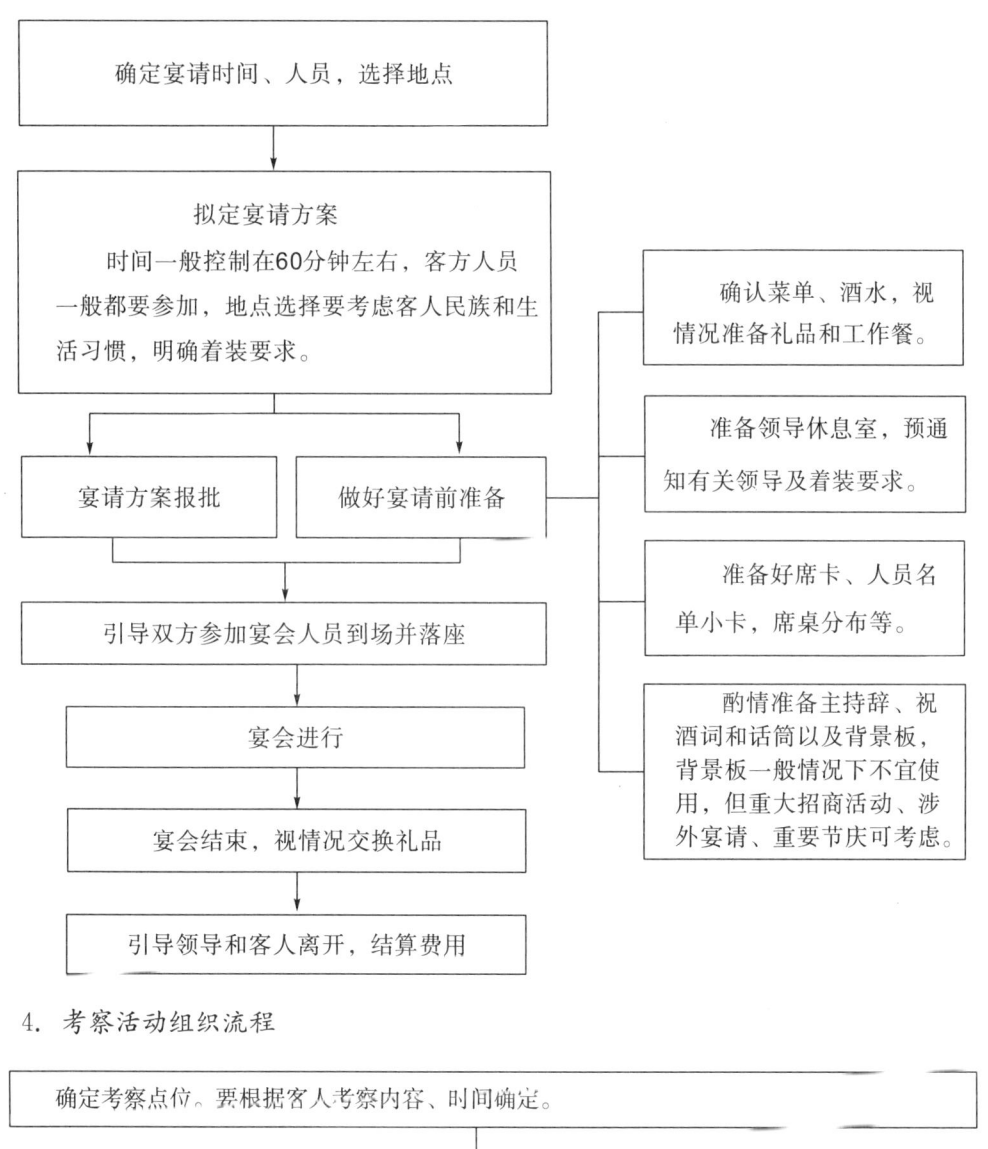

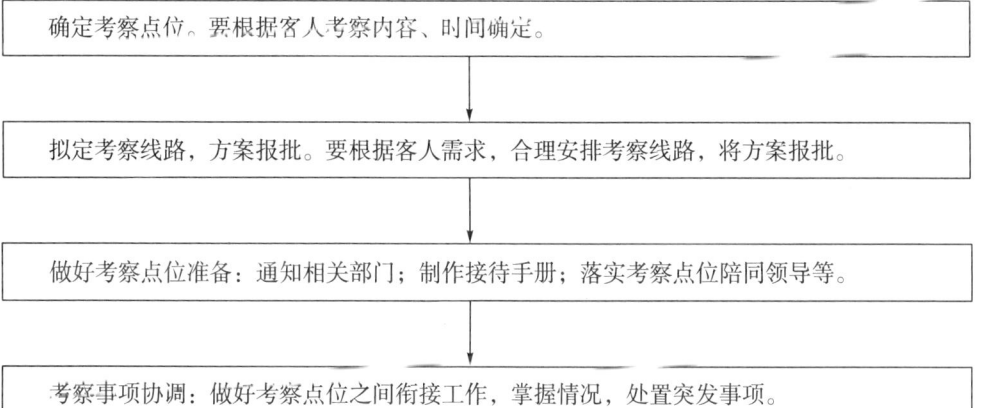

```
┌─────────────────────────────────┐
│   确定宴请时间、人员，选择地点    │
└─────────────────────────────────┘
                │
                ▼
┌─────────────────────────────────┐
│          拟定宴请方案            │
│  时间一般控制在60分钟左右，客方人员│
│  一般都要参加，地点选择要考虑客人民族和生│
│  活习惯，明确着装要求。           │
└─────────────────────────────────┘
        │               │                    ┌──────────────────────────┐
        ▼               ▼                    │ 确认菜单、酒水，视情况准备 │
┌──────────────┐ ┌──────────────┐ ────────│ 礼品和工作餐。            │
│ 宴请方案报批  │ │ 做好宴请前准备│         └──────────────────────────┘
└──────────────┘ └──────────────┘         
        │                                   ┌──────────────────────────┐
        │                         ────────│ 准备领导休息室，预通知有关 │
        │                                   │ 领导及着装要求。           │
        ▼                                   └──────────────────────────┘
┌─────────────────────────────────┐         
│  引导双方参加宴会人员到场并落座   │        ┌──────────────────────────┐
└─────────────────────────────────┘────────│ 准备好席卡、人员名单小卡、 │
        │                                   │ 席桌分布等。              │
        ▼                                   └──────────────────────────┘
┌─────────────────────────────────┐
│           宴会进行               │        ┌──────────────────────────┐
└─────────────────────────────────┘        │ 酌情准备主持辞、祝酒词和话 │
        │                         ────────│ 筒以及背景板，背景板一般情 │
        ▼                                   │ 况下不宜使用，但重大招商活 │
┌─────────────────────────────────┐         │ 动、涉外宴请、重要节庆可考虑。│
│  宴会结束，视情况交换礼品        │         └──────────────────────────┘
└─────────────────────────────────┘
        │
        ▼
┌─────────────────────────────────┐
│  引导领导和客人离开，结算费用    │
└─────────────────────────────────┘
```

4. 考察活动组织流程

```
┌──────────────────────────────────────────────────────────────┐
│ 确定考察点位。要根据客人考察内容、时间确定。                    │
└──────────────────────────────────────────────────────────────┘
                               │
                               ▼
┌──────────────────────────────────────────────────────────────┐
│ 拟定考察线路，方案报批。要根据客人需求，合理安排考察线路，将方案报批。│
└──────────────────────────────────────────────────────────────┘
                               │
                               ▼
┌──────────────────────────────────────────────────────────────┐
│ 做好考察点位准备：通知相关部门；制作接待手册；落实考察点位陪同领导等。│
└──────────────────────────────────────────────────────────────┘
                               │
                               ▼
┌──────────────────────────────────────────────────────────────┐
│ 考察事项协调：做好考察点位之间衔接工作，掌握情况，处置突发事项。  │
└──────────────────────────────────────────────────────────────┘
```

（八）客人迎送工作流程

1. 机场迎送工作流程

（1）国内航班接送站

普通客人	接站	了解客人航班信息、人数及联系方式；制作接站牌；明确出站口；引领客人上车。
	送站	了解离港航班信息；提前90分钟将客人送到机场国内大厅；办理手续登机。
重要客人	接站	提前了解相关信息；联系要客室；通知接站领导；办理机场临时通行证，准备接站牌；提前15分钟过安检，乘要客车进入机坪接机；介绍接站领导，提取行李；引领客人换乘车辆。
	送站	提前联系，陪同客人提前抵达，办理行李托运、更换登机牌等手续。也可让接待人员提前携客人身份证、需托运的行李到机场办理相关手续，重要客人按规定安排要客通道。

（2）国际航班接送站

接站流程	（1）确认需给予礼遇的主宾及航班、随员信息。
	（2）协调检验检疫、边防、海关等单位。
	（3）联系航空公司、机场，提供车辆及休息室。
	（4）通知接站领导提前30分钟到达机场。
	（5）工作人员提前1小时到达机场，办理能进入国际、机坪、廊桥等区域的证件。
	（6）查询停靠机位。
	（7）接站领导由工作人员引领，从国际进口进，经海关、边防、检疫等礼遇通道，前往停机位。
	（8）接到客人后，前往休息室休息。
	（9）收齐护照、申报单等，交各联检单位检查、核对。
	（10）工作人员提取、清点行李。
	（11）手续办理完毕后，通知车辆到达指定地点等候。
	（12）引领领导经检疫、边防、海关等礼遇通道登车出机场。
送站流程	（1）确认需给予礼遇的主宾及航班、随员信息。
	（2）协调检验检疫、边防、海关等联检单位；联系航空公司、机场，提供车辆及休息室。
	（3）提前90分钟到达机场，办理国际、机坪、廊桥等区域证件。
	（4）接待人员提前更换登机牌、托运行李。
	（5）协调各联检单位查验手续，提前30分钟过安检，乘要客车前往登机。

(3) 托运行李办理流程

托运行李办理流程	无主托运	提前选定需办理托运的航班，联系所属航空公司； 物品打包，标注编号，行李票集中粘贴在1号箱； 将航班、件数、外包装及行李票粘贴等信息通知取货人； 跟踪取货情况。
	货站取货	明确货运的航班号及货单号； 带齐货单或传真件、收货人身份证或复印件及代办人身份证； 根据航班时刻，到货站查询到货情况并取货。
	大厅提取	了解托运的航班号、行李件数、包装标识等信息； 办理可进入行李区的证件； 明确在所属转盘等候，取到后查验行李有无损坏。

2. 火车站迎送流程

接站流程	(1) 核准接站车次和时间，提前准备车辆和接站牌。
	(2) 追踪火车运行情况。
	(3) 提前15分钟抵车站出站口，确定路线和上车点。
	(4) 协助客人提取行李。
	(5) 如需车辆进站接客，则提前协调车站，核实客人乘坐车厢号，在车站工作人员引导下迎接客人。
送站流程	(1) 核实送站车次和时间，提前准备车辆。
	(2) 提前50分钟把客人送抵车站进站口。
	(3) 如需安排客人走贵宾通道，则提前与车站贵宾中心协调。提前40分钟抵贵宾中心休息室，提前20分钟检票进站上车。

3. 陆地（公路）迎送流程

主动与客人商定抵达时间，抵达我地入城线路、车辆数量、车型、迎接客人的点位；留意天气变化情况，确定客人是否按计划时间出发，提前30分钟到达指定迎候处等候；与客人保持联系，确定客人行驶情况是否正常，并及时告知接站领导和相关人员。

（九）酒店入住工作流程

(1) 根据客人需求预订房间。确认房型、数量、入住时间。

↓

(2) 办理入住手续。提前取得房卡或待客人到达酒店后协助客人办理入住手续。

↓

(3) 提前检查有关准备工作。如鲜花、水果、报纸的摆放情况及卫生情况等，熟悉酒店布局。

↓

(4) 引导客人入住。客人到达酒店前 30 分钟，通知酒店人员迎候并做好行李转移。

↓

(5) 相关事项协调。告之重要客人房号，避免打扰。客人如需用餐，协助订餐。

（十）领导出席政务接待活动一般规则

领导出席政务接待活动，一般都是根据来访团队主要领导的级别和参观考察内容，按对口、对等的原则进行安排。

二、政务接待服务礼仪

中国是一个礼仪之邦，随着社会的日益发展，我们要在接待中更好地展现礼仪之邦的风范，强化礼仪意识，体现"以人为本"的思想。

（一）电话礼仪

使用电话，在很大程度上体现着通话者的修养和态度，并折射出所在单位整体精神面貌。

通话准备	拨打电话时，必须明确通话对象的基本情况，包括姓名、性别、职务、年龄等；同时对自己要阐述的要点要求明确的把握。接听电话时，应当在电话旁配备好完整的记录工具。
通话时间	要避免打搅对方的工作和休息，如确实有急事不得不打扰别人时，务必在接通电话后及时致歉。一次通话时间应控制在 3 分钟以内，这一做法国际上通称为"通话 3 分钟"原则。
通话态度	(1) 耐心拨打。拨打电话一般至少应等铃声响过 6 遍，或是大约半分钟时间。切勿铃响未过 3 遍就挂断并急不可待地重拨。(2) 礼貌接听。拿起电话后应当先说"您好"，然后略作介绍，以便对方确认是否拨错。结束时，不忘说"再见"，不要抢先挂断电话。(3) 殷勤转接。如果电话不是自己的，要热忱、迅速帮助找接话人。
通话用语	使用电话时应当遵守礼貌、规范、文雅、温和这 4 项基本要求。
手机接听模式	在公共场所及办公地点，最好将手机调至振动或静音。

（二）迎接礼仪

迎来送往，是接待活动中最基本的形式和重要环节，尤其迎接是给客人良好第一印象的重要工作。

迎接礼仪	普通宾客，一般应在活动地点大门口迎接；外地来访宾客，应到机场（车站）相迎，并按照规范安排相应领导参加；对特别尊贵的客人，还应举行欢迎仪式。
引导礼仪	迎宾时不宜在门口或机场（车站）出口处停留寒暄，应立即引导客人进入汽车或边寒暄边引导。在礼宾次序中，一般以右为上，左次之；引导宾客时，主人应走在客人的左前方，若是熟悉的宾客或平级的客人，可以并肩前行；开门与关门的动作都应采用斜侧身姿态，切不可背对客人。
安顿礼仪	待客人坐定后，只需略加介绍情况并征询宾客对日程安排的意见或奉上有关资料后就可告别，不宜久留。

（三）握手礼仪

握手礼应注意握手时机、握手时伸手先后次序和握手方式等。

握手礼种类	（1）单手握：会面的双方各自伸出右手与之相握，并可上下抖动以示亲热。 （2）双手握：即为了表示对对方加倍的亲热和尊敬，自己同时伸出双手，握住对方右手。它的适用范围只在年轻者对年长者。
握手礼适应场合	（1）在被介绍与人相识时。 （2）对久别重逢的友人或多日未见的老同学相见时。 （3）当对方获得新成绩、得到奖励或有其他喜事时。 （4）领取奖品时。 （5）接受对方馈赠的礼品时。 （6）拜托别人某件事并准备告辞时。 （7）当别人为自己做了某件好事时。 （8）在参加各种宴会告辞时。 （9）在拜访友人、同事或上司之后告辞时。 （10）邀请客人参加活动告别时，或参加友人、同事或上下级的追悼会离别时。
握手三要素	（1）先后顺序：通常年长者、女士、职位高者、上级、老师先伸手。来访时主人先伸手。告辞时待客人先伸手。男士和女士之间，男士绝不能先伸手。男士如果伸出手来，女士一般不要拒绝。男士握女士手时应轻一些，不要握全手。 （2）握手时间：一般控制在3秒钟之内。 （3）握手力度：一般以不握疼对方的手为限度。
握手时注意事项	（1）切忌左顾右盼、心不在焉。 （2）与客人见面或告辞时，不能跨门槛握手。 （3）握手双方除非是年老体弱或有残疾的人，总是要站着而不是坐着握手。 （4）若施用单手握时，伸出右手与之相握，左手应自然下垂，不能插在口袋里。 （5）男士勿戴帽子和手套和他人握手，军人不脱帽子行军礼，然后再握手。在社交场合女士戴薄纱手套或网眼手套亦可不摘。 （6）忌用左手同他人握手。 （7）握手时，不要抢握，不可交叉相握。

（四）见面礼仪

称呼礼仪	对男士称"先生"，对女士称"女士""夫人"或"小姐"。对地位高的官方人士（一般为部长以上的高级官员），按照国家情况称为"阁下""先生"，对有地位的女士称"夫人"。遇到有职位或学位的人，可在"先生"一词前冠以职位或学位。凡是与我国有同志相称的国家，对各种人员均可称同志，有职衔可加职衔。
致意礼仪	远距离遇到相识的人，一般举右手打招呼并点头致意。对一面之交的朋友或不相识者，在社交场合均可点头或微笑致意。在社交场合遇到身份高的人，应有礼貌地点头致意，不要主动向前握手。而要待对方作出表示后，才向前握手致意。
让座礼仪	一般会客室或宾馆的卧室以进门的左侧或对门处为上位。沙发或有靠背的扶手椅子为上座，椅子为中位，最近门口处或凳子为下位。宾客无论职位高低，进入会客室或卧室均应受到礼让，主人应引导主宾坐上座，然后依次礼让其他宾客入座。

续表

奉茶礼仪	应先由主宾开始奉茶。奉茶时如面对客人，则应从你的右方45度角处递上；如在客人身后上茶，则应从客人的右侧奉上，放下茶杯时应说一声"请用茶"。奉茶时，不要用手直接抓杯口。如果需要端起杯子倒水，一定要握杯把，无把的茶杯握中部。俗话说"浅茶满酒"，茶不可斟得太满。

（五）介绍的礼仪

自我介绍	简单的介绍一般可以这样说："我叫×××，很高兴认识你们。"详细的介绍，可以介绍一下自己的姓名、身份、单位。要谦虚得体，不应有自我表现和炫耀自己的意思。
介绍他人	先称呼身份高者、年长者、主人、女士和先到场者。在会客时，无论单位的领导或同事职位多高，都应先向客人介绍自己人，然后再介绍客人。

（六）名片礼仪

名片携带	（1）足量适用。（2）放置到位。名片应统一置于名片夹、公文包或上衣口袋内，在办公室时还可放置于名片架或办公桌内。（3）完好无损。保持干净整洁。
名片递送	（1）观察意愿。除非自己想主动与人结识，否则名片务必要在交往双方均有结识对方并欲建立联系的愿望的前提下发送。（2）把握时机。一般应选择初识之际或分别之时。（3）讲究顺序。由身份、地位较低者首先向身份、地位较高者递送名片，再由后者回复前者。
名片接受	（1）接受之法。不论有多忙，都要暂停手中一切事情，起身站立，双手奉接，至少也要用右手。（2）有来有往。接受了他人的名片后，一般应立刻回送对方一枚自己的名片。（3）认真收存。递过交往对象的名片后，切忌把玩或折叠，把所收名片随意塞入钱包或裤子口袋里。
名片索要	最好不要直接开口向他人索要名片。但若想主动结识对方需索要名片，可采取：互换法，即以名片换名片；暗示法，即用含蓄的语言暗示对方。

（七）谈话礼仪

接待场合需要熟练掌握在谈话的态度、语言、内容、方式和忌讳等方面的礼仪规范。

谈话内容	在社交场合中，谈话内容应多讲别人感兴趣的事情，可多谈论涉及工作、业务、天气、新闻、文艺、体育等对方感兴趣的话题。一般不要涉及疾病、死亡和荒诞离奇、耸人听闻、低级淫秽的事情，不径直询问对方私人生活方面的问题。
谈话神态	谈话的表情要自然、和气，举止要文雅，说话时可适当做些手势，但动作不要过大，更不要手舞足蹈，不要用手指指人。争论问题要有节制。

（八）宴会礼仪

安排宴会时，一般要注意必须适度、适量、适人。主要应把握宴会地点选择、用餐方式、餐单安排、饮料准备、餐具使用等环节。

接受宴请	接到宴会邀请，能否出席应尽早答复对方，以便主人安排。一旦接受邀请，不要随便改动，万一遇到特殊情况不能出席，尤其是主宾，应尽早向主人解释、道歉。应邀出席宴会时，要核实邀请的主人、时间和地点，是否邀请配偶。
赶赴宴会	迟到、早退、逗留时间过短被视为失礼或有意冷落。身份高者可略晚到达，一般客人宜略早到达。出席宴会要着装整洁，穿西装应打好领带。长袖衬衫要塞在裤里、袖口不要卷起。短袖衬衫则不要塞在裤里。进入宴会厅前，先了解自己的桌次和座位，入座时注意桌上的座位卡是否写着自己的名字，不要随便乱坐。如邻座是年长者或妇女，应主动协助他们坐下。
宴会进餐	入座后，主人招呼，即开始进餐。取菜时不要盛得过多。如由招待员分菜时，需增添时，待招待员送上时再取。如遇本人不能吃或不爱吃的菜肴，当招待员或主人夹菜时，不要拒绝，可取少量放在盘内，并表示"谢谢，够了"。一般不要为客人夹菜，主人为示尊敬要向客人夹菜时应用公筷。吃东西要文雅。闭嘴咀嚼，喝汤不要啜，吃东西不要发出声音。如菜太烫，不要用嘴吹。嘴内鱼刺、骨头不要直接外吐，用餐巾纸掩嘴，用手或筷子取出。吃剩的菜，用过的餐具、牙签都应放在盘内，勿置桌上。嘴内有食物时，不要谈话。剔牙时，用手或餐巾遮口。吃水果时，不要整个拿着咬。出席宴会前，严禁吃蒜、葱等有浓烈气味的东西。宴会厅内不要随地吐痰，抛烟蒂、火柴梗或磕烟灰，咳嗽、打喷嚏等不要面对客人和餐桌，要侧身用餐巾或手帕把嘴捂住。宴会上，无论天气如何炎热，不能当众解开衣扣，脱下衣服。小型便宴，如主人请客人宽衣，男士可脱下外衣搭在椅背上或挂在衣帽架上。宴会上，有时送上一小水盂，水上漂有玫瑰或柠檬片，供洗手用。洗手时，两手轮流沾湿指头，轻轻涮洗，然后用餐巾或小毛巾擦干。
宴会交谈	无论是主人、陪客或宾客，都应与同桌的人交谈，特别是左右邻座。不要只向几个熟人或只同一两个人说话。邻座如不相识，可作自我介绍。
宴会退席	宴会退席时，应先让主宾离席，然后其他宾客陆续告辞。有的主人为每位出席者备有小纪念品或一朵鲜花。宴会结束时，主人招呼客人带上。遇此，可说一两句赞扬的话，但不必郑重表示感谢。各种招待用品，包括糖果、水果、香烟等，都不要装进口袋拿走，这是很失礼的。

（九）饮酒礼仪

中华民族有悠久的酒文化，宴会上如何酌酒、劝酒、谢酒和喝酒都有一定的讲究。

确定酒品	一般来说，男士喝白酒、啤酒，而女士喝葡萄酒（果酒）。如果有男士不饮酒，一般不以饮料代替。女性如果不饮酒，一般以饮料代替。
摆好酒具	一般宴会桌只摆三种酒具，即白酒杯、红酒杯和啤酒杯。酒杯数目种类应与所上酒水的品种相同。
调好酒温	通常白酒开瓶后直接饮用。有些地区，如东北则喜欢把白酒烫后饮用。红葡萄酒应该开瓶透气放置一阵再饮用。如在盛夏，香槟酒和白葡萄酒饮用前应该放入冰水或冰箱里冷冻，或在酒杯中放入少许冰块。夏天啤酒一般也应经过冷冻冰镇或加冰块冷却之后饮用。
适度酌酒	要按先宾后主的顺序为客人酌酒。有两个服务员酌酒，则分别以正副主宾顺时针方向进行。酌酒时瓶口不得与杯口相碰。酌啤酒时泡沫不得外溢。在主人和来宾互相祝酒讲话时，应暂停酌酒。

续表

文明饮酒	祝酒时，主人先举杯，杯口应与双目齐平，其余人起立举杯。碰杯时一般与对方杯口齐高，或比对方略低，以示谦恭。宴会中，主人敬完酒后，客人一般要回敬一杯。如果宴会规模较大，宴开多席，主人应依次到各桌敬酒。每一桌可以派出代表向主人回敬。
巧妙谢酒	饮酒要留有余地，不可喝得酩酊大醉，举止失态。要巧妙谢酒，谢酒时，可说声："不，谢谢"，或一只手扣住酒杯，强调一下。

（十）晚会礼仪

应邀出席	接到晚会请柬，应尽量出席，以免剧场座位空缺。
规范入座	晚会请柬如附有座位号码，应对号入座。如无座次，到现场按本人身份地位了解座位分配情况，然后入座。
遵守秩序	晚会演出进行中应保持肃静，节目终了应报以掌声，除有政治问题外，一般都鼓掌。观看体育比赛，要注意道德风尚，尊重客队。

（十一）送别礼仪

主人可根据公务需要或接待规定，确定是否设宴送行或是赠送一些具有纪念意义的礼品，并按照规则安排领导到机场（车站）送行。

（十二）馈赠礼仪

选择礼品	要严格执行关于礼品赠送的各项规定，确需赠送礼品的，突出礼品的纪念性、对象性、民族性、时效性和便携性。下列物品不能充当礼品：一定数额的现金、有价证券；天然珠宝、贵金属饰物及其制成品；药品、补品、保健品；冒犯受赠对象的物品；易于引起异性误会的物品；以珍稀动植物或宠物为原材料制成的物品；有悖现行社会规范的物品；涉及国家机密、行业秘密的物品。
赠送礼品	作为客人，一般在宾主见面之初或首次正式拜会主人时，向主人奉上礼品。作为主人，应在饯行宴会上或前往客人下榻之处为其送行时赠送礼品。如是因公赠送，则在办公地点或大庭广众之前。如是因私，则在无他人在场赠送。
接受礼品	收受礼品时，（1）要欣然接受。当对方赠送礼品时，切不可躲躲闪闪，扭捏做作地推来推去，或者言行不一地跟对方过分客套。（2）对礼品要略加赞赏。同时，注意"礼尚往来"，可以选择合适机会回赠适当礼品，或是事后再度表示感谢。（3）事后按规定个人收受礼品处置。

三、政务接待活动常用位次安排

（一）一般座谈会座次图（居中为上）

方式一：（居中为上，以面门左为上）

```
客              主
人              人
   (6)    (7)
   (4)    (5)
   (2)    (3)
   (1)    (1)
   (3)    (2)
   (5)    (4)
   (7)    (6)
        正门
```

方式二：（居中为上，以面门左为上）

```
客              主
人              人
   (6)    (5)
   (4)    (3)
   (2)    (1)
   (1)    (2)
   (3)    (4)
   (5)    (6)
        正门
```

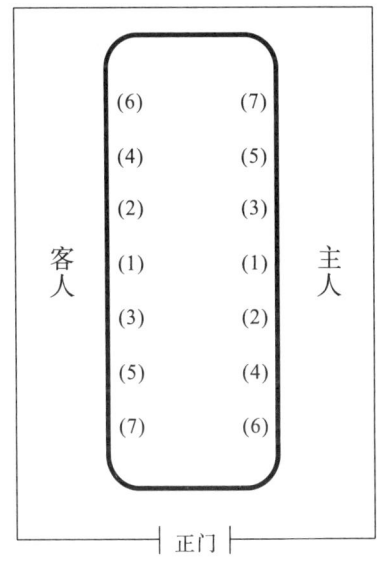

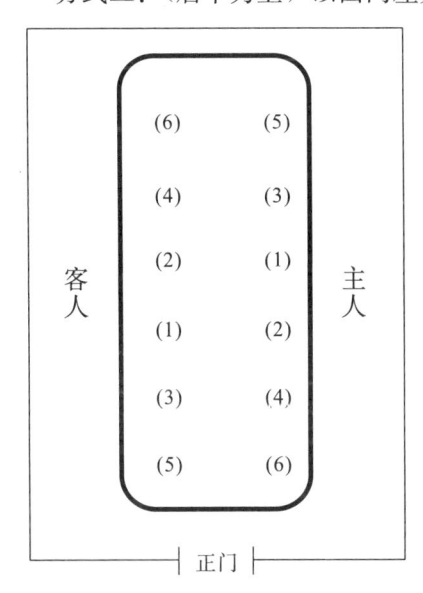

方式三：（居中为上、面门为上）

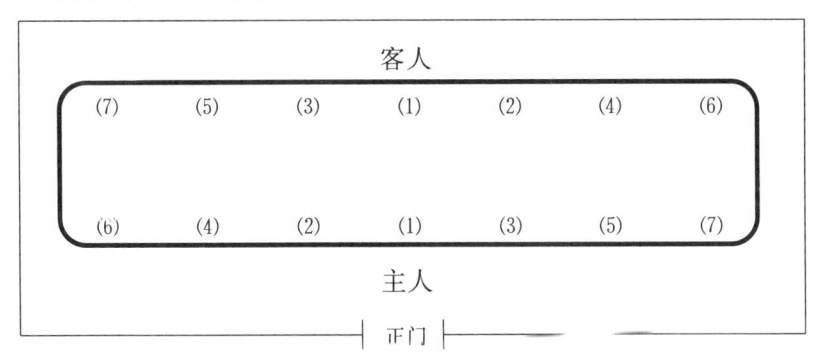

```
              客人
 (7) (5) (3) (1) (2) (4) (6)

 (6) (4) (2) (1) (3) (5) (7)
              主人
             正门
```

方式四：

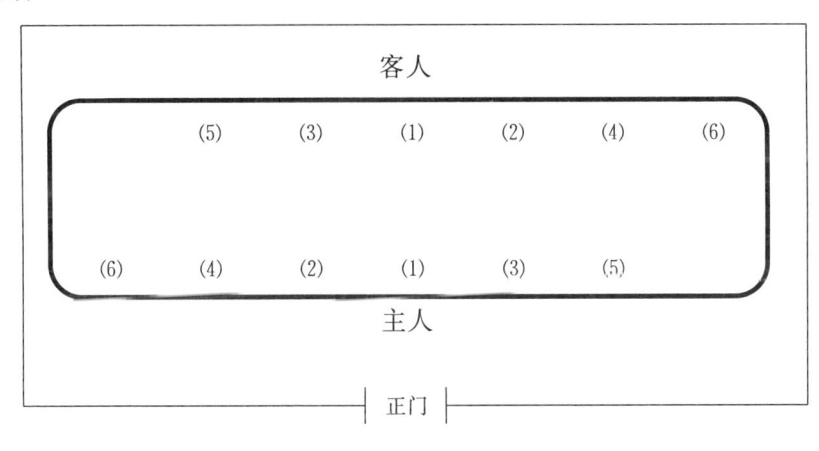

```
              客人
    (5) (3) (1) (2) (4) (6)

 (6) (4) (2) (1) (3) (5)
              主人
             正门
```

（二）大型会议座次图（居中为上、以左为上）

方式一：

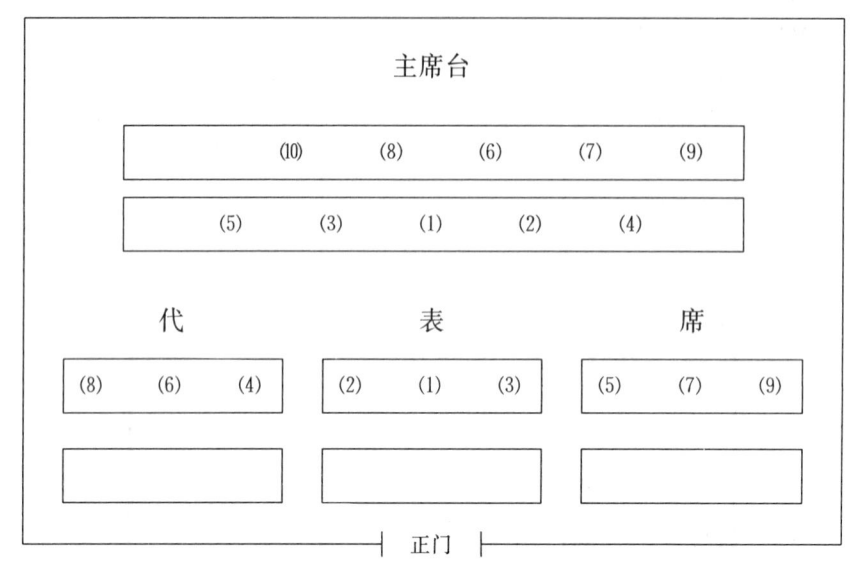

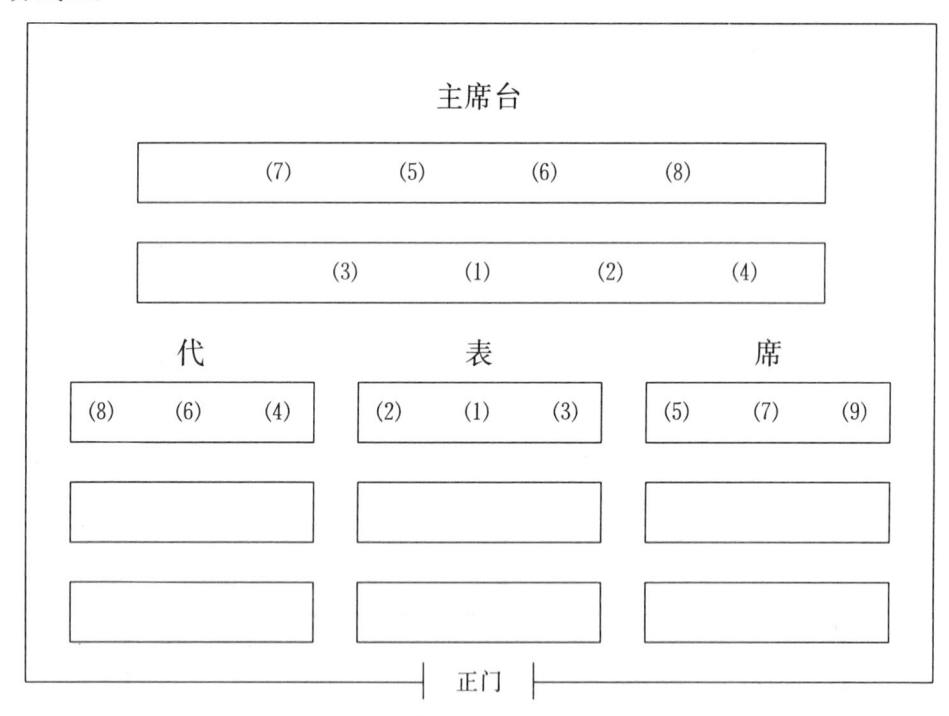

```
┌─────────────────────────────────────────────┐
│                  主席台                      │
│  ┌───────────────────────────────────────┐  │
│  │    (10)   (8)    (6)    (7)    (9)    │  │
│  └───────────────────────────────────────┘  │
│  ┌───────────────────────────────────────┐  │
│  │     (5)   (3)   (1)   (2)   (4)       │  │
│  └───────────────────────────────────────┘  │
│                                             │
│      代           表             席         │
│  ┌──────────┐ ┌──────────┐  ┌──────────┐   │
│  │(8)(6)(4) │ │(2)(1)(3) │  │(5)(7)(9) │   │
│  └──────────┘ └──────────┘  └──────────┘   │
│  ┌──────────┐ ┌──────────┐  ┌──────────┐   │
│  │          │ │          │  │          │   │
│  └──────────┘ └──────────┘  └──────────┘   │
│              ├─ 正门 ─┤                    │
└─────────────────────────────────────────────┘
```

方式二：

```
┌─────────────────────────────────────────────┐
│                   主席台                     │
│  ┌───────────────────────────────────────┐  │
│  │     (7)    (5)    (6)    (8)          │  │
│  └───────────────────────────────────────┘  │
│  ┌───────────────────────────────────────┐  │
│  │      (3)    (1)    (2)    (4)         │  │
│  └───────────────────────────────────────┘  │
│                                             │
│      代           表             席         │
│  ┌──────────┐ ┌──────────┐  ┌──────────┐   │
│  │(8)(6)(4) │ │(2)(1)(3) │  │(5)(7)(9) │   │
│  └──────────┘ └──────────┘  └──────────┘   │
│  ┌──────────┐ ┌──────────┐  ┌──────────┐   │
│  │          │ │          │  │          │   │
│  └──────────┘ └──────────┘  └──────────┘   │
│  ┌──────────┐ ┌──────────┐  ┌──────────┐   │
│  │          │ │          │  │          │   │
│  └──────────┘ └──────────┘  └──────────┘   │
│              ├─ 正门 ─┤                    │
└─────────────────────────────────────────────┘
```

方式三：

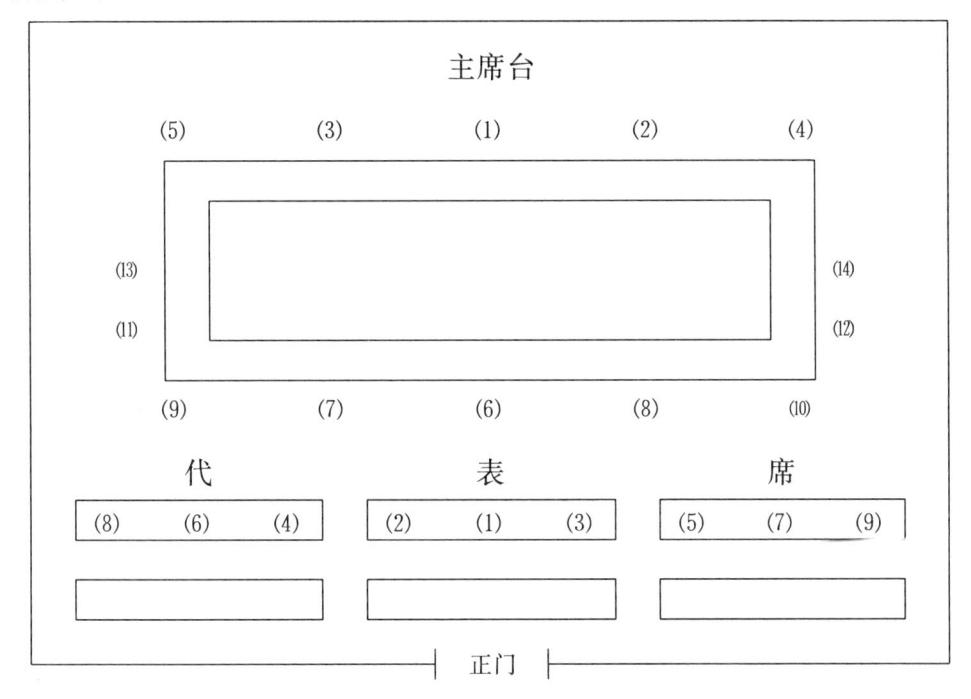

```
                          主席台
      (5)      (3)      (1)      (2)      (4)

  (13)                                            (14)
  (11)                                            (12)

      (9)      (7)      (6)      (8)     (10)

         代              表              席
      (8)(6)(4)       (2)(1)(3)        (5)(7)(9)

                          正门
```

（三）会见常见座次图（以进门左为上）

方式一：单主位

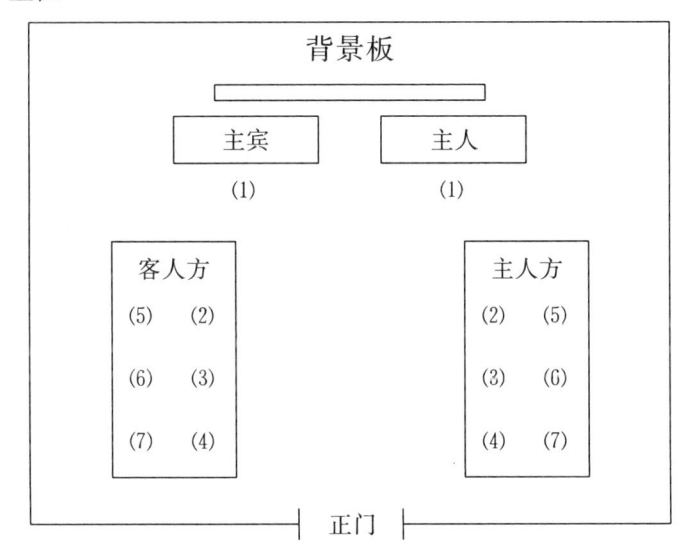

```
                       背景板

              主宾              主人
              (1)              (1)

          客人方              主人方
          (5)  (2)            (2)  (5)
          (6)  (3)            (3)  (6)
          (7)  (4)            (4)  (7)

                       正门
```

方式二：双主位

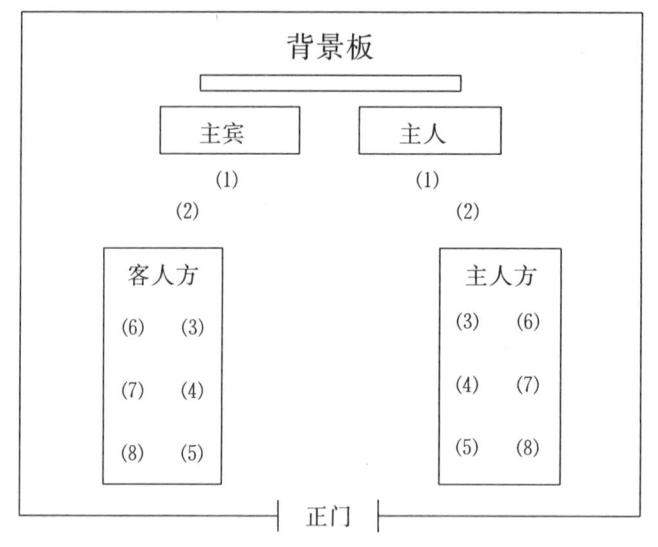

```
┌─────────────────────────────────────┐
│              背景板                  │
│         ┌──────────────┐            │
│         ┌──────┐  ┌──────┐          │
│         │ 主宾 │  │ 主人 │          │
│         └──────┘  └──────┘          │
│           (1)      (1)              │
│           (2)      (2)              │
│                                     │
│       ┌──────┐      ┌──────┐        │
│       │客人方│      │主人方│        │
│       │      │      │      │        │
│       │(6)(3)│      │(3)(6)│        │
│       │      │      │      │        │
│       │(7)(4)│      │(4)(7)│        │
│       │      │      │      │        │
│       │(8)(5)│      │(5)(8)│        │
│       └──────┘      └──────┘        │
│                                     │
│              ├ 正门 ┤                │
└─────────────────────────────────────┘
```

（四）宴会常见座次图（居中为上、以右为上）

圆桌方式一：

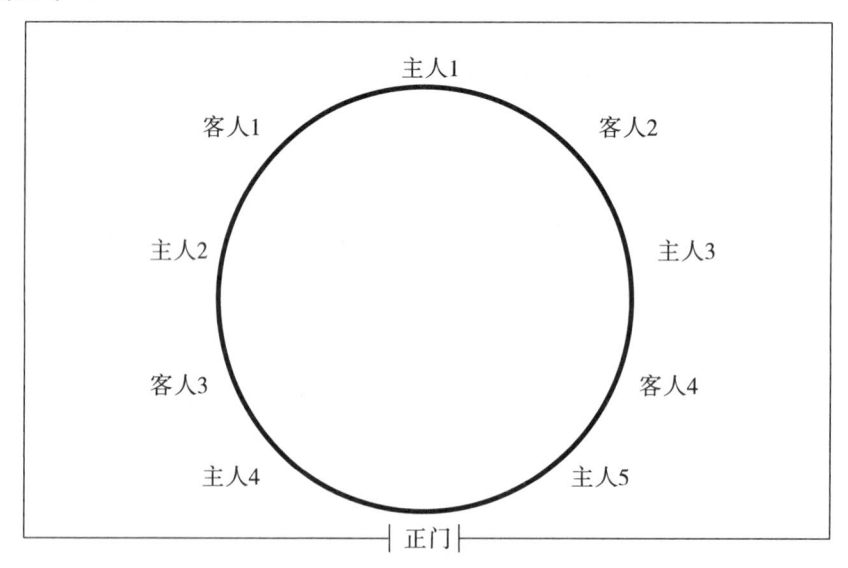

```
                   主人1
        客人1              客人2

     主人2                    主人3

        客人3              客人4

        主人4                主人5
                   正门
```

圆桌方式二：

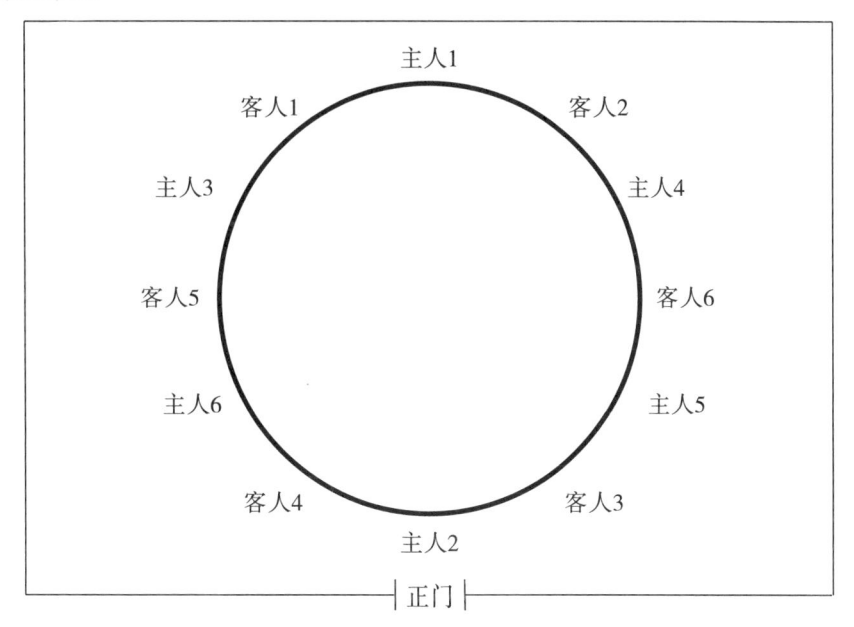

```
            主人1
    客人1          客人2
主人3                  主人4
客人5                  客人6
主人6                  主人5
    客人4          客人3
            主人2
           |正门|
```

圆桌方式三：

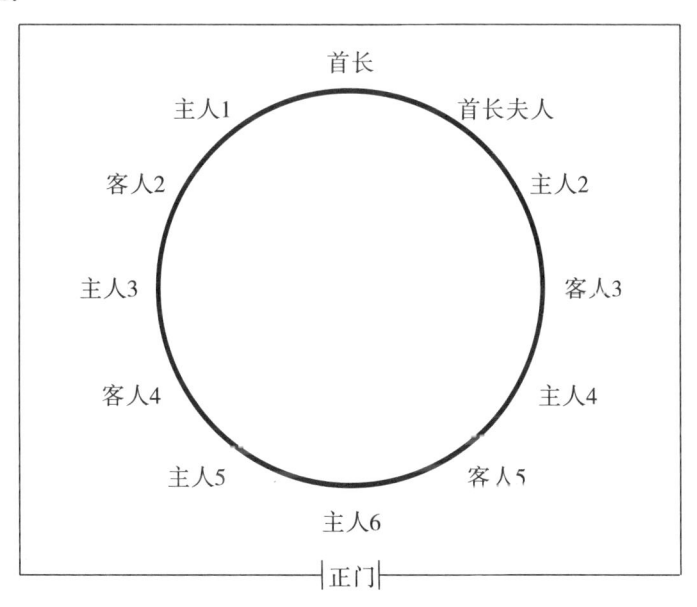

```
            首长
    主人1          首长夫人
客人2                  主人2
主人3                  客人3
客人4                  主人4
    主人5          客人5
            主人6
           |正门|
```

圆桌方式四：

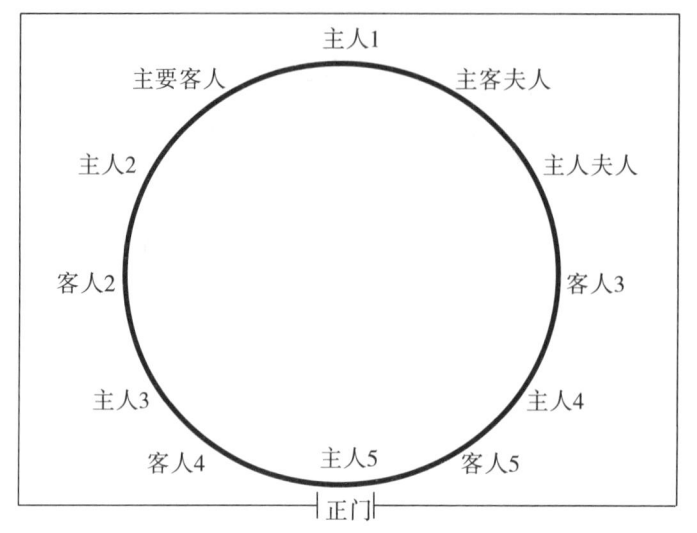

```
              主人1
      主要客人        主客夫人
   主人2                  主人夫人
   客人2                  客人3
      主人3            主人4
         客人4  主人5  客人5
                正门
```

长条桌式一：

客人8	客人5
主人6	主人3
客人4	客人1
主人2	主人1
客人2	客人3
主人4	主人5
客人6	客人7

注：主人1、2同级
正门

长条桌式二：

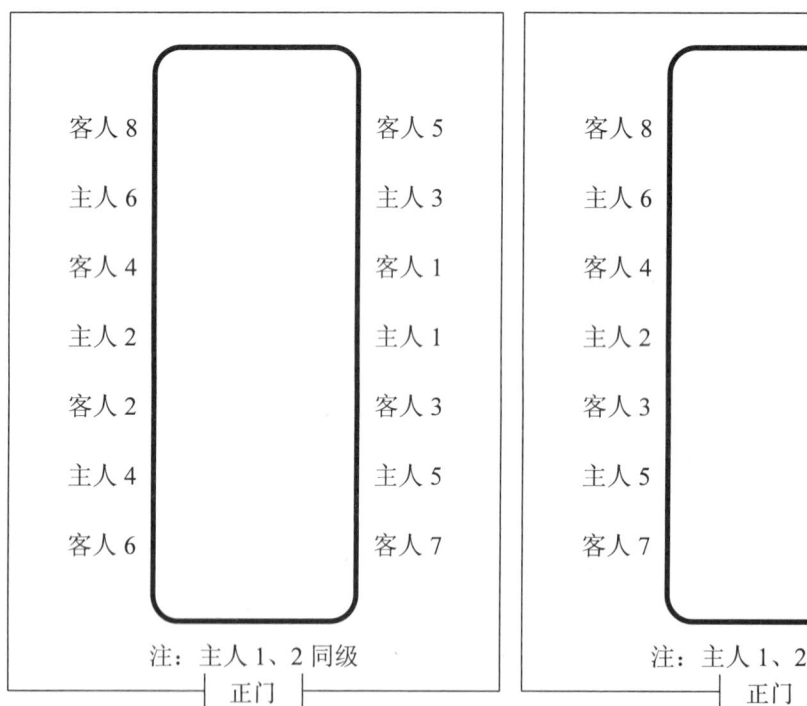

客人8	客人5
主人6	主人3
客人4	客人1
主人2	主人1
客人3	客人2
主人5	主人4
客人7	客人6

注：主人1、2不同级
正门

长条桌式三：

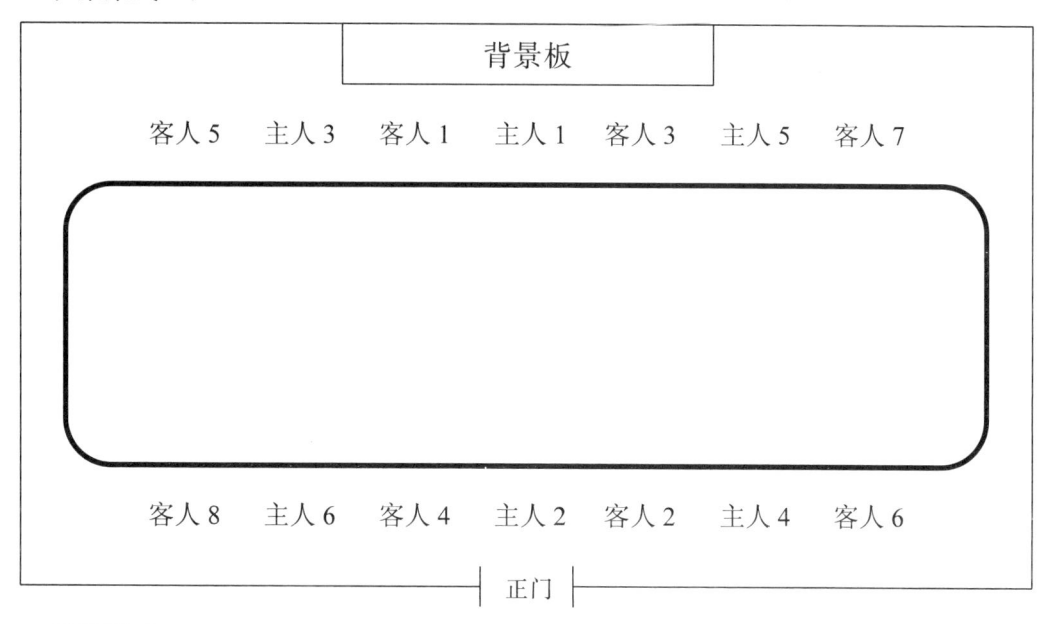

```
                        背景板

客人5   主人3   客人1   主人1   客人3   主人5   客人7




客人8   主人6   客人4   主人2   客人2   主人4   客人6
                        正门
```

马蹄形式：

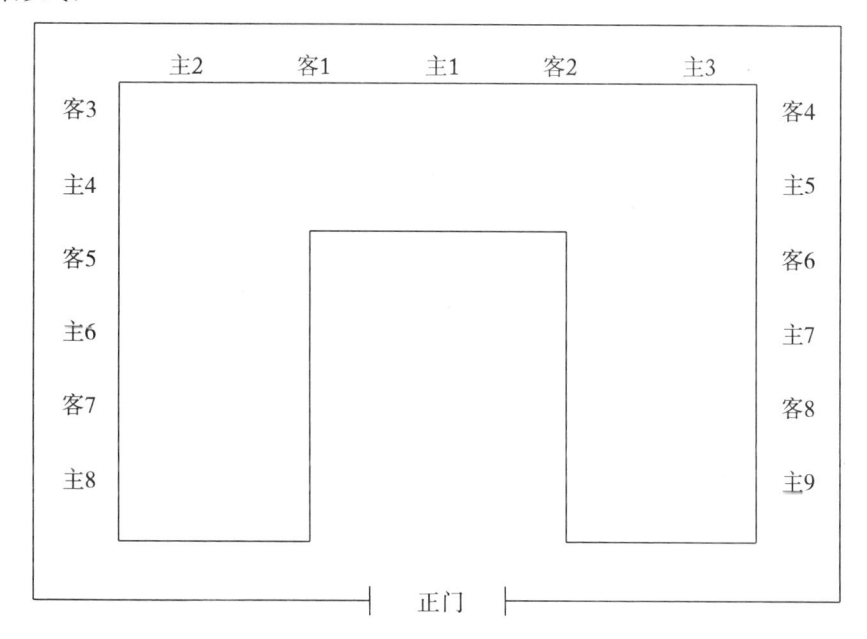

```
            主2    客1    主1    客2    主3
客3                                              客4
主4                                              主5
客5                                              客6
主6                                              主7
客7                                              客8
主8                                              主9
                        正门
```

（五）宴会桌次分布图（居中为上、以右为上）

方式一：

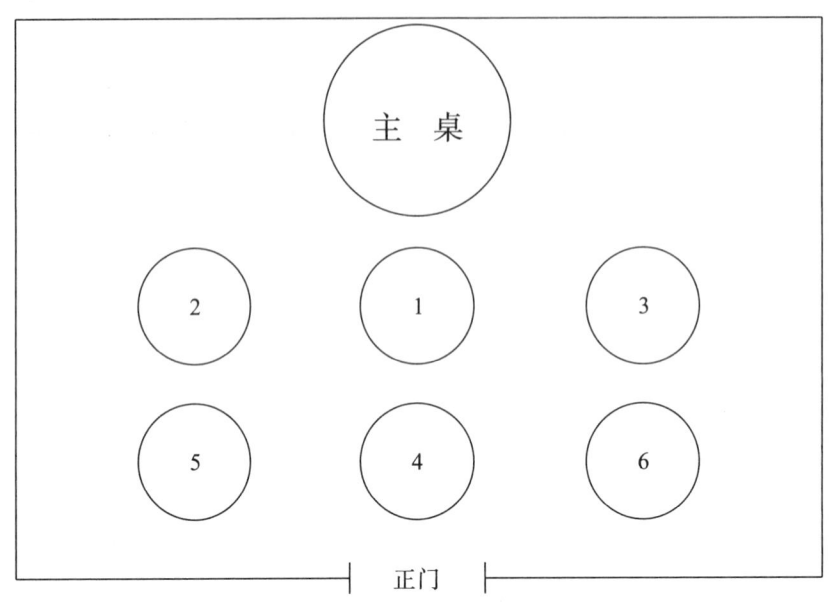

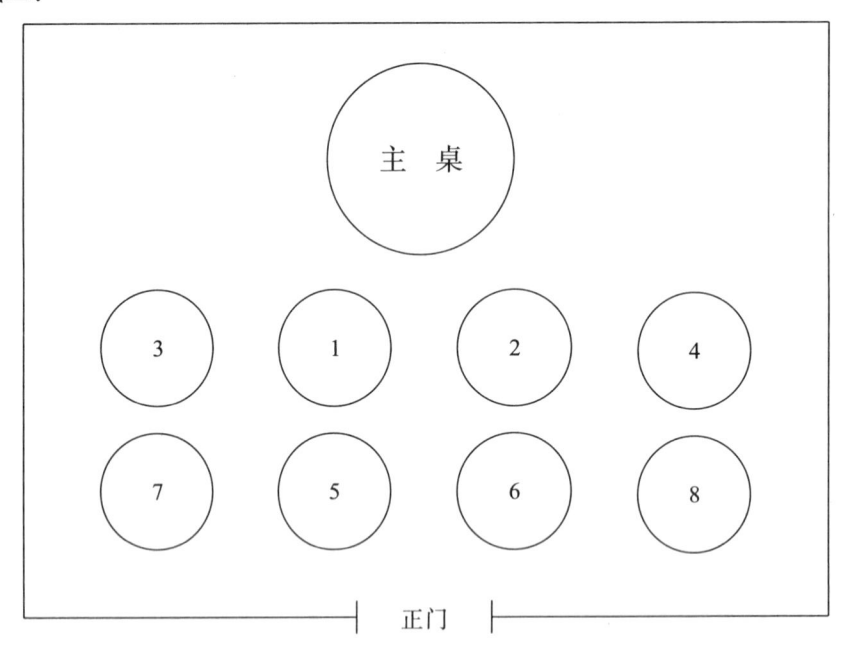

```
        ┌─────────────────────────────────┐
        │              ┌───┐              │
        │              │主桌│              │
        │              └───┘              │
        │                                 │
        │    ②      ①      ③           │
        │                                 │
        │    ⑤      ④      ⑥           │
        │                                 │
        │            ├─正门─┤              │
        └─────────────────────────────────┘
```

方式二：

```
        ┌─────────────────────────────────┐
        │              ┌───┐              │
        │              │主桌│              │
        │              └───┘              │
        │                                 │
        │   ③    ①    ②    ④          │
        │                                 │
        │   ⑦    ⑤    ⑥    ⑧          │
        │                                 │
        │            ├─正门─┤              │
        └─────────────────────────────────┘
```

方式三：

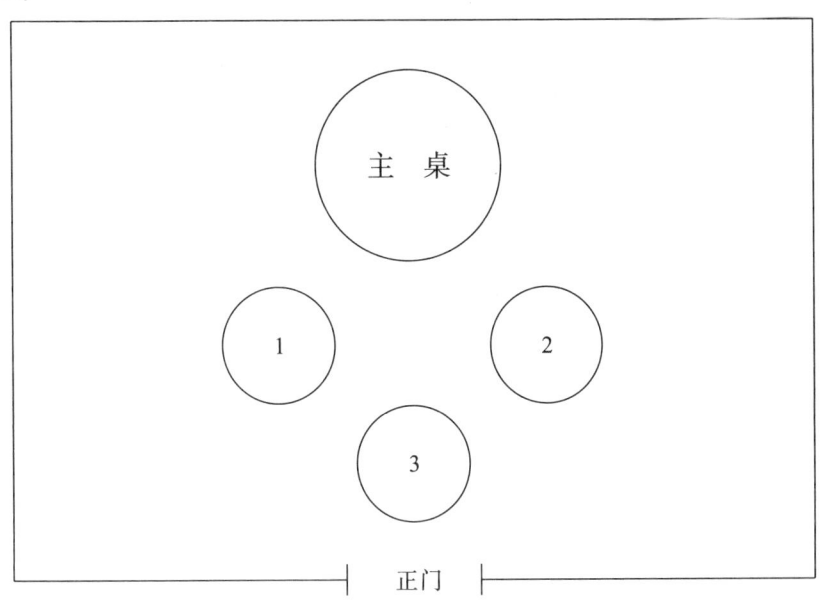

```
           ┌─────────────────────┐
           │                     │
           │        ( 主 桌 )    │
           │                     │
           │   (1)    (2)        │
           │      (3)            │
           │                     │
           └────────正门─────────┘
```

（六）留影位置示意图（居中为上、以左为上）

方式一：

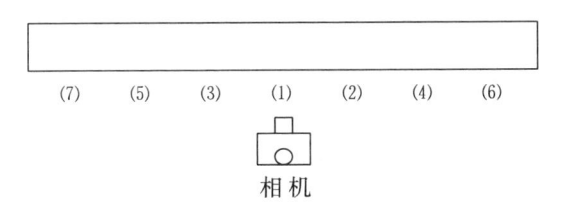

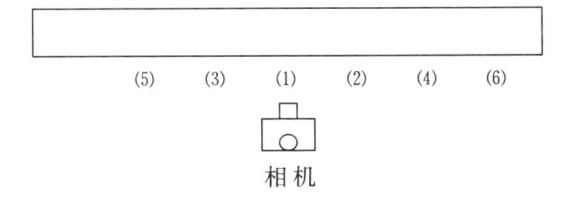

```
┌─────────────────────────────────┐
└─────────────────────────────────┘
 (7)  (5)  (3)  (1)  (2)  (4)  (6)
               [相机]
```

方式二：

```
    ┌─────────────────────────┐
    └─────────────────────────┘
     (5)  (3)  (1)  (2)  (4)  (6)
              [相机]
```

(七) 签字仪式座次图（以进门左为上）

方式一：

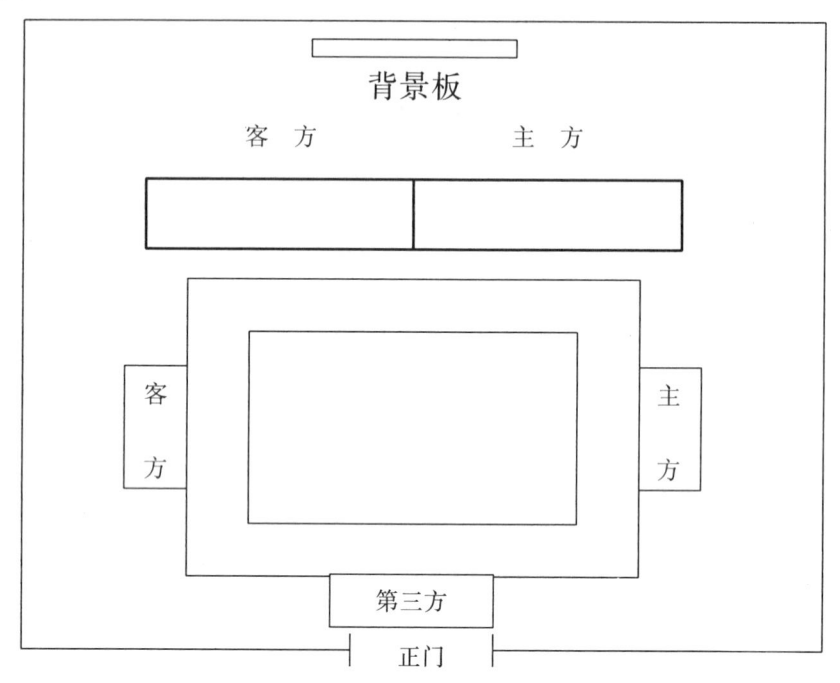

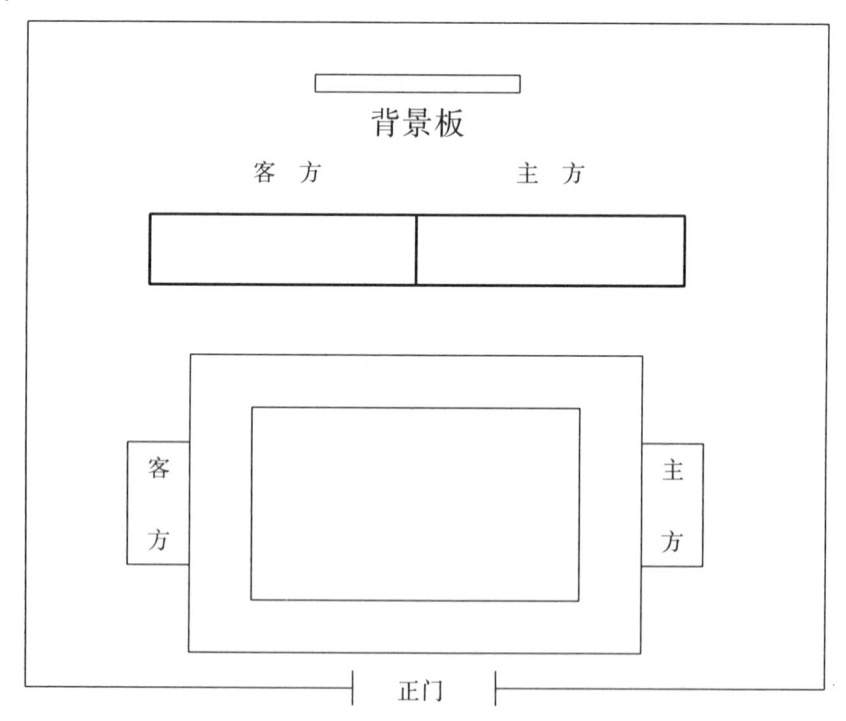

方式二：

方式三：

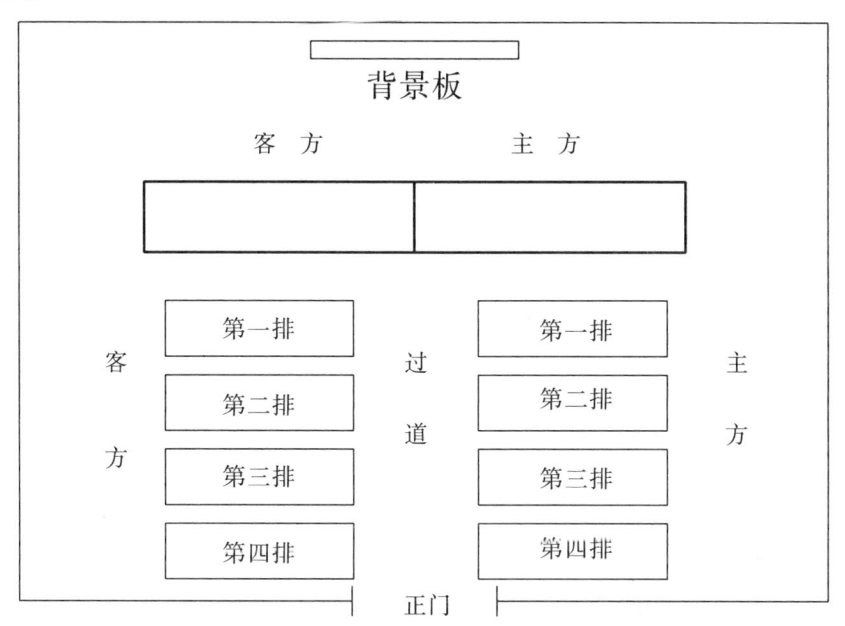

```
┌─────────────────────────────────────┐
│              ┌──────┐               │
│              │ 背景板 │              │
│                                     │
│        客 方          主 方          │
│     ┌────────────┬────────────┐     │
│     │            │            │     │
│     └────────────┴────────────┘     │
│                                     │
│   客  ┌─第一排─┐  过  ┌─第一排─┐  主  │
│       └───────┘                     │
│   方  ┌─第二排─┐  道  ┌─第二排─┐  方  │
│       └───────┘      └───────┘     │
│       ┌─第三排─┐      ┌─第三排─┐     │
│       └───────┘      └───────┘     │
│       ┌─第四排─┐      ┌─第四排─┐     │
│       └───────┘      └───────┘     │
│                 正门                 │
└─────────────────────────────────────┘
```

方式四：

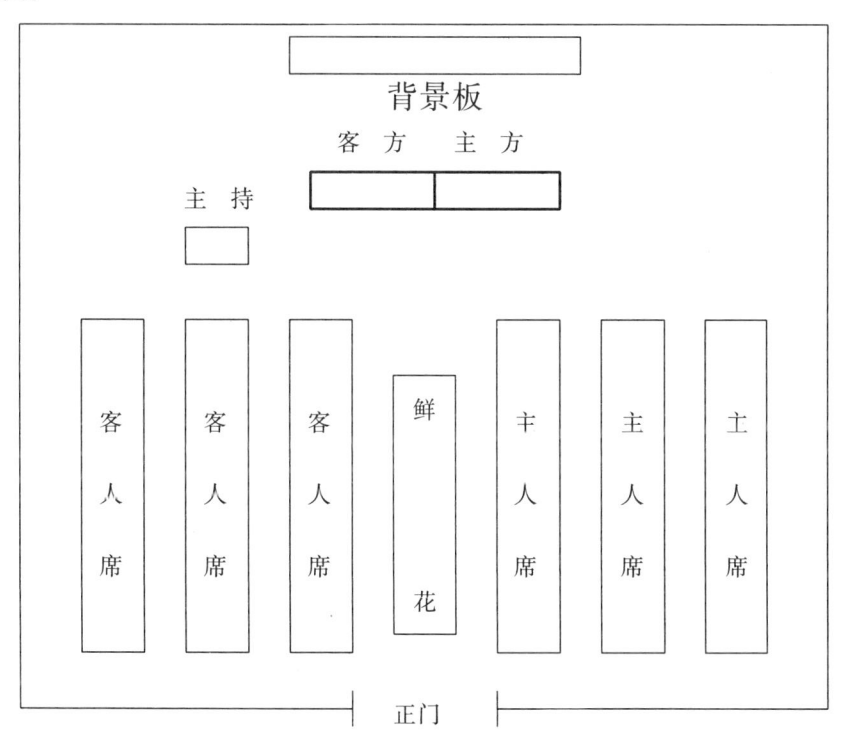

```
┌─────────────────────────────────────────┐
│              ┌──────────┐               │
│              │  背景板   │              │
│                                         │
│              客 方  主 方                │
│        ┌──────────┬──────────┐          │
│   主持 │          │          │          │
│  ┌──┐  └──────────┴──────────┘          │
│  └──┘                                   │
│                                         │
│  ┌──┐ ┌──┐ ┌──┐ ┌──┐ ┌──┐ ┌──┐ ┌──┐    │
│  │客│ │客│ │客│ │鲜│ │主│ │主│ │主│    │
│  │人│ │人│ │人│ │  │ │人│ │人│ │人│    │
│  │席│ │席│ │席│ │花│ │席│ │席│ │席│    │
│  └──┘ └──┘ └──┘ └──┘ └──┘ └──┘ └──┘    │
│                   正门                   │
└─────────────────────────────────────────┘
```

方式五：

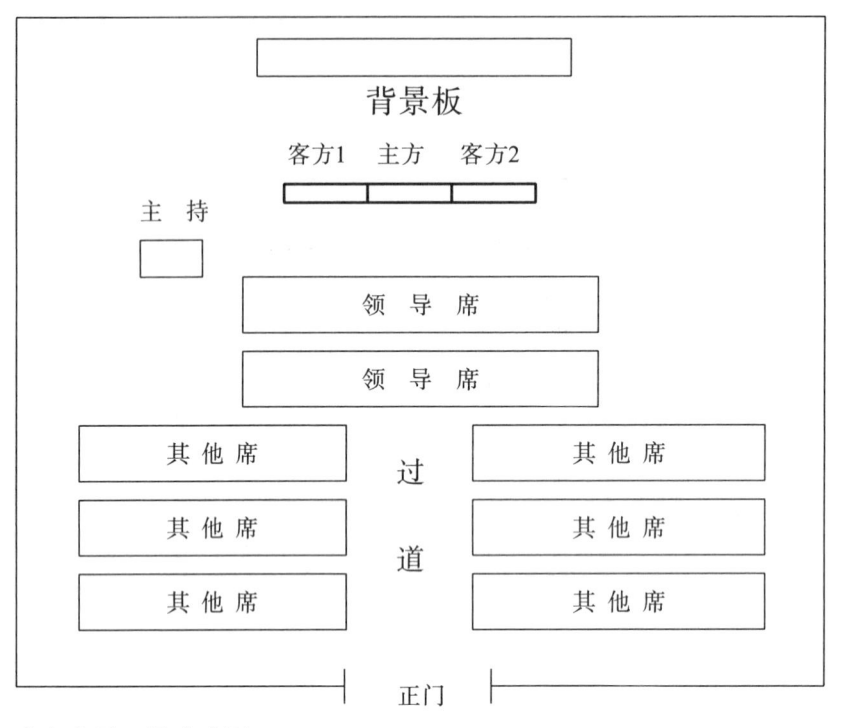

```
┌─────────────────────────────────────┐
│          ┌──────────────┐           │
│          │    背景板     │           │
│                                     │
│          客方1  主方  客方2          │
│         ┌────┬────┬────┐            │
│  主 持  │    │    │    │            │
│  ┌──┐   └────┴────┴────┘            │
│  │  │                               │
│  └──┘    ┌──────────────┐           │
│          │   领 导 席    │           │
│          └──────────────┘           │
│          ┌──────────────┐           │
│          │   领 导 席    │           │
│          └──────────────┘           │
│  ┌────────┐  过  ┌────────┐         │
│  │ 其他席 │     │ 其他席 │         │
│  └────────┘     └────────┘         │
│  ┌────────┐  道  ┌────────┐         │
│  │ 其他席 │     │ 其他席 │         │
│  └────────┘     └────────┘         │
│  ┌────────┐     ┌────────┐         │
│  │ 其他席 │     │ 其他席 │         │
│  └────────┘     └────────┘         │
│              正门                   │
└─────────────────────────────────────┘
```

（八）乘坐交通工具座次图

1. 乘坐飞机

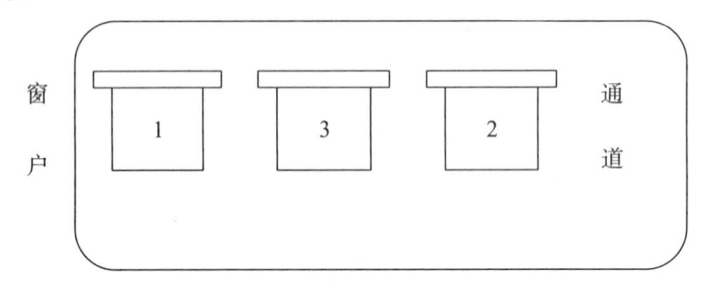

```
┌───────────────────────────────┐
│      ┌───┐  ┌───┐  ┌───┐      │
│ 窗   │ 1 │  │ 3 │  │ 2 │   通 │
│ 户   │   │  │   │  │   │   道 │
│      └───┘  └───┘  └───┘      │
└───────────────────────────────┘
```

2. 乘坐火车

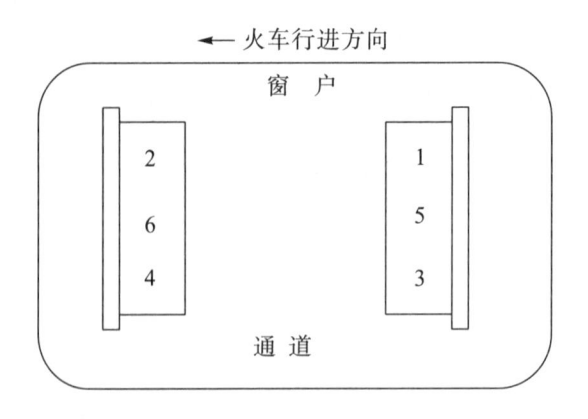

```
          ← 火车行进方向
┌───────────────────────────────┐
│            窗  户              │
│   ┌───┐              ┌───┐    │
│   │ 2 │              │ 1 │    │
│   │ 6 │              │ 5 │    │
│   │ 4 │              │ 3 │    │
│   └───┘              └───┘    │
│            通  道              │
└───────────────────────────────┘
```

3. 乘坐出租车

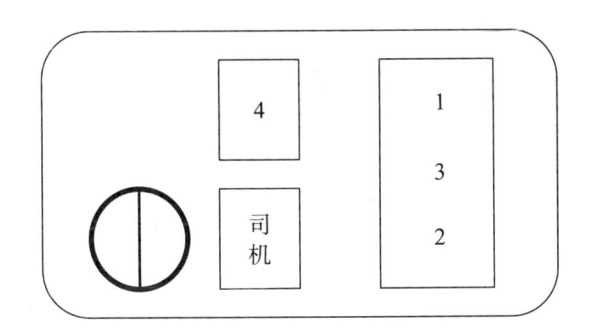

4. 乘坐私家车

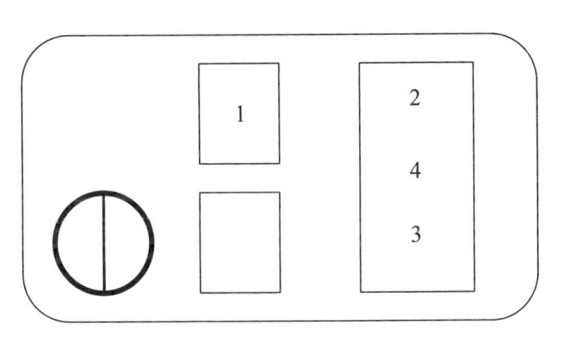

（九）乘坐电梯位置示意图

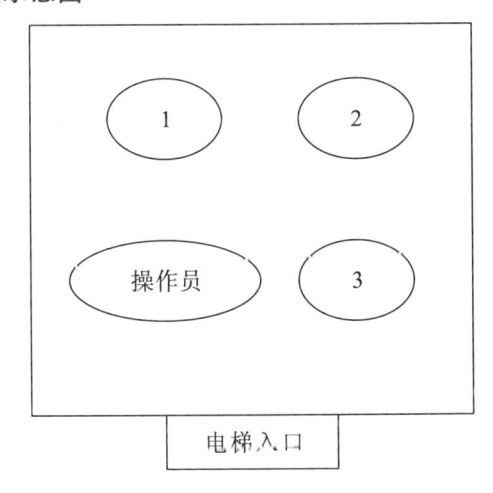

四、外事接待活动基本流程
（一）礼宾次序

在一些国际性的集会上应表示各国主权平等的地位。礼宾次序的排列，尽管国际上已有一些惯例，但各国有各国的具体做法。

| 按身份与职务的高低排列。 | 一般的官方活动，经常是按身份与职务的高低安排礼宾次序。各国提供的正式名单或正式通知是确定职务的依据。 |

续表

按字母顺序排列	多边活动中的礼宾次序有时按参加国国名字母顺序排列，一般以英文字母排列居多，少数情况也有按其他语种的字母顺序排列。这种排列方法多见于国际会议、体育比赛等。
按通知代表团组成的日期先后排列	东道国对同等身份的外国代表团，按派遣国通知代表团组成的日期排列，或按代表团抵达活动地点的时间先后排列，或按派遣国决定应邀派遣代表团参加该活动的答复时间先后排列。采取何种排列方法，东道国在致各国的邀请书中，都要加以明确注明。
注意事宜	在实际工作中，遇到的情况往往是复杂的。如有的国家把关系密切国家的代表排在最前列。所以礼宾次序的排列常常不能按一种排列方法，而是几种方法的交叉，并考虑其他的因素。

（二）外宾迎送

对应邀前来访问者，无论是官方人士、专业代表团或是民间团体、知名人士，在他们抵离时，均安排相应身份人员前往机场（车站）迎送。

确定迎送规格	迎送规格主要依据来访者的身份和访问目的，适当考虑两国关系，同时要注意国际惯例，综合平衡。主要迎送人通常都要同来宾的身份相当；由于各种原因不可能完全对等时，可灵活变通，由职位相当的人士，或由副职出面。其他迎送人员不宜过多。
掌握抵达和离开时间	必须准确掌握来宾乘坐的飞机（火车）抵离时间，及早通知迎送领导和有关人员。如有变化，应及时周知。迎接人员应在飞机（火车）抵达之前到达机场（车站）。送行则应在客人通过安检之前抵达。
介绍	客人与迎接人员见面时，互相介绍。通常先将前来欢迎的人员介绍给来宾，可由礼宾交际工作人员或其他接待人员介绍，也可由欢迎人员中身份高者介绍。客人初到，一般较拘谨，主人宜主动与客人寒暄。
陪车	客人抵达后，从机场到住地，以及访问结束，由住地到机场，有的安排主人陪同乘车，也有不陪同乘车的。如果主人陪车，应请客人坐在主人的右侧。如是三排座的轿车，译员坐在主人前面的加座上；如是二排座，译员坐在司机旁边。上车时，最好客人从右侧门上车，主人从左侧门上车，避免从客人座前穿过。遇客人先上车，坐到了主人的位置上，则不必请客人挪动位置。
迎送工作中的几项具体事务	（1）迎送身份高的客人，事先在机场（车站）安排贵宾休息室，准备饮料。 （2）安排汽车，预定住房。如有条件，在客人到达之前将住房和乘车号码通知客人。如果做不到，可印好住房、乘车表，或打好卡片，在客人刚到达时，及时发到每个人手中，或通过对方的联络秘书转达。 （3）指派专人协助办理入出境手续及机（车）票和行李提取或托运手续等事宜。重要代表团人数众多，行李也多，应将主要客人的行李先取出（最好请对方派人配合），及时送往住地，以便更衣。 （4）客人抵达住处后，一般不要马上安排活动，应稍作休息，起码给对方留下更衣时间。

(三) 会见、会谈

会见，国际上一般称接见或拜会，我国一律统称会见。一般说来，如是正式访问或专业访问，则应考虑安排相应的会谈。

1. 会见、会谈前的准备

(1) 如客人提出会见、会谈要求时，应将要求会见的人的姓名、身份及会见目的报告相关领导，尽早给予回复。

(2) 在安排会见、会谈时，应将确定的时间、地点，主方出席人，具体安排及有关事项通知对方。

(3) 会见、会谈场所应安排足够的座位。

(4) 会见和会谈应选择有空调的会议厅，并摆放鲜花、茶水、饮料、香巾。

(5) 如会见结束后还需合影时，则应事先做好安排。合影一般由主人居中，按礼宾次序，以主人右（左）手为上，主客双方间隔排列。第一排人员既要考虑人员身份，也要考虑场地大小，一般来说，两边均由主方人员把边（见下图）。

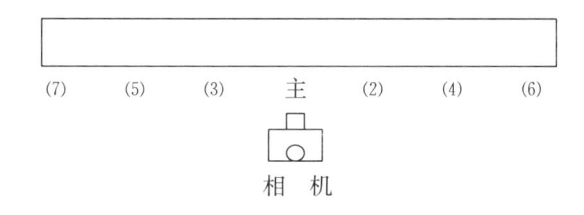

```
┌──────────────────────────────────────┐
│                                      │
└──────────────────────────────────────┘
  (7)   (5)   (3)   主   (2)   (4)   (6)
                   ┌─┐
                   │ │
                   └─┘
                  相  机
```

2. 会见座位的安排

会见通常安排在会客室。客人坐在主人的右边，译员、记录员安排坐在主人和主宾的后面。其他客人按礼宾顺序在主宾一侧就座，主方陪见人在主人一侧就座（见下图）。

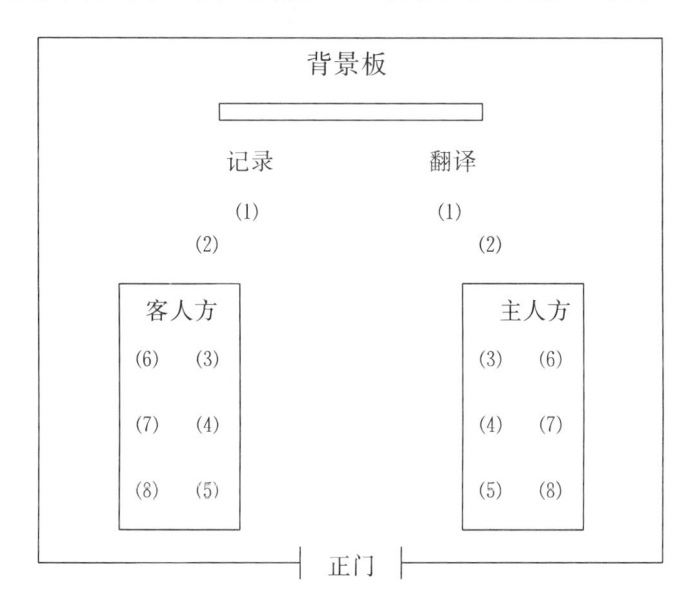

```
┌─────────────────────────────────────────┐
│              背景板                      │
│           ──────────                    │
│                                         │
│        记录           翻译               │
│        (1)            (1)               │
│        (2)            (2)               │
│                                         │
│   ┌─────────┐      ┌─────────┐          │
│   │ 客人方  │      │ 主人方  │          │
│   │ (6) (3) │      │ (3) (6) │          │
│   │ (7) (4) │      │ (4) (7) │          │
│   │ (8) (5) │      │ (5) (8) │          │
│   └─────────┘      └─────────┘          │
│                  ├─正门─┤                │
└─────────────────────────────────────────┘
```

3. 会谈座位的安排

双边会谈通常用长方形、椭圆形或圆形桌子。宾主相对而坐，以正门为准，主人占背门一侧。客人面向正门。主谈人居中。我国习惯把译员安排在主谈人右侧，但有的国家亦让译员坐在后面，一般应尊重主人的安排。其他人礼宾顺序左右排列。记录员可安排在后面，如参加会谈人数少，也可安排在会谈桌就座。

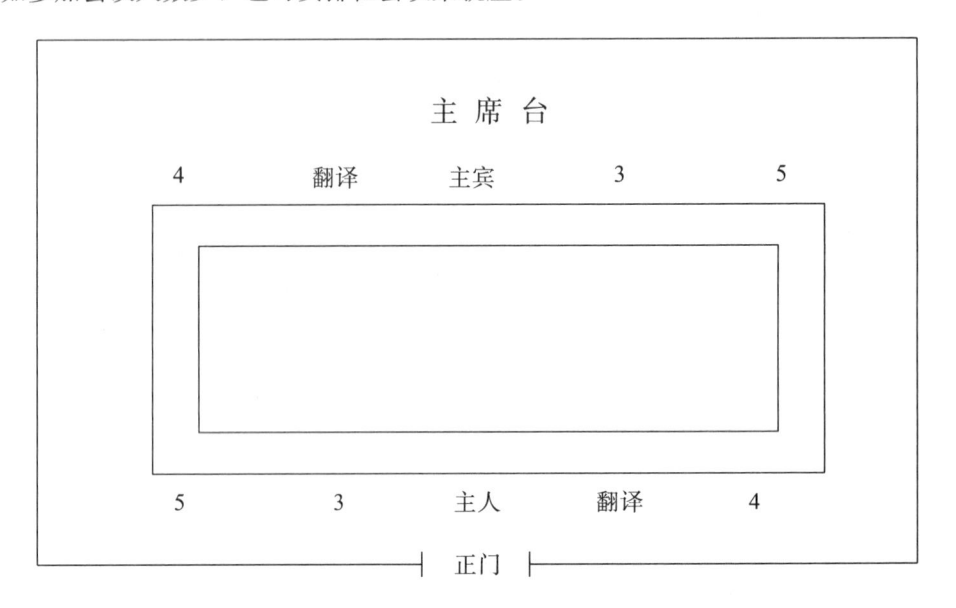

```
               主 席 台

    4      翻译    主宾     3        5
   ┌─────────────────────────────────┐
   │  ┌───────────────────────────┐  │
   │  │                           │  │
   │  │                           │  │
   │  └───────────────────────────┘  │
   └─────────────────────────────────┘
    5       3      主人    翻译      4

                ├─ 正门 ─┤
```

如会谈长桌一端向正门，则以入门的方向为准，右为客方，左为主方。

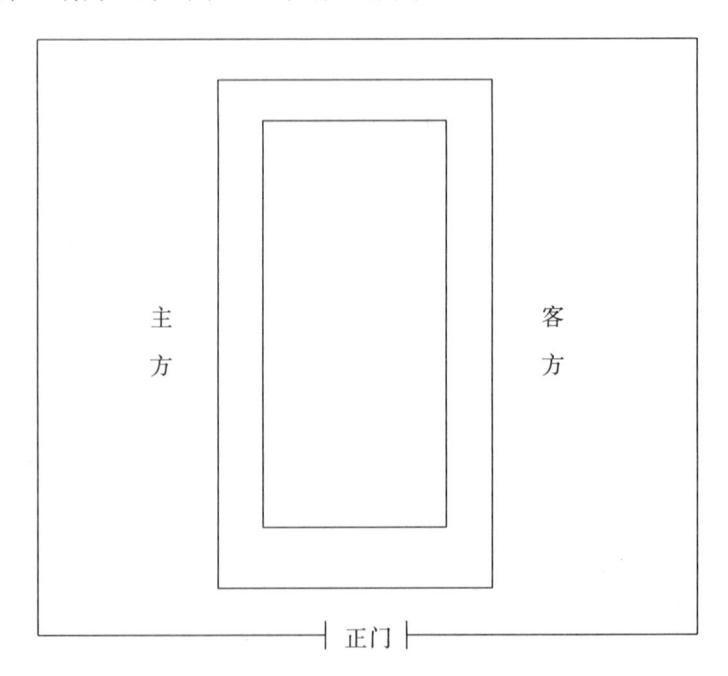

```
   ┌─────────────────────────────┐
   │     ┌───────────────┐       │
   │     │  ┌─────────┐  │       │
   │     │  │         │  │       │
   │  主 │  │         │  │ 客    │
   │  方 │  │         │  │ 方    │
   │     │  │         │  │       │
   │     │  └─────────┘  │       │
   │     └───────────────┘       │
   └─────────────────────────────┘
            ├─ 正门 ─┤
```

多边会谈，座位可摆成圆形、方形等。小范围的会谈，也有不用长桌，只设沙发，双方座位按会见座位安排。

4. 会见、会谈工作要求

（1）要注意掌握好会见的时间，衔接好主客双方到达的时间。

（2）领导人之间会见或是会谈，除陪见人和必要的译员、记录员外，其他工作人员安排就绪后均应退出。如允许记者采访，也只是在正式谈话开始前采访几分钟，然后离开。客人到达时，主人需迎候。如有合影，宜安排在宾主握手之后，合影后再入座。也可安排会见结束后合影。会见结束时，主人应送至车前或门口握别，目送客人离去后再退回室内。

（四）签字仪式

安排签字仪式，首先应做好文本的准备工作，同时准备好签字用的文具、国旗等物品。与对方商定助签人员，并安排双方助签人员洽谈有关细节。

参加签字仪式的，基本上是双方参加会谈的全体人员。不少国家为了对签订的协议表示重视，往往由更高或更多的领导人出席签字仪式。我国举行的签字仪式，一般在签字厅内设置长方桌一张，作为签字桌。桌面覆盖深绿色台呢，桌后放两把椅子，为双方签字人员的座位。主左客右。座前摆的是各自保存的文本，上端分别放置签字文具，中间摆一旗架，悬挂签字双方的国旗（见下图）。

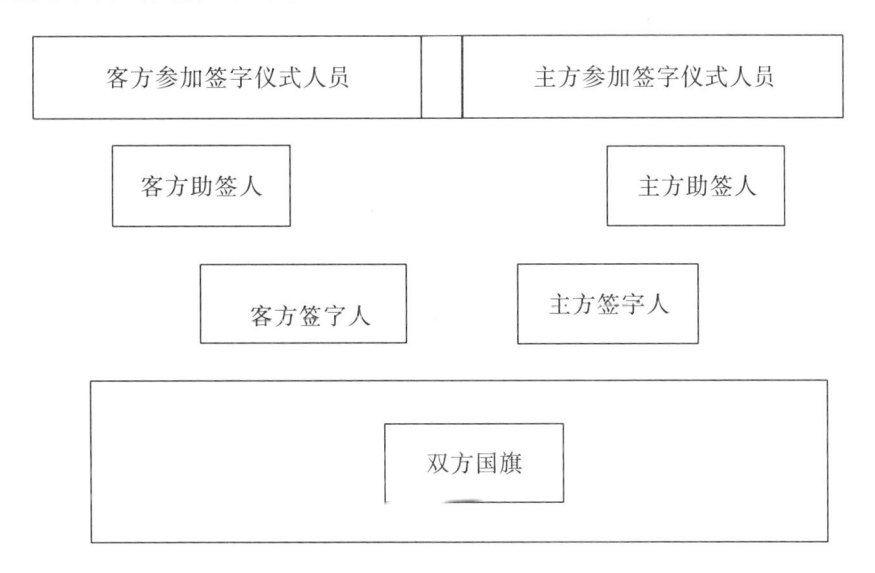

客方参加签字仪式人员	主方参加签字仪式人员
客方助签人	主方助签人
客方签字人	主方签字人
双方国旗	

双方参加人员进入签字厅。签字人员入座时，其他人员分主客各一方按身份顺序排列于各自的签字人员座位之后。双方的助签人员分别站立在各自签字人员的外侧，协助翻揭文本，指明签字处。在本国保存的文本上签毕后，由助签人员互相传递文本，再在对方保存的文本上签字，然后由双方签字人交换文本，相互握手。有时签字后，备有香槟酒，共同举杯庆贺。

各国举行的签字仪式的安排不尽相同。有的国家安排的仪式设置两张方桌为签字桌；双方签字人员各坐一桌，双方的小国旗分别悬挂在各自的签字桌上，参加仪式的人员坐在签字桌的对面（见下图）。

```
┌─────────────┐           ┌─────────────┐
│  客方签字人  │           │  主方签字人  │
└─────────────┘           └─────────────┘
┌─────────────┐           ┌─────────────┐
│   客方国旗   │           │   主方国旗   │
└─────────────┘           └─────────────┘
┌───────────────────────────────────────┐
│         参加签字仪式人员席位            │
└───────────────────────────────────────┘
```

有的国家安排一张长方桌为签字桌，但双方参加仪式的人员坐在签字桌前方两旁，双方国旗挂在签字桌的后面（见下图）。

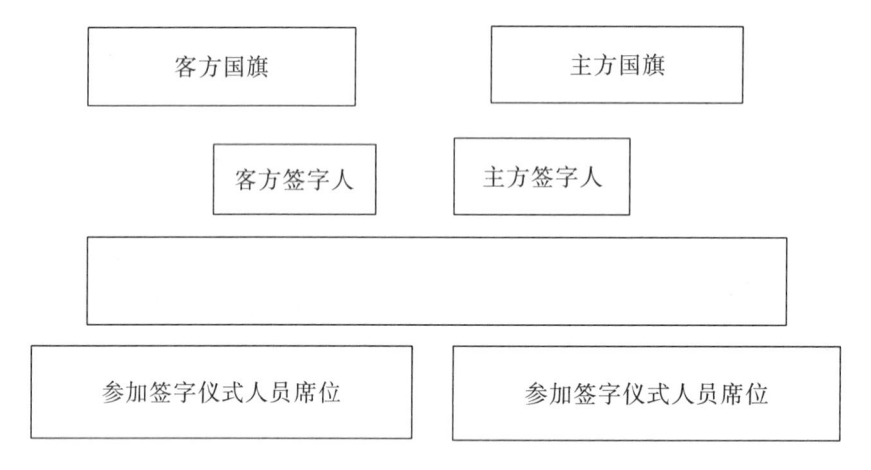

```
┌─────────────┐           ┌─────────────┐
│   客方国旗   │           │   主方国旗   │
└─────────────┘           └─────────────┘

┌─────────────┐           ┌─────────────┐
│  客方签字人  │           │  主方签字人  │
└─────────────┘           └─────────────┘
┌───────────────────────────────────────┐
│                                       │
└───────────────────────────────────────┘
┌─────────────────┐    ┌─────────────────┐
│ 参加签字仪式人员席位 │    │ 参加签字仪式人员席位 │
└─────────────────┘    └─────────────────┘
```

如有三四个国家缔结条约，其签字仪式大体如上所述，只是相应增添签字人员座位、签字用具和国旗等物。至于签订多边公约，通常仅设一个座位，一般由公约保存国代表先签字，然后由各国代表依一定次序轮流在公约上签字。

（五）外事宴请

举办宴请活动采用何种形式，根据活动目的、邀请对象以及经费开支等各种因素而定。

宴请常见形式	宴会		宴会为正餐，坐下进食，由招待员顺次上菜。宴会有国宴、正式宴会、便宴之分。按举行的时间，又有早宴（早餐）、午宴、晚宴之分。其隆重程度，出席规格以及菜肴的品种与质量等均有区别。一般来说，晚上举行的宴会较之白天举行的更为隆重。
		国宴	是国家元首或政府首脑为国家的庆典，或为外国元首、政府首脑来访而举行的正式宴会，因而规格最高。宴会厅内悬挂国旗，安排乐队演奏国歌及席间乐。席间致辞或祝酒。
		正式宴会	除不挂国旗、不奏国歌以及出席规格不同外，其余安排大体与国宴相同。有时亦安排乐队演奏席间乐。宾主均按身份排位就座。许多国家正式宴会十分讲究排场，在请柬上注明对客人服饰的要求。外国人对宴会服饰比较讲究，往往从服饰规定体现宴会的隆重程度。
		便宴	即非正式宴会，常见的有午宴、晚宴，有时亦有早餐。这类宴会形式简便，可以不排席位，不作正式讲话，菜肴道数亦可酌减。
		家宴	即在家中设便宴招待客人。家宴往往由主妇亲自下厨烹调，家人共同招待。
	招待会		招待会是指各种正餐较为灵活的宴请形式，备有食品、酒水饮料，通常都不排席位，可以自由活动。常见的有：冷餐会和酒会。
		冷餐会（自助餐）	这种宴请形式不排席位，菜肴以冷食为主，也可用热菜，连同餐具陈设在菜桌上，供客人自取。客人可自由活动，可以多次取食。酒水可陈放在桌上，也可由招待员端送。冷餐会在室内或在院子里、花园里举行，可设小桌、椅子，自由入座，也可以不设座椅，站立进餐。根据主、客双方身份，招待会规格隆重程度可高可低。这种形式常用于官方正式活动，以宴请人数众多的宾客。我国国内举行的大型冷餐招待会，也可用大圆桌，设座椅，主宾席排座位，其余各席不固定座位，食品与饮料均事先放置桌上。招待会开始后，自动进餐。
		酒会	这种招待会形式较活泼，便于广泛接触交谈。招待品以酒水为主，略备小吃。不设座椅，仅置小桌（或茶几），以便客人随意走动。酒会举行的时间亦较灵活，中午、下午、晚上均可，请柬上往往注明整个活动延续的时间，客人可在其间任何时候到达和退席，来去自由，不受约束。近年来国际上举办大型活动采用酒会形式渐趋普遍。庆祝各种节日、欢迎代表团访问，以及各种开幕、闭幕典礼，文艺、体育招待演出前后往往举行酒会。
	茶会		这是一种更为简便的招待形式。举行的时间一般在下午4时左右（亦有上午10时举行）。茶会通常设在客厅，不用餐厅。厅内设茶几、座椅，不排席位。但如是为某贵宾举行的活动，入座时，有意识地将主宾同主人安排坐到一起，其他人随意就座。顾名思义，茶会是请客人品茶。因此，对茶叶、茶具的选择要有所讲究，或具有地方特色。一般用陶瓷器皿，不用玻璃杯，也不用热水瓶代替茶壶。可备点心和地方风味小吃。
	工作餐		按用餐时间分为工作早餐、工作午餐、工作晚餐。工作餐是现代国际交往中经常采用的一种非正式宴请形式（有的时候由参加者各自付费）。利用进餐时间，边吃边谈问题。在代表团访问中，往往因日程安排时间较紧而采用这种形式。此类活动一般只请与工作有关的人员，不请配偶。双边工作进餐往往排席位，尤以用长桌更便于谈话。如用长桌，其座位排法与会谈桌席位安排相仿。

续表

宴请活动组织	确定宴请目的、名义、对象、范围与形式	宴请目的多种多样，可以是为某一个人，也可以为某一事件。 确定宴请名义和对象的主要依据是主、客双方的身份，也就是说主客身份应该对等。我国大型正式活动以一人名义发出邀请。日常交往的小型宴请则根据具体情况以个人名义或以夫妇名义出面邀请。 宴请范围是指请哪些方面人士，请到哪一级别，请多少人，主人一方请什么人出来作陪。这都要考虑多方因素，如宴请的性质、主宾的身份、国际惯例、对方对我的做法，以至当前政治气候等等。宴请范围与规模确定之后，即可草拟具体邀请名单。被邀请人的姓名、职务、称呼，以至对方是否有配偶都要准确。多边活动尤其要考虑政治关系。对政治上相互对立的国家要否邀请其人员出席同一活动，要慎重考虑。 宴请采取何种形式，在很大程度上取决于当地的习惯做法。一般来说，正式、规格高、人数少的以宴会为宜，人数多则以冷餐会或酒会更为合适。目前，各国礼宾工作都在简化，宴请范围趋向缩小，形式也更为简便。酒会、冷餐会被广泛采用。
	确定宴请时间、地点	宴请的时间应对主、客双方都合适。驻外机构举行较大规模的活动，应与驻在国主管部门商定时间。注意不要选择有禁忌的日子和时间。例如，对信奉基督教的人士不要选13号，更不要选13号星期五；伊斯兰教在斋月内白天禁食，宴请宜在日落后举行。小型宴请应首先征询主宾意见，最好相机口头当面约请，也可用电话联系。主宾同意后，时间即被认为最后确定，可以按此约请其他宾客。 选择宴请地点，官方正式隆重的活动，一般安排在大宾馆、饭店内举行，其余则按活动性质、规模大小、形式、主人意愿及实际需要而定。选定的场所要能容纳全体人员。举行小型正式宴会，在可能条件下，宴会厅外另设休息厅，供宴会前简短交谈用，待主宾到达后一起进宴会厅入席。
	订菜	宴请的酒菜根据活动形式和规格，在规定的预算标准以内安排。选菜不以主人的爱好为准，主要考虑主宾的喜好与禁忌。例如，伊斯兰教使用清真席，不用酒，甚至不用任何带酒精的饮料；印度教徒不能用牛肉；佛教僧侣和一些教徒吃素；也有因身体原因不能吃某种食品的。如果宴会上个别人有特殊需要，也可以单独为其上菜。大型宴请，则应照顾到各个方面。菜肴道数和分量都要适宜，不要简单地认为海味是名贵菜而泛用，其实不少外国人并不喜欢，特别是海参。在地方上，宜用有地方特色的食品招待，尽量用本地产的名酒，不宜到处都用茅台。无论哪一种宴请，事先均应开列菜单，并征求主管负责人的同意。获准后，即可印制菜单，菜单一桌至少一份，讲究的也可每人一份。

续表

宴请活动组织	席位安排	正式宴会一般均排席位，也可只排部分客人的席位，其他人只排桌次或自由入座。无论采用哪种坐法，都要在入席前通知到每一个出席者，使大家心中有数，现场还要有人引导。大型的宴会，最好排席位，以免混乱。国际上的习惯，桌次高低以离主桌位置远近而定，右高左低。桌数较多时，要摆桌次牌。同一桌上，席位高低以离主人的座位远近而定。外国习惯，男女掺插安排，以女主人为准，主宾在女主人右上方，主宾夫人在男主人右上方。我国习惯按各人本身职务排列以便于谈话。如夫人出席，通常把女主人排在一起，即主宾坐男主人右上方，其夫人坐女主人右上方。两桌以上的宴会，其他各桌第一主人的位置可以与主桌主人位置同向，也可以以面对主桌的位置为主位。礼宾秩序是排席位的主要依据。在排席位之前，要把经落实出席的主、宾双方出席名单分别按礼宾次序开列出来。除了礼宾顺序之外，在具体安排席位时，还需要考虑其他一些因素。多边的活动需要注意客人之间的政治关系，政见分歧大，两国关系紧张者，尽量避免排到一起。此外，适当照顾各种实际情况。例如，身份大体相同，使用同一语言者，或属同一专业者，可以排在一起。译员一般安排在主宾的右侧。在以长桌做主宾席时，译员也可以考虑安排在对面，便于交谈。但一些国家忌讳以背向人，译员的座位则不能作此安排。在他们那里用长桌做主宾席时，主宾席背向群众的一边和下面第一排桌子背向主宾席的座位均不安排坐人。 　　以上是国际上安排席位的一些常规。遇特殊情况，可灵活处理。如遇主宾身份高于主人，为表示对他的尊重，可以把主宾摆在主人的位置上，而主人则坐在主宾位置上，第二主人坐在主宾的左侧。但也可按常规安排。如果本国出席人员中有身份高于主人者，譬如部长请客，总理或副总理出席，可以由身份高者坐主位，主人坐身份高者左侧，但少数国家亦有将身份高者安排到其他席位上。主宾有夫人，而主人的夫人又不能出席，通常可以请其他身份相当的妇女作第二主人。如无适当身份的妇女出席，也可以把主宾夫妇安排在主人的左右两侧。席位排妥后着手写座位卡。我方举行的宴会，中文写在上面，外文写在下面，卡片用钢笔或毛笔书写，字应尽量写得大些，以便于辨认。便宴、家宴可以不放座位卡，但主人对客人的座位也要有大致安排（如274页的宴会常见座次图）。
	现场布置	宴会厅和休息厅的布置取决于活动的性质和形式。官方正式活动场所的布置应该严肃、庄重、大方。不要用红绿灯、霓虹灯装饰，可以少量点缀鲜花、刻花等。宴会可以用圆桌也可以用长桌或方桌。一桌以上的宴会，桌子之间的距离要适当，各个座位之间也要距离相等。如安排有乐队演奏席间乐，不要离得太近，乐声宜轻。宴会休息厅通常放小茶几或小圆桌，与酒会布置类同，如人数少，也可按客厅布置。 　　冷餐会的菜台用长方桌，通常靠四周陈设，也可根据宴会厅情况，摆在房间的中间。如坐下用餐，可摆四五人一桌的方桌或圆桌。座位要略多于全体宾客人数，以便客人自由就座。 　　酒会一般摆小圆桌或茶几，以便放花瓶、烟缸、干果、小吃等。也可在四周放些椅子，供妇女和年老体弱者就座。

续表

宴请活动组织	宴请程序及现场工作	主人一般在门口迎接客人。官方活动，除主人外，还有少数其他主要官员陪同主人排列成行迎宾，通常称为迎宾线。其位置宜在客人进门存衣以后进入休息厅之前。客人握手后，由工作人员引进休息厅，如无休息厅则直接进入宴会厅，但不入座。主宾到达后，由主人陪同进入休息厅与其他客人见面。如其他客人尚未到齐，由迎宾线上其他官员代表主人在门口迎接，主人陪同主宾进入宴会厅。全体客人就座，宴会即开始。如休息厅较小或宴会规模大，也可以请主桌以外的客人先入座，贵宾席最后入座。如有正式讲话，各国安排讲话的时间不尽一致。我国国内一般习惯，正式宴会在热菜之后甜食之前由主人讲话，接着客人讲。也有一入席双方即讲话。冷餐会和酒会讲话时间较灵活。吃完水果，主人与主宾起立，宴会即告结束。主宾告辞，主人送至门口，主宾离去后，原迎宾人员顺序排列，与其他客人握别。家庭便宴则较随便，没有迎宾线。客人到达，主人主动趋前握手。如主人正与其他客人周旋，未发觉客人到来，则客人应前去握手问好。饭后如无余兴，即可陆续告辞。通常男宾先与男主人告别，女宾与女主人告别，然后交叉，再与家庭其他成员握别。 　　工作人员应提前到现场检查准备工作。如是宴会，事先将座位卡及菜单摆上。座位卡置于酒杯前或平摆于餐具上方，勿置于餐盘内。菜单一般放在餐具右侧。席位的通知，除请柬上注明外，现场还可：（1）在宴会厅前陈列宴会简图，图上注明每人的位置；（2）用卡片写上出席者姓名和席次，发给本人；（3）印出全场席位示意图，标出出席者位置，发予本人；（4）印出全场席位图，包括全体出席者位置，每人发给一张。这些做法各有特点，人多的宴会宜采用后者，便于通知。各种通知卡片，可利用客人在休息厅时分发。有的国家是在客人从衣帽间出来时，由服务员用托盘将其卡片递上。如果是口头通知，则由工作人员在休息厅通知每位客人。如有讲话，要落实讲稿。通常双方事先交换讲话稿，举办宴会的一方先提供。代表团访问，欢迎宴会东道国先提供；答谢宴会则由代表团先提供。双方讲话由何人翻译，一般事先谈妥。
参加宴请礼节	应邀	接到宴会邀请（无论是请柬或邀请信），能否出席要尽早答复对方，以便主人安排。一般来说，对注有 R. S. V. P（请答复）字样的，无论出席与否，均应迅速答复。注有"Regrets only"（不能出席请复）字样的，则不能出席时才回复，但也应及时回复。经口头约妥再发来的请柬，上面一般注有"To remind"（备忘）字样，只起提醒作用，可不必答复。答复对方，可打电话或复以便函。在接受邀请后，不要随意改动。万一遇到不得已的特殊情况不能出席，尤其是主宾，应尽早向主人解释、道歉，甚至亲自登门表示歉意。在应邀出席一项活动之前，要核实宴请的主人，活动举办的时间、地点，是否邀请了配偶，以及主人对服装的要求。活动多时尤应注意，以免走错地方，或主人未请配偶却双双出席。
	掌握出席时间	出席宴请活动，抵达时间迟早，逗留时间长短，在一定程度上反映对主人的尊重。应根据活动的性质和当地的习惯掌握。迟到、早退、逗留时间过短被视为失礼或有意冷落。身份高者可略晚到达，一般客人宜略早到达，主宾退席后再陆续告辞。根据各地习惯，正点或晚一两分钟抵达；在我国则正点或提前两三分钟或按主人的要求到达。出席酒会，可在请柬上注明的时间内到达。确实有事需提前退席，应向主人说明后悄悄离去。也可事前打招呼，届时离席。

续表

参加宴请礼节	抵达	抵达宴请地点，先到衣帽间脱下大衣和帽子，然后前往主人迎宾处，主动向主人问好。如是节庆活动，应表示祝贺。
	赠花	参加他国庆祝活动，可以按当地习惯以及两国关系，赠送花束或花篮。参加家庭宴会，可酌情给女主人赠少量鲜花。
	入座	应邀出席宴请活动，应听从主人安排。如是宴会，进入宴会厅之前，先了解自己的桌次和座位，入座时注意桌上座位卡是否写着自己的名字，不要随意乱坐。如邻座是年长者或妇女，应主动协助他们先坐下。
	进餐	入座后，主人招呼，即开始进餐。取菜时，不要盛得过多。盘中食物吃完后，如不够，可以再取。如由招待员分菜，需增添时，待招待员送上时再取。如遇本人不能吃或不爱吃的菜肴，当招待员上菜或主人夹菜时，不要拒绝，可取少量放在盘内，并表示"谢谢，够了"。对不合口味的菜，勿显露出难堪的表情。通常不要为他人夹菜，如需夹菜请用公筷。吃东西要文雅。闭嘴咀嚼，喝汤不要啜，吃东西不要发出声音。如汤、菜太热，可稍待凉后再吃，切勿用嘴吹。嘴内的鱼刺、骨头不要直接外吐，用餐巾掩嘴，用手（吃中餐可用筷子）取出，或轻轻吐在叉上，放在菜盘内。吃剩的菜，用过的餐具、牙签，都应放在盘内，勿置桌上。嘴内有食物时，切勿说话。剔牙时，用手或餐巾遮口。
	交谈	无论是做主人、陪客或宾客，都应与同桌的人交谈，特别是左右邻座。不要只同熟人或只同一两人说话。邻座如不相识，可先自我介绍。
	祝酒	作为主宾参加外国举行的宴请，应了解对方的祝酒习惯，即为何人祝酒，何时祝酒等等，以便做必要的准备。碰杯时，主人和主宾先碰，人多可同举杯示意，不一定碰杯。祝酒时注意不要交叉碰杯。在主人和主宾致辞、祝酒时，应暂停进餐，停止交谈，注意倾听，也不要借此机会抽烟。奏国歌时应肃立。主人和主宾讲完话与贵宾席人员碰杯后，往往到其他各桌敬酒，遇此情况应起立举杯。碰杯时，要目视对方致意。
	宽衣	在外事社交场合，无论天气如何炎热，不能当众解开纽扣、脱下衣服。小型便宴，如主人请客人宽衣，男宾可脱下外衣搭在椅背上。
	喝茶（或咖啡）	喝茶、喝咖啡，通常牛奶、白糖均用单独器皿盛放，如愿加牛奶、白糖，可自取加入杯中，用小茶匙搅拌后，茶匙仍放回小碟内。喝时右手拿杯把，左手端小碟。
	水果	吃梨、苹果，不要整个拿着咬，应先用水果刀切成4或6瓣，再用刀去皮、核，然后用手拿着吃，削皮时刀口朝内，从外往里削。香蕉先剥皮，用刀切成小块吃。橙子用刀切成块吃，橘子、荔枝、龙眼等则可剥了皮吃。其余如西瓜、菠萝等，通常都去皮切成块，吃时可用水果刀切成小块用叉取食。
	水盂	在筵席上，上鸡、龙虾、水果时，有时送上一小水盂（铜盆、瓷碗或水晶玻璃缸），水上漂有玫瑰花瓣或柠檬片，供洗手用（曾有人误为饮料，以致成为笑话）。洗手时两手轮流沾湿指头，轻轻涮洗，然后用餐巾或小毛巾擦干。
	纪念物品	有的主人为每位出席者备有小纪念品或一朵鲜花。结束时，主人招呼客人带上。遇此，可说一两句赞扬这小礼品的话，但不必郑重表示感谢。有时，外国访问者，往往把宴会菜单作为纪念品带走，有时还请同席者在菜单上签名留念。除主人特别示意作为纪念品的东西外，各种招待用品，包括糖果、水果、香烟等，都不要拿走。
	致谢	有时在出席私人宴请活动之后，往往致以便函或名片表示感谢。

续表

参加宴请礼节	餐具的使用	中餐的餐具主要是碗、筷，西餐则是刀、叉、盘子。通常宴请外国人吃中餐，亦以中餐西吃为多，既摆碗筷，又设刀叉。刀叉的使用是右手持刀，左手持叉，将食物切成小块，然后用叉送入嘴内。欧洲人使用时不换手，即从切割到送食均以左手持叉。美国人则切割后，把刀放下，右手持叉送食入口。就餐时按刀叉顺序由外往里取用。每道菜吃完后，将刀叉并拢平放盘内，以示吃完。如未吃完，则摆成八字或交叉摆，刀口应向内。吃鸡、龙虾时，经主人示意，可以用手撕开吃，否则可用刀叉把肉割下，切成小块吃。切带骨头或硬壳的肉食，叉子一定要把肉叉牢，刀紧贴叉边下切，以免滑开。切菜时，注意不要用力过猛撞击盘子而发出声音。不容易叉的食品，或不易上叉的食品，可用刀把它轻轻推上叉。除喝汤外，不用匙进食。汤用深盘或小碗盛放，喝时用汤匙由内往外舀起送入嘴，即将喝尽，可将盘向外略托起。吃带有腥味或怪味的食品，如鱼、虾、野味等均配有柠檬，可用手将汁挤出滴在食品上，以去腥味。
	处理意外情况	宴会进行中，由于不慎，发生了异常情况，例如用力过猛，使刀叉撞击盘子，发出声响，或餐具摔落地上，或打翻酒水等等，应沉着不必着急。餐具碰出声音，可轻轻向邻座（或主人）说一声"对不起"。餐具掉落可由招待员另选一副。酒水打翻溅到邻座身上，应表示歉意，协助擦干；如对方是妇女，只要把干净餐巾或手帕递上即可，由她自己擦干。
出席外事宴请活动注意事项		参加宴请活动时，应从对外工作需要出发，切勿为照顾内部关系而派无关人员参加；参加活动人员不得将司机、子女、朋友、同事、同学等未被邀请人员带入宴请活动场所；身体不好或者有病的同志不要出席。 着装应整洁大方。男同志应着西服或中山装，着西服时须系领带，夏季可穿硬领短袖衬衫系领带或质地较好的短袖敞领衫；女同志应按季节与活动性质的不同，可穿西装、民族服装、中式上衣配长裙或长裤、旗袍或连衣裙等，夏季也可穿长、短袖衬配裙子（长裙或过膝裙）或长裤。参加正式外事活动，不能穿夹克衫、牛仔裤、超短裙、旅游鞋、布鞋、长筒靴。 见面时，应握手问好。如系节日宴请，要致节日祝贺。离开时，要握手告别并致谢，不要因告别人多排长队而不辞而别。握手时不要戴手套，不要侧目他视；握手后，不要当对方的面擦手。 仪表要端庄，举止要文明，姿势要端正。站时不要东倚西靠；坐时不要跷二郎腿、晃腿；交谈时不能用手或刀叉匙筷指着对方。 进餐时要细嚼慢咽；喝汤时不要出声；饮酒量不得超过本人酒量的1/3。可以敬酒，但不要劝酒，绝对禁止酗酒。 参加自助餐招待会，应在正式开始后方能取食物。取食时要文明、谦让，不能争先恐后，抢吃抢喝，不要将汤水、渣沫溅到他人身上。每次取食不要太多，如不够吃，可取第二次。 参加招待会、酒会时，要多同外国人接触，不要仅限于和中国人在一起交谈，更不能几个人将餐桌团团围住，一味吃喝、抽烟，贻笑于外人。 在活动过程中，对招待食品的数量和质量不要议论或流露不满；离开时，严禁带走香烟等剩余物品。 参加活动前，严禁吃葱、蒜等有浓烈气味的食物。 尊重有关国家的宗教、风俗习惯。 严禁随地吐痰、抛烟蒂及火柴梗、磕烟灰、扔牙签。咳嗽、打喷嚏时，要用手帕把嘴捂住，剔牙时要注意捂嘴。要注意外事宴请活动场所能否吸烟，如未放烟灰缸，表示不能吸烟。 请帖要妥善保管，不得丢失和转让。 遇到重要或异常情况，应向组织汇报，并告我方主管部门。

几种常见外事宴会席位排法

例一：

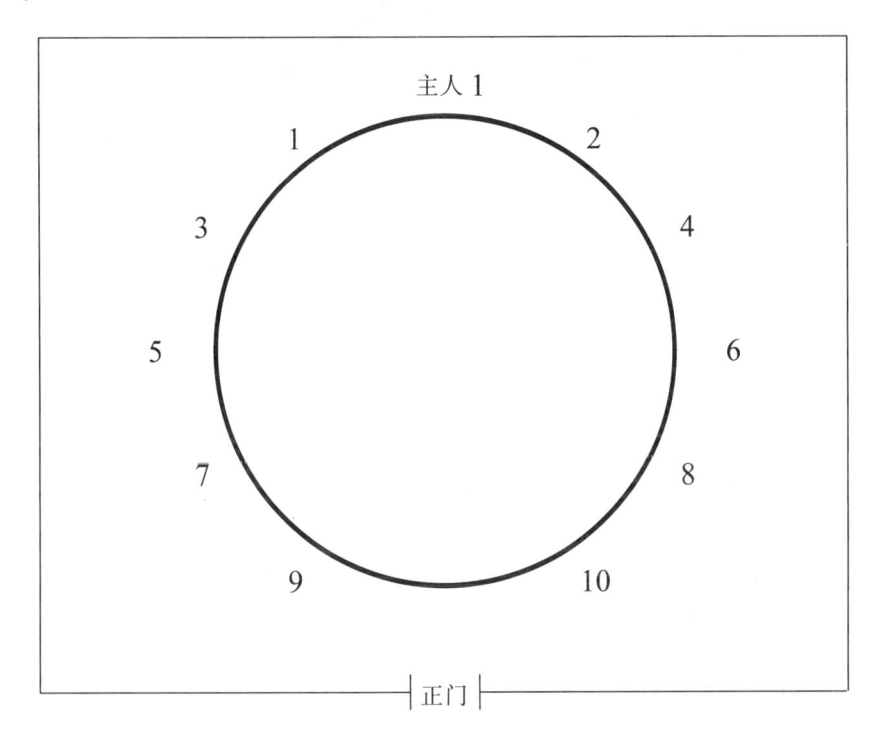

```
          主人1
       1        2
     3            4
    5              6
     7            8
       9       10
          正门
```

例二：

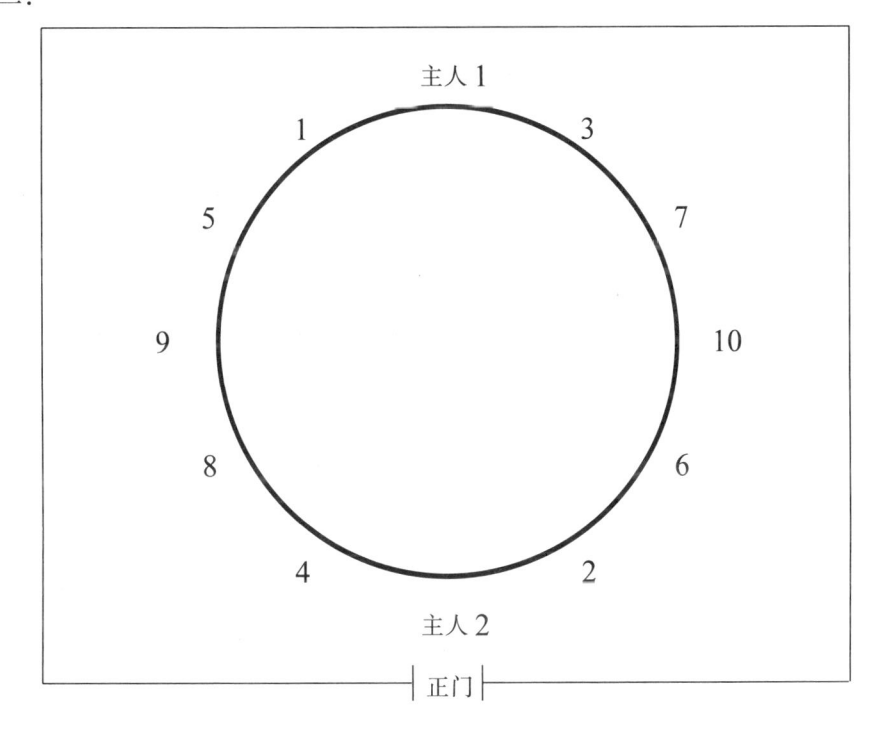

```
          主人1
       1        3
     5            7
    9            10
     8            6
       4        2
          主人2
          正门
```

例三：

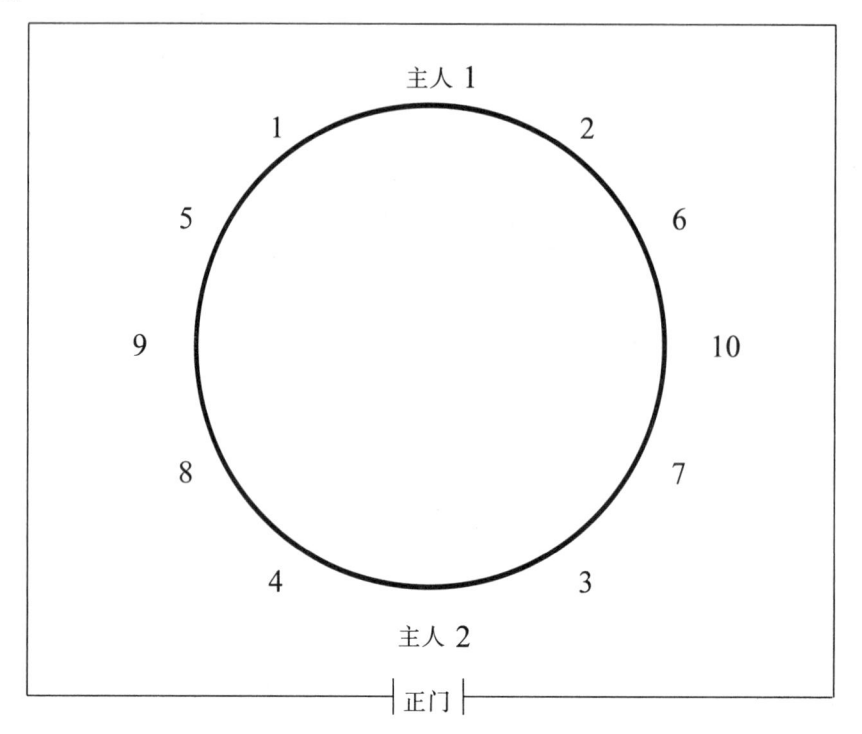

```
        主人 1
     1         2

  5                 6

 9                   10

  8                 7

     4         3
        主人 2
         |正门|
```

例四：

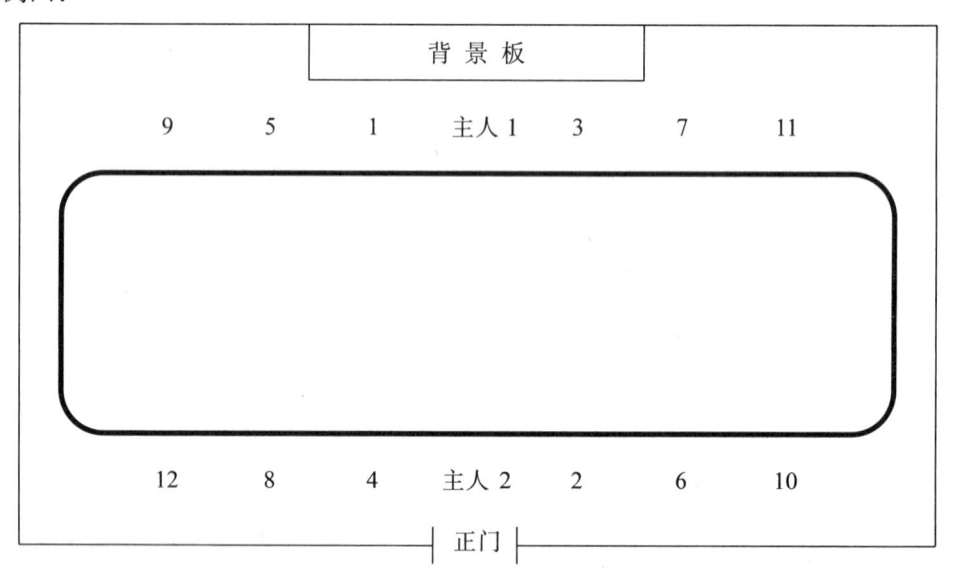

| 背 景 板 |

```
  9    5    1   主人1   3    7   11
 
 12    8    4   主人2   2    6   10
              |正门|
```

例五：

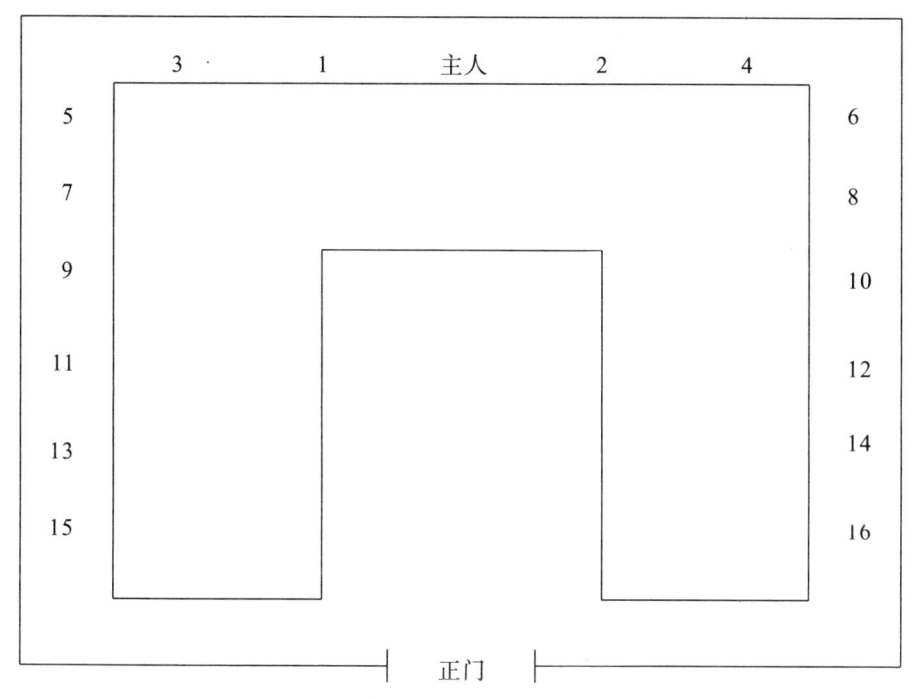

```
     3        1      主人      2        4
  5                                          6
  7                                          8
  9                                         10
 11                                         12
 13                                         14
 15                                         16
                      正门
```

宴会桌次布置参考图

例一：

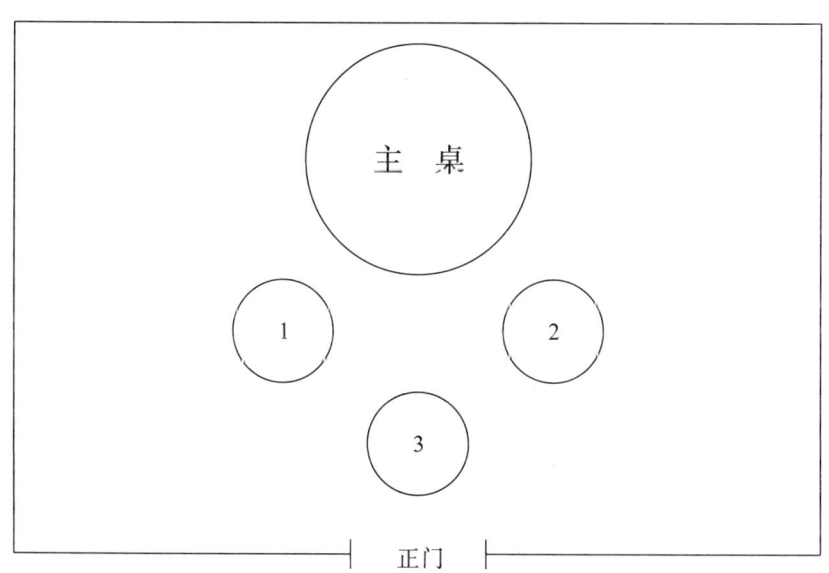

```
           主 桌
       1        2
           3
          正门
```

例二：

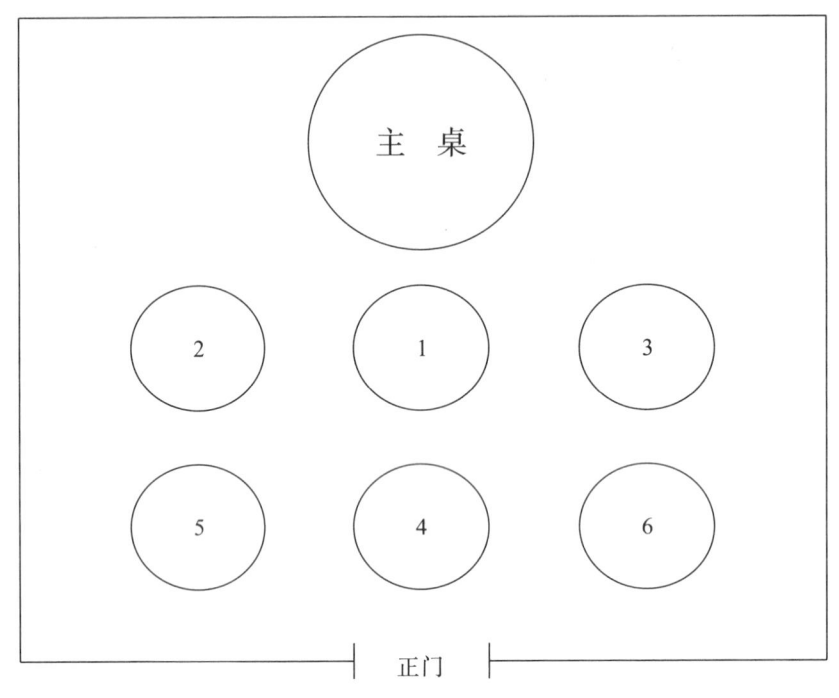

```
        ┌─────────────────────────┐
        │                         │
        │          主 桌           │
        │                         │
        │    2      1      3      │
        │                         │
        │    5      4      6      │
        │                         │
        │          正门            │
        └─────────────────────────┘
```

（六）涉外礼品

在涉外友好交往中，有时要赠送一些小礼品。赠送礼品，不是为满足某人的欲望，也不是显示自己的富有，而是为表示对别人的祝贺、慰问、感谢的心意。常言道"礼轻人意重"。因此在选择礼品时，往往是挑选一些物美价廉，具有一定纪念意义、民族特色，具有某些艺术价值，或为受礼人所喜爱的小艺术品、小纪念品、食品、花束、书籍、画册、一般日用品等。

选择礼品还应在条件允许的情况下，考虑受礼人的爱好。有的物品在这个国家很受欢迎，到另外一个国家则可能并不稀罕。因此，要根据不同国家、地区的习惯与个人的喜好作些必要的选择。赠送礼品还应考虑具体情况和场合。赠送的礼品要用礼品纸（花色、彩色纸）包装。即使礼品本身装在盒子里，也要另加包装。然后用彩带系成漂亮的蝴蝶结、梅花结。

礼物一般应当面赠送。当面受礼时，应双手接受礼品，握手，并感谢对方。西方人的习惯是当面打开包装，欣赏一下礼品。有时送礼人还可对礼品作一些介绍、说明。收到送来的或邮寄的礼品，应回复一张名片或亲笔信表示感谢。

我国国内接待人员收受礼品要求：一是对外宾除确有必要并经授权机关批准者外，一律不赠礼，也不受礼。如对方赠送又难谢绝，可收下，但不回赠，或酌赠少量具有地方特色、有纪念意义的礼品。二是对党宾、国宾及其他重要外宾和知名人士等，如需赠礼，按中央有关规定执行。三是对历史文物的赠送，要按有关规定执行。四是外宾送礼时如备有函件，应备函致谢，如当面送交礼品，口头致谢即可。五是外宾向我方赠送仪表、机器、样品、材料、资料等有价值的物品，可以接受并视情况回赠适当的样品。六是个人接受的礼品、纪念品，要按有关规定处理。

（七）国旗的使用

国旗是一个国家的一种标志，是国家的象征。人们往往通过悬挂国旗，表示对本国的热爱或对他国的尊重。但是，在一个主权国家领土上，一般不得随意悬挂他国国旗。不少国家对悬挂外国国旗有专门的规定。我国也制定了《国旗法》。在国际交往中，还形成了悬挂国旗的一些惯例，为各国所公认。

按国际关系准则，一国元首、政府首脑在他国领土上访问，在其住所及交通工具上悬挂国旗（有的是元首旗）是一种外交特权。东道国接待来访的外国元首、政府首脑时，在隆重的场合，在贵宾下榻的宾馆、乘坐的汽车上悬挂对方（或双方）的国旗（或元首旗），这是一种礼遇。此外，国际上公认，一个国家的外交代表在接受国境内有权在其办公处和官邸，以及交通工具上悬挂本国国旗。

在国际会议上，除会场悬挂与会国国旗外，各国政府代表团团长亦按会议组织者有关规定在一些场所或车辆上悬挂本国国旗（也有不挂国旗的）。有些展览会、体育比赛等国际性活动，也往往悬挂有关国家的国旗。

在建筑物上，或在室外悬挂国旗，一般应日出升旗，日落降旗。遇需悬旗志哀，通常的做法是降半旗，即先将旗升至杆顶，再下降至离杆顶相当于杆长三分之一的地方。降旗时，先将旗升至杆顶，然后再下降。也有的国家不降半旗，而是在国旗上方挂黑纱志哀。升降国旗时，服装要整齐，要立正脱帽行注目礼。不能使用破损和污损的国旗。国旗一定要升至杆顶。

悬挂双方国旗，按国际惯例，以右为上，左为下。两国国旗并挂，以旗本身面向为准，右挂客方国旗，左挂本国国旗。汽车上挂旗，则以汽车行进方向为准，驾驶员左手为主方，右手为客方。所谓主客，不以活动举行所在国为依据，而以举办活动的主人为依据。例如，外国代表团来访，东道国举行的欢迎宴会，东道国为主人，答谢宴会，来访者是主人。也有个别国家，把本国国旗挂在上手。

几种挂国旗法

1. 两面国旗并挂

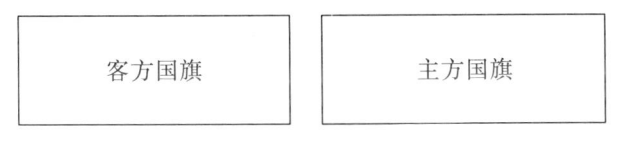

客方国旗	主方国旗

2. 三面以上国旗并挂

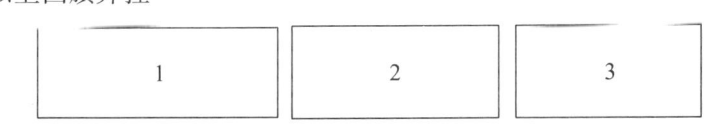

1	2	3

注：多面并挂，主方在最后。如系国际会议，无主客之分，则按会议规定之礼宾顺序

排列。

3. 并列悬挂法

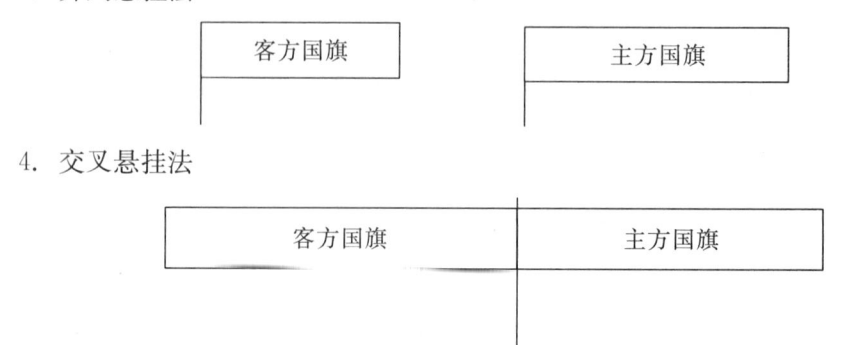

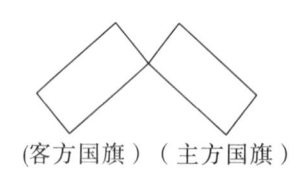

| 客方国旗 | 主方国旗 |

4. 交叉悬挂法

| 客方国旗 | 主方国旗 |

5. 交叉挂

（客方国旗）（主方国旗）

6. 竖挂

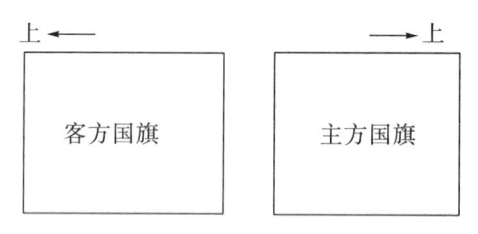

上←　　　　　　→上
| 客方国旗 | 主方国旗 |

7. 竖挂（均为正面）：

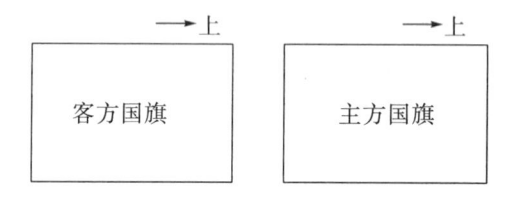

→上　　　　　　→上
| 客方国旗 | 主方国旗 |

国旗不能倒挂。一些国家的国旗由于文字和图案的原因，也不能竖挂或反挂。有的国家明确规定，竖挂需另制旗，将图案转正。例如，朝鲜民主主义人民共和国国旗竖挂时，五角星的星尖依然朝上。有的国家则无明确规定。因此，正式场合悬挂国旗宜以正面（即旗套在旗的右方）面向观众，不用反面。如果旗是挂在墙壁上，应避免交叉挂法和竖挂。如果悬空挂旗，则不成问题。

不同国家的国旗，如果比例不同，并排悬挂时，应将其中一面略放大或缩小，以使旗的面积大致相同。

（八）对外社交礼节

在国际交往中，每个人都在一定程度上代表着国家和民族。因而要掌握国际交往常识和社交礼节。不同的国家、民族，由于不同的历史、宗教等因素，各有其特殊的风俗习惯和礼节。例如，伊斯兰教不吃猪肉，也忌谈猪，在斋月里日出之后日落之前不能吃喝；佛教徒一般不吃荤；印度教徒不吃牛肉；一些吃抓饭的国家如印度、马里、印尼、阿拉伯国家等，不能用左手与他人接触，给别人递东西；在佛教国家不要随便抚摸小孩头顶；天主教徒忌讳"13"这个数字，尤其是13号星期五，遇上此日，一般不举行活动；东南亚一些国家忌讳坐着跷大腿；伊朗称"好"不跷大拇指；保加利亚、阿尔巴尼亚、尼泊尔等一些国家，摇头表示赞赏，点头表示不同意；等等。这些习惯若不注意，会使人误以为对他们不尊重。因此，要了解各国的特殊风俗。新到一个国家或初次参加活动，要多了解，多观察，不懂或不会做的事，可效仿别人。

日常交往礼节	尊重各国风俗习惯，遵守社会公共道德。 遵守时间，不要失约。参加活动要按约定时间到达。不要过早，使主人因未准备好而难堪，也不要晚到，不守时是很失礼的。 尊重老人和妇女，上下车辆和电梯应予照顾，出入门应让他们先行。 举止端庄、注意言行。不要做一些异乎寻常的动作，不要用手指指人。不喧哗，不放声大笑，不在远距离大声喊人。 走路不要搭肩膀，脚步要轻，遇急事可加快步伐，不可慌张奔跑。 无论站立或坐下，姿势都要端正，不要蹲在地上等车，等人。站立时，身子不要歪在墙上或柱子上，不要坐在椅子扶手上。坐下时腿不要乱跷、摇晃，更不要把腿搭到椅扶手上或把裤管撩起；手不要搭到邻座的椅背上；女同志不要叉开双腿。 切勿随地吐痰，可吐在自己的手帕里；不乱扔烟蒂或其他废弃物品。 公共场合不可修指甲、剔牙齿、掏鼻孔、擤鼻涕、挖耳朵、挖眼屎、搓泥垢、搔痒、摇腿、脱鞋、打饱嗝儿、伸懒腰、哼小调、打喷嚏、打呵欠应用手帕捂住嘴、鼻，面向一旁，避免发出声音。 在外国，许多场合，如看演出和进餐时不许抽烟。在允许抽烟场合，应先敬左右的人，如妇女在座，应征得妇女同意。不要边走路边抽烟，进入会客室、餐厅前，应把烟捏灭。 参加活动前不要吃蒜、葱等味大的东西，必要时，咬一点茶叶可冲淡葱、蒜味。
仪容和服饰礼仪	头发、胡须要经常修整。鼻毛、指甲应修短。衣着要注意清洁、整齐，特别是衣领和手帕，要经常换洗。衣服要熨平，皮鞋要擦亮。穿中山装应扣好风纪扣，参加正式活动穿西装应打领带。长袖衬衣要塞在裤内，袖口不要卷起。短袖衫（T恤）不要塞在裤内。内衣裤和衬衣、女同志的袜套，不要露在外衣外面。衣裤纽扣应扣齐（男同志特别要注意裤扣是否扣上）。发现仪容不整，或需要脱衣服，应到盥洗室或其他适当场所整理和脱换。 出席隆重活动一般穿深色服装，上下颜色要一致。参加吊唁活动一般穿黑色服装。有些热带国家，隆重场合也可穿长、短袖便服。参加活动进门后应把大衣、帽子、围巾、手套、雨衣、套鞋脱下，送存衣处存放。存放前注意检查口袋里不要留存文件、笔记本和钱包等物品。男同志任何时候在室内不得戴帽子。室内一般不要戴墨镜。就是在室外，遇有隆重仪式或迎送等礼节性场合，一般亦不要戴墨镜。
见面时的礼节	初次相识，一般由第三者介绍或自我介绍。为他人介绍，要先了解双方是否有结识的愿望，不要贸然行事。应把身份低、年纪轻的介绍给身份高、年纪大的，把男士介绍给妇女。要把姓名、职务说清楚。介绍到具体人时应有礼貌地以手示意，不要用手指指，更不要用手拍打别人。自我介绍，先讲自己姓名身份，然后请教对方。国际上往往在互相介绍时互换名片。 一天中首次见面，或一次活动中初遇，均应问好。对方主动问好，一定要相应回答。

续表

见面时的礼节	通常见面互相握手，参加大型活动因人数众多，也可以与主人握手后，同其他人点头致意，不一一握手。东南亚佛教国家有的人不握手，双手合十致意。握手时，由主人、年长者、身份高者、妇女先伸手；客人、年轻者、身份低者见面可先问候，待对方伸手后再握。多人同时握手注意不要交叉，待别人握完再伸手。在室外握手，男同志应脱帽，军人应先举手行礼。 参加外国人举行的活动，抵离时应主动与主人打招呼，如系庆典活动，应致节日祝贺。在外交场合，遇到过去熟悉的外国领导人要尊重，一般不要匆忙前去打招呼，待对方主动表示，再作相应表示。日常生活中，与熟悉的外国人见面，应互致问候，酌情寒暄，但不要问人家"到什么地方去""吃过饭没有"等语。
谈话时应注意的礼仪	社交场合，谈话时要先弄清对方身份，以便自己谈话得体，有针对性；对外接触谈话要自然、和蔼。对方发言时要注意倾听，不要左顾右盼，总看手表；说话时不可用过多过大的手势。谈话声音不要过高，以使对方能听清楚为宜，尤其注意不要溅出口沫；不要谈疾病等不愉快的事情。一般不要询问对方履历，谈及时，要十分客气，如对方不讲，不要追问。不要询问妇女年龄、婚否。对外谈话要实事求是，自己不知道的事不要随便答复；无把握之事不要允诺，应言而有信。三人以上在场，不要只谈两人知道的事，冷落其他人；不要议论第三者的事情。不要交头接耳，讥笑他人，如所谈事情不便让旁人知道，则应寻找适当的时机再说。谈话时不要总自己讲，要让别人有讲话机会。别人讲话，不要随便插嘴，打断别人话头；对方讲话如未听清楚，可以再问一遍。发现对方对我讲话有误解，应进一步解释。社交场合，应按本人身份，主动交际。但如别人在个别谈话，不要凑前旁听。若有事需与某人谈话，应待别人谈完。有急事找人，则应先打招呼，表示歉意。

五、政务接待常见案例文本

【文例】

××、××两市座谈会议程

主持人：××市委副书记　×××

议　　程：

1. 主持人简短致辞并介绍本市参会人员；
2. 客方秘书长×××介绍来宾人员情况；
3. 来宾主要领导×××讲话；
4. ××市市长×××介绍有关本市工作情况；
5. 来宾市长×××讲话；
6. 本市主要领导×××讲话。

××市党政代表团座谈会主持词
（××年×月××日）

尊敬的××书记、××市长及××市党政考察团各位领导，同志们：

首先，我代表××市委、××市人民政府向××市考察团表示热烈的欢迎。

下面，我向大家介绍参加座谈会的××市领导：

……

以及××市建委、市文化局、市广电局、市旅游局、市规划局、市园林局负责同志。我是市委副书记×××。

请××市委常委、秘书长×××介绍××市领导和部门；

……

请××省委常委、××市委书记××同志讲话；

……

应考察团来我市的要求，请×××介绍××市有关工作情况；

请××市长讲话；

……

请×××书记讲话；

……

下面，××、××两市互赠礼品。

座谈会到此结束，请各位领导参加××市欢迎宴会。

××市党政代表团欢迎宴会祝酒辞

（××年××月××日）

尊敬的××书记、××市长和考察团各位领导，同志们：

晚上好！

在这金风送爽的时节，我们迎来了××市党政考察团各位领导在××城欢聚一堂，共叙友情，感到非常高兴，在此，我谨代表××市委、市政府对××书记、××市长一行到××考察和指导工作表示热烈的欢迎。

……

近年来，××市在省委、省政府的领导下，在××工作、××工作等方面摸索和总结了一些经验，取得了一些成效。但与省委、省政府的要求还有差距，与××和其他兄弟城市相比还有不足，我们真诚希望××市的同志给我们留下宝贵意见。我们也衷心希望两个城市以此次××书记、××市长来访为契机，建立长期稳定的合作关系，为实现共同繁荣做出新的贡献。

最后，我提议，为××市考察团各位领导和同志们身体健康，在××期间工作顺利，干杯！

领导出席接待活动审批表

×年×月×日　　　　　　　　　　　　　　　　　　　　　　　No：×××

来访单位		主宾姓名及职务		人数	
来访事由					
处室拟办意见	拟请： 　1. ××同志×月×日（星期×）08：50在××酒店××楼大堂迎候客人并陪同当日活动； 　2. ××、××等同志×月×日（星期×）14：00在××宾馆××厅出席座谈会；18：00在××厅宴请客人。 　妥否，请领导审定。　　　　　　　　　　　　　　　　　　×××|				
职能单位意见			领导意见		
分管领导意见					
参与单位					
承办人			电话		

关于接待××市党政考察团的函

各相关单位：

　　××市委常委、常务副市长×××一行×人将于×月×日（星期×）来我市考察城市规划、管理方面工作。请你们做好×月×日接待工作为感！

　　1. 14：00，烦请××区相关负责人在××迎候并陪同考察；

　　2. 15：10，烦请××相关负责人在××广场迎候并陪同考察；

　　3. 16：10，烦请××研究室、文化局、规划局、××区相关负责人在××会议室与客人座谈（请带相关材料），并于18：00出席在××宾馆××楼××厅的宴请。

　　请将确定出席活动领导名单于10月15日16：00前告知××市接待办。

　　联系人：×××

　　联系电话：×××

　　附：××市党政考察团在×××接待方案

　　　　　　　　　　　　　　　　　　　　　　　　　　　　　××市接待办
　　　　　　　　　　　　　　　　　　　　　　　　　　　　　××××年×月×日

第十部分 机要保密工作规范

主　编：向　洵　中国工程物理研究院综合计划部副部长、
　　　　　　　　　高级工程师
　　　　　刘亚利　中国工程物理研究院办公室高级工程师
副主编：李灵雪　中国工程物理研究院机关电子政务服务中心
　　　　　　　　　主任、工程师
　　　　　白晓峰　中国工程物理研究院政治部调研员、高级工程师
参　编：田　忠　中国工程物理研究院保卫部部长、研究员
　　　　　江　涛　中国工程物理研究院办公室高级工程师

在每个机关单位中，办公室是直接为领导服务的重要职能部门，随时都会产生和接触大量的国家秘密、工作秘密。做好办公室保密工作，是办公室工作的一项重要内容。根据办公室的职能和工作性质，应重点加强办文、办会、办事三方面的保密工作规范，确保国家秘密、工作秘密安全。

一、文件保密工作规范

（一）文件定密工作规范

办公室工作中经常涉及的国家秘密文件大致分为两种类型，一类是本单位工作中直接生成的国家秘密事项，称之为"原定密级"。另一类转发、摘编外来涉密文件生成的密件，称之为"派生密级"。

涉密文件定密程序按照拟定、审核、审批步骤来进行，具体工作流程见图1。

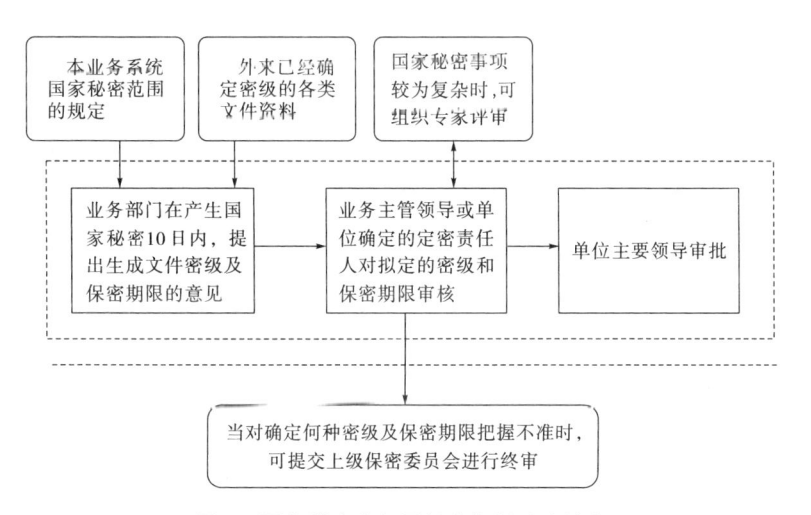

图1　国家秘密密级及保密期限确定流程

（二）涉密文件复制工作规范

因工作需要经常复制涉密文件资料，如果涉密文件复制管理不善，极易造成失泄密隐患。复制涉密文件的工作流程见图2。

```
┌─────────────────┐      ┌────────────────────────────────┐
│ 因工作需要复    │      │ 复印审批表应包含：复制文件资料 │
│ 制涉密文件资料，│------│ 的名称、密级、复制份数、发放范围│
│ 需填报复印审批表│      │ 及复制理由，以及具备审批权限的 │
│                 │      │ 部门或领导签章。               │
└────────┬────────┘      └────────────────────────────────┘
         │
         ▼
┌─────────────────┐      ┌────────────────────────────────┐
│ 在涉密文件资    │      │ 涉密文件资料定点印制点是指：经 │
│ 料定点印制点制作│------│ 单位保密委员会授权的涉密文件资 │
│                 │      │ 料复印室、文印室、印刷厂等。   │
└────────┬────────┘      └────────────────────────────────┘
         │
         ▼
┌─────────────────┐      ┌────────────────────────────────┐
│ 复印件应加盖    │      │ 复制的涉密文件资料须加盖专用戳 │
│ "涉密文件资料定 │------│ 记，复印被再复制时，仍需继续加 │
│ 点复印"专用戳记 │      │ 盖戳记，使涉密文件的复制和流转 │
│                 │      │ 过程始终受控。专用戳记应包括标 │
│                 │      │ 明复制单位、复印份数和页数等相 │
│                 │      │ 关信息。                       │
└────────┬────────┘      └────────────────────────────────┘
         │
         ▼
┌─────────────────┐      ┌────────────────────────────────┐
│ 复印件使用单    │      │                                │
│ 位应履行签收手  │------│ 复印以后按密级管理编号。       │
│ 续，纳入文件台  │      │                                │
│ 账管理          │      │                                │
└─────────────────┘      └────────────────────────────────┘
```

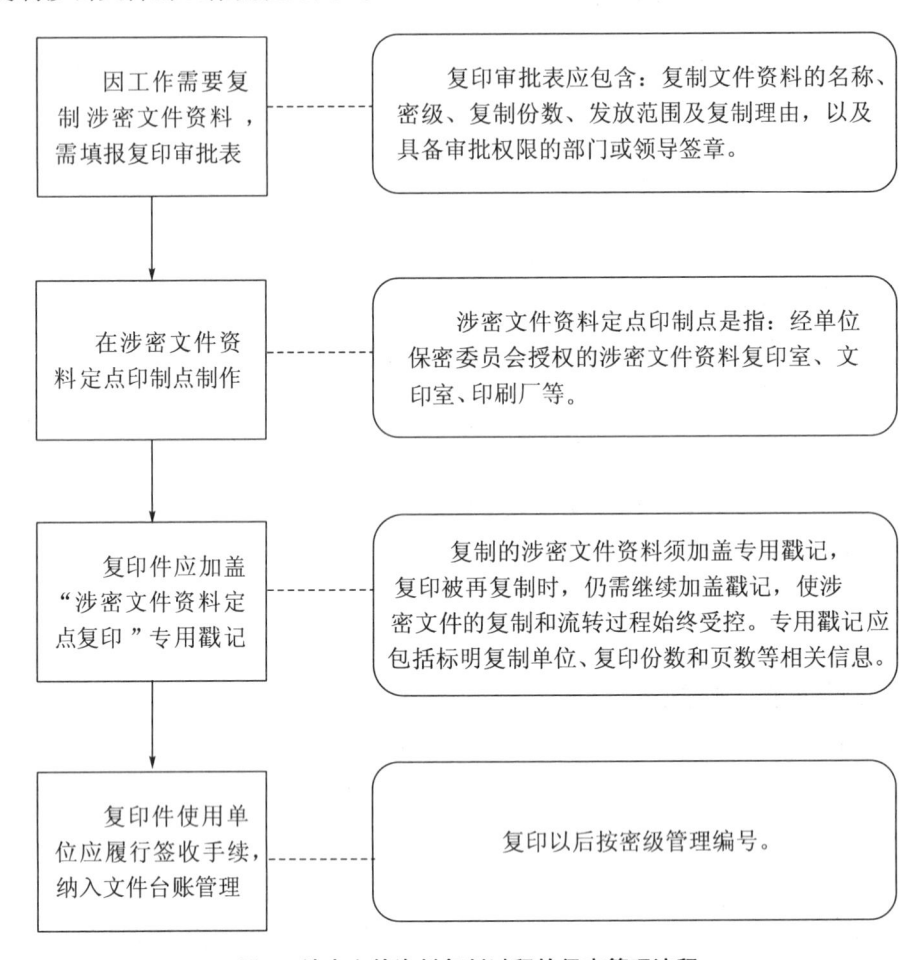

图2　涉密文件资料复制过程的保密管理流程

（三）文件保密措施管理规范

办公室主要从以下几个方面采取措施，加强管理，确保涉密文件安全，见图3。

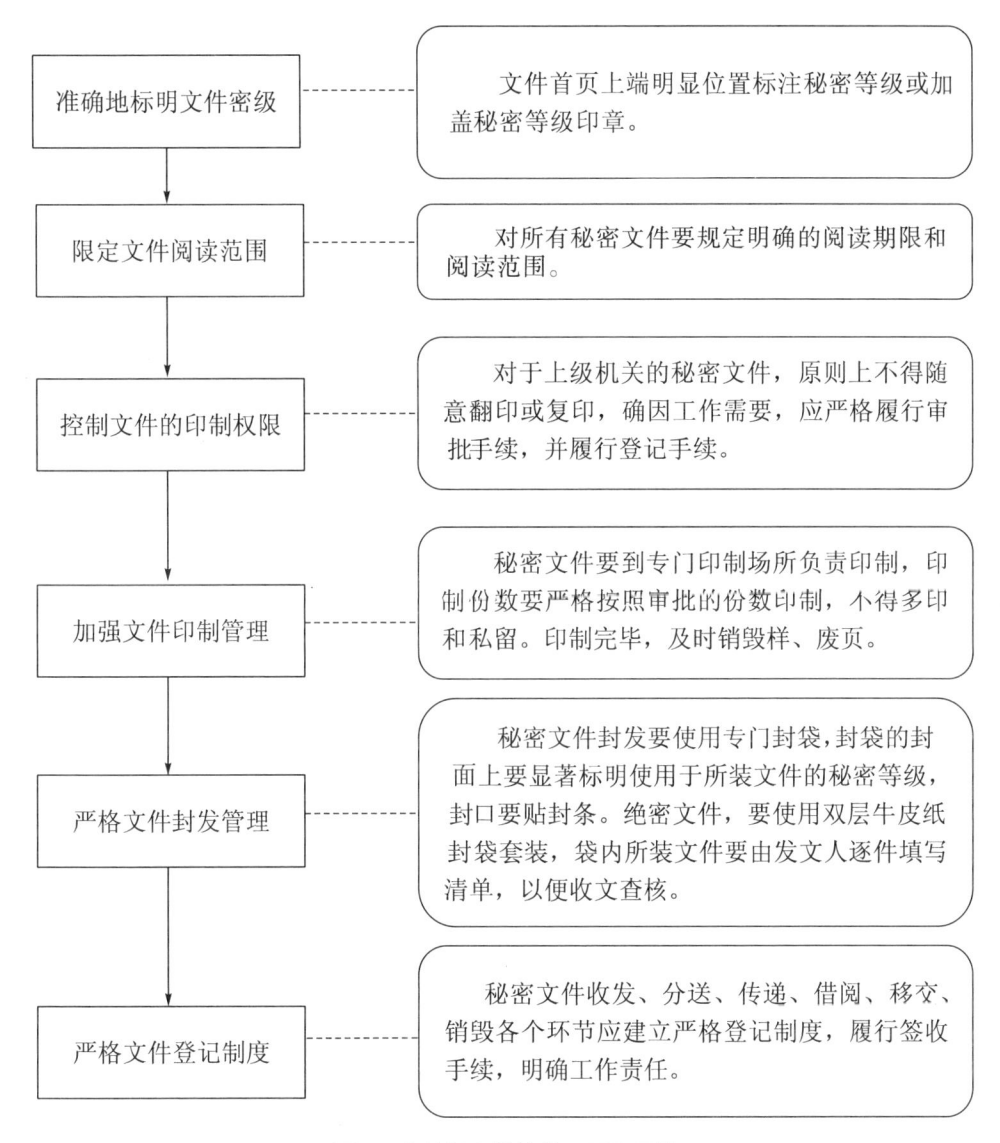

```
┌──────────────────┐         ┌────────────────────────────────┐
│ 准确地标明文件密级 │---------│ 文件首页上端明显位置标注秘密等级或加│
└──────────────────┘         │ 盖秘密等级印章。                │
         │                   └────────────────────────────────┘
         ▼
┌──────────────────┐         ┌────────────────────────────────┐
│ 限定文件阅读范围  │---------│ 对所有秘密文件要规定明确的阅读期限和│
└──────────────────┘         │ 阅读范围。                      │
         │                   └────────────────────────────────┘
         ▼
┌──────────────────┐         ┌────────────────────────────────┐
│ 控制文件的印制权限 │--------│ 对于上级机关的秘密文件，原则上不得随│
└──────────────────┘         │ 意翻印或复印，确因工作需要，应严格履行审│
         │                   │ 批手续，并履行登记手续。          │
         ▼                   └────────────────────────────────┘
┌──────────────────┐         ┌────────────────────────────────┐
│ 加强文件印制管理  │---------│ 秘密文件要到专门印制场所负责印制，印│
└──────────────────┘         │ 制份数要严格按照审批的份数印制，不得多印│
         │                   │ 和私留。印制完毕，及时销毁样、废页。│
         ▼                   └────────────────────────────────┘
┌──────────────────┐         ┌────────────────────────────────┐
│ 严格文件封发管理  │---------│ 秘密文件封发要使用专门封袋，封袋的封│
└──────────────────┘         │ 面上要显著标明使用于所装文件的秘密等级，│
         │                   │ 封口要贴封条。绝密文件，要使用双层牛皮纸│
         │                   │ 封袋套装，袋内所装文件要由发文人逐件填写│
         │                   │ 清单，以便收文查核。              │
         ▼                   └────────────────────────────────┘
┌──────────────────┐         ┌────────────────────────────────┐
│ 严格文件登记制度  │---------│ 秘密文件收发、分送、传递、借阅、移交、│
└──────────────────┘         │ 销毁各个环节应建立严格登记制度，履行签收│
                             │ 手续，明确工作责任。              │
                             └────────────────────────────────┘
```

图 3　文件保密措施管理工作流程

二、涉密信息存储介质管理

（一）涉密信息存储介质管理规范

涉密信息存储介质（计算机硬盘、移动硬盘、U 盘、光盘、软盘、磁带、录音带等）管理应遵循"谁使用、谁负责"的原则，做好涉密信息存储介质的保密管理工作。其管理要求和工作流程见图 4。

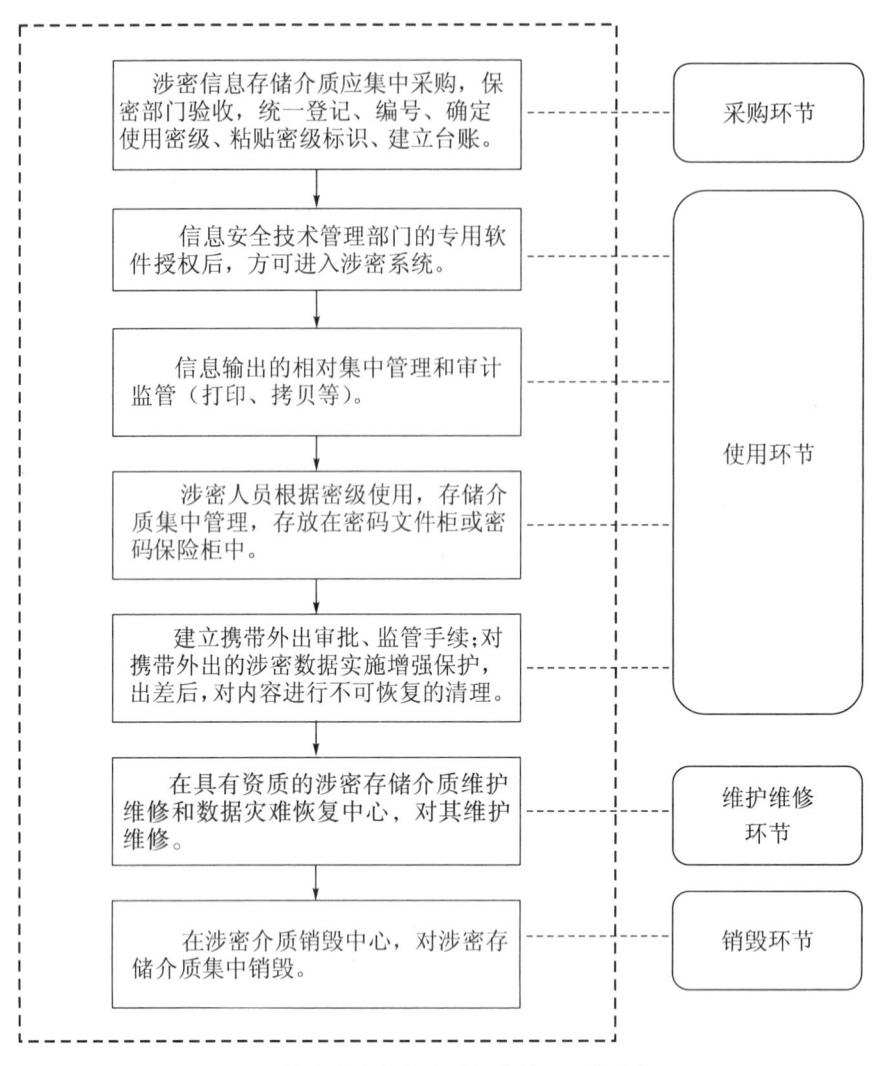

```
┌─────────────────────────────────────────────────────────┐
│  ┌──────────────────────────┐                           │
│  │ 涉密信息存储介质应集中采购， │                           │
│  │ 保密部门验收，统一登记、编号、│ ------- ┌─────────┐    │
│  │ 确定使用密级、粘贴密级标识、 │         │ 采购环节 │    │
│  │ 建立台账。                │         └─────────┘    │
│  └─────────┬────────────────┘                           │
│            ▼                                            │
│  ┌──────────────────────────┐                           │
│  │ 信息安全技术管理部门的专用  │ -------┐               │
│  │ 软件授权后，方可进入涉密系统。│        │               │
│  └─────────┬────────────────┘        │               │
│            ▼                          │               │
│  ┌──────────────────────────┐        │               │
│  │ 信息输出的相对集中管理和审计 │ -------┤               │
│  │ 监管（打印、拷贝等）。      │        │               │
│  └─────────┬────────────────┘        │  ┌─────────┐  │
│            ▼                          ├──│ 使用环节 │  │
│  ┌──────────────────────────┐        │  └─────────┘  │
│  │ 涉密人员根据密级使用，存储介 │ -------┤               │
│  │ 质集中管理，存放在密码文件柜 │        │               │
│  │ 或密码保险柜中。           │        │               │
│  └─────────┬────────────────┘        │               │
│            ▼                          │               │
│  ┌──────────────────────────┐        │               │
│  │ 建立携带外出审批、监管手续； │ -------┘               │
│  │ 对携带外出的涉密数据实施增强 │                        │
│  │ 保护，出差后，对内容进行不可 │                        │
│  │ 恢复的清理。              │                        │
│  └─────────┬────────────────┘                           │
│            ▼                                            │
│  ┌──────────────────────────┐        ┌─────────┐       │
│  │ 在具有资质的涉密存储介质维护 │ -------│ 维护维修 │       │
│  │ 维修和数据灾难恢复中心，对其 │        │  环节   │       │
│  │ 维护维修。                │        └─────────┘       │
│  └─────────┬────────────────┘                           │
│            ▼                                            │
│  ┌──────────────────────────┐        ┌─────────┐       │
│  │ 在涉密介质销毁中心，对涉密存 │ -------│ 销毁环节 │       │
│  │ 储介质集中销毁。           │        └─────────┘       │
│  └──────────────────────────┘                           │
└─────────────────────────────────────────────────────────┘
```

图 4　涉密信息存储介质保密管理工作流程

（二）携带涉密信息存储介质外出管理

因工作需要，经常会有携带涉密载体外出的情况。为减少因携带涉密载体外出引发的失泄密风险，应履行以下程序：

第十部分 机要保密工作规范

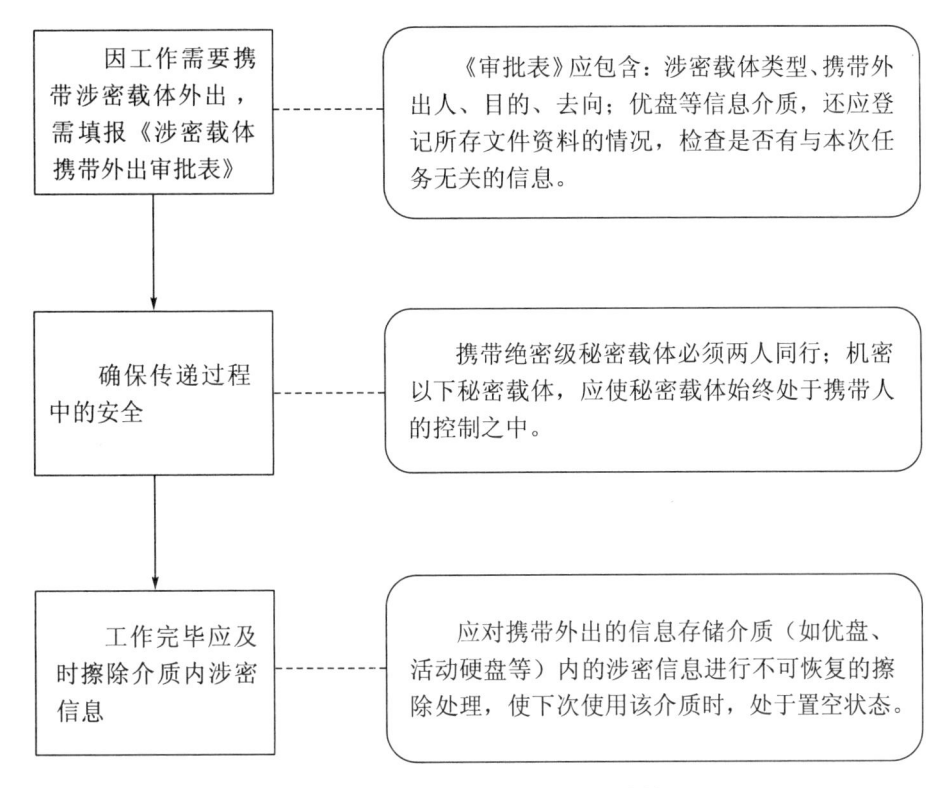

```
┌─────────────────┐         ┌──────────────────────────────────┐
│ 因工作需要携带  │         │ 《审批表》应包含：涉密载体类型、 │
│ 涉密载体外出，  │- - - - -│ 携带外出人、目的、去向；优盘等信 │
│ 需填报《涉密载体│         │ 息介质，还应登记所存文件资料的情 │
│ 携带外出审批表》│         │ 况，检查是否有与本次任务无关的信 │
└────────┬────────┘         │ 息。                             │
         │                  └──────────────────────────────────┘
         ▼
┌─────────────────┐         ┌──────────────────────────────────┐
│ 确保传递过程    │         │ 携带绝密级秘密载体必须两人同行；ö│
│ 中的安全        │- - - - -│ 机密以下秘密载体，应使秘密载体始 │
│                 │         │ 终处于携带人的控制之中。         │
└────────┬────────┘         └──────────────────────────────────┘
         │
         ▼
┌─────────────────┐         ┌──────────────────────────────────┐
│ 工作完毕应及    │         │ 应对携带外出的信息存储介质（如优 │
│ 时擦除介质内涉  │- - - - -│ 盘、活动硬盘等）内的涉密信息进行 │
│ 密信息          │         │ 不可恢复的擦除处理，使下次使用该 │
│                 │         │ 介质时，处于置空状态。           │
└─────────────────┘         └──────────────────────────────────┘
```

图 5　涉密信息存储介质携带外出的保密管理流程

【文例】

×××单位携带涉密载体外出审批表

部　门		经办人		联系电话	
涉密载体	名　称				
	类　别	□文件　　□资料　　□音像音带　　□便携式计算机 □优盘　　其他			
	密　级	□绝密　　　□机密　　　□秘密			
	携带外出 事由及去向				
	载体所含涉密内容目录及密级是否在单位（部门）备案				
处（室）审批意见（携带机密载体外出）： 　　审批领导（签字）：　　　　　　　　　　　　　　　年　　月　　日（公章）					

续表

厅（局）主管领导审批意见（携带绝密载体外出）： 审批领导（签字）：　　　　　　　　　　　　　　　年　　月　　日	
单位保密委员会备案意见：　　　　　　　　　　　　　（公章） 　　　　　　　　　　　　　　　　　　　　　　年　　月　　日	
备注	

三、涉密会议管理

办公室工作中经常涉及涉密会议，涉密会议保密管理流程见图6。

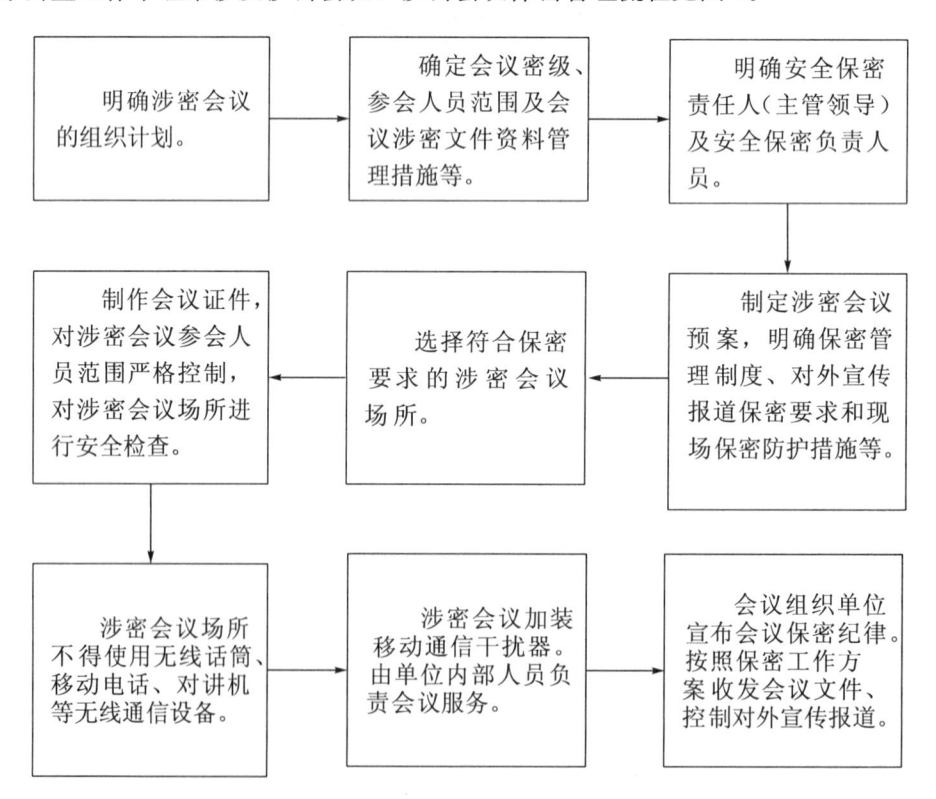

```
明确涉密会议       →   确定会议密级、       →   明确安全保密
的组织计划。           参会人员范围及会         责任人（主管领导）
                      议涉密文件资料管         及安全保密负责人
                      理措施等。               员。
                                                    ↓
制作会议证件，     ←   选择符合保密       ←   制定涉密会议
对涉密会议参人         要求的涉密会议           预案，明确保密管
员范围严格控制，       场所。                   理制度、对外宣传
对涉密会议场所进                                报道保密要求和现
行安全检查。                                    场保密防护措施等。
     ↓
涉密会议场所       →   涉密会议加装       →   会议组织单位
不得使用无线话筒、      移动通信干扰器。         宣布会议保密纪律。
移动电话、对讲机       由单位内部人员负         按照保密工作方
等无线通信设备。       责会议服务。             案收发会议文件、
                                                控制对外宣传报道。
```

图6　涉密会议保密管理流程

四、对外业务交流和宣传报道文稿的保密管理

办公室工作系统经常涉及对外宣传报道等工作事项。根据保密要求,凡属国家秘密事项,未经批准,不得公开宣传报道。对外公开报道或发布的信息,应履行一定的保密审查程序。其工作流程见图7。

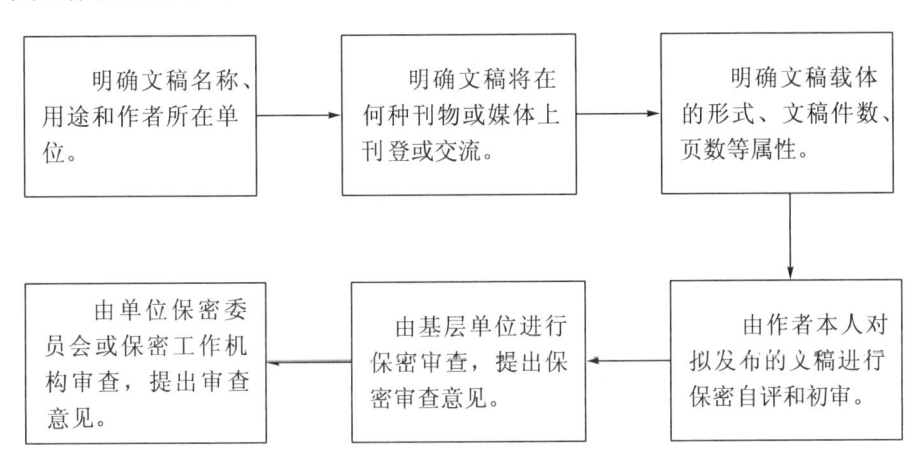

```
┌─────────────┐      ┌─────────────┐      ┌─────────────┐
│明确文稿名称、│ ───> │明确文稿将在 │ ───> │明确文稿载体 │
│用途和作者所在│      │何种刊物或媒体│      │的形式、文稿件│
│单位。        │      │上刊登或交流。│      │数、页数等属性│
└─────────────┘      └─────────────┘      └──────┬──────┘
                                                  │
                                                  ▼
┌─────────────┐      ┌─────────────┐      ┌─────────────┐
│由单位保密委 │ <─── │由基层单位进行│ <─── │由作者本人对 │
│员会或保密工作│      │保密审查,提出│      │拟发布的文稿进│
│机构审查,提出│      │保密审查意见。│      │行保密自评和初│
│审查意见。   │      │             │      │审。          │
└─────────────┘      └─────────────┘      └─────────────┘
```

图7 对外业务交流和宣传报道文稿的保密管理流程

【文例】

对外业务交流和宣传报道文稿保密审查表

文稿题目	
文稿用途	
作者(执笔人)姓名	职务 职称
作者所在部门	

文稿拟在何时、何地(国)、何种刊物或会议刊登、交流、报送:

文稿投稿方式:

文稿载体形式、文稿件数、页数:

续表

| 作者本人自评估意见： |
| 签　名：
年　月　日 |
| 基层单位保密审查意见： |
| 签　名：
年　月　日 |
| 单位保密委员会审查意见： |
| 审查人签名：　　（公章）
年　月　日 |

五、涉密音像制品的保密管理

办公室工作经常涉及摄录涉密会议、领导活动等涉密内容和事项，为确保涉密音像制品的保密安全，应履行以下工作流程：

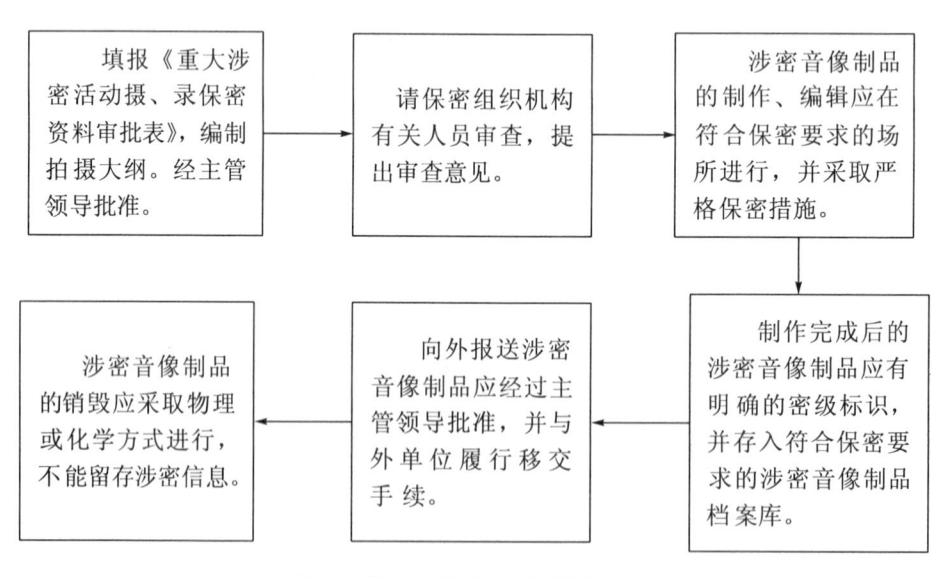

填报《重大涉密活动摄、录保密资料审批表》，编制拍摄大纲。经主管领导批准。 → 请保密组织机构有关人员审查，提出审查意见。 → 涉密音像制品的制作、编辑应在符合保密要求的场所进行，并采取严格保密措施。

制作完成后的涉密音像制品应有明确的密级标识，并存入符合保密要求的涉密音像制品档案库。

向外报送涉密音像制品应经过主管领导批准，并与外单位履行移交手续。

涉密音像制品的销毁应采取物理或化学方式进行，不能留存涉密信息。

图 8　涉密音像制品保密管理流程

【文例】

密　级：　　★

重大涉密活动摄、录保密资料审批表

申 请 部 门			申 请 人		
摄、录对象				密级	
摄、录保密资料理由					
摄、录大纲					
摄、录部门			摄、录者（责任人）		
使用器材					
资料由何人在何处保管（或提供给何单位）					
基层单位领导意见		签　名： 年　　月　　日			
单位保密委员会审批意见		审批人签名：（公章） 年　　月　　日			

六、涉密工作工勤人员的保密管理

办公室工作中的工勤人员大致包含服务员、会议室工作人员、清洁人员及其他临时聘用、借用人员。由于相关服务工作有机会涉及国家秘密，因此，需要加强对工勤人员的保密管理，防止泄密事件发生。工勤人员的保密管理流程见图9。

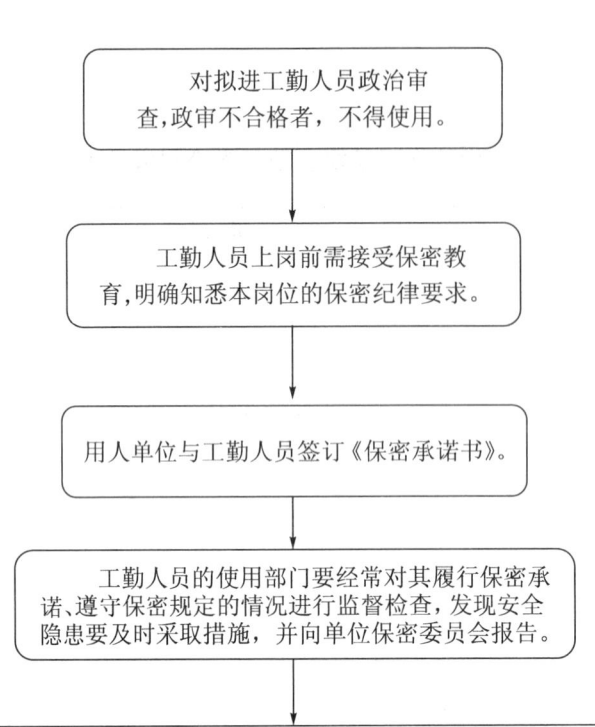

```
┌─────────────────────────────┐
│  对拟进工勤人员政治审       │
│  查,政审不合格者,不得使用。 │
└──────────────┬──────────────┘
               ↓
┌─────────────────────────────┐
│  工勤人员上岗前需接受保密教 │
│  育,明确知悉本岗位的保密纪律要求。│
└──────────────┬──────────────┘
               ↓
┌─────────────────────────────┐
│  用人单位与工勤人员签订《保密承诺书》。│
└──────────────┬──────────────┘
               ↓
┌─────────────────────────────┐
│  工勤人员的使用部门要经常对其履行保密承│
│  诺、遵守保密规定的情况进行监督检查,发现安全│
│  隐患要及时采取措施,并向单位保密委员会报告。│
└──────────────┬──────────────┘
               ↓
┌──────────────────────────────────────────────┐
│  工勤人员的基本保密要求:                     │
│  (1)进入办公区域进行设备安装、设施维修、保洁及其他服务时,应由指定工│
│  作人员带领,有两人以上同时在场。             │
│  (2)不准翻看、动用办公室内的文件、资料、电脑及其他物品。│
│  (3)不准在工作期间到工作岗位以外的办公区域走动,做与本职工作无关的事情。│
│  (4)不准与他人谈论涉及机关的国家秘密事项。   │
└──────────────────────────────────────────────┘
```

图 9 工勤人员保密管理流程

七、机要传输、通信及办公自动化保密管理

在机要传输、通信和办公自动化管理工作中,经常涉及涉密信息。为确保信息安全,现分别说明其保密管理流程。

（一）机要传输保密管理工作流程

```
┌─────────────────────────────┐
│ 经部门领导同意，对拟传输的  │
│ 涉密文件资料进行登记、核实。│
└──────────────┬──────────────┘
               ↓
┌─────────────────────────────┐
│ 将拟传输的涉密文件资料送机  │
│ 要班或机要室工作人员，并履行│
│ 登记手续                    │
└──────────────┬──────────────┘
               ↓
┌─────────────────────────────┐
│ 由机要人员通过专门交通工具安│
│ 全送到指定单位或部门。对于涉│
│ 密电子文档需要通过机要密码传│
│ 真传送。                    │
└──────────────┬──────────────┘
               ↓
┌───────────────────────────────────┐
│ 机要传输的基本要求：              │
│ （1）对于机要传输的涉密文件信息必 │
│ 须经主管领导同意。未经许可，不得擅│
│ 自通过机要传输涉密文件或信息。    │
│ （2）涉密文件和信息不得通过普通传 │
│ 真机、普通邮寄或互联网传输。      │
│ （3）涉密电子文档或信息必须通过机 │
│ 要密码传真或加密的保密网络进行传输│
│ 。                                │
│ （4）机要通信必须选择安全的交通路 │
│ 线。                              │
└───────────────────────────────────┘
```

图 10　机要传输保密管理工作流程

（二）计算机及办公自动化设备的保密工作流程

```
┌─────────────────────────────────┐
│ 对各类计算机、存储介质及办公自动化设 │
│ 备在使用前，进行登记、建档、标明密级、粘 │
│ 贴密级标识，建立健全分类工作台账。    │
└─────────────────────────────────┘
                │
                ▼
┌─────────────────────────────────┐
│ 涉密计算机应设置符合要求的三级口令： │
│ 开机口令、操作系统口令和屏保口令。涉 │
│ 密计算机不能降密使用。              │
└─────────────────────────────────┘
                │
                ▼
┌─────────────────────────────────┐
│ 涉密计算机及涉密信息系统应采用电磁干 │
│ 扰技术或屏蔽技术。不得连接国际互联网，与 │
│ 互联网必须实行物理隔离。            │
└─────────────────────────────────┘
                │
                ▼
┌─────────────────────────────────┐
│ 定期、不定期对涉密计算机及涉密信息系 │
│ 统进行安全检查。建立定期查杀病毒、漏洞 │
│ 检测、安全审计机制，完善技术安全防范策略。│
└─────────────────────────────────┘
                │
                ▼
┌─────────────────────────────────┐
│ 涉密计算机报废或维修前，要拆除涉密存 │
│ 储介质。在指定的维护维修中心进行维修维护。│
└─────────────────────────────────┘
```

图 11　计算机及办公自动化设备保密工作流程

（三）办公通信保密工作流程

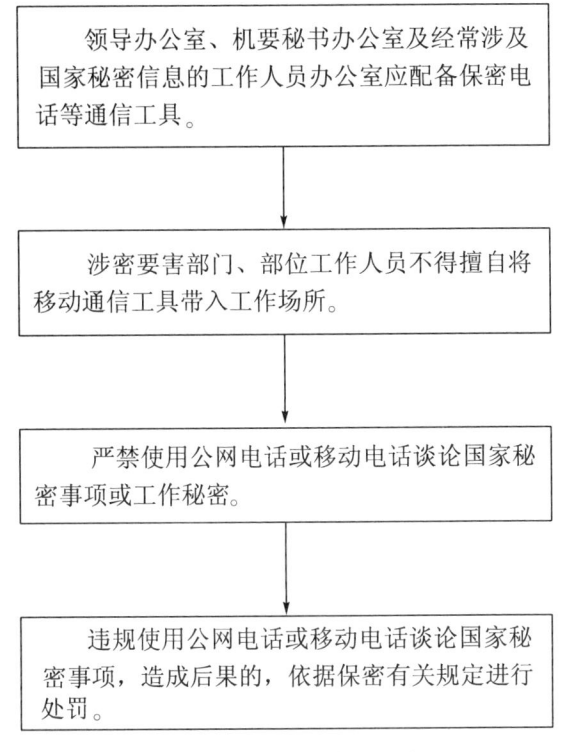

```
┌─────────────────────────────────┐
│ 领导办公室、机要秘书办公室及经常涉及 │
│ 国家秘密信息的工作人员办公室应配备保密 │
│ 电话等通信工具。                  │
└─────────────────────────────────┘
                │
                ▼
┌─────────────────────────────────┐
│ 涉密要害部门、部位工作人员不得擅自将 │
│ 移动通信工具带入工作场所。          │
└─────────────────────────────────┘
                │
                ▼
┌─────────────────────────────────┐
│ 严禁使用公网电话或移动电话谈论国家秘 │
│ 密事项或工作秘密。                │
└─────────────────────────────────┘
                │
                ▼
┌─────────────────────────────────┐
│ 违规使用公网电话或移动电话谈论国家秘 │
│ 密事项，造成后果的，依据保密有关规定进行 │
│ 处罚。                          │
└─────────────────────────────────┘
```

图 12　办公通信保密工作流程

八、公众信息用户入网的保密管理

随着办公自动化工作的普及和发展，办公室系统使用公众信息网和互联网的频率也越来越高。根据《计算机信息系统国际互联网保密管理规定》（国保发〔1999〕10 号），必须加强对公众信息网和互联网的保密管理，履行必要的审批程序。

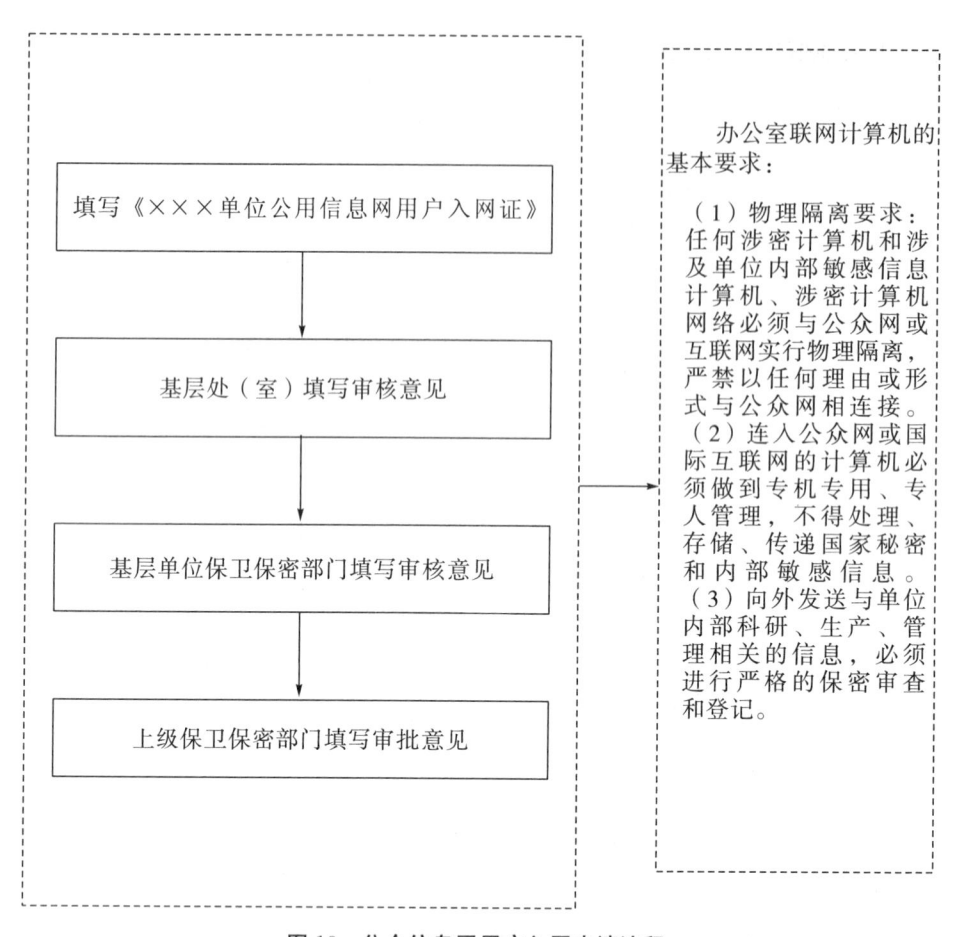

```
┌─────────────────────────────────────┐     ┌──────────────────┐
│                                     │     │ 办公室联网计算机的 │
│   ┌───────────────────────────┐    │     │ 基本要求：        │
│   │ 填写《×××单位公用信息网用户入网证》│    │                  │
│   └───────────────────────────┘    │     │ （1）物理隔离要求：│
│                │                    │     │ 任何涉密计算机和涉│
│                ▼                    │     │ 及单位内部敏感信息│
│   ┌───────────────────────────┐    │     │ 计算机、涉密计算机│
│   │    基层处（室）填写审核意见    │    │     │ 网络必须与公众网或│
│   └───────────────────────────┘    │     │ 互联网实行物理隔离，│
│                │                    │◀────│ 严禁以任何理由或形│
│                ▼                    │     │ 式与公众网相连接。│
│   ┌───────────────────────────┐    │     │ （2）连入公众网或国│
│   │ 基层单位保卫保密部门填写审核意见 │    │     │ 际互联网的计算机必│
│   └───────────────────────────┘    │     │ 须做到专机专用、专│
│                │                    │     │ 人管理，不得处理、│
│                ▼                    │     │ 存储、传递国家秘密│
│   ┌───────────────────────────┐    │     │ 和内部敏感信息。  │
│   │  上级保卫保密部门填写审批意见  │    │     │ （3）向外发送与单位│
│   └───────────────────────────┘    │     │ 内部科研、生产、管│
│                                     │     │ 理相关的信息，必须│
│                                     │     │ 进行严格的保密审查│
│                                     │     │ 和登记。          │
└─────────────────────────────────────┘     └──────────────────┘
```

图 13　公众信息网用户入网申请流程

【文例】

单位公用信息网《用户入网证》

本《用户入网证》是您上网和获得服务的凭证，请您务必妥善保存。

开 户 信 息		用 户 信 息	
用户编号		姓　名		性别	
代理账号		身份证号码	
代理账号密码		联系电话	
邮件地址		工作单位	
邮箱密码		本机网卡 IP 地址	
收件服务器		办　理　人	
发件服务器		相 关 信 息	
DNS 服务器		代理服务器	

续表

部门（室）意见		用户接待	
		账号开通	
		开通日期： 年 月 日	
涉密信息清查情况	基层保卫保密部门意见：	上级保卫保密部门意见：	

【文例】

单位接入网用户责任书

单位接入网的用户必须依法履行维护国家安全和保守国家秘密的义务，严格遵守以下规定：

一、使用××单位接入网业务应遵守国家的有关法律、法规和行政规章制度以及本单位的所有网络规章。

二、上网前对上网计算机进行严格涉密信息清理和保密检查，不使用未经保密检查的计算机上网。

三、主动接受和配合保密部门检查，已入网计算机不再处理、存储涉密信息。

四、未经允许，不得在网上发布单位及其下属单位内部事务、动态等方面的信息。

五、严格遵守网络国家惯例不向他人发送恶意的挑衅性信息。

六、不利用单位接入网从事危害国家安全、泄露国家秘密活动和黑客活动，不制作、复制、传播计算机病毒，不侵犯国家、社会、集体利益和公民合法权益，不利用网络从事其他违法犯罪活动。

七、不利用单位接入网制作、复制、查阅和传播下列信息：

    1. 煽动抗拒、破坏宪法和法律、行政法规实施的；

    2. 煽动颠覆国家政权，推翻社会主义制度的；

    3. 煽动分裂国家、破坏国家统一的；

    4. 煽动民族仇恨、民族歧视、破坏民族团结的；

    5. 捏造或者歪曲事实，散布谣言，扰乱社会秩序的；

    6. 宣扬封建迷信、淫秽、色情、赌博、暴力、凶杀、恐怖、教唆犯罪的；

    7. 公然侮辱他人或者捏造事实诽谤他人的；

    8. 损害国家机关信誉的；

    9. 其他违反宪法和法律、行政法规的。

八、对在网上出现的由于用户违规或误操作造成的任何后果，由用户承担其法律责任。

作为单位接入网的用户,本人(单位)已认真阅读和同意遵守以上规定,如有违反,自愿接受处罚直至承担任何法律责任。

用户签字:

年　　月　　日

九、接待工作的保密管理

接待工作是办公室系统一项十分重要的工作,工作质量的好坏影响着单位的形象。处理好接待与保密的关系,做到有利公务、热情周到、务实节俭,既遵循接待礼仪,又不违反保密规定。

(一)外事接待保密工作流程

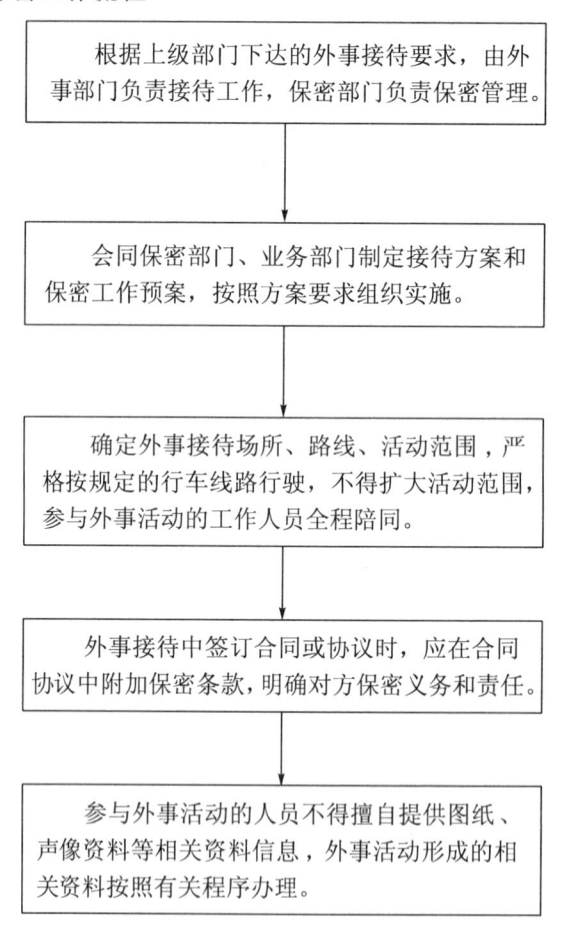

```
根据上级部门下达的外事接待要求,由外
事部门负责接待工作,保密部门负责保密管理。
              ↓
会同保密部门、业务部门制定接待方案和
保密工作预案,按照方案要求组织实施。
              ↓
确定外事接待场所、路线、活动范围,严
格按规定的行车线路行驶,不得扩大活动范围,
参与外事活动的工作人员全程陪同。
              ↓
外事接待中签订合同或协议时,应在合同
协议中附加保密条款,明确对方保密义务和责任。
              ↓
参与外事活动的人员不得擅自提供图纸、
声像资料等相关资料信息,外事活动形成的相
关资料按照有关程序办理。
```

图 14　外事接待保密工作流程

（二）政务接待保密工作流程

```
┌─────────────────────────────────────┐
│ 根据上级机关下达的接待要求、活动内容、    │
│ 日程安排，制定接待活动方案。              │
└─────────────────┬───────────────────┘
                  ↓
┌─────────────────────────────────────┐
│ 明确接待活动的保卫保密责任人、活动路线、  │
│ 参观范围、参观场所。                     │
└─────────────────┬───────────────────┘
                  ↓
┌─────────────────────────────────────┐
│ 一二级接待的警卫工作，由当地公安部门      │
│ 根据实际，制定严密的安全警卫方案，并报当  │
│ 地主管部门领导审批后组织实施。一二级接    │
│ 待任务的信息必须加密传递。其他来宾的保卫  │
│ 工作应根据工作需要，由当地公安部门负责安  │
│ 排。                                    │
└─────────────────┬───────────────────┘
                  ↓
┌─────────────────────────────────────┐
│ 当地部门领导的汇报材料由对口办公室和      │
│ 相关部门负责准备，并报有关领导审定。涉及  │
│ 国家秘密的，必须严格履行保密程序。        │
└─────────────────┬───────────────────┘
                  ↓
┌─────────────────────────────────────┐
│ 接待活动结束后，有关接待活动的汇报材料、  │
│ 活动的图片、影像资料等，按照有关规定归档管│
│ 理。                                    │
└─────────────────────────────────────┘
```

图 15　政务接待保密工作流程

第十一部分　办公室应急处理工作规范

顾　问：罗振宇　中共四川省委党校（四川行政学院）公共管理教研部主任、教授
主　编：刘晓博　成都市青羊区政府办公室主任、区政府应急管理办公室主任
副主编：周　平　成都市青羊区政府应急管理办公室副主任
参　编：宋　斌　成都市青羊区政府办公室
　　　　尹显鑫　成都市青羊区政府办公室
　　　　刘　颖　成都市青羊区政府办公室
　　　　严　旭　成都市青羊区政府应急管理办公室

应急处理工作是指在发生突发公共事件情况下的一种非常态的管理模式和政府行为，是针对突发公共事件的应急措施。突发公共事件是指突然发生，造成或者可能造成重大人员伤亡、财产损失、生态环境破坏和严重社会危害、危及公共安全、需要采取应急处置措施予以应对的自然灾害、事故灾难、公共卫生事件和社会安全事件。

办公室作为综合协调机构，在应急处置工作中地位重要、责任重大，在突发事件应急处理工作这个大系统中，各级各类机关单位办公室主要承担管理服务、综合协调、监督指导、参谋咨询等工作。

突发事件是指突然发生，造成或者可能造成严重社会危害的事件。

一、应急处理工作概述
（一）应急处理工作的重要性

在当前落实科学发展观、构建和谐社会的形势下，我们应更加重视和加强应急处理工作，提高政府应对突发事件的能力，预防和减少自然灾害、事故灾难、公共卫生和社会安全事件及其造成的损失，保障国家安全，保障人民群众生命财产安全，维护社会稳定。

加强应急处理工作重要性	贯彻落实科学发展观的必然要求	目前我国处于改革和发展的关键时期，社会利益关系错综复杂，会不断出现一些新情况、新问题，重大自然灾害、重大安全事故、重大公共卫生事件和社会安全事件难以避免。突发事件不仅给人民群众生命财产造成巨大损失，还会影响社会稳定，甚至对国家安全和经济社会发展全局产生重大影响。因此，加强应急处理工作势在必行，这是深入贯彻落实科学发展观、促进经济和社会健康发展的必然要求。
	构建和谐社会的内在要求	加强应急处理，提高预防和处置突发公共事件的能力，是坚持以人为本、保障社会稳定、构建和谐社会的内在要求。保障人民群众利益和生命财产安全，最大限度地减少突发事件造成的人员伤亡和危害，是我们做好应急处理工作的出发点。

续表

全面履行政府职能的重要方面	当今世界，危机管理在任何一个国家都是政府的一项重要职能，是衡量政府管理水平和执政能力的重要指标。因此，需要将应急处理作为当前政府建设的一项紧迫任务。提高预防和处置突发公共事件的能力是全面履行政府职能、进一步提高行政能力的重要内容和迫切要求。

（二）应急处理工作的主要类型

类型	突发事件示例
自然灾害	水旱灾害，台风、冰雹、雪、高温等气象灾害；地震、山体崩塌、滑坡、泥石流等地质灾害；森林火灾和重大生物灾害等等。
事故灾难	民航、铁路、公路、水路、轨道交通等重大交通运输事故，工矿企业、建筑工程、公共场所及机关、企事业单位发生的各类重大安全事故，造成重大影响和损失的供水、供电、供油和供气等城市生命线事故以及通信、信息网络、特种设备等安全事故，核辐射事故，重大环境污染和生态破坏事故等。
公共卫生事件	突然发生、造成或可能造成社会公共健康严重损害的重大传染病疫情、群体性不明原因疾病、重大食物和职业中毒，重大动物疫情以及其他严重影响公众健康的事件
社会安全事件	包括重大刑事案件、涉外危机、恐怖袭击事件以及规模较大的群体性突发事件等。

针对突发事件的上述分类，应急处理工作也对应地分为：自然灾害应急处理工作、事故灾难应急处理工作、公共卫生事件应急处理工作和社会安全事件应急处理工作。

（三）应急处理工作的基本原则

以人为本	要切实履行政府的社会管理和公共服务职能，把保障公众健康和生命财产安全作为首要任务，最大限度地减少突发公共事件及其造成的人员伤亡和危害。
预防为主，预防与应急预防相结合	要高度重视公共安全工作，常抓不懈，防患于未然。增强忧患意识，坚持预防与应急相结合，常态与非常态相结合，做好应对突发公共事件各项准备工作。
统一领导，分级负责	在上一级政府的统一领导下，建立健全分类管理、分级负责，条块结合、属地管理为主的应急管理体制。在各级党委政府实行行政领导责任制，充分发挥专业应急指挥机构的作用。
资源整合	充分利用现有的人力、技术、物资和信息应急资源，按照条块结合、降低成本、提高效率的要求，科学整合，避免重复建设。
依法规范，加强管理	依据有关法律、法规、规章，加强应急管理，维护公众的合法权益，使应对突发公共事件的工作规范化、制度化、法制化、科学化。
社会动员，广泛参与	充分动员和发挥社区、企事业单位、社会团体和志愿者队伍的作用，依靠公众力量，形成统一指挥、反应灵敏、功能齐全、协调有序、运转高效的社会化应急管理机制和有效的社会动员机制，增强全民公共安全和防范风险的意识，提高全社会的避险救助能力。

（四）突发公共事件应急管理工作流程

1. 突发公共事件应急管理工作流程

```
                         ┌─────────────────┐
                         │  一般突发公共    │
                         │   事件发生       │
                         └────────┬────────┘
                                  │
┌──────────────────┐              ▼
│   预警信息        │     ┌─────────────────────┐
│（事发地乡镇或     │     │    先期处置          │◄──────┐
│ 县级有关部门）    │────►│（事发地乡镇或有关部门）│       │
└──────────────────┘     └──────────┬──────────┘       │
                                    │                   │
                                    ▼              ┌────┴────┐
┌──────────────────┐     ┌─────────────────┐      │ 信息反馈 │
│ 上报县级政府      │     │   信息报告       │  N   └─────────┘
│ 有关领导并提      │◄────┤（县级政府应急办）├─────────┘
│ 出处置意见        │     └──────────┬──────┘
└──────────────────┘                │
                                    │ Y
┌──────────────────┐                │              ┌─────────────────┐
│ 向县级政府有      │     启动相关应急预案          │   县级政府       │
│ 关部门和乡镇      │     （县级政府批准）          │ 相关应急指挥机构运作│
│ 传达领导指示      │                ▼              └─────────────────┘
└──────────────────┘     ┌─────────────────┐                ▲
                         │    应急响应      │       ┌─────────────────┐
┌──────────────────┐     │（以乡镇为主）    │──────►│ 县级政府派工作组 │
│ 上报市政府、      │     └──────────┬──────┘       │    及专家组     │
│ 并县委           │                │              └─────────────────┘
└──────────────────┘                │              ┌─────────────────┐
                                    │              │ 启动相关应急保障预案│
                                    ▼              └─────────────────┘
                         ┌─────────────────────────────┐
                         │         指挥与协调           │
                         │（县级政府、县级应急指挥机构， │
                         │        事发地乡镇）           │
                         └──────────────┬──────────────┘
                                        ▼
                         ┌─────────────────────────────┐
                         │          应急结束            │
                         │（县级政府或县级相关应急指挥机构批准）│
                         └──────────────┬──────────────┘
                                        ▼
                         ┌─────────────────────────────┐
                         │  善后处置、调查评估、恢复重建  │
                         │（县级有关部门和事发地乡镇）   │
                         └─────────────────────────────┘
```

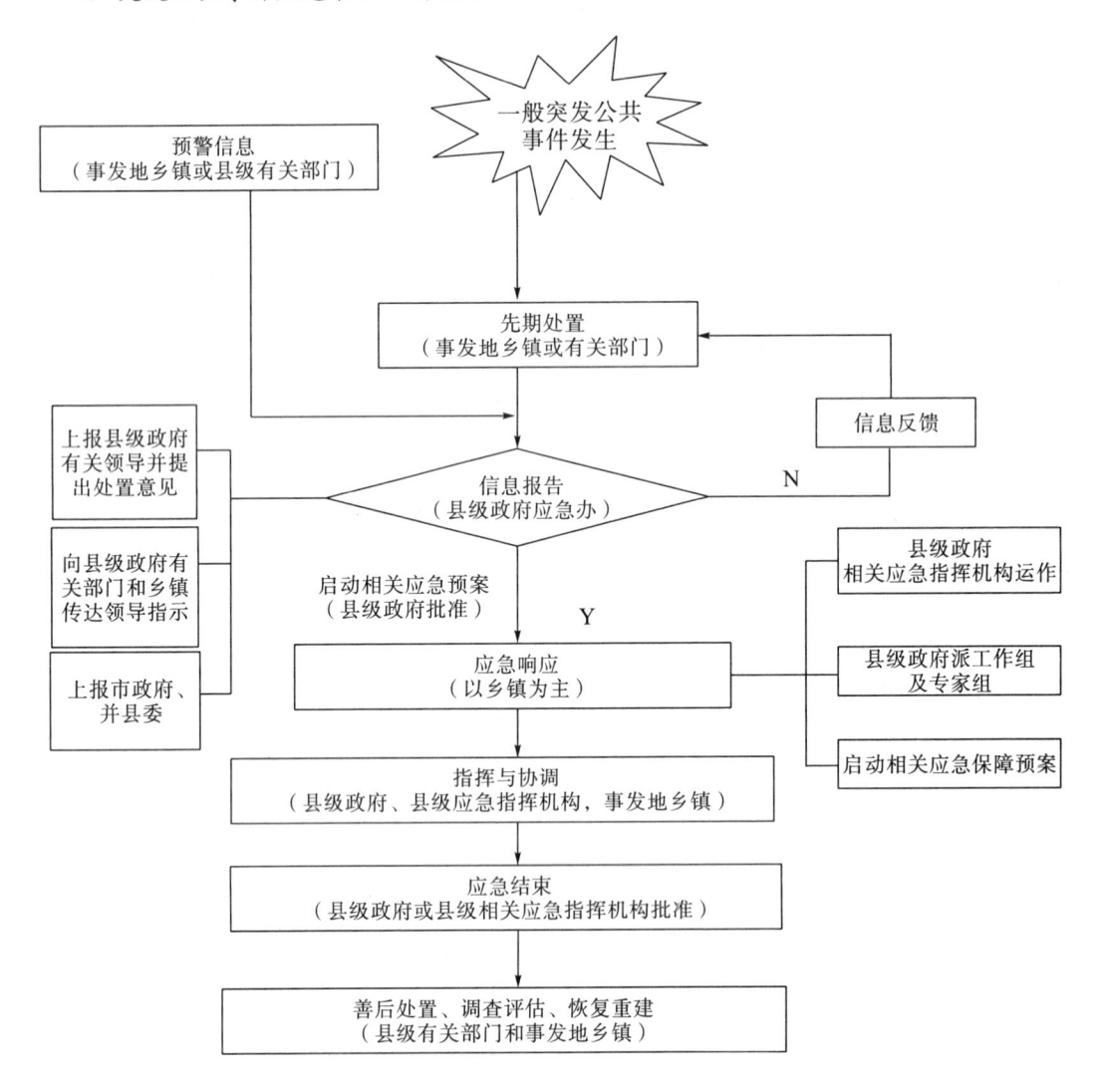

2. 特别重大、重大、较大突发公共事件应急管理工作流程

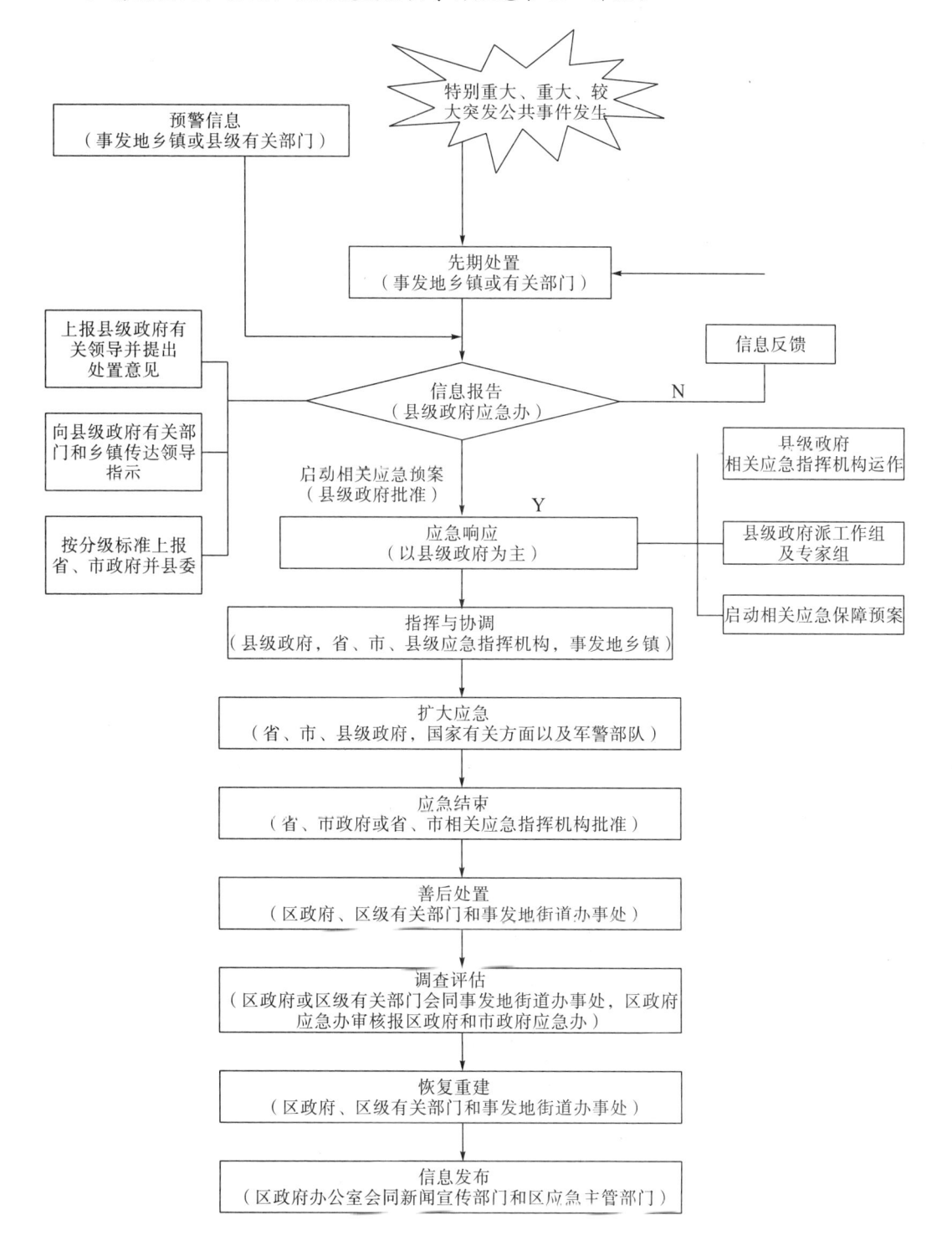

```
                         ┌─────────────────┐
                         │ 特别重大、重大、较 │
                         │ 大突发公共事件发生 │
                         └────────┬────────┘
                                  ↓
┌──────────────────┐     ┌─────────────────┐
│    预警信息       │     │    先期处置      │
│(事发地乡镇或县级  │────→│(事发地乡镇或有关 │←──────┐
│   有关部门)      │     │     部门)       │       │
└──────────────────┘     └────────┬────────┘       │
                                  ↓                 │
┌──────────────────┐                         ┌──────────┐
│上报县级政府有关领 │              ↓           │ 信息反馈 │
│导并提出处置意见   │         ╱信息报告╲   N  │          │
└──────────────────┘────────│(县级政府│─────→└──────────┘
┌──────────────────┐        │ 应急办) │
│向县级政府有关部门 │         ╲        ╱
│和乡镇传达领导指示 │──────────── ↓ ────────────
└──────────────────┘        启动相关应急预案     ┌───────────────┐
┌──────────────────┐        (县级政府批准)      │  县级政府相关  │
│按分级标准上报省、 │              ↓     Y       │ 应急指挥机构运作│
│ 市政府并县委     │        ┌─────────────┐     └───────────────┘
└──────────────────┘        │   应急响应   │     ┌───────────────┐
                            │(以县级政府  │────→│ 县级政府派工作组│
                            │   为主)    │     │   及专家组     │
                            └──────┬──────┘     └───────────────┘
                                   ↓             ┌───────────────┐
                            ┌─────────────┐     │启动相关应急保障│
                            │  指挥与协调  │     │     预案       │
                            │(县级政府,省、│     └───────────────┘
                            │市、县级应急指│
                            │挥机构,事发地│
                            │    乡镇)    │
                            └──────┬──────┘
                                   ↓
                            ┌─────────────┐
                            │  扩大应急    │
                            │(省、市、县级│
                            │政府,国家有关│
                            │方面以及军警部│
                            │    队)      │
                            └──────┬──────┘
                                   ↓
                            ┌─────────────┐
                            │  应急结束    │
                            │(省、市政府或│
                            │省、市相关应急│
                            │指挥机构批准)│
                            └──────┬──────┘
                                   ↓
                            ┌─────────────┐
                            │  善后处置    │
                            │(区政府、区级│
                            │有关部门和事发│
                            │地街道办事处)│
                            └──────┬──────┘
                                   ↓
                            ┌─────────────┐
                            │  调查评估    │
                            │(区政府或区级│
                            │有关部门会同事│
                            │发地街道办事处│
                            │,区政府应急办│
                            │审核报区政府和│
                            │市政府应急办)│
                            └──────┬──────┘
                                   ↓
                            ┌─────────────┐
                            │  恢复重建    │
                            │(区政府、区级│
                            │有关部门和事发│
                            │地街道办事处)│
                            └──────┬──────┘
                                   ↓
                            ┌─────────────┐
                            │  信息发布    │
                            │(区政府办公室│
                            │会同新闻宣传部│
                            │门和区应急主管│
                            │    部门)    │
                            └─────────────┘
```

二、办公室应急处理工作

突发公共事件运行职能包括决策、组织、协调、控制四个方面。突发公共事件决策不

同于平常时期的常规程序性及确定性决策，即是一种"非常规应急性决策"。它要求决策者在相当有限的时间里、相当有限资源的情况下，如信息相当不对称的情况下作出的决策快速反应。决策者面临突发性、紧急性、灾难性和决策安全利益核心价值的矛盾所带来的紧张压力，在利用的信息、时间资源相当紧张，决策后果难以预料，并且对自身利益构成威胁的情况下都需要当机立断。

因此，要求决策流程要简化、决策方式要集中、决策过程要快速、决策结果要科学。这些事件发生以后，下级通常使用最快捷方式向上级机关报告并请示处理方法，在这种情况下，作为上级行政机关办公室的工作人员，要在第一时间内搞清楚事件发生的时间、地点、报告人对现场情况的描述以及请求事项。然后，根据下级的报告情况，提出拟办意见，呈请领导批示，并且将领导批示意见回复到报告人。报告人要按照上级领导的意见进行处理，并且及时汇报处理的情况，上级领导同时也不断地根据情况调整处理的策略。在这个过程中间，办公室负责沟通上级和下级之间的联系，传达信息，发布指示和命令。最后，在事件结束之后，将处理结果进行汇报，呈请有关领导签批、分类归档。

（一）办公室应急处理工作主要内容

信息处理工作	突发公共事件发生后，下级通常使用最快捷方式向上级机关报告并请示处理方法。在这种情况下，作为机关单位办公室工作人员，要搞清楚事件发生的时间、地点、现场情况以及需请求事项，并在第一时间内报送有关部门或者接报后，立即提出拟办意见，呈请领导批示，及时将领导批示意见传达到报告单位或者有关部门。在这个过程中间，办公室负责沟通上级和下级之间的联系，传达信息，发布指示和命令。
管理服务工作	（1）对下发或上传的应急公文、文字资料的归类管理，即负责公文的收发、传递等各个环节的具体事宜； （2）应急工作日常事务管理，如应急处理工作会议的安排，会场的布置，上级部门和领导交办的相关应急事宜的电话联系和电话通知事项，日常应急工作的值班、通信联系等； （3）信息处理，即利用计算机网络等各种现代化手段，统一接收、汇总、分析情况并及时向上级部门和领导报送重要信息； （4）搞好服务，即为应急工作而提供全方位的应急处置保障。
综合协调工作	（1）统一步调，突发公共事件处置时对所涉及部门进行组织协调； （2）合理安排，协助领导安排好决策实施过程中的人和事，将矛盾解决在萌芽之中。
监督指导工作	（1）出现突发事件时，及时监测工作进度，检查工作质量； （2）督办； （3）指导部门应急预案体系建设； （4）通过传达、制定有关方针政策及作出解释进行指导。
参谋咨询工作	（1）充分利用现代化手段，多渠道，多方位为领导决策搜集提供各种相关信息； （2）协助决策，发挥参谋、助手作用。

（二）办公室应急处理工作的基本原则

法政工作原则	办公室是政治性、原则性、从属性很强的综合部门，应急处理工作又是组织性、纪律性、机密性要求很高的工作。因此，在具体处理突发事件的过程中，一定要讲政治方向、政治立场、政治观点、政治纪律。在组织实施领导决策和具体突发事件的过程中，一定要在国家法律允许的前提下，按照国家的法律法规进行工作，既讲政治，更讲法律。
严格程序工作原则	突发事件具有较强的社会影响性，如果处理不当，将直接影响到政府在人民群众中的形象。因此，办公室应急工作一定要严格按照应急处理工作程序主动开展工作。
主动协调工作原则	应急工作是一项系统化的工作，它涉及面广，头绪多，这就要求我们要有较强的主动协调能力。只有通过及时有效的协调，才能充分保障我们的应急处置机能能够高效运转。
及时高效工作原则	应急工作具有很强的突发性和紧急性的特点，因此，我们在具体工作中，在及时、准确掌握信息动态的同时，必须做到不拖延、不失误，始终坚持办一事结一事。
信息反馈工作原则	办公室应急工作之一是为领导科学决策进行全方位服务，要形成一套有秩序的指挥、联络系统，一套有效运转的应急处理工作体系。在这个过程中，有大量的决策、指令下达，有大量来自四面八方的信息。办公室就是完成这些承上启下、沟通八方、文件吞吐、信息集散的枢纽部门。因此，办公室在搜集整理信息的过程中，要达到突发事件信息—决策—执行—反馈—再决策的良性循环。

（三）办公室应急处理工作的基本流程

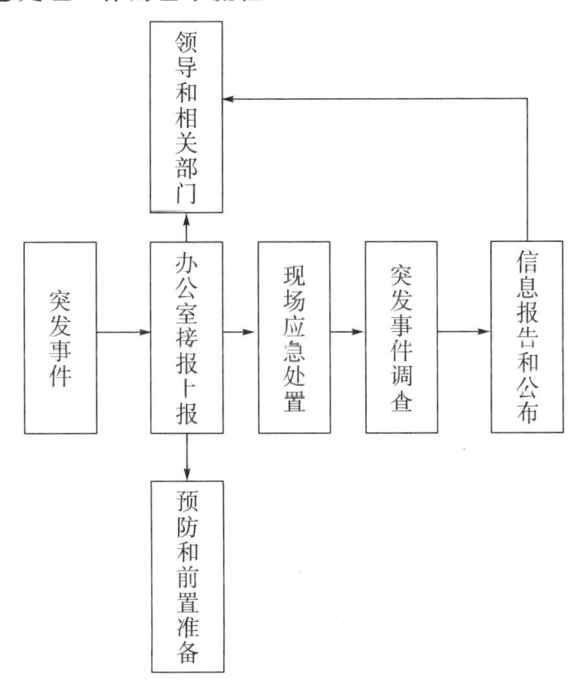

突发事件 → 办公室接报上报 → 现场应急处置 → 突发事件调查 → 信息报告和公布 → 领导和相关部门（反馈至办公室接报上报）

办公室接报上报 → 预防和前置准备

（四）办公室应急处理工作的关键环节

办公室要保证应急工作及时有效地进行，关键在于应急预案的制定、现场应急处置和应对网络媒体等三大环节。

应急预案制定力求具有可操作性	在制定应急预案过程中,要把增强预案的可操作性放在重要位置,这是保证应急工作及时有效进行的前提。
现场应急处置力求严格按程序进行	突发事件现场情况复杂,头绪多。在具体现场处置时,应严格遵循"程序工作原则",按事先制定的应急预案逐步有序进行。
应对媒体网络力求规范引导	突发公共事件与公众利益关系紧密,受众的关注度和参与度高。在具体应对媒体网络时,应按及时、准确、归口管理、主渠道的原则,主动、客观地反映事件真相。

三、突发事件预防和前置准备中的办公室工作

(一)协助领导确立应急机制

主要是指协助领导针对突发事件建立统一领导、综合协调、分类管理、分级负责、属地为主的应急管理体制。

具体工作主要包括:协助领导组成应急小组,制订工作计划;协助领导确定联络方案,保障信息畅通;协助领导开设热线电话,收集各方资讯;协助领导协调有关单位共同开展应急处理工作。

(二)受命拟定处突预案

办公室应负责协助领导制定或牵头制定相关处置突发事件应急预案。

突发事件应急预案主要涵盖:突发事件总体应急预案、突发事件专项应急预案、突发事件部门应急预案、突发事件地方应急预案、企事业单位根据有关法律法规制定的应急预案、举办大型会展和文化体育等重大活动等应急预案六个部分,各类预案还需根据实际情况变化,由指定单位及时修订完善,并与专项预案和部门预案构成相辅相成的预案体系。

综合应急预案包含的主要内容示例如下:

综合应急预案主要内容		
主要章节	章节主要内容	内容说明
总则	编制目的	简述预案编制的目的、作用等。
	编制依据	简述预案编制所依据的国家法律法规、规章,以及有关行业管理规定和技术规范和标准等。
	适用范围	说明应急预案适用的区域范围,以及事故的类型、级别。
	应急预案体系	说明本单位应急预案体系的构成情况。
	工作原则	说明本单位应急工作的原则,内容应简明扼要、明确具体。
危险性分析		主要阐述本单位存在的危险源与风险分析结果。
组织机构及职责	应急组织体系	明确应急组织形式,构成单位或人员,并尽可能以结构图的形式表示出来。
	指挥机构及职责	明确应急指挥机构总指挥、副总指挥、各成员单位及其相应职责。

续表

预防与预警	危险源监控	明确本单位对危险源监测监控的方式、方法，以及采取的预防措施。
	预警行动	明确事故预警条件、方式、方法和信息的发布程序
	信息报告与处置	按照有关规定，明确事故及未遂伤亡事故信息报告与处置办法。
应急响应	应急分级	针对事故危害程度、影响范围和单位控制事态能力，将事故分为不同的等级。按照分级负责的原则，明确应急响应级别。
	响应程序	根据事故的大小和发展态势，明确应急指挥、应急行动、资源调配、应急避险、扩大应急等响应程序。
	应急结束	明确应急终止的条件。应急结束后，应明确：①事故情况上报事项；②需向事故调查处理小组移交的相关事项；③事故应急救援工作总结报告。
信息发布		明确事故信息发布的部门，发布原则。
后期处置		主要包括污染物处理、事故后果影响消除、生产秩序恢复、善后赔偿、抢险过程和应急救援能力评估及应急预案的修订内容。
保障措施		根据本单位应急工作需要而确定其他相关保障措施。
培训与演练	培训	明确对本单位人员开展的应急培训计划、方式和要求。
	演习	明确应急演练的规模、方式、频次、范围、内容、组织、评估、总结等内容。
奖惩		明确事故应急救援工作中奖励和处罚的条件和内容。
附则	术语和定义	对应急预案涉及的一些术语进行定义。
	应急预案备案	明确本应急预案的报备部门。
	维护和更新	明确应急预案维护和更新的基本要求，定期进行评审，实现可持续改进。
	制定与解释	明确应急预案负责制定与解释的部门。
	应急预案实施	明确应急预案实施的具体时间。

（三）组织应急知识培训和实战演练

组织各类应急管理干部和相关人员进行应急知识培训和实战演练，是提高应对突发公共事件的能力，培养适应工作需要的应急管理干部队伍和复合型应急管理人才，培训基层应急管理骨干力量，检验预案可操作性的重要途径。办公室在组织应急知识培训和实战演练时，可采取如下流程实施。

1. 组织应急知识培训实施流程

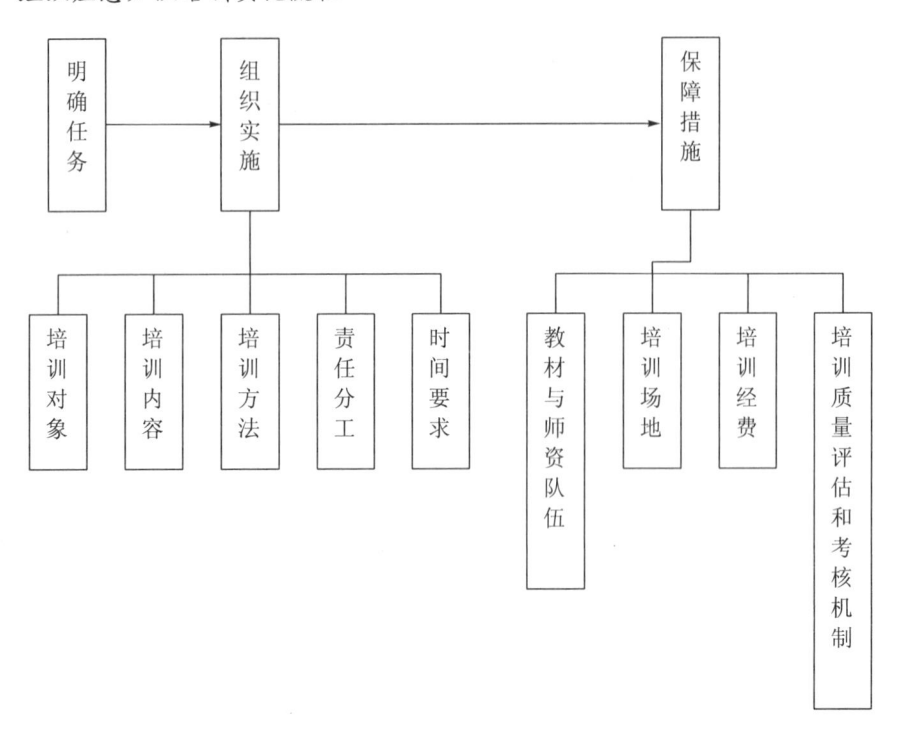

```
明确任务 → 组织实施 → 保障措施
```

组织实施下属：培训对象、培训内容、培训方法、责任分工、时间要求

保障措施下属：教材与师资队伍、培训场地、培训经费、培训质量评估和考核机制

2. 组织应急演练工作项目

确定演练的指导思想	包括应急演练的指导思想、目的及意义。
明确演练的具体事项	包括演练的名称、时间、地点、形式等。
确定演练的组织系统	包括明确现场总指挥，成立应急演练处置组（包括：应急处突组、通信联络组、督查验收组、后勤保障组、专项业务处置组、善后处理组）。
制定演练程序及分工	
做好演练结果的反馈	

（四）协助组织应急志愿者行动

办公室应积极协助领导组织应急志愿者行动。主要工作包括：相关志愿者招募宣传、建立志愿者协会、创建志愿者服务站、培育志愿服务伙伴、发展志愿者服务队和服务团队、开展志愿者注册工作或为志愿者注册和服务提供便利、对志愿者进行培训、组织志愿者应急救援处置活动、建立健全激励表彰制度等工作。

（五）及时搜集预警信息

预警信息包括突发公共事件的类别、预警级别、起始时间、可能影响范围、警示事项、应采取的措施和发布机关等。掌握全面、准确的信息对于应急管理至关重要。办公室应建立一个多元化、全方位的信息搜集网络，将真实信息以完整形式搜集、汇总起来，并加以分析、处理，去粗取精、去伪存真，并通过快捷、高效信息网络将突发事件信息和事态发展情况传送到应急指挥系统和相关部门，从而保证信息的时效性、准确性和全面性，为应对处置突发事件提供可靠的信息基础。

四、突发事件的报告

（一）突发事件接报要求

必须及时准确、客观全面地报送突发公共事件信息，这是协助领导及时准确地掌握情况，妥善处置突发事件的重要依据和前提。

（二）突发事件报告原则

属地管理原则	依据突发事件分类管理、分级负责、条块结合、属地管理为主的应急管理体制，突发事件信息报告实行属地管理原则，发生地单位应及时向当地政府报告情况，当地政府应及时向上级政府报告。
时效原则	突发事件发生后，发生地的人民政府应在第一时间将突发事件信息上报到上一级政府，并立即采取措施控制事态发展，组织开展应急救援和处置工作。
真实客观原则	报告务求真实客观反映现场情况，不容任何虚假、掩饰。

（三）突发事件报告规定和要求

报告主体		地方各级人民政府是突发事件信息报告的责任主体。
报告对象		事发单位应立即向当地政府报告突发事件信息。地方各级人民政府应当按照国家有关规定向上级人民政府报送突发事件信息。县级以上人民政府有关部门应当向本级人民政府相关部门通报突发事件信息。专业机构、监测网点和信息报告员应当及时向所在地人民政府及其有关主管部门报告突发事件信息。
报告程序	初始报告	事发单位、部门值班人员接到有关部门、单位关于发生突发公共事件的报告、电话、传真等后，必须尽可能将基本情况问清楚，并详细记录；同时，立即向当地政府报告。 突发事件发生后，发生地县级人民政府应当立即向上一级人民政府报告，必要时可以越级上报。单行法律法规对特定突发事件信息报告程序有规定的，从其规定。 应急值班人员对接收突发事件报告的时间、相关人员到位时间、领导的指示、采取的应对措施等全过程要作全面详细记录，以备事后查阅。
	进程报告	对情况复杂且处置时间长的事件应进行全程跟踪了解情况，随时续报跟踪进展情况。凡事件发生重大变化应及时续报有关情况；事件正常处置的，应每日汇总续报有关情况；有特殊报送要求的，按具体要求报送。
	结案报告	事件处理结束后，要在确认事件处理结束后，应组织调查评估，对事件的发生和处理情况进行总结，分析其原因、影响因素及责任，并提出今后对类似事件的防范和处置建议，写出总结性报告及时报送。
报告时限		《国家突发公共事件总体应急预案》规定，特别重大或者重大突发公共事件发生后，各地区、各部门要立即报告，最迟不得超过4小时。《突发公共卫生事件应急条例》规定，县级人民政府应当在接到报告后2小时内向设区的市级人民政府或者上一级人民政府报告；设区的市级人民政府应当在接到报告后2小时内向省、自治区、直辖市人民政府报告；省、自治区、直辖市人民政府应当在接到报告1小时内，向国务院卫生行政主管部门报告。

续表

报告内容	已发生突发事件信息报告主要内容	（1）事件发生的时间、地点和现场情况； （2）事件的经过、参与人员数量和评估的人员伤亡数、财产损失情况； （3）事件发生的原因分析； （4）事件发展趋势的分析、预测； （5）事件发生后已经采取的措施、效果及下一步工作方案； （6）其他需要报告的事项。
	预测预警信息主要内容	事件可能发生的时间、地点，预测预警信息来源、依据，可能影响的范围、造成的损失和后果，拟采取的措施和提出的工作建议等。
报告要求		有关单位和人员报送、报告突发事件信息，应当做到及时、客观、真实，不得迟报、谎报、瞒报、漏报。

五、突发事件现场处置中的办公室工作

（一）办公室参与处突现场工作的基本制度

首问责任制	在突发事件现场，遇有现场指挥领导或相关单位人员咨询突发事件情况时，办公室首位接待或受理的工作人员要认真解答、负责办理或引荐到相关部门。首位业务受理人即为首问责任人。首问责任人应按照以下程序办理：表明身份→来访登记→及时上报→分类办理。
主动协办制	在处理突发事件现场，办公室应主动向其他相关部门提供信息搜集、人员协作、部门联系等协助。要协助和配合应急主管部门做好本领域的应对处置工作；为应急处置工作提供相关方面的保障。
统筹协调制	在处突现场，各有关部门虽然已经进行了较为明确的分工，政府办公室仍应主动发挥综合协调的作用，对发生的现象和发现的问题，积极主动向其他相关部门沟通协调，协助有关部门工作的顺利开展。
工作主力制	要按照突发事件的类型，由行业主管部门或责任主体单位牵头负责处理突发事件。政府办公室要发挥好综合协调作用，为参与处理突发事件的政府领导决策服好务，并督促、指导行业主管部门或责任主体单位完成处突工作。
维稳强制制	以维护社会稳定为首，一切工作都要服从、服务于维护社会稳定。对需要向社会发布预警的突发公共事件，应及时发布预警。预警信息包括可能发生的突发公共事件类别、预警级别、起始时间、可能影响范围、警示事项、应采取的措施和发布机关等。预警信息的发布、调整和解除，可通过广播、电视、报刊、通信网络等公共媒体和组织人员逐户通知等方式进行。
领导亲临制	凡遇特大突发事件、重大突发事件或较大突发事件发生，办公室要按照突发事件等级，通知相应各级突发事件应急处理领导小组主要领导及成员单位主要负责人，及时到达突发事件现场，进一步查实情况，配合当地政府研究制定处理突发事件的工作方案和技术方案，对有关重大问题做出决策。
后勤保障制	办公室要协调相关部门做好处理突发事件的经费、物资、基本生活、医疗卫生、交通运输保障，社会治安维护，人员防护，通信保障、社会动员、公共设施供给、抢险装备调用、技术支持等保障。

（二）启动应急预案

一般突发公共事件发生后，事发地政府和有关部门根据突发事件等级启动相应预案，采取措施控制事态，并向上级政府办公室报告。办公室要及时介入，起好相应应急预案执行的监督、协调作用。

（三）为现场主要领导服务

为领导提供信息服务	接到各级、各部门报送的特别重大、重大、较大以及涉及敏感时间、地点和人群的突发事件信息，办公室立即进行核实研判，并按规定范围报送现场主要领导。接到新闻单位和其他渠道上报的突发事件信息，应速向事发地政府和有关部门核实，符合上报标准的，注明核实情况后，向现场主要领导报送。对于情况不够清楚、要素不全的特别重大、重大、较大以及涉及敏感时间、地点和人群的突发事件信息，要及时核实补充内容后报送。事件紧急、性质严重的，可边报告、边了解情况，并将后续情况及时报告现场主要领导。
为领导先期处置服务	任何突发公共事件发生后，事发地乡镇和事发单位办公室值班人员或者知情主任、副主任应协助乡镇或单位领导赶赴现场，组织指挥有关人员进行先期处置，控制事态发展并将处置情况随时报县政府相关应急主管部门和县应急办。
为领导亲临现场服务	为领导赴现场做好交通通信、信息、协调、安全等各项政务、事务服务。
为领导现场决策服务	根据现场主要领导决策需要，按照现场主要领导指示要求，及时起草文稿、快速文件办理、高效完成会议服务，为现场主要领导决策服好务。

六、突发事件处理后事件调查中的办公室工作

在特别重大、重大、较大和一般突发公共事件处置结束后，办公室要协助、配合政府、政府相关部门按照有关规定和程序，搞好事件调查评估工作。

（一）调查主体

突发应急事件调查主体为事发地县级以上政府或上级政府相关部门（例如安监局等）。各级政府、有关部门负责本地区、本系统突发公共事件信息的搜集、分析、处理，并及时上报上级政府。办公室负责信息的搜集、汇总、统计、分析后，供政府领导决策参考。

（二）成立事件调查组

调查组组成	按照突发事件类别，成立由同级政府主管部门牵头，相关部门参加的联合调查组。调查组应当遵循精简、效能的原则组成。调查组成员应当具有事件调查所需要的知识和专长，并与所调查的事件没有直接利害关系。调查组可以聘请有关专家参与调查。 调查组成员在事件调查工作中应当诚信公正、恪尽职守，遵守事件调查组的纪律，保守事故调查的秘密，未经调查组组长允许，调查组成员不得擅自发布有关事件的信息。 办公室要参加联合调查组，负责综合协调和督促，并为政府领导提供第一手资料。

续表

组长负责制	调查组组长由负责事故调查的人民政府指定。事故调查组组长主持事故调查组的工作，是调查工作的第一责任人，对本调查组工作负全面领导责任。
调查组职责	（1）查明事件发生的经过、原因、人员伤亡情况及直接经济损失； （2）认定事件性质和责任； （3）提出对事件责任者的处理建议； （4）总结事件教训，提出防范和整改措施； （5）提交事件调查报告。

（三）调查与取证

突发事件调查组要实地取证，对涉及人员做调查询问笔录，深入调查、研究、分析事件发生原因，评估事件的短期、中期、长期影响，确保事件调查结果的真实性，为突发事件后处置提供参考。

（四）事件调查报告撰写

报告内容、格式	标题	四项式标题	一般用这类标题，标明事发地点、时间、事件名称及属性、文种"调查报告"。
		公文式标题	例如《××××关于××企业×污染引发群体性事件的调查报告》
	正文主要内容		（1）调查工作简介，包括成员结构、调查过程等； （2）简介事故发生单位（地方）背景概况； （3）事件具体情况介绍，包括事故发生经过和事故救援情况，事故造成的人员伤亡和直接经济损失； （4）事故发生的原因和事故性质分析，事故责任的认定以及对事故责任者的处理建议； （5）事故防范和整改措施； （6）存在问题、困难及今后的工作建议。
	落款		标明撰制单位（或者调查组，并加盖公章）、成文日期。
	附件		附具有关调查取证材料，通常包括：调查组成员签名表，伤亡人员统计表，事件直接经济损失表，事件现场示意图，现场勘察（或技术鉴定）报告，主要证据清单等。
成文程序	起草拟稿		由主办工作人员撰写调查报告初稿。
	调查组审查调查报告		调查组组长主持召开事故调查组全体成员会议，审查调查报告；事故经过是否查清楚；原因分析，性质认定，责任分析是否准确；报告撰写是否符合要求等。发现存在问题的，根据实际情况补充调查或修改事故调查报告。
	领导核签		通常由主管机关领导集体审定签发。
	报送（及归档）		按规定报送当地政府或者上级政府（或者职能机关）后，事故调查工作即告结束。事故调查的有关资料应当归档保存。
撰写要求			要真实、客观、全面地反映事件发生的经过、分析事件发生的原因。

七、媒体网络应对与处突信息宣传工作

(一) 基本原则

时效原则	重大突发公共事件是舆论形成的集中激发点，突发事件的不可预知性，使其在事发之初往往会引发民众恐慌和对事件信息的渴求。因此，要充分尊重、保障并及时满足公众对突发事件的知情权，建立健全突发事件新闻发布快速反应、舆情收集和分析机制，在"第一时间"迅速及时披露突发公共事件信息，首先"占位"，先声夺人，正确引导舆论，形成相互信任、相互协作的良性关系。
真实原则	重大突发公共事件具有明显的冲突性，与群众利益息息相关。必须冷静、理智、客观尽快地向公众提供全面确切的信息，通过舆论宣传遏止流言蜚语，消除公众片面的、不确定的认识以及由此带来的紧张情绪和过激态度。
依法循规原则	新闻媒体必须严格遵守国家有关法律法规和新闻宣传纪律，自觉维护改革发展稳定大局，在法律政策框架内报道重大突发事件。应严格遵循"快报事实、慎报原因"的报道准则，同时避免"不报原因、瞒报原因"的情形发生。
权威原则	要积极发布和征询政府部门、权威专家、社会知名人士的意见，围绕重大突发公共事件邀请专家访谈，就事件处置、救援、修复、重建等请专家论述科学依据和结论，以使最终报道的信息和措施，得到社会各个不同方面的认同。
媒体整合原则	充分认识主动引导围绕一条新闻形成的"舆论"，重于发布一条新闻的价值，深度挖掘媒体的责任和力量，整合媒体运用多种传播手段，如在线调查、嘉宾访谈、网络评论等，在铺设"底色"后因势利导，在互动中形成主流意见。

(二) 注意事项

快速反应，在第一时间报道事件	时间是突发公共事件信息传播的第一要素，迟延会让受众产生疑惑、猜测和不满的心理和行为，甚至导致流言的出现和泛滥，会给突发事件的处置带来舆论压力。必须在事发后及时、快速让公众了解事件真相。这对于稳定民众心态、动员民众力量，具有重大意义。
注重信息，在服务中缓解意见冲突	重大突发公共事件公众参与度很高，会发出各种各样的声音。对一些较为片面、偏激的言论简单化地封堵，虽然可起到过关的作用，但也可能激化矛盾。因此要牢固树立大局意识、责任意识、民主意识，畅通民众诉求渠道，放大理性声音，缓解对立意见的冲突。
在解疑释惑中消除流言	收集到舆情后，要有针对性地通过新闻发布、网上发布主题帖、跟帖等形式解疑释惑，要跟进报道，大量报道如何去解决问题的应急措施、开展的具体工作、先进典型事例，让受众看到政府真正急民所急，尽快形成谅解和共识。
在背景前置中转移舆论焦点	要关注重大突发公共事件发生的渊源，发布历史状况、地域文化等背景性信息，实行阶段性的议题转换，引起受众的兴趣和注意，有效促进舆论和谐。

(三) 方式方法

严格初始信息发布	在舆论形成的初始阶段，社会公众是通过关注事件信息、传播事件信息来发表就事论事的情绪和意见，共同的意见倾向性还一时未形成，此时的舆论形态还只是信息初始形态。必须力求初始信息发布及时、准确、客观。

续表

注意信息发布整体设计	从报道策划、采编到制作，从程序到过渡设置，要巧妙衔接，有序推动。即以主阵地意识为重，公开公正地反映舆论，又为受众的意见发表提供途径，促进舆论合流。
制作系列信息，及时推进	内容要随着事件的进展不断完善，要提供一个全面了解事件和获取有关信息的平台，涵盖事件动态、变化、公众意见等信息，这不但体现出报道的速度，而且还针对了受众渐进的信息需求。
选择与受众平等的角度	在报道的深度和广度上拓展，挖掘负面事件的正面启示和教育意义，要为受众参与及讨论设定框架。

【文例】

应急管理工作考核指标

序号	考核内容	考核标准	单项分值	总分
1	机构建设	（1）建立和明确突发事件应急领导机构（1分）、指挥机构（1分）、办事机构（1分），明确工作职责（1分），落实专兼职工作人员和责任（1分）。	5分	13分
		（2）建立健全基层应急管理组织体系，街道办事处确定应急管理领导指挥机构（2分），相关部门确定应急管理领导指挥机构（2分），相关责任人员，明确工作职责。	4分	
		（3）确定驻区机关（1.5分）、学校（1.5分）和企事业单位（1分）专兼职应急管理责任人员，落实责任。	4分	
2	预案建设	（1）应急预案覆盖率达到95%以上。每少1个百分点扣0.5分。	4分	12分
		（2）机关、学校和企事业单位，社区等基层常见突发事件应急预案，覆盖率要达到95%。每少1个百分点扣0.5分。	4分	
		（3）区专项应急指挥部成员单位要编制与专项应急预案相匹配的部门应急预案达到100%。每少1个百分点扣0.5分。	4分	
3	救援队伍建设	（1）建立和明确了以公安（0.5分）、消防（0.5分）、卫生（0.5分）、民政（0.5分）为主的骨干应急救援队伍。	2分	10分
		（2）街道办事处组织基层警务人员、医务人员、民兵预备役人员、物业保安等建立基层应急队伍，覆盖率达100%。每少1个百分点扣0.5分。	2分	
		（3）根据每个专项应急预案要求，建立相应的应急专业救援队伍。每少一项扣0.5分。	2分	
		（4）组织机关、企事业单位建立和明确专兼职应急救援队伍达到90%。每少1个百分点扣0.5分。	2分	
		（5）根据专项应急预案要求，建立和明确应急专家队伍。每少一项扣0.5分。	2分	

续表

序号	考核内容	考核标准	单项分值	总分
4	风险排查	（1）建立健全风险排查工作程序及相关制度。	2分	12分
		（2）对危险源、危险区域进行全面调查登记（1.5分）和风险评估（1.5分）并建立相应的信息档案（2分）。	5分	
		（3）对危险源、危险区域落实检查、监控责任人。每少一项扣0.5分	1分	
		（4）对危险源、危险区域制定专项应急预案（2分）及疏散转移、安置方案（2分）。	4分	
5	应急演练	（1）根据已制定的专项应急预案拟定《应急演练方案》。每少一项扣0.5分	3分	8分
		（2）对已制定的应急演练方案进行演练，实际演练率达70%。每少一个百分点扣0.5分。	3分	
		（3）组织辖区内的学校进行应急预案演练，实际演练率达100%。每少一个百分点扣0.5分。	2分	
6	应急管理培训	（1）制定应急管理培训规划（1分）和培训大纲（1分）。	2分	6分
		（2）对街道办事处、社区应急机构管理人员进行应急知识培训。	2分	
		（3）对驻区机关、学校、企事业单位等基层单位专兼职应急管理人员进行预案编制与应用的培训。	2分	
7	应急知识宣传	（1）制定应急知识宣传普及工作规划和方案。	1分	7分
		（2）开展多种形式的应急知识宣传普及到基层活动。	2分	
		（3）面向社区、学校等基层单位编制和发放有关应急知识的宣传手册、挂图、传单等宣传资料。	4分	
8	应急保障	（1）建立健全应急物资储备制度（1分），结合本地实际制定应急物资储备总体规划（1分）。	2分	6分
		（2）结合危险源分类、危险区域特点，与有关企业签订应急物资、生活必需品和应急处置装备生产供给协议。	2分	
		（3）设立临时救助站、避难场所。	2分	
9	预警发布和信息报告	（1）建立健全突发事件预警发布、信息报告、通报的程序和制度。	2分	7分
		（2）建立完善辖区应急管理信息报告网络。	1分	
		（3）按有关要求向市政府应急办及时上报各类信息，每迟报、漏报、瞒报、误报一次扣0.5分，被通报一次扣1分。	4分	
10	财政保障	（1）根据应急管理工作的实际需要编制年度经费预算。	2分	3分
		（2）为应急管理工作所需经费提供财政保障。	1分	
11	保险和装备	（1）为专业救援人员购买人身意外伤害保险。每少一份扣0.5分（以收据为凭证）。	2分	4分
		（2）为专业救援人员配备必要的防护装备和器材。	2分	

续表

序号	考核内容	考核标准	考核分值 单项分值	总分
12	应对突发事件	（1）针对突发事件的性质迅速启动相关应急预案。	1分	10分
		（2）按照应急预案规定统一、准确、及时发布、上报有关突发事件事态发展和应急处置工作信息。	1分	
		（3）启用本级政府设置的财政预备费和储备的应急救援物资，必要时调用其他保护措施。	1分	
		（4）保障食品、饮用水、燃料、药品等基本必需品的供应。	1分	
		（5）采取必要措施防止次生、衍生事件的发生。	1分	
		（6）对突发事件造成的损失进行评估。	1分	
		（7）制定近期、中期和远期恢复重建计划。	1分	
		（8）修复被损坏的公共设施，组织做好恢复生产、生活和工作秩序。	1分	
		（9）对突发事件应对的各个环节进行评估，形成书面材料认真总结应急处置工作的经验教训。	1分	
		（10）凡应对突发事件不力，受到省、市通报批评的，此项不得分。	1分	
13	规划与总结	（1）应急管理工作有中期、长期规划。	1分	2分
		（2）应急管理工作年初有计划，年终有总结并及时上报市政府应急办。	1分	

备注：办公室应急管理工作考核实行百分制测评。由应急管理工作常设工作机构牵头，会同目标、监察部门共同组织实施。

××机关办公室应急处理来电处理签

报告栏	报告单位	
	报告人	
	联系办法	电话号码　　　　　　　其他联系方式
事由分类	自然灾害：
	重大事故灾害：
	公共卫生事件：
	群体性事件：
	其他：

续表一

	标题：			
标题与摘要	年　　月　　日　　时　　分			
	县（市）　　　乡镇（街道）　　　村　　　组			
	事件摘要：			
报告人请求事项				
拟办意见				
领导批示				
回复报告人	年　　月　　日　　时　　分			
	电话		其他方式	
	回复内容记录			

续表二

	报告单位	
报告人汇报处理结果	报 告 人	
	报告时间	年　　月　　日　　时　　分
	处理结果摘要：	
领导签批意见	年　　月　　日　　时　　分	
将领导签批意见回复报告人	电话	其他方式
	回复内容	

续表三

	报告单位	
最后处理结果汇报	报 告 人	
	报告时间	年　　月　　日　　时　　分
	处理结果摘要：	
领导签批		
归档时间		

第十二部分 领导政务服务工作规范

主　编：蔡达林　中共成都市成华区委办公室主任
副主编：邱长宝　中共成都市成华区委办公室副主任
　　　　　毛　军　中共成都市成华区委办公室副主任、区委政研室主任
参　编：李　伟　中共成都市成华区委办公室秘书二科科长
　　　　　耿　涛　中共成都市成华区委办公室秘书一科副科长
　　　　　周　赟　中共成都市成华区委政研室社会调研科科长

　　领导政务服务是指对领导参加各种公务活动所作的相关服务及其延伸工作。需特别说明的是，从广义上讲，领导公务活动包括了领导工作的全部内容，本书所指的领导公务活动，仅指办公厅（室）参与服务的领导活动。

　　做好领导政务服务，是办公厅（室）工作的重要内容。2014年5月8日，习近平总书记在中央办公厅调研视察时要求，办公厅同志要"紧紧围绕大局、时时聚焦大局、处处服务大局"，这实际上是对全体党政机关办公室的要求。服务大局，首先要抓好领导的政务服务，政务服务水平直接影响到领导机关和领导同志的工作实效，同时也体现出办公厅（室）工作的水平和质量。

领导政务服务工作基本要求	把握意图	上级有明确指示或领导已明确表明意图的，就应严格遵行；若没有明示意图的，要在平时深入研究上级或领导同志工作思路、观点、方法和工作部署的基础上，认真揣摩、仔细领会，确保服务更有针对性和实效性。
	统筹兼顾	安排领导政务服务时，不可见子打子，就调研安排调研、就会议安排会议，必须兼顾上级和本单位近期乃至长远的中心工作，兼顾领导的各方面工作，兼顾基层各单位工作，确保取得综合效益最大化。
	加强协调	在服务中必须密切配合，及时做好上下、左右、内外、前后等各方面协调，确保服务工作做到无缝对接、高效有序。
	注重细节	牢固树立"细节决定成败"意识，服务中的每个程序、环节都必须全面、具体、周到，操作时力求精益求精，确保不出纰漏、不留瑕疵。
	积极创新	在服务中必须与时俱进，解放思想，不因循守旧、满足状态，敢于打破传统思维定式，紧跟形势、紧贴领导推陈出新，创新服务理念、服务形式、服务途径，提高工作效率。
	临机应变	会议、活动和工作举行或开展前，必须制定相关应急预案，若遇到公共安全事件等紧急突发事件或发生变更时，立即启动预案，及时调整和修改工作方案，确保会议、活动和工作顺利进行并圆满结束。

续表

领导政务服务工作基本原则	超前服务原则	提高工作的预见性，超前预测领导需求，自觉及早安排各项工作，想领导之所想，谋领导之所需，急领导之所急，做到知之在早，思之在先，谋之在前，主动发挥"参谋""窗口""智囊"和"助手"作用。
	求真务实原则	必须恪尽职守，履职尽责，一丝不苟工作，尽心尽职干事，努力改进服务手段，提升服务质量，确保服务效果，优质高效搞好服务，做到领导放心、基层信任、群众满意。
	个性服务原则	努力了解、熟悉、摸透不同领导思维方式和行事风格，针对不同的领导对象，带着责任、感情、热情，因人而异，量体裁衣，提供个性化服务。
	厉行节约原则	发扬艰苦奋斗的优良传统，反对铺张浪费，力戒形式主义，注重活动的实际效果，尽可能做到资源共享，效能利用的最大化，努力实现少花钱、多办事、办实事。
	信息公开原则	对可向社会公开的领导出席会议、活动等相关信息，必须遵循客观、及时、便民、真实的原则，按照有关程序，在公共服务信息公开的范围内公开发布。
	安全保密原则	许多会议、活动和工作直接涉及领导工作的核心机密，必须做好相关保密工作。平时要对参与服务工作的人员加强保密教育，强化保密观念。承办过程中必须落实保密规定，如对有关新闻报道必须保密审查，未经批准，不得随意公开报道。
领导政务服务工作主要内容	领导会议服务工作	领导参加上级会议服务工作
		领导主持召开会议服务工作
		领导出席下级会议服务工作
	领导调查研究活动服务工作	领导在本地调研活动服务工作
		领导赴外地考察服务工作
	领导参加有关活动服务工作	领导参加仪式典礼类活动服务工作
		领导参加外事活动服务工作
		领导接受采访服务工作
		领导参加慰问活动服务工作
	领导文稿服务工作	领导讲话稿起草服务工作
		领导调研文稿起草服务工作
	领导出差服务工作	领导国内出差服务工作
		领导因公出国（境）服务工作
	领导公文处理服务工作	收文服务工作
		发文服务工作
	领导处理突发事件服务工作	领导处理突发事件服务工作

一、领导会议服务工作

领导会议服务工作包括会前服务工作、会中服务工作、会后服务工作三个方面。

（一）领导参加上级会议服务工作

会前服务工作	会议确定	接到上级会议通知后要立即办理，向领导准确详细报告会议时间、地点、内容、要求等。若通知要求上报参会人员，要及时上报；如领导确实不能参会，应及时与上级部门联系，或按规定程序请假，或根据上级部门要求报请领导确定代会人员。若临时性的上级会议与领导原有工作安排相冲突时，要及时报请领导确定安排，根据领导指示迅速做好相应工作。领导确定参会后应将会议纳入领导近期工作预安排，以便统筹掌握。
	文稿准备	根据会议内容或主题，有针对性地收集相关材料供领导参阅；如会议有发言要求，要按照通知要求，结合实际，为领导准备发言素材，或根据领导指示，起草发言稿并报请领导审定。有关背景材料或文稿送审和印制时，应根据领导习惯选择确定字体、字号、纸型等。
	会议提醒	会议召开前，通过口头、书面或手机短信等方式，向领导报告会议时间、地点、注意事项等。如会议有着装、礼仪等要求，应提前1天报告领导，以便领导提前准备。
	后勤保障	提前准备好车辆并做好安全检查；安排好驾驶员，必要时安排随行工作人员；根据实际需要，准备笔记本、笔、雨伞等物品。
	联络工作	随时与上级会议会务负责单位保持联系，会议如有调整或新的要求事项，及时向领导报告。
会中服务工作		如有随行工作人员，随行工作人员应配合上级会议承办部门或会务人员做好会议签到、会中联系、休息、就餐、住宿等相关工作。
会后服务工作	筹备传达会议	上级会议召开后，若需召开传达会议，要根据上级会议精神，结合实际，提出传达会议召开建议方案和贯彻意见建议，报请审定后，及时做好相关筹备工作（可参照领导主持召开会议服务工作内容）。
	印发有关材料	如需出台有关文件，要深入领会上级会议精神实质，紧密结合实际，做好文件起草工作；如会议文件或材料需要转发、印发，应按规定程序及时办理。
	跟踪督查落实	对贯彻落实情况特别是经验做法、先进典型、存在问题，要及时向领导报告，确保上级的部署以及领导结合实际作出的各项安排落到实处。
	做好上报工作	对贯彻落实情况要及时整理形成报告，经审定后上报；贯彻落实的动态性信息应定期或不定期上报。
	做好宣传工作	如需对贯彻落实情况进行宣传，应及时与宣传部门联系，按照要求实事求是地做好相关采访报道宣传工作。

（二）领导主持召开会议服务工作

会前服务工作	会议确定	根据领导指示，起草会议建议方案（方案一般包括会议时间、地点、内容或主题、参加人员范围、议程、有关要求、会务工作分工等），报请领导班子办公会议或领导审定，然后将会议安排纳入《领导近期工作预安排》，以便统筹掌握。
	会议通知	以书面或口头方式通知参会人员会议时间、地点、注意事项等。如会议有着装要求等，应提前1天报告领导并通知参会人员；如需参会人员或部门发言或准备书面材料，应提前通知并全面、准确告知相关要求。

续表

会前服务工作	文稿准备	根据会议内容或主题，有针对性地收集相关材料供领导参阅；或结合实际，为领导准备讲话素材；或根据领导指示，起草讲话稿、主持辞等。有关背景材料或文稿亦可由相关单位收集或代拟，初核后报领导审定。会议材料文稿尤其是讲话稿应提前送领导熟悉。送领导的材料，如讲话稿、主持辞、背景材料等，应根据领导习惯选择确定字体、字号、纸型等。其他需印发参会人员的材料，可按统一要求由会议承办部门或相关单位印制。
	参观安排	如会议安排参观考察，应提出参观考察建议方案，建议方案一般包括参观考察时间、点位、线路、内容、参加人员、乘车安排等，报请领导审定后做好人员通知、点位准备等相关工作。
	会场布置	除按一般要求做好会场布置工作外，还应充分考虑会议实际和领导个人习惯，有针对性地做好有关准备，如会议室内温度高低、灯光强弱的调节以及各种颜色、类型的笔、计算器等文具的准备等。
	会议提醒	会议召开前，通过口头、书面或手机短信等方式，向领导报告会议时间、地点、注意事项等。如会议有着装要求等，应提前1天报告领导，以便领导提前准备。
	后勤保障	提前准备好车辆并做好安全检查；安排好驾驶员，必要时安排随行工作人员。如有参观考察确定行车路线，必要时可实地踏勘；根据实际需要，准备笔记本、笔、雨伞等物品。
	应急准备	做好应急预案，充分考虑各类突发因素，如会议临时调整人员或内容增减、天气变化乃至发生其他紧急事件，做好相应应急准备。
	检查报告	会前应对会议准备情况作一次全面细致检查。会前还应及时将有关信息报告领导，如请假人员及其原因等。必要时将会议的筹备、开法等向领导作全面报告。
会中服务工作	入场引导	服务人员引导领导提前进入贵宾休息室（必要时会见与会贵宾）、入场就座。及时报告领导会议相关安排，并引导领导会期休息、就餐、住宿、会议照相。
	签到报告	向领导报告人员到会情况，并请示领导是否可以开会。
	会议记录	应当准确、全面地记录好参会人员发言特别是领导在会上的讲话、要求、指示等，做好笔录、录音、摄像。
	会中联系	会场内工作人员应始终关注领导，随时听候领导指示；如有紧急、重大事项需立即向领导报告，可采取直接报告、递送便条或手机短信等方式报告。
	参观考察	如有参观考察，按照参观考察方案做好相关组织联络、协调工作。
	会议采访	接受采访应与新闻媒体沟通，及时向领导报告，根据采访目的、主题，有针对性地做好相应准备工作。不宜公开报道的应谢绝新闻记者和其他无关人员到场，并协同有关部门做好保密工作。
	会议结束	预计会议结束时间，提前通知驾驶员或相关人员做好准备工作；会议结束后提醒领导携带好随身物品。
会后服务工作	印发有关材料	如会议文件或材料需要转发、印发，应按规定程序及时办理；如领导讲话需要印发，应及时整理录音，必要时报讲话领导审定，并按规定程序在有关刊物上编发；如需出台相应文件或整理形成会议纪要，应及时按会议要求起草，并按规定程序报请领导审定后印发。
	做好宣传工作	需要作新闻媒体报道的应提前通知新闻单位，及时向新闻单位提供有关材料，并协助做好新闻稿件送审工作。不宜公开报道的应谢绝新闻记者和其他无关人员到场，并协同有关部门做好保密工作。

续表

会后服务工作	档案采集工作	需要作档案采集的应提前通知档案部门，及时派员到会采集资料。
	做好督查工作	按照会议要求，定期不定期对相关事项落实情况进行督查，并及时以督查通报、简报等方式将相关单位工作进展情况向领导报告。
	其他工作	以适当方式及时向未到会的应到会领导通报会议情况。

（三）领导出席下级会议服务工作

会前服务工作	会议确定	接到下级会议邀请后，及时向领导准确详细报告会议时间、地点、内容等，并请示领导是否出席；领导确定出席会议后，及时告知会议承办单位，以及做好会议筹备工作，并将出席会议纳入《领导近期工作预安排》，以便统筹掌握。如领导不能出席会议，及时告知会议承办单位，必要时请领导确定出席会议人员。若会议召开前，领导有临时性安排与原定出席会议时间冲突时，应及时请领导确定出席会议人员，并根据领导指示迅速联系会议承办单位做好相关工作。
	文稿准备	根据会议内容或主题，有针对性地收集相关材料供领导参阅；或结合实际，为领导准备讲话素材；或根据领导指示，起草讲话稿等。有关背景材料或文稿亦可由相关单位收集或代拟，初核后报领导审定。会议材料文稿尤其是讲话稿应提前送领导熟悉。送领导的材料，如讲话稿、背景材料等，应根据领导习惯选择确定字体、字号、纸型等。
	工作指导	提前到会议地点检查、指导会议承办单位的会场布置等会务准备工作。除按一般要求准备外，还应充分考虑会议实际和领导个人习惯，有针对性地作好有关准备，如会议室内温度高低、灯光强弱的调节以及各种颜色、类型的笔、计算器等文具的准备等。
	会议提醒	会议召开前，用口头、书面或手机短信等方式，向领导报告会议时间、地点、注意事项等。如会议有着装要求等，应提前1天报告领导，以便领导提前准备。
	后勤保障	提前准备好车辆并做好安全检查；安排好驾驶员，必要时安排随行工作人员；确定行车路线；根据实际需要，准备笔记本、笔、雨伞等物品。
	应急准备	做好应急预案，充分考虑各类突发因素，如会议临时调整人员或内容增减、天气变化乃至发生其他紧急事件，做好相应应急准备。
	检查报告	会前应对会议准备情况作一次全面细致检查。会前还应及时将有关信息报告领导，必要时将会议的筹备、开法等向领导作全面报告。
会中服务工作	入场引导	会议服务人员引导领导入场就座。及时报告领导会议相关安排，并引导领导休息、就餐、住宿、照相。
	签到报告	向领导报告人员到会情况，并请示领导是否可以开会。
	会议记录	领导在会上的讲话、要求、指示等，必要时可录音、摄像。
	会中联系	会场内工作人员应始终关注领导，随时听候领导指示；如有紧急、重大事项需立即向领导报告，可采取直接报告、递送便条或手机短信等方式报告。
	会议结束	预计会议结束时间，提前通知驾驶员或相关人员做好准备工作；会议结束后提醒领导携带好随身物品。

续表

会后服务工作	印发有关材料	如会议文件或材料需要转发、印发，应按规定程序及时办理；如领导讲话需要印发，应及时整理录音，并按规定程序在有关刊物上编发。
	做好宣传工作	需要作新闻媒体报道的应提前通知新闻单位，及时向新闻单位提供有关材料，并协助做好新闻稿件送审工作；不宜公开报道的应谢绝新闻记者和其他无关人员到场，并协同有关部门做好保密工作。
	做好督查工作	按照会议要求，定期不定期对相关事项落实情况进行督查，并及时以督查通报、简报等方式将相关单位工作进展情况向领导报告。

【文例】

××同志2009年第14周工作（活动）预安排日程

（×月×日—×月×日）

时 间		地 点	活 动	参加领导及单位
3月30日（星期一）	上午	区委常委会议室	8:30 区委常委例会	区委常委
			11:00 研究有关目标工作	××、××同志，区委办、区政府办、区委目督办、区政府目督办
	下午	区机关电视电话会议室	14:30 各街道党工委书记工作会议	××、××同志，区委目督办、区政府目督办、区发改局、区财政局，各街道党工委书记
3月31日（星期二）	上午	区委常委会议室	8:30 听取区土地整理暨上市土地信息发布会筹备情况	××、××同志，区委办、区政府办、区委宣传部、区投促局、区国土分局、区规划分局
	下午	办公室	14:30 研究有关工作	
4月1日（星期三）	上午	区委常委会议室	8:30 区委财经领导小组会	××、××同志，区财政局、有关部门
	下午		14:30 到市政府汇报工作	××、××同志
4月2日（星期四）	上午	省委四楼大会议室（主会场）	9:00 全省加快灾后恢复重建工作动员大会	
	下午	××多功能厅	15:00 区上市土地暨土地整理信息发布会	××、××同志，有关部门、街道
4月3日（星期五）	上午	区机关电视电话会议室	8:30 "三线"城市整治工作专题研究	××、××同志，各街道、有关部门
	下午	区机关电视电话会议室	14:30 区项目建设工作领导小组会	区项目建设工作领导小组、副组长、成员单位
			17:00 区委工作协调会	区委办通知

备注：以区委办正式通知为准。

中共××区委办公室
××年×月×日

督办事项通知

××委目督查〔2009〕2号

各街道党工委、办事处，区级各部门：

  为深入贯彻落实区委五届七次全委扩大会议有关精神，在全区形成真抓实干、超常工作的氛围，按照区委有关领导指示要求，围绕"止滑提速，加快发展"的目标任务，今年确保把××建设成为全省平原区域发展排头兵、统筹城乡发展的示范区，进入"全市目标考核先进区"，近期确保实现一季度开门红。请各单位结合自身目标任务，围绕"重点工作""重大项目""亮点工作""其他重要工作"等相关内容，定期将工作推进情况以工作信息的形式上报区委目督办。报送时间为每周四下午17:00前，首次报送时间为××××年×月×日。

  请全区各街道、区级各部门加强工作推进力度，及时报送工作进展情况，未及时报送的单位，我办将不予催办，并视为本周工作暂无最新进展。我办将按周对各单位上报材料中的"亮点工作"进行集中反映，并以专报形式报送区委、区政府有关领导。

  联系人：××

  联系电话：××××××××

中共××区委目标管理督查办公室
××××年×月×日

二、领导调查研究活动服务工作

  领导调查研究活动服务工作主要分为前期服务工作、活动期间服务工作、后续服务工作三个步骤。领导调查研究活动力求体现轻车简从、务求实效。尤其重要的是，2013年，中央"八项规定"对领导调研提出了非常明确的要求，作为办公室，务必要在相关安排中体现"八项规定"的精神，这直接关系到作风改进、形象树立。

（一）领导在本地调研服务工作

前期服务工作	调研课题确定	可以按领导明确指示，也可以综合上级安排部署、党委政府近段时期的中心工作或是难点工作、领导意图和区域实际情况等因素，提出调研计划建议报请领导审定。调研课题确定后纳入领导近期工作预安排，以便统筹掌握。
	设计调研方案	内容一般包括：调研课题、调研目的或意义、调研时间、调研点位及材料、调研方式、参加人员范围、相关背景材料等。若采取问卷调查方式，要将制作的问卷调查建议表报请领导审定；若采取召开座谈会的形式开展调研，做好相关工作（可参照领导主持召开会议服务工作内容）。
	调研通知	方案确定后，即迅速通知参加调研的相关单位及调研点位迎候的单位做好相关准备工作。如随机调研则应注意保密。
	调研提醒	调研开始前，通过口头、书面或手机短信等方式，向领导报告调研时间、地点、注意事项等。

续表

前期服务工作	调研点位和材料准备	根据调研目的筛选确定点位，必要时可实地踏勘。同时，准备好点位介绍材料或相关汇报材料。
	后勤保障	要求驾驶员必须熟悉调研线路，或请相关单位派遣车辆引路，调研前要提前准备好车辆并做好安全检查；必要时安排随行工作人员；根据实际需要，准备笔记本、笔、雨伞等物品。
	应急准备	充分考虑各类突发因素，如外出路线因故临时调整、领导临时调整调研点位等，做好应急预案，防患于未然。
活动期间服务工作	衔接工作	若采取外出调研方式，根据调研安排，提前与调研点位和相关部门人员保持联系，做好沟通；若采取问卷调查方式，要衔接相关部门做好问卷调查表的发放和回收、相关数据的汇总及分析等工作；若采取召开座谈会的形式开展调研，按要求做好相关衔接工作（可参照领导主持召开会议服务工作内容）。
	调研记录	应当准确、全面地记录好参会人员发言特别是领导在调研时的讲话、要求、指示等，必要时可录音、摄像。
	就餐住宿准备	若调研时安排有工作用餐，按规定准备餐标，并做好相关引导工作。若调研时安排有住宿，按照要求确定住宿标准，领取房卡进入客房，提前对设备进行检查和调试，引领领导到客房休息。事后，务必按规定上交相关费用。
后续服务工作	形成调研报告及调研成果	调研报告可由调研领导交代意图、思路、要点，由相关单位或人员起草初稿，修改完善后报领导审定。调研报告重点放在典型经验的挖掘总结、存在问题的查找剖析、可行性建议意见的提出。如调研中领导的讲话需要印发，应及时整理录音，并按规定程序在有关刊物上编发。如需出台相应文件或整理形成会议纪要，应及时按会议要求起草，并按规定程序报请领导审定后印发。
	做好督查工作	按照调研时领导所提要求，定期不定期对相关事项落实情况进行督查，并及时以督查通报、简报等方式将相关单位工作进展情况向领导报告。
	做好宣传工作	注意把握保密原则，加大对贯彻落实情况的宣传力度。及时与宣传部门联系，实事求是地做好相关采访报道宣传工作。

（二）领导赴外地考察服务工作

前期服务工作	考察项目确定	可以按领导明确指示，也可以综合上级安排部署、党委政府近段时期的中心工作或是难点工作、领导意图、区域实际情况和领导近期关注的全国各地改革创新的成功经验，提出外地考察建议报请领导审定。外地考察项目确定后纳入领导近期工作预安排，以便统筹掌握。
	设计考察方案	方案包括考察目的或意义、考察时间、考察点位及材料、考察方式、参加考察人员范围、相关背景材料等。拟订考察方案后报请领导审定。
	请假报告	按规定程序起草外出请假报告，向上级相关部门请假。
	材料准备	收集考察地改革创新的成功经验等相关材料，报请领导参阅；如外出考察时领导要参加一些仪式活动，要起草相应讲话类文稿并提前送讲话领导；携带本地相关材料，如宣传册、招商册等，并充分预计使用数量。
	相关衔接	做好与考察地相关部门的衔接，提供考察方案，便于对方做好相关准备。
	考察通知	以书面或口头方式通知参加考察人员考察时间、地点、注意事项等，并告知考察的目的、意义或领导的要求和意图；如有着装要求等，应提前1天通知参加人员。

续表

前期服务工作	考察提醒	考察开始前，以口头、书面或手机短信等方式，向领导报告考察时间、地点、注意事项等。如有着装要求等，应提前1天报告领导，以便领导提前准备。
	后勤保障	订购飞机（火车）票，确定班（车）次、机型等；可采取网上预订或请当地相关单位预订等形式，提前做好住宿安排；随行物品准备，如药品、日用品、计算机等；根据飞机（火车）出发或到达时间，提前做好接送等相关工作。
活动期间服务工作	登机（车）准备	提前办理换登机牌和物品托送手续，按时引领领导登机（车）就座。
	途中服务	出差途中，向领导提供事先准备好的报纸、杂志等，或根据领导要求开展服务工作。
	联络工作	随时与考察地相关部门保持联系，及时通报工作进展情况，以及需要协调的相关问题。
	会议安排	外地考察期间，若领导主持或出席有关会议、活动，随行工作人员应配合考察地相关部门或会务人员做好相关会务工作。
	相关记录	应当准确、全面地记录好参加考察人员发言特别是领导在考察中的讲话、要求、指示等，必要时可录音、摄像。
	资料收集	考察过程中，认真收集考察地提供的可资学习借鉴的相关书面文件、资料，通过拍照、摄像方式留存相关影像资料。
	就餐住宿安排	根据领导饮食习惯提出菜品相关建议。按照规定确定住宿标准；领取房卡进入客房，提前对设备进行检查和调试；引领领导到客房休息。
后续服务工作	差旅费报销	按规定及时做好领导出差期间的差旅费报销。
	形成考察报告	如需形成考察报告，可经考察领导交代意图、思路、要点后，由相关人员起草初稿，修改完善后报领导审定；考察报告重点放在外地经验的深度挖掘、本地存在问题的深入剖析、可行性建议意见的提出。
	筹备有关会议	外地考察后，若需召开会议，要根据外出考察情况，结合实际，提出会议召开建议方案，报请审定后，及时做好相关筹备工作。（可参照领导主持召开会议服务工作内容）。如需印发经验材料出台有关文件，要根据考察取得的经验做法，紧密结合实际，做好文件起草工作。
	做好督查工作	按照考察时领导所提要求，定期不定期对相关事项落实情况进行督查，并及时以督查通报、简报等方式将相关单位工作进展情况向领导报告。

调 研 方 案

一、课题：《关于实现区域优质教育资源全覆盖的思考》

二、责任单位及责任人：×副区长、张×、王×、范×、黄×、张×；教育局、××街道、××街道。

三、目的：通过对全区教育资源分布的调查研究，深刻分析新形势下教育资源布局的基本特点，努力探索做好打造优质教育品牌、扩大优质教育资源覆盖面的新方法，新路子。

四、实施过程：

1. 制作、发放问卷调查表，了解基本情况，6月27日前完成；

（责任人：黄×、张×）

2. 综合、汇总情况，7月15日前完成；

（责任人：黄×、张×）

3. 深入基层、学校了解情况，召开座谈会

7月28日××街道、××学校　　7月29日××街道、××学校；

（责任人：张×、王×、范×、黄×、张×）

4. 分析、交流调研情况，初步总结对策建议，8月21日前完成；

（责任人：×副区长、张×、王×、范×）

5. 综合调研材料，拟订调研报告，9月22日前完成；

（责任人：×副区长、黄×、张×）

6. 调研课题组讨论、修改调研报告，9月28日；

（责任人：×副区长、张×、王×、范×、黄×、张×）

7. 调研课题结题，10月10日前完成。

注：调研时间可根据工作安排稍作调整

××区赴××县学习考察日程安排

6月4日（星期四）

14:30　从××区机关大院统一乘车出发前往××县。

15:20　××县陪同人员在成温邛高速××出口迎候。

15:50　考察鹤鸣山道源圣城。

16:10　前往雾山乡。

16:20　考察雾山乡裕民小区。

16:40　考察同源小区。

17:00　返回县城。

17:20　考察桃源新城建设项目。

17:35　前往工业区管委会。

17:40　参观工业区沙盘。

17:50　考察成高乘风阀门有限责任公司。

18:10　前往惠山宾馆。

18:30　区域合作座谈会

　　　　地　点：××宾馆B会议室

　　　　议　程：

　　　　主持人：××　县委书记

　　　　1. ××县委书记××介绍××县参会人员；

2. ××区委书记××介绍××区参会人员；

（以下略——编者注）

19：00　晚餐（地点：××××）。

20：00　从××县出发返回××区。

三、领导参加有关活动服务工作

领导参加有关活动服务工作包括前期服务工作、活动期间服务工作、后续服务工作三个方面。

（一）领导参加仪式典礼活动服务工作

前期服务工作	活动确定	接到上级指定要求参加的活动通知后要立即办理，向领导准确详细报告活动时间、地点、内容、要求等。若要求上报参加人员，要及时上报；如领导确实不能参加，应及时与上级部门联系，或按规定程序请假，或根据上级部门要求报请领导确定代会人员。 接到邀请领导出席某项仪式典礼活动的请示、函件和请柬后，及时向领导准确详细报告活动时间、地点、内容等，请示领导是否参加。领导确定出席活动后，及时与相关单位联系做好相关工作。如领导不能出席活动，应及时与活动承办单位联系，必要时请领导确定出席活动人员。 对领导确定要开展的活动，即领导主持或组织的活动，要按照领导意图做好筹划、准备工作。各项活动确定后纳入领导近期工作预安排，以便统筹掌握。
	领导主持或组织的活动方案筹划	领导确定要开展的活动，提出具体建议方案报请领导审定。方案内容一般包括：开展活动的目的或意义、活动时间、活动方式、参加人员范围、相关背景材料、注意事项等。
	资料收集	有针对性地收集仪式典礼内容涉及材料供领导参阅。如领导参加重大项目开工仪式或庆典，提前将项目相关背景材料（主要包括公司简介、高层情况、项目简介等）收集汇总呈送领导阅知。
	文稿准备	如活动有发言要求，要按照活动要求，结合实际，为领导起草发言稿，并报领导审定。有关背景材料或文稿送审和印制时，应根据领导习惯选择确定字体、字号、纸型等。
	活动通知	以书面或口头方式通知参会人员活动时间、地点、注意事项等。如活动有着装要求等，应提前1天通知参会人员。
	活动提醒	活动举行前，以口头、书面或手机短信等方式，向领导报告活动时间、地点、仪式典礼活动中的相关礼仪事项等。如活动有着装要求等，应提前1天报告领导，以便领导提前准备。
	应急准备	充分考虑各类突发因素，如活动临时调整人员或内容增减、天气变化乃至发生其他紧急事件，做好应急预案，防患于未然。
	后勤保障	提前准备好车辆并做好安全检查；安排好驾驶员，必要时安排随行工作人员；做好活动筹备工作；根据实际需要，准备笔记本、笔、雨伞等物品。

续表

活动期间服务工作	引导服务	提前掌握签到处位置并引导领导签到；提前掌握座次（站位点）并引导领导入场就座。随时报告参加人员到会情况。若有上级领导出席活动，可提前在活动现场迎候。及时报告领导相关安排，并引导领导休息、就餐、住宿、照相。
	活动仪式	提前向领导报告站位点，如领导手中拿有物品或资料，经领导允许后按规定暂行保管，仪式结束后及时送还。
	资料收集	活动期间，认真收集相关可资学习借鉴的书面文件、资料，通过拍照、摄像方式留存相关影像资料。
	相关记录	应当准确、全面地记录好参加人员发言特别是领导在活动上的讲话、要求、指示等，必要时可录音、摄像。
	活动结束	预计活动结束时间，提前通知驾驶员或相关人员做好准备工作；活动结束后，及时提醒领导携带好随身物品。
后续服务工作	印发相关文件	如领导讲话需要印发，应及时整理录音（必要时报领导审阅），并按规定程序在有关刊物上编发。
	做好宣传工作	需要作新闻媒体报道的应提前1天以上通知新闻单位，及时向新闻单位提供有关材料，并协助做好新闻稿件送审工作；不宜公开报道的应谢绝新闻记者和其他无关人员到场，并协同有关部门做好保密工作。
	做好督查工作	按照活动中领导所提要求，定期不定期对相关事项落实情况进行督查，并及时以督查通报、简报等方式将相关单位工作进展情况向领导报告。

（二）领导参加外事活动服务工作

前期服务工作	活动确定	接到上级指定要参加外事活动的通知后要立即办理，向领导准确详细报告外事活动时间、地点、内容、要求等，若通知要求上报参加人员，要及时上报；如领导确实不能参加，应及时与上级部门联系，或按规定程序请假，或根据上级部门要求报请领导确定代会人员。 接到邀请领导出席外事活动的请示、函件和请柬后，及时向领导准确详细报告外事活动时间、地点、内容等，请示领导是否参加。领导确定出席活动后，及时与相关单位联系做好相关工作；如领导不能出席活动，应及时与活动承办单位联系，必要时请领导确定出席活动人员。 领导确定要开展的外事活动，要按照领导意图做好筹划、准备工作。各项外事活动确定后纳入领导近期工作预安排，以便统筹掌握。
	领导确定要开展活动的方案筹划	领导确定要开展的外事活动，提出具体建议方案报请领导审定。方案内容一般包括：开展外事活动的目的或意义、活动时间、活动方式、参加人员范围、相关背景材料、注意事项等。
	资料收集	有针对性地收集相关国家或地区改革创新的成功经验等相关材料报请领导参阅；携带本地本单位相关材料，如宣传册、招商册等，并充分预计使用数量。
	文稿准备	如外事活动有发言或致辞要求，要按照活动要求，结合实际，为领导起草发言稿，并报领导审定。有关背景材料或文稿送审和印制时，应根据领导习惯选择确定字体、字号、纸型等。如根据要求配有翻译人员，同时将领导审定后的文稿送翻译人员翻译。
	活动通知	以书面或口头方式通知参加人员外事活动的时间、地点，并告知考察的目的和意义、领导的要求和意图，以及相关外事礼仪、外国习俗和外事纪律等注意事项等。如活动有着装要求等，应提前通知参会人员。

续表

前期服务工作	活动提醒	外事活动前，以口头、书面或手机短信等方式，向领导报告外事活动时间、地点，以及外事礼仪、外国习俗和外事纪律等注意事项等。如活动有着装要求等，应提前报告领导，以便领导提前准备。
	应急准备	充分考虑各类突发因素，如外事活动临时调整人员或内容增减、天气变化乃至发生其他紧急事件，做好应急预案，防患于未然。
活动期间服务工作	相关记录	应当准确、全面地记录好参会人员发言特别是领导在会上的讲话、要求、指示等，必要时可录音、摄像。
	资料收集	考察过程中，认真收集考察地提供的可资学习借鉴的相关书面文件、资料，通过拍照、摄像方式留存相关影像资料。
后续服务工作	印发有关材料	如需出台有关文件，要根据外事活动取得的经验做法，紧密结合实际，做好文件起草工作。
	做好督查工作	按照外事活动时领导所提要求，定期不定期对相关事项落实情况进行督查，并及时以督查通报、简报等方式将相关单位工作进展情况向领导报告。

（三）领导接受采访活动服务工作

前期服务工作	采访确定	接到上级指定要参加采访活动的通知后要立即办理，向领导准确详细报告采访活动时间、地点、内容、要求等，若通知要求上报参加人员，要及时上报；如领导确实不能参加，应及时与上级部门联系，或按规定程序请假，或根据上级部门要求报请领导确定参加人员。 接到邀请领导接受采访的请示和函件后，及时向领导准确详细报告采访活动时间、地点、内容等，请示领导是否接受采访，领导确定参加采访活动后，及时与相关单位联系做好相关工作。如领导不能参加采访活动，应及时与相关单位联系，必要时请领导确定接受采访人员。 领导确定要开展的接受采访活动，要按照领导意图做好筹划、准备工作。 各项采访活动确定后纳入领导近期工作预安排，以便统筹掌握。
	领导确定要开展的采访活动的方案筹划	领导确定要开展的接受采访活动，应及时与采访单位联系，提出具体建议方案报请领导审定。方案内容一般包括：接受采访的目的或意义、主题、时间、地点、方式、媒体参加范围、相关背景材料等。采访形式主要包括：报社采访、广播电台或电视台采访、网络采访等。
	文稿准备	根据采访内容或主题，收集相关材料供领导参阅；按照采访主题和内容，准备采访要点；或根据领导指示，为领导起草讲话稿并报请领导审定。有关背景材料或文稿送审和印制时，应根据领导习惯选择确定字体、字号、纸型等。定稿形成后印制若干份，供领导使用，2份由工作人员备用。如接受外国新闻媒体采访时，提供1份供翻译使用。
	采访通知	以书面或口头方式通知参加人员接受采访的时间、地点，并告知接受采访的目的和意义、领导的要求和意图，以及相关礼仪和保密纪律等注意事项。如活动有着装要求等，应提前1天通知参加人员。
	活动提醒	接受采访前，以口头、书面或手机短信等方式，向领导报告接受采访的时间、地点，相关礼仪和保密纪律等注意事项。如活动有着装要求等，应提前1天报告领导，以便领导提前准备。

续表

活动期间服务工作	做好记录	应当准确、全面地记录好领导在接受采访时的讲话、要求、指示等，必要时可录音、摄像。
	联络服务	安排工作人员随时待命，做好相关联络工作。
后续服务工作	做好反应收集	收集领导接受采访后各舆论媒体的反应、反响，及时向领导报告。
	做好督查工作	根据领导接受采访时的指示、要求，及时与相关单位联系办理，并以督查通报、简报等方式将相关单位工作进展情况向领导报告。必要时，经领导同意后向采访单位通报。

（四）领导参加慰问活动服务工作

前期服务工作	活动确定	接到上级指定要求参加的活动通知后要立即办理，向领导准确详细报告活动时间、地点、内容、要求等。若要求上报参加人员，要及时上报；如领导确实不能参加，应及时与上级部门联系，或按规定程序请假，或根据上级部门要求报请领导确定代会人员。对领导确定要开展的活动，即领导主持或组织的活动，要按照领导意图做好筹划、准备工作。 各项活动确定后纳入领导近期工作预安排，以便统筹掌握。
	领导主持或组织的活动方案筹划	领导确定要开展的活动，提出具体建议方案报请领导审定。方案内容一般包括：开展活动的目的或意义、活动时间、活动方式、慰问品（金）数量、参加人员范围、相关背景材料、注意事项等。
	资料收集	有针对性地收集慰问内容涉及的材料供领导参阅。如领导参加重要慰问活动，提前将活动相关背景材料（主要包括受慰问单位或个人基本情况、背景资料等）收集汇总呈送领导阅知。
	文稿准备	如活动有发言要求，要按照活动要求，结合实际，为领导起草发言稿，并报领导审定。有关背景材料或文稿送审和印制时，应根据领导习惯选择确定字体、字号、纸型等。
	慰问品（金）准备	根据领导审定的慰问方案准备好慰问品（金）。如是慰问物品需提前安排好车辆运送；如是慰问金，可根据实际情况准备，如分装慰问金、做支票模型等。
	活动通知	以书面或口头方式通知参会人员活动时间、地点、注意事项等。如活动有着装要求等，应提前1天通知参会人员。
	活动提醒	活动举行前，以口头、书面或手机短信等方式，向领导报告活动时间、地点、慰问活动中的相关礼仪事项等。如活动有着装要求等，应提前1天报告领导，以便领导提前准备。
	应急准备	充分考虑各类突发因素，如活动临时调整人员或内容增减、天气变化乃至发生其他紧急事件，做好应急预案，防患于未然。
	后勤保障	提前准备好慰问物品、车辆并做好安全检查；安排好驾驶员，必要时安排随行工作人员；做好活动筹备工作，必要时可彩排；根据实际需要，准备笔记本、笔、雨伞等物品。

续表

活动期间服务工作	引导服务	提前掌握慰问对象（单位或个人）地址并引导领导前往。随时报告参加人员到场情况。若有上级领导出席活动，可提前在活动现场迎候。及时报告领导相关安排，并引导领导休息、就餐、住宿、照相。
	活动仪式	提前向领导报告活动仪式议程，并做好慰问品（金）的递送等工作，如领导手中拿有物品或资料，经领导允许后按规定暂行保管，仪式（捐赠、看望等）结束后及时送还。
	资料收集	活动期间，认真收集相关资料，通过拍照、摄像方式留存相关影像资料。
	相关记录	应当准确、全面地记录好参加人员发言特别是领导在活动上的讲话、要求、指示等，必要时可录音、摄像。
	活动结束	预计活动结束时间，提前通知驾驶员或相关人员做好准备工作；活动结束后，及时提醒领导携带好随身物品。
后续服务工作	印发相关文件	如领导讲话需要印发，应及时整理录音，并按规定程序在有关刊物上编发。
	做好宣传工作	需要作新闻媒体报道的应提前1天以上通知新闻单位，及时向新闻单位提供有关材料，并协助做好新闻稿件送审工作。
	做好督查工作	按照活动中领导所提要求，定期不定期对相关事项落实情况进行督查，并及时以督查通报、简报等方式将相关单位工作进展情况向领导报告。

【文例】

××国际总部项目开工奠基仪式方案

一、时间

2009年1月18日上午10:30—11:00

二、地点

××工业园内××国际总部项目现场

三、参会人员（总计约300人）

（一）中共××市委常委、××市副市长××

（二）××区有关领导（×人）

×××　　×××

（三）××公司来宾（由××公司邀请40人左右）

（四）新闻媒体（约14人）

××日报、××电视台

四、仪式流程

（一）10:00—10:20　嘉宾签到

（二）10:30—11:00　典礼

1. 10:30主持人宣布××国际总部项目开工奠基仪式正式开始；

2. 主持人介绍到场领导及嘉宾；

3. 主持人邀请成都××科技有限公司总经理××先生致欢迎辞；
4. 市建四公司副总经理××发言；
5. 中共××区委书记、区人大常委会主任××致贺辞；
6. 中共××市委常委、副市长××宣布项目正式开工；
7. 主持人宣布奠基人员名单（名单附后），礼仪小姐引领领导及嘉宾到奠基区域培土；
8. 主持人宣布仪式结束。

四、领导文稿服务工作

起草领导文稿，要注意吃透"上情"，了解"下情"，把握好工作热点、难点和重点，掌握情况；同时，要注意到，中央"八项规定"再次重申了精减文件简报、切实改进文风，要认真体会。起草文稿时，把握好领导的思路，协助完善；把握好领导思想的闪光点，加以深化；多角度捕捉领导意图，综合归纳；推进文字的创新，做到立意新、体式新、语言新。领导文稿服务主要包括讲话稿和调研文稿起草两个部分，服务工作过程主要分为前期服务工作、文稿起草期间服务工作、后续服务工作三个步骤。

（一）领导讲话稿起草服务工作

前期服务工作	讲话稿题目确定	讲话稿的确定可以是领导确定参加重大会议、活动等后明确指示，也可以是综合上级安排部署、党委政府一段时期的中心工作或是难点工作、领导意图等，主动提出。
	确定提纲	根据领导指示或意图，结合实际，拟出讲话稿提纲。提纲报请领导审定后，组织协调相关部门收集材料。
	素材准备	通过网络收集、文件查阅等方式，广泛收集与讲话稿题目相关的素材、背景资料。
	文稿交办	召开文稿起草协调会，传达领导要求，交办相关单位准备文稿并要求限时办结。
文稿起草期间服务工作	文稿起草	按照讲话稿提纲，根据领导指示或意图，结合实际，起草文稿初稿。
	文稿催办	对未在规定时间内完成初稿的单位进行催办。
	文稿送审	初稿形成后，送领导审定。文稿送审和印制时，应根据领导习惯选择确定字体、字号、纸型等。
	修改文稿	将领导修改意见传达给文稿起草人员，文稿起草人员对文稿进行修改，形成修改稿。
	文稿定稿	将修改稿送领导审定，如领导还有修改意见，文稿起草单位将进行再次修改后报领导审定，直至领导审定通过后形成定稿。
	文稿印制	文稿送审和印制时，应根据领导习惯选择确定字体、字号、纸型等。定稿形成后印制若干份，供领导使用。
后续服务工作	做好记录工作	会议、活动中，文稿起草人员要参加会议、活动并现场录音，记录领导讲话内容。
	做好文稿整理工作	会议、活动结束后，根据录音整理领导讲话后送领导审定，多数要印发下级学习贯彻，少数整理后保存。
	做好督查工作	讲话稿中领导如有交办事项，要定期不定期对落实情况进行督查，并及时以督查通报、简报等方式将相关单位工作进展情况向领导报告。

（二）领导调研文稿起草服务工作

前期服务工作	调研文稿题目确定	调研文稿题目的确定可以是上级明确要求，或领导明确指示，也可以是综合上级安排部署、党委政府一段时期的中心工作或是难点工作、领导意图和区域实际情况等因素，主动提出。
	开展调查研究	根据领导意图，结合实际，采取实地调研、问卷调查或召开座谈会等形式进行调查研究。（可见领导调研服务）
	素材准备	通过网络收集、文件查阅等方式，广泛收集与调研文稿题目相关的素材、背景资料。
	文稿交办	召开文稿起草协调会，传达领导要求，交办相关单位准备文稿并要求限时办结。
文稿起草期间服务工作	文稿起草	按照讲话稿提纲，根据领导指示或意图，结合实际，起草文稿初稿。
	文稿催办	对未在规定时间内完成初稿的单位催办督办。
	征求意见	征求意见稿形成后送相关单位征求意见，根据意见对文稿作修改，形成初稿。
	文稿送审	初稿形成后，送领导审定。文稿送审和印制时，应根据领导习惯选择确定字体、字号、纸型等。
	修改文稿	将领导修改意见传达给文稿起草人员，文稿起草人员对文稿再修改，形成修改稿。
	文稿定稿	将修改稿送领导审定，如领导还有修改意见，文稿起草单位将进行再次修改后报领导审定，直至领导审定通过后形成定稿。
	文稿印制	文稿送审和印制时，应根据领导习惯选择确定字体、字号、纸型等。定稿形成后印制若干份，供领导使用。
后续服务工作	做好宣传工作	按程序编发调研刊物；送上级领导、相关部门参阅；必要时送有关公开刊物刊发。
	做好督查工作	调研文稿中领导如有交办事项，要定期不定期对落实情况督促检查，并及时以督查通报、简报等方式将相关单位工作进展情况向领导报告。

【文例】

区委中心组学习会主持辞

（2008年10月31日）

×××

同志们：

中国共产党十七届三中全会在10月9日—12日胜利召开。全会审议通过了《中共中央关于推进农村改革发展若干重大问题的决定》。上周，省委九届六次全会、市委十一届六次全会相继召开，对贯彻落实十七届三中全会精神进行了安排部署。区委在周一召开了常委会，对中央和省委、市委的精神进行了传达学习。为结合××实际，进一步贯彻落实好中央、省市的有关精神，以改革创新的精神寻找当前形势下××加快发展的思路、举措和办法，经区委研究，决定以"纪念改革开放30周年·全力加快××产业发展"为主题，召开区委中心组专题理论研讨会。前天和昨天，已经开展了自学活动，今天上午为集中学习时间。

参加今天学习会的有：区委中心组全体成员。同时，相关部门主要负责同志和各街道党工委书记也列席。这次学习会十分重要，请各位同志集中精力，深入研讨，集思广益，共同为××的发展出谋献策。

现在进行第一项议程：

请××院长就《当前形势下××经济发展的战略思考》课题进行介绍。

…………

（介绍完毕）

…………

刚才，××的讲解观点鲜明、脉络清晰，对我区的发展思路和定位提供了很好的参考。下来后，我们再作认真研究，充分借鉴和运用×院长的课题成果。

现在进行第二项议程：

请各位中心组成员结合"一轴四城一区三带"发展布局，重点围绕现代服务业、都市旅游业、都市工业、城乡统筹、道路基础设施建设等五个方面内容，就我区如何推进产业结构调整、加快产业项目建设、提升区域核心竞争力作发言；

…………

（讨论发言完毕）

…………

刚才大家踊跃发言，从××的实际出发，提出了很好的建议，也想了很多办法，充分显示了同志们是用心在思考问题，都是情系××发展。很多意见具有启发作用，下来要作进一步的思考完善。

下面，会议进行第三项，请区委副书记、区长××同志讲话。

…………

（讲话完毕）

…………

刚才，××同志讲了很好的意见，我都表示赞同，请大家认真贯彻落实。

下面，在大家发言的基础上，我再讲几点意见。

…………

（讲话完毕）

…………

今天的学习会到此结束，散会。

中共××区五届×次全委（扩大）会议工作报告建议提纲

2008 年工作回顾

导语：主要经济指标完成情况

一、抗震救灾和灾后恢复建设扎实推进

救灾安置和对口支援任务圆满完成；灾后恢复建设有力有序有效展开

二、统筹城乡发展取得新成效

"三个集中"稳步推进；农村产权制度改革实现突破；城乡建设管理不断加强

三、体制机制创新力度加大

市场化配置资源有效推进；招商引资工作机制不断创新

四、和谐社会建设全面深入

惠民工程强力实施；社会事业协调发展；就业社保工作扎实有效；社会保持安定稳定

五、民主法制和精神文明建设协调推进

规范化服务型政府（机关）建设不断深化；基层民主政治建设取得进步；思想宣传工作得到加强；文明城市创建取得实效；文化建设积极推进

六、党的建设不断加强

领导班子和干部队伍建设进一步深化；基层组织建设不断推进；干部作风和党风廉政建设不断深入

发展形势和任务

一、形势分析

外部宏观形势；自身微观形势

二、发展思路

新的发展定位；新的发展战略

2009年工作目标及重点

一、奋力推进城乡统筹发展

加快推进"试验区"建设；不断深化"三个集中"的实践＋城乡建设管理；切实加快灾后恢复建设步伐

二、不断做强产业支撑

全力实施"1413"发展战略；着力构建新型产业体系；狠抓重点项目和重大工程建设

三、切实加大体制机制创新力度

体制机制创新＋招商引资

四、努力促进社会和谐

深入实施惠民工程；全面发展社会事业；不断加强就业社保工作；切实维护社会稳定

五、大力发展社会主义民主政治

切实加强民主法制建设；不断强化规范化服务型政府（机关）建设；深入推进基层民主政治建设

六、着力加强党的建设

抓好党的思想建设；抓好领导班子和干部队伍建设；抓好党的作风建设；抓好党的基层组织建设；抓好党风廉政建设

五、领导出差服务工作

领导出差服务工作包括前期服务工作、出差期间服务工作、后续服务工作三个方面。

（一）领导国内出差服务工作

前期服务工作	出差确定	起草出差建议方案，报请领导审定。方案内容一般应包括：出差开展有关工作的目的或意义、出差时间、方式、参加人员范围、相关背景材料等。
	出差报告	起草外出报告经领导审定后报上级相关部门。
	资料收集	有针对性地围绕出差的内容收集相关资料报请领导参阅。如参加考察活动，收集考察点位、项目以及当地经济社会发展、项目情况等相关材料；如参加学习培训，收集学习培训相关内容材料；如参加会议，收集会议内容相关材料等。携带本地相关材料，如宣传册、招商册等，并充分预计使用数量。
	文稿准备	如出差要参加相关座谈会、洽谈会并有发言要求，要按照要求，结合实际，为领导起草发言稿，并报领导审定。有关背景材料或文稿送审和印制时，应根据领导习惯选择确定字体、字号、纸型等。
	出差通知	以书面或口头方式通知随同出差人员出差的时间、地点，并告知出差的目的和意义、领导的要求和意图，以及相关礼仪、纪律要求等注意事项等。如有着装要求等，应提前通知参加人员。
	出差提醒	领导出差前，以口头、书面或手机短信等方式，向领导报告出差的时间、地点，以及相关礼仪、纪律要求等注意事项。如有着装要求等，应提前报告领导，以便领导提前准备。
	应急准备	充分考虑各类突发因素，如临时调整人员、机（车）晚点、天气变化乃至发生其他紧急事件，做好应急预案，防患于未然。
	后勤保障	订购飞机（火车）票，确定班（车）次、机型等；可采取网上预订或请当地相关单位预订等形式，提前做好住宿安排；做好药品、日用品等随行物品准备；根据飞机（火车）出发或到达时间，提前做好接送等相关工作。
出差期间服务工作	登机（车）准备	提前办理换登机牌和物品托送手续，按时引领领导登机（车）就座。
	途中服务	出差途中，向领导提供事先准备好的报纸、杂志等，或根据领导要求开展服务工作。
	出差期间活动	出差期间，如有相关会议、活动等，可参照领导参加相关活动服务工作内容。
	相关记录	出差期间，应当准确、全面地记录好随行人员发言特别是领导参加活动、会议时的讲话、要求、指示等，必要时可录音、摄像。
	资料收集	出差过程中，认真收集考察地等提供的可资学习借鉴的相关书面文件、资料，通过拍照、摄像方式留存相关影像资料。
	就餐安排	就餐前，根据领导饮食习惯提出建议；就餐时，引领领导至就餐位就座；就餐后，提醒领导携带好随身物品。
	住宿安排	按照要求确定住宿标准；提前办理物品寄存手续；领取房卡进入客房，提前对设备进行检查和调试；引领领导到客房休息；住宿结束，提前到寄存处领取寄存物品，办理退房手续，并提醒领导携带好随身物品。

续表

后续服务工作	差旅费报销	按规定及时做好领导出差期间的差旅费报销工作。
	形成考察报告	如需形成考察报告，可由相关单位起草初稿，修改完善后报领导审定；考察报告重点放在当地经验的深度挖掘、本地存在问题的深入剖析、可行性建议意见的提出。
	筹备有关会议	领导出差后，若需召开会议，要根据出差情况，结合实际，提出会议召开建议方案，报请审定后，及时做好相关筹备工作（可参照领导主持召开会议服务工作内容）。
	印发有关材料	如需出台有关文件，要根据出差时取得的经验做法，紧密结合实际，做好文件起草工作。
	做好督查工作	按照出差时领导所提要求，定期不定期对相关事项落实情况进行督查，并及时以督查通报、简报等方式将相关单位工作进展情况向领导报告。

（二）领导因公出国（境）服务工作

前期服务工作	出国（境）确定	起草出国（境）建议方案，报请领导审定。方案内容一般应包括：出国（境）开展外事活动等的目的或意义、出差时间、方式、参加人员范围、相关背景材料等。
	出国（境）报告	起草出国（境）报告经领导审定后报上级相关部门。
	申请签证	领取相关表格报请领导填写；预约面谈时间并向领导报告。
	资料收集	有针对性地围绕出国（境）的内容收集相关资料报请领导参阅。如参加考察活动，收集考察点位、项目以及当地经济社会发展、项目情况等相关材料；如参加学习培训，收集学习培训相关内容材料；如参加会议，收集会议内容相关材料等。携带本地相关材料，如宣传册、招商册等，并充分预计使用数量。
	文稿准备	如出国（境）要参加相关座谈会、洽谈会并有发言要求，要按照要求，结合实际，为领导起草发言稿，并报领导审定。有关背景材料或文稿送审和印制时，应根据领导习惯选择确定字体、字号、纸型等。
	出国（境）通知	以书面或口头方式通知随同人员出国（境）的时间、地点，并告知出国（境）的目的和意义、领导的要求和意图，以及相关外事礼仪、外国习俗和外事纪律等注意事项等。如有着装要求等，应提前通知参加人员。
	出国（境）提醒	领导出国（境）前，以口头、书面或手机短信等方式，向领导报告出国（境）的时间、地点，以及外事礼仪、外国习俗和外事纪律等注意事项等。如活动有着装要求等，应提前报告领导，以便领导提前准备。
	行前培训	如出国（境）前安排有行前培训会，报请领导参加。
	应急准备	充分考虑各类突发因素，如临时调整人员、机（车）晚点，天气变化乃至发生其他紧急事件，做好应急预案，防患于未然。
	后勤保障	根据领导需要按规定兑换外汇；订购飞机（火车）票，请领导确定班（车）次、机型等；可采取网上预订或请当地相关单位预订等形式，提前做好住宿安排；根据领导提供的移动电话号码，开通国际漫游业务；做好药品、日用品等随行物品准备；根据飞机（火车）出发或到达时间，提前做好接送等相关工作。

续表

出差期间服务工作	登机(车)准备	提前办理换登机牌和物品托送手续，按时引领领导登机（车）就座。
	途中服务	出国（境）途中，向领导提供事先准备好的报纸、杂志等，并根据领导要求开展服务工作。
	出国(境)期间活动	出国（境）期间如有相关会议、活动等，可参照领导参加相关活动服务工作内容。
	相关记录	出国（境）期间，应当准确、全面地记录好随行人员发言特别是领导参加活动、会议时的讲话、要求、指示等，必要时可录音、摄像。
	资料收集	出国（境）过程中，认真收集考察地等提供的可资学习借鉴的相关书面文件、资料，通过拍照、摄像方式留存相关影像资料。
	就餐安排	就餐前，根据领导饮食习惯提出建议；就餐时，引领领导至就餐位就座；就餐后，提醒领导携带好随身物品。
	住宿安排	按照要求确定住宿标准；提前办理物品寄存手续；领取房卡进入客房，提前对设备进行检查和调试；引领领导到客房休息；住宿结束，提前到寄存处领取寄存物品，办理退房手续，并提醒领导携带好随身物品。
后续服务工作	差旅费报销	及时做好领导出差期间的差旅费报销。
	形成考察报告	如需形成考察报告，可由领导交代意图、要点、思路，由相关单位、人员起草初稿，修改完善后报领导审定；考察报告重点放在外地经验的深度挖掘、本地存在问题的深入剖析、可行性建议意见的提出。
	筹备有关会议	领导出国（境）后，若需召开会议，要根据出国（境）情况，结合实际，提出会议召开建议方案，报请审定后，及时做好相关筹备工作。（可参照领导主持召开会议服务工作内容）
	印发有关材料	如需出台有关文件，要根据出国（境）时取得的经验做法，紧密结合实际，做好文件起草工作。
	做好督查工作	按照出国（境）时领导所提要求，定期不定期对相关事项落实情况督促检查，并及时以督查通报、简报等方式将相关单位工作进展情况向领导报告。

【文例】

街道体制改革考察学习方案

一、组成人员以及任务分工

张×× 区人大副主任　　王×× 区政协副主任

杨×× ××工委书记　　钱×× 工作人员

二、考察时间及路线安排

1. 考察北京市石景山区（2月28日—3月2日）

2月28日，××机场乘坐××号航班出发至北京，3月2日上午9:00，到达石景山区学习鲁谷社区先进经验。

2. 考察青岛市市北、市南区（3月3日—3月5日）

3月2日下午，北京乘坐××号航班出发至青岛，3月3日上午9:00，市北区，学习浮山后社区先进经验；下午2:30，市南区学习江苏路社区先进经验。

三、考察重点及方式

1. 改革前后经济社会基本情况、体制机制设置、运行情况；
2. 改革的起因、具体做法、成功经验、利弊分析；
3. 深化街道管理体制机制改革创新的打算；
4. 对我区街道管理体制机制改革创新好的建议意见。

四、形成调研成果报告

1. 3月7日，由张××、王××同志召集考察团成员总结考察学习工作，确定调研报告提纲，对调研报告起草作安排部署和要求；
2. 3月8日－10日，由李××同志牵头，其他同志参与，形成调研成果报告初稿，并送张××、王××同志审阅；
3. 3月15日前，调研报告送区委、区人大、区政府、区政协主要领导和相关领导批示。

五、经费预算

建议区财政列支专项经费××万元。

六、领导公文处理服务工作

领导公文处理服务工作主要包括收文服务工作、发文服务工作。

收文服务工作	整理文件	收到公文时，先对文件进行翻检，防止出现漏页、错页、白页。
	了解办文背景	如上级来文有要求办理的事项，可联系相关单位了解情况后提出建议；如同级或下级来文有所需协调或请示事项，先对相关事项进行核实后提出建议；可收集公文内容所涉及的专用名词解释、相关文件等背景材料附后。
	相关提示	标注文件缓急程度，如是密件要作专门说明，如文件有上报材料要求需注明上报时限。
	批文建议	根据领导分工提出文件拟办意见，并根据公文内容附上领导批示办理事项、批示阅知事项日常用语建议。
	文件送签	及时向领导呈送收到的公文。如领导外出或开会，紧急文件先电话报告，按领导批示进行办理，等领导回来后及时呈送。
	批示传达	及时传达领导批示，并将批示办理情况及时报领导。对办理完毕的文件进行归档。
发文服务工作	校核把关	对拟发文件的职能层次、政策法律、客观实际、文字逻辑、公文格式等校核把关，如拟发文件内容涉及人财物等事项，可了解文件起草单位是否与相关单位衔接协调过，意见是否统一等；可收集公文内容所涉及的专用名词解释、相关文件等背景材料附后。如该文可以不发，应向领导提出建议。如需作较大修改，可请代拟单位一起讨论修改，也可退回代拟单位修改，并且要征求相关领导的意见。
	相关提示	标注文件缓急程度，如是密件要作专门说明，如文件有上报材料要求需注明上报时限。

续表

发文服务工作	文件送签	及时呈送领导签发，如领导外出或开会时，紧急文件先电话报告，按领导批示进行办理，后将文件及时呈送领导。如领导有修改意见，对文件进行修改后报领导审定，直至领导审定通过。并根据公文内容有关会议精神，向领导提出审签建议。
	文件印制	文件经领导签发后，按相关规定印制。

【文例】

区委领导重要批示

××办批〔2007〕52号

×××同志：

现将区委书记、区人大常委会主任××同志在省委办公厅、省政府办公厅《关于抓紧做好新时期群众工作试点的通知》上所作的批示摘转给您，请按批示要求做好相关工作。

××同志："请×××同志阅研并按通知要求抓好此项工作。要拿出具体组织实施方案，报区委、区政府研究。"

中共××区委办公室

2007年4月5日

七、领导处理突发事件服务工作

突发事件，是指突然发生，造成或者可能造成严重社会危害，需要采取应急处置措施予以应对的自然灾害、事故灾难、公共卫生事件和社会安全事件。及时有效地应对和妥善正确地处理突发事件的能力是各级领导者必备的岗位素质和管理能力之一。因为任何突发事件其处置手段和结果直接影响到政府的公信力和单位的形象。因此，做好领导处理突发事件服务工作，也显得尤为重要。

预案与演练	制定预案	协助和指导有关单位针对各种可能发生的突发事件，制定相关应急预案（包括预测预警机制、应急决策机制、控制处理机制、善后处理机制、媒体管理机制等），做到早发现、早报告、早处置。
	日常演练	督促相关单位结合实际，有计划、有重点地组织相关预案的日常演练，提高处理突发事件的能力。

续表

突发事件发生期间服务工作	启动预案	协助领导与相关单位衔接，在突发事件发生后的第一时间内，启动相关应急预案，切实做好人力、物力、财力、交通运输、医疗卫生及通信保障等工作，及时、有效地进行处置，控制事态。
	赶赴现场	安排车辆、通知相关人员（如发言人等）和主要领导或分管领导一道，在突发事件发生后的第一时间，深入现场，了解情况。
	现场处置	根据实际情况，设立指挥部并布置好相关办公、通信等设备；做好现场领导讲话或发布指示的记录、录音等工作；根据领导指示精神迅速采取相关行动，做好现场处置工作。
	报告情况	形成相关报告及时向上级单位汇报，报告内容主要包括突发事件发生的时间、地点、信息来源、事件性质、影响范围、事件发展趋势和已经采取的措施、控制情况、需要上级的帮助事项等，并跟踪反馈情况。
	信息发布	协助本单位媒体启动相应层面的信息沟通预案，通过本单位或上级媒体传播平台向社会发布信息，主动与外界沟通，抢占先机，掌握舆论主导权。在第一时间要发布简要信息，随后发布初步核实情况、应对措施和公众防范措施等，并根据事件处置情况做好后续发布工作。如需发言人发布信息，要积极为其准备必要的背景材料，并根据事态的发展进行资料补充，以求发布及时、准确、客观、全面的信息。
	会议安排	如需召开突发事件处置工作会、新闻发布会等，做好相关会议准备工作（详见领导主持召开会议服务工作）。
后续服务工作	善后处理	按照领导要求制订救助、补偿、抚慰、抚恤、安置等善后工作计划，并指导相关单位组织实施，协助有关单位妥善解决因处置突发事件引发的矛盾和纠纷。
	舆情跟踪	突发事件发生后，要加强对舆论情况和社情民意的跟踪、判断、分析、研究，提供相关信息，为领导决策提供帮助。
	做好督查工作	领导如有交办事项，要定期不定期对落实情况进行督查，并及时以督查通报、简报等方式将相关单位工作进展情况向领导报告。

第十三部分 办公室日常事务工作规范

主　编： 王爱平　中共四川省委党校（四川行政学院）巡视员
副主编： 任春燕　中共四川省委党校（四川行政学院）进修部党总支书记、副教授
参　编： 程全跃　中共四川省委党校（四川行政学院）办公室副主任
　　　　　　向　淼　中共四川省委农办办公室副主任

一、办公室电话工作规范

在日常公务中，当今接触最多的通信手段主要有电话、传真、电子邮件等，而电话出现得最早、使用最广泛。电话不仅仅是一种传递信息、获取信息、保持联络的寻常工具，而且也是公务人员所在单位或个人形象的一个载体。在公务交往中，普普通通的接打电话，实际上是在为通话者所在的单位、为通话者本人绘制一幅给人以深刻印象的电话形象。所谓电话形象，即人们在通电话的整个过程之中的语言、声调、内容、表情、态度、时间感等的集合，它能够真实地体现出个人的素质、待人接物的态度以及通话者所在单位的整体水平。因此，对公务电话的规范使用必须给予高度的关注。

（一）接打电话的基本要求

接打电话的基本礼仪	接打电话应做到态度谦和、头脑敏捷、动作迅速、态度认真、准备充分。声音清晰柔和，吐字准确，语言简洁，句子简短，语速适中，语气亲切、和谐、自然，用语礼貌、谦恭。通话过程自始至终都应做到待人以礼和文明大度，注重自己的通话对象。
接打电话之前的准备	（1）电话机旁备好电话记录本、记录笔、新版电话号码簿及常用电话号码表； （2）准确核查（记录）通话对方的姓名、电话号码、联系地址； （3）养成一听铃声便一手执笔、一手摘机的习惯，左手接电话，右手准备做电话记录，讲话时，嘴部与话筒之间应保持 3 厘米左右的距离； （4）拨号前和摘机前都要按找何人、何时、何事、为何、如何做的模式认真思考，随时牢记"5W"技巧。所谓"5W"是指 ① When 何时 ② Who 何人 ③ Where 何地 ④ What 何事 ⑤ Why 何因。在工作中这些信息十分重要。 （5）挂发内容重要、数据复杂、时间约定严格的电话，必须先打好草稿，核对无误后方可拨号； （6）通话内容如涉及保密事项，应注意通话环境及电话机的保密性。 （7）选择恰当的通话时间，国际电话要注意时差，以免误事。 （8）考虑好指定接话人不在的处理方式。

（二）接听电话的一般程序

摘机接听	听到铃声，马上摘机接听，最多不能让铃声响过三遍。超过三声应向对方致歉："对不起，让您久等了。"
致意对方	向对方问好（"您好"），主动通报自己的单位、姓名并表示愿为对方服务（"这里是×××单位，我是×××"）。
询问对方	问清对方的单位、姓名、意图（"请问您哪里？请问尊姓大名？请问有什么事？"）。
仔细倾听	为表示自己在认真听话并理解对方意思，应不时回以"嗯嗯""是""好"等声，也示礼貌。若有未听清处，可以简要插问，请对方重述或解释。
做好记录	根据通话内容确定是否要做电话记录。如需做电话记录，应在《电话记录本》上认真做好记录，电话记录既要简洁又要完备，记录完毕与对方核对一次，以防出错。
结束通话	通完电话要向对方道谢、说"再见"，并等对方挂断电话后再轻挂电话。
接（打）错电话	礼貌告知对方打错了，再轻放电话。

（三）拨打电话的程序

拨打电话的一般程序	确定意图	明确打电话的目的，即打给哪个单位、哪个人，要说哪些内容，达到什么目的。打电话之前应拟好腹稿，有时还要用文字简要记下来，必要时应全文记下来。
	拨打电话	正确核对、准确拨打电话。拨打电话应允许对方电话响铃6—7次。
	接通电话	电话接通后，首先向对方问好（"您好"），然后问明对方是否是所需要通话的单位（"请问您是×××单位吗"），接着作自我介绍（"我是×××单位×××"），再问清对方的姓名、职务（"请问尊姓大名"），需记录的要同时在《电话通知簿》上做好记录。要指定人通话时，还要请对方帮助找人，"麻烦您找一下×××"。
	正式通话	通话时应明确告知对方是否需要记录，通话内容完毕之后，再请对方复述一遍，确保对方记录无误。
	结束通话	结束通话时要向对方道谢、说"再见"，并等对方挂断电话后再挂断电话。
拨打电话的技巧	事先准备	在通话之前，就应该做好充分的准备。最好把对方的姓名、电话号码、通话要点等通话内容整理好并列出一张清单。这样做可以有效地避免"现说现想、缺少条理、丢三落四"等问题发生，收到良好的通话效果。
	简明扼要	通话时最忌讳吞吞吐吐，含糊不清，东拉西扯。经过简短的寒暄之后，就应当直奔主题，力戒讲空话、说废话、无话找话和短话长说。一次通话时间应控制在3分钟之内。这一做法在国际上通称为"通话3分钟"原则，它在许多国家都被当作一项制度，要求每一位公务员严格遵守。
	适可而止	一旦要传达的信息已经说完，就应当果断地终止通话。按照电话礼节，应该由打电话的人终止通话。因此，不要话已讲完，依旧反复铺陈，再三絮叨。否则，会让人觉得做事拖拖拉拉，缺少素养。

【文例】

电 话 记 录 本

来电单位	准确记载来电的单位，尽量具体。
来电时间	××××年×月×日×时×分——×时×分
来电内容	准确记载来电内容，对重要电话，在记录时，向对方复述记录内容，以免差错。若来电方认为不方便时，不予记录。
接电话人	准确填上接听电话人员姓名、职务。
回电号码	若需要回复来电内容处理情况，或者当事人不在的时候，留下对方电话号码。
处理结果	把来电处理情况及时记载备查。

电 话 通 知 簿

通知单位	准确记载电话通知的具体单位。
接电话人	详细记载接听电话的人员及其职务。
去电时间	时间以年、月、日、时、分计。
去电内容	记录去电通知的主要内容；必要的记录去电全文。
备　注	

（四）收发传真的程序

收传真程序	收到传真后，要逐一核实确认传输资料的内容是否完整、清晰；内容比较重要或者需要办理的要登记并立即复印原件，及时报办公室主任审批，按审批意见报送主要领导或分管领导阅批；再按领导批示意见迅速通知相关部门、相关人员办理。必要时要按收文处理方式记载送阅、送处过程。
发传真程序	发传真前要认真准备，核实传真号码、传送给谁和传送资料的准确无误；在传真发完以后，通电话确认对方是否收到、收到的资料是否完整；重要的传真要登记，记录好传输时间、内容以及对方接收人员，以备查考。

二、邮件信函处理规范

邮件信函寄发程序	在寄发邮件信函时，应做好以下工作： 一是确认寄发的内容是否涉及保密，是否适合通过邮件信函寄发； 二是确认寄发内容的重要程度和缓急程度，正确选择邮件信函的种类； 三是准确填写对方的邮址和邮政编码，自己的地址和邮政编码也要求详尽，以防对方收不到不能退回； 四是对重要的邮件信函寄发情况进行登记； 五是普发性邮件不要漏寄有关单位、有关人员。

续表

邮件信函接收程序	对于收到的邮件和信函，要按以下程序进行处理： 一是对邮件信函逐一清理分类、登记； 二是把邮件信函分发到相应的部门或者个人，并要求对方签收； 三是对重要的、紧急的邮件信函送办公室主任签注意见，送分管领导审批，按领导审批意见送具体部门和人员办理，并将整个流程予以登记； 四是对需要反馈接收和办理情况的邮件信函及时反馈信息。
电子邮件的收发及处理	收发和处理公务电子邮件时，要注意几个问题： 一是公务电子邮件标题、正文内容的撰写以及署名规则参照相关纸质公文规定。邮件标题撰写应符合邮件主题或公务性质，以保证邮件应用的时效性以及归档、检索利用质量； 二是应在公务电子邮件系统的公务信箱中发送和接收公务电子邮件，不得使用私人邮箱； 三是涉密公务电子邮件应使用专网和专门的邮件服务器发送和接收，并对发送的邮件加密处理，同时应对网络环境、服务器、工作站进行安全性验证； 四是在发送公务电子邮件时应使用真实身份，并根据电子邮件的密级和发送范围，确定是否应加密和使用电子签名，不得在公务电子邮件及其附件中使用扫描签字等易被修改、伪造的签字方式。

三、印章管理规范

印章是指刻在固定质料上的代表机关、组织、单位和个人权力的图章。印章按其性质、作用、质量可分为正式印章、专用印章、套印章、钢印、手章、名章、戳记七大类。印章具有标志作用、权威作用、法律作用和凭证作用。印章管理包括印章的刻制、启用、保管、用印、停用、存档和销毁等环节。

（一）印章的刻制与启用

印章的样式由印章的形状、印文、印文的排列、印章的图案、印章的尺寸和印章的质料构成。根据《中共中央办公厅印发〈关于各级党组织印章的规定〉的通知》（中办发〔1983〕37号）、《国务院关于国家行政机关和企业事业单位社会团体印章管理的规定》（国发〔1999〕25号）的规定，党政机关、事业单位的印章分为法人印章（公章）、内设机构印章和专用印章，除财务专用章外，一般都为圆形。

印 章 的 样 式

质料	铁质、铜质、木质、橡胶等，还有将色油或固体色料热压而成的"原子印"和"渗透印"，无须印泥可连续使用万次以上。
形状	正圆形、长方形、三角形、椭圆形。
印文	按规定使用国务院公布的规范简化汉字，字形为宋体，自左向右环行排列。领导人签名章则由个人书写习惯而定，民族自治机关的公章应并列刊有汉字和当地民族文字。
图案	县以上政府机关、法院、检察院、驻外使馆的公章的中心部位刊有国徽；党的各级机关印章刊有党徽；企事业单位公章则刊有五角星图案。

续表

尺寸	国务院的公章，直径为6厘米；省、部级政府机关，直径5厘米；地、市、州、县机关为4.5厘米；其他机关、部门、企事业单位公章直径一律为4.2厘米（包括边框）。

刻制印章时，必须由本机关、本单位申请，开具公函，并详细写明印章的名称、式样和规格，经上级机关批准，到单位所在地的公安部门办理登记手续。

印章在正式颁发启用前，应备文通知有关单位，注明正式启用日期，并附印模。为了防止伪造，要做印记；印模除留底外，同时上报主管部门备案。

（二）印章的保管与使用

印章要指定专人负责保管和使用，保管者就是使用者。按规定，保管者不得委托他人代盖印章，不得随意带出办公室，更不得交他人拿走使用。印章存放的地方要装配牢固的锁。保管者要养成精细的工作作风和良好的职业习惯，一丝不苟，不盖人情章。印章的日常保管应本着既严格管理、又方便使用的原则，确保正常工作秩序不受影响，因此，严格的保管制度同便利使用是相辅相成的。

印章保管制度

(1) 确定印章放置的地方，一般放在单位的机要室或办公室。
(2) 确定管理印章的人员，印章保管人员应该明确责任，保证印章的正常使用和绝对安全，防止印章被滥用或盗用。
(3) 建立印章保管登记册，载明什么印章、印文、印模和保管人姓名等项。
(4) 印章不得委托他人代取代用。
(5) 保管印章要牢固加锁，防止被盗，用完印章后要随手锁好，不能图省事而将印章随意放置在办公桌上或敞开保管柜。
(6) 对于印章被盗用而产生的后果，保管人员应该负有法律上的责任。

印章加盖在文书的不同位置以及在文书处理的不同环节中，其作用也各不相同。

印章类型	作　　用
落款章	盖于文书作者落款处，表明法定作者及文书的有效性。凡文书都应加盖落款章，无印的机构可以借印代章。
更正章	对文书书写中的夺（脱字）、衍（多字）、讹（错字）、倒（颠倒）处改正后，要加盖更正章，以作为法定作者自行更正的凭信。一般不要使用刊有"校对"字样的小印章作为更正专用章，以杜绝作弊现象。
证见章	对以他人名义出现的文书盖章作证。如两单位签订合同，须请双方上级主管部门加印证见；旁证材料由旁证人所在单位证见；摘抄档案内容要由档案保管部门证见。
骑缝章	介绍信与存根衔接处须骑缝加盖印章，以便必要时查核、对同。

续表

骑边章	重要案件的调查、旁证、座谈记录等材料很多是由调查人自做笔录，为完备手续起见，除了应由当事人盖落款章、所在机关盖证见章外，还必须将该材料多页沿边取齐后均匀错开，从首页到末页，骑各页之边，加盖一完整公章，以证明该材料各页是同时形成的，杜绝日后改易之弊。
弥封章	在秘密件公文封套的封口处加盖公章，以确保在传递中无私拆之弊。如调查档案、印制公务员考试试卷时，于封口处以盖有印章的纸条加以弥缝密封。
封存章	在封条上加盖印章，以封存账册、文件橱、财物、仓库、住房等。常在节假日前夕或特殊情况下使用。

印章的使用要有完善的制度作保证，单位在使用印章时要十分审慎。印章管理人员在使用印章时应遵循以下规定。

印 章 使 用 制 度

领导批准	用印时，首先应检查是否有机关、单位负责人批准用印的签字。
审查内容	应审阅、了解用印内容，还要检查留存材料是否交全。
用印登记	每次用印都应登记。登记项目包括：用印日期、编号、内容摘要、批准人、用印单位、承办人、监印人、用印数以及留存材料等项。
盖　印	对公文、函件经过上述审查、登记以后，即可按要求加盖印章。凡是在落款处加盖印章都要端正盖在成文日期的上方，并做到上不压正文，下压成文日期年、月、日中4—7个字（视印章大小而定），俗称"齐年盖月"。
留存材料	应整理留存材料，把用印留存的材料编号整理，归卷备档。对其中具有查考价值的，要在年终整理立卷时归档保存。
用印场所	使用正式印章要在办公室内，一般不能将印章携带出机关或单位以外使用。印章不能脱离印章管理人员的监督，需要在一般印刷厂套印有机关印章的文件时，也应有印章管理人员在现场监印。
不盖空白章	不允许出现盖有印章的空白凭证。

【文例】

用 印 登 记 表

顺序号	用印日期	文件标题	发往机关	份数	批准人	用印人	备注

（三）印章的停用、存档和销毁

印章的停用	停用情况	（1）单位机构变动致使单位或部门名称发生改变； （2）上级部门通知改变印章图样； （3）印章损坏； （4）印章遗失或被窃，声明作废。
	印章停用后善后工作	发文给予本单位有工作、业务往来的单位，告知已停止印章的使用，并说明停用的原因，标明停用的印模和停用的时间（以及新启用印章印模、时间）。 要彻底清查所有的印章。

印章的存档	停用的废印章不能在原单位长期留存，根据不同的情况，或者上缴颁发机构切角封存；或由印章作废单位填制作废印章卡片，连同作废印章一起交给当地档案馆（室）立卷备查，并将作废印章予以销毁；或由本单位自行销毁。
印章的销毁	销毁废旧印章必须报请单位负责人批准，销毁时交公安部门统一销毁。所有销毁的废旧印章都要留下印模保存起来，以备日后查考。

（四）电子印章的使用和管理

电子印章分为电子公章和电子名章，它是将公章或名章通过PKI技术进行加密，以数字认证存储介质方式，在电子文件中应用的电子版的印章。印章及管理系统须经政府授权方可制作，电子印章有望在许多领域替代传统印章，在网上报税、电子发票、网上结算、企业年检等方面，成为《电子签名法》实施后，推动电子商务和电子政务发展的有效举措。电子印章实际上就是数字签名加印章图片，数字签名是安全的保证，而印鉴则是权威的象征。

电子印章基本特点	（1）在整个使用过程中人们光靠日常经验就能使用。 （2）确保印章成为签名有效的表现形式。 （3）一个实物印章只能对应一个电子印章。 （4）电子印章必须存储在可移动介质上（如U盘）。 （5）为了使加盖电子印章后的电子文件与纸张文件有相同的外观等特性，必须采用数字纸张技术。
电子印章使用规范	（1）电子印章的形状、印文、图案、尺寸规格等外观形式以及法定效力与正式印章相同。 （2）电子印章必须由上级机关统一制作颁发，任何单位不得自行制作使用，也不得私自复制电子印章。 （3）电子印章及密码必须由指定的秘书人员保管和使用。保管人员不得向任何人提供操作程序、电子印章及密码。 （4）保管电子印章的人员如有变动，应立即通知颁发机关，以便及时更改密码。 （5）电子印章只用于电子文书，其盖章位置与纸质正式公文相同。 （6）电子印章的停用和销毁管理要求与正式印章相同。

【例文】

××省××局印章使用管理办法

为加强印章管理，确保印章使用管理的严肃性，杜绝违规使用印章的行为，根据国务院关于国家行政机关和企业、事业单位印章的规定，结合我局实际，特制定本办法。省××局党组、机关党委、局机关及各处室和直属单位印章的使用管理，适用本《办法》。

第一条　印章种类。印章是代表机关或单位的合法标志。一般可分为公章、专用章（如介绍信专用章、传真专用章）、钢印。

第二条　印章使用范围。局机关党政组织在制发公文、上报材料、情况证明、商洽公务等情况下可使用印章，并因此产生法律效力，承担相应责任。局党组、局机关党委的印章处理人事、纪律、教育、思想政治工作等方面的事务。局办公室的印章代表机关处理行政公务及其他事务。其他处室及直属行政单位的印章处理处室单位其之间的内部事务和对外联络商洽等一般性事务，不得使用其印章代表局机关发布行使行政权力的行政公文。直属事业单位的印章处理事业单位业务工作及其他事务并独立发布非行政性文件。局机关在处理公务中，一般使用公章，发出传真、开具介绍信使用专用章，制发证件等使用钢印。

第三条　印章使用管理原则。印章的使用管理必须遵循安全、规范、合法、有效的原则。印章实行专人管理、专人使用。局党组印章由人事处专人负责管理，局机关党委印章由机关党办专人管理。局印章由机要人员负责管理，局办公室印章由机要人员负责管理。局办公室为行政使用印章的管理机构，人事处和机关党办为党务使用印章的管理机构。局机关处室的印章由各处室指定专门人员保管使用，局机关直属行政单位、事业单位的印章由各单位指定专门人员保管使用。

第四条　印章使用审批。印章使用管理按照"谁主管，谁负责"的原则实行责任审批制度。启用局党组印章由局党组书记签批，启用机关党委印章由机关党委书记签批，启用局印章由局领导签批，启用局办公室印章由局领导或局办公室主任签批，启用其他处室及直属单位印章由处室及直属单位主要负责人签批。

第五条　印章使用登记。局机关党政组织在处理党政公文、上报材料、情况证明或涉及文字性资料的事务中，必须经签批人明确签示"同意"后方可用印；联合行文的公文用印前，须经局内会签单位复核，由局内主办单位到机要室用印，非本局工作人员送来公文要求盖章的，一律不得受理；除公文办理用印外，其他用印必须填写"局用印申请单"，由局领导或局办公室主任签批后方可用印。印章管理人员应将签批原件交档案室留存。

第六条　印章保管维护。印章管理人员应本着认真负责的态度，做好印章的保管维护工作。印章应有专门的保险柜存放，不得随意放置在桌面和抽屉内，定时给印章保养上油；印章管理人员应亲手启用印章，不得由他人代理；各类印章的印模只能在印制正式公文时启用，有关文印单位必须指定专人管理，公文印制完毕必须将印模及时交印章管理人员销毁。

第七条 印章刻制和废止。刻制各类印章必须经局领导同意后，交机要室统一刻制。其中局机关印章还须上报省政府办公厅文书处保密室备案后方可刻制。印章刻制后必须以正式文件发出启用印章的通知，并附注印章印模，以备查对照。对损坏或过期作废的印章，印章管理人员必须于当日向签批人报告并移交档案室存档。

第八条 印章移交。印章管理人员因事、因病等特殊情况需临时移交印章的，必须报经印章签批人批准，移交给签批人指定的人员。印章的移交必须填写《印章交接登记表》，并说明有关注意事项。印章管理人员因组织安排调离工作岗位需要移交印章的，须重新指定人员，并向有关管理部门报告备案，办理有关交接手续。

第九条 印章使用管理中的过错责任追究。未经签批人明确表示"同意"而私自使用印章的，不认真履行管理责任而造成印章丢失的，均属严重违纪行为，按情节轻重及后果大小对印章管理人员及有关责任人员追究其相应责任。私刻、伪造印章，构成犯罪的，由司法机关追究刑事责任。

第十条 本办法自××××年×月×日起执行。

四、办公室值班、接待工作规范

（一）办公室值班工作

党政机关的办公厅（室）一般应实行 24 小时值班制度，其他事业单位的办公室在节假日也应实行值班制度，以便及时处理紧急事务。值班室的主要任务是：处理公务来电（电话、传真），答复公务电话查询，办理紧急电文（如突发事件等），报告重要情况，承办领导交办事项。

值班工作内容及注意事项见下图所示：

值班工作	处理各类来电	突发事件来电
		联系工作来电
		接待来电
	拟写值班报告	重要事项须及时拟写值班报告
	管理会议室	落实会议室并填写会议安排
	处理领导交办事宜	
	做好值班记录	交接班时，要逐件交接处理事项并签名

（二）办公室接待工作流程

详见本书第九部分。

工作程序	内　　容	责任人
准备工作	（1）了解客人基本情况[姓名、性别、职务（称）、来访意图、考察线路、到达及离开时间、联系电话]；	
	（2）拟定接待方案（含用车、食宿、座谈会地点及参加人员、考察线路、陪同接待领导等）；	
	（3）报审方案（经办公室主任审核后，报分管领导审批后，落实接待方案）；	
	（4）下单（与行政后勤中心落实用车、就餐、住宿、会议室，做好电子屏幕欢迎字幕或欢迎标语、书写路牌，照相、录像等工作）；	
	（5）预告及办理借款手续（预告参与接待的领导及有关人员，做好召开座谈会或陪同就餐等的准备）；	
	（6）为客人预订返程机票或车票；	
	（7）打印台签，印制接待手册（视具体情况，请示领导后再定是否印制）。	
接待客人	（1）接机或接站（到机场迎接客人，并及时告知有关领导动态）；	
	（2）住宿（接到客人后，如无特殊情况，先安排客人住下）；	
	（3）就餐（安排客人就餐，并通知所有陪同领导就餐时间地点，就餐标准及酒水按规定或领导指示执行）；	
	（4）召开座谈会（至少提前半天布置好会场）；	
	（5）参观考察（视具体情况，安排并陪同客人考察）。	
客人返程	（1）赠送客人纪念品（根据来访客人情况，如有必要提出赠送客人礼物的建议，经领导批示后再购买）；	
	（2）送客人到机场或车站（告知有关领导具体的离开时间）。	
善后工作	（1）报账；	
	（2）保存客人有关资料；	
	（3）保存接待安排有关资料；	
	（4）年终统一整理，存档备查。	

（三）涉外接待工作流程

详见本书第九部分。

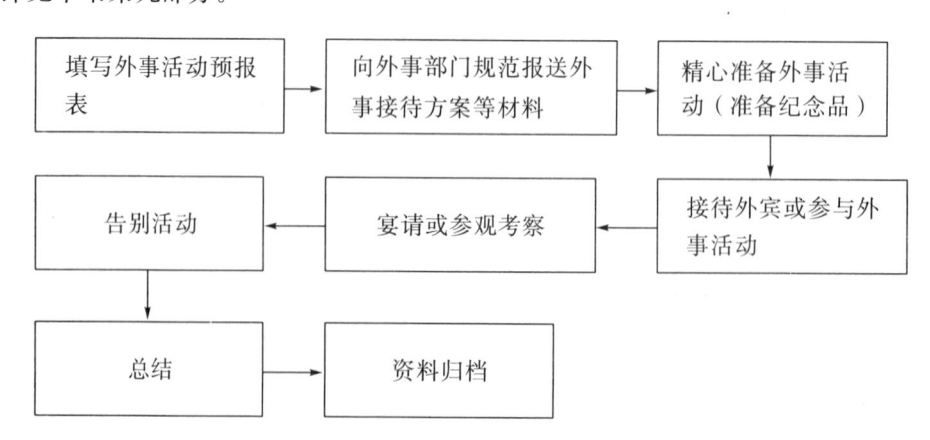

填写外事活动预报表 → 向外事部门规范报送外事接待方案等材料 → 精心准备外事活动（准备纪念品） → 接待外宾或参与外事活动 → 宴请或参观考察 → 告别活动 → 总结 → 资料归档

五、大事记编写规范

（一）大事记的含义及种类

大事记是用精练文字、按时间顺序简明扼要地记录一个单位、部门、地区的重要工作或活动、大事或要事的一种纪实性应用文。大事记是档案资料重要部分，是衡量档案室基础工作和业务建设水平的主要标准之一。它对促进信息化管理、推动机关管理规范化都具有十分重要的现实意义。编制大事记是机关单位办公室一项不容忽视的工作。

大事记的种类	从范围分	宏观大事记，如共和国科技工作大事记。
		微观大事记，如各单位的大事记。
	按体裁分	表格式大事记
		条目式大事记
	按记录方式分	以问题记载为序，如××地区严打工作大事记。
		以时间为序
	按记载内容、性质分	综合性的大事记，如各单位大事记。
		专题性的大事记，如某单位工会工作大事记。

（二）大事记的特点、编写原则要求及主要内容

大事记特点	纪实性文体	尊重客观事实，实事求是、准确无误地反映事物的本来面目，如实记载反映客观工作实际。
	编年、记事性体例	多以编年体为主，记事体为辅。
	筋条式内容	编写不成篇章，只需分项讲清是什么、怎么样。
	条文式结构	一项一条一个自然段，各条文之间是不能组段成篇的。
大事记编写原则和要求	求真务实	要调查研究、真实准确地反映客观事实，做到时间准确、事件准确，实录其事，决不允许丝毫虚夸和谬误，切忌捕风捉影、信手杜撰。
	慎选精记	严格选事，材料要有所选择，做到大事突出、要事不漏、首事不放、新事不丢，选准选全，有大事则记，无大事则不记，不能将日常事务性质的一般工作活动记入大事记。
	及时完整	收集材料、汇总资料、编写成文都要及时；记录应完整、全面。应坚持不间断地记录，不要断断续续记录。
	简明扼要	内容精炼，条项简短，语言简明。
大事记主要内容	（1）本单位组织变动情况，如机构设置的增减、变更，主要领导人的任免、体制、名称的变更等。 （2）本单位召开的各种重要会议，如代表大会、工作会议、先代会等。 （3）重大方针、政策、法规、规章和重要决策的出台、贯彻和实施。 （4）上级领导对本单位工作的重要指示或来本单位检查指导工作的重要活动。 （5）内部或公开发行的报刊对本单位工作的表扬、批评。

续表

	（6）本单位外事往来，与外单位的重要交流，参与的主要社会活动。 （7）本单位的主要工作，取得的重大成绩，重大的工程建设、研究成果。 （8）本单位主要领导的重要工作、活动。 （9）重大灾害、事故、案件等重大问题、突发事件的发生、处置和结果。 （10）单位内外的主要奖惩。 （11）单位的重要文化、经济活动。 （12）其他应该入记的重要事项。

（三）大事记编撰工作组织分工和程序

组织分工	承办人员	工作内容
主办工作	办公室文书或档案室专职人员	负责大事记资料汇总、大事记起草、送审、大事记立卷归档工作。
材料收集	机关单位内设机构指定人员	按本单位设定大事记内容范围逐日收集本部门有关大事记材料，简要记载。
统筹管理	办公室分管主任	统管大事记编制全部具体工作：如拟写大事记内容范围、提出分工意见、编撰工作规范等。
领导指挥	单位分管领导	领导、协调本单位大事记编制工作。
终审文稿	单位主要领导	审定大事记送审稿最后定稿。

大 事 记 编 撰 程 序

工作程序	主办人员	工作内容
设定工作规范	单位领导	办公室草拟大事记编撰工作规范，送单位领导审定。
确定工作分工	单位领导	按前述组织分工确定各方面有关人员工作职责权限。
收集记载材料	办公室（档案室）专职人员、各部门指定人员	按本单位设定大事记内容范围，逐日收集本部门有关大事记材料并简要记载。
汇总编写初稿	办公室（档案室）专职人员	每年初1—2月内汇总本单位各部门收集的大事记资料和记载的大事记条目，经过综合分析、归类整理，编写成本单位上年度大事记初稿。

审核文稿	办公室分管主任	按编写规范、原则要求，全面审定大事记初稿。
审定文稿	单位领导	先送本单位各副职领导审阅，以避免大事、要事的遗漏和记载失误；最后送主要领导审定。
印制大事记文稿	办公室（档案室）专职人员	按公文格式规范将本年度单位大事记印制成册。
立卷归档	档案室专职人员	将印制好的大事记连同各程序填写好的公文拟稿纸签发单一并立卷归档。必要时可将《大事记》分送领导和有关部门，但应注意保密。

（四）大事记撰写

<table>
<tr><td rowspan="2">编写体例</td><td>记事体</td><td>这是以事件为纲、按问题排列的编写体例。先综合归纳成几个问题（事件、项目），在大问题（事件、项目）下再分时期，每一时期内的大事按时间顺序排列。</td><td>主要用于专题工作大事记</td></tr>
<tr><td>编年体</td><td>这是以年代为经、以事实为纬的编写体例。按时间顺序逐年、逐月、逐日记载历史事实，一事一条。先排出有确切日期的大事，后排出按近准确日期的，日子不清楚的附于月末，月份不清楚的附于年末，年度不清楚的一般不记。</td><td>主要用于单位大事记</td></tr>
<tr><td rowspan="7">主要结构及写法</td><td rowspan="4">标题</td><td colspan="2">单位、事由和文种构成，如《××地区打假工作大事记》</td></tr>
<tr><td colspan="2">单位和文种构成，如《××市人民政府大事记》</td></tr>
<tr><td colspan="2">事由和文种构成，如《解放以后中国科技发展大事记》</td></tr>
<tr><td colspan="2">单位、时间和文种构成，如《××市文化局2009年大事记》</td></tr>
<tr><td rowspan="3">主体</td><td>时间</td><td>时间连续、有序，反映了事情的发生、发展过程和工作进展状况，每条大事记必须写明年、月、日，必要时还应注明是星期几甚至具体时分。有些事情不是一天做的，则写明起止日期。时间延续较长的某项工作，则可分为几个阶段，按日期记载。要依时间先后次序记录。</td></tr>
<tr><td>事项</td><td>一般一事一记，或逐日记录一件、几件大事（则一事一条），或连日组合记录一件大事。若是连日组合成一件大事的，一般放在事情的最后一天记录。</td></tr>
<tr><td>结构形式</td><td>均采用条义式结构，而不是篇章式形式，事项分项提行排列，一项一条一个自然段，各条文之间是不能组段成篇的。</td></tr>
</table>

【文例】

四川省交通厅 2007 年大事记

1 月

5~6 日　全省交通工作会议在成都召开，时任省交通厅党组书记、厅长吴果行作题为《强化"三个服务"，建设创新型行业，努力实现四川交通事业又好又快发展》的工作报告，副省长王怀臣出席会议并作重要讲话。

8 日　省交通厅在泸州召开全省道路运输春运工作暨超长客运管理现场会，部署 2007 年春运工作并推广泸州超长客运管理新模式。

30 日　省委、省政府 2007 年"十大惠民行动"正式启动，其中农村交通建设行动目标任务为：建成农村公路 1 万公里，建成乡镇客运站点 300 个。

31 日　国家开发银行在与省交通厅签订的《"十一五"期间四川省农村公路建设开发性金融合作意向书》中承诺："十一五"期间提供不低于 65 亿元的政策性贷款专项用于四川农村公路建设。时任省委书记杜青林、省长蒋巨峰、副省长王怀臣、国家开发银行副行长姚中民等出席签字仪式。

2 月

3 日　2007 年春运工作全面展开。

5 日　省交通厅召开全省交通系统领导干部作风整顿建设活动动员会暨党风廉政建设工作会。

12 日　国道 317 线鹧鸪山隧道工程和川主寺至九寨沟公路改建工程被交通部交通基础设施建设领域廉政工作领导小组评为廉洁工程项目。

14 日　厅公路设计院副院长罗凤林被全国妇女"巾帼建功"活动领导小组授予"全国巾帼建功标兵"称号。

3 月

7 日　副省长王怀臣到乐山视察交通工作。

8 日　省政府在泸州召开全省规范收费公路管理工作会，贯彻落实国务院和交通部关于进一步规范收费公路管理工作有关精神，副省长王怀臣出席会议并讲话。

9 日　省交通厅召开全省农村公路工作电视电话会议，进一步贯彻全国农村公路工作电视电话会议精神，部署全年农村公路工作。

13 日　省交通厅制定《四川省摩托车养路费征收监督管理办法》和《四川省摩托车养路费票据监督管理办法》，以确保摩托车养路费用于农村公路养护管理。

14 日　春运工作结束。春运期间，全省共完成客运量 9744.91 万人次，较上年增长 2.7%。全省日均投放营运客车（不含出租汽车）4.72 万辆，共开行班车 487.25 万班次（其中加班 11.12 万班次、疏运民工 8.64 万班次）。

15 日　仪陇县被交通部授予"农村公路建设示范工程先进单位"，并在全国范围内被通报表彰奖励。

19 日 雅（安）西（昌）高速公路建设项目正式开工。该路全长 240 公里，交通部批准初步设计概算 163 亿余元，计划利用亚行贷款 6 亿美元，建设工期 5 年。

27 日 省交通厅在成都召开 2007 年度全省交通法制工作会议。

（以下略——编者注）

六、办公室后勤工作规范

办公室后勤工作是办公室工作的一个重要方面，其主要任务是为领导和各部门提供服务，对整个机关工作起保障作用。规模较大的机关单位后勤工作不属办公室工作，规模较小的办公室则常常要承担一些后勤服务工作。

办公室后勤工作项目	为领导服务	办公室和休息场所及其设备配备
		会议场所的选择和配置
		车辆安排
		办公室和会议场所的卫生
	办公用房用品管理	办公用房管理调配
		办公用品采购和管理
	车辆管理	车辆配备
		车辆更新
		车辆调度
		车辆维修保养
		驾驶员教育管理
	财务管理	财务预决算
		财务监督
		账簿凭证、报表归档工作

（一）为领导服务

为领导服务是办公室工作的主要内容，更多服务工作见本书第十二部分。这里着重介绍后勤服务工作的主要内容。

办公室和休息场所及其设备配备	领导的办公室应按国家和单位的有关规定安排；按现代化办公的需要，一般需配备桌椅、文件柜、饮水机、沙发、茶几、电话、空调、电脑和 U 盘等。领导休息场所的配备大致可分为三种情况：一是办公室空间可利用的，可用部分空间隔成休息室；二是单位统一安排休息室；三是利用办公室配备的三人沙发休息。（见《国家计委关于印发党政机关办公用房建设标准的通知》计投资〔1999〕2250 号）

续表

会议场所选择和配置	专指领导班子办公会或党委会会议室的布置。一般要求会议室的大小要合适，除领导班子成员使用外，按有关会议的需要，适当扩大一些人员参会，其空间也不显拥挤。会议室的采光度、隔音效果、通风效果要好，室内灯光要明亮柔和；外界干扰小；与领导们办公的地点近。会议室的装饰材料和桌椅要选择符合环保规定、无异味的材料。一般可配置饮水机、茶杯、水瓶。有条件的地方可按现代会议的要求加配扩录音设备、多媒体设备、电脑等设备。可用鲜花草装饰会议室。
车辆安排	按领导工作日程表或领导们临时吩咐，提前安排车辆，并及时提醒领导用车；上车地点要本着就近、方便的原则安排。
办公室和会议场所卫生	办公室和会议场所的卫生要定时打扫；如果领导们需分别使用会议场所，则对使用过的会议场所要及时清理打扫；一般在领导工作期间不要打扫办公室卫生。

（二）办公用房用品管理

办公用房管理	办公用房管理	机关单位所有的办公用房都应归口办公室管理，任何部门和个人不得私自占用。
	办公用房分配	根据单位办公用房的多少和国家有关规定分配，一般可以单位领导和中层干部每人1间，职工两人1间；也可以单位的领导和中层干部的正职每人1间，中层干部的副职两人1间，职工3至4人1间。
办公用品采购和管理		办公用品的购买要本着适用、节俭的原则，按照实际需要办理，防止铺张浪费。
	易耗办公用品	如笔墨纸张、墨粉等，要根据实际需要随时自行购买，适当库存。
	贵重办公用品	如电脑等，要根据实际需要情况，提前编制计划，申报集中统一采购。
	办公用品的管理	对正在使用的办公用品，按"谁使用谁管理"的原则进行，由使用部门登记造册妥善管理；对库存的办公用品，要分门别类认真登记专人保管。

（三）车辆管理

车辆配备	要根据单位用车的实际情况，按照国家的有关规定合理计划，及时报批，以满足单位公务用车。2014年7月16日，我国发布《关于全面推进公务用车改革的指导意见》和《中央和国家机关公务用车制度改革方案》，规定取消一般公务用车，普通公务出行社会化，适度发放公务交通补贴。
车辆更新	为了鼓励技术进步、节约资源，促进汽车消费，2000年12月18日，国家经贸委、国家计委、公安部、国家环保局联合发文，将1997年制定的汽车报废标准中非营运载客汽车和旅游载客汽车的使用年限及办理延缓的报废标准调整为： （1）9座（含9座）以下非营运载客汽车（包括轿车、含越野型）使用15年。 （2）旅游载客汽车和9座以上非营运载客汽车使用10年。 （3）上述车辆达到报废时限后需继续使用的，必须依据国家机动车安全、污染物排放有关规定严格检验，检验合格后可延长使用年限。旅游载客汽车和9座以上非营运载客汽车可延长使用年限最长不超过10年。 按照国家的规定，对车辆的报废更新，要早制订计划，提前向领导和主管部门申报，并做好市场调查，按照领导和主管部门的批示及时购买（或集中采购）更新（或延长使用）合适的车辆。

续表

车辆调度		单位应制定用车规章制度，明确用车人、批准用车人及相关程序。车辆调度应按规定程序办理。单位领导用车，由办公室安排，车队见办公室派车单派车；单位各部门用车，一般由部门领导或分管部门的领导批准，否则不予派车。要制定非工作时间和节假日的车辆值班制度，保证单位的公务用车。
车辆维修保养		车辆的维修和保养是车辆安全行驶的前提。应按照国家和当地政府的规定和车辆使用规则以及车辆的使用情况，及时对车辆维修保养，使车辆时刻处于正常状态，保证车辆的使用安全。
驾驶员教育管理	爱岗敬业教育	对驾驶员要经常进行爱岗敬业教育，教育他们干一行爱一行，在平凡的工作岗位做出不平凡的工作业绩；可开展"创先争优"活动、向先进人物学习的活动，激励驾驶员爱岗敬业、奋发向上、乐于奉献。
	技能培训	对驾驶员进行技能培训是确保驾驶员做好工作的重要手段。包括驾驶技术培训、心理素质培养、安全行车培训。可请专业技师培训，也可经常组织驾驶员开展互帮互学的岗位练兵活动，设置考试科目和技术标准，不断提高驾驶员的驾驶技术和心理素质，保证行车安全。
	遵纪守法教育	对驾驶员进行遵纪守法的教育，是一项应常抓不懈的重要工作。一是单位制定的规章制度的学习教育，二是国家颁布的法律法规的学习教育，特别要加强交通法规的学习教育。教育驾驶员们自觉地遵守规章制度和法律法规，避免违法乱纪的事情发生。

（四）财务管理

财务预决算	预决算工作是单位做好财务工作的重要手段。单位每年的经费预算，应根据主管部门的要求早做安排，一般应提前半年进行；根据收入情况和主要的开支项目进行科学论证，在实际需要经费的基础上适当留有余地，以应对突发情况的经费使用。预算经主管部门批准后，应严格执行。 年终要认真做好经费使用的决算工作，对全年经费的使用情况进行科学分析，为预算工作提供科学、合理的依据；决算报表应按要求及时上报主管部门。
财务监督	单位内部财务监督主要从两个方面进行，一是财务部门对单位各部门经费的使用情况进行监督，应根据国家颁布的财经制度制定经费使用和报销的规章制度，明确申报和审批程序，引导各部门厉行节约，合理、合法地使用经费。二是单位对财务部门的监督，财务部门应主动接受单位对财务工作的审计，定时公布财务预决算的情况，正确履行工作职能。
账簿、凭证、报表归档工作	财务工作制作的各种账簿、凭证和报表，应按照国家档案制度的有关规定，及时制卷归档（详见本书档案工作规范部分）。

第十四部分 办公室档案管理工作规范

主　编：唐明瑶　四川省档案学校高级讲师

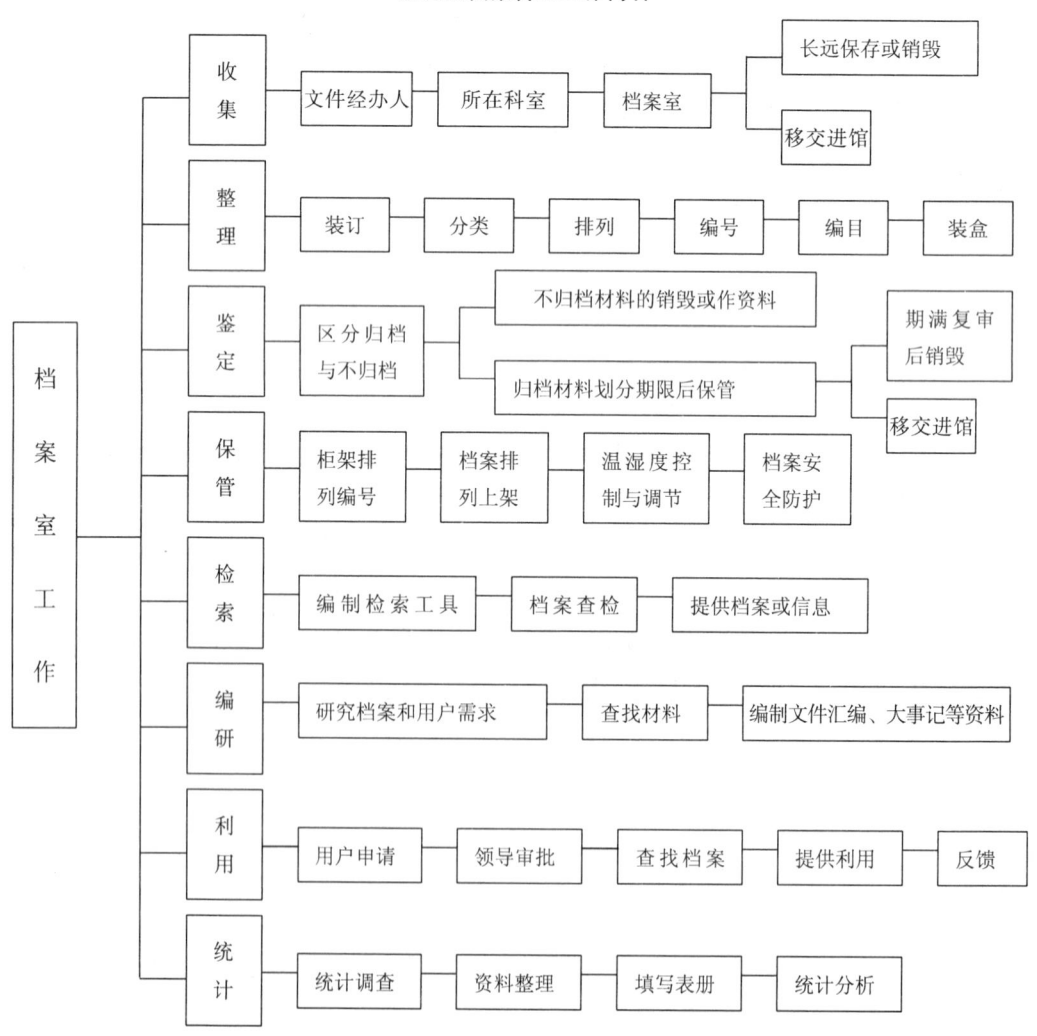

一、办公室档案管理工作
（一）办公室档案管理工作
主要由机关单位档案室完成。其主要内容如下：

办公室档案管理工作内容

```
                        ┌─ 收集 ── 文件经办人 ─ 所在科室 ─ 档案室 ─┬─ 长远保存或销毁
                        │                                         └─ 移交进馆
                        │
                        ├─ 整理 ── 装订 ─ 分类 ─ 排列 ─ 编号 ─ 编目 ─ 装盒
                        │
                        │                 ┌─ 不归档材料的销毁或作资料
                        ├─ 鉴定 ── 区分归档 ┤                          ┌─ 期满复审后销毁
档案室工作 ──────────────┤        与不归档 └─ 归档材料划分期限后保管 ┤
                        │                                          └─ 移交进馆
                        │
                        ├─ 保管 ── 柜架排列编号 ─ 档案排列上架 ─ 温湿度控制与调节 ─ 档案安全防护
                        │
                        ├─ 检索 ── 编制检索工具 ─ 档案查检 ─ 提供档案或信息
                        │
                        ├─ 编研 ── 研究档案和用户需求 ─ 查找材料 ─ 编制文件汇编、大事记等资料
                        │
                        ├─ 利用 ── 用户申请 ─ 领导审批 ─ 查找档案 ─ 提供利用 ─ 反馈
                        │
                        └─ 统计 ── 统计调查 ─ 资料整理 ─ 填写表册 ─ 统计分析
```

（二）办公室档案工作的组织管理

（1）本单位档案工作实行综合管理，做到统一领导、统一机构、统一制度，对全部档案实施有效管理。

（2）档案工作纳入本单位工作计划、目标管理和相关部门及人员的岗位职责。

（3）由机关单位负责人分管、综合部门负责人主管档案工作。

（4）配备业务能力强、适应工作、相对稳定的专兼职档案工作人员（行政机关要求具有大专以上文化程度）。

（三）办公室档案工作人员的职责

（1）贯彻执行有关法律、法规和国家有关方针政策，建立、健全本单位的档案工作规章制度。

（2）指导本单位文件、资料的形成、积累和归档工作。

（3）统一管理本单位的档案，并按照规定向有关档案馆移交档案。

（4）监督、指导所属机构的档案工作。

二、档案收集与鉴定

（一）档案收集

1. 归档制度

归档制度

含义		归档是对办理完毕且具有保存价值的文件经系统整理交档案室保存的过程，归档在我国是一项制度，该制度简称归档制度。
归档制度	归档范围	（1）反映本机关单位主要职能活动和基本历史面貌的，对本机关单位工作、国家建设和历史研究具有利用价值的文件材料； （2）机关单位工作活动中形成的在维护国家、集体和公民权益等方面具有凭证价值的文件材料； （3）本机关单位需要贯彻执行的上级、同级机关单位的文件材料；下级机关单位报送的重要文件材料； （4）其他对本机关单位工作具有查考价值的文件材料。
	不归档范围	（1）上级文件材料中，普发性不需本单位办理的文件材料，任免、奖惩非本机关单位工作人员的文件材料，供工作参考的抄件等； （2）本机关单位文件材料中的重份文件；无查考利用价值的事务性、临时性文件；一般性文件的历次修改稿、各次校对稿，无特殊保存价值的信封，不需办理的一般性人民来信、电话记录；机关单位内部互相抄送的文件材料；本机关负责人兼任外单位职务形成的与本机关无关的文件材料；有关工作参考的文件材料； （3）同级机关单位的文件材料中，不需贯彻执行的文件材料，不需办理的抄送文件材料； （4）下级机关单位的文件材料中，供参阅的简报、情况反映、抄报或越级抄报的文件材料。

续表

归档制度	归档时间	《机关档案工作条例》规定：机关文书部门或业务部门一般应在第二年上半年向档案部门移交档案。
	归档要求	（1）应归档的文件要做到种类齐全、份数完整，每份文件不缺张少页。 （2）归档文件应组成保管单位。保管单位根据实际情况，可以是单份的文件，也可以是案卷。 （3）归档文件定位后编写件号或页号。归档文件的定位排列根据实际情况，可以在一个案卷内进行，也可以在分类方案的最低一级类别内进行。如果是在案卷内进行，应该注意卷内文件的排列条理系统，使之成为一个互有联系的有机整体。如果是在分类方案的最低一级类别内进行卷内文件的排列，应该按文件的事由，并结合时间或重要程度来进行。 （4）归档文件的有关内容应依次逐件登录在卷内文件目录或归档文件目录上。 （5）案卷或卷盒的封面和脊背项目应按相关要求填写清楚。 （6）不同年度、不同保管期限的文件一律不得放在一个案卷或卷盒中归档管理。 （7）盒内或卷内备考表要认真填写，若无情况说明，也应将整理人、整理时间和检查人认真填写，以示负责。 （8）归档文件要去掉金属物，破损文件应裱糊，字迹扩散的应复制并与原文件放在一起进行保存。 （9）文件和电报按其内容的联系，合并整理装卷成盒。 （10）机关对应归档电子文件的元数据、背景信息等要进行相应归档。
	归档手续	文书部门或业务部门向档案部门移交档案时，交接双方应根据档案交接文据清点核对，确认无误后，方可履行签字手续。

2. 档案交接文据

档案交接文据是在变更档案保管者或所有者的过程中形成的，并具有法律效力的文件。档案交接文据应一式两份，分别由移交单位和接收单位保存。

档案交接文据格式

移出单位名称					接收单位名称		
交接性质			档案所属年度				
档案类别	数量（卷米）				检索、参考工具种类	数量	
	永久	长期	短期	长度			

续表

合 计			
移出说明			
接收意见			

移出单位（印章） 领导人： 经办人： 移出日期：年 月 日	接收单位（印章） 领导人： 经办人： 接收日期：年 月 日

其中交接性质分为移交、寄存、征购或收购、捐赠四种。

3. 省级以下单位档案的收集

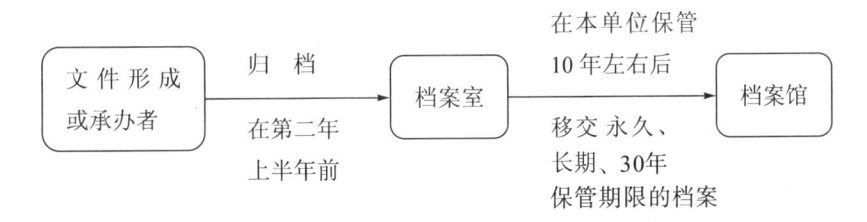

文件形成或承办者 —归档（在第二年上半年前）→ 档案室 —在本单位保管10年左右后移交永久、长期、30年保管期限的档案→ 档案馆

4. 省级（含设区的市）及以上单位档案的收集

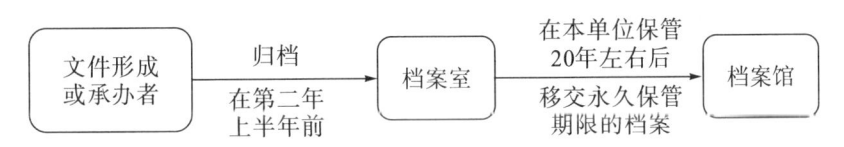

文件形成或承办者 —归档（在第二年上半年前）→ 档案室 —在本单位保管20年左右后移交永久保管期限的档案→ 档案馆

（二）档案鉴定

1. 档案鉴定工作是判定档案真伪和价值的过程

档案鉴定程序

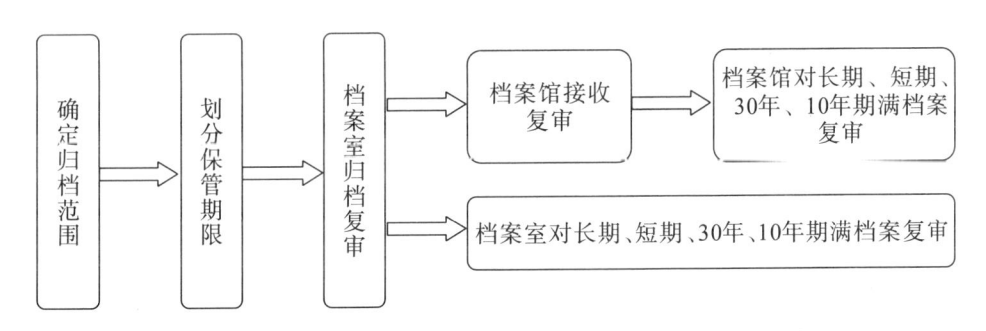

确定归档范围 → 划分保管期限 → 档案室归档复审 → 档案馆接收复审 → 档案馆对长期、短期、30年、10年期满档案复审

档案室归档复审 → 档案室对长期、短期、30年、10年期满档案复审

2. 档案保管期限表

档案保管期限表是以表册形式，列举档案来源、内容和形式，并指明其保管期限的一种指导性文件。

3.《机关文件材料归档范围和文书档案保管期限规定》

档案保管期限就是对档案划定的存留年限，它与档案本身的价值大小密切相关。

文书档案的保管期限主要根据《机关文件材料归档范围和文书档案保管期限规定》（即国家档案局的八号令）来划分。该八号令将文书档案的保管期限分为永久、定期两档，定期又分为30年、10年。

永久、定期保管的范围

永久保管的范围	（1）本机关单位制定的法规或政策性文件材料； （2）本机关单位召开重要会议、举办重大活动等形成的主要文件材料； （3）本机关单位职能活动中形成的重要业务文件材料； （4）本机关单位关于重要问题的请示与上级机关的批复、批示，重要的报告、总结、综合统计报表等； （5）本机关单位机构演变、人事任免等文件材料； （6）本机关单位房屋买卖、土地征用，重要的合同协议、资产登记等凭证性文件材料； （7）上级机关单位制发的属于本机关单位主管业务的重要文件材料； （8）同级、下级机关单位关于重要业务问题的来函、请示与本机关单位的复函、批复等文件材料。
定期保管的范围	（1）本机关单位职能活动中形成的一般性业务文件材料； （2）本机关单位召开会议、举办活动等形成的一般性文件材料； （3）本机关单位人事管理工作形成的一般性文件材料； （4）本机关单位一般性事务管理文件材料； （5）本机关单位关于一般性问题的请示与上级机关单位的批复、批示，一般性工作报告、总结、统计报表等； （6）上级机关单位制发的属于本机关单位主管业务的一般性文件材料； （7）上级和同级机关单位制发的非本机关单位主管业务但要贯彻执行的文件材料； （8）同级、下级机关单位关于一般性业务问题的来函、请示与本机关单位的复函、批复等文件材料； （9）下级机关单位报送的年度或年度以上计划、总结、统计、重要专题报告等文件材料。

《机关文件材料归档范围和文书档案保管期限规定》中的附件《文书档案保管期限表》共有13条，具体规定了文书档案的保管期限。

在划分保管期限时一定要"以我为主"：以自己单位制发的文件为主；并注意"与我有关"：和自己单位工作性质、职能、任务密切相关的收文也要归档保存。

《机关文件材料归档范围和文书档案保管期限规定》附件《文书档案保管期限表》第1-6条针对会议文件，第7-13条针对非会议文件。

4. 文件归档范围和档案保管期限表的编制

文件归档范围和档案保管期限表的编制

机关文件归档范围和档案保管期限表编制	八号令规定	各机关应根据本规定，结合本机关职能和各部门工作实际，编制本机关的文件材料归档范围和文书档案保管期限表，经同级档案行政管理部门审查同意后执行。
	大部分省、市、自治区档案局规定	（1）采取按机关内设机构（或问题）一个一个地编制，最后形成一个总表的方法。 （2）在编制《机关文件材料归档范围和档案保管期限表》时，要将其他门类和载体的文件材料一并纳入。 （3）各机关编制的机关文件材料归档范围和档案保管期限表须报同级档案行政管理部门审查同意后，方可实施。 （4）各机关在上报文件材料归档范围和档案保管期限表时，要同时上报本机关的"三定"工作方案等职能说明材料，以便档案局根据职能及内设机构进行审核。 （5）基本格式：内设机构（或问题）+序号+归档范围+保管期限。归档范围=责任者+内容+文种。
	常见错误	（1）未全面反映本机关主要职能活动。 （2）未将其他门类和载体的文件材料纳入编制范围。 （3）条款内容缺乏具体性、针对性。

注意：分析归档文件内容是确定档案保管期限最重要的方面。归档文件内容为"重要的"其保管期限相对较长。"重要的"主要指三种情况：一是反映本机关的主要职能，其中以反映本机关职能的典型性材料尤为重要；二是反映本机关的基本面貌，如年度以上工作总结、综合统计表等；三是反映本机关经济关系，如本机关的房产、物产及其他债权债务文件材料。四是"以人为本"，即涉及公民切身利益的应该长远保管。

三、档案整理

（一）全宗和立档单位

全宗是一个国家机构、社会组织或个人形成的具有有机联系的档案整体。（《档案工作基本术语》〔DA/T1-2000〕）

立档单位是指构成档案全宗的国家机构、社会组织或个人。

全宗是一组档案，立档单位是形成该全宗的单位，没有立档单位，就没有全宗。立档单位又称全宗构成者。

（二）档案室档案整理工作的内容

2000年12月26日，中华人民共和国档案行业标准《归档文件整理规则》正式颁布实施，这是我国机关档案工作改革的一项重大举措。该规则提出了不同于传统立卷方法的"文件级"整理方法，"立卷""立卷归档"这些词，将被"归档文件"整理所代替。我们通常将该规则执行前、后整理机关档案的方法分别称之为：立卷归档，归档文件整理。

（三）立卷归档（以案卷为单位）

立卷归档（以案卷为单位）

立卷归档含义	立卷是把具有密切联系的文件，按照一定的方法组合在一起，放在卷夹里，加以排列、编号，并在案卷封面上拟写出标题等的工作。
	归档是将办理完毕的有保存价值的文件经系统整理交档案室保存的过程。
立卷方法	按问题、作者、名称、时间、地区、收发文机关、案件、工程项目、重要程度、形式、大小规格立卷，等等。使用最多的是按问题、作者、名称、时间、地区、收发文机关（一般称为六个特征）立卷。
立卷归档环节	分类：分年度、期限、问题、级别。
	排列：同一卷内的若干份文件应根据时间、问题、作者、地区、文种、重要程度、程序或阶段加以排列。
	编号：排列好的文件要以卷为单位在每页有图文的文件正面的右上角、背面的左上角编写流水页码。
	编目：填写卷内文件目录（格式如下）、案卷目录（格式如下）、案卷封面（格式如下）。
四分四注意立卷方法	（1）分年度，注意文件内容的针对时间。 （2）分级别，注意上下级之间文件的联系。 （3）分问题，注意问题的联系性、准确性，结合运用文件的作者、名称、时间、地区和通讯者特征。按"问题"立卷时，应注意问题的含义大小和文件数量多少，以及文件的所属作者多少。 （4）分保管价值，注意保持问题的完整性。 注意："四分四注意"方法所建立出的每一个案卷要保证卷内每一份文件满足"四个同"：同一保管期限、同一年度、同一问题、同一级别。

卷 内 文 件 目 录 格 式

顺序号	文号	责任者	题名	日期	页号	备注

案 卷 目 录 格 式

案卷号		题名	年度	页数	期限	备注
档案室编	档案馆编					

文书案卷卷皮封面格式

(全宗名称)		
(类目名称)		
(案卷题名)		
自　年　月至　年　月	保管期限	
本卷共　　件　　页	归档号	

全宗号	目录号	案卷号

文书档案案卷封面项目的填写

文书档案案卷封面项目的填写	全宗名称	立档单位的名称，填写时必须用全称或通用简称。
	类目名称	指全宗内档案分类表中的第一级类目的名称。
	案卷题名	即案卷标题，一般由档案整理人员自拟。案卷题名应当准确概括本卷文件的主要制发机关、内容、文种。文字应力求简练、明确。
	时间	应填写卷内文件所属的起止年月。
	保管期限	按整理时所划定保管期限填写。
	件、页数	装订的案卷要填写总页数。不装订的案卷要填写本卷的总件数。
	归档号	填写文书处理号。有的单位将案卷目录中的室编案卷号作为归档号填写，方便了档案室保管和统计档案，利于以后将档案移交档案馆。
	档号	案卷封面的档号由全宗号、目录号、案卷号组成。

（四）归档文件整理（以件为单位）

《归档文件整理规则》（DA/T22－2000）最根本的特点，就是以"件"或"为一件"为整理单位，进行文件级的整理。

归档文件整理的环节

归档文件整理的环节	分类	归档文件可以采用"年度－机构（问题）－保管期限"或"保管期限－年度－机构（问题）"等方法进行分类。同一全宗应保持分类方案的稳定。
		按年度分类：将文件按其形成或处理年度分类。
		按保管期限分类：将文件按划定的保管期限分类。
		按机构（问题）分类：将文件按其形成或承办机构（问题）分类（本项可以视情况予以取舍）。按机构分类就是将所有档案以单位内设机构分成不同的类别。
	排列	归档文件应在分类方案的最低一级类目内，按事由结合时间、重要程度等排列。
		会议文件、统计报表等成套性文件在同一保管期限中要集中排列。
	编号	归档文件应依分类方案和排列顺序逐件编号，在文件首页上端的空白位置加盖归档章并填写相关内容。
		归档章设全宗号、年度、保管期限、件号等必备项，并可设置机构（问题）等选择项（式样如下）。
		室编件号是在分类方案的最低一级类目内编制，比如：采用"保管期限－年度－机构（问题）"分类，就应该在保管期限、年度、机构（问题）都相同的每类文件中按排列顺序从"1"开始标注，而不是在每一保管期限、每一年度、每一机构（问题）或每一卷盒中从"1"开始标注。
		注意：使用电子文档管理系统的单位，可以不盖归档章，而将该章项目设计打印在整理档案时给每份文件新加的封面上。

续表

编目	归档文件应依据分类方案和室编件号顺序编制归档文件目录。归档文件应逐件编目。来文与复文作为一件时，只对复文进行编目。		
	归档文件目录项目	件号	填写室编件号。
		责任者	制发文件的组织或个人，即文件的发文机关或署名者。
		文号	文件的发文字号。
		题名	文件标题。没有标题或标题不规范的，可自拟标题，外加"〔〕"号。
		日期	文件的形成时间，以8位阿拉伯数字标注年月日，如：20141223。
		页数	每一件归档文件的页数。文件中有图文的页面为一页。
		备注	注释文件需说明的情况。
	归档文件目录一般一式两份，一份与档案一起放入盒内，一份应装订成册并编制封面。归档文件目录封面可以视需要设置全宗名称、年度、保管期限、机构（问题）等项目。		
装订	以件为单位装订。"为一件"的要将件内文件排序：正本在前，定稿在后；正文在前，附件在后；原件在前，复制件在后；转发文在前，被转发文在后；来文与复文作为一件时，复文在前，来文在后。		
	装订的对齐方式：左上角装订，则左、上边对齐；左侧装订，则左、下边对齐。		
	装订方式：线装、粘接、穿孔、变形材料等。		
	装订材料：装订线、裱糊糨糊、热封胶、订书钉、不锈钢夹、热压胶管。		
	大部分省、市档案局规定：用缝纫机在文件左侧轧边，文件较厚时，则用"三孔一线"的方法。		
装盒	装盒是将归档文件按室编件号顺序装入档案盒，并填写档案盒封面、盒脊及备考表项目。		
	档案盒封面应标明全宗名称。		
	档案盒应根据摆放方式的不同，在盒脊或底边设置全宗号、年度、保管期限、起止件号、盒号等必备项，并可设置机构（问题）等选择项。		
	备考表置于盒内文件之后，项目包括盒内文件情况说明、整理人、检查人和日期。		

归档章式样（长×宽＝4.5cm×1.6cm）

（全宗号）	（年度）	（室编件号）
（机构或问题）	（保管期限）	（馆编件号）

归 档 文 件 目 录 式 样

件号	责任者	文号	题　名	日期	页数	备注

四、档案保管

(一) 档案保管的内容

(1) 建立健全档案库房管理制度。

(2) 档案柜架排列编号。

(3) 档案排列上架。

(4) 库房温湿度控制与调节。

(5) 档案安全防护。

(二) 档案库房管理制度

(1) 档案工作人员要提高警惕,认真做好库房的安全、保密工作。

(2) 库房内档案柜、架均统一编号。编号顺序从入口到出口,从左至右,从上至下。

(3) 档案库房的门、窗要牢固,库内无人要关好门窗,关闭照明电源。要经常对库房进行检查,发现问题及时处理。

(4) 经常打扫库房卫生,保持室内清洁。

(5) 库房内严禁吸烟和存放易燃易爆等物品。

(6) 档案工作人员要定期检查档案保管状况,按时放置药品,库房的温度控制在 14℃—24℃,相对湿度 45%—60%。做好防盗、防火、防水、防尘、防潮、防霉、防鼠、防虫、防光、防震工作。

(7) 对破损或变质的档案要及时采取措施,进行修补或复制。

(8) 非档案工作人员,未经许可不得进入库房。

(三) 保管档案的物质条件

保管档案的物质条件

档案库房	档案室用库房的一般要求:专用坚固,并防潮、防高温、防有害气体。
档案装具	主要有封闭式档案箱柜、活动式密集架、卷皮和卷盒等。
档案设备和消耗品	用于保管档案的技术设备和易耗低值物品,如去湿机、空调、温湿度测量仪、装订机、复印机、防霉防虫药品、吸湿剂、各种表格及管理性的办公用品。

(四) 档案库房管理

1. 档案库房管理要求

档案库房要坚固、安全、专用,适宜保管档案,和阅览室、办公室实行三分开。省、市级机关的库房要能容纳本单位 20 年的档案资料,州、县及县级以下机关要能容纳 10 年的档案资料。

2. 档案柜架排放与编号

档案柜架的排放与编号

档案柜架排放要求	（1）整齐一致。档案柜架排放，应按其形状和大小、高矮，进行分类排放，使其横竖成行，整齐美观。切忌将档案柜、架不分，穿插排列。
	（2）避光通风。档案库内装具布置应成行地垂直于有窗的墙面，外墙采光窗宜与装具间的通道相对应。
	（3）空间利用。在排列档案柜架时，应注意满足如下各部分尺寸的要求：第一，主通道的净宽不小于120厘米。第二，两行装具间净宽不小于80厘米。第三，装具端部与墙之间走道净宽不小于60厘米。第四，柜架背面与墙的间隔不小于10厘米。
档案装具编号	（1）档案装具应以库房为单位编号。编号方法有两种，一种是以库内装具的层（格）为单位编制流水的层（格）号，一种是分别给装具编制列、组、层（格）号。
	（2）编号应该从库房入口起面对装具的门或档案包装材料的脊背从左往右依次编制。层（格）号应以组为单位从上往下编制，组号应以列为单位编制。

3. 档案存放

档案在柜架中的存放方式有两种：竖放和平放。

竖放时，档案卷皮或卷盒的脊背朝外，取放档案比较方便，使用得较多。

平放有利于档案的保护，但取放不方便，所以大多用于保管珍贵档案，以及卷皮质软、幅面过大和不宜竖放的档案。

4. 档案的安全防护

档案的安全防护

保卫保密	（1）库房管理人员应做好防盗工作，对未经批准的人员不得放入。
	（2）对珍贵、绝密档案应放入保险柜，在专门地点保存。档案管理人员在非因工作地点或时间不得谈论档案内容。
	（3）库内档案存放状况应该列入档案室保密范围内。
防火	（1）档案库房内必须安装自动灭火设备或消防栓，库外应备有灭火工具和充足的水源。
	（2）档案机构应经常对工作人员进行防火教育，并与消防部门建立固定的联系。
	（3）档案保管机构要定期检查电气设备和输电线路，库内禁止使用明火光照、火炉取暖，库外应安装避雷针。
控制库房温度湿度	（1）冬季，档案库房设计采暖时，室内干球温度不低于14℃；夏季，档案库房室内干球温度不高于24℃。相对湿度45%～60%。
	（2）降低温度主要从两个方面采取措施：一是室内降温，主要靠空调，二是减少室外热空气和阳光的辐射对室内档案的影响，主要有悬挂窗帘、密闭朝阳门窗和通风降温等措施。
	（3）降低湿度的措施有：室内去湿和通风降湿；室内去湿主要采用安装去湿机和放置吸湿剂的方法。
防光防尘	（1）将档案放入卷盒或卷皮中，并将卷盒和卷皮置于档案柜架里。
	（2）悬挂窗帘。
	（3）陈列档案时不用原件。
	（4）文件受潮后，切忌阳光暴晒。
	（5）搞好库房周围环境绿化，保持库内清洁。

续表

搬动中的保护	（1）档案需要捆扎时，忌用粗糙的捆扎材料和不妥的方法。
	（2）取放档案时，必须轻拿轻放，防止搓揉、挤塞或撕裂档案。
	（3）档案工作人员在搬动档案时，必须具有高度的责任心和踏实的工作作风。

5．档案的安全检查

档案安全检查内容如下：

（1）现有档案数量与登记簿册中的是否一致。

（2）被毁坏、遗失损坏档案的数量、情况和内容。

（3）档案的防护措施和库房设备的安全情况。

（4）档案归入的全宗、类别、顺序是否正确。

（5）档案的收进、移出是否登记、注销和还原。

（五）全宗卷

全宗卷的编制

含义	由记录和说明全宗立档单位及档案历史和现状的有关文件材料组成的专门案卷，是管理全宗档案的重要工具。
全宗卷的内容构成	（1）全宗（馆藏）介绍类：全宗指南（全宗介绍）、大事记等说明全宗背景和档案状况的文件材料。
	（2）档案收集类：档案接收和征集工作的办法、标准，档案（资料）交接文据及相关目录，档案来源和档案历史转移过程说明材料等。
	（3）档案整理类：文件材料分类、保管期限和归档范围的规定，档案整理工作方案、整理工作说明和小结等。
	（4）档案鉴定类：档案保管期限鉴定、档案开放鉴定、档案分级鉴定、档案销毁鉴定、珍贵档案考证鉴定等鉴定工作的制度、组织、方案和标准，鉴定工作形成的报告、请示及批复，鉴定及销毁处置档案的目录（清册）等。
	（5）档案保管类：档案保管工作制度，档案安全检查、档案破损情况调查与修复（抢救）、重点档案保护、珍贵档案仿真复制件制作等工作的记录和说明材料，档案保管状况分析和工作总结、报告等。
	（6）档案统计类：档案基础统计台账，档案工作基本情况统计报表，档案工作统计分析材料等。
	（7）档案利用类：档案利用制度，检索工具编制情况，档案开放与控制情况，档案编研与出版情况，档案展览与公布情况，珍贵档案介绍，档案利用效果典型事例等。
	（8）新技术应用类：应用现代技术管理档案的情况记录、工作报告及说明材料，档案信息化和数字化工作情况，电子档案（文件）创建和应用环境（硬件和软件）及数据格式说明等。
全宗卷整理	（1）文件材料装订。文件材料以件为单位进行装订。
	（2）文件材料分类。属于同一全宗卷的文件材料，按上述"全宗卷的内容构成"分为8个大类。
	（3）文件材料排序。文件材料分入不同类目后，按形成时间顺序排列。新增文件材料插入相关类目，向后接续排列。
	（4）文件材料编号。在文件材料首页上方的空白处进行编号。文件材料的编号由全宗号－类号－件号三部分组成。
	（5）编制文件材料目录。全宗卷中的文件材料，分类别，以件为单位，按照排列顺序编制文件目录。

续表

	（6）文件材料装盒。全宗卷文件材料按照分类编号顺序装盒。文件材料较多，一盒装不下时，可按分类编号顺序装入数盒。装有文件材料的全宗卷应填写卷盒封面和脊背。
	（7）编制全宗卷盒号。全宗卷卷盒区分全宗，按卷盒排列顺序编制流水号。
全宗卷的管理	（1）保管全宗较多的档案室，宜将全部室藏档案的全宗卷集中保管，按照全宗编号顺序组织排列。
	（2）保管单一全宗的档案室，全宗卷宜与档案一并保管，将全宗卷置于该全宗档案的卷首。也可以将全宗卷与书本式检索工具放在一起管理。
	（3）档案室建立全宗卷，宜采用双套制。档案室向档案馆移交档案时，应同时移交与该批移交档案相关的全宗卷文件材料。

五、档案检索

档案检索是有选择地查找已存储的档案或档案信息的过程，是开展提供利用工作的基本手段，是开发档案信息资源的必要条件。

档案检索工具是记录、报道和查找档案的工具，是查找档案使用的目录、索引和指南的统称。

（一）全宗指南

全宗指南是介绍和报道全宗构成者（立档单位）及其所形成档案情况的一种检索工具。

全宗指南的构成及其拟写

全宗指南名称	全宗指南名称由全宗号、全宗构成者的名称（全称或通用简称）、"全宗指南"、起止时间构成，并列成分之间用空格位分开。
全宗来源简况（列表登记）	（1）全宗构成者形成和职能；
	（2）全宗构成者所有曾用名称；
	（3）全宗管理机构和全宗档案数量；
	（4）全宗档案收集、征集、接收、移交、寄存数量。
档案内容与成分介绍	（1）介绍方式。一般应按全宗内档案的实际分类（组织机构、问题、其他）体系，文字叙述全宗构成者基本职能和主要活动的内容，并列举文种名称。
	（2）介绍方法。可以采用综合概括、专门说明、引用原文等方法。
	（3）介绍的内容。反映全宗构成者基本职能和主要活动方面的档案，反映全宗构成者每个阶段中心工作或特殊工作所形成的档案，具有重要历史价值和地方特色的档案，涉及具有全国和国际意义知名人物的档案，馆藏年代久远和特殊载体的档案。
	（4）注意保密。未开放的档案，注明档案数量和使用范围。涉密档案，注明档案数量，不做任何内容和成分介绍。

续表

检索查阅注意事项	（1）检索注意事项。包括以下内容：可使用的检索工具和已编制的参考资料的名称；机读目录、手工检索工具条目的数量；纸质档案数字化副本的画幅数量以及占全宗档案总数比例的情况；纸质档案缩微副本的数量以及占全宗档案总数比例的情况；非纸质档案副本的形式、数量以及占全宗档案总数比例的情况。 （2）查阅注意事项。包括以下内容：档案的完整和完好程度以及遗失、销毁的情况；档案的分类与整理方法以及不同载体组卷、装订和保管的情况。档案的利用价值以及鉴定的情况；划分的保管期限种类以及各类保管期限档案的数量；档案内容向社会开放的情况；本全宗指南完成时间和编制者的情况；其他有关问题的说明。

（二）现行文件汇编

现行文件汇编种类较多，这里介绍两种：

1. 发文汇编

发文机关单位将本机关单位的发文定期（通常按年度）集中成册，即为发文汇编。一个机关单位的发文内容不同，保管期限不同，立卷归档后往往分散在不同的案卷之中，发文汇编将本机关单位的全部发文集中起来，便于按文号查阅。

编辑发文汇编时应将本机关单位一定时期的发文收集齐全。最好在发文时每件留出几份，除一份连同定稿立卷归档外，其他用于编辑发文汇编。汇编内文件按发文号顺序排列。

发文汇编一般仅供本机关单位内部使用，有些文件在形成汇编时仍具有一定的机密性或不宜公开，因此要加强对发文汇编的管理。对确实丧失机密性的汇编可公开提供利用。

2. 会议文件汇编

将会议中产生的有一定参考利用价值的文件汇集成册，即为会议文件汇编。要选择在社会或机关发展中有重大影响，在工作中有重要作用的会议编制文件汇编。可以将一次会议的文件汇成一册，也可以将同一种会议的若干届会议文件汇成一册，但不可将不同性质会议产生的文件混编成一册。

会议文件汇编不需要收录一次会议的全部文件，要选择能够反映会议基本情况、具有查考价值的文件加以汇编。可考虑收录会议通知、代表名单、会议议程、工作报告、领导人重要讲话、大会重要发言、提案、选举结果、会议通过的决议、纪要、公报以及会议简报等。

（三）机关单位大事记

机关单位大事记的编制

含义	机关单位大事记就是按时间顺序，用简明的文字记载本单位一定历史时期发生的重大事件的一种纪实性资料。
时间顺序的排列要求	（1）大事记内容反映一个年度的，要按月、日的自然顺序编列事件。 （2）反映年限较长的，可分几个阶段记述，每一个阶段各设一个小标题，注明起止年月。然后在每一个阶段内按年、月、日自然顺序逐条编列事件。 （3）如果重要事件时间不详，应先考证准确后，再按顺序编列；无法考证的，年代不详者排于本阶段之末，月份不详者排于本年之末；日期不详者排于本月之末。

续表

记述大事要求	（1）一条一事，不要一条多事。
	（2）取材要真实、准确，文字要简明扼要，对事不加评论。
	（3）一事一条，不要一事多条。记事要完整，每条大事涉及的时间、地点、人物、数据、发展过程、因果关系等均应明确揭示出来。持续时间较长的事件，可在结束时作一次性记述，不要把全过程分散记述。记述会议，应写清开会的机关或主持者、会议名称、议题和决议；记述重要文件的颁发，应写清发文机关、文号、标题、文件提出或解决的主要问题。
	（4）大事突出，要事不漏，小事不记。如分专题记述，每一专题设一小标题，在专题内按时间顺序逐条编列有关事件。
单位大事记的选材标准	（1）本机关党、政、业务部门召开的重要会议；
	（2）本机关党、政领导同志的重要活动；
	（3）本机关重要的决定、决议、规划、部署；
	（4）本机关的机构建立、撤销、职能和隶属关系的变化；
	（5）本机关党政主要领导成员的任免、奖惩；
	（6）本机关完成的重大任务或取得的重大科研成果；
	（7）本机关及所辖范围内的重大灾情和事故；
	（8）上级领导机关对本机关的重要指示和检查活动；
	（9）报刊登载、电台、电视台播放本机关的重要新闻（包括表扬和批评），发表本机关的文章作品；
	（10）其他重要事件。

（四）组织沿革

组织沿革

含义		"组织沿革"是记载一个国家、政党、机关、团体、地区或专业系统的组织机构、人员编制和体制发展变革情况的参考资料。
内容		"组织沿革"的内容包括五大要素，即机关性质和主要职能、隶属关系、人员编制、内部机构设置、领导成员的组成。
组织沿革拟写	题名	包括标题、起止时间、编者。置于封面或全文之首。
	组织系统	按工作性质、重要程度依次编列机关各内设机构，并分别写明起止时间、性质和主要职能、隶属关系及其变化情况。
	领导成员	按照职务高低编列其领导成员。同等职别的，以任职先后为序，并分别注明每个人的任期。

六、档案开发利用

（一）档案开发利用的途径方法

1. 利用档案的途径

提供档案原件、档案复制品、档案信息加工品、已公开现行文件、档案资料目录信息。

2. 利用档案的方法

档案阅览、档案外借、档案展览与陈列、制发档案复本、制发档案证明、档案目录信息和档案咨询等服务。

（二）政务公开背景下档案利用的途径

1. 网络平台服务

借助网络平台，可以选择既有开放性又有可读性的档案内容上网，例如利用档案中的题材出版电子档案书籍，利用档案中的素材拍摄电影、电视剧，利用档案中保存的历史照片及原文，在网上开设专栏供网民阅读和讨论等。

2. 视听传播服务

这是指档案部门突破传统的"图片、文字、展品"模式，利用声、光、电、多媒体等多种手段，采用电视、网络、电影、广播、录音、录像等制作方式向公众开放和公布档案信息。

3. 现行文件查询利用服务

可以就有关政策法规、内部刊物、档案信息等方面开展查询和阅览，提供土地政策、住房、社会保障、工资福利待遇、教育、民政和物价等多方面的网络查询，使公众可以及时了解到与工作和生活密切相关的信息。现行文件查询利用服务可以为社会提供多层次、多形式的服务，最大限度地满足利用者的多样化需要。

（三）机关单位档案室查借阅档案流程

1. 借阅一般档案（包括非密文书档案、科技档案、声像档案、实物档案）

本单位工作人员(外单位人员须持单位介绍信) → 填写借阅登记本 → 办公室领导审批 → 借阅档案

2. 查阅保密档案

本单位工作人员 → 填写查借阅登记本 → 办公室领导审批 → 局保密委主任批准 → 查阅档案

注意：保密档案原则上不复印，不外借。

3. 查阅会计档案

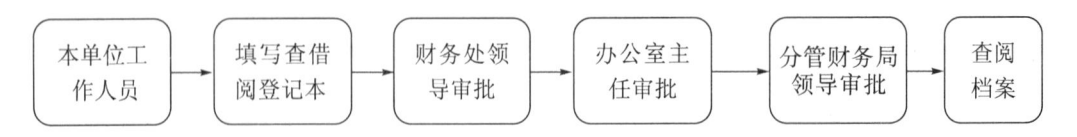

本单位工作人员 → 填写查借阅登记本 → 财务处领导审批 → 办公室主任审批 → 分管财务局领导审批 → 查阅档案

4. 查阅业务档案

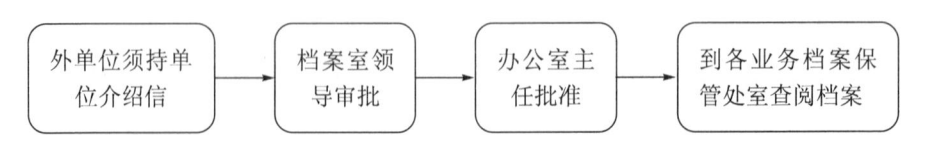

外单位须持单位介绍信 → 档案室领导审批 → 办公室主任批准 → 到各业务档案保管处室查阅档案

5. 网上查阅文书档案

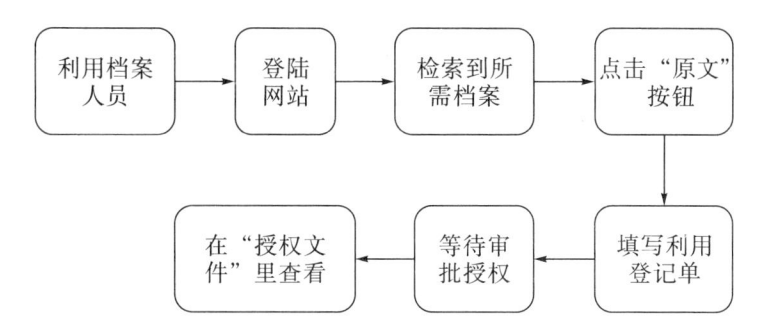

利用档案人员 → 登陆网站 → 检索到所需档案 → 点击"原文"按钮 → 填写利用登记单 → 等待审批授权 → 在"授权文件"里查看

七、人事、会计、照片档案管理

（一）人事档案管理

单位办公室人事档案管理主要依据以下文件来进行：中组部《关于印发〈干部档案工作条例〉的通知》《干部档案整理工作细则》《关于印发〈干部人事档案材料收集归档规定〉的通知》《中共中央组织部、人事部关于印发〈流动人员人事档案管理暂行规定〉的通知》。

机关单位办公室人事档案管理主要包括以下内容：收集与鉴别、整理、利用和转递。

1. 人事档案的收集和鉴别

人事档案的收集

《干部人事档案材料收集归档规定》中规定的干部档案收集范围	（1）履历材料：履历表和属于履历性质的登记表等材料。
	（2）自传材料：自传和属于自传性质的材料。
	（3）报告个人有关事项的材料：领导干部个人有关事项发生变化的报告表等材料。
	（4）考察、考核、鉴定材料：考察材料；在重大政治事件、突发事件和重大任务中的表现材料；定期考核材料，年度考核登记表，援藏、援疆、挂职锻炼等考核材料；工作调动、转业等鉴定材料；后备干部登记表（提拔使用后归档）等材料。
	（5）审计材料：经济责任审计结果报告。
	（6）学历学位材料：高中毕业生登记表；中专毕业生登记表；普通高等教育、成人高等教育、自学考试、党校、军队院校报考登记表，入学考试各科成绩表，研究生推免生登记表，专家推荐表；学生（学员、学籍）登记表，学习成绩表、毕业生登记表，授予学位的材料，毕业证书、学位证书复印件，党校学历证明；选拔留学生审查登记表等参加出国（境）学习和中外合作办学学习的有关材料；国务院学位委员会、教育部授权单位出具的国内外学历学位认证材料等。
	（7）培训材料：为期两个月以上的学员培训（学习、进修）登记表、考核登记表、结业登记（鉴定）表等材料。
	（8）职业（任职）资格材料：职业资格考试合格人员登记表或职业（任职）资格证书复印件；教师资格认定申请表等材料。
	（9）评（聘）专业技术职称（职务）材料：专业技术职务任职资格评审表、申（呈）报表，聘任专业技术职务审批表等材料。
	（10）反映科研学术水平的材料：当选为中国科学院院士、中国工程院院士的通知；遴选博士生导师简况表；博士后工作期满登记表；被县处级以上党政机关、人民团体等评选为专业拔尖人才的材料；科研工作及个人表现评定材料，业务考绩材料；创造发明、科研成果鉴定材料，著作、译著和有重大影响的论文目录。

续表

《干部人事档案材料收集归档规定》中规定的干部档案收集范围	（11）政审材料：上级批复、审查（复查、甄别）结论、调查报告及主要依据与证明材料；本人对结论的意见、检查交代或情况说明材料；撤销原审查结论的材料；各类政审表。
	（12）更改（认定）姓名、民族、籍贯、国籍、入党入团时间、参加工作时间等材料：个人申请、组织审查报告及主要依据与证明材料、上级批复；计算连续工龄审批材料等。
	（13）党、团组织建设工作中形成的材料：第一，中国共产党入党志愿书、入党申请书、转正申请书；整党工作、党员重新登记工作中民主评议党员的组织意见，党员登记表，党支部不予登记或缓期登记的决定、上级组织意见；不合格党员被劝退或除名的组织审批意见及主要依据材料；取消预备党员资格的材料；退党、自行脱党材料；恢复组织生活（党籍）的有关审批材料；第二，中国共产主义青年团入团志愿书；第三，加入或退出民主党派的材料。
	（14）表彰奖励材料：县处级以上党政机关、人民团体等予以表彰、嘉奖、记功和授予荣誉称号的审批（呈报）表、先进人物登记（推荐、审批）表、先进事迹材料；撤销奖励的有关材料等。
	（15）涉纪涉法材料：处分决定，免予处分的意见，上级批复，核实（调查、复查）报告及主要依据与证明材料，本人对处分决定的意见、检查、交代及情况说明材料；解除（变更、撤销）处分的材料；检察院不起诉决定书；法院刑事判决书、裁定书；公安机关作出行政拘留、限制人身自由、没收违法所得、收缴非法财物、追缴违法所得等的行政处理决定等。
	（16）招录、聘用材料：录（聘）用审批（备案）表；选调生登记表及审批材料，选聘到村任职高校毕业生登记表；应征入伍登记表，招工审批表；取消录用、解聘材料。
	（17）任免、调动、授衔、军人转业（复员）安置、退（离）休材料：干部任免审批表及相应考察材料；干部试用期满审批表；公务员登记表，参照公务员法管理机关（单位）工作人员登记表；公务员调任审批（备案）表，干部调动审批材料；援藏、援疆、挂职锻炼登记（推荐）表；授予（晋升）军（警）衔、海关关衔、法官和检察官等级审批表；军人转业（复员）审批表；退（离）休审批表等材料。
	（18）辞职、辞退、罢免材料：自愿辞职、引咎辞职的个人申请、同意辞职决定等材料，责令辞职的决定，对责令辞职决定不服的申诉材料、复议决定；辞退公务员审批表、辞退决定材料；罢免材料。
	（19）工资、待遇材料：新增人员工资审批表、转正定级审批表，工资变动（套改）表、提职晋级和奖励工资审批表或工资变动登记表，工资停发（恢复）通知单；享受政府特殊津贴的材料；解决待遇问题的审批材料。
	（20）出国（境）材料：因公出国（境）审批表，在国（境）外表现情况或鉴定等材料；外国永久居留证、港澳居民身份证等的复印件。
	（21）党代会，人代会，政协会议，人民团体和群众团体代表会议，民主党派代表会议形成的材料：委员当选通知或证明材料，委员简历；代表登记表等。
	（22）健康检查和处理工伤事故材料：录用体检表，反映严重慢性病、身体残疾的体检表；工伤致残诊断书，确定致残等级的材料。
	（23）治丧材料：生平，非正常死亡调查报告等材料。
	（24）干部人事档案报送、审核工作材料：干部人事档案报送单；干部人事档案有关情况说明等材料。
	（25）其他材料：毕业生就业报到证（派遣证），人事争议仲裁裁决书（调解书），公务员申诉处理决定书（再申诉处理决定书、复核决定），再生育子女申请审批表等有参考价值的材料。

干部档案材料的鉴别工作，是干部档案管理部门对收集起来准备归档的材料进行审查，甄别材料的真伪，判定材料的保存价值，确定是否归入干部档案的工作。

人事档案的鉴别

《干部档案整理工作细则》中关于鉴别的规定	（1）判定材料是否属于所管干部的材料及应归入干部档案的内容。发现有同名异人、张冠李戴的，或不属于干部档案内容和重复多余的材料，应清理出来。
	（2）审查材料是否齐全、完整。政审材料一般应具备审查结论、调查报告、上级批复、主要证明材料、本人的交代等。处分材料一般应具备处分决定（包括免予处分的决定）、调查报告、上级批复、个人检讨或处分的意见等。
	（3）审查材料是否手续完备。凡规定需由组织盖章的，要有组织盖章。审查结论、处分决定、组织鉴定、民主评议和组织考核中形成的综合材料，应有本人的签署意见或由组织注明经过本人见面。任免呈报表须注明任免职务的批准机关、批准时间和文号。
	（4）鉴别中发现涉及干部政治历史问题或其他重要问题，需要查清而未查清的材料及未办理完毕的材料，不能归入干部档案，应交有关组织处理；
	（5）鉴别时，发现档案中缺少的有关材料，要及时进行登记并收集补充。

2. 人事档案整理

干部人事档案整理工作包括：分类、排序、编号、技术加工、编目等内容。

人事档案整理步骤

分类	（1）履历材料；
	（2）自传材料；报告个人有关事项的材料；
	（3）考察、考核、鉴定材料；审计材料；
	（4）学历学位材料；职业（任职）资格和评（聘）专业技术职务（职称）材料；反映科研学术水平的材料；培训材料；
	（5）政审材料；更改或认定姓名、民族、籍贯、国籍、出生日期、入党入团时间、参加工作时间等材料；
	（6）参加中国共产党、共青团及民主党派的材料；
	（7）表彰奖励材料；
	（8）涉法违纪材料；
	（9）招录、聘用材料；任免、调动、授衔、军人转业（复员）安置、退（离）休材料；辞职、辞退、罢免材料；工资、待遇材料；出国（境）材料；党代会、人代会、政协会议，人民团体和群众团体代表会议，民主党派代表会议形成的材料；
	（10）健康检查和处理工伤事故材料；治丧材料；干部人事档案报送、审核工作材料；其他材料。
排序	（1）按档案材料形成时间排序的：第一、二、三、四、七、九、十类材料。注意，第四类、第九类材料排序时，是在采用二级分类后的各小类中分别按时间排序。
	（2）按材料的内容以及材料之间的内在联系排序的：第五、六、八类材料。第五类、第八类材料的排列顺序一般为：上级批复，结论或处分决定，本人对结论或处分决定的意见，调查报告，证明材料，本人检讨或交代材料等。第六类材料，入团志愿书应排在入团的其他材料之前；入党志愿书应排在入党的其他材料之前，党员登记表等可按时间先后依次排序。

续表

编号	每个类别中的档案材料排序后,要用铅笔在每份材料首页的右上角编上类号和顺序号,并在其右下角逐页编写页码。页码的编写方法为,凡有图文的页面,每面作为一页;有封面的材料从封面开始编写;空白纸和托裱用的衬纸不计页数;复印件和原件应视为一份材料,统一编写页数。
技术加工	(1) 对纸张破损或字迹材料不符合要求的档案材料,应采用复印、扫描、拍摄等方法进行复制。复制应保持材料原貌,不能任意扩大或缩小,不能对原件内容进行修改。复制后的材料应清晰,所用材料要符合档案保护要求,经久耐用。复制件应附在原件后,与原件作为一件。 (2) 幅面过大的档案材料应进行折叠或剪裁。折叠后的档案材料要保持平整,文字、照片不得损坏,便于展开阅读。剪裁时不得损坏档案材料上的文字、印章、图形等内容。 (3) 幅面过小的材料应进行托裱,装订边过窄或装订线内有文字的材料应加边。 (4) 档案材料上的订书钉、曲别针、大头针等金属装订物应当拆除。 (5) 为方便档案利用和后续材料补充,每份档案材料在整理时必须保证各自独立,禁止将多份材料以缝纫、被糊等形式粘连在一起。
编写档案材料目录	(1) 档案材料应按照排列顺序,逐份逐项进行编目,做到目录清楚,填写准确。书写目录要工整、准确、清楚、美观,使用规范的书写材料,不得使用圆珠笔、铅笔、荧光笔、水彩笔、红墨水、纯蓝墨水和复写纸书写。档案目录不能粘贴涂改。 (2) 每类目录应首先注明材料类号和类别名称。 (3) "类号"下再依次填写排列序号。规范的序号栏填写方法应该是:材料类号用汉字的"一"至"十",二级类号用(一)至(四),顺序号用阿拉伯数字。 (4) "材料名称"根据材料题目填写。一般来说,没有标题或标题不规范的,应另拟标题。材料的题目过长,可适当简化。凡原材料题目不符合实际内容的,须另行拟定题目。拟定或简化题目,必须切实反映材料的主要内容或性质特点。 (5) "材料形成时间"填写材料落款时间。有多个时间的材料,一般以最后的时间为准,也就是以文件办理完毕、正式生效的时间为准。时间填写要尽量详细、规范,有具体年月日的,必须填写齐全,如2014年9月1日,不能填为14年9月,或者2014年等。 (6) "页数"填写材料的页数。按照编好的页数如实填写。 (7) "备注"填写需要说明的情况。归档材料因为内容相关合并为一份材料的,要在备注栏中进行简要说明,如附有考察材料的干部任免审批表;复印件等情况也应注明。 (8) 书写目录时,每类目录之后,须留出适量的空格,供补充档案材料时使用。特别是第三、四、九类等,由于后续的材料比较多,为了留出足够的空格,不要在同一页中再填写其他类别材料的条目。
装订	(1) 装订好的档案,档案目录置于卷首,卷内材料排列顺序与目录相符。档案材料应左边、下边对齐,在左侧打孔装订,做到结实、齐整、美观,不掉页、不倒页、不压字、不损坏文件,方便阅读。如果左侧的空白不够,要托裱出装订边,不能压字。 (2) 干部人事档案如果太厚,应该分成两卷装订;分卷装订时,必须保证同一类材料分放在同一卷中。干部档案卷夹材质应符合档案保护要求。卷夹背脊应附标签,用于书写干部的姓名、籍贯、档案编号等。书写姓名不得使用同音字或不规范的简化字。

干部档案目录格式如下:

干部人事档案目录

序号	材料名称	材料制成时间			页数	备注
		年	月	日		

（二）会计档案管理

会计档案的管理

会计档案定义		会计档案是指各单位在进行会计记录和反映单位经济业务过程中形成或接收的，具有保存价值并归档保存的文字、图表、图像、音频、视频等不同形式的会计文件。
归档范围		会计凭证类：原始凭证、记账凭证、汇总凭证、其他会计凭证。
		会计账簿类：总账、明细账、日记账、固定资产卡片、辅助账簿、其他会计账簿。
		财务报告类：月度、季度、年度财务报告，包括会计报表、附表、附注及文字说明，其他财务报告。
		其他类：银行存款余额调节表，银行对账单，其他应当保存的会计核算专业资料，会计档案移交清册，会计档案保管清册，会计档案销毁清册。
归档时间和要求		（1）当年形成的会计档案，在会计年度终了后，可暂由会计机构保管一年，期满之后，应当由会计机构编制移交清册，移交本单位档案机构统一保管；
		（2）各单位每年形成的会计档案，应当由会计机构按照归档要求，负责整理立卷，装订成册，编制会计档案保管清册；
		（3）未设立档案机构的，应当在会计机构内部指定专人保管。出纳人员不得兼管会计档案；
		（4）移交本单位档案机构保管的会计档案，原则上应当保持原卷册的封装。个别需要拆封重新整理的，档案机构应当会同会计机构和经办人员共同拆封整理，以分清责任；
会计档案的装订	会计凭证	应分类整理，按顺序排列，检查日数、编号是否齐全；会计凭证装订时用"三孔一线"的方法装订，装订凭证应使用棉线，在左上角部位打上三个孔，实行三孔一线打结，结扣应是活的，并放在凭证封皮的里面，装订时尽可能缩小所占部位，使记账凭证及其附件保持尽可能大的显露面，以便于事后查阅。
	会计账簿	可在年终结账决算后按账簿种类整理装订。会计账簿的装订须坚持"谁记账，谁装订"的原则。会计账簿的装订须按封面、账簿启用表、账户目录、账页（按页数顺序号）、账簿封底的顺序装订。会计账簿装订成册后，认真填写封面，盖章封签。活页账簿装订要保留已使用过的账页，将账页数填写齐全，去除空白页和撤掉账夹，用质好的牛皮纸做封面、封底，装订成册。
	财务会计报告	装订时要区分不同保管期限，一个卷内的报表必须是同一个保管期限，同时也要考虑报表的多少来组成保管单位。例如，年报、季报、月报应分开装，若数量少，可将季报、月报（保管期限5年）合并装订。对会计报表的分析和说明，应当与会计报表合在一起组卷，以保持内容上的联系性。财务报告装订的顺序为财务会计报告的封面、目录、编制说明、会计报表、财务报告的封底。财务报告装订成册后，按保管期限编制卷号，认真填写封面，盖章封签。

续表

保管期限	会计档案的保管期限分为永久、定期两类。定期保管期限分为 3 年、5 年、10 年、15 年、25 年五类。
会计档案保管	（1）原始凭证、年度财务会计报告及其审计报告、年度内部控制评价报告及其审计报告、会计档案保管清册和会计档案销毁清册等具有永久保存价值或者其他重要价值的会计文件，必须以纸质形式或者微缩制品保存。 （2）采用电子会计档案替代纸质会计档案的单位，应按照国家标准对电子会计文件进行归档和管理。单位会计机构应实时或定期将属于归档范围的电子会计文件的管理权从网络上转移至档案部门。单位应定期将属于归档范围的电子会计文件及其元数据、电子会计文件机读目录、相关查看软件、其他说明等集中拷贝至电子载体上，一式三套，一套封存保管，一套查阅使用，一套异地保存。
会计档案利用	各单位应当建立健全会计档案查阅、复制登记制度，严格按照有关制度使用会计档案。查阅或者复制会计档案的人员，严禁在会计档案上涂画、修改、拆封和抽换。各单位保存的会计档案不得借出。

值得注意的是预算、计划、制度等文件材料，应当执行文书档案管理规定。

（三）照片档案管理

照片档案的管理

照片档案收集范围		（1）本单位主要职能活动和重要工作成果的照片。如：领导人和著名人物参加与本单位、本地区有关的重大公务活动的照片；本单位组织或参加的重要外事活动的照片；记录本单位、本地区重大事件、重大事故、重大自然灾害及其他异常情况和现象的照片。 （2）记录本地区地理概貌、城乡建设、重点工程、名胜古迹、自然风光以及民间风俗和著名人物的照片。 （3）其他具有保存价值的照片。
照片档案的整理	分类	应在全宗内按"保管期限——年度——问题"分类。跨年度且不可分的照片，也可按"保管期限——问题——年度"分类。
	排列	应在分类方案的最低一级类目内，按问题结合时间、重要程度等排列。为便于提供利用，照片排列及入册时应同时考虑不同保密等级照片的定位。
	编号	（1）底片号是固定和反映底片在全宗内排列顺序的一组字符代码，由全宗号、保管期限代码、张号组成。其格式为：全宗号——保管期限代码——张号。 （2）照片号是固定和反映每张照片在全宗内分类与排列顺序的一组字符代码，由全宗号、保管期限代码、册号、张号或全宗号、保管期限代码、张号组成。照片有两种格式："全宗号——保管期限代码——册号——张号"或"全宗号——保管期限代码——张号"。
	说明的填写	（1）题名应简明概括、准确反映照片的基本内容，人物、时间、地点、事由等要素尽可能齐全； （2）照片号见"编号之（2）"； （3）底片号见"编号之（1）"； （4）参见号是指与本张照片有密切联系的其他载体档案的档号； （5）照片的拍摄时间用 8 位阿拉伯数字表示，第 1～4 位表示年，第 5～6 位表示月，第 7～8 位表示日； （6）摄影者一般填写个人，必要时可加写单位； （7）文字说明应综合运用事由、时间、地点、人物、背景、摄影者等要素，概括揭示照片影像所反映的全部信息；或仅对题名未及内容作出补充。
	编目	（1）照片档案基本目录。格式如后。 （2）册内照片目录。格式如后。

续表

照片档案的保管	装具	（1）底片袋；
		（2）底片册、照片册。
	保管要求和措施	（1）贮存库房应保持整齐、清洁，应有严格的使用和存放规则；
		（2）照片档案入库前应进行检查，对受污染的照片、底片应进行必要的技术处理，防止受污染的照片、底片入库；
		（3）接触底片的人员应戴洁净的棉质薄手套，轻拿底片的边缘；
		（4）底片册、照片册应立放，不应堆积平放，以免堆在下面的底片、照片受压后造成粘连；
		（5）珍贵的、重要的、使用频率高的底片应进行拷贝，异地保存，拷贝片提供利用，以便更好地保存母片；
		（6）每隔两年应对底片、照片进行一次抽样检查，不超过五年进行一次全面检查。

注意：（1）照片档案收集应达到底片、照片、说明齐全；底片与照片影像应一致；对无底片的照片应制作翻拍底片；对无照片的底片应制作照片。

（2）对幅面超过底片册芯页尺寸的大幅底片，应在乳剂面垫衬柔软的中性偏碱性纸张后，放入专用的档案袋或档案盒中，按底片号顺序排列。

照片档案基本目录格式

照片号	题 名	时间	摄影者	底片号	备注

册内照片目录格式

照片号	题 名	时间	页号	底片号	备注

八、电子档案管理

电子档案的管理

电子档案鉴定	内容鉴定	（1）价值分析：包括自身属性（文件形成的背景信息及文件信息内容）和主体需求。
		（2）鉴定程序：制定鉴定标准，将电子文件保管期限表嵌入电子文件管理系统并予以实施。
	技术鉴定	（1）真实性鉴定；
		（2）完整性鉴定；
		（3）可读性鉴定；
		（4）病毒检查；
		（5）载体性能及网络连接状态检测。
电子档案的归档	归档方式	（1）逻辑归档：在计算机网络上进行，不改变原存储方式和位置而实现将电子文件的管理权限向档案部门移交；
		（2）物理归档：把电子文件集中下载到脱机保存的载体上，向档案部门移交。一般一式3套，一套封存保管，一套供查阅使用，一套异地保存。
	归档范围	（1）文件本身；
		（2）支持性文件；
		（3）数据文件；
		（4）有关纸质文件。
	归档时间	（1）实时归档：电子文件生存后立即归档。逻辑归档可实时进行。
		（2）定期归档：电子文件在文件形成后经过一段时间间隔再向档案部门移交。物理归档应该按照纸质文件的规定定期进行。
	要求	齐全完整；真实有效；备份归档。
	归档手续	（1）逻辑归档的电子文件，系统将自动赋予文件以归档标识，并生成《归档电子文件登记表》，交接双方在登记表上签字。
		（2）物理归档的电子文件，交接双方应根据归档电子文件登记表进行检查验收，核实其真实、完整、有效性，合格后在《归档电子文件接收检验登记表》（一式二份）上签字盖章，各持一份；
		（3）采用双套制的电子文件，应遵循纸质文件的归档手续。
分类排序		（1）归档电子文件以件为单位整理；
		（2）同一全宗内的电子文件按照"年度——保管期限——机构（问题）"或"保管期限——年度——机构（问题）"等分类方案进行分类；
		（3）按电子文件类别代码相对集中组织存储载体；
		（4）电子文件的著录应参照《档案著录规则》（DA/T18）进行著录，同时按照保证其真实性、完整性和有效性的要求补充电子文件特有的著录项目和其他标识，如责任者、操作者、背景信息、元数据等；
		（5）将著录结果制成机读目录和纸质目录。

续表

建立数据库	（1）分类编号，按照分类方案对电子文件进行划分，给每份文件一个固定的号码，使全部电子文件成为一个有机的排列有序的整体。 （2）登记，归档电子文件应以盘为单位填写《归档电子文件登记表》首页（示例见后），以件为单位填写续页（示例见后）。对需要长期保存的电子文件，应在每一个电子文件的载体中同时存有相应的机读目录。
保管	（1）载体的物理保护，严格控制温湿度、净化外部环境、防磁防震、减少机械损伤、定期检测与拷贝。 （2）信息的安全防护，采用备份和镜像技术，防信息丢失；加密；访问控制；防治病毒；安装补丁程序。
利用	（1）提供物质载体的拷贝； （2）利用网络传输电子档案； （3）通过计算机直接提供利用。

注意：（1）《电子文件登记表》中的电子文件稿本代码为：M——草稿性电子文件；U——非正式电子文件；F——正式电子文件；电子文件类别代码为：T——文本文件；I——图像文件；G——图形文件；V——影像文件；A——声音文件；O——超媒体链接文件；P——程序文件；D——数据文件。

（2）《电子文件归档与管理规范》（GB/T 18894－2002）推荐采用的载体，按优先顺序依次为：只读光盘、一次写光盘、磁带、可擦写光盘、硬磁盘等。不允许用软磁盘作为归档电子文件长期保存的载体。

九、档案工作规范化管理

档案室应根据省级档案局的诸如《档案工作规范化管理办法》等文件精神，将自己的档案进行规范化管理，并接受考评。档案工作规范化管理考评也就是我们通常说的档案工作达标升级。

（一）档案工作规范化管理考评主要内容、等级标准

档案工作规范化管理考核内容包括行政管理、设备设施、基础业务、开发利用4个部分。考核等级按百分制标准分3级：95分以上（含95分）为一级；80分至94分（其中设备设施、基础业务考核得分不低于这两部分总分值的80%）为二级；70分至79分为三级。

某省机关档案工作规范化管理标准

考核序号	考核内容	标准分	考核细则及评分标准
1	机构与组织管理	21	

续表

考核序号	考核内容	标准分	考核细则及评分标准
1.1	档案工作管理体制健全，档案工作渠道畅通，适应本单位、本系统档案工作的需要。配备了业务能力强、适应工作、相对稳定的专兼职档案工作人员。	1.5	1. 没有适应本单位、本系统档案工作需要的综合性档案工作机构（处、科、室）的，不得分。 2. 档案人员不能胜任档案工作，不能满足档案工作需要的扣1.5分。
1.2	档案工作纳入本单位工作计划、目标管理和相关部门及人员的岗位职责，同本单位各项工作同步发展，对本机关文件材料的形成、归档工作进行了监督指导。	1.5	1. 本单位5年规划和年度工作计划、目标管理中没有安排布置档案工作，人员岗位职责中没有档案工作内容的，缺一项扣0.2分，扣完0.5分为止。 2. 对本机关文件材料形成归档工作实施了有效的监督指导，检查近3年实施监督检查的相关文字依据，没有的扣0.5分。 3. 监督指导不力、机关文件材料归档不及时的扣0.5分。
1.3	本单位档案工作实行综合管理，做到统一领导、统一机构、统一制度，对全部档案实施有效管理。	1	1. 各种门类和载体的档案未集中统一管理，且无制度规定的不得分。 2. 实行了集中统管，缺所管档案目录的扣0.5分。
1.4	有机关负责人分管、综合部门负责人主管档案工作。	1	出示相关文字依据（领导分工文件或会议记录），没有的酌情扣分。
1.5	档案工作列入领导议事日程，切实解决档案工作中的实际问题，并有明显成效。	1.5	1. 出示领导听取档案工作汇报及研究检查档案工作的文字依据，无依据的扣0.5分。 2. 档案工作的实际问题未能及时有效的解决，或效果不明显的扣0.5—1分。
1.6	档案工作经费能满足档案工作的发展需要。	1.5	提供档案经费开支情况，经费不能满足档案工作需要的扣0.5—1分，没有依据材料的扣0.5分。
1.7	档案人员具有大专以上文化程度。	1	提供档案人员学历证明，达不到要求的酌情扣分。
1.8	全部档案人员经过同级、上级档案部门或上级主管部门的档案业务培训。	1	1. 无继续教育证明或培训证明的不得分。 2. 3年内未参加一次档案业务培训的扣0.5分。
1.9	在机关工作中认真贯彻执行档案法律法规和相关规章。定期组织本机关和本系统档案人员进行《档案法》的学习。	1	未学习、宣传、贯彻执行档案法律法规和规章，且无文字依据的，酌情扣分。

续表

考核序号	考核内容	标准分	考核细则及评分标准
1.10	对本单位档案工作进行监督、检查和指导，组织档案基础业务知识培训，开展评比检查。	1.5	1. 未开展监督、指导、检查，且无文字依据的，扣0.5分。 2. 未组织培训，且无文字依据的，扣0.5分。 3. 未开展评比检查，且无文字依据的扣0.5分。
1.11	积极参加机关档案协作组活动；每年有本机关、本系统档案工作动态在本机关、本系统的工作简报、刊物或其他媒体上登载。	1	1. 检查参加协作组活动情况，未参与的扣0.5分。 2. 出示近3年登载有本机关、本系统档案工作信息的工作简报、刊物等，没有的，扣0.5分。
1.12	对所属单位、本系统档案工作进行监督指导，组织档案业务培训，开展评比检查，建立档案工作管理网络，促进所属单位和本系统档案业务建设的协调发展。	1.5	1. 未对所属单位、本系统开展监督指导、业务培训，且无文字依据的，扣0.5分。 2. 没有所属单位、本系统档案工作管理网络图的，扣0.5分。 3. 未组织评比检查，且无文字依据的，扣0.5分。 4. 无所属单位和系统指导任务的，此项分记入1.10项，且1.10项分值由1.5分变为3分，相应项目也各增加0.5分。
1.13	档案管理制度健全，建立了本机关档案的收集、整理、保管、鉴定（含销毁鉴定）、统计、利用、本单位重大活动档案登记、收集及资料收集等制度办法。	2	1. 缺一种扣0.2分，扣完1分为止。 2. 执行效果差，酌情扣0.5—1分。
1.14	制订了符合本单位实际的各种门类和载体文件材料的归档范围、档案保管期限表、分类方案。并报同级档案部门备案。	2	1. 没有本单位自拟的文件材料归档范围、档案保管期限表和分类方案的不得分。 2. 没有报同级档案部门备案，扣0.5分。 3. 有材料，但条款制定不规范、不科学，归档范围不准确，划分保管期限不准确，分类不准确的，扣0.5—1.5分。
1.15	制定了本单位各种专门档案的管理制度、办法等。	1	1. 未制定管理制度、办法的不得分。 2. 有制度、办法，但制定得不全、不详细、不符合有关规范的扣0.5—1分。 3. 没有专门档案的，此项分计入1.14条，且1.14条的2、3项各增加0.5分。
1.16	制定了电子文档管理制度和办法。	1	1. 未制定的不得分。 2. 制定得不规范、不详细、可行性不强的，扣0.5分。 3. 执行不力的，扣0.5分。
2	基础设施	18	

续表

考核序号	考核内容	标准分	考核细则及评分标准
2.1	机关在新建或改造档案专用库房时，应参照《档案馆建筑设计规范》的要求进行设计和布局，并征求同级档案部门意见。	2	1. 未按规范设计和改造的扣0.5分。 2. 未征求同级档案部门意见的扣1分。
2.2	有档案专用库房，能容纳本单位全部档案资料。（省、市级机关能容纳二十年的档案资料，州、县级及县级以下机关能容纳十年的档案资料）。	2	1. 无专用档案库房的不得分。 2. 专用档案库房容量不足的，酌情扣分。
2.3	分设有档案阅览室和档案人员办公室。	1	未分设的不得分。
2.4	档案库房坚固、安全，适宜保管档案。	1	1. 档案库房不坚固，达不到有关规定要求的扣0.5分。 2. 有其他安全隐患的扣0.5分。
2.5	档案库房有防盗、防火、防光、防高温、防潮、防尘、防鼠、防虫、防有害气体等设施设备。	4	档案库房配有防盗设施、消防器材、空调机、除湿机、吸尘器、温湿度计、避光窗帘、消毒杀虫设备或药物等，缺一项扣0.5分。
2.6	档案室配有计算机、服务器、摄像机、录放机、扫描仪、光盘刻录机、复印机、防磁柜、照相机（数码摄像机带有照相功能的，可不配照相机）等设备。	4.5	缺一种扣0.5分。
2.7	有数量充足、质量较好的档案专用柜架和整理档案所需的用具。	2	1. 档案装具数量不足、质量较差的扣1分。 2. 无整理档案用具扣1分。
2.8	档案装具的式样、规格及质量符合国家标准。	1.5	文书、会计、基建、照片及有规定的其他专门档案的卷盒、卷皮、芯页等，不符合标准要求的酌情扣分。
3	业务建设	46	
3.1	按本机关归档范围和归档制度及时接收各种门类和载体的档案，交接手续完备。	1.5	1. 无各处（科）室归档文件统计表扣0.5分。 2. 归档不及时扣0.5分。 3. 无规范的交接文据扣0.5分。

续表

考核序号	考核内容	标准分	考核细则及评分标准
3.2	归档文件的质量符合有关规范要求，书写材料适宜档案的长期保存。	1.5	1. 归档文件质量不符合《党政机关公文格式》（GB/T9704-2012）、《党政机关公文处理工作条例》的扣0.5分。 2. 发现存档底稿、签批，或修改文件中有不耐久字迹材料的，扣0.5分。 3. 存档印件的底稿无印章，扣0.5分。
3.3	文书档案齐全完整。	2	重点检查： 1. 缺历年的重要会议文件、记录，特别是党委、党组、机关办公会会议记录扣0.5分。 2. 缺主要职能活动形成的文件，特别是内部形成的调研材料、统计材料、各种工程审批文件及附件等的扣0.5分。 3. 缺干部人事任免、奖惩文件材料扣0.5分。 4. 缺参加重要会议、出国考察等重大活动的相关文件扣0.5分。
3.4	会计档案齐全完整。	1	会计档案报表、账簿、凭证及其他类档案不齐全、缺项的，酌情扣分。
3.5	声像档案齐全完整。	1.5	1. 缺反映本单位重大活动的声像档案扣0.5分。 2. 照片缺底片（数码相机无底片须刻录成光盘）和相关文字说明的扣0.5分。 3. 录音带、录像带缺相关的内容说明的扣0.5分。
3.6	设备档案、基建档案、科研项目档案齐全完整。	2	本单位基建档案的设计说明、征用土地批件、红线图、竣工图纸、决算报告等，科研项目档案的审批文件及附件不齐全完整的酌情扣分。
3.7	自动化办公过程中形成的各种归档的光盘、磁盘及背景信息等齐全完整。	1	归档电子文件的光盘、磁盘及背景信息不齐全完整的酌情扣分。无此项内容的不得分。
3.8	归档的各种其他专门档案齐全完整。	1	1. 各种专门档案（如诉讼、国土、审计、新闻宣传报道、艺术、教学等）不齐全完整的酌情扣分。 2. 无专门档案的，此项分计入3.7条，3.7条分值相应增加为2分。
3.9	本机关发文按"两套制"（即发文汇集）保存。	1	"两套制"的形式可以是光盘或纸质载体，不全的酌情扣分，没有的不得分。
3.10	收集与本机关业务工作有关的资料。如年鉴、刊物、文件汇编等。	1	没有资料的不得分，有资料未能规范整理的扣0.5分。
3.11	保管期限划分准确。	1	保管期限划分不准确达5件的，扣0.5分，扣完1分为止。

续表

考核序号	考核内容	标准分	考核细则及评分标准
3.12	档案按全宗进行分类、排列，符合《机关档案工作业务建设规范》（按卷整理的档案）、《归档文件整理规则》（按件整理的档案）的要求。其他门类的档案符合相关分类要求。	1.5	1. 有多个全宗的单位，全宗划分不清楚的，扣0.5分。 2. 各种门类的档案分类不科学、不规范的扣0.5分。 3. 排列不规范、方法不统一或前后未保持一致的，扣0.5分。
3.13	档号编制科学、规范。	1.5	1. 按卷整理的档案要按国家档案局颁发的《档号编制规则》的要求编制档号，不符合要求的酌情扣分。 2. 按件整理的档案，按《归档文件整理规则》的要求编制件号、盒号、年度、保管期限等，不符合要求酌情扣分。 3. 其他门类档案按有关规定编制档号，不符合要求酌情扣分。
3.14	文书档案按卷整理的质量符合《机关档案工作业务建设规范》《四川省文书立卷与案卷构成的一般要求》；按件整理的质量符合《归档文件整理规则》。	1.5	1. 按卷整理的案卷质量不符合要求的扣0.5—1分。 2. 按件整理的档案不规范的扣0.5—1分。
3.15	照片档案、会计档案、基建档案的质量符合有关规定。	3	1. 照片档案，按国家档案局颁发的《照片档案管理规范》的要求整理，达不到要求的扣0.5—1分。 2. 会计档案按《会计档案管理办法》和《会计档案装具格式》的标准要求进行整理，不符合整理要求、装具不规范的扣0.5—1分。 3. 基建档案按《基本建设档案管理办法》进行整理，达不到要求的扣0.5—1分。
3.16	磁性载体档案及光盘载体的档案，其质量符合有关规定要求。	1	1. 磁性载体档案，按《磁性载体档案管理办法》的要求，每张磁盘（带）要标明具体内容、时间、制式，缺标注的扣0.5分。 2. 光盘要编号，盘内要分别做好相关标记和说明，缺的扣0.5分。无此项内容不得分。
3.17	其他专门档案的质量符合有关规定。	1	1. 其他专门档案（如审计、诉讼、新闻宣传报道等档案）的整理，不符合规定的扣0.5—1分。 2. 无专门档案的，此项分计入3.16条，3.16条分值相应增加为2分。

续表

考核序号	考核内容	标准分	考核细则及评分标准
3.18	全宗卷整理符合规范。	3	1. 无全宗卷的不得分。 2. 全宗卷未按《全宗卷规范》（DA/T12－2012）文件分类的扣1分。 3. 每类内容未按《全宗卷规范》要求做到完整、详细的扣1—2分。
3.19	库内有档案资料存放示意图，档案柜架排放规范整齐，柜架上有明显的指引标记。	1	1. 无档案资料存放示意图、柜架排放不符合要求、柜架上无指引标记的，扣0.5分。 2. 库内存放示意图、柜架指引标记不科学、不醒目的扣0.5分。
3.20	档案库房的温湿度符合国家规定。	1.5	1. 无温湿度测记不得分。 2. 库内温湿度未控制在规定范围内，扣1.5分。
3.21	每季定期检查档案，并做好记录。档案无霉变、褪色、尘污、破损及虫蛀、鼠咬现象。	1	1. 无检查记录不得分。 2. 记录不全或不详的扣0.5分。 3. 有霉变、尘污、破损、虫蛀、鼠咬现象之一的扣0.5分。
3.22	建立了各类档案统计台账，数据准确，账实相符。	1	1. 无各类统计台账（档案收进移出登记、室藏总量、档案分类、提供利用、检索工具、编研资料等统计）酌情扣分。 2. 各类统计数据不全或账实不符的扣0.5分。
3.23	及时准确填报统计报表。	1	1. 报表不及时的扣0.5分。 2. 报表不准确的扣0.5分。
3.24	及时开展档案鉴定工作。	1	1. 未及时进行鉴定，扣0.5分。 2. 销毁档案手续（包括销毁报告、领导批准的签字、销毁清册）不齐或不完备的扣0.5分。
3.25	移交进馆档案质量符合进馆要求。	1	1. 不按规定向档案馆移交档案的，不得分。 2. 进馆档案的质量不符合要求的，扣0.5分。 3. 移交时没有相关的检索工具和参考资料的，扣0.5分。无移交任务的此项得1分。
3.26	档案的现代化管理工作纳入本单位信息化建设规划，与办公自动化工作同步运行。	1	1. 本单位信息化建设规划中无档案工作内容的不得分。 2. 内容不具体、缺乏可操作性的，扣0.5分。
3.27	使用的档案管理软件系统符合国家档案行政管理部门有关规定。	2	1. 未实施计算机管理的不得分。 2. 不符合有关规定的扣1分。 3. 档案管理系统认不到技术先进、性能稳定、数据安全要求的扣1分。

续表

考核序号	考核内容	标准分	考核细则及评分标准
3.28	本机关全部档案已建立数据库，进行管理。	2	1. 本机关各种门类和载体的档案未建立全文数据库的扣1分。 2. 只有部分档案建立数据库的扣0.5分。 3. 未能达到文件级目录数据库管理的扣0.5分。
3.29	本机关各种门类和载体的档案（如照片、声像、会计、基建等），均建立数据库。	4	1. 未建立的不得分。 2. 建得不齐全、不规范扣1—2.5分。 3. 未刻录成光盘保存的扣1.5分。
3.30	本单位电子档案实施了有效管理。	2	1. 电子文件未归档管理的不得分。 2. 未按照《电子公文管理暂行办法》《电子文件归档与管理规范》《四川省电子文件归档与管理暂行规定》的要求进行整理和管理的，扣1分。 3. 未使用《四川省电子文档管理系统》软件的，扣1分（属系统条条管理的部门，国家主管部门统一使用了电子文档管理软件的，不扣分）。
4	开发利用	15	
4.1	编有本机关大事记。	2	1. 无大事记的不得分。 2. 格式、体例不科学、不规范、记录不全的，扣0.5—1分。
4.2	编有本机关组织机构沿革。	1	1. 无组织机构沿革的不得分。 2. 体例不规范、不科学，记载不齐全、不详细的扣0.5—1分。
4.3	编有与本机关相关的基础数据汇集。	2	1. 没有的不得分。 2. 每年续编；缺1年扣0.5分。 3. 质量不高、数据缺乏真实性的扣0.5分。
4.4	编有各种门类和载体档案的案卷目录、全引目录、专题目录等检索工具。	2	1. 缺种类的扣0.5分。 2. 各种门类和载体档案的目录编制得不齐全的扣0.5分，扣完2分为止。 3. 凡有机读目录的，须打印成纸质目录，缺的扣0.5—1分。
4.5	根据本机关业务工作需要，编有相关的参考资料和专题概要等各种编研资料。	3	1. 编有对本机关业务工作有实用价值的专题概要，每年至少有一种新选专题，缺一年扣0.5分。 2. 专题概要选题不实用、内容单一、编写粗糙，扣0.5—1分。
4.6	服务形式多样，积极主动做好利用工作，为机关各项工作服务。	1	服务形式单一，服务被动且服务效果差的，酌情扣分。

续表

考核序号	考核内容	标准分	考核细则及评分标准
4.7	有借阅和利用效果登记，编有档案利用效果实例选编，并有定期分析材料。	2	1. 没有借阅登记簿和利用效果登记簿的不得分。 2. 借阅登记簿和利用效果登记简单的扣0.5分。 3. 没有利用效果实例选编的扣0.5分。 4. 没有定期分析材料的扣0.5分。 5. 定期分析材料简单、不详细扣0.5分。
4.8	通过举办档案陈列、档案展览等形式开展档案宣传和档案信息资源的开发利用。	2	1. 设立了档案资料陈列室的，得1分。 2. 举办了档案展览的得1分。

（二）档案工作规范化管理考评程序

档案规范化管理评审工作程序

自查申报	档案规范化管理申请考评单位对照省档案局印发的《某省档案工作规范化管理办法（试行）》的等级标准自查合格后，向同级档案局提交升级申请报告和申请表、评分表。
认证审查	（1）同级档案局派出5—7名人员组成考评小组，组织考核评审； （2）考评组听取申请单位档案工作规范化管理及自查情况汇报； （3）审查申请单位出示相关文件或依据材料； （4）实地检查档案规范化管理情况； （5）评审时对照等级标准进行考核评分，考核结果经半数以上成员认定方算有效。
意见反馈	评审结论经集体决议、小组成员签名方可生效。评审结束后，考评小组将考评材料和申报材料报档案局，一式两份。
审核发证	同级档案局根据考评材料和申报材料签署审批意见、批复，一份给申请单位，一份归档，其余报送各上级有关单位备案。考评合格者发给证书牌匾。

参考文献

[1] 王立维，陈武英. 档案管理学简明教程［M］. 杭州：浙江大学出版社，2004.

[2] 邓绍兴，陈智为. 档案管理学［M］. 北京：中国人民大学出版社，2005.

[3] 陈兆祦，和宝荣，等. 档案管理学基础［M］. 北京：中国人民大学出版社，2005.

[4] 和宝荣，王英伟. 档案管理学基础（第3版）［M］. 北京：中国人民大学出版社，2005.

[5] 陈祖芬，雷鸣，张晓萍. 职业秘书资料与档案管理教程［M］. 北京：清华大学出版社，2007.

[6] 薛四新. 现代档案管理基础［M］. 北京：机械工业出版社，2007.

[7] 吴凤祥. 文书与档案管理［M］. 北京：高等教育出版社，2008.

[8] 成芳. 文书与档案管理［M］. 北京：首都经济贸易大学出版社，2009.

[9] 王传宇，张斌. 科技档案管理学（第3版）［M］. 北京：中国人民大学出版社，2009.

[10] 陈琳. 档案管理技能训练［M］. 北京：机械工业出版社，2009.

[11] 王英伟. 专门档案管理（第2版）[M]. 北京：中国人民大学出版社，2010.

[12] 何屹. 档案管理实务[M]. 北京：北京大学出版社，2010.

[13] 吴良勤，雷鸣. 信息工作与档案管理[M]. 武汉：华中科技大学出版社，2011.

第十五部分 办公自动化工作规范

主　编：向　洵　中国工程物理研究院综合计划部副部长、
　　　　　　　　高级工程师
　　　　李灵雪　中国工程物理研究院院机关电子政务服务中心主任、
　　　　　　　　工程师
副主编：刘亚利　中国工程物理研究院办公室高级工程师
　　　　白晓峰　中国工程物理研究院政治部调研员、高级工程师
参　编：李龚亮　中国工程物理研究院计算机应用研究所
　　　　尚　蕾　中国工程物理研究院院机关电子政务服务中心
　　　　　　　　高级工程师

一、概述

（一）含义

办公自动化（Office Automation，OA）系统，是利用先进的电子信息技术和现代办公设备构成的人机信息处理系统，辅助管理人员进行各种办公活动。构成办公自动化的基本要素主要包括办公自动化系统功能、网络环境、办公机构及人员、技术及管理措施等。

（二）办公自动化系统功能

办公自动化系统作为机关单位行政综合事务管理系统，主要应用包括公文管理、办公室综合办公业务管理以及相关附加功能等（见图1）。

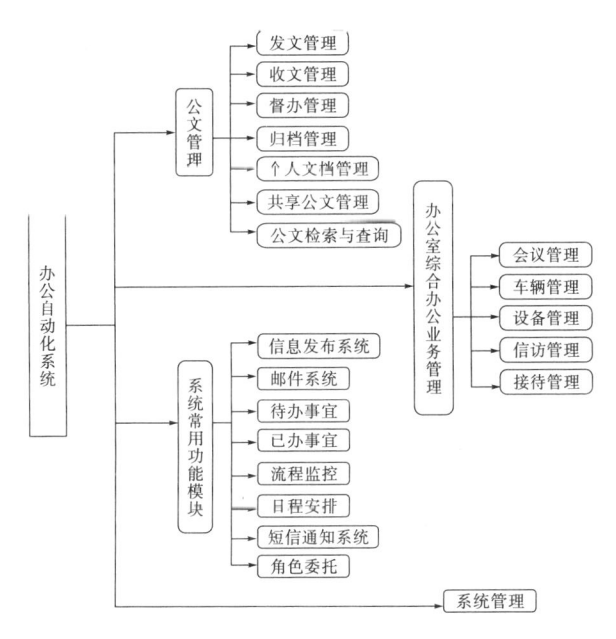

图1　典型的办公自动化系统功能结构图

（三）办公自动化网络框架

由于办公自动化主要是机构内部日常办公的信息化，一般具有安全性、保密性等要求。办公自动化网络系统必须区分内网（内部网络系统或专网）和外网（互联网），内网和外网根据安全要求采取物理隔离或逻辑隔离措施。其网络框架如图2所示。

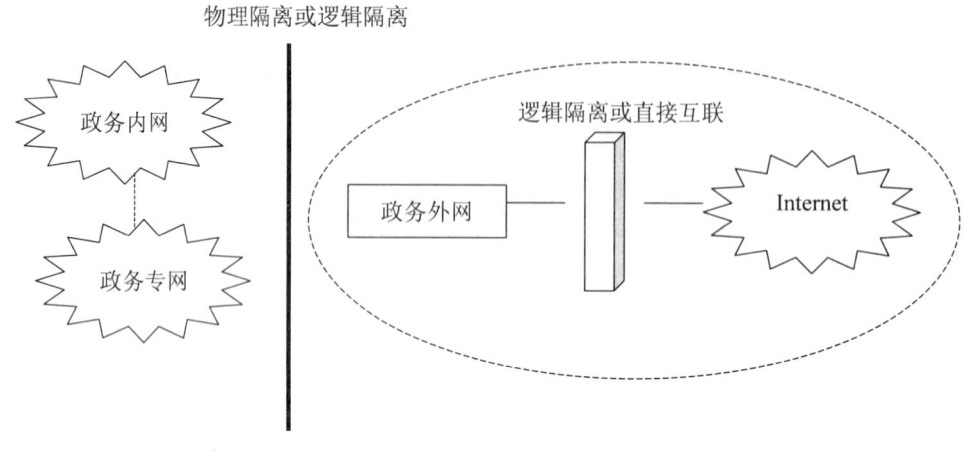

图2　办公自动化网络框架图

（四）办公机构及人员

开展办公自动化建设工作，首先要对其系统用户进行分析，明确其办公角色与系统角色（详见图3）。

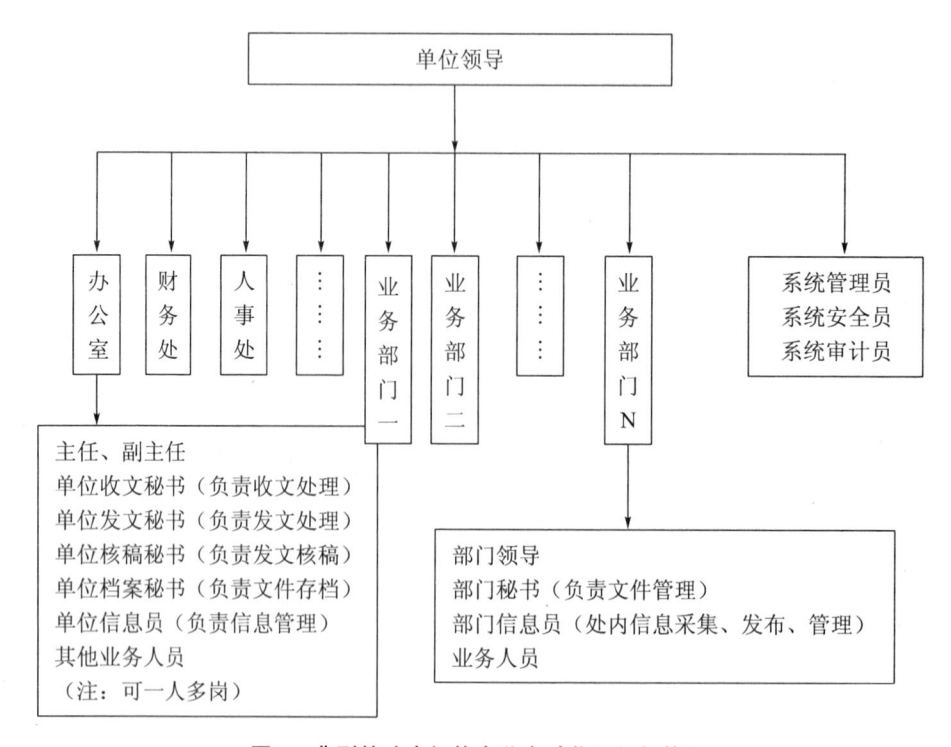

图3　典型的政府机构办公自动化组织机构图

二、公文处理

电子公文的生命周期与本系统处理范围按照《GB/T 19667.1-2005 基于 XML 的电子公文格式规范》第 1 部分总则中电子公文处理过程模型的描述，电子公文处理过程可分为如图 4 所示的五个部分。

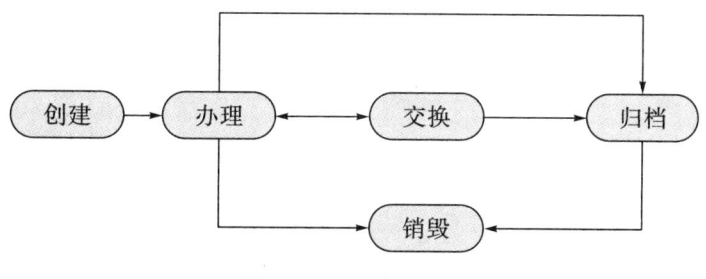

图 4　公文生命周期图

公文生命周期	创建	根据一定的规则建立电子公文的过程。
	办理	通过计算机系统对电子公文进行收发、批阅等相关操作。
	交换	按始发者意图进行跨系统的公文传递。
	归档	依据国家或本部门档案管理规定对办理完毕后的电子公文予以存储。
	销毁	依据有关规定将电子公文从存储介质上物理删除。

公文处理的主要业务为发文处理程序和收文处理程序。

发文处理指以本机关名义制发公文的各项工作，包括拟稿、审核、签发、复核、登记等环节（详见图 5）。

收文处理指收受公文并从中提取有关信息，是收文机关履行其法定职能，使公文产生实际效果的过程，具体工作包括签收、登记、审核、拟办、承办、催办等（详见图 6）。

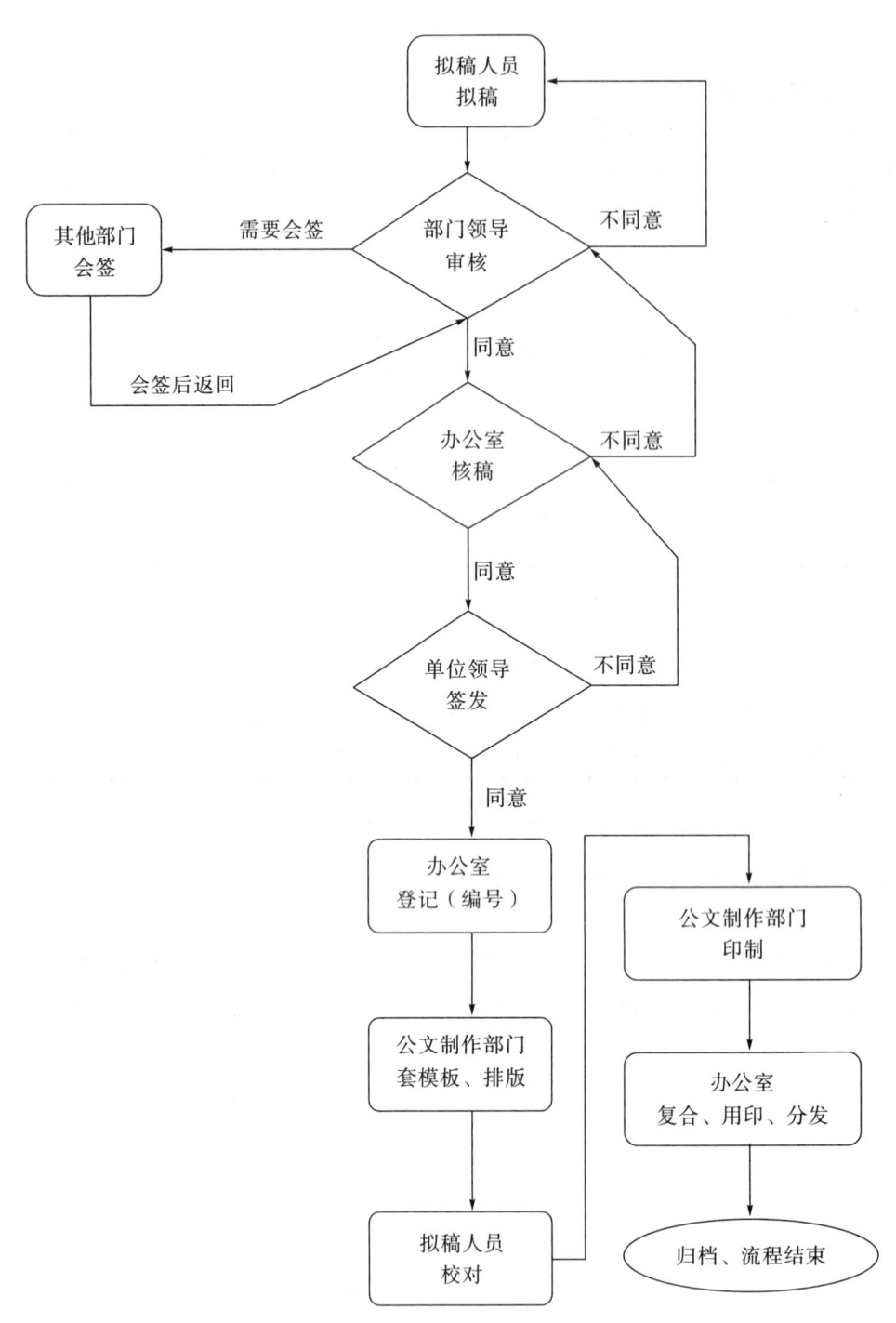

图 5　典型的办公自动化发文工作流程图

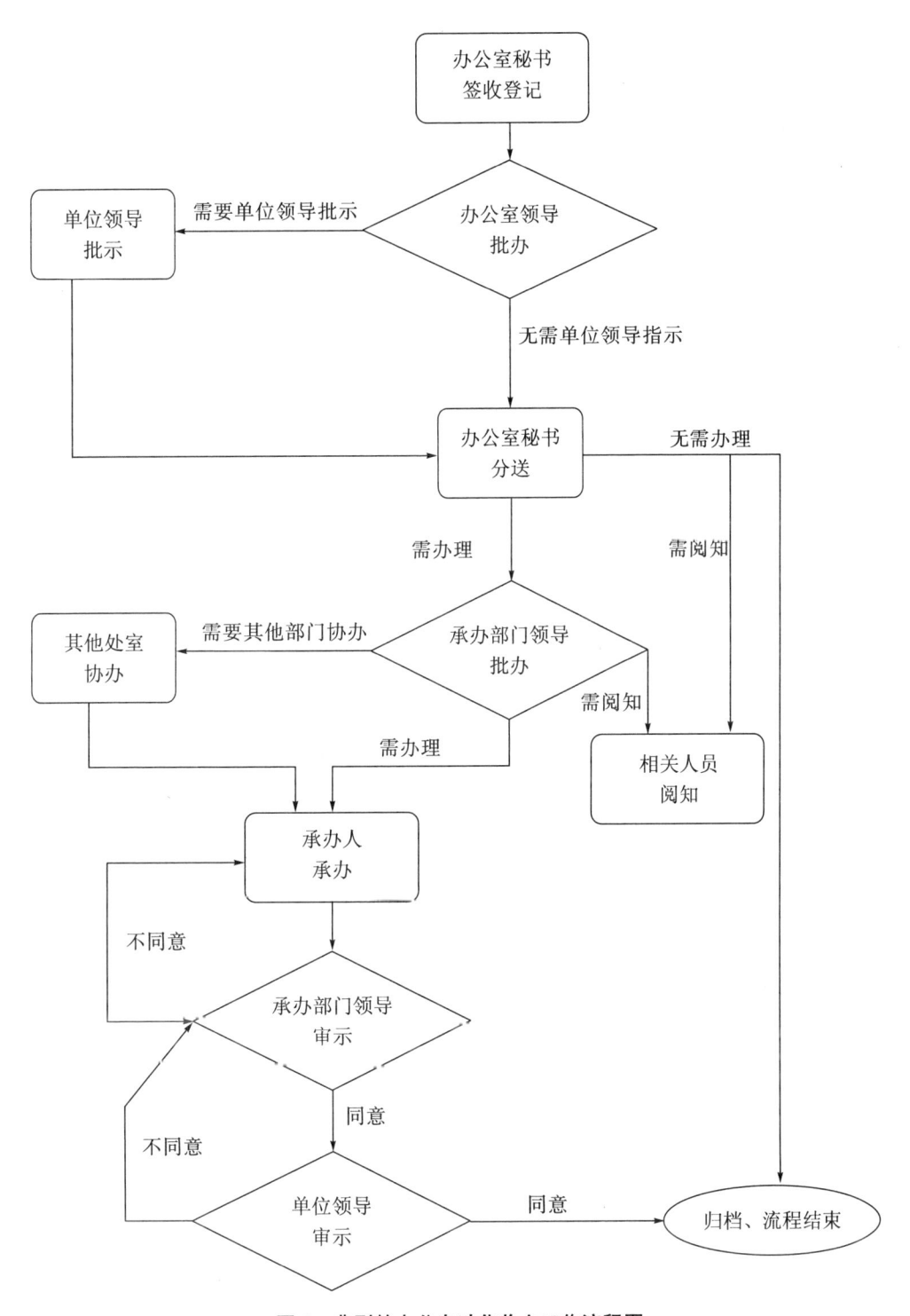

图 6 典型的办公自动化收文工作流程图

三、系统常用功能说明

信息发布管理	公用信息管理	公共信息管理用于管理单位内部的各类型公告、新闻等，让职工可以及时了解单位内的信息动态。公共信息可以划分为多个栏目，支持贴图和上传附件。信息的发布可设置具有发布权限的人员（如信息员等）直接发布信息；也可设置为任何用户均可发布，但需要履行图7所示的信息发布流程。所有合法系统用户均可浏览、查询。
	授权信息管理	当某些信息只需要部分人员阅览时，可通过图7的信息发布流程发布。创建时，需指定信息的属性、信息正文、信息附件、授权的阅览用户等。 信息的属性包括：信息名称、信息栏目、发布人、发布人所在部门、发布时间、紧急程度、密级、附件、过期时间等。 发布后的信息可由审批领导撤回修改。
邮件系统		办公系统的邮件子系统一般都是内部邮件的发送、接收、阅览、转发、回复、删除等，对于某些具有保密要求的邮件系统还可以设置邮件加密、邮件跟踪、邮件回收的功能。
个人日程管理		日程安排主要关注几个属性：事件的类型，开始日期，开始时间，结束日期，结束时间，地点，内容、是否需要提醒、提醒的方式及提醒时间、完成情况、备注等。 在安排时间到达之前按提醒方式（闪烁，音乐，邮件，短消息等）提醒用户，提醒时间可针对每件事情定义，也可使用系统缺省值。 日程安排可以按日期时间段、事件类型和地点、完成情况进行查询。
流程监控		可通过权限管理授权相应的人员对流程的状态进行掌控（如局级领导对所有流程的掌控、部门领导对本部门流程的掌控、个人对经过本人处理流程的掌控等）。掌控的内容可包括流程到了什么环节，在谁的桌面上，流程经过了哪些环节，各环节的处理情况（时间、意见、对文件的修改情况）等。
短消息通知		系统定时（或及时）将用户需要处理的待办任务信息、新邮件信息、新阅知件信息或其他需要提醒用户的信息，通过该平台以短消息的方式向用户发送，从而延伸办公的空间。
角色委托		某人因出差、请假等较长时间不能应用OA系统时，可进行角色委托；委托的角色是委托人所附有的相关权限（可分开委托），可设定期限；角色委托后送给该角色的流程（任务）会自动到被委托的人的任务中；期限到了后，所委托角色将自动被收回；委托人也可以在期限未到之前提前收回。

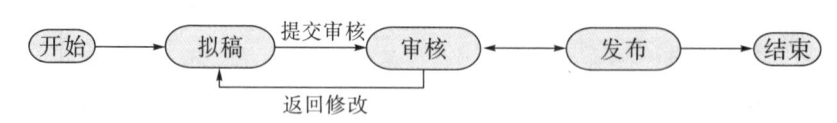

开始 → 拟稿 →（提交审核）→ 审核 → 发布 → 结束
           ←（返回修改）

图7　信息发布流程图

四、办公室综合业务分析

随着办公自动化工作的推进，将办公室工作综合业务通过网络协同办公的方式进行处理，从而提高工作效率、创新工作模式已成为必然。

（一）会议管理子系统

本流程主要用于网上会议申请、审批、排会、查看会议安排等（详见图8）。

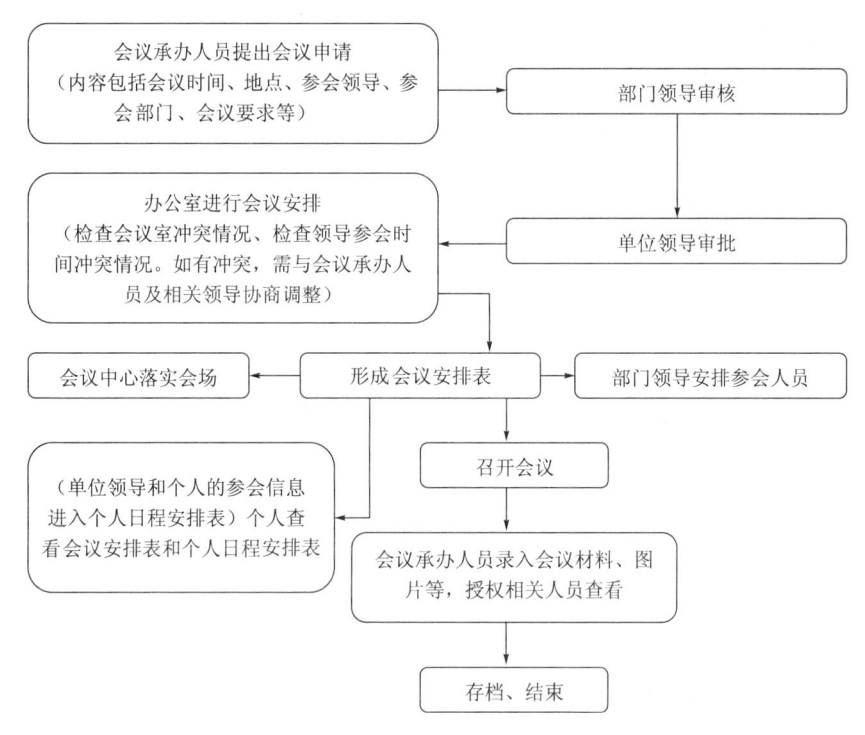

图 8　典型的会议管理流程图

（二）车辆管理子系统

系统内容主要包括车辆管理信息库和车辆申请审批管理流程（图 9，虚线框内的内容为在系统外运转的工作，下同）。车辆管理信息库主要是车队负责人对本车队人员（人员基本信息、行车记录等）、车辆基本信息（车型、车牌、车况、维修情况等）、车辆状态（派出、值班、待用等）的综合管理。

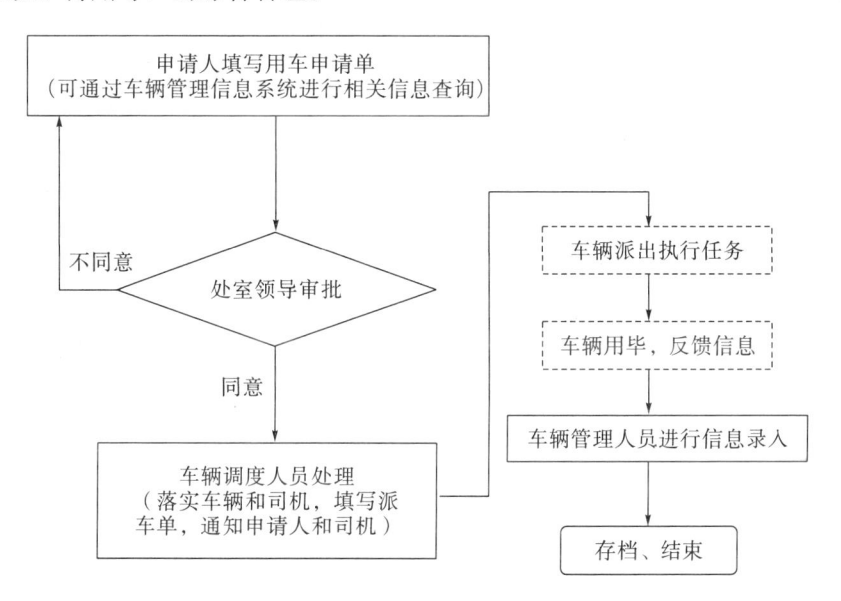

图 9　典型的车辆管理流程图

（三）信访管理子系统

信访管理即对收到的信访事件进行批示办理的业务过程管理。新的信访事件主要有三个来源：面谈、信件、领导转交。图10为一般的信访处理流程。

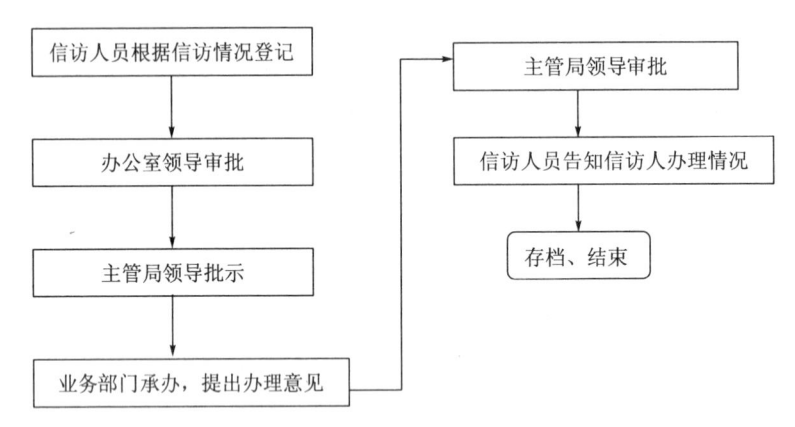

```
信访人员根据信访情况登记
        ↓
   办公室领导审批                 主管局领导审批
        ↓                              ↓
   主管局领导批示            信访人员告知信访人办理情况
        ↓                              ↓
业务部门承办，提出办理意见          存档、结束
```

图10 典型的信访处理流程图

五、办公自动化系统的管理与维护

系统管理	组织机构管理	新增部门，撤销部门和部门更名，建立、删除或更改与本机关工作业务相关的组织机构（如上级机关、下级机关等）。
	用户管理	根据用户入网申请新增用户，根据用户调出申请撤销用户。
	流程管理	根据需求配置新的流程，调整旧流程；根据用户要求进行流程任务改派，流程终止等。
	备份与恢复	系统管理员对系统中存储的信息进行备份，并在系统出错或数据丢失时恢复保存的信息。主要操作包括添加、删除备份历史记录；对系统数据进行备份；从备份恢复系统数据。备份介质可以是磁带或磁盘。每次备份都产生一个备份文件，每个备份文件系统都将给出一个唯一标识，以区别不同的备份文件。
	短消息生成	用于产生短消息正文，其内容为某一用户当前所有的新邮件条数和任务数，以便将短消息正文发送到用户的手机上，催促用户及时处理他的新邮件或任务。
安全管理	用户锁定管理	锁定和解除锁定用户的账户：一个用户账户处于锁定状态，该用户就没有登陆使用本系统的权限。造成一个用户的账户处于锁定状态的原因有两种，一种是系统安全员使用账户锁定功能锁定一个用户的账户；另一种是不正确的登陆达n次时（次数根据管理要求设定），系统将自动锁定该用户的账户。
	系统角色管理	根据系统要求对系统设置多种角色，如局领导、部门领导、办公室领导、办公室秘书、部门秘书、发文秘书、收文秘书、一般员工等。
	角色权限管理	根据系统要求对系统角色赋予相应的权限，如为局级领导角色配置文件签发、文件审阅权限，为收文秘书配置收件登记、签收等权限。
	用户角色管理	根据用户实际身份（需要在入网时进行审批明确）为用户配置角色，如为局长李伟配置局级领导角色，则李伟就拥有局级领导相应的权限。
	菜单管理	为不同的用户配置相应的菜单，使不同身份的用户的操作内容依其角色有所区别。没有被配置的菜单，则是该角色的用户不可应用的功能。

续表

审计管理	设置审计策略	根据信息系统的安全策略制定信息系统审计策略。
	开展审计工作	对用户操作行为根据审计策略进行审计。包括公文增加、删除、修改、查看，导出；公文办理、交换信息的增加、删除、修改、查看；授权发布信息的增加、删除、修改、授权、查看、导出；系统用户角色更改；系统角色权限更改；系统用户登录、注销等内容。

六、办公自动化系统实例

某研究型单位内部涉密办公自动化系统介绍

（一）背景情况

某研究所是国防军工行业研究院的下属研究所。现有员工 700 多人。主要从事计算机技术的研究、开发、应用和咨询服务，开展信息网络工程、管理信息系统、数值模拟及仿真、计算机信息安全、智能控制与测试、并行计算技术等的研究、开发和应用，可提供信息化总体规划设计、应用系统开发、系统集成、IT 服务管理及咨询服务等全方位的整体解决方案。

在本单位信息化过程中，单位先后上马了科研管理、项目管理、保密管理、质量管理、设备管理等信息化管理系统。办公自动化系统于 2000 年开发并上线运行，使用了 notes 技术为基础，具有邮件、讨论区、出差、请假、器材管理等多个业务模块。

随着业务与技术的发展，安全要求不断提高，该研究所自 2007 年开始，在兼顾原有办公自动化系统的基础上，采用最新的 J2EE 技术，按照国家电子政务建设相关标准和军队机密级系统安全保密规定，重新开发了新的办公自动化系统，系统于 2008 年 12 月上线运行。

（二）网络拓扑结构

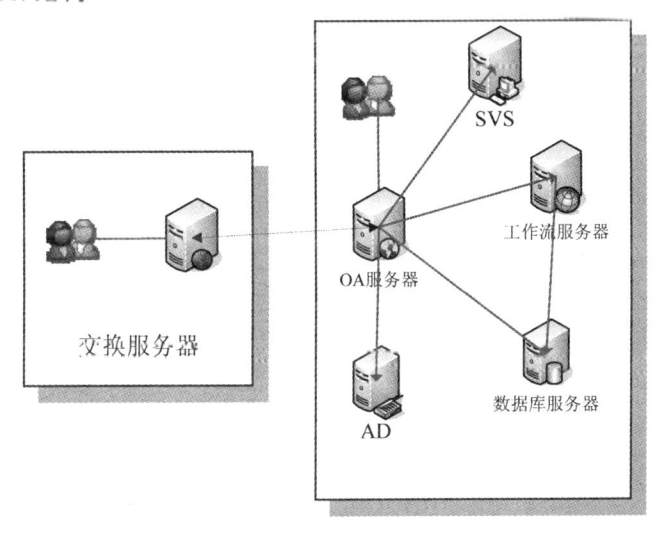

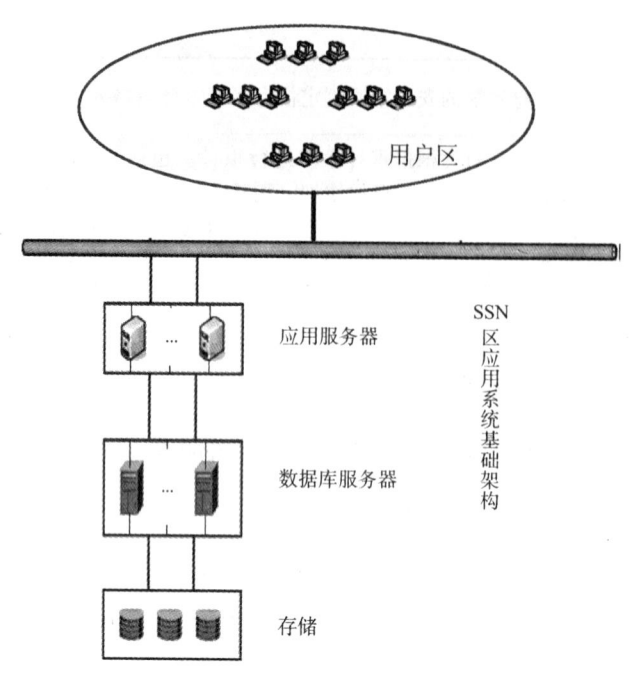

（三）涉密办公自动化系统主要功能

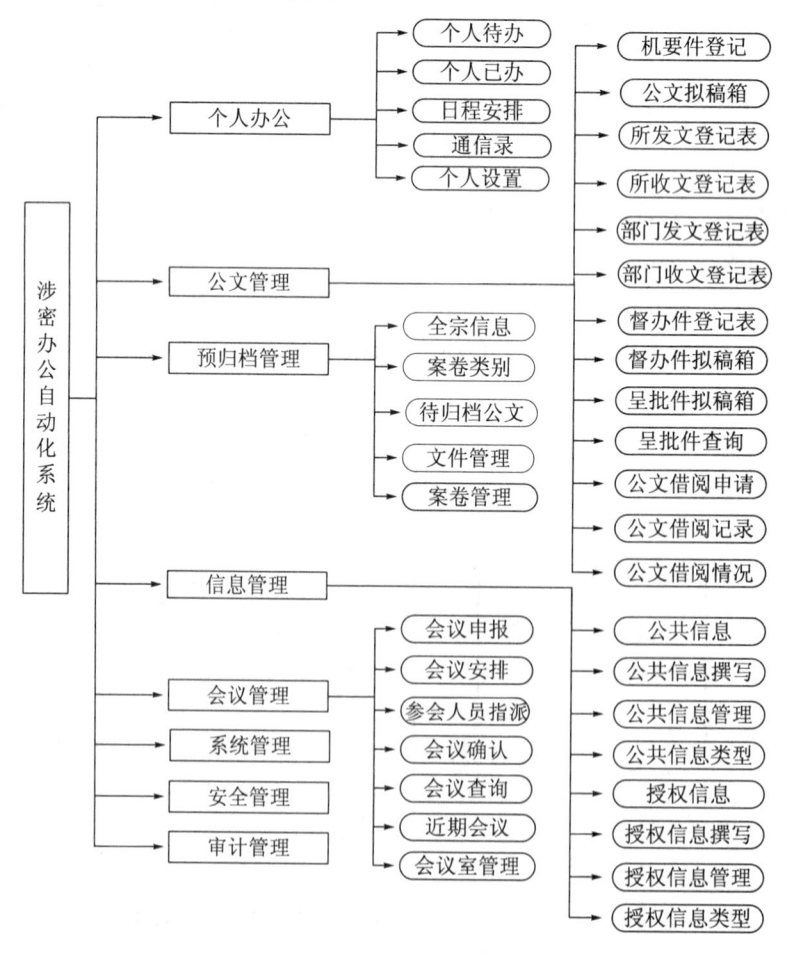

（四）主要安全功能

序号	主要安全功能	相关内容
1	物理安全防护	机房 IC 卡门禁、电子周界、钢制防盗门窗、符合规范的消防、空调、大功率 UPS 电源等。
2	电磁泄漏发射防护	光缆或屏蔽双绞线、金属桥架或埋墙钢管。
3	备份与恢复	运行系统备份、数据库和相关业务数据定期备份。
4	病毒防治	网络版的防病毒软件、实时监控功能、客户端自动升级。
5	身份鉴别	采用数字证书 USB Key 和 OA 系统表单双重认证来鉴别用户的身份。
6	访问控制	虚拟网段技术、代理型网关、操作系统的访问控制、基于应用（角色、任务、授权、强制）访问控制。
7	三权分离	管理角色分为系统管理员、安全管理员和安全审计员，系统管理员主要负责系统的日常运行维护工作。
8	数字签名	防止用户非法篡改操作。
9	安全审计	数据库、操作系统、网络设备、安全产品、OA 系统多重审计。
10	漏洞扫描	定期对网络上的重点设备、服务器、客户机等进行扫描，通过模拟各种攻击手法来检查可能存在的安全漏洞。
11	入侵检测	NETVIEW2000 入侵检测系统。
12	管理与维护	系统的安全除技术手段外，需要配套的管理与维护制度。

（五）系统主要界面

1. 系统主页面

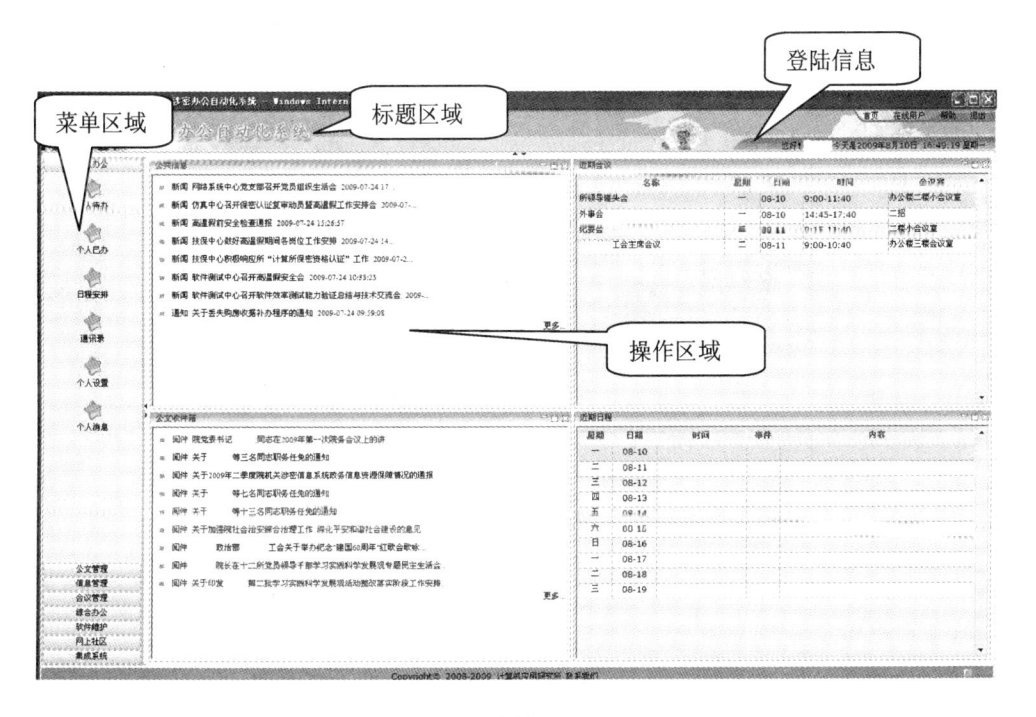

2. 公文发文办理过程页面

●公文拟稿

公文拟稿人在公文拟稿箱中进行公文拟稿，填写公文要素，编辑公文正文，上传公文附件，并选择适当的公文发文流程提交。

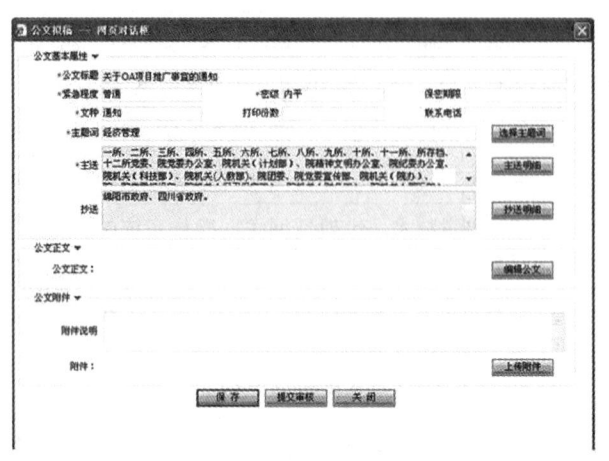

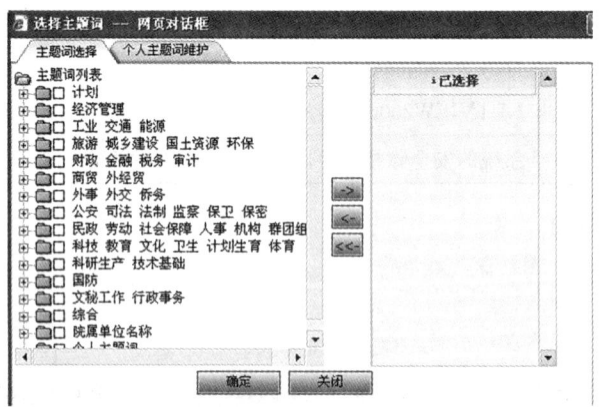

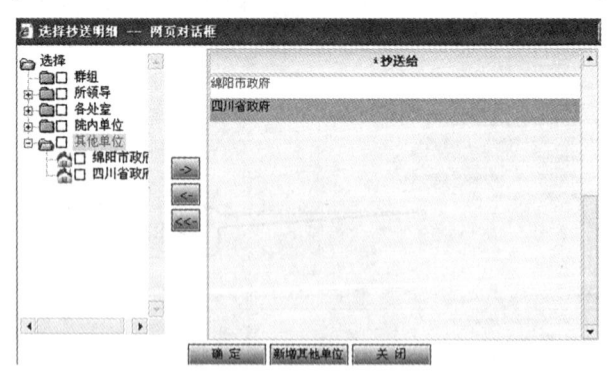

基本信息填写

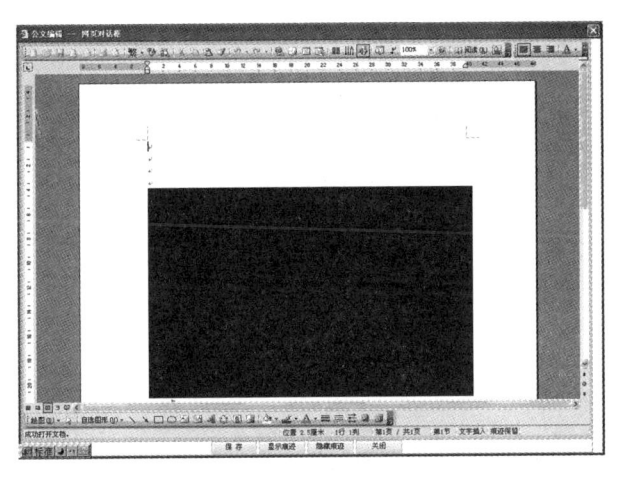

正文拟稿

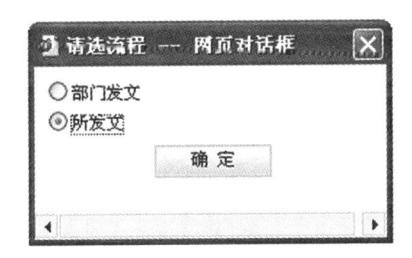

选择发文流程

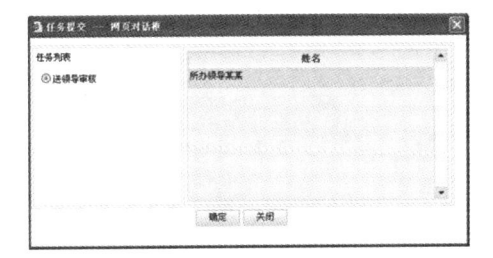

选择下 审核人并提交

●公文审核

各级领导以及办公室人员对公文进行审核、会签、核稿,并填写意见。

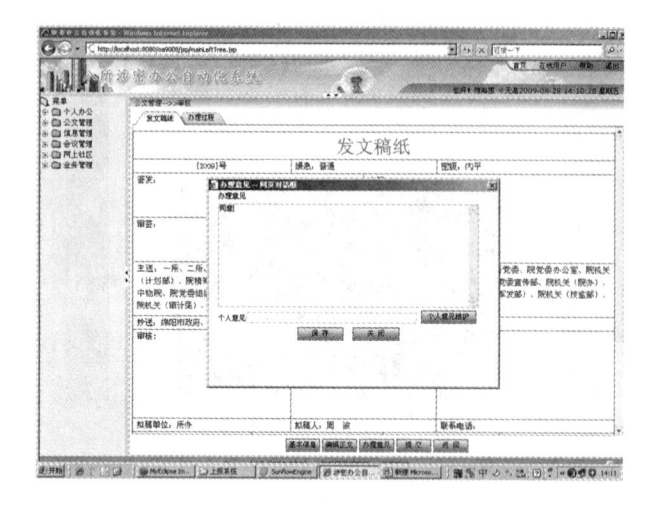

● 公文签发

领导对公文进行签发，签发后系统将对公文进行数字签名。

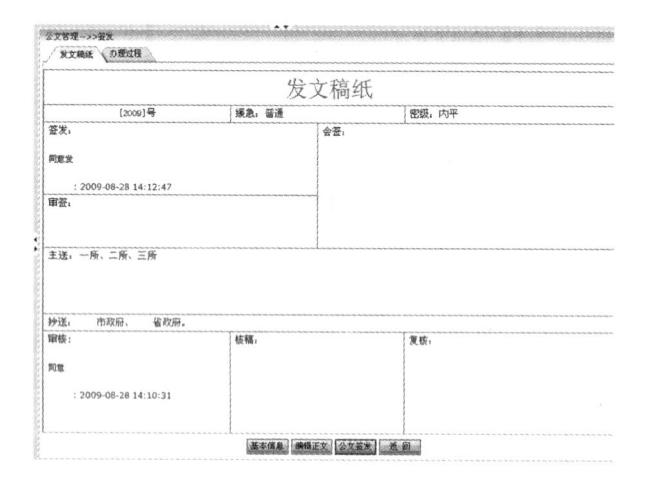

● 发文登记

公文秘书填写发文字号，进行发文登记。

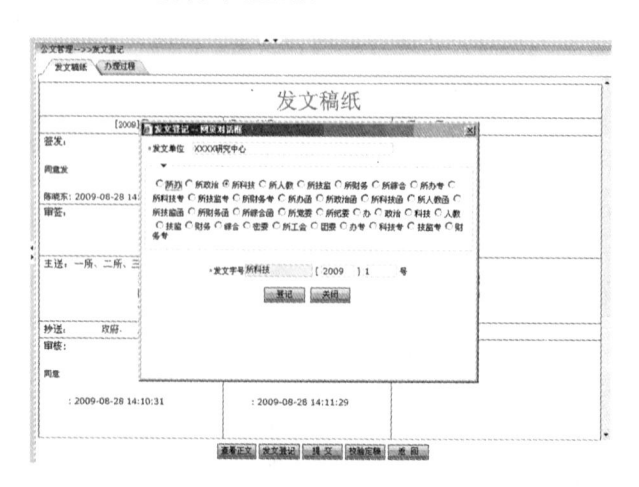

●公文套红

文字秘书按照公文类别，选择不同的模板对公文进行套红。

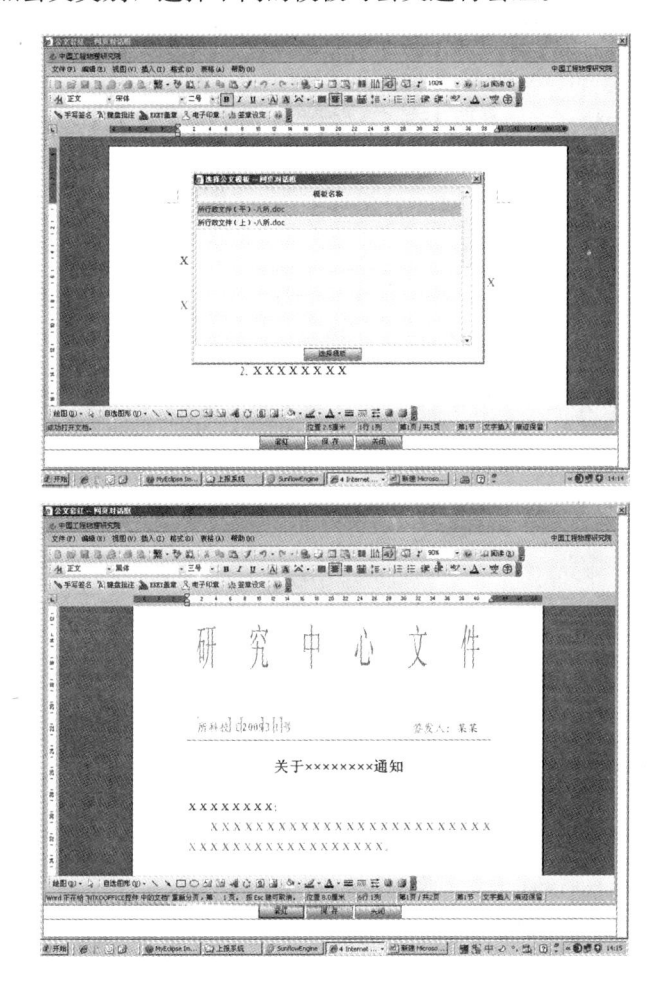

●电子签章

电子印章使用人对公文进行电子签章，若公文签章后被修改，则公章变黑，提示用户该文不可信。

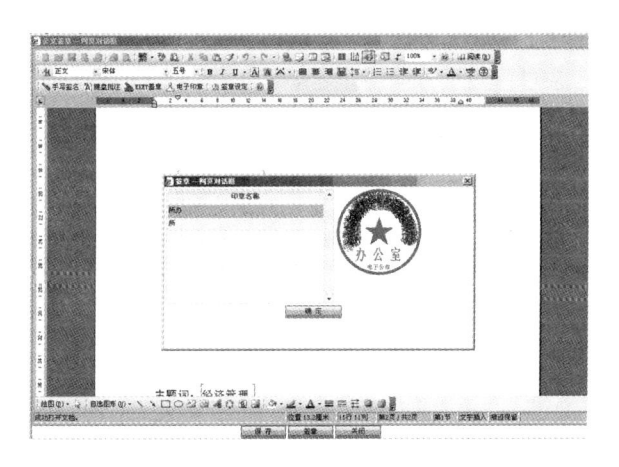

● 分发分送

秘书分发公文，系统自动将公文送到各部门收文登记表中，外单位通过公文交换站交换。秘书还可以将公文直接发布到公共信息栏目中。

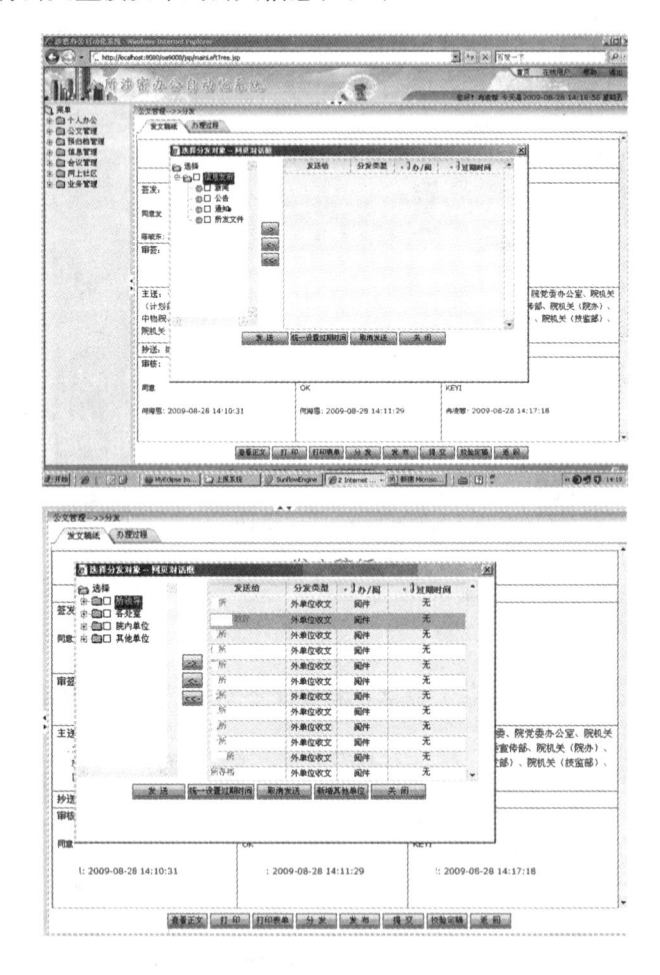

3. 公文收文办理页面

●机要件登记

●所收文登记

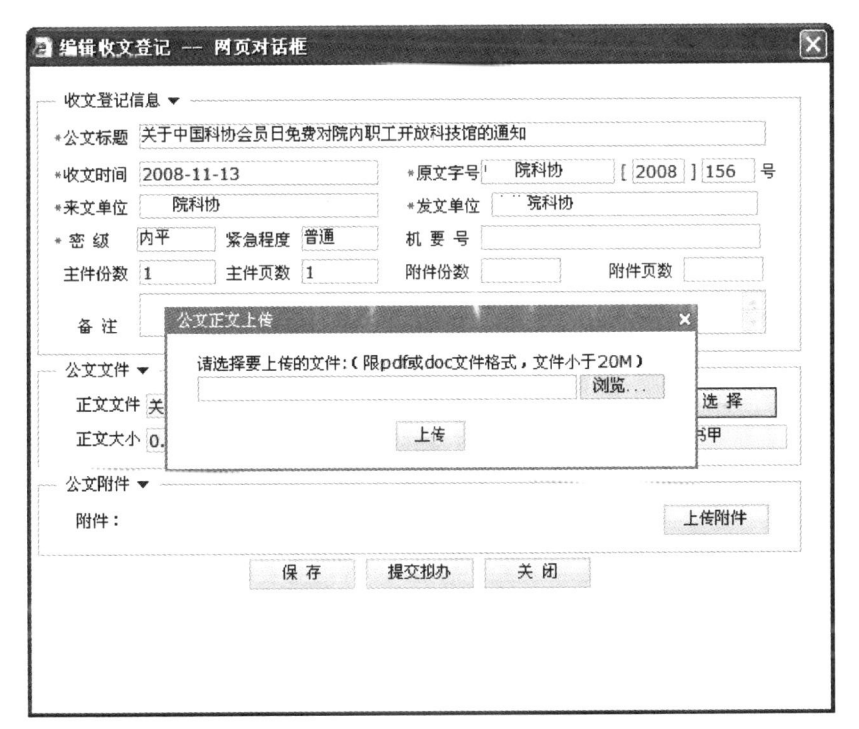

4. 公文归档管理页面

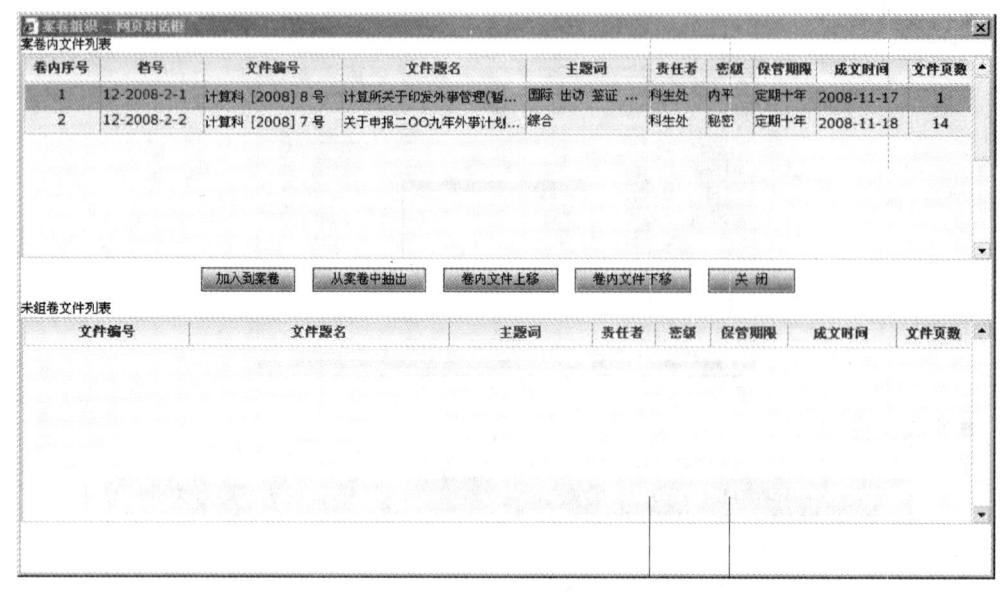

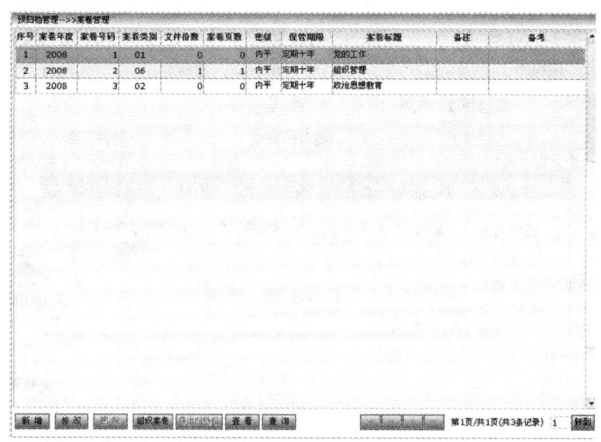

5. 会议管理页面

●填报会议申请

●会议安排与冲突检测

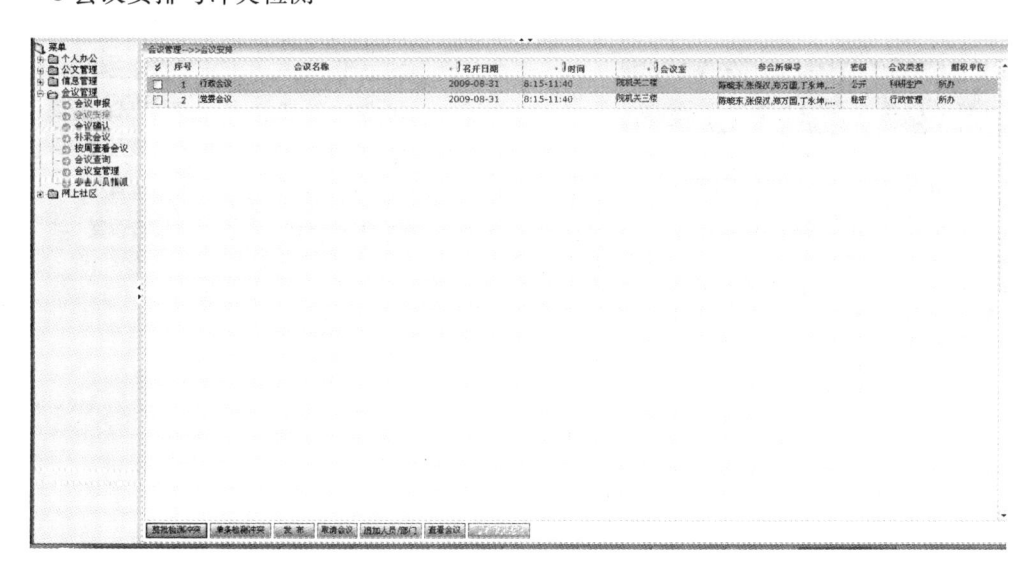

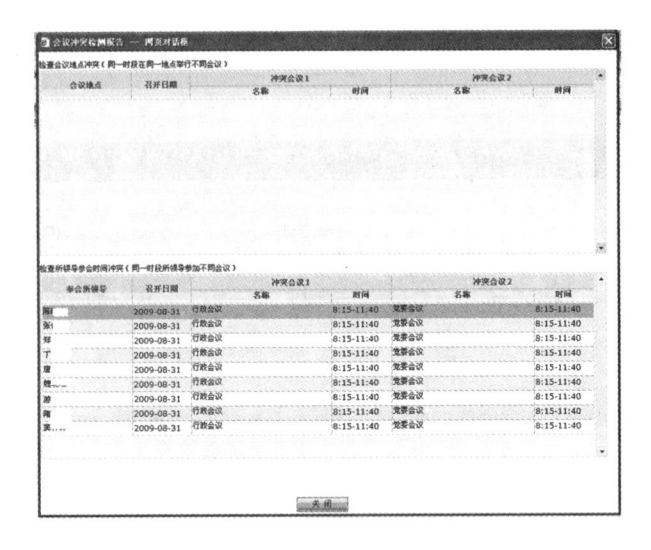

● 近期会议查看

● 将会议加入到个人日程

星期	日期	时间	事件	内容
日	12-07			
一	12-08			
二	12-09			
三	12-10	8:20-11:40	会议	外事系统评审
四	12-11	8:20-11:40	会议	OA系统评审
五	12-12			
六	12-13			

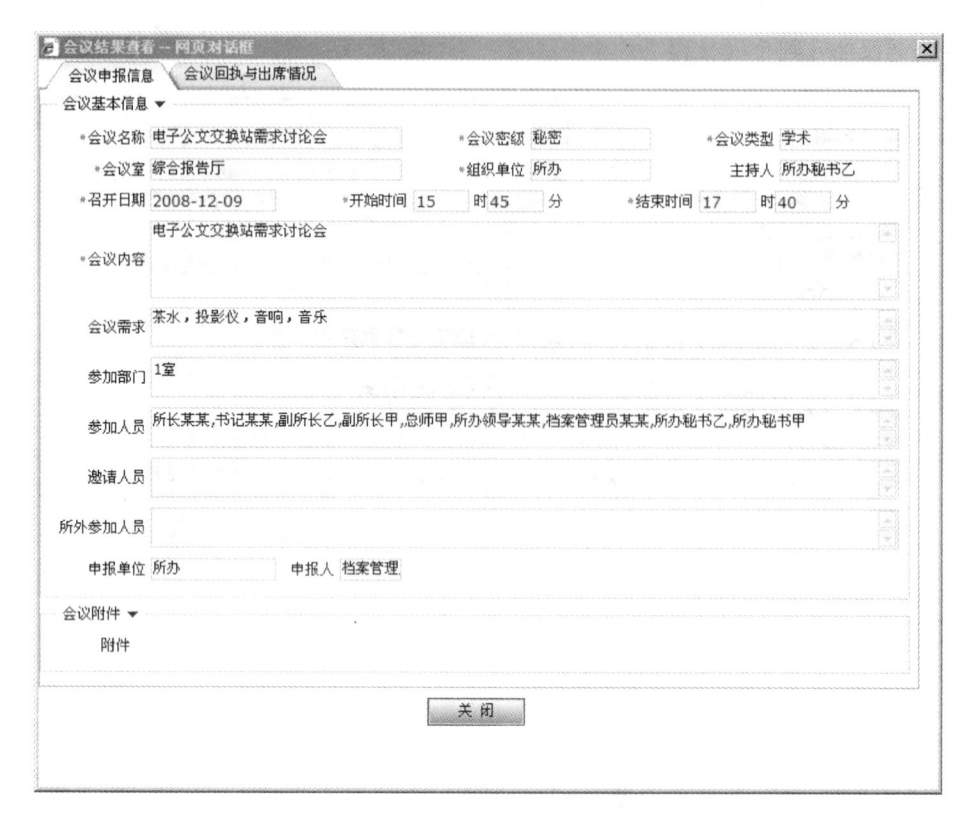

6. 个人办公页面

● 个人办公日程安排

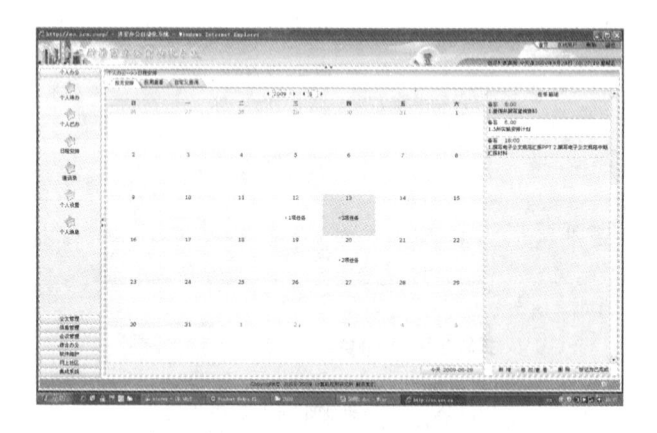

● 个人办公通信录查看

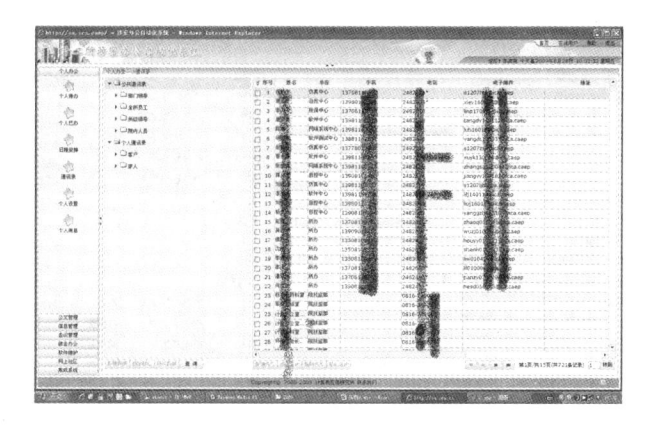

● 个人办公个人风格设置

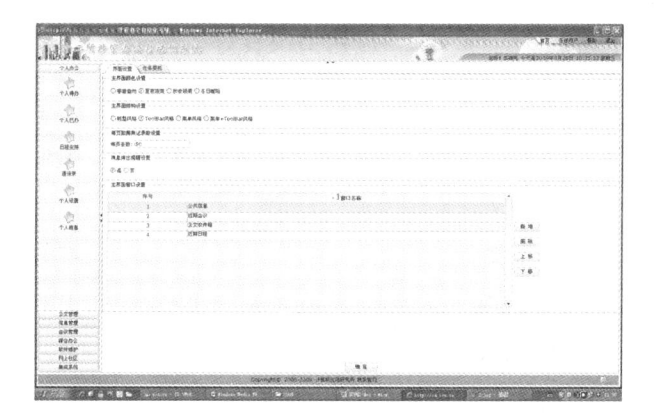

● 个人办公系统消息查看

7. 信息管理页面

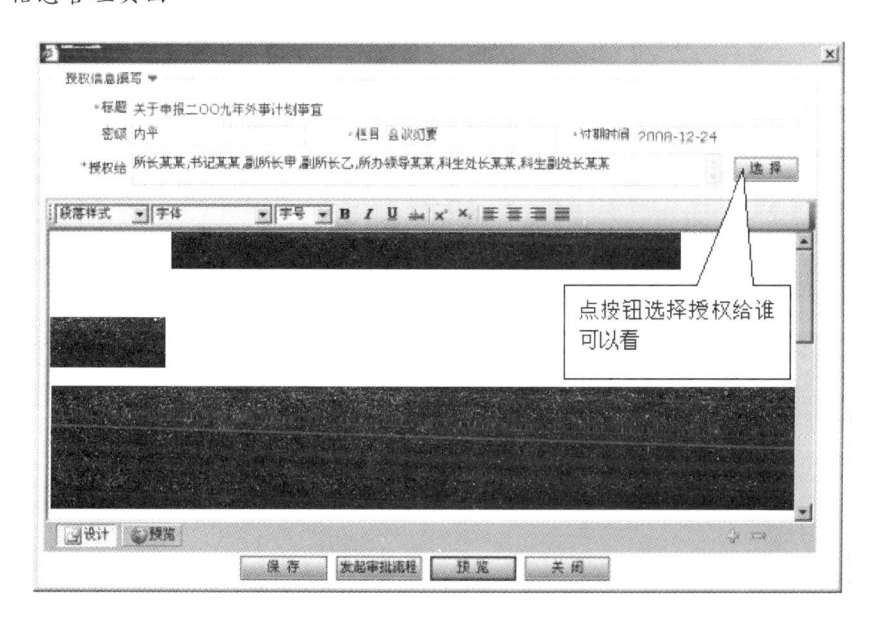

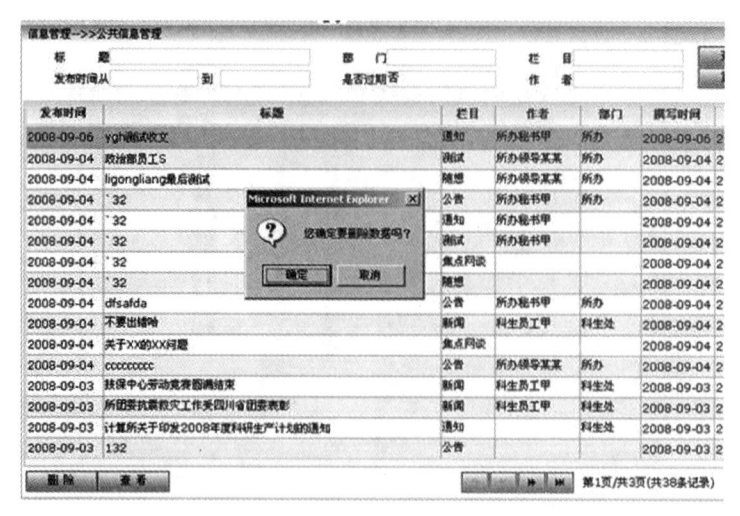

（六）系统应用情况

系统自 2008 年年底上线运行以来，应用情况良好，截至 2009 年 7 月各项统计数据如下：

序号	项目	数据
1	所级收文	530 份
2	所级发文	67 份
3	部门级发文	31 份
4	部门级收文办理	4520 次
5	公共信息发布	619 条
6	授权信息发布	194 条
7	会议发布	460 次
8	任务办理	3755 项
9	流程办理	598 次
10	用户数量	296 人
11	平均在线用户数	96 人

第十六部分　办公室内部管理规范

主　编：王爱平　中共四川省委党校（四川行政学院）巡视员
副主编：任春燕　中共四川省委党校（四川行政学院）进修部党总支
　　　　　　　　书记、副教授
参　编：吴刚强　中共四川省委党校（四川行政学院）办公室主任

一、办公室机构设置

办公室机构设置，具体是指各级各类机关中的办公厅（室）内部设立的局、处、科、股等，以及某些名称虽有差异，但实际从事办公室工作的部门，如调研室、政策研究室、综合科、秘书科、文书科等。

我国现行办公室体制一般是：省一级机关办公厅一般下设有秘书、综合、机要、信访、行政、接待、调研、督查以及为机关服务的老干部、房管、警卫、交通、传达等处室。厅（地）一级机关或大型企、事业单位的办公室，一般设有秘书、行政、机要、信访等3-4个科室，负责单位的文书、档案、信访、统计、机要、收发、会务、电讯等。厅以下机关及中小型企、事业单位的办公室虽有同样职能但一般不设科。更小的基层单位一般只设一个专职人员负责秘书工作，协助领导处理日常业务。

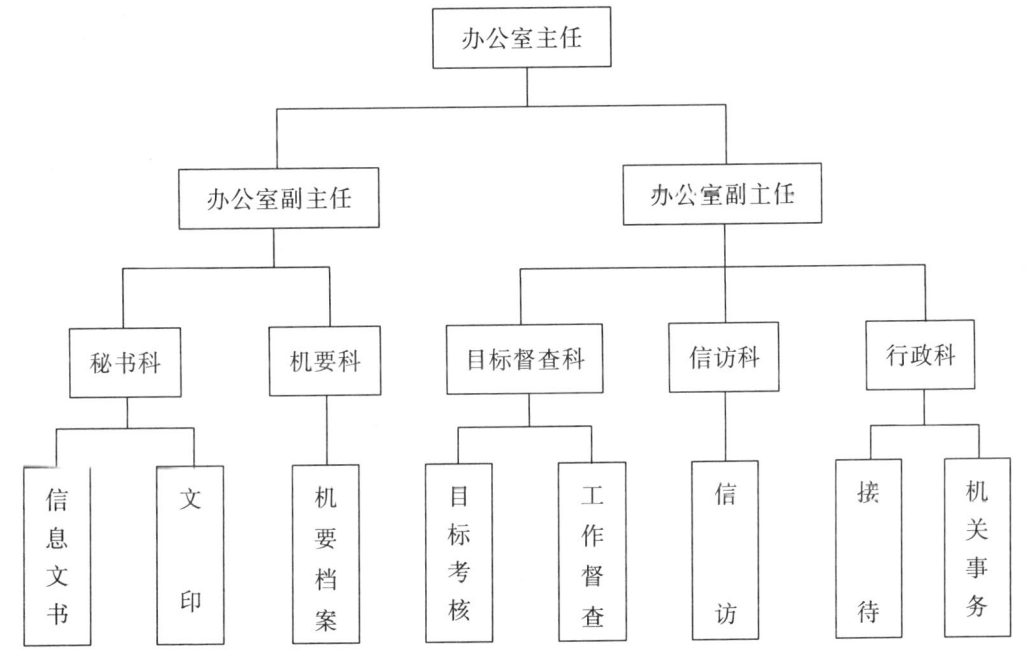

```
                            办公室主任
                    ┌───────────┴───────────┐
              办公室副主任              办公室副主任
            ┌──────┴──────┐      ┌────────┼────────┐
          秘书科        机要科   目标督查科  信访科   行政科
        ┌───┴───┐        │      ┌───┴───┐    │    ┌───┴───┐
      信息    文印    机要档案  目标   工作   信访  接待  机关
      文书                      考核   督查                事务
```

二、办公室机构的领导与管理

（一）办公室的领导与管理工作

确立目标	一个单位办公室机构的领导与管理首要关键是确立目标。目标的明确与管理工作有效性是紧密相连的。它是提高效能的前提条件，也是团结和鼓舞全体工作人员同心协力地完成预定目标的动力。领导者的主要职责首先是正确地确定目标，然后科学地组织人力、物力、财力去实施目标。使个人工作与组织目标协调一致，才能达到结果最佳化。可见，目标一致原则要求从整个系统来权衡利弊得失，小局服从大局，具有目的性、全面性，整合程度愈高，目标成果就愈大；否则反之，为此，办公室机构管理应考虑如何有利于实现组织目标。
层次管理	办公室机构的领导与管理要符合层次管理原则。要根据办公室性质任务、工作量分设若干部门和层次，做到层层负责、分级管理、上下配合、左右协调。下一层次服从上一层次，受上一层次的直接领导和指挥。办公室领导不应越过下属部门负责人直接指令基层工作人员办事。层次管理原则还要求在分工负责的情况下，强调组织与协调的作用，在上下层次任务有矛盾时，服从上一层次总任务的要求，才能形成一个完整的有机的系统。层次设置要考虑领导有效管理幅度，这与办公室领导的能力与素质有关，与业务性质的难易有关。要从实际出发，不能一样看待。
效能管理	效能管理是办公室机构领导与管理的重要内容。要建立岗位目标，根据办公室日常工作和人手的实际情况，建立起以"德、能、勤、绩"为主要内容的目标责任管理机制。要对办公室整体工作进行科学分类、定量分解、量化指标，使各项工作都有明确的时、空、质、量的要求，并分解到每个科室，落实到每个人头，做到事事有人管，人人有事干，保证办公室各项工作目标明确、责任到位、落到实处。
精细化管理	精细化管理，是建立在常规管理基础上，并将常规管理引向深入的基本思想和管理模式，是一种以最大限度地减少管理所占用的资源和降低管理成本为主要目标的管理方式。精细化管理要求落实管理责任，将管理责任具体化、明确化，它要求每一个管理者都要到位、尽职。第一次就把工作做到位，工作要日清日结，每天都要对当天的情况进行检查，发现问题及时纠正，及时处理。要求服务管理的每一个步骤都要精心、每一个环节都要精细，每一项工作都是精品。要求办公室人员用心服务、真心服务，把看似简单、很容易的事情用心做好。

（二）办公室职务分析

办公室主要的职务有办公室主任（副主任）、秘书科、机要科、目标督查科、信访科、行政科等各科室负责人，具体分析如下表：

岗位名称	直接上级	下属岗位	岗位性质	工作职责
办公室主任	本单位最高行政首长	秘书科、机要科、目标督查科、信访科、行政科	负责主持办公室所有的管理工作。	文件承办；制订工作计划、安排工作布局；协助领导作出决策；文书、信息管理；对内对外组织协调。
办公室副主任	办公室主任	分管科室	协助办公室主任工作。	协助办公室主任做好分管工作。

续表

岗位名称	直接上级	下属岗位	岗位性质	工作职责
秘书科科长	办公室分管副主任	秘书、信息员、文印员	负责制订秘书科的工作制度和管理办法，统筹安排秘书科的各项工作。	参与本单位规划、工作要点、工作总结、领导讲话等各类文字材料的起草工作；负责以单位党委、行政和办公室名义发文的初审工作。
机要科科长	办公室分管副主任	机要室、档案员	负责制订机要科的工作制度和管理办法，统筹安排机要科的各项工作。	负责单位机要文件收发、管理工作；负责档案室的规划、建设、管理工作。
目标督查科科长	办公室分管副主任		负责制订目标督查科的工作制度和管理办法，统筹安排目标督查科的各项工作。	负责全单位目标责任制制度的制定、监督、考核。
信访科科长	办公室分管副主任		负责制订信访科的工作制度和管理办法，统筹安排信访科的各项工作。	负责本单位信访接待工作。
行政科科长	办公室分管副主任	行政助理、办公室内勤、司机、收发、传达员	负责制订行政科的工作制度和管理办法，统筹安排行政科的各项工作。	协助做好单位公务接待；负责单位领导及部门公务用车的安排，具体负责车辆管理；参与全单位性重要会议和重大活动的协调与服务工作；负责单位对外联络和协调工作；负责办公室各类账务报销的初审及报账工作；负责院领导出差的请款、购票和报销工作；负责办公楼值班室及值班电话的管理工作；负责全单位节假日值班及作息时间安排；负责全单位报刊的征订和收发室管理工作；完成领导交办的其他工作。

三、办公室人员管理

（一）办公室人员的素养

政治理论素养	办公室人员首先要有良好的政治理论素养。办公室人员必须坚持党的领导，高举中国特色社会主义伟大旗帜，自觉地与党中央在政治上、思想上、行动上保持高度一致。 办公室工作经常涉及大量的理论问题和政策问题，要做好办公室工作，要有较高的马列主义理论水平和一定的政策水平。 要淡泊明志、乐于奉献，不追求名利地位，不计较个人得失，作风正派，办事公道。

续表

工作作风素养	忠于职守	大而言之是忠于党忠于国家和人民利益；小而言之，要忠于本职工作。
	严守机密	办公室人员接触内部文件多，参加重要会议多，接触各类机密多，这就要求办公室人员要严格执行国家有关保密规定，严守党和国家的机密。
	讲求效率	办公室人员一定要注重工作效率，当日可以处理完的，就不要推到次日。
	团结合作	办公室工作头绪多、涉及面广，这就要求办公室工作人员要善于同他人密切配合，步调一致。
	诚实守信	办公室工作具有严谨缜密、责任重大的特点，这就要求办公室人员在工作中必须忠于职守、人际交往中恪守信用。
	文明礼貌	办公室人员的言谈、举止、仪容、服饰，反映出其文化修养、道德水准和精神面貌，代表着单位形象。
	耐心细致	办公室工作要在细致上下功夫。要"慎微"，克服心浮气躁、马虎粗心的作风，树立认真负责、严谨细致的作风，做到"瞻前顾后""左顾右盼""八面玲珑"。办公室工作贵在百事如常。要在荣辱、进退、得失面前不惊不慌、不骄不躁，不凭性子做事、不依心情待人。要在细微之处见精神，精神高度集中，时刻保持一种如履薄冰、如临深渊的精神状态。只有举轻若重，才能保证不出差错，才能得到上级首肯、领导满意、基层称道。
非智力因素素养	兴趣爱好	这是人的一种具有积极情绪色彩的心理倾向，是人的一种带有趋向性的认识活动。当一个人有了某种兴趣时，它会引起持久的注意力，使感知清晰，启发思维和想象，产生愉快的情绪和解决问题的"催化剂"。
	性格脾气	这是人的情感强烈的、冲动的、明显的外部表现。办公室人员要善于经常保持积极的、乐观的、平静的情绪，防止并善于克服消极的、悲观的、烦躁的情绪。
	气质风度	是一个显示内在素质的外貌特征。办公室人员，应当具有豁达开朗的气质和大方自然的风度，给人留下谦恭和蔼、坦荡潇洒、淳朴热情的深刻印象。
	意志品质	这是人确定目的、实现目的、支配和控制自己行动的心理活动。办公室人员要努力培养自己确定目的时的自觉性，克服盲目性；培养自己在选择、判断是非正误时的果断性，克服冲动性；培养自己完成工作、执行任务中碰到挫折、困难时的坚韧性，克服脆弱性；培养自己在发现错误或走上危险道路时能改弦易辙的自制力，克服顽固性。

（二）办公室人员的职业道德要求

全心全意为人民服务	办公室工作的特点是繁重、琐碎，常居幕后而又责任重大。办公室人员经常辛勤工作，有时却得不到别人的谅解，得不到社会的承认。这就要求办公室人员能任劳任怨，不为名利，甘当无名英雄。
对党、对人民负责	办公室人员做工作不仅要对组织、对领导负责，更要对党、对人民负责。在领导意志和党的意志抵触时，要秉承党的意志；在集体利益、个人利益与国家、人民利益发生矛盾时，要服从国家利益、人民利益。
密切联系群众	办公室人员不论职位高低，都是人民的公仆。在任何时候都必须紧密联系群众、依靠群众。

续表

谦虚谨慎	办公室人员在行政机关工作，有机会受组织和领导委托，到下级单位传达领导指示、检查工作、听取汇报等，在这种情况下，办公室人员更应注意谦虚谨慎，平等待人，宽宏大量，绝不盛气凌人。
实事求是，一丝不苟	实事求是是做好一切工作的基本条件。办公室人员做工作必须在实事求是的基础上脚踏实地、耐心细致，否则易酿大错。

（三）办公室人员能力要求

基本能力	表达能力	"上情下达，下情上报"，是办公室工作人员的家常便饭，必须具有很强的口头和文字表达能力，才能将上级的指示、下级的请示和自己的思想观点、意见、建议，及时、准确、有效地传递给他人，以便采纳和推广。 文字表达能力指书面表达能力。办公室根据领导的授意与工作需要，需经常撰写各种文稿，这就要求每个工作人员不仅应具备一般的书面表达能力和写作技巧，而且应熟知各种应用文体的写作。 口头表达能力要求言之有理、言之有物、言之有据、言之有策、言之有度，能够既提出问题，又分析问题，既能以理服人，又能以情动人。
	获取信息能力	当今社会是信息社会，谁最先占有信息，谁就可能争取主动，成为赢家。办公室工作人员必须眼观六路，耳听八方，广泛吸纳各种信息，成为信息灵通人士。只有做到资料丰富充实，工作起来才能得心应手，游刃有余。
	领悟能力	办公室是领导的"耳目"和"外脑"，是协助而不是代替领导作决策的，工作中必须准确领会和理解领导意图，这也是办公室工作人员非常重要的一种素质。对领导的意图要坚信不疑；对领导的意图要仔细品味；对领导的意图要经常琢磨。
	思维能力	多谋善变是办公室工作人员的角色要求，不仅要能够完成好领导交办的事务，还要能起到辅助决策的作用，帮助领导想问题、提建议、出点子，因此要求办公室人员具有较强的思维能力。尽量能够先领导一步思维，为领导的见解提供参考。
	沟通能力	人际沟通的能力指一个人与他人有效地沟通信息的能力，包括外在技巧和内在动因。其中，恰如其分和沟通效益是人们判断沟通能力的基本尺度。办公室工作要面对各种对象，具备良好的沟通能力才能处理好同各个方面的关系，建立和谐、融洽的工作环境和良好的心理气氛，为顺利开展各项工作创造必要的条件。
专业能力	公关能力	在改革开放、现代化建设新时期，办公室工作人员也在进行公共关系工作，因此，办公室工作人员必须掌握好公共关系工作的一些基本方法和技能。同时，公共关系意识作为一种深层次的思想，引导着一个人的行为，它能够促使办公室人员把自己的公关行为始终置于一种自觉的状态，出色地完成办公室工作的各项任务。
	日常事务处理能力	办公室日常事务包括办公室管理、电话接转、邮件转发、传阅、接待来访宾客、受命督查工作、安排值班工作等。办公人员都免不了处理这些事务，甚至占去每天大部分精力与时间，做好这些日常事务性工作是每一位办公室人员职业生涯的基础。 日常事务处理能力主要包括布置与美化能力、办公用品的选购和摆放能力、邮件收发和传阅能力、领导电话的接转能力、接待来访宾客能力等等。

续表

专业能力	成本控制能力	成本控制是各级政府机关、企事业单位的一项重要任务，是节省国家资源、降低行政成本、克服能源困难的有效措施，是发扬党的优良传统、艰苦奋斗、廉洁奉公，加强自身建设的可靠保证。办公室人员需要具备成本控制能力，强化管理，提高效能，采取有效措施，分解任务指标，制定落实成本控制的各项目标。 　　成本控制可从以下几方面着手：做好办公费用预算，降低办公消耗；加强资产管理，在现有办公设备上最大化地追求办公效益；严格执行政务接待和差旅费标准，杜绝浪费。
	调研能力	办公室人员做好调查研究工作的诀窍在于，一要做有心人，以敏锐的观察力去发现他人不易发现和忽视的小问题；二要深入实际，同群众交朋友，谈真心话；三要方法得当，民意测验、个别谈心、开会讨论等，根据具体情况选择一种，或者综合运用；四要综合分析，对调查获取的大量信息和材料，能够去粗取精，去伪存真，由此及彼，由表及里，从中概括总结出事物的内在联系和规律。

（四）办公室人员工作技能要求

文字技能	文字工作是办公室的一项经常性工作，这就需要每一位从事这项工作的办公人员必须有扎实的基本功和文字技能，较多的写作经验和文笔流畅。会写机关公文、领导讲话、总结材料、典型材料、调查报告，是对办公室工作人员的起码要求，也是办公室工作人员的基本技能。
书写技能	书法具有很大的实用价值，办公室工作人员可以通过学习书法，把汉字书写得清楚、正确、美观，从而提高运用汉字这一交际工具的准确性和效率。除了传统的毛笔书法之外，办公室工作人员还需要掌握硬笔书法。硬笔书法是指用钢笔、彩色水笔、圆珠笔、铅笔等硬尖的书写工具书写汉字的方法，其中钢笔书法是办公室工作人员主要应掌握的。
记录录音技能	在办公室的日常工作中，办公室工作人员常常需要做记录工作。记录，就是记录领导人的口授指示、文稿，会议发言以及电话记录、值班记录等。记录工作主要分为手工记录和机器记录两部分。 　　手工记录主要包括电话记录、值班记录、会议记录等，其每一项工作都有自己不同的要求和特点。 　　机器记录主要是录音记录。录音也是办公室工作人员的必备工作技能，在大型会议、外出调研、采访、接待及领导人有特殊需要的情况下，一般都采用录音记录。
照相与摄像技能	影像资料载入历史档案的重要文件，办公人员有必要掌握一定的照相与摄影技能，以便在工作中及时、完整、清晰地记录下有关影像资料。
办公设备运用技能	目前办公室主要需要使用的办公设备有个人电脑、打印机、复印机等。 　　电脑的普及，要求办公人员有较快的文字录入速度和文件编辑排版的技术。办公室人员一般要求文字录入速度在 60 字/分钟以上；掌握 WPSOffice、MSOffice 等文字编辑软件。能够正确使用打印机、复印机进行文印工作。
通信技能	通信是办公室人员工作的必要条件和工具。办公室人员要求掌握的通信技能主要有接打电话、收发传真、邮件信函处理、收发电子邮件等。

（五）办公室人员群体结构优化

个人要素有效原则	应当保证进入办公室群体的工作人员个体具有良好的素质和能力，这是保证群体优化的一个条件。为此，在挑选工作人员时要注意坚持德才兼备的标准；其次要对工作人员作全面的分析，只要扬长避短就能各得其所。再者要适才适用，实现人与事的最佳结合。

续表

群体互补原则	年龄结构	办公室群体的年龄结构要与领导的年龄结构相适应，从平均年龄上不应超过领导群体的平均年龄，这样才利于为领导服务。
	知识专业结构	群体成员的知识结构在内容上要能互相补充，如文理搭配、理论与实践互补等；对群体中不同成员的专业、知识水平应有不同的要求。
	智能结构	在一个单位的办公室群体中，智能结构应该多元化。既要有以写作见长的人员，又要有以办事能力见长的管理型人才，还要有以提供技术服务为主的技能型人才，这样才能适应办公室分工的要求。
	气质性格结构	根据心理学原理，人的气质可分胆汁质、多血质、黏液质和抑郁质四种类型，它们对同一外界事物的反应各不相同。而性格则有内向外向、独立型与顺应型、情绪型与理智型等区别。气质性格结构会对办公室工作产生影响。心理学研究表明，性格类型不同的人往往比性格类型相同的人更容易互相吸引，更容易和睦相处。
经常调整流动原则		"流水不腐，户枢不蠹"，办公室群体结构必须随着发展变化不断调整，才能保持活力。如更新工作人员的工作结构和知识结构，搞好新老工作人员的合作交替，及时调整工作人员的素质结构等。此外，办公室群体的人员结构不应当是静止的，应该鼓励人员积极流动使他们开阔视野，增长见识，充分发挥自己的才能。

（六）办公室人员的培训和提升

	培 训 类 型
初任培训	这是对新录用人员的培训，培训内容主要包括政治理论、法律规范和办公室人员行为规范、工作方式方法等基本知识和技能，重点提高新录用人员适应工作的能力，初任培训应当在试用期内完成。
任职培训	这是按照新任职务的要求，对晋升领导职务的办公室人员的培训，培训内容主要包括政治理论、领导科学、政策法规、廉政教育及所任职务相关业务知识等，重点提高其胜任领导工作的能力，任职培训应当在任职前或任职后一年内进行。
专门业务培训	专门业务培训是根据办公室人员从事专项工作的需要进行的专业知识和技能培训，重点提高有关人员的业务工作能力，专门业务培训的内容、时间和要求由单位根据需要确定。
在职培训	在职培训是对全体办公室人员进行的以更新知识、提高工作能力为目的的培训。在职培训的内容、时间和要求由各级组织、人事部门和单位根据需要确定。对担任专业技术职务的公务员，应当按照专业技术人员继续教育的要求，进行专业技术培训。
	培 训 方 式
单位人事部门调训	由单位的组织、人事部门负责制定办公室人员脱产培训计划，选调人员参加脱产培训。
自主选学	由单位组织、人事部门应当按照各个部门人员个性化、差别化的培训需求，定期公布专题讲座等培训项目和相关要求，鼓励职员利用业余时间自主选择参加培训。
在职自学	鼓励办公室人员本着工作需要、学用一致的原则利用业余时间参加有关学历学位教育和其他学习。办公室人员所在单位应当为相关人员在职自学提供必要的条件。
信息化培训	应用网络培训、远程教育、电化教育等手段，提高培训教学和管理的信息化水平。

（七）办公室人员工作绩效考核

绩效考核的前提		
\multicolumn{3}{l}{　　绩效考核的前提是要建立相应的岗位目标责任制。岗位目标责任制，是指根据本单位办公室各个工作岗位的性质和业务特点，明确规定其职责、权限，并按照规定的工作标准进行考核及奖惩而建立起来的制度。建立岗位目标责任制，是国家单位干部人事制度管理和改革的重要措施，是我国行政机构改革的一项重要内容，也是提高机关单位工作效率的关键措施。}		
绩效考核的原则和内容		
考核原则	客观公正	公正是确立和推行人员考绩制度的前提。不公正，就不可能发挥考绩应有的作用。考评应当根据明确规定的考评标准，针对客观考评资料进行评价，尽量避免渗入主观性和感情色彩。
	民主公开	民主公开就是通过征求意见、民主评议、民意测验等方式，公开地对办公室工作人员进行考察，增加考核工作的透明度。考绩的结论应对本人公开，这是保证考绩民主的重要手段。这样做，一方面，可以使被考核者了解自己的优点和缺点、长处和短处，从而使考核成绩好的人再接再厉，继续保持先进；也可以使考核成绩不好的人心悦诚服，奋起上进。另一方面，还有助于防止考核中可能出现的偏见以及种种误差，以接受群众的主监督，保证考核的公平与合理。
	注重工作实绩	对办公室工作人员的考核，应从德、能、勤、绩、廉五方面进行，但重点是考核工作实绩。工作实绩是工作人员通过主观努力，为社会做出并得到社会承认的劳动成果，是完成工作的数量、质量和效益。
考核内容	\multicolumn{2}{l}{　　考核内容是指对办公室工作人员进行考察和评价的具体项目。考核内容直接关系到办公室工作人员考核的质量。根据我国推行机关岗位目标责任制以来的实际经验总结，通常考核办公室工作人员的工作态度、工作能力、工作效率等几个主要方面。办公室工作人员的考核应以改造岗位职责和完成年度工作目标为主要依据，主要有个人素质、工作技能、工作实绩、作风纪律、团结协作精神等内容。}	
绩效考核的方法		
民意测验法	\multicolumn{2}{l}{　　这是把考核的内容分为若干项，每项划分为若干等级，如优秀、良好、一般、较差，制成考核表，并将考核表发至相当范围。考核前，可先请被考核者述职，做出自我评议。由参加评议的人填写考核表，最后算出被考核者的平均分值，确定他们的考核档次。这种考核方法的评议人一般是被考核者的同事和直属下属，以及与其发生工作联系的其他人员。此方法的优点是群众性和民主性较好，缺点是主要受评议人素质的局限，可能会在掌握考核标准上带有偏差或非科学因素。}	
因素比较法	\multicolumn{2}{l}{　　这是把被考核者的工作表现分为若干因素或要求，每一个因素分为若干个等级，每一等级确定记分标准，制成考核表。然后让被考核者的领导、同级、下级等各个层次的人都参加，对每一要素打分。最后将测评数据用加权计算法计算出分数，得出每个人的等次。这种方法适用范围广，既可用来测评领导者的工作实绩，也可对一般工作人员的工作表现进行评估；既可评估一个人的全面工作，也可评估其业务水平和业务能力。但对要素的划分过细会有困难，划分过宽又难于区分工作实绩的差距。}	

续表

配对比较法	这是将被考核者用配对的方法比较其优劣等次。比较时用排列组合确定其对数，每一对数都写上两个工作人员的姓名，比较其工作，判断谁优谁劣。两两比较中优者记1分，劣者记0分，最后将各被考核者所得分数相加（表16-2），其中分数最高者即等级最高者，按分数高低顺序将其进行排列，即可确定考核等级（表16-3），由于不同两种职务的困难性对比不是十分容易，所以在评价时要格外小心。两两比较后，以记优次数进行排列。此法的优点是准确度高，缺点是操作烦琐，人数较多时不宜采用。具体操作见表16-4。
关键事件法	关键事件法即为每名办公室工作人员设立"考绩日志"，由考核者（如办公室主任）随时记录。选择与其岗位工作直接相关的突出事件进行记载。有了事实作为依据，经过整理、归纳得到充分可信的考核结论，这样不仅有利于考核者克服主观倾向，进行抽象的评价，还有利于被考核者接受。但操作较为烦琐，而且并不能真正完整地反映工作人员的全貌。

表16-1　年度考评民主测评表

姓名 \ 要素及得分	德（20分）政治品德、职业道德、社会公德、家庭美德	能（20分）业务知识、管理技术水平、工作能力	勤（15分）出勤情况、工作态度、工作纪律、工作作风、工作效率	绩（30分）完成工作任务的数量多少、质量高低、影响大小、创新程度	廉（15分）遵纪守法、廉洁自律	得分	考核等次 优秀	称职	合格	基本称职	基本合格	不称职	不合格

注：1. 年度考核仍采取主管领导考核和群众考核相结合的方法，民主测评采用无记名方式，结果应作为确定被考核人年度考核等次的重要依据之一；

2. "考核等次"栏在选项空格内打"√"。

表16-2　配对比较法操作示意图1

比较人员 \ 被比较人员	A	B	C	D	E	F	G	得分合计
A		1	1	0	1	1	1	5
B	0		0	0	1	0	1	2
C	0	1		0	1	1	1	4

续表

比较人员＼被比较人员	A	B	C	D	E	F	G	得分合计
D	1	1	1		1	1	1	6
E	0	0	0	0		0	0	0
F	0	1	0	0	1		1	3
G	0	0	0	0	1	0		1

表 16－3　配对比较法操作示意图 2

被考核人员	分数	考核等级
D	6	1
A	5	2
C	4	3
F	3	4
B	2	5
G	1	6
E	0	7

表 16－4　配对比较法评价结果的权衡图 3

被考核人员	A	B	C	D	E	F	G
甲考核员评定结果	1	3	4	2	5	6	7
乙考核员评定结果	2	1	4	3	—	5	—
丙考核员评定结果	1	—	2	3	6	4	5
评定序数和（∑）	4	5	10	8	11	15	12
考核员总人数	3	2	3	3	2	3	2
平均序数	1.3	2.5	3.3	2.07	5.5	5	6
被考核者相对等级排序	1	3	4	2	6	5	7

第十七部分 办公室工作有关文件目录索引

主　编：邓荣杰　中共四川省委党校（四川行政学院）原秘书长
　　　　　叶黔达　中共四川省委党校（四川行政学院）教授

一、综　合

1.《中华人民共和国宪法》　1982 年 12 月 4 日第五届全国人民代表大会第五次会议通过，1982 年 12 月 4 日全国人民代表大会公告公布施行；根据 1988 年 4 月 12 日第七届全国人民代表大会第　次会议通过的《中华人民共和国宪法修正案》、1993 年 3 月 29 日第八届全国人民代表大会第一次会议通过的《中华人民共和国宪法修正案》、1999 年 3 月 15 日第九届全国人民代表大会第二次会议通过的《中华人民共和国宪法修正案》、2004 年 3 月 14 日第十届全国人民代表大会第二次会议通过的《中华人民共和国宪法修正案》和 2018 年 3 月 11 日第十三届全国人民代表大会第一次会议通过的《中华人民共和国宪法修正案》修正。

2.《中国共产党章程》　中国共产党第十九次全国代表大会部分修改，2017 年 10 月 24 日通过。

3.《中华人民共和国地方各级人民代表大会和地方各级人民政府组织法》　1979 年 7 月 1 日第五届全国人民代表大会第二次会议通过；根据 1982 年 12 月 10 日第五届全国人民代表大会第五次会议《关于修改〈中华人民共和国地方各级人民代表大会和地方各级人民政府组织法〉的若干规定的决议》第一次修正；根据 1986 年 12 月 2 日第六届全国人民代表大会常务委员会第十八次会议《关于修改〈中华人民共和国地方各级人民代表大会和地方各级人民政府组织法〉的决定》第二次修正；根据 1995 年 2 月 28 日第八届全国人民代表大会常务委员会第十二次会议《关于修改〈中华人民共和国地方各级人民代表大会和地方各级人民政府组织法〉的决定》第三次修正；根据 2004 年 10 月 27 日第十届全国人民代表大会常务委员会第十二次会议《关于修改〈中华人民共和国地方各级人民代表大会和地方各级人民政府组织法〉的决定》第四次修正；根据 2015 年 8 月 29 日第十二届全国人民代表大会常务委员会第十六次会议《关于修改〈中华人民共和国地方各级人民代表大会和地方各级人民政府组织法〉〈中华人民共和国全国人民代表大会和地方各级人民代表大会选举法〉〈中华人民共和国全国人民代表大会和地方各级人民代表大会代表法〉的决定》第五次修正。

4.《中华人民共和国国务院组织法》　1982 年 12 月 10 日第五届全国人民代表大会第五次会议通过，1982 年 12 月 10 日全国人民代表大会常务委员会委员长令（第十四号）发布并施行。

5.《中共中央办公厅关于中央领导同志机要秘书工作的暂行规定》(中办发〔1980〕40号)　1980年5月8日发布并施行。

6.《中共中央办公厅国务院办公厅关于加强县以上领导机关秘书工作人员管理的规定》(中办发〔1986〕26号)　1986年7月24日发布并施行。

7.《中共中央纪律检查委员会关于共产党员违反社会主义道德党纪处分的若干规定(试行)》(中纪发〔1989〕16号)　1989年12月28日发布并施行。

8.《国务院办公厅关于加强值班工作的通知》(国办函〔1994〕81号)　1994年8月29日发布并施行。

9.《国家计委领导秘书工作守则》　1995年6月28日国家计委制发。

10.《中国证监会境外上市公司董事会秘书工作指引》(证监发行字〔1999〕39号)　1999年4月8日中国证券监督管理委员会发布并施行。

11.《国务院关于国家行政机关和企业事业单位社会团体印章管理的规定》(国发〔1999〕25号)　1999年10月31日发布并施行。

12.《国务院办公厅关于切实加强紧急重大情况报告工作的通知》(国办发〔2000〕27号)　2000年3月21日发布并施行。

13.《中共中央关于加强和改进党的作风建设的决定》　2001年9月26日中国共产党第十五届中央委员会第六次全体会议通过、发布并施行。

14.《国务院关于印发全面推进依法行政实施纲要的通知》(国发〔2004〕10号)　2004年3月22日发布并施行。

15.《国务院办公厅关于贯彻落实全面推进依法行政实施纲要的实施意见》(国办发〔2004〕24号)　2004年3月22日发布并施行。

16.《中共中央关于加强党的执政能力建设的决定》　2004年9月19日中国共产党第十六届中央委员会第四次全体会议通过、发布并施行。

17.《中华人民共和国公务员法》　2005年4月27日中华人民共和国第十届全国人民代表大会常务委员会第十五次会议通过,2005年4月27日中华人民共和国主席令(第三十五号)公布,2006年1月1日施行。

18.《行政机关公务员处分条例》　2007年4月22日中华人民共和国国务院第495号令发布,2007年6月1日施行。

19.《中共中央、国务院印发〈关于深化行政管理体制改革的意见〉的通知》(中发〔2008〕5号)　2008年3月3日发布并施行。

20.《国务院关于加强市县政府依法行政的决定》(国发〔2008〕17号)　2008年5月12日发布并施行。

21.《国务院办公厅关于印发〈国务院办公厅主要职责内设机构和人员编制规定〉的通知》(国办发〔2008〕60号)　2008年7月10日发布并施行。

22.《中共中央办公厅印发〈关于推进学习型党组织建设的意见〉的通知》(中办发〔2009〕11号) 2009年12月25日发布并施行。

23.《中华人民共和国行政监察法》 1997年5月9日第八届全国人民代表大会常务委员会第二十五次会议通过;根据2010年6月25日第十一届全国人民代表大会常务委员会第十五次会议《关于修改〈中华人民共和国行政监察法〉的决定》修正,2010年6月25日中华人民共和国主席令(第三十一号)发布,2010年10月1日施行。

24.《中共中央印发〈十八届中央政治局关于改进工作作风、密切联系群众的八项规定〉的通知》(中发〔2012〕11号) 2012年12月11日印发并施行。

25.《习近平同志在中央政治局会议上关于改进工作作风、密切联系群众的讲话》(2012年12月4日)(中办通报〔2012〕第24期) 2012年12月11日印发。

26.《中共中央办公厅国务院办公厅印发〈贯彻落实十八届中央政治局关于改进工作作风、密切联系群众的八项规定实施细则〉的通知》(中办发〔2012〕30号) 2012年12月12日印发并施行。

27.《关于开展"四风"突出问题专项整治和加强制度建设的通知》(群组发〔2013〕23号) 中央党的群众路线教育实践活动领导小组2013年10月31日发布并施行。

28.《中共中央关于全面深化改革若干重大问题的决定》 2013年11月12日中国共产党第十八届中央委员会第三次全体会议通过,2013年11月15日新华社授权发布并施行。

29.《全国年节及纪念日放假办法》 1949年12月23日政务院发布;根据1999年9月18日《国务院关于修改〈全国年节及纪念日放假办法〉的决定》第一次修订;根据2007年12月14日《国务院关于修改〈全国年节及纪念日放假办法〉的决定》第二次修订;根据2013年12月11日《国务院关于修改〈全国年节及纪念日放假办法〉的决定》第三次修订,2013年12月11日国令第644号发布,2014年1月1日施行。

30.《国务院办公厅关于进一步加强政府督促检查工作的意见》(国办发〔2014〕42号) 2014年8月25日发布并施行。

31.《中共中央办公厅印发〈关于深化"四风"整治、巩固和拓展党的群众路线教育实践活动成果的指导意见〉的通知》(中办发〔2014〕60号) 2014年10月26日发布并施行。

32.《中共中央关于全面推进依法治国若干重大问题的决定》 2014年10月23日中国共产党第十八届中央委员会第四次全体会议通过,2014年10月28日新华社授权发布并施行。

33.《中共中央办公厅国务院办公厅印发〈关于规范国歌奏唱礼仪的实施意见〉的通知》(中办发〔2014〕66号) 2014年12月2日发布并施行。

34.《国务院关于规范国务院部门行政审批行为改进行政审批有关工作的通知》(国发〔2015〕6号) 2015年1月19日发布并施行。

35.《中国共产党廉洁自律准则》 中共中央 2015 年 10 月 18 日发布,2016 年 1 月 1 日起施行。

36.《国务院办公厅关于简化优化公共服务流程方便基层群众办事创业的通知》(国办发〔2015〕86 号) 2015 年 11 月 27 日发布并施行。

37.《中共中央国务院关于印发〈法治政府建设实施纲要(2015—2020 年)〉的通知》(中发〔2015〕36 号) 2015 年 12 月 23 日发布并施行。

38.《中共中央关于印发〈中国共产党地方委员会工作条例〉的通知》 2015 年 12 月 25 日施行。

39.《关于新形势下党内政治生活的若干准则》(2016 年 10 月 27 日中国共产党第十八届中央委员会第六次全体会议通过)(中发〔2016〕25 号) 中共中央 2016 年 10 月 27 日发布并施行。

40.《中国共产党党内监督条例》(2016 年 10 月 27 日中国共产党第十八届中央委员会第六次全体会议通过)(中发〔2016〕26 号) 中共中央 2016 年 10 月 27 日发布并施行。

41.《国务院办公厅关于转发人力资源社会保障部国家公务员局"十三五"行政机关公务员培训纲要的通知》(国办发〔2016〕92 号) 2016 年 12 月 13 日发布并施行。

42.《国务院关于加强政务诚信建设的指导意见》(国发〔2016〕76 号) 2016 年 12 月 22 日发布并施行。

43.《国务院办公厅关于加强个人诚信体系建设的指导意见》(国办发〔2016〕98 号) 2016 年 12 月 23 日发布并施行。

44.《国务院办公厅关于印发推行行政执法公示制度、执法全过程记录制度、重大执法决定法制审核制度试点工作方案的通知》(国办发〔2017〕14 号) 2017 年 1 月 19 日发布并施行。

45.《中共中央办公厅国务院办公厅印发〈关于加强乡镇政府服务能力建设的意见〉的通知》(中办发〔2017〕11 号) 2017 年 2 月发布并施行。

46.《中共中央印发〈中国共产党工作机关条例(试行)〉的通知》 2017 年 4 月 12 日发布,2017 年 3 月 1 日起施行。

47.《中共中央办公厅国务院办公厅印发〈关于实行国家机关"谁执法谁普法"普法责任制的意见〉的通知》(中办发〔2017〕31 号) 2017 年 5 月发布并施行。

48.《中共中央关于加强党内法规制度建设的意见》 2017 年 6 月发布并施行。

49.《中华人民共和国行政诉讼法》 1989 年 4 月 4 日第七届全国人民代表大会第二次会议通过;根据 2014 年 11 月 1 日第十二届全国人民代表大会常务委员会第十一次会议《关于修改〈中华人民共和国行政诉讼法〉的决定》第一次修正;根据 2017 年 6 月 27 日第十二届全国人民代表大会常务委员会第二十八次会议《关于修改〈中华人民共和国民事诉讼法〉和〈中华人民共和国行政诉讼法〉的决定》第二次修正,2017 年 6 月 27 日中华人民共和国主席令(第七十一号)发布,2017 年 7 月 1 日施行。

50.《中共中央关于修改〈中国共产党巡视工作条例〉的决定》 2017年7月1日发布，2017年7月10日起施行。

51.《中华人民共和国国歌法》 2017年9月1日第十二届全国人民代表大会常务委员会第二十九次会议通过，2017年9月1日中华人民共和国主席第七十五号令发布，2017年10月1日施行。

52.《中共中央办公厅国务院办公厅关于印发〈聘任制公务员管理规定（试行）〉的通知》 2017年9月发布，2017年9月19日起施行。

53.《中国共产党章程》 中国共产党第十九次全国代表大会部分修改，2017年10月24日通过。

54.《中共中央关于印发〈中共中央政治局关于加强和维护党中央集中统一领导的若干规定〉的通知》（中发〔2017〕29号） 2017年11月2日发布并施行。

55.《中共中央办公厅国务院办公厅关于印发〈中共中央政治局贯彻落实中央八项规定实施细则〉的通知》（中办发〔2017〕63号） 2017年11月2日发布并施行。

56.《全国人民代表大会常务委员会关于实行宪法宣誓制度的决定》 2015年7月1日第十二届全国人民代表大会常务委员会第十五次会议通过，2018年2月24日第十二届全国人民代表大会常务委员会第三十三次会议修订并发布，2018年3月12日施行。

57.《中华人民共和国监察法》 2018年3月20日第十三届全国人民代表大会第一次会议通过，2018年3月20日国家主席令第3号公布并施行。

58.《中共中央办公厅印发〈关于进一步激励广大干部新时代新担当新作为的意见〉的通知》 2018年5月发布并施行。

59.《国务院关于印发〈国务院工作规则〉的通知》（国发〔2018〕21号） 2018年6月25日印发并施行。

60.《中国共产党纪律处分条例》 中共中央2018年8月发布，2018年10月1日起施行。

61.《中共中央办公厅关于统筹规范督查检查考核工作的通知》 2018年10月发布并施行。

62.《国务院办公厅关于全面推行行政执法公示制度、执法全过程记录制度、重大执法决定法制审核制度的指导意见》（国办发〔2018〕118号） 2018年12月5日发布并施行。

63.《中华人民共和国公务员法》 2005年4月27日第十届全国人民代表大会常务委员会第十五次会议通过；根据2017年9月1日第十二届全国人民代表大会常务委员会第二十九次会议《关于修改〈中华人民共和国法官法〉等八部法律的决定》修正；2018年12月29日第十三届全国人民代表大会常务委员会第七次会议修订，2019年6月1日起施行。

64.《中共中央关于印发〈中国共产党重大事项请示报告条例〉的通知》（中发

〔2019〕5号）　2019年1月31日发布并施行。

65.《中共中央关于加强党的政治建设的意见》　2019年1月31日发布并施行。

66.《国务院办公厅关于在制定行政法规规章行政规范性文件过程中充分听取企业和行业协会商会意见的通知》（国办发〔2019〕9号）　2019年3月1日发布并施行。

67.《中共中央办公厅关于解决形式主义突出问题为基层减负的通知》（中办发〔2019〕16号）　2019年3月8日发布并施行。

68.《中国共产党党组工作条例》　2019年3月29日中共中央政治局会议审议通过，2019年4月《中共中央关于印发〈中国共产党党组工作条例〉的通知》发布，2019年4月6日起施行。

69.《中共中央办公厅国务院办公厅关于印发〈法治政府建设与责任落实督察工作规定〉的通知》　2019年4月15日起施行。

70.《重大行政决策程序暂行条例》　中华人民共和国国务院令第713号2019年4月20日发布，2019年9月1日起施行。

71.《中华人民共和国行政许可法》　2003年8月27日第十届全国人民代表大会常务委员会第四次会议通过，2003年8月27日中华人民共和国主席令（第七号）发布，2004年7月1日施行；根据2019年4月23日第十三届全国人民代表大会常务委员会第十次会议《关于修改〈中华人民共和国建筑法〉等八部法律的决定》修正。

72.《国务院关于在线政务服务的若干规定》　中华人民共和国国务院令第716号2019年4月26日发布并施行。

73.《中共中央办公厅关于印发关于贯彻实施公务员法建设高素质专业化公务员队伍的意见的通知》　2019年7月发布并施行。

74.《中国共产党问责条例》　2016年7月8日发布；《中共中央关于印发〈中国共产党问责条例〉的通知》　2019年8月修订发布，2019年9月1日起施行。

75.《中共中央关于坚持和完善中国特色社会主义制度推进国家治理体系和治理能力现代化若干重大问题的决定》　2019年10月31日中国共产党第十九届中央委员会第四次全体会议通过、发布并施行。

76.《国务院办公厅关于建立政务服务"好差评"制度提高政务服务水平的意见》（国办发〔2019〕51号）　2019年12月3日发布并施行。

77.《国务院办公厅关于全面推进基层政务公开标准化规范化工作的指导意见》（国办发〔2019〕54号）　2019年12月26日发布并施行。

78.《中共中央办公厅关于持续解决困扰基层的形式主义问题为决胜全面建成小康社会提供坚强作风保证的通知》》（中办发〔2020〕15号）　2020年4月发布并施行。

79.《中华人民共和国民法典》（2020年5月28日第十三届全国人民代表大会第三次会议通过）　本法自2021年1月1日起施行。（《中华人民共和国婚姻法》《中华人民共和国继承法》《中华人民共和国民法通则》《中华人民共和国收养法》《中华人民共和国担保法》《中华人民共和国合同法》《中华人民共和国物权法》《中华人民共和国侵权责任法》《中华人民共和国民法总则》同时废止。）

80.《中华人民共和国公职人员政务处分法》 2020年6月20日第十三届全国人民代表大会常务委员会第十九次会议通过，2020年7月1日起施行。

81.《中国共产党组织处理规定（试行）》 2021年2月23日中共中央政治局常委会会议审议批准，2021年3月19日中共中央办公厅发布并施行。

82.《中共中央 国务院关于加强基层治理体系和治理能力现代化建设的意见》 2021年4月28日发布并施行。

83.《中国共产党组织工作条例》 2021年4月30日中共中央政治局会议审议批准，2021年5月22日中共中央发布并施行。

84.《法治政府建设实施纲要（2021—2025年）》 中共中央、国务院2021年8月发布并施行。

85.《国务院办公厅关于印发"十四五"城乡社区服务体系建设规划的通知》（国办发〔2021〕56号） 2021年12月27日发布并施行。

86.《缔结条约管理办法》 2022年10月16日中华人民共和国国务院第756号令发布，2023年1月1日起施行。

87.《中共中央办公厅 国务院办公厅关于印发〈关于规范村级组织工作事务、机制牌子和证明事项的意见〉的通知》 2022年8月发布并施行。

88.《中共中央关于认真学习宣传贯彻党的二十大精神的决定》 2022年10月29日发布并施行。

89.《中国共产党章程》 中国共产党第二十次全国代表大会部分修改，2022年10月22日通过。

90.《事业单位领导人员管理规定》 2015年5月28日中共中央批准，2015年5月28日中共中央办公厅发布，2022年1月14日中共中央修订，2022年1月14日中共中央办公厅发布并施行。

91.《国务院办公厅关于推广行政备案规范管理改革试点经验的通知》（国办函〔2022〕110号） 2022年11月5日发布并施行。

二、公文写作及公文处理工作

1.《中共中央关于纠正电报、报告、指示、决定等文字缺点的指示》 中共中央1951年2月1日发布并施行。

2.《中共中央关于各级领导干部要亲自动手起草重要文件，不要一切由秘书代劳的指示》（引自《三中全会以来重要文献选编（下）》） 1981年5月7日发布并施行。

3.《关于中央文件印发、阅读、管理的办法》（中办发〔1985〕37号） 中共中央办公厅1985年6月10日发布并施行。

4. 《国务院办公厅关于地方政府和国务院各部门规章备案工作的通知》（国办发〔1987〕15号）　1987年3月27日发布并施行。

5. 《全国人民代表大会常务委员会办公厅国务院办公厅关于地方性法规备案工作的通知》　1987年5月25日发布并施行。

6. 中华人民共和国国家标准《发文稿纸格式》（GB/T 826－1989）　国家技术监督局1989年2月22日发布，1989年9月1日实施。

7. 《中共中央办公厅关于党内法规备案工作有关问题的通知》（厅字〔1990〕48号）　1990年11月12日发布并施行。

8. 中华人民共和国国家标准《图像复制用校对符号》（GB/T 14707－93）　中华人民共和国国家新闻出版署1993年11月16日批准发布，1994年7月1日施行。

9. 中华人民共和国国家标准《校对符号及其用法》（GB/T 14706－93）　中华人民共和国国家新闻出版署1994年2月26日批准发布，1994年10月1日施行。

10. 《中国共产党机关公文处理条例》　1996年5月3日《中共中央办公厅关于印发〈中国共产党机关公文处理条例〉的通知》（中办发〔1996〕14号）发布并施行。

11. 《国务院公文主题词表（1997年12月修订）》　国务院办公厅秘书局《关于印发〈国务院公文主题词表〉的通知》（国办秘函〔1997〕350号）1997年12月20日发布，1998年2月1日施行。

12. 《中共中央办公厅公文主题词表》　中共中央办公厅秘书局1998年7月修订。

13. 《国务院关于克服官僚主义进一步转变工作作风提高办事效率有关问题的通报》（国发〔1999〕9号）　1999年3月28日发布并施行。

14. 《国务院办公厅关于行政法规解释权限和程序问题的通知》（国办发〔1999〕43号）　1999年5月10日发布并施行。

15. 中华人民共和国国家标准《国家行政机关公文格式》（GB/T 9704－1999）　国家质量技术监督局1999年12月27日发布，2000年1月1日实施（附：关于GB/T9704－1999《国家行政机关公文格式》部分内容修改的说明）。

16. 《国家行政机关公文处理办法》　2000年8月24日《国务院关于发布〈国家行政机关公文处理办法〉的通知》（国发〔2000〕23号）发布，2001年1月1日起施行。

17. 《行政法规、地方性法规、自治条例和单行条例、经济特区法规备案审查工作程序》　2000年10月16日第九届全国人大常委会第34次委员长会议审议通过。

18. 《人大机关公文处理办法》　全国人大常委会办公厅2000年11月15日《关于印发〈人大机关公文处理办法〉的通知》（常办秘字〔2000〕197号）发布，2001年1月1日施行。

19. 《国务院办公厅关于实施〈国家行政机关公文处理办法〉涉及的几个具体问题的处理意见》（国办函〔2001〕1号）　2001年1月1日发布并施行。

20. 《国务院办公厅关于进一步做好公文处理工作有关事项的通知》（国办发〔2001〕

5号）　2001年1月15日发布并施行。

21.《国务院办公厅关于报送公文工作中几个问题的通知》（国办发〔2001〕24号）2001年4月9日发布并施行。

22.《法规规章备案条例》　2001年12月14日中华人民共和国国务院第337号令发布，2002年1月1日起施行。

23.《著作权法》　1990年9月7日第七届全国人民代表大会常务委员会第十五次会议通过，1990年9月7日中华人民共和国主席令（第三十一号）公布，1991年6月1日施行；根据2001年10月27日第九届全国人民代表大会常务委员会第二十四次会议《关于修改〈中华人民共和国著作权法〉的决定》修正。

24.《国务院办公厅关于通过全国政府系统办公业务资源网传输电子公文和电子简报的通知》（国办函〔2002〕69号）　2002年9月1日起施行。

25.《国务院办公厅关于印发〈电子公文传输管理办法〉的通知》（国办函〔2003〕65号）　2003年10月1日施行。

26.《电子公文归档管理办法》（国家档案局令第6号）　2003年7月28日发布，2003年9月1日施行。

27.《国家档案局中央档案馆关于认真贯彻〈电子公文归档管理暂行办法〉的通知》（档发〔2003〕6号）　2003年7月29日发布并施行。

28.中华人民共和国国家标准《电子政务主题词表编制规则》（GB/T 19486－2004）中华人民共和国国家监督检验检疫总局、中国国家标准化管理委员会2004年4月5日发布，2004年10月1日施行。

29.中华人民共和国国家标准化指导性技术文件《XML在电子政务中的应用指南》（GB/Z 19669－2005）　中华人民共和国国家监督检验检疫总局、中国国家标准化管理委员会2005年2月18日发布，2005年5月1日施行。

30.中华人民共和国国家标准《基于XML的电子公文格式规范第1部分：总则》（GD/T 19667.1－2005）　中华人民共和国国家监督检验检疫总局、中国国家标准化管理委员会2005年2月18日发布，2005年5月1日施行。

31.中华人民共和国国家标准《基于XML的电子公文格式规范第2部分：公文体》（GB/T19667.2－2005）　中华人民共和国国家监督检验检疫总局、中国国家标准化管理委员会2005年2月18日发布，2005年5月1日施行。

32.《中共中央办公厅秘书局、国务院办公厅秘书局关于印发〈机关公文二维条码使用规范〉的通知》（中秘文发〔2005〕56号）。

33.《中国人民解放军机关公文处理条例》中央军委令（〔2005〕军字第70号）2005年10月2日发布，2006年1月1日施行［参见国家军用标准《军队机关公文格式》（GJB5100－2005）］。

34.《国务院办公厅关于进一步规范部门涉外规章和规范性文件制定工作的通知》（国

办发〔2006〕92号） 2006年11月29日发布并施行。

35.《关于国务院办公厅精简会议、改进会风文风的意见》（国务院公报2008年2月20日第05号） 国务院办公厅2007年12月31日发布并施行。

36.《国务院机构简称》（国办秘函〔2008〕26号） 国务院办公厅秘书局2008年4月15日发布并施行。

37.《国务院办公厅关于进一步规范公文报送工作有关事项的通知》（国办函〔2009〕15号） 2009年2月2日发布并施行。

38.《国务院办公厅印发关于进一步加强公文审核把关若干意见的通知》（国办函〔2009〕43号） 2009年3月25日发布并施行。

39.《国务院办公厅秘书局关于加强对行政机关公文中涉及字母词审核把关的通知》（国办秘函〔2010〕14号） 2010年4月7日发布并施行。

40.《国务院办公厅关于做好规章清理工作有关问题的通知》（国办发〔2010〕28号） 2010年4月29日发布并施行。

41.《中共中央办公厅国务院办公厅关于印发〈国家电子文件管理工作规划（2011—2015年）〉的通知》（厅字〔2011〕9号） 2011年5月30日发布并施行。

42. 中华人民共和国国家标准《出版物上数字用法的规定》（GB/T 15835-2011） 中华人民共和国国家质量监督检验检疫总局、中国国家标准化管理委员会2011年7月29日发布，2011年11月1日施行

43.《中共中央办公厅关于做好中央文件改版工作的通知》（厅字〔2011〕20号） 2011年11月5日发布并施行。

44. 中华人民共和国国家标准《标点符号用法》（GB/T 15834-2011） 中华人民共和国国家质量监督检验检疫总局、中国国家标准化管理委员会2011年12月30日发布，2012年6月1日施行。

45.《中共中央办公厅国务院办公厅关于印发〈党政机关公文处理工作条例〉的通知》（中办发〔2012〕14号） 2012年4月16日发布，2012年7月1日起施行。

46.《中共中央办公厅国务院办公厅关于进一步精简文件和简报的意见》（中办发〔2012〕16号） 2012年5月19日发布并施行。

47.《中共中央办公厅关于开展党内法规和规范性文件清理工作的意见》（中办发〔2012〕20号） 2012年6月4日发布并施行。

48. 中华人民共和国国家标准《党政机关公文格式》（GB/T9704-2012） 中华人民共和国国家质量监督检验检疫总局、中国国家标准化委员会2012年6月29日发布，2012年7月1日实施。

49.《国务院关于公布〈通用规范汉字表〉的通知》（国发〔2013〕23号） 2013年6月5日发布并施行。

50.《中共中央办公厅关于印发〈中国共产党党内法规解释工作规定〉的通知》（中办

发〔2015〕40号） 2015年7月6日发布并施行。

51.《中共中央关于进一步做好中央文件审核工作的意见》（中办发〔2016〕23号） 2016年4月13日发布并施行。

52.《国务院办公厅关于进一步加强文件审核把关的通知》（国办函〔2016〕44号） 2016年4月22日发布并施行。

53.《中共中央关于加强党内法规制度建设的意见》（中发〔2016〕34号） 2016年12月31日发布并施行。

54.《新华社新闻信息报道中的禁用词和慎用词（2016年7月修订）》 2017年7月新华社《新闻阅评动态》第315期发布。

55.《行政法规制定程序条例》 2001年11月16日中华人民共和国国务院令第321号公布；根据2017年12月22日《国务院关于修改〈行政法规制定程序条例〉的决定》修订，2017年12月22日国务院令第694号公布，2018年5月1日施行。

56.《规章制定程序条例》 2001年11月16日中华人民共和国国务院令第322号公布；根据2017年12月22日《国务院关于修改〈规章制定程序条例〉的决定》修订，2017年12月22日国务院令第695号公布，2018年5月1日施行。

57.《国务院办公厅关于做好政府公报工作的通知》（国办发〔2018〕22号） 2018年3月28日发布并施行。

58.《国务院办公厅关于开展涉及产权保护的规章、规范性文件清理工作的通知》（国办发〔2018〕29号） 2018年5月5日发布并施行。

59.《国务院办公厅关于加强行政规范性文件制定和监督管理工作的通知》（国办发〔2018〕37号） 2018年5月16日发布并施行。

60.《国务院办公厅关于全面推行行政规范性文件合法性审核机制的指导意见》（国办发〔2018〕115号） 2018年12月4日发布并施行。

61.《国务院办公厅关于在制定行政法规规章行政规范性文件过程中充分听取企业和行业协会商会意见的通知》（国办发〔2019〕9号） 2019年3月1日发布并施行。

62.《重大行政决策程序暂行条例》 2019年4月20日中华人民共和国国务院令第713号发布，2019年9月1日起施行。

63.《中国共产党党内法规制定条例》（中发〔2012〕5号） 2012年5月26日发布并施行；2019年8月30日中共中央政治局会议修订，2019年9月3日中发〔2019〕38号文发布。

64.《中国共产党党内法规和规范性文件备案规定》（中办发〔2012〕19号） 2012年6月4日发布，2012年7月1日起施行；2019年8月30日中共中央政治局会议修订，2019年9月3日中发〔2019〕38号文发布。

65.《中国共产党党内法规执行责任制规定（试行）》 2019年8月30日中共中央政治局会议审议批准，2019年9月3日中发〔2019〕38号文发布，2019年10月1日起施行。

66.《国务院办公厅关于全面加强新时代语言文字工作的意见》（国办发〔2020〕30号） 2020年9月14日发布并施行。

三、政务信息及调查研究工作

1.《国务院办公厅关于印发〈政务信息工作暂行办法〉的通知》（国办发〔1995〕53号） 1995年10月27日发布，1995年11月1日施行。

2.《中共中央办公厅关于进一步加强信息工作的意见》（中办发〔1999〕7号）1999年2月9日发布并施行。

3.《国务院办公厅关于加强政府系统值班和信息报送工作的通知》（国办发〔1999〕98号） 1999年12月14日发布并施行。

4.《国务院办公厅关于进一步推进全国政府系统办公自动化建设和应用工作的通知》（国办发〔2000〕36号） 2000年5月23日发布并施行。

5.《国务院办公厅秘书局关于进一步做好国务院办公厅信息联系点信息报送工作的通知》（国办秘函〔2001〕21号） 2001年3月20日发布并施行。

6.《全国政府系统政务信息化建设2001—2005年规划纲要》 国务院办公厅2001年4月9日以《国务院办公厅关于印发全国政府系统政务信息化建设2001—2005年规划纲要的通知》（国办发〔2001〕25号）发布并施行。

7.《国务院办公厅关于印发国务院信息化工作办公室职责的通知》（国办发〔2002〕16号） 2002年2月23日发布并施行。

8.《中共中央办公厅、国务院办公厅关于转发〈国家信息化领导小组关于我国电子政务建设指导意见〉的通知》（中办发〔2002〕17号） 2002年8月5日发布并施行。

9.《人事部关于加强人事调查研究工作的意见》（人发〔2003〕29号） 2003年4月3日发布并施行。

10.《中共中央关于加强和改进新形势下对外宣传工作的意见》（中发〔2004〕10号） 2004年4月8日发布，2004年4月17日施行。

11.《公安部、国家保密局、国家密码管理委员会办公室、国务院信息化工作办公室关于印发〈关于信息安全等级保护工作的实施意见〉的通知》（公通字〔2004〕66号）2004年9月15日发布并施行。

12.《国务院办公厅关于建立劳动力调查制度的通知》（国办发〔2004〕72号）2004年9月27日发布并施行。

13.《中共中央办公厅国务院办公厅关于加强信息资源开发利用工作的若干意见》（中办发〔2004〕34号） 2004年12月13日发布并施行。

14.《国务院办公厅关于做好中央政府门户网站内容保障工作的意见》（国办发〔2005〕31号） 2005年6月2日发布并施行。

15.《国务院办公厅转发国家网络与信息安全协调小组关于网络信任体系建设若干意见的通知》（国办发〔2006〕11号） 2006年2月23日发布并施行。

16.《国务院办公厅印发关于进一步改进和加强政府新闻发布制度建设意见的通知》（国办发〔2006〕19号）。

17.《中共中央办公厅国务院办公厅关于印发〈2006—2020年国家信息化发展战略〉的通知》（中办发〔2006〕11号） 2006年3月19日发布并施行。

18.《信息网络传播权保护条例》 2006年5月10日国务院第135次常务会议通过，2006年5月18日中华人民共和国国务院令（第468号）发布，2006年7月1日起施行。

19.《国务院办公厅关于进一步做好中央政府门户网站内容保障工作的意见》（国办发〔2006〕61号） 2006年9月7日发布并施行。

20.《国务院办公厅关于加强政府网站建设和管理工作的意见》（国办发〔2006〕104号） 2006年12月29日发布并施行。

21.《中共中央办公厅国务院办公厅关于加强网络文化建设和管理的意见》（中办发〔2007〕16号） 2007年6月1日发布并施行。

22.《中共中央办公厅国务院办公厅关于印发〈国民经济和社会发展信息化"十一五"规划〉的通知》（中办发〔2007〕25号） 2007年12月7日发布并施行。

23.《国务院办公厅关于施行〈中华人民共和国政府信息公开条例〉若干问题的意见》（国办发〔2008〕36号） 2008年4月29日发布并施行。

24.《中华人民共和国外国常驻新闻机构和外国记者采访条例》 2008年10月17日国务院令第537号发布并施行。

25.《国务院办公厅秘书局关于印发政府信息公开目录系统实施指引（试行）的通知》（国办秘函〔2009〕6号） 2009年1月15日发布并施行。

26.《国务院办公厅关于做好政府信息依申请公开工作的意见》（国办发〔2010〕5号） 2010年1月12日发布并施行。

27.《互联网信息服务管理办法》 2000年9月25日中华人民共和国国务院第292号令公布，根据2011年1月8日《国务院关于废止和修改部分行政法规的规定》修订发布并施行。

28.《国务院办公厅关于进一步加强政府网站管理工作的通知》（国办函〔2011〕40号） 2011年4月21日发布并施行。

29.《中共中央办公厅国务院办公厅印发〈关于深化政务公开加强政务服务的意见〉的通知》（中办发〔2011〕22号） 2011年6月8日发布并施行。

30.《国务院办公厅转发全国政务公开领导小组关于开展依托电子政务平台加强县级政府政务公开和政务服务试点工作意见的通知》（国办函〔2011〕99号） 2011年9月13日发布并施行。

31.《国务院关于"十二五"国家政务信息化工程建设规划的批复》（国函〔2012〕36

号） 2012 年 4 月 18 日发布并施行。

32.《国务院办公厅关于印发 2012 年政府信息公开重点工作安排的通知》（国办发〔2012〕26 号） 2012 年 4 月 28 日发布并施行。

33.《信息网络传播权保护条例》 2006 年 5 月 18 日中华人民共和国国务院令第 468 号公布，根据 2013 年 1 月 30 日《国务院关于修改〈信息网络传播权保护条例〉的决定》（中华人民共和国国务院令第 634 号）修订，2013 年 3 月 1 日起施行。

34.《国务院办公厅关于印发当前政府信息公开重点工作安排的通知》（国办发〔2013〕73 号） 2013 年 7 月 1 日发布并施行。

35.《国务院办公厅关于进一步加强政府信息公开回应社会关切提升政府公信力的意见》（国办发〔2013〕100 号） 2013 年 10 月 1 日发布并施行。

36.《国务院办公厅关于印发 2014 年政府信息公开工作要点的通知》（国办发〔2014〕12 号） 2014 年 3 月 17 日发布并施行。

37.《关于加强党政机关网站安全管理的通知》（中网办发文〔2014〕1 号） 中央网络安全和信息化领导小组办公室 2014 年 5 月 9 日发布并施行。

38.《国务院办公厅关于加强和规范政府信息公开情况统计报送工作的通知》（国办发〔2014〕32 号） 2014 年 6 月 23 日发布并施行。

39.《企业信息公示暂行条例》（中华人民共和国国务院令第 654 号） 2014 年 8 月 7 日公布，2014 年 10 月 1 日起施行。

40.《国务院办公厅关于加强政府网站信息内容建设的意见》（国办发〔2014〕57 号） 2014 年 11 月 17 日发布并施行。

41.《关于加强党政部门云计算服务网络安全管理的意见》（中网办发文〔2014〕14 号） 中央网络安全和信息化领导小组办公室 2014 年 12 月 30 日发布并施行。

42.《互联网用户账号名称管理规定》 国家互联网信息办公室 2015 年 2 月 4 日发布，2015 年 3 月 1 日施行。

43.《国务院办公厅关于印发 2015 年政府信息公开工作要点的通知》（国办发〔2015〕22 号） 2015 年 4 月 3 日发布并施行。

44.《国务院办公厅关于第一次全国政府网站普查情况的通报》（国办函〔2015〕144 号） 2015 年 12 月 4 日发布并施行。

45.《中共中央办公厅国务院办公厅印发关于全面推进政务公开工作的意见的通知》 2016 年 2 月发布并施行。

46.《国务院办公厅关于转发国家发展改革委等部门推进"互联网＋政务服务"开展信息惠民试点实施方案的通知》（国办发〔2016〕23 号） 2016 年 4 月 14 日发布并施行。

47.《互联网信息搜索服务管理规定》 国家互联网信息办公室 2016 年 6 月 25 日发布，2016 年 8 月 1 日施行。

48.《移动互联网应用程序信息服务管理规定》 国家互联网信息办公室 2016 年 6 月

28 日发布，2016 年 8 月 1 日起施行。

49.《中共中央办公厅 国务院办公厅关于印发〈国家信息化发展战略纲要〉的通知》 2016 年 7 月发布并施行。

50.《国务院办公厅关于在政务公开工作中进一步做好政务舆情回应的通知》（国办发〔2016〕61 号） 2016 年 7 月 30 日发布并施行。

51.《中共中央办公厅国务院办公厅关于印发国家信息化发展战略纲要的通知》 2016 年 7 月发布并施行。

52.《国务院办公厅关于政府部门涉企信息统一归集公示工作实施方案的复函》（国办函〔2016〕74 号） 2016 年 8 月 8 日发布并施行。

53.《关于加强国家网络安全标准化工作的若干意见》（中网办发文〔2016〕5 号）中央网络安全和信息化领导小组办公室、国家质量监督检验检疫总局、国家标准化管理委员会 2016 年 8 月 12 日发布并施行。

54.《民政部、工业和信息化部、国家新闻出版广电总局、国家互联网信息办公室关于印发〈公开募捐平台服务管理办法〉的通知》 2016 年 8 月 30 日发布，2016 年 9 月 1 日施行。

55.《国务院关于印发政务信息资源共享管理暂行办法的通知》（国发〔2016〕51 号） 2016 年 9 月 5 日发布并施行。

56.《国务院关于加快推进"互联网＋政务服务"工作的指导意见》（国发〔2016〕55 号） 2016 年 9 月 25 日发布并施行。

57.《互联网直播服务管理规定》 国家互联网信息办公室 2016 年 11 月 4 日发布，2016 年 12 月 1 日施行。

58.《国务院办公厅印发〈关于全面推进政务公开工作的意见实施细则〉的通知》（国办发〔2016〕80 号） 2016 年 11 月 10 日发布并施行。

59.《国务院关于印发"十三五"国家信息化规划的通知》（国发〔2016〕73 号） 2016 年 12 月 15 日发布并施行。

60.《国务院办公厅关于印发"互联网＋政务服务"技术体系建设指南的通知》（国办函〔2016〕108 号） 2016 年 12 月 20 日发布并施行。

61.《国家网络空间安全战略》 经中央网络安全和信息化领导小组批准，2016 年 12 月 27 日国家互联网信息办公室发布并施行。

62.《互联网新闻信息服务管理规定》 国家互联网信息办公室第 1 号令 2017 年 5 月 2 日发布，2017 年 6 月 1 日起施行。

63.《互联网信息内容管理行政执法程序规定》 国家互联网信息办公室第 2 号令 2017 年 5 月 2 日发布，2017 年 6 月 1 日起施行。

64.《国务院办公厅关于印发政务信息系统整合共享实施方案的通知》（国办发〔2017〕39 号） 2017 年 5 月 3 日发布并施行。

65.《国务院办公厅关于印发开展基层政务公开标准化规范化试点工作方案的通知》（国办发〔2017〕42号） 2017年5月9日发布并施行。

66.《国务院办公厅关于印发政府网站发展指引的通知》（国办发〔2017〕47号）2017年5月15日发布并施行。

67.《互联网新闻信息服务许可管理实施细则》 国家互联网信息办公室2017年5月22日发布，2017年6月1日施行。

68.《国务院关于"十三五"国家政务信息化工程建设规划的批复》（国函〔2017〕93号） 2017年6月30日发布并施行。

69.《互联网域名管理办法》 2017年8月24日中华人民共和国工业和信息化部令（第43号）发布，2017年11月1日施行。

70.《互联网论坛社区服务管理规定》《互联网跟帖评论服务管理规定》 国家互联网信息办公室2017年8月25日发布，2017年10月1日施行。

71.《互联网群组信息服务管理规定》《互联网用户公众账号信息服务管理规定》 国家互联网信息办公室2017年9月7日发布，2017年10月8日施行。

72.《国务院办公厅关于全国互联网政务服务平台检查情况的通报》（国办函〔2017〕115号） 2017年10月6日发布并施行。

73.《互联网新闻信息服务单位内容管理从业人员管理办法》 国家互联网信息办公室2017年10月30日发布，2017年12月1日施行。

74.《互联网新闻信息服务新技术新应用安全评估管理规定》 国家互联网信息办公室2017年10月30日发布，2017年12月1日施行。

75.《国务院办公厅关于推进重大建设项目批准和实施领域政府信息公开的意见》（国办发〔2017〕94号） 2017年12月4日发布并施行。

76.《国务院办公厅关于推进公共资源配置领域政府信息公开的意见》（国办发〔2017〕97号） 2017年12月19日发布并施行。

77.《中共中央关于印发〈中国共产党党务公开条例（试行）〉的通知》 2017年12月20日起施行。

78.《微博客信息服务管理规定》 国家互联网信息办公室2018年2月2日发布，2018年3月20日起施行。

79.《国务院办公厅关于推进社会公益事业建设领域政府信息公开的意见》（国办发〔2018〕10号） 2018年2月9日发布并施行。

80.《中共中央办公厅关于加强调查研究提高调查研究实效的通知》（中办发〔2018〕20号） 2018年3月28日发布并施行。

81.《国务院办公厅关于印发进一步深化"互联网＋政务服务"推进政务服务"一网、一门、一次"改革实施方案的通知》（国办发〔2018〕45号） 2018年6月10日发布并施行。

82.《国务院关于加快推进全国一体化在线政务服务平台建设的指导意见》（国发〔2018〕27号） 2018年7月25日发布并施行。

83.《全国政协加强和改进调研工作实施办法》 2015年4月16日政协第十二届全国委员会第二十八次主席会议通过，2018年10月26日政协第十三届全国委员会第十一次主席会议修订。

84.《国务院办公厅关于印发政府网站集约化试点工作方案的通知》（国办函〔2018〕71号） 2018年10月27日发布并施行。

85.《国务院办公厅秘书局关于印发政府网站与政务新媒体检查指标、监管工作年度考核指标的通知》 2019年4月1日发布并施行。

86.《中华人民共和国政府信息公开条例》 2007年4月5日中华人民共和国国务院令第492号公布；2019年4月3日中华人民共和国国务院令第711号修订，2019年5月15日起施行。

87.《国务院办公厅关于印发2019年政务公开工作要点的通知》（国办发〔2019〕14号） 2019年4月17日发布并施行。

88.《国务院关于在线政务服务的若干规定》 2019年4月26日中华人民共和国国务院令第716号发布并施行。

89.《儿童个人信息网络保护规定》（国家互联网信息办公室第4号令） 2019年8月22日发布，2019年10月1日起施行。

90.《国务院办公厅政府信息与政务公开办公室关于政府信息公开工作年度报告有关事项的通知》（国办公开办函〔2019〕60号） 2019年11月23日发布并施行。

91.《国家互联网信息办公室秘书局 工业和信息化部办公厅 公安部办公厅 国家市场监督管理总局办公厅关于印发〈App违法违规收集使用个人信息行为认定方法〉的通知》（国信办秘字〔2019〕191号） 2019年11月28日发布并施行。

92.《国务院办公厅政府信息与政务公开办公室关于规范政府信息公开平台有关事项的通知》（国办公开办函〔2019〕61号） 2019年11月29日发布并施行。

93.《网络信息内容生态治理规定》（国家互联网信息办公室第5号令） 2019年12月15日发布，2020年3月1日起施行。

94.《国务院办公厅关于印发〈公共企事业单位信息公开规定制定办法〉的通知》（国办发〔2020〕50号） 2020年12月7日发布，2021年1月1日起施行。

95.《国务院办公厅关于进一步优化地方政务服务便民热线的指导意见》（国办发〔2020〕53号） 2020年12月28日发布并施行。

96.《关于印发〈关于加强网络直播规范管理工作的指导意见〉的通知》 国家互联网信息办公室、全国"扫黄打非"工作小组办公室、工业和信息化部、公安部、文化和旅游部、国家市场监督管理总局、国家广播电视总局2021年2月9日发布并施行。

97.《关于印发〈常见类型移动互联网应用程序必要个人信息范围规定〉的通知》（国

信办秘字〔2021〕14号） 国家互联网信息办公室秘书局、工业和信息化部办公厅、公安部办公厅、国家市场监督管理总局办公厅2021年3月12日发布，2021年5月1日起施行。

98.《关键信息基础设施安全保护条例》（中华人民共和国国务院第745号令） 2021年4月27日国务院第133次常务会议通过，2021年7月30日发布，2021年9月1日起施行。

99.《中华人民共和国个人信息保护法》（中华人民共和国主席第九十一号令） 2021年8月20日第十三届全国人民代表大会常务委员会第三十次会议通过，2021年8月20日发布，2021年11月1日起施行。

100.《国务院办公厅关于印发全国一体化政务服务平台移动端建设指南的通知》（国办函〔2021〕105号） 2021年9月29日发布并施行。

101.《互联网用户账号信息管理规定》（国家互联网信息办公室第10号令） 2022年6月27日发布，2022年8月1日起施行。

102.《国务院办公厅关于印发全国一体化政务大数据体系建设指南的通知》（国办函〔2022〕102号） 2022年9月13日发布并施行。

103.《互联网弹窗信息推送服务管理规定》 国家互联网信息办公室、工业和信息化部、国家市场监管局2022年9月3日发布，2022年9月30日起施行。

104.《国务院关于加快推进政务服务标准化规范化便利化的指导意见》（国发〔2022〕5号） 2022年2月7日发布并施行。

105.《国务院关于加强数字政府建设的指导意见》（国发〔2022〕14号） 2022年6月6日发布并施行。

106.《国务院办公厅关于加快推进"一件事一次办"打造政务服务升级版的指导意见》（国办发〔2022〕32号） 2022年9月26日发布并施行。

107.《国务院办公厅关于扩大政务服务"跨省通办"范围进一步提升服务效能的意见》（国办发〔2022〕34号） 2022年9月28日发布并施行。

108.《互联网跟帖评论服务管理规定》 国家互联网信息办公室2022年11月发布，2022年12月15日起施行（2017年8月25日公布的《互联网跟帖评论服务管理规定》同时废止）。

四、信访及督查工作

1.《国务院办公厅关于加强督促检查工作的通知》（国办发〔1998〕112号） 1998年8月6日发布并施行。

2.《中共中央办公厅关于进一步加强督促检查工作的意见》（中办发〔1999〕6号） 1999年2月6日发布并施行。

3.《信访条例》 2005年1月10日国务院第431号令发布，2005年5月1日起施行。

4.《中共中央国务院关于进一步加强新时期信访工作的意见》（中发〔2007〕5号） 2007年3月10日发布并施行。

5.《关于改进全国人大机关信访工作的办法》 2007年6月12日第十届全国人民代表大会常务委员会第五十六次秘书长办公会议通过。

6.《关于违反信访工作纪律处分暂行规定》 2008年6月22日由国务院批准，2008年6月30日监察部、国家信访局、人力资源和社会保障部第16号令发布并施行。

7.《国务院办公厅关于进一步加强督促检查切实抓好工作落实的意见》（国办发〔2008〕120号） 2008年10月27日发布并施行。

8.《中共中央办公厅、国务院办公厅转发中央处理信访突出问题及群体性事件联席会议〈关于领导干部定期接待群众来访的意见〉等三个文件的通知》（中办发〔2009〕3号）（三个文件即《关于领导干部定期接待群众来访的意见》《关于中央和国家机关定期组织干部下访的意见》《关于把矛盾纠纷排查化解工作制度化的意见》） 2009年1月18日发布并施行。

9.《国家信访局关于加强和统筹信访事项督查督办工作的规定》（国信办发〔2013〕16号） 2013年7月1日施行。

10.《关于完善信访事项复查复核工作的意见》（国信发〔2013〕8号） 2013年12月10日发布，2014年1月1日施行。

11.《中共中央办公厅国务院办公厅印发〈关于依法处理涉法涉诉信访问题的意见〉的通知》（中办发〔2013〕26号） 2013年12月20日发布并施行。

12.《中共中央办公厅国务院办公厅印发〈关于创新群众工作方法解决信访突出问题的意见〉的通知》（中办发〔2013〕27号） 2013年12月20日发布并施行。

13.《国家信访局协调"三跨三分离"信访事项工作规范》（国信办发〔2013〕29号） 2013年12月31日发布并施行。

14.《关于推进信访工作信息化建设的意见》（国信发〔2014〕3号） 国家信访局2014年4月8日发布并施行。

15.《国家信访局关于进一步规范信访事项受理办理程序引导来访人依法逐级走访的办法》（国信发〔2014〕4号） 2014年4月23日发布，2014年5月1日施行。

16.《国家信访局关于新修订〈信访事项内容分类〉和〈信访业务术语〉的通知》（国信发〔2014〕7号）。

17.《中共中央政法委关于建立涉法涉诉信访事项导入法律程序工作机制的意见》（中政委〔2014〕26号） 2014年7月24日发布并施行。

18.《中共中央政法委关于建立涉法涉诉信访执法错误纠正和瑕疵补正机制的指导意见》（中政委〔2014〕27号） 2014年7月24日发布并施行。

19.《中共中央政法委关于健全涉法涉诉信访依法终结制度的实施意见》（中政委〔2014〕28号） 2014年7月24日发布并施行。

20.《国务院办公厅关于进一步加强政府督促检查工作的意见》（国办发〔2014〕42号）　2014年8月25日发布并施行。

21.《国家信访局接待群众来访工作规则》　2014年9月发布并施行。

22.《国家信访局关于进一步加强初信初访办理工作的办法》（国信发〔2014〕13号）　2014年10月15日发布，2014年11月1日施行。

23.《国家信访局关于印发信访事项办理群众满意度评价工作办法的通知》（国信发〔2014〕16号）　2014年12月18日发布，2015年1月1日施行。

24.《国家信访局办公室关于进一步加强信访新闻发布工作的通知》（国信办发〔2015〕2号）　2015年1月27日发布并施行。

25.《国家信访局关于进一步加强和规范信访统计工作的意见》（国信发〔2015〕9号）　2015年5月8日发布并施行。

26.《中共中央办公厅国务院办公厅印发〈信访工作责任制实施办法〉的通知》　2016年10月8日起施行。

27.《国务院办公厅关于对国务院第三次大督查发现的典型经验做法给予表扬的通报》（国办发〔2016〕90号）　2016年12月4日发布并施行。

28.《国务院办公厅关于督查问责典型案例的通报》（国办发〔2017〕53号）　2017年6月8日发布并施行。

29.《中共中央关于加强新形势下党的督促检查工作的意见》　2017年6月发布并施行。

30.《中共中央办公厅国务院办公厅印发〈关于进一步加强信访法治化建设的意见〉的通知》（中办发〔2017〕51号）　2017年9月6日发布并施行。

31.《中共中央关于印发中国共产党问责条例的通知》　2019年9月1日起施行。

32.《政府督查工作条例》（中华人民共和国国务院第733号令）　2020年12月26日发布，2021年2月1日起施行。

33.《信访工作条例》　2022年1月24日中共中央政治局会议审议批准，2022年2月25日中共中央、国务院发布，2022年5月1日起施行。

五、会务工作

1.《国务院关于严格控制召开全国性会议的通知》（国发〔1988〕47号）　1988年7月21日发布并施行。

2.《中共中央办公厅 国务院办公厅关于严禁党政机关到风景名胜区开会的通知》（厅字〔1998〕23号）　1998年11月10日发布并施行。

3.《国务院关于进一步精简会议和文件的通知》（国发〔2000〕30号）　2000年10月8日发布并施行。

4.《关于印发〈科学技术部会议管理办法〉的通知》（国科发办字〔2007〕749号）

科学技术部 2007 年 12 月 24 日发布并施行。

5.《关于印发国家食品药品监督管理局会议管理办法的通知》（国食药监办〔2008〕205 号） 国家食品药品监督管理局 2008 年 4 月 28 日发布并施行。

6.《中华人民共和国全国人民代表大会常务委员会议事规则》 1987 年 11 月 24 日第六届全国人民代表大会常务委员会第二十三次会议通过；根据 2009 年 4 月 24 日第十一届全国人民代表大会常务委员会第八次会议《关于修改〈中华人民共和国全国人民代表大会常务委员会议事规则〉的决定》修正，中华人民共和国主席令第十三号 2009 年 4 月 24 日发布并施行。

7.《财政部国管局中直管理局关于印发〈中央和国家机关会议费管理办法〉的通知》（财行〔2013〕286 号） 2013 年 9 月 13 日发布，2014 年 1 月 1 日施行。

8.《财政部中共中央组织部国家公务员局关于印发〈中央和国家机关培训费管理办法〉的通知》（财行〔2013〕523 号） 2013 年 12 月 29 日发布，2014 年 1 月 1 日施行。

9.《财政部国家外国专家局关于印发〈因公短期出国培训费用管理办法〉的通知》（财行〔2014〕4 号） 2014 年 2 月 25 日发布，2014 年 4 月 1 日施行。

10.《中共中央办公厅国务院办公厅印发关于厉行节约反对食品浪费的意见的通知》（中办发〔2014〕22 号） 2014 年 3 月 11 日发布并施行。

11.《关于做好中央和国家机关会议费管理办法等制度贯彻落实工作的通知》（财办行〔2014〕57 号） 财政部办公厅 2014 年 7 月 15 日发布并施行。

12.《中共中央办公厅国务院办公厅关于严禁党政机关到风景名胜区开会的通知》（厅字〔2014〕50 号） 2014 年 9 月 28 日发布并施行。

13.《关于做好厉行节约反对浪费制度上网公开工作的通知》（财办行〔2014〕111 号） 财政部办公厅 2014 年 10 月 22 日发布并施行。

14.《关于印发〈党政机关会议定点管理办法〉的通知》（财行〔2015〕1 号） 财政部 2015 年 1 月 13 日发布并施行。

15.《中国人民政治协商会议全国委员会秘书长会议工作规则》 1988 年 5 月 3 日政协第七届全国委员会第四次主席会议通过，2005 年 1 月 17 日政协第十届全国委员会第十八次主席会议修订，2018 年 9 月 25 日政协第十三届全国委员会第十次主席会议再修订并发布。

16.《中国人民政治协商会议全国委员会主席会议工作规则》 2003 年 4 月 25 日政协第十届全国委员会第四次主席会议通过，2005 年 1 月 17 日政协第十届全国委员会第十八次主席会议修订，2013 年 9 月 18 日政协第十二届全国委员会第六次主席会议修订，2018 年 9 月 25 日政协第十三届全国委员会第十次主席会议再修订并发布。

17.《中国人民政治协商会议全国委员会常务委员会工作规则》 1988 年 6 月 9 日政协第七届全国委员会常务委员会第二次会议通过，1996 年 6 月 14 日政协第八届全国委员会常务委员会第十七次会议修订，2005 年 2 月 28 日政协第十届全国委员会常务委员会第八次会议修订，2018 年 8 月 22 日政协第十三届全国委员会常务委员会第三次会议再修订并发布。

18.《中国人民政治协商会议全国委员会全体会议工作规则》 2005 年 2 月 28 日政协第十届全国委员会常务委员会第八次会议通过，2018 年 8 月 22 日政协第十三届全国委员会常务委员会第三次会议修订并发布。

19.《中华人民共和国全国人民代表大会议事规则》 由第七届全国人民代表大会第二次会议于 1989 年 4 月 4 日通过并发布，根据 2021 年 3 月 11 日第十三届全国人民代表大会第四次会议通过的《关于修改〈中华人民共和国全国人民代表大会议事规则〉的决定》修订，2021 年 3 月 12 日起施行。

六、人大建议、政协提案办理工作

1.《中国人民政治协商会议章程》 1982 年 12 月 11 日中国人民政治协商会议第五届全国委员会第五次会议通过，1994 年 3 月中国人民政治协商会议第八届全国委员会第二次会议修订并发布施行。

2.《中国人民政治协商会议全国委员会提案工作条例》 1991 年 1 月 11 日政协第七届全国委员会常务委员会第十二次会议通过，1994 年 10 月 8 日政协第八届全国委员会常务委员会第八次会议修订，2000 年 2 月 29 日政协第九届全国委员会常务委员会第八次会议修订，2005 年 2 月 28 日政协第十届全国委员会常务委员会第八次会议修订、发布并施行。

3.《中华人民共和国全国人民代表大会和地方各级人民代表大会代表法》 1992 年 4 月 3 日第七届全国人民代表大会第五次会议通过，1992 年 4 月 3 日中华人民共和国主席令第 56 号发布并施行。

4.《政协全国委员会关于政治协商、民主监督、参政议政的规定》 1995 年 1 月 14 日中国人民政治协商会议第八届全国委员会常务委员会第九次会议通过、发布并施行。

5.《国务院办公厅关于认真办理人民代表大会代表建议和政协委员提案的通知》（国办发〔1997〕3 号） 1997 年 2 月 14 日发布并施行。

6.《关于政协全国委员会办公厅承办提案工作的若干规定（试行）》 1997 年 7 月 21 日发布并施行。

7.《中共中央办公厅国务院办公厅关于转发〈全国政协办公厅关于办理政协提案的意见〉的通知》（厅字〔2003〕8 号） 2003 年 5 月 11 日发布并施行。

8.《中共中央转发〈中共全国人大常委会党组关于进一步发挥全国人大代表作用加强全国人大常委会制度建设的若干意见〉的通知》（中发〔2005〕9 号） 2005 年 5 月 26 日发布并施行。

9.《全国人民代表大会代表议案处理办法》 2005 年 6 月 17 日全国人大常委会委员长会议原则同意，2005 年 6 月 20 日发布并施行。

10.《全国人民代表大会代表建议、批评和意见处理办法》 2005年6月17日全国人大常委会委员长会议原则同意，2005年6月24日发布并施行。

11.《中共中央关于加强人民政协工作的意见》（中发〔2006〕5号） 2006年2月8日发布并施行。

12.《政协全国委员会关于印发〈全国政协关于加强和改进提案工作的意见〉的通知》（政全委发〔2006〕10号） 2006年12月28日发布并施行。

13.《全国人大常委会办公厅关于处理全国人大代表建议、批评和意见的具体要求》（常办联字〔2006〕22号）。

14.《中共中央办公厅国务院办公厅印发〈关于进一步加强人民政协提案办理工作的意见〉的通知》（中办发〔2012〕13号） 2012年4月5日发布并施行。

15.《国务院办公厅关于做好全国人大代表建议和全国政协委员提案办理结果公开工作的通知》（国办发〔2014〕46号） 2014年10月2日发布并施行。

16.《全国人民代表大会常务委员会关于在全国各地推开国家监察体制改革试点工作的决定》 2017年11月4日第十二届全国人民代表大会常务委员会第三十次会议通过并发布，2017年11月5日施行。

17.《中国人民政治协商会议全国委员会提案工作条例》 1991年1月11日政协第七届全国委员会常务委员会第十二次会议通过，1994年10月8日政协第八届全国委员会常务委员会第八次会议修订，2000年2月29日政协第九届全国委员会常务委员会第八次会议修订，2005年2月28日政协第十届全国委员会常务委员会第八次会议修订，2011年2月28日政协第十一届全国委员会常务委员会第十二次会议修订，2018年11月29日政协第十三届全国委员会常务委员会第四次会议再修订。

18.《全国人民代表大会代表建议、批评和意见处理办法》 2018年12月14日十三届全国人大常委会第十七次委员长会议审议通过修订。

19.《全国政协协商议政质量评价工作办法（试行）》 2019年2月26日政协第十三届全国委员会提案委员会第十六次主席会议通过。

20.《全国政协关于进一步提高协商议政质量的意见（试行）》 2019年2月26日政协第十三届全国委员会提案委员会第十六次主席会议通过。

21.《政协全国委员会提案委员会关于年度好提案评选办法（试行）》 2019年12月18日政协第十三届全国委员会提案委员会第十六次主任会议暨第八次全体会议通过。

七、政务接待及后勤服务工作

1.《中共中央办公厅国务院办公厅关于简化各级领导干部外出活动接待工作的若干规定》（中办发〔1986〕2号） 1986年1月23日发布并施行。

2.《中共中央办公厅国务院办公厅关于坚决制止干部用公款旅游的通知》（中办发〔1986〕4号） 1986年2月1日发布并施行。

3.《中共中央办公厅国务院办公厅关于严格控制领导干部出国访问的规定》（中办发〔1989〕10号） 1989年8月17日发布并施行。

4.《中共中央办公厅国务院办公厅关于在国内公务活动中严禁用公款宴请和有关工作餐的规定》（中办发〔1989〕14号） 1989年9月18日发布并施行。

5.《中共中央办公厅国务院办公厅关于严格控制领导干部出国访问的补充规定》（中办发〔1991〕4号） 1991年3月28日发布并施行。

6.《中共中央办公厅国务院办公厅关于严禁用公费变相出国（境）旅游的通知》（中办发1993年16号） 1993年10月2日发布并施行。

7.《国务院关于在对外公务活动中赠送和接受礼品的规定》 1993年12月5日国务院第133号令发布并施行。

8.《中共中央办公厅国务院办公厅关于认真贯彻执行〈国务院关于在对外公务活动中赠送和接受礼品的规定〉的通知》（中办发〔1993〕26号） 1993年12月16日发布并施行。

9.《中共中央办公厅国务院办公厅关于党政机关工作人员在国内公务活动中食宿不准超过当地接待标准的通知》（厅字〔1994〕16号） 1994年4月28日发布并施行。

10.《中共中央纪委办公厅关于印发〈关于中共中央纪委监察部机关工作人员不准接受可能对公正执行公务有影响的宴请和不准参加用公款支付的营业性场所娱乐活动的具体规定〉的通知》（中纪办发〔1995〕2号） 1995年4月22日发布并施行。

11.《中共中央办公厅国务院办公厅关于印发〈关于对党和国家机关工作人员在国内交往中收受礼品实行登记制度的规定〉的通知》（中办发〔1995〕7号） 1995年4月30日印发并施行。

12.《中共中央国务院关于党政机关厉行节约制止奢侈浪费行为的若干规定》（中发〔1997〕13号） 1997年5月25日发布并施行。

13.《中共中央办公厅国务院办公厅关于严禁党政机关到风景名胜区开会的通知》（厅字〔1998〕23号） 1998年11月10日发布并施行。

14.《中共中央办公厅国务院办公厅关于在国内公务接待工作中切实做到勤俭节约的通知》（厅字〔2001〕3号） 2001年4月8日发布并施行。

15.《财政违法行为处罚处分条例》 2004年11月30日中华人民共和国国务院令（第427号）发布，2005年2月1日施行。

16.《中共中央办公厅国务院办公厅关于印发〈党政机关国内公务接待管理规定〉的通知》（中办发〔2006〕33号） 2006年10月20日发布并施行。

17.《中共中央办公厅国务院办公厅印发〈关于进一步加强因公出国（境）管理的若干规定〉的通知》（中办发〔2008〕9号） 2008年3月13日发布并施行。

18.《加强党政干部因公出国（境）经费管理暂行办法》（财行〔2008〕230号） 财政部、外交部、监察部、审计署、国家预防腐败局2008年8月5日发布并施行。

19.《关于严格控制一般性支出切实做到"四个零增长"的通知》(财行〔2008〕575号) 财政部2008年12月11日发布并施行。

20.《中共中央办公厅国务院办公厅关于党政机关厉行节约若干问题的通知》(中办发〔2009〕11号) 2009年3月20日发布并施行。

21.《中共中央办公厅国务院办公厅关于坚决制止公款出国(境)旅游的通知》(中办发〔2009〕12号) 2009年2月20日发布并施行。

22.《中共中央办公厅国务院办公厅印发〈关于深入开展"小金库"治理工作的意见〉的通知》(中办发〔2009〕18号) 2009年4月14日发布并施行。

23.《关于印发〈关于在党政机关和事业单位开展"小金库"专项治理工作的实施办法〉的通知》(中纪发〔2009〕7号) 中共中央纪委、监察部、财政部、审计署2009年4月23日发布并施行。

24.《机关事务管理条例》 中华人民共和国国务院令(第621号)2012年6月28日公布,2012年10月1日施行。

25.《关于2013年公共机构节约能源资源工作要点的通知》(国管节能〔2013〕10号) 国务院机关事务管理局2013年1月17日发布并施行。

26.《中共中央办公厅国务院办公厅关于党政机关停止新建楼堂馆所和清理办公用房的通知》(中办发〔2013〕17号) 2013年7月14日发布并施行。

27.《财政部国家机关事务管理局中共中央直属机关事务管理局关于印发〈中央和国家机关会议费管理办法〉的通知》(财行〔2013〕286号) 2013年9月13日发布,2014年1月1日起施行。

28.《国务院办公厅关于对贯彻落实"约法三章"进一步加强督促检查的意见》(国办发〔2013〕105号) 2013年11月25日发布并施行。

29.《中共中央国务院关于印发〈党政机关厉行节约反对浪费条例〉的通知》(中发〔2013〕13号) 2013年11月18日发布并施行。

30.《中共中央办公厅国务院办公厅关于印发〈党政机关国内公务接待管理规定〉的通知》(中办发〔2013〕22号) 2013年12月8日发布并施行。

31.《中共中央办公厅、国务院办公厅印发〈关于党员干部带头推动殡葬改革的意见〉的通知》(中办发〔2013〕23号) 2013年12月10日印发并施行。

32.《关于印发〈因公临时出国经费管理办法〉的通知》(财行〔2013〕516号) 财政部、外交部2013年12月20日发布,2014年1月19日施行。

33.《中共中央办公厅、国务院办公厅关于领导干部带头在公共场所禁烟有关事项的通知》(中办厅字〔2013〕19号) 2013年12月29日发布并施行。

34.《财政部中共中央组织部国家公务员局关于印发〈中央和国家机关培训费管理办法〉的通知》(财行〔2013〕523号) 2013年12月29日发布,2014年1月1日施行。

35.《关于印发〈中央和国家机关差旅费管理办法〉的通知》(财行〔2013〕531号)

财政部 2013 年 12 月 31 日发布，2014 年 1 月 1 日起施行。

36.《中共中央办公厅国务院办公厅印发〈关于厉行节约反对食品浪费的意见〉的通知》(中办发〔2014〕22 号) 2014 年 3 月 11 日发布并施行。

37.《财政部国家外国专家局关于印发〈因公短期出国培训费用管理办法〉的通知》(财行〔2014〕4 号) 2014 年 2 月 25 日发布，2014 年 4 月 1 日施行。

38.《中共中央办公厅国务院办公厅印发〈关于全面推进公务用车制度改革的指导意见〉的通知》(中办发〔2014〕40 号) 2014 年 7 月 16 日发布并施行。

39.《中共中央办公厅国务院办公厅关于印发〈中央和国家机关公务用车制度改革方案〉的通知》(中办发〔2014〕41 号) 2014 年 7 月 16 日发布并施行。

40.《关于在党的群众路线教育实践活动中全面清理整治奢华浪费建设的通知》(群组发〔2014〕19 号) 中央党的群众路线教育实践活动领导小组 2014 年 8 月 3 日发布并施行。

41.《中华人民共和国政府采购法》 2002 年 6 月 29 日全国人民代表大会常务委员会第二十八次会议通过，根据 2014 年 8 月 31 日第十二届全国人民代表大会常务委员会第十次会议《关于修改〈中华人民共和国保险法〉等五部法律的决定》修正，2014 年 8 月 31 日中华人民共和国主席令（第十四号）发布并施行。

42.《中共中央办公厅国务院办公厅关于严禁党政机关到风景名胜区开会的通知》(厅字〔2014〕50 号) 2014 年 9 月 28 日发布并施行。

43.《财政部民政部工商总局关于印发〈政府购买服务管理办法（暂行）〉的通知》(财综〔2014〕96 号) 2014 年 12 月 15 日发布，2015 年 1 月 1 日施行。

44.《国务院关于机关事业单位工作人员养老保险制度改革的决定》(国发〔2015〕2 号) 2015 年 1 月 3 日发布，2015 年 10 月 1 日施行。

45.《财政部关于印发〈党政机关会议定点管理办法〉的通知》(财行〔2015〕1 号) 2015 年 1 月 13 日发布并施行。

46.《中华人民共和国政府采购法实施条例》 中华人民共和国国务院令（第 658 号）2015 年 1 月 30 日公布，2015 年 3 月 1 日起施行。

47.《关于调整中央和国家机关差旅住宿费标准等有关问题的通知》(财行〔2015〕497 号) 财政部 2015 年 9 月 30 日发布并施行。

48.《关于进一步规范和加强行政事业单位国有资产管理的指导意见》(财资〔2015〕90 号) 财政部 2015 年 12 月 23 日发布并施行。

49.《关于印发〈单位公务卡管理办法（试行）〉的通知》(财库〔2016〕8 号) 财政部中国人民银行 2016 年 1 月 4 日发布，2016 年 2 月 1 日施行。

50.《中共中央办公厅国务院办公厅印发〈关于进一步推进预算公开工作的意见〉的通知》(中办发〔2016〕13 号) 2016 年 2 月 23 日发布并施行。

51.《关于印发〈中央和国家机关工作人员赴地方差旅住宿费标准明细表〉的通知》

（财行〔2016〕71号） 财政部2016年4月1日发布并施行。

52.《关于印发〈中央行政单位通用办公设备家具配置标准〉的通知》（财资〔2016〕27号） 财政部、全国人大常委会办公厅、政协全国委员会办公厅、国管局、中直管理局2016年5月17日发布并施行。

53.《关于加强政府采购活动内部控制管理的指导意见》（财库〔2016〕99号） 财政部2016年6月29日发布并施行。

54.《关于印发〈中央和国家机关会议费管理办法〉的通知》（财行〔2016〕214号） 财政部、国家机关事务管理局、中共中央直属机关事务管理局2016年6月29日发布，2016年7月1日施行。

55.《关于做好事业单位政府购买服务改革工作的意见》（财综〔2016〕53号） 财政部、中央编办2016年11月30日发布并施行。

56.《关于通过政府购买服务支持社会组织培育发展的指导意见》（财综〔2016〕54号） 财政部、民政部2016年12月1日发布并施行。

57.《关于印发〈中央和国家机关培训费管理办法〉的通知》（财行〔2016〕540号） 财政部、中共中央组织部、国家公务员局2016年12月27日发布，2017年1月1日施行。

58.《财政部国家发展改革委关于清理规范一批行政事业性收费有关政策的通知》（财税〔2017〕20号） 2017年3月15日发布并施行。

59.《关于印发〈中央和国家机关基层党组织党建活动经费管理办法〉的通知》（财行〔2017〕324号） 财政部、中央直属机关工委、中央国家机关工委2017年8月19日发布，2017年10月1日起施行。

60.《机关团体建设楼堂馆所管理条例》 2017年8月18日国务院第182次常务会议通过并公布，2017年10月5日国务院令第688号公布，2017年12月1日施行。

61.《中共中央办公厅国务院办公厅印发〈党政机关公务用车管理办法〉的通知》 2017年12月发布，2017年12月5日起施行。

62.《中共中央办公厅国务院办公厅印发〈党政机关办公用房管理办法〉的通知》 2017年12月发布，2017年12月5日起施行。

63.《关于印发〈中央行政事业单位资产配置计划管理暂行办法〉的通知》（国管资〔2018〕73号） 国家机关事务管理局2018年3月24日发布并施行。

64.《关于印发〈中央国家机关后勤服务指南〉的通知》（国管办〔2018〕80号） 国管局2018年3月28日发布并施行。

65.《关于推进新时代机关事务工作的指导意见》（国管办〔2018〕116号） 国家机关事务管理局2018年5月10日发布并施行。

66.《关于印发〈中央国家机关购买后勤服务管理办法（试行）〉的通知》 国家机关事务管理局2019年8月20日发布并施行。

67.《关于印发〈中央国家机关所属垂直管理机构、派出机构办公用房管理办法（试行）〉的通知》 国家机关事务管理局2019年10月18日发布并施行。

68.《关于印发〈中央国家机关所属垂直管理机构、派出机构公务用车管理办法（试行）〉的通知》 国家机关事务管理局2019年12月18日发布并施行。

69.《关于印发〈节约型机关创建行动方案〉的通知》（国管节能〔2020〕39号） 国管局、中直管理局、发展改革委、财政部2020年3月11日发布并施行。

70.《中华人民共和国预算法实施条例》 （1995年11月22日中华人民共和国国务院令第186号发布，2020年8月3日中华人民共和国国务院令第729号修订）2020年8月3日发布，2020年10月1日起施行。

71.《行政事业性国有资产管理条例》 2021年2月1日中华人民共和国国务院第738号令发布，2021年4月1日起施行。

72.《关于印发行政事业单位划转撤并相关会计处理规定的通知》（财会〔2022〕29号） 国家财政部2022年10月9日发布并施行。

73.《关于盘活行政事业单位国有资产的指导意见》（财资〔2022〕124号） 国家财政部2022年10月25日发布并施行。

八、机要保密工作

1.《国家工作人员保密守则》 摘自《中共中央、国务院批转中央保密委员会办公室、外交部、公安部〈关于在对外活动中加强保密工作的请示报告〉的通知》（中发〔1979〕第57号），1979年8月13日发布并施行。

2.《关于有线电通信保密技术要求暂行规定》（中办发〔1985〕48号） 中共中央办公厅、国务院办公厅1985年9月11日发布并施行。

3.《国家保密局、国家工商行政管理局、公安局、新闻出版署、文化部、轻工业部关于印发〈印刷、复印等行业复制国家秘密载体暂行管理办法〉的通知》（国保〔1990〕83号） 1990年4月9日发布，1990年8月1日起施行。

4.《国家秘密保密期限的规定》 1990年9月19日国家保密局第2号令颁布，1991年1月1日起施行。

5.《中共中央转发〈中央保密委员会关于高级干部保守党和国家秘密的规定〉的通知》（中委〔1990〕247号） 1990年12月13日发布并施行。

6.《关于贯彻执行〈国家秘密文件、资料和其他物品标志的规定〉的补充通知》（国保〔1990〕154号） 国家保密局1990年12月29日印发并施行。

7.《国家秘密文件、资料和其他物品标志的规定》 1990年10月6日国家保密局、国家技术监督局第3号令发布，1991年1月1日施行。

8.《国家保密局关于审定行使确定密级权的通知》 1991年2月5日发布并施行。

9.《国家保密局关于印发〈保密检查的基本要求〉的通知》（国保〔1991〕73号）

1991年8月19日印发并施行。

10.《新闻出版保密规定》(国保〔1992〕34号) 国家保密局、中央对外宣传小组、新闻出版署、广播电影电视部1992年6月13日发布,1992年10月1日起执行。

11.《关于下发〈泄密事件查处办法(试行)〉的通知》(国保〔1992〕58号) 国家保密局1992年11月20日发布,1993年1月1日施行。

12.《中华人民共和国计算机信息系统安全保护条例》 1994年2月18日国务院令第147号发布并施行。

13.《关于调整国家秘密及其密级具体范围问题的通知》(中保办〔1994〕第13号) 中共中央保密委员会办公室、国家保密局1994年3月11日发布并施行。

14.《中华人民共和国国家安全法实施细则》 1994年5月10日国务院第十九次常务会议通过,1994年6月4日国务院令第157号发布并施行。

15.《印发〈关系国家安全和利益的定义群〉的通知》(国保发〔1994〕10号) 国家保密局1994年7月6日发布并施行。

16.《科学技术保密规定》 1995年1月6日国家科学技术委员会、国家保密局第20号令发布并施行。

17.《关于禁止邮寄或非法携运国家秘密文件、资料和其他物品出境的规定的工作办法》(国保发〔1995〕12号) 国家保密局、海关总署1995年3月20日发布,1995年4月1日施行。

18. 国家保密局《关于印发〈党政专用电话网保密技术验收要求〉的通知》(国保发〔1995〕13号) 1995年4月3日发布并施行。

19.《关于印发中央、国家机关各部门保密工作职责的通知》(中保发〔1996〕4号) 1995年12月27日中保委第四次会议讨论通过,中共中央保密委员会1996年5月18日印发并施行。

20.《中华人民共和国计算机信息网络国际联网管理暂行规定》 1996年2月1日国务院令第195号发布,根据1997年5月20日《国务院关于修改〈中华人民共和国计算机信息网络国际联网管理暂行规定〉的决定》(国务院令第218号)修止并施行。

21.《国家秘密及其密级具体范围的规定》(国保发〔1997〕5号)。

22.《传真密码机使用管理规定》(国保发〔1997〕6号) 国家保密局1997年6月26日发布并施行。

23.《中共中央关于加强新形势下保密工作的决定》(中发〔1997〕16号) 1997年8月14日发布并施行。

24.《中共中央保密委员会关于党政领导干部保密工作责任制的规定》(中保发〔1997〕3号) 1997年8月15日发布并施行。

25.《计算机信息网络国际联网安全保护管理办法》 1997年12月11日国务院批准,1997年12月16日公安部令第33号发布,1997年12月30日施行。

26.《国家科委、国家保密局关于印发〈国家秘密技术项目持有单位管理暂行办法〉通知》（国科发成字〔1998〕003号） 国家科委、国家保密局1998年1月4日发布并施行。

27.《国家保密局关于印发〈计算机信息系统保密管理暂行规定〉的通知》（国保发〔1998〕1号） 1998年2月26日发布并施行。

28.《中华人民共和国计算机信息网络国际联网管理暂行规定实施办法》 1997年12月8日国务院信息化工作领导小组审定，1997年12月13日经国务院领导批准，1998年3月6日国务院信息办发布并施行。

29.《中共中央保密委员会办公室、国家保密局关于印发〈涉及国家秘密的通信、办公自动化和计算机信息系统审批暂行办法〉的通知》（中保办发〔1998〕6号） 1998年10月27日发布并施行。

30.《国家保密局关于印发〈查处泄露国家秘密案件中密级鉴定工作的规定〉的通知》（国保发〔1998〕8号） 1998年12月30日施行。

31.《关于加强政府上网信息保密管理的通知》（国保发〔1999〕4号） 国家保密局1999年7月30日印发并施行。

32.《国务院关于国家行政机关和企业事业单位社会团体印章管理的规定》（国发〔1999〕25号） 1999年10月31日发布并施行。

33.《国家保密局关于印发〈报告泄露国家秘密事件的规定〉的通知》（国保发〔1999〕8号） 1999年11月16日发布，2000年1月1日施行。

34.《国家保密局关于印发〈计算机信息系统国际联网保密管理规定〉的通知》（国保发〔1999〕10号） 1999年12月27日发布，2000年1月1日施行。

35.《关于党政机关和涉密部门保密技术装备配备要求的通知》 中共中央保密委员会办公室、国家保密局2000年8月13日发布并施行。

36.科技部、国家保密局《关于印发〈关于加强新形势下科技保密工作的若干意见〉的通知》（国科发计字〔2000〕358号） 2000年8月15日发布并施行。

37.《互联网电子公告服务管理规定》 2000年11月7日信息产业部令第3号发布并施行。

38.《中共中央办公厅国务院办公厅关于转发〈中共中央保密委员会办公室、国家保密局关于国家秘密载体保密管理的规定〉的通知》（厅字〔2000〕58号） 2000年12月7日发布，2001年1月1日起施行。

39.《全国人大常委会关于维护互联网安全的决定》 2000年12月28日第九届全国人民代表大会常务委员会第十九次会议通过、发布并施行。

40.《中共中央办公厅国务院办公厅关于转发〈国家信息化领导小组关于我国电子政务建设指导意见〉的通知》（中办发〔2002〕17号） 2002年8月5日发布并施行。

41.《中共中央保密委员会关于加强手机使用保密管理的通知》（中保委发〔2002〕3

号）2002年8月12日发布并施行。

42.《中共中央保密委员会关于加强计算机信息网络保密管理的通知》（中保委发〔2002〕4号） 2002年10月2日发布并施行。

43.《中央办公厅、国务院办公厅转发国家信息化领导小组关于加强信息安全保障工作的意见的通知》（中办发〔2003〕27号） 2003年9月7日发布并施行。

44.《关于严禁用涉密计算机上国际互联网的通知》（中保委〔2003〕4号） 中共中央保密委员会2003年5月16日发布并施行。

45.《教育部、中宣部、公安部、国家保密局关于印发〈国家教育考试考务安全保密工作规定〉的通知》（教考试〔2004〕2号） 2004年4月6日发布并施行。

46.《计算机病毒防治管理办法》 2004年4月26日公安部第51号令发布并施行。

47.《公安部、国家保密局、国家密码管理委员会办公室、国务院信息化工作办公室关于印发〈关于信息安全等级保护工作的实施意见〉的通知》（公通字〔2004〕66号） 2004年9月15日发布并施行。

48.《中共中央办公厅国务院办公厅转发〈中共中央保密委员会办公室、国家保密局关于保密要害部门、部位保密管理的规定〉的通知》（厅字〔2005〕1号） 2005年1月22日发布并施行。

49.《关于印发〈涉及国家秘密的信息系统分级保护管理办法〉、颁布〈涉及国家秘密的信息系统分级保护技术要求〉国家保密标准的通知》（国保发〔2005〕16号） 国家保密局2005年12月28日发布并施行。

50.《互联网安全保护技术措施规定》 2005年12月13日中华人民共和国公安部第82号令发布，2006年3月1日施行。

51.《公安部、国家保密局、国家密码管理局、国务院信息化工作办公室关于印发〈信息安全等级保护管理办法（试行）〉的通知》（公通字〔2006〕7号） 2006年1月17日发布，2006年3月1日施行。

52.《关于印发〈电子政务保密管理指南〉的通知》（国保发〔2007〕5号） 国家保密局、国务院信息化工作办公室2007年3月23日发布并施行。

53.中共中央保密委员会《关于加强涉密载体保密管理杜绝涉密文件资料流失的通知》（中保委发〔2007〕4号）。

54.《关于印发〈关于加强党政机关计算机信息系统安全和保密管理的若干规定〉的通知》（国保发〔2007〕13号） 国家保密局、国务院信息化工作办公室2007年9月29日发布并施行。

55.《关于加强数码复印机管理的通知》（国办秘函〔2007〕18号） 国务院办公厅秘书局2007年5月9日发布并施行。

56.《国家保密局、国务院信息化工作办公室关于印发〈电子政务保密管理指南〉的通知》（国保发〔2007〕5号） 2007年3月23日发布并施行。

57. 《中共中央办公厅印发〈关于加强中央和国家机关保密工作的意见〉的通知》（中办发〔2007〕23号） 2007年9月24日发布并施行。

58. 《公安部、国家保密局、国家密码管理局、国务院信息工作办公室关于印发〈信息安全等级保护管理办法〉的通知》（公通字〔2007〕43号） 2007年6月22日发布并施行。

59. 《关于进一步加强政府专网安全保密管理的通知》（国办秘函〔2007〕87号） 国务院办公厅秘书局2007年9月26日发布并施行。

60. 《国务院办公厅关于加强政府信息系统安全和保密管理工作的通知》（国办发〔2008〕17号） 2008年4月29日发布并施行。

61. 中共中央纪委办公厅《关于切实加强信息公开工作保密管理的通知》（中纪办发〔2009〕1号） 2009年2月。

62. 《中共中央办公厅国务院办公厅转发中共中央保密委员会办公室、国家保密局〈国家秘密载体销毁管理规定〉的通知》（中办厅字〔2009〕18号） 2009年2月23日发布。

63. 《国务院办公厅关于印发〈政府信息系统安全检查办法〉的通知》（国办发〔2009〕28号） 2009年3月13日发布并施行。

64. 《中华人民共和国保守国家秘密法》 1988年9月5日第七届全国人民代表大会常务委员会第三次会议通过；2010年4月29日第十一届全国人民代表大会常务委员会第十四次会议修订通过，中华人民共和国主席令第二十八号2010年4月29日公布，2010年10月1日施行。

65. 《中华人民共和国保守国家秘密法实施条例》 中华人民共和国国务院令（第646号）2014年1月17日公布，2014年3月1日施行。

66. 《中共中央办公厅国务院办公厅关于印发〈党政领导干部保密工作责任制规定〉的通知》（中办发〔2015〕14号） 2015年2月6日发布并施行。

67. 《中共中央办公厅国务院办公厅关于印发〈党政机关和涉密单位网络保密管理规定〉的通知》（中办发〔2015〕15号） 2015年2月6日发布并施行。

68. 《中华人民共和国国家安全法》 2015年7月1日第十二届全国人民代表大会常务委员会第十五次会议通过，2015年7月1日中华人民共和国主席令第二十九号发布并施行。

69. 《中共中央关于加强和改进保密工作的意见》（中发〔2016〕5号） 2016年1月28日发布并施行。

70. 《中华人民共和国网络安全法》 2016年11月7日中华人民共和国第十二届全国人民代表大会常务委员会第二十四次会议通过，2016年11月7日中华人民共和国主席令第五十三号发布，2017年6月1日施行。

71. 《保密事项范围制定、修订和使用办法》（国家保密局2017年第1号令） 2017

年3月9日发布，2017年4月1日起施行。

72.《泄密案件查处办法》（国家保密局2017年第2号令） 2017年12月29日发布，2018年1月1日起施行。

73.《国家秘密载体印制资质管理办法》（国家保密局、国家市场监督管理总局2020年第2号令） 2020年12月22日发布，2021年3月1日起施行。

74.《国家秘密鉴定工作规定》（国家保密局2021年第1号令） 2021年7月30日发布，2021年9月1日起施行。

九、应急处理工作

1.《特别重大事故调查程序暂行规定》 1989年1月3日国务院第31次常务会议通过，1989年3月29日国务院令第34号发布并施行。

2.《国务院办公厅关于进一步加强国内突发事件对外报道工作的通知》（国办发〔2001〕6号） 2001年1月1日发布并施行。

3.《中共中央办公厅国务院办公厅关于进一步改进和加强国内突发事件新闻报道工作的通知》（中办发〔2003〕22号） 2003年8月10日发布并施行。

4. 中宣部《关于改进和加强国内突发事件新闻报道工作的实施办法》（中宣〔2003〕29号）。

5.《国务院办公厅关于改进和加强国内突发事件新闻发布工作的实施意见》（国办发〔2004〕号） 2004年2月11日发布并施行。

6.《国务院有关部门和单位制定和修订突发事件应急预案框架指南》（国办函〔2004〕33号） 2004年4月6日发布并施行。

7.《国务院办公厅关于印发〈省（区、市）人民政府突发公共事件总体应急预案框架指南〉的函》（国办函〔2004〕39号） 2004年5月22日发布并施行。

8.《国务院关于实施国家突发公共事件总体应急预案的决定》（国发〔2005〕11号） 2005年1月26日经国务院第79次常务会议审议通过，2005年4月17日发布并施行，国务院2006年1月8日对外发布《国家突发公共事件总体应急预案》。

9.《国务院办公厅关于印发〈国家突发公共事件新闻发布应急预案〉的函》（国办函〔2005〕63号） 2005年6月11日发布并施行。

10.《国务院办公厅关于设置国务院应急管理办公室（国务院总值班室）的通知》（国办函〔2006〕32号） 2006年4月10日发布并施行。

11.《国务院关于全面加强应急管理工作的意见》（国发〔2006〕24号） 2006年6月15日发布并施行。

12.《国务院办公厅印发关于加强和改进突发公共事件信息报告工作意见等文件的通知》（国办发〔2006〕105号） 2006年12月30日发布并施行。

13.《国务院办公厅关于印发"十一五"期间国家突发公共事件应急体系建设规划的

通知》（国办发〔2006〕106号）　2006年12月31日发布并施行。

14.《国务院办公厅转发安全监管总局等部门关于加强企业应急管理工作意见的通知》（国办发〔2007〕13号）　2007年2月28日发布并施行。

15.《研究部署〈"十一五"期间国家突发公共事件应急体系建设规划〉有关落实工作的会议纪要》（国阅〔2007〕54号）　2007年6月4日发布并施行。

16.《关于"十一五"期间国家突发公共事件应急体系建设规划的实施意见》（国办函〔2007〕68号）　2007年6月11日发布并施行。

17.《国务院办公厅关于加强基层应急管理工作的意见》（国办发〔2007〕52号）　2007年7月31日发布并施行。

18.《中华人民共和国突发事件应对法》　2007年8月30日第十届全国人民代表大会常务委员会第二十九次会议通过，2007年8月30日中华人民共和国主席令（第六十九号）发布，2007年11月1日起施行。

19.《中共中央办公厅国务院办公厅关于印发〈突发公共事件新闻报道应急办法〉的通知》（中办发〔2008〕22号）　2008年10月16日发布并施行。

20.《国务院办公厅关于加强基层应急队伍建设的意见》（国办发〔2009〕59号）　2009年10月18日发布并施行。

21.《电力安全事故应急处置和调查处理条例》　中华人民共和国国务院令第599号　2011年7月7日公布，2011年9月1日施行。

22.《国务院办公厅关于印发突发事件应急预案管理办法的通知》（国办发〔2013〕101号）　2013年10月25日发布并施行。

23.《国务院办公厅关于印发国家突发环境事件应急预案的通知》（国办函〔2014〕119号）　2014年12月29日发布并施行。

24.《中共中央国务院关于推进防灾减灾救灾体制机制改革的意见》　2016年12月19日发布并施行。

25.《中央网信办关于印发〈国家网络安全事件应急预案〉的通知》（中网办发文〔2017〕4号）　中央网络安全和信息化领导小组办公室2017年1月10日发布并施行。

26.《国务院办公厅关于印发国家突发事件应急体系建设"十三五"规划的通知》（国办发〔2017〕2号）　2017年1月12日发布并施行。

27.《生产安全事故应急条例》　2018年12月5日国务院第33次常务会议通过，2019年2月17日中华人民共和国国务院令第708号公布，2019年4月1日起施行。

28.《国家减灾委员会关于印发〈"十四五"国家综合防灾减灾规划〉的通知》（国减发〔2022〕1号）　2022年6月19日发布并施行。

29.《应急部关于印发〈"十四五"应急救援力量建设规划〉的通知》（应急〔2022〕61号）　2022年6月22日发布并施行。

30.《YJ/T 1.1—2022 社会应急力量建设基础规范第1部分：总体要求》《YJ/T

1.2—2022 社会应急力量建设基础规范第 2 部分：建筑物倒塌搜救》《YJ/T 1.3—2022 社会应急力量建设基础规范第 3 部分：山地搜救》《YJ/T 1.4—2022 社会应急力量建设基础规范第 4 部分：水上搜救》《YJ/T 1.5—2022 社会应急力量建设基础规范第 5 部分：潜水救援》《YJ/T 1.6—2022 社会应急力量建设基础规范第 6 部分：应急医疗救护》（中华人民共和国应急管理部 2022 年第 6 号公告） 2022 年 9 月 19 日发布，2022 年 12 月 18 日起施行。

31.《国家广播电视总局 国家乡村振兴局 公安部 财政部 应急管理部关于加快推动农村应急广播主动发布终端建设的通知》（广电发〔2022〕60 号） 2022 年 10 月 11 日发布并施行。

32.《应急管理行政执法人员依法履职管理规定》（中华人民共和国应急管理部第 9 号令） 2022 年 10 月 13 日发布，2022 年 12 月 1 日起施行。

十、档案管理工作

1.《中共中央办公厅国务院办公厅关于印发〈机关档案工作条例〉的通知》（厅发〔1983〕64 号） 1983 年 4 月 28 日发布并施行。

2.《国家科委、国家档案局关于印发〈科学技术研究档案管理暂行规定〉的通知》（国档发〔1987〕6 号） 1987 年 3 月 20 日发布并施行。

3. 国家档案局《关于印发〈机关档案工作业务建设规范〉等三个文件的通知》（国档发〔1987〕27 号） 1987 年 12 月 4 日发布并施行。

4. 中华人民共和国国家标准《照片档案管理规范》（BG/T 11821-89） 国家技术监督局 1989 年 10 月 5 日发布，1990 年 7 月 1 日施行。

5.《干部档案整理工作细则》（组通字〔1991〕11 号） 中共中央组织部 1991 年 3 月 29 日发布并施行。

6.《中共中央组织部国家档案局关于印发〈干部档案工作条例〉的通知》（组通字〔1991〕13 号） 1991 年 4 月 2 日发布并施行。

7.《中共中央办公厅关于印发〈干部人事档案工作条例〉的通知》 2018 年 11 月 20 日起施行。

8. 中华人民共和国国家标准《档案交接文据格式》（GB/T 13968-1992） 国家技术监督局 1992 年 12 月 17 日发布，1993 年 7 月 1 日施行。

9. 中华人民共和国档案行业标准《全宗指南编制规范》（DA/T14-94） 国家档案局 1995 年 6 月 12 日发布，1995 年 10 月 1 日施行。

10.《国务院办公厅转发国家档案局中央档案馆关于在国务院机构改革中加强档案管理意见的通知》（国办发〔1998〕15 号） 1998 年 5 月 8 日发布并施行。

11.《财政部、国家档案局关于印发〈会计档案管理办法〉的通知》（财会字〔1998〕32 号） 1998 年 8 月 21 日发布，1999 年 1 月 1 日施行。

12. 中华人民共和国国家标准《CAD 电子文件光盘存储、归档与档案管理要求》（GB/T17678.1-1999） 1999 年 2 月 26 日发布，1999 年 10 月 1 日施行。

13. 中华人民共和国档案行业标准《档案著录规则》（DA/T 18-1999） 国家档案局 1999 年 5 月 31 日批准发布，1999 年 12 月 1 日施行。

14. 中华人民共和国档案行业标准《归档文件整理规则》（DA/T22-2000） 国家档案局 2000 年 12 月 6 日发布，2001 年 1 月 1 日施行。

15. 中华人民共和国国家标准《科学技术档案案卷构成的一般要求》（GB/T11822-2000） 国家技术质量监督局 2000 年 12 月 11 日发布，2001 年 5 月 1 日施行。

16. 《国家档案局中央档案馆关于印发全国档案信息化建设实施纲要的通知》（档发〔2002〕8 号） 2002 年 11 月 25 日发布并施行。

17. 中华人民共和国国家标准《电子文件归档与管理规范》（GB/T 18894-2002） 国家质量监督检验检疫总局 2002 年 12 月 4 日发布，2003 年 5 月 1 日施行。

18. 《国家档案局、国家经济贸易委员会、国家计划委员会关于印发〈企业档案管理规定〉的通知》（档发〔2002〕5 号） 2002 年 10 月 20 日发布，2002 年 9 月 1 日施行。

19. 中华人民共和国档案行业标准《国家重大建设项目文件归档要求与档案整理规范》（DA/T28-2002） 国家档案局 2002 年 11 月 29 日发布，2003 年 4 月 1 日施行。

20. 中华人民共和国国家标准《照片档案管理规范》（GB/T11821-2002） 国家质量监督检验检疫总局 2002 年 12 月 4 日发布，2003 年 5 月 1 日施行。

21. 《国家档案局发布〈关于电子公文归档管理暂行办法〉的通知》（国家档案局令第 6 号） 2003 年 7 月 28 日发布，2003 年 9 月 1 日施行。

22. 《国家档案局关于加强档案信息资源开发利用工作的意见》（档发〔2005〕1 号） 2005 年 2 月 21 日发布并施行。

23. 《档案行政许可程序规定》 2005 年 5 月 17 日国家档案局第 7 号令发布，2005 年 7 月 1 日起施行。

24. 中华人民共和国档案行业标准《纸质档案数字化技术规范》（DA/T 31-2005） 国家档案局 2005 年 4 月 30 日发布，2005 年 9 月 1 日施行。

25. 《国家档案局、国家发展和改革委员会关于印发〈重大建设项目档案验收办法〉的通知》（档发〔2006〕2 号） 2006 年 6 月 14 日发布并施行。

26. 《机关文件材料归档范围和文书档案保管期限规定》 2006 年 12 月 18 日国家档案局 8 号令公布并施行。

27. 《关于印发〈事业单位登记管理档案管理办法〉的通知》（国事登字〔2007〕02 号） 国家事业单位登记管理局 2007 年 5 月 18 日发布并施行。

28. 《国家档案局中央档案馆关于印发〈档案工作突发事件应急处置管理办法〉的通知》（档函〔2008〕207 号） 2008 年 8 月 27 日发布并施行。

29. 《高等学校档案管理办法》 2008 年 8 月 20 日中华人民共和国教育部、国家档案局令（第 27 号）发布，2008 年 9 月 1 日施行。

30. 中华人民共和国国家标准《文书档案案卷格式》（GB/T 9705-2008） 中华人民共和国国家质量监督检验检疫总局、中国国家标准化管理委员会 2008 年 11 月 13 日发布，2009 年 5 月 1 日实施。

31. 《中共中央组织部关于印发〈干部人事档案材料收集归档规定〉的通知》（中组发〔2009〕12 号） 2009 年 7 月 16 日发布并施行。

32. 《国家档案局关于印发〈国家基本专业档案目录（第一批）〉的通知》（档函〔2011〕261 号） 2011 年 10 月 14 日发布并施行。

33. 《国家档案局关于印发〈国家基本专业档案目录（第二批）〉的通知》（档函〔2011〕273 号） 2011 年 11 月 7 日发布并施行。

34. 《各级各类档案馆收集档案范围的规定》 2011 年 11 月 21 日国家档案局第 9 号令发布并施行。

35. 《国家档案局关于印发〈电子档案移交与接收办法〉的通知》（档发〔2012〕7 号） 2012 年 8 月 29 日发布并施行。

36. 中华人民共和国档案行业标准《全宗卷规范》（DA/T12-2012） 国家档案局 2012 年 11 月 15 日发布，2013 年 1 月 1 日施行。

37. 《企业文件材料归档范围和档案保管期限规定》 2012 年 12 月 17 日国家档案局第 10 号令发布，2013 年 2 月 1 日施行。

38. 《档案管理违法违纪行为处分规定》 2013 年 2 月 22 日监察部、人力资源社会保障部、国家档案局第 30 号令发布，2013 年 3 月 1 日施行。

39. 《国家档案局办公室关于印发〈档案信息系统安全等级保护定级工作指南〉的通知》（档办发〔2013〕5 号） 2013 年 7 月 10 日发布并施行。

40. 《关于做好党的群众路线教育实践活动文件材料收集归档工作的通知》（群办发〔2013〕10 号） 中央党的群众路线教育实践活动领导小组办公室、国家档案局 2013 年 10 月 12 日发布并施行。

41. 《中共中央办公厅国务院办公厅印发〈关于加强和改进新形势下档案工作的意见〉的通知》（中办发〔2014〕15 号） 2014 年 2 月 27 日发布并施行。

42. 中华人民共和国档案行业标准《归档文件整理规则》（DA/T 22-2015） 国家档案局 2015 年 10 月 25 日《国家档案局关于发布档案行业标准〈归档文件整理规则〉的通知》（档发〔2015〕6 号）发布，2016 年 6 月 1 日施行。

43. 《城市社区档案管理办法》 2015 年 11 月 23 日国家档案局、民政部第 11 号令发布，2016 年 1 月 1 日施行。

44. 《国家档案局办公室关于印发〈企业电子文件归档和电子档案管理指南〉的通知》（档办发〔2015〕14 号） 2015 年 12 月 2 日发布并施行。

45. 《会计档案管理办法》 2015 年 12 月 11 日财政部、国家档案局第 79 号令发布，

2016年1月1日施行。

46.《国家档案局办公室关于印发〈档案信息系统安全保护基本要求〉的通知》（档办发〔2016〕1号） 2016年1月4日发布并施行。

47.《财政部国家档案局关于新旧〈会计档案管理办法〉有关衔接规定的通知》（财会〔2016〕3号） 2016年3月8日发布并施行。

48.《国家档案局印发〈关于进一步加强档案安全工作的意见〉的通知》（档发〔2016〕6号） 2016年4月26日发布并施行。

49.《国家档案局国务院扶贫开发领导小组办公室关于印发〈精准扶贫档案管理办法〉的通知》（档发〔2016〕13号） 2016年9月30日发布并施行。

50.《中华人民共和国档案法》 1987年9月5日第六届全国人民代表大会常务委员会第二十二次会议通过，1988年1月1日施行；根据1996年7月5日第八届全国人民代表大会常务委员会第二十次会议《关于修改〈中华人民共和国档案法〉的决定》第一次修正；根据2016年11月7日第十二届全国人民代表大会常务委员会第二十四次会议《关于修改〈中华人民共和国对外贸易法〉等十二部法律的决定》第二次修正。

51.《环境保护档案管理办法》 2016年12月27日中华人民共和国环境保护部、国家档案局第43号令发布，2017年3月1日施行。

52.《国家档案局国务院扶贫开发领导小组办公室关于印发〈精准扶贫档案管理办法〉的通知》（档发〔2016〕13号） 2016年9月30日发布并施行。

53.《中华人民共和国档案法实施办法》 1990年10月24日国务院批准，1990年11月19日国家档案局令第1号发布；1999年5月5日国务院批准修订，1999年6月7日国家档案局令第5号重新发布；根据2017年3月1日《国务院关于修改和废止部分行政法规的决定》修订。

54.《国家档案局关于发布〈纸质档案数字化规范〉等12项档案行业标准的通知》 2017年8月2日发布，2018年1月1日实施。

55.《国家档案局办公室关于印发〈企业数字档案馆（室）建设指南〉的通知》 2017年9月1日发布并施行。

56.《国家档案局办公室关于印发〈电子档案管理系统基本功能规定〉的通知》（档办发〔2017〕3号） 2017年12月15日发布并施行。

57.《国家档案局办公室关于印发〈档案行业网络与信息安全信息通报工作规范〉的通知》（档办发〔2017〕4号） 2017年12月15日发布并施行。

58.《国家档案局办公室印发〈关于进一步加强和改进档案统计工作的意见〉的通知》（档办发〔2018〕1号） 2018年6月19日发布并施行。

59.《机关档案管理规定》 2018年10月11日国家档案局令第13号发布，2019年1月1日施行。

60.《干部人事档案工作条例》 中共中央办公厅2018年11月20日发布并施行

（1991年4月2日中央组织部、国家档案局印发的《干部档案工作条例》同时废止）。

61.《国家档案局关于发布实施〈全国档案事业统计调查制度〉的通知》 2019年1月30日发布并施行。

62.《国家档案局关于发布〈纸质档案数字复制件光学字符识别（OCR）工作规范〉等9项行业标准的通知》 2019年12月16日发布，2020年5月1日起施行。

63.《档案服务外包工作规范第1部分：总则》《档案服务外包工作规范第2部分：档案数字化服务》《档案服务外包工作规范第3部分：档案管理咨询服务》均由《国家档案局关于发布〈档案服务外包工作规范第1部分：总则〉等3项行业标准的通知》（档函〔2020〕46号）2020年5月18日发布，2020年6月1日起施行。

64.《中华人民共和国档案法》（1987年9月5日第六届全国人民代表大会常务委员会第二十二次会议通过，根据1996年7月5日第八届全国人民代表大会常务委员会第二十次会议《关于修改〈中华人民共和国档案法〉的决定》第一次修正，根据2016年11月7日第十二届全国人民代表大会常务委员会第二十四次会议《关于修改〈中华人民共和国对外贸易法〉等十二部法律的决定》第二次修正，2020年6月20日第十三届全国人民代表大会常务委员会第十九次会议再修订），2021年1月1日起施行。

65.《乡镇档案工作办法》 2021年9月22日国家档案局第18号令发布，2022年1月1日起施行。

66.《国家档案局关于印发〈"十四五"国家重点档案保护与开发工程实施方案〉的通知》 2021年11月4日发布并施行。

67.《国家档案局办公室关于印发〈关于防范和惩治档案统计造假、弄虚作假责任规定（试行）〉的通知》 2021年12月6日发布并施行。

68.《国家档案局关于发布〈档案服务外包工作规范 第4部分：档案整理服务〉等12项行业标准的通知》 2022年4月7日发布，2022年7月1日起施行。

69.《国家档案馆档案开放办法》（国家档案局第19号令） 2022年7月1日发布，2022年8月1日起施行。

十一、办公自动化工作

1.《中共中央办公厅国务院办公厅关于转发〈国家信息化领导小组关于我国电子政务建设指导意见〉的通知》（中办发〔2002〕17号） 2002年8月5日发布并施行。

2.《中共中央办公厅国务院办公厅转发〈国家信息化领导小组关于加强信息安全保障工作的意见〉的通知》（中办发〔2003〕27号） 2003年9月7日发布并施行。

3.《中华人民共和国电子签名法》 2004年8月28日中华人民共和国第十届全国人民代表大会常务委员会第十一次会议通过，2004年8月28日中华人民共和国主席令（第18号）发布，2005年4月1日施行。

4.《中共中央办公厅国务院办公厅关于加强信息资源开发利用工作的若干意见》（中

办发〔2004〕34号） 2004年12月12日发布并施行。

5.《国务院办公厅关于转发国家网络与信息安全协调小组〈关于网络信任体系建设若干意见〉的通知》（国办发〔2006〕11号） 2006年2月23日发布并施行。

6.《中共中央办公厅国务院办公厅关于印发〈2006—2020年国家信息化发展战略〉的通知》（中办发〔2006〕11号） 2006年3月19日发布并施行。

7.《国家信息化领导小组关于印发〈国家电子政务总体框架〉的通知》（国信〔2006〕2号） 2006年3月19日发布并施行。

8.《中共中央办公厅国务院办公厅关于转发〈国家信息化领导小组关于推进国家电子政务网络建设的意见〉的通知》（中办发〔2006〕18号） 2006年5月20日发布并施行。

9.《关于印发〈信息安全等级保护管理办法〉的通知》（公通字〔2007〕43号） 公安部、国家保密局、国家密码管理局和国务院信息化工作办公室2007年6月22日发布并施行。

10. 中华人民共和国国家标准《国家电子政务网络技术和运行管理规范》（GB/T 21061-2007） 2007年9月10日发布，2008年3月1日施行。

11.《国务院办公厅关于进一步做好政府机关使用正版软件工作的通知》（国办发〔2010〕47号） 2011年10月18日发布并施行。

12.《计算机信息网络国际联网安全保护管理办法》 1997年12月11日国务院批准，1997年12月30日公安部令第33号发布并施行；根据2011年1月8日《国务院关于废止和修改部分行政法规的决定》修订重新发布并施行。

13.《国务院办公厅关于进一步加强政府网站管理工作的通知》（国办函〔2011〕40号） 2011年4月21日发布并施行。

14.《全国人民代表大会常务委员会关于加强网络信息保护的决定》 2012年12月28日第十一届全国人民代表大会常务委员会第三十次会议通过，即日发布并施行。

15.《国务院关于修改〈计算机软件保护条例〉的决定》 中华人民共和国国务院令第632号2013年1月30日公布，2013年3月1日施行。

16.《国务院办公厅关于印发政府机关使用正版软件管理办法的通知》（国办发〔2013〕88号） 2013年8月15日发布并施行。

17.《国务院关于积极推进"互联网＋"行动的指导意见》（国发〔2015〕40号） 2015年7月1日发布并施行。

18.《国务院办公厅关于加强互联网领域侵权假冒行为治理的意见》（国办发〔2015〕77号） 2015年10月26日发布并施行。

19.《中华人民共和国网络安全法》 2016年11月7日中华人民共和国主席令（第五十三号）发布，2017年6月1日起施行。

20.《国务院关于印发"十三五"国家信息化规划的通知》（国发〔2016〕73号） 2016年12月15日发布并施行。

21.《国务院办公厅关于印发"互联网＋政务服务"技术体系建设指南的通知》(国办函〔2016〕108号) 2016年12月20日发布并施行。

22.《国务院办公厅关于印发政府网站发展指引的通知》(国办发〔2017〕47号) 2017年5月15日发布并施行。

23.《国家互联网信息办公室印发〈互联网用户公众账号信息服务管理规定〉的通知》 2017年9月7日发布，2017年10月8日施行。

24.《国务院办公厅关于全国互联网政务服务平台检查情况的通报》(国办函〔2017〕115号) 2017年10月6日发布并施行。

25.《互联网新闻信息服务新技术新应用安全评估管理规定》 国家互联网信息办公室2017年10月30日发布，2017年12月1日施行。

26.《国务院办公厅关于加强政府网站域名管理的通知》(国办函〔2018〕55号) 2018年8月25日发布并施行。

27.《国家密码管理局关于印发〈电子政务电子认证服务业务规则规范〉的通知》(国密局字〔2018〕572号) 2018年12月18日发布并施行。

28.《国家密码管理局关于印发〈电子政务电子认证服务质量评估要求〉的通知》(国密局字〔2018〕571号) 2018年12月18日发布并施行。

29.《区块链信息服务管理规定》(国家互联网信息办公室第3号令) 2019年1月10日发布，2019年2月15日起施行。

30.《国家互联网信息办公室 国家发展和改革委员会 工业和信息化部 财政部关于发布〈云计算服务安全评估办法〉的公告》(2019年第2号) 2019年7月2日发布，2019年9月1日起施行。

31.《中华人民共和国密码法》(中华人民共和国主席第二十五号令) 中华人民共和国第十三届全国人民代表大会常务委员会第十四次会议于2019年10月26日通过，2019年10月26日发布，2020年1月1日起施行。

32.《中华人民共和国数据安全法》(中华人民共和国主席第八十四号令) 中华人民共和国第十三届全国人民代表大会常务委员会第二十九次会议2021年6月10日通过，2021年6月10日发布，2021年9月1日起施行。

33.《网络安全审查办法》(国家互联网信息办公室 中华人民共和国国家发展和改革委员会 中华人民共和国工业和信息化部 中华人民共和国公安部 中华人民共和国国家安全部 中华人民共和国财政部 中华人民共和国商务部 中国人民银行 国家市场监督管理总局 国家广播电视总局 中国证券监督管理委员会 国家保密局 国家密码管理局第8号令) 2021年12月28日发布，2022年2月15日起施行。

后 记

凝聚着大家心血的《办公室工作实务规范手册》(以下称《规范》)终于脱稿付梓,我们可以静下心来盘点一下编写本书的心路了。

长期在机关、院校从事办公室工作和秘书教学、科研,面对纷繁复杂的政务服务工作,我们深知办公室工作的艰辛,也体会到必须加强制度化、规范化、科学化,才能有效提高办公室工作质量和效率、提高"三服务"水平。而随着领导和群众对办公室要求的提高和办公室人员的流动性,我们又深感必须努力提高办公室人员的工作能力,才能适应形势发展的需要。有鉴于此,早在2005年6月,我即萌生了编写《规范》之意,并草拟了样稿,先后两次召开学会部分会员座谈会征求意见。可是因为诸事缠身,再加之我爱人2006年突患运动神经元疾病,我又忙于四处寻医求治、照顾病人,此事一拖再拖。今年喜逢新中国成立60周年华诞,总想用什么方式为祖国母亲祝寿,于是策划组织编写"四川省秘书学会庆祝新中国成立60周年献礼丛书",而《规范》正是其中的重头书。春节刚过,我们即召开了第一次编写工作会,讨论我起草的编写大纲,确定分工。随后又五次召开编写工作会,审定细纲、统一样稿编写体例、审改书稿、统一定稿。其间,还组织编写人员赴中国工程物理研究院等机关单位学习考察,增强感性认识。而每一次编写工作会,大家畅所欲言,观点碰撞,集思广益,又都是一次次小型的学术研讨会,与会同仁均感获益良多。个别部分的书稿因为种种原因不大满意,我们征得作者意见,干脆推倒另组班子重写,为了确保质量,大家都不计个人得失,着实令人感动。书稿初成后,我们又请有关职能部门领导和专家审改相应部分内容,他们的真知灼见对提高本书质量大有裨益。出版社负责编辑本书的责任编辑,对我们这种极负责任的编写态度和治学作风也倍加赞赏。

更加可喜的是我们有幸请到了四川省人大常委会原副主任李洪仁同志和中共中央办公厅秘书局傅西路教授为本书作序。他们都是我们敬仰的秘书界资深领导。

洪仁副主任长期担任中共四川省委副秘书长、省政府秘书长,长期以来一直是四川省秘书学会名誉会长。尽管工作繁忙,还拨冗关心学会工作,到学会举办的学术会议作学术报告。当四川秘书学会因挂靠机关变化几乎撤销时刻,他出面力挺,协调有关方面。在他和中共四川省委党校常务副校长李锡炎等领导和省民政厅、社科联支持下,学会才得以保全，才得以渡过难关，继续发展。而他在省政府秘书长任上主编的《四川省人民政府办公厅机关工作手册》，对推动全省办公室工作制度化、规范化、科学化，更是一大贡献。

傅老多次到四川调研，参加秘书学术会议作学术报告，为办公室系列培训班讲学，深受同行敬重。他主持编写的680万字、十二卷本的《中华秘书全书》，可谓新中国集大成的秘书经典之作。他发起策划的三届"秘书工作高层论坛"，可谓大手笔，起点高，立意高，给学界和社会视觉冲击甚大。我曾在一篇文章中写道："我十分敬重为秘书学、公文学研究付出了艰辛劳动，为我国秘书学、公文学研究开创了广阔新天地的学界领导和专家学者们，没有他们的努力，就没有新中国建立60年尤其是改革开放30年来，如此繁荣昌盛的秘书、公文科学研究百花园地中一朵朵盛开的奇葩、一株株挺拔的大树。我也十分敬重为秘书学、公文学研究搭建了研究平台、提供了交流场合、开辟了研究基地的研究工作组织者——他们堪称社会活动家、会议组织专家、百花园丁，正是他们默默奉献的努力，才使秘书学、公文学研究这片百花园地，沐浴着党的阳光、改革开放的春风，承受着园丁们辛勤的耕耘、照护，更加绚丽多姿。为此，我一直惦记着早已离开人们视野的《应用写作》杂志社原主编费晓平先生，是他辛勤奔走，发起组建了全国多个应用写作、公文学研究组织，而他却甘居幕后、早早淡出。为此，我十分钦佩傅西路老和聂中东。他们既积极从事秘书学、公文学的科学研究，撰写了不少有见地的专著教材、论文，更是不遗余力地从事着秘书学研究组织活动的幕后工作。""从事秘书学、公文学研究，专家学者凭借自己个人的辛勤劳动、慧眼独识，甚至可以在一个人的小天地中运作。而组织秘书学、公文学研究，就是一个系统工程了。它需要借助、调动大量人力、财力、物力，需要对人流、物流、信息流做大量的协调、沟通、整合，需要组织者付出极大的心血和努力。而秘书学、公文学研究活动不如行政管理学会、档案学会那样有行业挂靠的官方性，多是民间性活动，其难度就更大了。能承办一次大型秘书学术会议、研究活动就已经需要极大付出，就是极大贡献了，而像傅老、中东这样一届复一届不间断地举办高质量的'论坛'活动，于秘书学、公文学界，真可谓是功德无量！""他们组织这些学术活动只讲付出，不求报偿，不图名利，甘于为人作嫁。他们的付出和努力，彰显了奉献者的人格魅力，赢得了同行的一致赞誉。""傅老活动体现了老一代秘书学界领导孜孜不倦诲人、导人、助人的'夕阳红'高尚风范，不愧为提携晚辈的君子楷模。"

我之所以不厌其烦地说这些话，是想说明秘书学、公文学能够有今天，的确来之不易，的确凝聚着众多专家学者和实际工作者的无私奉献和辛勤劳动。而从这本《规范》的编写，也可见一斑。

参加本书编写的不少作者，都担负了比较繁忙的党委政府机关办公室行政工作和院校教学科研任务，他们挤时间起草初稿，按我们意见一而再，再而三地修改、润色书稿，这种负责精神，十分令人感动和佩服。除各部分署名人员参加本书编写外，还有四川秘书界领军人物、四川省秘书学会名誉会长常崇宜先生及学会常务理事、公文研究委员会委员田俐（四川省政府办公厅四秘书处处长），学会常务理事、学术委员会委员刘志勇（四川省税务学校高级讲师)、学会副秘书长杜珲(中共四川省委党校、四川行政学院办公室调研员)、学会常务理事肖敬军(中共四川省委党校、四川行政学院办公室主任)、学会常务理事、秘书教育专业委员会副主任肖成林(中共四川省委党校、四川行政学院领导干部考试与培训中心副主任)、学会副秘书长肖前扬(中共四川省委党校、四川行政学院办公室助理调研员、秘书科科长)、学会常务理事、公文研究委员会委员杨诚(成都信息工程学院龙泉校区文法系副主任、教授)、学会副会长、学术委员会副主任杨美进(成都大学图书馆原调研员)、学会常务理事、学术委员会委员赵汝周(中共成都市委党校学报编辑部主任、副编审)、彭盛东(中共眉山市委办公室秘书科副科长)、学会常务理事、学术委员会委员谢梅(成都电子科技大学政治与公共管理学院教授、信息管理系主任)、学会理事赖刚(眉山市目标办主任)等诸君(按姓氏笔画排列),先后参加了编写工作会,或提出不少有益建议,或草拟部分提纲、书稿,或提供有关资料,都十分尽心尽力。四川省保密局副局长(现已改任省政协副秘书长、政协办公厅研究室主任)陈继宁、四川省政府口岸办主任李熊、省政府督查办公室主任鲁兰、中共四川省委政策研究室副主任吕焱飞、省政府办公厅信息技术处处长胥云、中共四川省委党校信息中心主任孙彪、贵州省人大民族宗教侨务委员会办公室主任钱晓鸣等领导和专家,审改了有关部分书稿,提出了不少宝贵意见,为本书增色不少。全书由主编统稿,并改写、增补了部分内容。副主编邓荣杰又通读通审了全书。

本书编写,得到了中共四川省委党校(四川行政学院)及其办公室、中国工程物理研究院及其办公室、成都市委办公厅秘书处等单位大力支持。四川人民出版社副编审王定宇多次参加本书编写工作会,指导本书编写,为本书出版做了不少工作。

谨向参与、支持、关心本书编写、出版的领导和同志们表示衷心感谢!

在编写过程中,我们也吸取了少数专著教材精髓,引用了个别没有署名的例文、例案。除向这些作者朋友表示感谢外,凡涉及作者著作权问题的,请与我们联系,我们将负责任地依法妥善处理有关问题。

本书原定在新中国成立60周年大庆前出版,因为诸多原因,尤其是我因照顾家里重危病妻花费不少时间,致使本书出版周期延后,为此深表歉意。

尽管我们希望努力把本书编写成一本高质量的、普及性的案头必读书,但因为水平、时间、阅历等多方面原因,本书内容仍然存在一些不尽令人满意之处,希望读者不吝赐教,以待我们再版时修改、补充,使之臻于完善。

我们的联系方式:610072　四川成都市光华村43号　中共四川省委党校办公室转秘书学会。

主编　叶黔达
2009 岁末
2010 年 5 月补正

再版后记

本书出版后，受到读者普遍好评，成为办公室人员和机关单位管理人员必备的案头读物，也成为公务员和企事业单位管理人员上岗培训的极佳教材。这是我们倍感欣慰的。

根据去年7月1日正式施行的《党政机关公文处理工作条例》和《党政机关公文格式国家标准》，以及中央政治局关于改进工作作风、密切联系群众的八项规定等一系列新规，我们又对本书的相关部分内容作了修改补充，以确保其内容更加准确、规范、新颖、适用。对读者指正的个别疏漏处，我们也予以了订正。

谨向关心、支持本书编写、出版的朋友们再次表示感谢！

主编　叶黔达

2013年11月7日于成都碧华邻

三版追记

《规范》再版并多次加印发行后一再脱销，尚有多处办公室培训班和读者朋友陆续与出版发行部门联系索书，可见本书深受读者肯定和欢迎。这也是对我们极大的支持与鼓励。遵照习近平同志"要坚持原则、恪守规矩"（2014年6月30日在中共中央政治局就加强改进作风制度建设进行第十六次集体学习时的讲话）等关于讲规矩的重要指示，我们根据中央一系列新规，结合形势发展需要和工作实际，又对本书内容作了一些修改和补充，以增强其现实性、针对性、适用性，希望对大家工作更有帮助。

本书有的作者工作单位和职务有所调整变化，按照作者意见没有一一更动，特此说明。

再次感谢关心支持本书出版的各方朋友们！望不吝指教。

主编　叶黔达

2015年清明节于成都市碧华邻

四版补记

  适逢本书再版，根据党的二十大精神，结合办公室工作面临的发展形势变化，对有关内容做了微调，增加了部分办公室工作有关文件目录索引，特此说明。

主编　叶黔达

2022 年 11 月 24 日于成都碧华邻